国家卫生健康委员会住院医师规范化培训规划教材配套精选习题集

精神科分册

主　编　陆　林

副主编　王高华　李　涛　王　刚　王小平　赵　敏　姚贵忠　王　丰

编　者（按姓氏笔画排序）

王　丰　王　刚　王小平　王玉花　王育梅　王学义
王高华　王惠玲　卞清涛　孔庆梅　刘金同　孙洪强
杜　江　李　平　李　冰　李　茜　李　涛　杨　磊
邱宇甲　陆　林　陈　林　陈　超　范滕滕　周建松
房　萌　赵　敏　姜思思　姚贵忠　徐　佳　黄明金
曹延筠　程　嘉　蒲城城　潘成英

秘　书　陈文浩　孙艳坤

人民卫生出版社

图书在版编目（CIP）数据

国家卫生健康委员会住院医师规范化培训规划教材配套精选习题集．精神科分册 / 陆林主编．—北京：人民卫生出版社，2020

ISBN 978-7-117-29145-3

Ⅰ.①国…　Ⅱ.①陆…　Ⅲ.①精神病学－职业培训－习题集　Ⅳ.①R192.3-44

中国版本图书馆 CIP 数据核字（2019）第 237891 号

精神科分册

主　　编：陆　林
出版发行：人民卫生出版社（中继线 010-59780011）
地　　址：北京市朝阳区潘家园南里 19 号
邮　　编：100021
E - mail：pmph @ pmph.com
购书热线：010-59787592　010-59787584　010-65264830
印　　刷：北京铭成印刷有限公司
经　　销：新华书店
开　　本：787 × 1092　1/16　　**印张：**23
字　　数：649 千字
版　　次：2020 年 3 月第 1 版　2026 年 2 月第 1 版第 4 次印刷
标准书号：ISBN 978-7-117-29145-3
定　　价：63.00 元
打击盗版举报电话：010-59787491　E-mail：WQ @ pmph.com
质量问题联系电话：010-59787234　E-mail：zhiliang @ pmph.com

出版说明

为了深入贯彻原国家卫生和计划生育委员会等7部门联合发布的《关于建立住院医师规范化培训制度的指导意见》文件精神，满足全国各地住院医师规范化培训的要求，在原国家卫生和计划生育委员会科教司的领导和支持下，人民卫生出版社于2014年组织编写并出版了住院医师规范化培训系列规划教材，反响较好。

为配合住院医师规范化培训结业考核的推行，满足广大学员自学、自测的需求，在对住院医师规范化培训基地进行全面、充分调研的基础上，人民卫生出版社组织编写了本套住院医师规范化培训规划教材配套精选习题集。

本套习题集共20种，作为住培规划教材的配套用书，二者均以《住院医师规范化培训内容与标准（试行）》和住院医师规范化培训结业理论考核大纲为依据，遵循科学、严谨、客观、规范的原则，以帮助读者实现"基本理论转化为临床实践、基本知识转化为临床思维、基本技能转化为临床能力"的三个转化，并顺利通过各科轮转及结业考试。

本套习题集严格按照实际考试的科目划分和题型分布进行编写，包含单项选择题（A1型题、A2型题、A3/A4型题）和不定项选择题（病例分析题），从不同角度（掌握、了解两个层级区别考题比例）围绕考核重点、难点帮助读者巩固、复习、检验所学知识，考前自测、考查和反馈复习成果。公共理论和专业理论涵盖各科目考核大纲所有知识点，帮助读者随学随测、强化记忆；重点和难点内容附详细解析，全面分析考点、答题思路和方法，帮助读者更有针对性地提高临床技能、开拓诊疗思维。模拟试卷全面模拟考试真题，针对考生临考备战进行综合性巩固。针对住院医师临床工作的特殊性，本套习题集将同时出版电子书，有助于学员在更多的场景下，利用碎片化时间随时阅读和练习。下载"人卫"APP，搜索本书，购买后即可在APP中畅享阅读。

为了能够有效复习，建议分为四个阶段进行。第一阶段：加强日常学习，制订符合自身复习时间的计划表，可根据大纲按章节进行。第二阶段：多做本套习题。通过大量试题的反复检验，可高效筛查出易错、易混知识点。第三阶段：查漏补缺。当复习完成一遍之后，对所学知识进行回顾、反思，抓住重点、难点和自己的薄弱点，做到有的放矢。第四阶段：模拟练习。在复习接近尾声时，做模拟试卷，培养心理上的自我承受意识及学习上举一反三、触类旁通的能力，尽可能熟悉考试题型、题量、分值比例、出题思路等关键要素。

鉴于时间仓促和编写人员水平有限，本套习题集内容难免有不当或遗漏之处，诚请各位读者批评指正。读者使用本套习题集时如有任何问题或建议，欢迎及时反馈（电子邮箱：jiaocaidiaoyan@163.com）。

题型介绍

全国住院医师规范化培训理论考核试题全部采用客观选择题形式，目前题型分为Ⅰ型题（单选题，为A1、A2型题）、Ⅱ型题（共用题干单选题，为A3/A4型题）和Ⅳ型题（不定项选择题，为案例分析题）三大类。考生在答题前应仔细阅读题型说明，以便在考试时能顺利应答。

单选题（A1、A2型题）

由一个题干和五个备选答案组成，题干在前，选项在后。选项A、B、C、D、E中只有1个为正确答案，其余均为干扰答案。干扰答案可以部分正确或完全不正确，考生在回答本题型时需对备选答案进行比较，找出最佳的或最恰当的备选答案，排除似是而非的选项。

例如：二尖瓣狭窄患者最常见的早期症状为

A. 阵发性夜间呼吸困难
B. 端坐呼吸
C. 咯血
D. 劳力性呼吸困难
E. 声音嘶哑

共用题干单选题（A3/A4型题）

叙述一个以单一患者或家庭为中心的临床情景，提出2~6个相互独立的问题，问题可随病情的发展逐步增加部分新信息，每个问题只有1个正确答案，以考查临床综合能力。答题过程是不可逆的，即进入下一问后不能再返回修改所有前面的答案。

例如：(1~4题共用题干)

患者，男性，40岁，1年来进行性心悸、气短、腹胀、下肢水肿。体格检查：一般状况好，血压130/90mmHg；颈静脉怒张；心脏叩诊浊音界向两侧扩大，心尖搏动及第一心音减弱，心尖部有3/6级收缩期杂音，心率100次/min，律齐，双肺底湿啰音；肝肋下4cm，脾未及；双下肢水肿(+)。心电图示完全性右束支传导阻滞。

1. 该病例最可能的诊断是
   A. 风湿性心脏病、二尖瓣关闭不全
   B. 高血压心脏病
   C. 冠心病伴乳头肌功能不全
   D. 扩张型心肌病
   E. 缩窄性心包炎
2. 该病例主要与下列疾病相鉴别的是
   A. 心包积液
   B. 冠心病
   C. 限制型心肌病
   D. 缩窄性心包炎
   E. 肥厚型心肌病
3. 为进一步确诊应进行的检查是

A. 动态心电图　　B. 胸部X线片
C. 超声心动图　　D. 心肌酶谱
E. 红细胞沉降率

4. 下列治疗措施中，不适合用于该患者的药物是
A. 钙通道阻滞剂　　B. 利尿剂
C. 硝酸盐类制剂　　D. β受体阻滞剂
E. 血管紧张素转化酶抑制剂

不定项选择题(案例分析题)

案例分析题是一种模拟临床情境的串型不定项选择题，用以考查考生在临床工作中所应该具备的知识、技能、思维方式和对知识的综合应用能力。侧重考查考生对病情的分析、判断及其处理能力，还涉及对循证医学的了解情况。考生的答题情况在很大程度上与临床实践中的积累有关。

试题由一个病例和多个问题组成。开始提供一个模拟临床情境的病例，内容包括患者的性别、年龄(诊断需要时包括患者的职业背景)、就诊时间点、主诉、现病史、既往疾病史和有关的家族史。其中主要症状不包括需体格检查或实验室检查才可得到的信息。随后的问题根据临床工作的思维方式，针对不同情况应该进行的临床任务提出。问题之间根据提供的信息可以具有一定的逻辑关系，随着病程的进展，不断提供新的信息，之后提出相应的问题。

每道案例分析题至少3问。每个提问的备选答案至少6个，正确答案及错误答案的个数不定(≥1)。考生每选对一个正确答案给1个得分点，选错一个扣1个得分点，直至扣至本问得分为0，即不会得负分。案例分析题的答题过程是不可逆的，即进入下一问后不能再返回修改所有前面的答案。

例如：患者，男性，66岁，因"嗜睡、意识模糊4h并两次抽搐后昏迷"来院急诊。近1周因受凉后发热、咳嗽，经当地卫生院静脉滴注葡萄糖溶液及肌内注射庆大霉素等治疗3d后，出现乏力、口干、多饮多尿等症状并日渐加剧。体格检查：体温38.8℃，脉搏108次/min，血压150/110mmHg。肥胖体形，唇舌干燥，皮肤弹性差，无面瘫体征，颈无抵抗，左下肺可闻及湿啰音。

提问1：急诊先重点检查的项目有
A. 血清钾、钠、氯、钙　　B. 腰椎穿刺脑脊液检查
C. 血气分析　　D. 尿糖
E. 血脂　　F. 血糖

提问2：急诊应作出的判断是
A. 重度昏迷　　B. 糖尿病酮症酸中毒昏迷
C. 糖尿病高渗性无酮症性昏迷　　D. 脑血管意外
E. 糖尿病乳酸性酸中毒昏迷　　F. 2型糖尿病

提问3：目前急诊应作出的处理是
A. 静脉滴注5%葡萄糖溶液　　B. 静脉滴注5%碳酸氢钠溶液
C. 静脉滴注0.9%氯化钠溶液或0.45%氯化钠溶液　　D. 静脉滴注1.87%乳酸钠溶液
E. 应用20%甘露醇脱水　　F. 皮下注射胰岛素

提问4：下一步治疗应作出的调整有
A. 皮下注射胰岛素控制血糖　　B. 皮下注射低精蛋白锌胰岛素控制血糖
C. 按糖尿病要求控制饮食　　D. 口服磺脲类降血糖药
E. 口服双胍类降血糖药　　F. 静脉滴注胰岛素

前　言

住院医师规范化培训是医学生毕业后教育的重要组成部分，是培养合格临床医师的必要途径，是加强卫生人才队伍建设、提高医疗卫生工作质量和水平的治本之策。住院医师是未来中国医疗事业的中坚力量，住院医师的水平关系到我国的医疗质量和可持续发展。

住院医师规范化培训结业考核是评定住院医师临床实践、岗位胜任能力的重要依据。本习题集以住院医师规范化培训规划教材为基础，参考国内外精神病学相关教材，与临床实践相结合，把教材的内容与考点融为一体，一方面方便广大考生更快捷地掌握和记忆精神科领域基本知识，另一方面促进住院医师更快适应临床工作。

对于住院医师来说，临床工作会占用大部分时间和精力，结业考核涉及内容多、范围广。因此，如何利用有限的时间科学、高效地学习，是难以忽视的问题。鉴于此，我们在全国范围内组织了一批长期从事一线临床工作并有丰富带教经验的精神科医师编写了本习题集，涉及政策法规、医学伦理学、专业基本理论知识、临床常见病的诊疗规范及基本技能知识等内容，涵盖了精神科临床诊疗中可能遇到的诸多问题，重点突出，解析详尽，不仅可以帮助读者巩固、复习、检验所学知识，更有助于读者针对性地提高临床技能、开拓诊疗思维。

由于本书试题量大，编写时间紧张，难免有不妥之处，还望读者和关心此项工作的老师们给予批评指正，在此诚表谢意。

陆　林

2019 年 12 月

目录

第一篇 公共理论

第二篇 专业理论知识

第三篇　基本技能知识

第四篇　模拟试卷

第一篇　公共理论

第一章　政策法规

第一节　卫生法基本理论

【A1 型题】

1. 我国卫生法有以下几种表现形式，除了
   A. 宪法　　B. 卫生法律、法规、规章
   C. 技术性法规　　D. 国际卫生条约
   E. 政府红头文件

2. 组成法律规范结构的是
   A. 假定、处理、制裁　　B. 假定、处分、制裁
   C. 确定、处理、制裁　　D. 假定、处理、裁决
   E. 假定、处理、司法

3. 卫生法律关系是指卫生法所调整的国家机关、企事业单位、社会团体之间，它们的内部机构以及与公民之间在卫生管理和医疗卫生预防保健服务过程中所形成的
   A. 命令和执行关系　　B. 权利和义务关系
   C. 指挥和义务关系　　D. 指导和管理关系
   E. 权利和服从关系

4. 卫生法律关系的主体，在卫生法律关系中
   A. 享有权利并承担义务
   B. 享有权利不承担义务
   C. 不享有权利只承担义务
   D. 既不享有权利也不承担义务
   E. 以上都不是

5. 卫生行政法律关系的行政主体的义务表现为以下几方面，除了
   A. 对相对人违法行为承担法律责任

1.【答案】E
【解析】卫生法渊源主要形式：①宪法；②卫生法律；③卫生行政法规；④卫生部门规章；⑤地方性卫生法规和地方政府卫生规章；⑥卫生自治条例与单行条例；⑦特别行政区有关卫生事务的规范性法律文件；⑧卫生标准；⑨国际卫生条约。

2.【答案】A

3.【答案】B
【解析】卫生法律关系是卫生法旨在保障个人和社会健康，调整不平等主体间和平等主体间权利义务关系的结果。

4.【答案】A
【解析】卫生法律关系的内容是指卫生法律关系主体依法享有的卫生权利和承担的卫生义务。

5.【答案】A
【解析】卫生义务是卫生法律关系中的义务主体依照卫生法规定，为了满足权利主体某种利益而为一定行为或者不为一定行为的必要性。它包含三层含义：①义务主体应当依据卫生法的规定，为一定行为或者不为一定行为，以便实现权利主体的某种利益；②义务主体负有的义务是在卫生法规定的范围内为一定行为或者不为一定行为，对于权利主体超出法定范围的要求，义务主体不承担义务；③卫生义务是一种法定义务，受到国家强制力的约束，如果义务主体不履行或者不适当履行，就要承担相应的法律责任。

B. 依法行使法律所赋予的职权
C. 接受被管理者的监督
D. 为公民提供咨询服务
E. 接受全体公民监督其执法

6. 对以下行政行为提起行政诉讼，人民法院受理，除了
A. 拒绝颁发许可证
B. 拒绝履行保护财产权的职责
C. 发布有普遍约束力的决定
D. 侵犯个体医疗机构的经营自主权
E. 违法要求经营者履行义务

6.【答案】C

7. 目前，我国卫生法多涉及的民事责任的主要承担方式是
A. 恢复原状　B. 赔偿损失　C. 停止侵害
D. 消除危险　E. 支付违约金

7.【答案】B
【解析】民事责任的承担方式有停止侵害、排除障碍、消除危险、返还财产、恢复原状、修理、重做、更换、赔偿损失、支付违约金、消除影响、恢复名誉、赔礼道歉，其中最主要的是赔偿损失。

8. 我国现行卫生标准的部标准可适用于
A. 全国范围内各部门各地区
B. 全国卫生专业范围内
C. 局部地区卫生专业范围
D. 企业单位
E. 以上都不是

8.【答案】B

9. 下列各项，不属于卫生法制定基本原则的是
A. 公平原则
B. 遵循宪法原则
C. 依照法定权限和程序的原则
D. 坚持民主立法的原则
E. 从实际出发的原则

9.【答案】E
【解析】应注意与卫生法的基本原则相区别，卫生法的基本原则主要有五个方面：卫生保护原则、预防为主原则、公平原则、保护社会健康原则、患者自主原则。

10. 卫生法律是由
A. 国务院制定
B. 国家卫生健康委员会制定
C. 国家卫生健康委员会提出草案，经国务院批准
D. 全国人大常委会制定
E. 地方政府制定，经国务院批准

10.【答案】D
【解析】狭义，由全国人民代表大会及其常务委员会制定、颁发的卫生法律，其包括卫生基本法律和基本法以外的卫生法律。广义，除了狭义外，还包括其他国家机关依照法定程序制定、颁布的卫生法规和卫生规章等，也包括宪法和其他部门法中有关卫生内容的规定。

第二节　精神卫生法

【A1 型题】

1.《中华人民共和国精神卫生法》于 2013 年 5 月 1 日起实施，该

1.【答案】A
【解析】《中华人民共和国精神卫生法》包括以下条目所列内容：总则、心理健康促进和精神障碍预防、精神障碍的诊断和治疗、精神障碍的康复、保障措施、法律责任、附则。因此不包括精神障碍的预后。

法中**不包括**

A. 精神障碍的预后　B. 精神障碍的预防

C. 精神障碍的诊断和治疗　D. 精神障碍的康复

E. 保障措施和法律责任

2. 有关精神障碍的三级预防的说法,**错误**的是

A. 一级预防是指在社区中防止和减少精神障碍的发生

B. 二级预防是指对已经发生精神障碍的患者及早发现和处置

C. 三级预防是指做好患者的社会安排,施行有针对性的康复措施,回归社会

D. 实施三级预防,可以避免由精神障碍导致的不良事件

E. 一级预防是最积极、最主动的预防措施

3. 根据《中华人民共和国精神卫生法》规定,以下具有精神障碍诊断资质的是

A. 心理咨询师　B. 精神科执业医师

C. 心理治疗师　D. 具有执业资质的医师

E. 物理治疗师

4. 精神科临床中的伦理学基本原则包括

A. 自决原则　B. 有利和不伤害原则

C. 保密原则　D. 公平原则

E. 以上都是

5. 有关精神障碍患者自愿与非自愿住院的说法,**错误**的是

A. 所有精神障碍患者均可实施自愿住院方式

B. 精神障碍患者需根据具体情况确定实施自愿住院还是非自愿住院方式

C. 有伤害自身的危险的未经诊断的可疑精神障碍患者也可实施非自愿住院

D. 有危害他人安全的危险的已确诊为严重精神障碍患者应实施非自愿住院

E. 已经发生危害他人安全行为的、确诊为严重精神障碍患者应实施非自愿住院

6. 对精神障碍患者的刑事责任能力评定的核心内容包括

A. 辨认能力　B. 控制能力

C. 辨认能力和控制能力　D. 逻辑思维能力

E. 判断能力

7. 按照《中华人民共和国精神卫生法》,发生以下哪项情形,给精

2.【答案】D

【解析】精神障碍的三级预防包括:①一级预防,指在社区中防止和减少精神障碍的发生,这是最积极、最主动的预防措施;②二级预防,指对已经发生精神障碍的患者及早发现和处置;③三级预防,指做好患者的社会安排,施行有针对性的康复措施,回归社会。实施三级预防,可有效减少由精神障碍导致的不良事件的发生率。

3.【答案】B

【解析】《中华人民共和国精神卫生法》第二十九条　精神障碍的诊断应当由精神科执业医师作出。

4.【答案】E

【解析】自决、有利、不伤害、保密、公平是医学伦理学中的基本原则,在精神科也同样重要。

5.【答案】A

【解析】《中华人民共和国精神卫生法》第三十条　诊断结论、评估证明表明就诊者为严重精神障碍患者并存在下列情形之一的就要对其实施非自愿住院治疗:①已经发生伤害自身的行为,或者有伤害自身的危险的;②已经发生危害他人安全的行为,或者有危害他人安全的危险的。

6.【答案】C

【解析】对精神障碍患者的刑事责任能力评定的核心内容包括辨认能力和控制能力。

7.【答案】E

【解析】《中华人民共和国精神卫生法》第七十八条　违反本法规定,有下列情形之一,给精神障碍患者或者其他公民造成人身、财产或者其他损害的,依法承担赔偿责任:①将非精神障碍患者故意作为精神障碍患者送入医疗机构治疗的;②精神障碍患者的监护人遗弃患者,或者有不履行监护职责的其他情形的;③歧视、侮辱、虐待精神障碍患者,侵害患者的人格尊严、人身安全的;④非法限制精神障碍患者人身自由的;⑤其他侵害精神障碍患者合法权益的情形。

神障碍患者或者其他公民造成人身、财产或者其他损害的，需依法承担赔偿责任

A. 将非精神障碍患者故意作为精神障碍患者送入医疗机构治疗的

B. 精神障碍患者的监护人遗弃患者，或者有不履行监护职责的其他情形的

C. 歧视、侮辱、虐待精神障碍患者，侵害患者的人格尊严、人身安全的

D. 非法限制精神障碍患者人身自由以及其他侵害精神障碍患者合法权益的情形

E. 以上都是

8. 不能完全辨认其行为的精神病患者属于

A. 完全民事行为能力人　B. 限制民事行为能力人

C. 部分民事行为能力人　D. 无民事行为能力人

E. 失去民事行为能力人

9. 无民事行为能力的精神病患者，其符合法定条件的监护人**不包括**

A. 配偶　B. 未成年子女

C. 父母　D. 近亲属

E. 朋友愿意承担监护责任

10.《中华人民共和国精神卫生法》开始施行的时间为

A. 2015 年 3 月 1 日　B. 2015 年 5 月 1 日

C. 2013 年 3 月 1 日　D. 2013 年 5 月 1 日

E. 2012 年 10 月 26 日

11.《中华人民共和国精神卫生法》中严重精神障碍患者实施非自愿入院的前提是

A. 已经发生伤害自身行为或者有伤害自身危险

B. 存在由国际公认标准定义的、达到一定严重程度的精神障碍

C. 如果未经治疗，患者的状况会恶化

D. 患者无法自理

E. 入院具有治疗性目的

12. 有关精神病患者刑事责任能力的规定，**错误**的是

A. 精神病患者在不能辨别自己行为的时候造成的危害结果，经法定程序鉴定正确的，不负刑事责任

B. 精神病患者在不能控制自己行为的时候造成危害结果，应责令他的监护人严加看管和医疗

8.【答案】B

【解析】不能完全辨认其行为的精神病患者为限制民事行为能力人；不能辨认其行为的精神病患者为无民事行为能力人。

9.【答案】B

【解析】未成年子女不能作为法定监护人，应为成年子女。

10.【答案】D

【解析】2013年5月1日开始实施；2012 年 10 月 26 日由中华人民共和国第十一届全国人民代表大会常务委员会第二十九次会议通过，予以发布。

11.【答案】A

【解析】《中华人民共和国精神卫生法》将严重精神障碍患者“已经发生伤害自身行为或者有伤害自身危险”以及“已经发生危害他人安全的行为或者有危害他人安全的危险”作为实施非自愿住院治疗的前提条件。

12.【答案】D

【解析】如果是尚未完全丧失辨认自己行为能力的精神病患者的犯罪，应负刑事责任，但可以从轻或者减轻处罚。

C. 间歇期的精神病患者在正常的时候犯罪,应当负刑事责任

D. 经医生确诊患有精神病的患者犯罪,不负刑事责任

E. 醉酒的人犯罪,应当负刑事责任

13. 精神疾病患者享有的权益**不包括**

A. 人身自由权　B. 劳动就业　C. 监护

D. 作证能力　E. 非自愿医疗

13.【答案】D

【解析】作证能力为精神疾病患者法律能力的评定内容。

14. **不属于**司法精神病学鉴定的内容是

A. 刑事责任能力　B. 受审能力　C. 服刑能力

D. 作证能力　E. 自卫能力

14.【答案】E

【解析】自卫能力不属于司法精神病学鉴定的内容,应该为"性自卫能力"。

15. 世界精神卫生日是

A. 11月11日　B. 11月10日　C. 10月10日

D. 10月11日　E. 12月10日

15.【答案】C

【解析】世界精神卫生日是由世界精神病学协会(World Psychiatric Association, WPA)1992年发起的,时间是每年的10月10日。2000年我国首次组织"世界精神卫生日"活动。

16.《中华人民共和国精神卫生法》正式发布的时间是

A. 2015年3月1日　B. 2015年5月1日

C. 2013年3月1日　D. 2013年5月1日

E. 2012年10月26日

16.【答案】E

17. 精神障碍患者的教育、劳动、医疗以及从国家和社会获得物质帮助等方面的合法权益受

A. 国家保护　B. 社会保护　C. 法律保护

D. 宪法保护　E. 道德保护

17.【答案】C

18. 任何组织或者个人不得歧视、侮辱、虐待精神障碍患者,精神障碍患者的人身自由**不得**

A. 强制限制　B. 非法限制　C. 随意限制

D. 私自限制　E. 非自愿限制

18.【答案】B

【解析】《中华人民共和国精神卫生法》第五条　全社会应当尊重、理解、关爱精神障碍患者。任何组织或者个人不得歧视、侮辱、虐待精神障碍患者,不得非法限制精神障碍患者的人身自由。新闻报道和文学艺术作品等不得含有歧视、侮辱精神障碍患者的内容。

19. 可对住院精神病患者做鉴定的人员是

A. 精神科医师

B. 精神病专科医师

C. 精神科执业医师

D. 有精神病鉴定执业资质的鉴定人

E. 有执业医师资格证的医师

19.【答案】D

【解析】《中华人民共和国精神卫生法》第三十二条　住院精神病患者的鉴定需由依法取得执业资质的鉴定机构指定该机构具有鉴定事项执业资格的二名以上鉴定人共同进行。

20. 自愿住院患者可以随时要求出院,对于已发生危害他人安全的行为或有危害他人安全危险实施住院治疗的严重精神障碍患者,可以出院的情况是

20.【答案】D

【解析】住院患者的出院应遵守《中华人民共和国精神卫生法》的规定:自愿住院治疗的患者可以随时要求出院;因伤害自身而非自愿住院治疗的患者的出院由监护人决定;医疗机构要对因危害他人而非自愿住院治疗的患者是否可以出院进行及时评估,可以出院的应当及时通知患者及监护人。

A. 监护人要求出院
B. 警察
C. 患者本人要求出院
D. 医疗机构对患者病情作出判断评估可出院并告知家属及本人
E. 监护人和患者本人均要求出院

【A2 型题】

1. 被鉴定人李某，女，35岁，农民，因杀死丈夫被捕。患者于一年前开始出现精神异常，表现为言语增多，到处乱跑，常自言自语和无故独自嬉笑；曾因疑心丈夫有外遇、要杀她娶别的女人，而多次打骂丈夫。案发当晚，李某趁丈夫睡着之际，用菜刀将丈夫杀害。审讯时，李某意识清楚、态度坦然；对杀人供认不讳，毫无掩饰及隐瞒；声称她丈夫将刀藏在衣服里要杀她，她就先下手把他杀了。检查过程中时有自言自语。李某司法鉴定应判定为
A. 部分责任能力　B. 限制责任能力　C. 完全责任能力
D. 无责任能力　E. 属于正当防卫

2. 王某，男，47岁，技术员，患精神分裂症11年。曾住院治疗，达临床明显好转，自知力部分恢复，能完成基本工作任务。平时孤僻，很少与人沟通交流，一直认为单位部门主任对自己不好，暗中迫害自己。有一次曾疑心同事偷了其自行车，因此用刀威胁同事承认偷窃。王某与同宿舍张某关系较好，常一起看电视，案发前两天两人还一起看电视喝酒，但看了一段时间后，王某想看看别的节目，张某要求先把这个节目看完再看其他的，为此二人争执，后王某拿起水果刀击中张某腹部，致张某脾破裂。事后王某说平时两人并无矛盾，并承认此次用刀攻击是自己的错误，表示认罪伏法。李某司法鉴定应判定为
A. 缺乏责任能力
B. 限制责任能力
C. 完全责任能力
D. 无责任能力
E. 无责任能力但应该赔偿张某损失

【A3/A4 型题】

(1~3 题共用题干)

王某是就读于某高校的一名研究生。一月前因在学校内突发胡言乱语、冲动打人等行为由学校辅导员送至某精神病专科医院，并电话告知其父母。二十余天后其父母赶至医院，见到王某对答如流、无异常行为，认为自己女儿没有病，要求出院，并要求医院、学校及辅导员作出说明，否则要将其告上法庭。

1.【答案】D

【解析】李某行凶处于发病期，在被害妄想支配下产生凶杀行为，失去辨认和控制能力，故为无责任能力。

2.【答案】B

【解析】王某在行凶前、行凶时和行凶后都存在明显的认知、情感和意志方面的症状。王某存在被害妄想，并在本症的精神病理基础上产生易激惹性增强，对被害妄想观念缺乏判断能力。虽然在某种程度上存在辨认能力，但本人仍处于发病阶段，其敏感多疑，妄想观念对本人行凶行为产生某种作用或影响。根据具体情况，判定为限定责任能力较为适当。

1. 本案例中，在王某发生疑似精神障碍行为时，所在学校有权将其送至医疗机构进行精神障碍诊断的人员，**不包括**
A. 王某学校负责人员
B. 王某学校所在辖区派出所
C. 王某的近亲属
D. 王某的同宿舍室友
E. 王某的父母

1.【答案】D
【解析】《中华人民共和国精神卫生法》第二十八条 疑似精神障碍患者发生伤害自身、危害他人安全的行为，或者有伤害自身、危害他人安全的危险的，其近亲属、所在单位、当地公安机关应当立即采取措施予以制止，并将其送往医疗机构进行精神障碍诊断。

2. 本案例中，诊断王某患有精神障碍最有力的支撑依据是
A. 王某发病时目击者的描述
B. 精神科医师接诊时，询问病情以及对王某进行精神检查所作出的诊断
C. 王某清醒后的回忆描述
D. 王某有精神疾病家族史
E. 王某发病时的录音、录像资料

2.【答案】B
【解析】《中华人民共和国精神卫生法》第二十九条 精神障碍的诊断应当由精神科执业医师作出。医疗机构接到依照本法第二十八条第二款规定送诊的疑似精神障碍患者，应当将其留院，立即指派精神科执业医师进行诊断，并及时出具诊断结论。

3. 本案例中，王某出院后，其监护权属于
A. 王某父母　　B. 学校辅导员
C. 王某室友　　D. 王某自己
E. 王某父母和学校辅导员

3.【答案】A
【解析】精神障碍患者的监护人是指依照《中华人民共和国民法通则》的有关规定可以担任监护人的人。

(4~5 题共用题干)
张某，男，37 岁，技术员，近一周睡眠差，话多、夸大、管闲事、易激惹，在公司毁物伤人，由单位领导及警察陪同入住精神科病房。入院当天经与患者沟通后态度良好，表示愿意接受治疗。入院第二天患者情绪激动，反复吵闹，用头撞墙，需要予以保护性约束。

4. 予以保护性约束谈话时，需要签署相关知情同意书，下列**无效**的签署是
A. 患者母亲　　B. 患者同事
C. 接受委派的单位领导　　D. 患者 13 岁的女儿
E. 患者的配偶

4.【答案】D
【解析】《中华人民共和国精神卫生法》所指的监护人和《中华人民共和国民法通则》中的监护人的概念不同，前者可以不经过法庭宣判，而是本着患者权益至上的原则，在可以担任监护人的人如配偶、父母、成年子女、其他近亲属中协商产生，其职责和权限只限于代理患者决定有关医疗相关事宜；后者则需要法院宣判，能够代理患者进行所有民事行为。

5. 哪种情况**不符合**实施保护性约束的条件
A. 严重精神障碍、有危害他人危险
B. 重性精神病、拒绝睡觉
C. 严重精神障碍、有伤害自身危险
D. 精神分裂症、自杀行为
E. 抑郁症患者、自伤行为

5.【答案】B
【解析】①临床常见的不合作情况如拒绝服药、进食、换衣服等行为，只有达到"发生或者将要发生伤害自身、危害他人安全、扰乱医疗秩序"的程度，才能予以约束和隔离；②必须以"没有其他可替代措施"作为前提；③必须遵循操作规程；④实施后要告知患者的监护人。

(6~7 题共用题干)
患者，男，23 岁，未婚，汉族，中专文化，公司职员。主诉"凭空闻

6.【答案】D

【解析】《中华人民共和国精神卫生法》规定,伤害自身的患者的非自愿住院治疗由监护人决定;危害他人的患者的非自愿住院治疗由医院决定、监护人同意,监护人和患者本人都可以对医院的决定提出异议并申请重新诊断和医学鉴定,直至法律诉讼。再次诊断和鉴定结论出来之前,医院应按照原来的诊断对患者进行治疗。

7.【答案】A

【解析】《中华人民共和国精神卫生法》第五十三条 精神障碍患者违反治安管理处罚法或者触犯刑法的,依照有关法律的规定处理。《中华人民共和国刑事诉讼法》第二百八十四条 实施暴力行为,危害公共安全或者严重危害公民人身安全,经法定程序鉴定依法不负刑事责任的精神病人,有继续危害社会可能的,可以予以强制医疗。

1.【答案】D

【解析】医师在执业活动中履行下列义务:①遵守法律、法规,遵守技术操作规范;②树立敬业精神,遵守职业道德,履行医师职责,尽职尽责为患者服务;③关心、爱护、尊重患者,保护患者的隐私;④努力钻研业务,更新知识,提高专业技术水平;⑤宣传卫生保健知识,对患者进行健康教育。所有选项中只有选项D是医师履行的义务之一,注意B和C选项从事医学研究和接受继续教育属于医师的权利。

2.【答案】A

【解析】具有下列条件之一的,可以参加执业医师资格考试:①具有高等学校医学专业本科以上学历,在执业医师指导下,在医疗、预防、保健机构中试用期满一年的;②取得执业助理医师执业证书后,具有高等学校医学专科学历,在医疗、预防、保健机构中工作满两年的;具有中等专业学校医学专业学历,在医疗、预防、保健机构中工作满五年的。故本题选A。

3.【答案】E

【解析】中止医师执业活动两年以上的,当其中止的情形消失后,需要恢复执业活动的,应当经所在地的县级以上卫生行政部门委托的机构或者组织考核合格,并依法申请办理重新注册。故本题选E。

4.【答案】C

【解析】根据《中华人民共和国执业医师法》第四章第三十一条 受县级以上人民政府卫生行政部门委托的机构或者组织应当按照医师执业标准,对医师的业务水平、工作成绩和职业道德状况进行定期考核。对医师的考核结果,考核机构应当报告准予注册的卫生行政部门备案。所有选项,只有选项C符合,故本题选C。

语,认为被迫害2个月余,加重2天,毁物伤人”。由其父亲及民警多人护送入院。病史提供者为父亲。

6. 有权将其送往就诊的人员是

A. 警察　　B. 患者监护人　　C. 所在单位

D. 以上都是　　E. 以上都不是

7. 需采取强制医疗条件的情况是

A. 实施暴力行为,危害公共安全或者严重危害公民人身安全,经法定程序鉴定依法不负刑事责任的精神病人

B. 有严重精神疾病,并有挥霍行为的

C. 有严重精神疾病,并有自伤行为的

D. 有实施暴力行为严重危害自身人身安全的

E. 有严重抑郁症,自杀风险很高

第三节　执业医师法律制度

【A1 型题】

1.《中华人民共和国执业医师法》规定,医师在执业活动中应履行的义务之一是

A. 在注册的执业范围内,选择合理的医疗、预防、保健方案

B. 从事医学研究、学术交流,参加专业学术团体

C. 参加专业培训,接受继续医学教育

D. 努力钻研业务,更新知识,提高专业水平

E. 获得工资报酬和津贴,享受国家规定的福利待遇

2.《中华人民共和国执业医师法》规定,在医疗、预防、保健机构中试用期满一年,具有以下学历者可以参加执业医师资格考试

A. 高等学校医学专业本科以上学历

B. 高等学校医学专业专科学历

C. 取得助理执业医师执业证书后,具有高等学校医学专科学历

D. 中等专业学校医学专业学历

E. 取得助理执业医师执业证书后,具有中等专业学校医学专业学历

3. 医师中止执业活动两年以上,当其中止的情形消失后,需要恢复执业活动的,应当经所在地的县级以上卫生行政部门委托的机构或者组织考核合格,并依法申请办理

A. 准予注册手续　　B. 中止注册手续

C. 注销注册手续　　D. 变更注册手续
E. 重新注册手续

4. 对医师的业务水平、工作成绩和职业道德状况，依法享有定期考核权的单位是
A. 县级以上人民政府
B. 县级以上人民政府卫生行政部门
C. 受县级以上人民政府卫生行政部门委托的机构或者组织
D. 医师所在地的医学会或者医师协会
E. 医师所在的医疗、预防、保健机构

5.《中华人民共和国执业医师法》规定对考核不合格的医师，卫生行政部门可以责令其暂停执业活动，并接受培训和继续医学教育。暂停期限是3个月至
A. 5个月　　B. 6个月　　C. 7个月
D. 8个月　　E. 9个月

6. 某县医院妇产科医师计划开展结扎手术业务，按照规定参加了相关培训，培训结束后，有关单位负责对其进行了考核并颁发给相应的合格证书，该有关单位是指
A. 地方医师协会
B. 所在医疗保健机构
C. 国家卫生健康委员会
D. 地方医学会
E. 地方卫生行政部门

7. 医师在执业活动中**不属于**应当履行的义务是
A. 宣传普及卫生保健知识
B. 尊重患者隐私权
C. 人格尊严、人身安全不受侵犯
D. 努力钻研业务，及时更新知识
E. 爱岗敬业，努力工作

8. 医师在执业活动中，违反《中华人民共和国执业医师法》规定，有下列行为之一的，由县级以上人民政府卫生行政部门给予警告或者责令暂停六个月以上一年以下执业活动；情节严重的，吊销其医师执业证书
A. 未经批准开办医疗机构行医的
B. 未经患者或家属同意，对患者进行实验性临床医疗的
C. 在医疗、预防、保健工作中造成事故的
D. 不参加培训和继续教育的
E. 干扰医疗机构正常工作的

5.【答案】B
【解析】对考核不合格的医师，县级以上人民政府卫生行政部门可以责令其暂停执业活动3~6个月，并接受培训和继续医学教育。暂停执业活动期满，再次进行考核，对考核合格的，允许其继续执业；对考核不合格的，由县级以上人民政府卫生行政部门注销注册，收回医师执业证书。本题选B。

6.【答案】E
【解析】从事婚前医学检查、实行结扎手术和妊娠手术的人员以及从事家庭接生的人员，必须经过县级以上地方人民政府卫生行政部门的考核，并取得相应的合格证书。

7.【答案】C
【解析】根据《中华人民共和国执业医师法》第三章第二十二条　医师在执业活动中履行下列义务：
（一）遵守法律、法规，遵守技术操作规范；
（二）树立敬业精神，遵守职业道德，履行医师职责，尽职尽责为患者服务；
（三）关心、爱护、尊重患者，保护患者的隐私；
（四）努力钻研业务，更新知识，提高专业技术水平；
（五）宣传卫生保健知识，对患者进行健康教育。
选项C人格尊严、人身安全不受侵犯属于医师享有的权利，选项A、B、D、E皆是医师的义务。

8.【答案】B
【解析】《中华人民共和国执业医师法》第三十七条　医师在执业活动中，违反本法规定，有下列行为之一的，由县级以上人民政府卫生行政部门给予警告或者责令暂停六个月以上一年以下执业活动；情节严重的，吊销其执业证书；构成犯罪的，依法追究刑事责任：
（一）违反卫生行政规章制度或者技术操作规范，造成严重后果的；
（二）由于不负责任延误急危患者的抢救和诊治，造成严重后果的；
（三）造成医疗责任事故的；
（四）未经亲自诊查、调查，签署诊断、治疗、流行病学等证明文件或者有关出生、死亡等证明文件的；
（五）隐匿、伪造或者擅自销毁医学文书及有关资料的；
（六）使用未经批准使用的药品、消毒药剂和医疗器械的；
（七）不按照规定使用麻醉药品、医疗用毒性药品、精神药品和放射性药品的；
（八）未经患者或者其家属同意，对患者进行实验性临床医疗的；
（九）泄露患者隐私，造成严重后果的；
（十）利用职务之便，索取、非法收受患者财物或者牟取其他不正当利益的；
（十一）发生自然灾害、传染病流行、突发重大伤亡事故以及其他严重威胁人民生命健康的紧急情况时，不

9. 医师医疗权的权利**不包括**

A. 获得报酬　　B. 医学处置

C. 出具证明文件　　D. 选择医疗方案

E. 医学检查

10. 在医疗活动中，医务人员应当如实向患者告知病情、医疗措施、医疗风险，这是

A. 医务人员的权利

B. 医务人员的义务

C. 医务人员的职业道德

D. 患者的权利

E. 患者的义务

11. 对急危患者，医师应该采取的救治措施是

A. 积极措施

B. 紧急措施

C. 适当措施

D. 最佳措施

E. 一切可能的措施

12. 医师的下列行为**不属于**违法违规的是

A. 违反技术操作规范

B. 延误救治

C. 拒绝以其他医院的检验结果为依据出具诊断证明书

D. 未经患者同意实施实验性临床医疗

E. 泄露患者隐私

13. 未经有关部门批准，医师擅自开办诊所，卫生行政部门可采取的措施**不包括**

A. 没收违法所得

B. 责令赔偿患者损失

C. 没收药品、器械

D. 吊销执业证书

E. 取缔

14. 执业医师是指在医疗机构中的

A. 从业人员

B. 执业的医务人员

C. 经注册的医务人员

D. 取得医师资格的医务人员

E. 取得医师资格并经注册的执业医务人员

服从卫生行政部门调遣的；

（十二）发生医疗事故或者发现传染病疫情，患者涉嫌伤害事件或者非正常死亡，不按照规定报告的。

本题所有选项只有选项B符合第（八）款，故本题选B。

9.【答案】A

【解析】医师在执业活动中享有下列权利：医师在执业活动中享有注册的执业范围内，进行医学诊查、疾病调查、医学处置、出具相应的医学证明文件，选择合理的医疗、预防、保健方案的权利。所有选项中只有获得报酬不包括在内，故本题选A。

10.【答案】B

【解析】根据《中华人民共和国执业医师法》第二十六条　医师应当如实向患者或者其家属介绍病情，但应注意避免对患者产生不利后果。医师进行实验性临床医疗，应当经医院批准并征得患者本人或者其家属同意。这属于医务人员应当切实履行的一些告知义务，故本题选B。

11.【答案】B

【解析】根据《中华人民共和国执业医师法》第二十四条　对急危患者，医师应当采取紧急措施进行诊治；不得拒绝急救处置。故本题选B。

12.【答案】C

【解析】根据《中华人民共和国执业医师法》第二十三条　医师实施医疗、预防、保健措施，签署有关医学证明文件，必须亲自诊查调查，并按照规定及时填写医学文书，不得隐匿、伪造或者销毁医学文书及有关资料。医师不得出具与自己执业范围无关或者与执业类别不相符的医学证明文件。而拒绝以其他医院的检验结果为依据出具诊断证明书是正确的行为，不属于违法违规。故本题选C。其他选项皆属于违法违规。

13.【答案】B

【解析】根据《中华人民共和国执业医师法》第三十九条　未经批准擅自开办医疗机构行医或者非医师行医的，由县级以上人民政府卫生行政部门予以取缔，没收其违法所得及其药品、器械，并处十万元以下的罚款；对医师吊销其执业证书；给患者造成损害的，依法承担赔偿责任；构成犯罪的，依法追究刑事责任。所有选项中只有责令赔偿患者损失不包括在内，故本题选B。

14.【答案】E

【解析】医师包括执业医师和执业助理医师，指依法取得执业医师资格或者执业助理医师资格，经注册在医疗、预防、保健机构中执业的专业医务人员。选项E较为完整地定义了执业医师的概念，而其他答案均有所欠缺。故本题选E。

15. 医师拒绝按照其他医院的检验结果开处方，应
A. 不受处罚
B. 受纪律处罚
C. 受党纪处罚
D. 受行政处罚
E. 受司法处罚

16. 医师跨省调动工作，需申请办理变更执业注册手续时，应
A. 向原注册管理部门申请
B. 向拟执业地注册管理部门申请
C. 向原或拟执业地任何一个注册管理部门申请
D. 先向原注册管理部门申请，再向拟执业地注册管理部门申请
E. 先向拟执业地注册管理部门申请，再向原注册地管理部门申请

17. 对于涂改、伪造病历资料的医务人员，卫生行政部门可给予的行政处罚**不包括**
A. 行政处分
B. 纪律处分
C. 吊销执业证书
D. 吊销资格证书
E. 赔偿患者损失

【A2 型题】

1. 某医师，在去年8月至今年6月的执业活动中，为了从个体推销商手中得到好处，多次使用未经批准的药品和消毒药剂，累计获得回扣8 205元。根据《中华人民共和国执业医师法》的规定，应当依法给予该医师的行政处罚是
A. 警告
B. 责令暂停9个月执业活动
C. 罚款1万元
D. 吊销执业证书
E. 没收非法所得

2. 中等卫校毕业生林某，在乡卫生院工作，2000年取得执业助理医师执业证书。他要参加执业医师资格考试，根据《中华人民共和国执业医师法》规定，应取得执业助理医师执业证书后，在医疗机构中工作满
A. 六年　　B. 五年
C. 四年　　D. 三年
E. 两年

15.【答案】A
【解析】未经医师亲自诊查、调查，签署诊断、治疗、流行病学等证明文件或者有关出生、死亡等证明文件的，将由县级以上人民政府卫生行政部门给予医师警告或者责令暂停六个月以上一年以下执业活动；情节严重的，吊销执业证书；构成犯罪的，依法追究刑事责任。所以说，某医师拒绝按照其他医院检验结果开处方的行为是正确的，不受处罚。故本题选A。

16.【答案】B
【解析】根据《中华人民共和国执业医师法》第二章第十七条　医师变更执业地点、执业类别、执业范围等注册事项的，应当到准予注册的卫生行政部门依照本法第十三条的规定办理变更注册手续。故应向拟执业地注册管理部门申请。

17.【答案】E
【解析】根据《中华人民共和国执业医师法》第五章第三十七条　隐匿、伪造或者擅自销毁医学文书及有关资料的医师将由县级以上人民政府卫生行政部门给予警告或者责令暂停六个月以上一年以下执业活动；情节严重的，吊销执业证书；构成犯罪的，依法追究刑事责任。所有选项中只有"赔偿患者损失"不包括在内，故本题选E。

1.【答案】D
【解析】《中华人民共和国执业医师法》第五章第三十七条　医师在执业活动中，违反本法规定，有下列行为之一的，由县级以上人民政府卫生行政部门给予警告或者责令暂停六个月以上一年以下执业活动；情节严重的，吊销其执业证书；构成犯罪的，依法追究刑事责任。本题该医师属于其中的第(十)款：利用职务之便，索取、非法收受患者财物或者牟取其他不正当利益的，应给予吊销执业证书。故本题选D。

2.【答案】B
【解析】根据《中华人民共和国执业医师法》第二章第九条　具有下列条件之一的，可以参加执业医师资格考试：
(一)具有高等学校医学专业本科以上学历，在执业医师指导下，在医疗、预防、保健机构中试用期满一年的；
(二)取得执业助理医师执业证书后，具有高等学校医学专科学历，在医疗、预防、保健机构中工作满两年的；具有中等专业学校医学专业学历，在医疗、预防、保健机构中工作满五年的。
本题林某属于第九条第(二)款的情况，故选B。

3. 黄某2010年10月因医疗事故受到吊销医师执业证书的行政处罚,2012年9月向当地卫生行政部门申请重新注册。卫生行政部门经过审查决定对黄某不予注册,理由是黄某的行政处罚自处罚决定之日起至申请注册之日止不满

A. 一年　　B. 两年　　C. 三年
D. 四年　　E. 五年

第四节 医疗事故与损害法律制度

【A1型题】

1.《医疗事故处理条例》将医疗事故分为四级,它们是根据

A. 对患者人身造成的损害程度
B. 医疗事故的责任
C. 患者病情严重程度
D. 医疗事故的定性
E. 患者患病的病种情况

2. 因抢救急危患者,未能及时书写病历的,有关医务人员应当在抢救结束后几小时内据实补记,并加以注明

A. 3小时　　B. 6小时
C. 9小时　　D. 12小时
E. 24小时

3. 发生医疗事故争议情况,封存和启封病历等资料时应

A. 有医患双方在场
B. 有第三方公证人在场
C. 有医疗事故鉴定委员会专家在场
D. 有卫生行政部门有关人员在场
E. 经请卫生行政部门批准后

4. 当事人对首次医疗事故技术鉴定不服的,可以自收到首次医疗事故技术鉴定结论之日起几日内向所在地卫生行政部门提出再次鉴定的申请

A. 5日　　B. 10日　　C. 15日
D. 20日　　E. 25日

5. 当事人自知道或者应当知道其身体健康受到损害之日起(　　)年内,可以向卫生行政部门提出医疗事故争议处理申请

A. 0.5　　B. 1　　C. 1.5
D. 2　　E. 2.5

3.【答案】B

【解析】根据《中华人民共和国执业医师法》第十五条　有下列情形之一的,不予注册:

(一)不具有完全民事行为能力的;

(二)因受刑事处罚,自刑罚执行完毕之日起至申请注册之日止不满两年的;

(三)受吊销医师执业证书行政处罚,自处罚决定之日起至申请注册之日止不满两年的;

(四)有国务院卫生行政部门规定不宜从事医疗、预防、保健业务的其他情形的。

受理申请的卫生行政部门对不符合条件不予注册的,应当自收到申请之日起三十日内书面通知申请人,并说明理由。申请人有异议的,可以自收到通知之日起十五日内,依法申请复议或者向人民法院提起诉讼。本题黄某属于第十五条第(三)款的情况,故本题选B。

1.【答案】A

【解析】《医疗事故处理条例》第四条　根据对患者人身造成的损害程度,医疗事故分为四级。

2.【答案】B

【解析】《医疗事故处理条例》第八条　医疗机构应当按照国务院卫生行政部门规定的要求,书写并妥善保管病历资料。因抢救急危患者,未能及时书写病历的,有关医务人员应当在抢救结束后6小时内据实补记,并加以注明。

3.【答案】A

【解析】《医疗事故处理条例》第十六条　发生医疗事故争议时,死亡病例讨论记录、疑难病例讨论记录、上级医师查房记录、会诊意见、病程记录应当在医患双方在场的情况下封存和启封。封存的病历资料可以是复印件,由医疗机构保管。

4.【答案】C

【解析】《医疗事故处理条例》第二十二条　当事人对首次医疗事故技术鉴定结论不服的,可以自收到首次鉴定结论之日起15日内向医疗机构所在地卫生行政部门提出再次鉴定的申请。

5.【答案】B

【解析】《医疗事故处理条例》第三十七条　发生医疗事故争议,当事人申请卫生行政部门处理的,应当提出书面申请。申请书应当载明申请人的基本情况、有关事实、具体请求及理由等。当事人自知道或者应当知道其身体健康受到损害之日起1年内,可以向卫生行政部门提出医疗事故争议处理申请。

6. 医疗事故赔偿的项目有
A. 7 项　B. 8 项　C. 9 项
D. 10 项　E. 11 项

7. 调整医疗活动中医患双方权利和义务,保障医患双方合法权益得以实现的具体卫生行政法规是
A.《中华人民共和国食品卫生法》
B.《医疗事故处理条例》
C.《麻醉药品管理办法》
D.《中华人民共和国传染病防治法》
E.《中华人民共和国药品管理法》

8.《医疗事故处理条例》开始施行的日期为
A. 2002 年 4 月 4 日
B. 2002 年 9 月 1 日
C. 2003 年 4 月 4 日
D. 2002 年 2 月 20 日
E. 2003 年 9 月 1 日

9. 当事人对首次医疗事故技术鉴定结论有异议,申请再次鉴定的,卫生行政部门应当自收到之日起 7 日内,交由什么组织再次鉴定
A. 地、市级地方医学会
B. 省、自治区、直辖市地方医学会
C. 中华医学会
D. 人民法院
E. 以上均不是

10. 医疗机构内死亡的,尸体应立即移放太平间。死者尸体存放时间一般**不超过**多长时间
A. 1 周　B. 2 周　C. 3 周
D. 4 周　E. 5 周

11. 下列选项中哪种情形**不属于**医疗事故
A. 在紧急情况下为抢救垂危患者生命而采取紧急措施造成不良后果的
B. 在医疗活动中由于患者病情异常或者患者体质特殊而发生医疗意外的
C. 无过错输血感染造成不良后果的
D. 经患者同意,对患者实行实验性诊疗发生不良后果
E. 以上都不是医疗事故

6.【答案】E
【解析】《医疗事故处理条例》第五十条　医疗事故赔偿的项目包括 11 项,具体为:医疗费、误工费、住院伙食补助费、陪护费、残疾生活补助费、残疾用具费、丧葬费、被抚养人生活费、交通费、住宿费、精神损害抚慰金等,并较为明确地规定了上述赔偿项目的计算标准和计算办法。

7.【答案】B
【解析】《医疗事故处理条例》是国务院 2002 年 4 月 4 日颁布的条例。制定的目的是正确处理医疗事故,保护患者和医疗机构及其医务人员的合法权益,维护医疗秩序,保障医疗安全,促进医学科学的发展。

8.【答案】B
【解析】最新的条例于 2002 年 2 月 20 日国务院第 55 次常务会议通过,于 2002 年 9 月 1 日起公布施行,共计七章六十三条。

9.【答案】B
【解析】《医疗事故处理条例》第三十九条　当事人对首次医疗事故技术鉴定结论有异议,申请再次鉴定的,卫生行政部门应当自收到申请之日起 7 日内交由省、自治区、直辖市地方医学会组织再次鉴定。

10.【答案】B
【解析】《医疗事故处理条例》第十九条　患者在医疗机构内死亡的,尸体应当立即移放太平间。死者尸体存放时间一般不得超过 2 周。逾期不处理的尸体,经医疗机构所在地卫生行政部门批准,并报经同级公安部门备案后,由医疗机构按照规定进行处理。

11.【答案】E
【解析】《医疗事故处理条例》第三十三条　有下列情形之一的,不属于医疗事故:
(一) 在紧急情况下为抢救垂危患者生命而采取紧急医学措施造成不良后果的;
(二) 在医疗活动中由于患者病情异常或者患者体质特殊而发生医疗意外的;
(三) 在现有医学科学技术条件下,发生无法预料或者不能防范的不良后果的;
(四) 无过错输血感染造成不良后果的;
(五) 因患方原因延误诊疗导致不良后果的;
(六) 因不可抗力造成不良后果的。

12.【答案】D

【解析】《医疗事故处理条例》第十八条　患者死亡，医患双方当事人不能确定死因或者对死因有异议的，应当在患者死亡后48小时内进行尸检；具备尸体冻存条件的，可以延长至7日。尸检应当经死者近亲属同意并签字。

13.【答案】E

【解析】《医疗事故处理条例》第十四条　发生医疗事故的，医疗机构应当按照规定向所在地卫生行政部门报告。发生下列重大医疗过失行为的，医疗机构应当在12小时内向所在地卫生行政部门报告：

（一）导致患者死亡或者可能为二级以上的医疗事故；

（二）导致3人以上人身损害后果；

（三）国务院卫生行政部门和省、自治区、直辖市人民政府卫生行政部门规定的其他情形。

14.【答案】A

【解析】《医疗事故处理条例》第五十条　以死者生前或者残疾者丧失劳动能力前实际抚养且没有劳动能力的人为限，按照其户籍所在地或者居所地居民最低生活保障标准计算。对不满16周岁的，抚养到16周岁；对年满16周岁但无劳动能力的，抚养20年；但是，60周岁以上的，不超过15年；70周岁以上的，不超过5年。

15.【答案】B

【解析】《医疗事故处理条例》第四十八条　已确定为医疗事故的，卫生行政部门应医疗事故争议双方当事人请求，可以进行医疗事故赔偿调解。调解时，应当遵循当事人双方自愿原则，并应当依据本条例的规定计算赔偿数额。经调解，双方当事人就赔偿数额达成协议的，制作调解书，双方当事人应当履行；调解不成或者经调解达成协议后一方反悔的，卫生行政部门不再调解。

16.【答案】A

【解析】《医疗事故处理条例》第五十一条　参加医疗事故处理的患者近亲属所需交通费、误工费、住宿费，参照本条例第五十条的有关规定计算，计算费用的人数不超过2人。医疗事故造成患者死亡的，参加丧葬活动的患者的配偶和直系亲属所需交通费、误工费、住宿费，参照本条例第五十条的有关规定计算，计算费用的人数不超过2人。

12. 医疗纠纷需进行尸检，尸检时间应在死后

A. 12小时内

B. 24小时内

C. 36小时内

D. 48小时内

E. 72小时内

13. 发生重大医疗过失行为，医疗机构应当在规定的时限向当地卫生行政部门报告，重大医疗过失行为是指下列哪种情形

A. 造成患者一般功能障碍

B. 造成患者轻度残疾

C. 造成患者组织损伤导致一般功能障碍

D. 造成患者明显人身损害的其他后果

E. 导致3人以上人身损害后果

14. 事故赔偿被抚养人的生活费时，正确的是

A. 不满16周岁的，抚养到16岁

B. 不满16周岁的，抚养到18岁

C. 年满16周岁但无劳动能力的，抚养30年

D. 60周岁以上的，不超过20年

E. 70周岁以上的，不超过10年

15. 进行医疗事故赔偿调解的依据是

A. 卫生行政部门作出的医疗事故技术鉴定结论报告

B. 卫生行政部门审核的、依照条例规定作出的医疗事故鉴定技术结论

C. 双方当事人自行协商解决的医疗事故技术鉴定报告结论

D. 双方当事人有争议的医疗事故鉴定结论

E. 卫生行政部门作出的鉴定结论

16.《医疗事故处理条例》规定，医院对参加事故处理的患者近亲属交通费、误工费和住宿费的损失赔偿人数**不超过**

A. 2人

B. 3人

C. 4人

D. 5人

E. 6人

17. 医疗事故的要件之一是

A. 直接故意

B. 间接故意

C. 过失

D. 意外事件
E. 以上均不对

18. 重大医疗过失行为，例如导致3人以上人身损害后果，医疗卫生机构应当在几小时内向所在地卫生行政部门报告
A. 6小时内
B. 8小时内
C. 12小时内
D. 24小时内
E. 48小时内

19. 医疗事故的责任主体是依法取得
A. 大学毕业证书的医学院校毕业生
B. 医学教育资格的机构
C. 医疗机构执业许可证的机构
D. 考试合格资格的考生
E. 医学临床研究资格的机构

20. 对事故所作首次鉴定结论不服的，当事人申请再次鉴定的时限应是
A. 收到首次鉴定结论之日起20日后
B. 收到首次鉴定结论之日起15日内
C. 收到首次鉴定结论之日起30日后
D. 收到首次鉴定结论之日起10日内
E. 收到首次鉴定结论之日起15日后

17.【答案】C
【解析】《医疗事故处理条例》第二条 本条例所称医疗事故，是指医疗机构及其医务人员在医疗活动中，违反医疗卫生管理法律、行政法规、部门规章和诊疗护理规范、常规，过失造成患者人身损害的事故。

18.【答案】C
【解析】《医疗事故处理条例》第十四条 发生重大医疗过失行为的，医疗机构应当在12小时内向所在地卫生行政部门报告。

19.【答案】C
【解析】《医疗事故处理条例》第六十条 本条例所称医疗机构，是指依照《医疗机构管理条例》的规定取得《医疗机构执业许可证》的机构。

20.【答案】B
【解析】《医疗事故处理条例》第二十二条 当事人对首次医疗事故技术鉴定结论不服的，可以自收到首次鉴定结论之日起15日内向医疗机构所在地卫生行政部门提出再次鉴定的申请。

第五节 传染病防治法律制度

【A1型题】

1.《中华人民共和国传染病防治法》规定的乙类传染病有
A. 鼠疫
B. 流行性感冒
C. 艾滋病
D. 风疹
E. 霍乱

2.《中华人民共和国传染病防治法》规定，国家对传染病实行的方针与管理办法是
A. 预防为主，防治结合，统一管理
B. 预防为主，防治结合，分类管理
C. 预防为主，防治结合，划区管理
D. 预防为主，防治结合，分片管理
E. 预防为主，防治结合，层级管理

1.【答案】C
【解析】甲类传染病是指：鼠疫、霍乱。乙类传染病是指：传染性非典型肺炎、艾滋病、病毒性肝炎、脊髓灰质炎、人感染高致病性禽流感、麻疹、流行性出血热、狂犬病、流行性乙型脑炎、登革热、炭疽、细菌性和阿米巴性痢疾、肺结核、伤寒和副伤寒、流行性脑脊髓膜炎、百日咳、白喉、新生儿破伤风、猩红热、布鲁氏菌病、淋病、梅毒、钩端螺旋体病、血吸虫病、疟疾。丙类传染病是指：流行性感冒、流行性腮腺炎、风疹、急性出血性结膜炎、麻风病、流行性和地方性斑疹伤寒、黑热病、棘球蚴病、丝虫病，除霍乱、细菌性和阿米巴性痢疾、伤寒和副伤寒以外的感染性腹泻病。选项C属于乙类传染病，故本题选C。

2.【答案】B
【解析】根据《中华人民共和国传染病防治法》第二条 国家对传染病防治实行预防为主的方针，防治结合、分类管理、依靠科学、依靠群众。故本题选B。

3. 对从事传染病预防、医疗、科研的人员以及现场处理疫情的人员，为了保障其健康，他们所在单位应当根据国家规定采取

A. 防治措施和强制治疗措施
B. 防治措施和强制隔离措施
C. 防治措施和医疗保健措施
D. 防治措施和追踪调查措施
E. 防治措施和紧急控制措施

4. 在自然疫源地和可能是自然疫源地的地区兴办的大型建设项目开工前，建设单位应当申请当地卫生防疫机构对施工环境进行

A. 环保调查
B. 卫生调查
C. 卫生资源调查
D. 环境资源调查
E. 危害因素调查

5. 对传染病病人或疑似传染病病人污染的场所和物品，医疗保健机构应当及时采取

A. 封闭场所并销毁物品
B. 强制隔离治疗
C. 必要的卫生处理
D. 报告上级卫生行政机关处理
E. 提请卫生防疫部门处理

6. 属于乙类传染病，但采取甲类传染病预防和控制措施的疾病是

A. 新生儿破伤风
B. 梅毒
C. 百日咳
D. 传染性非典型性肺炎
E. 白喉

7. 国家对传染病菌种毒种的采集、保藏、携带、运输和使用实行的管理方式是

A. 分类管理　　B. 行业管理
C. 专项管理　　D. 集中管理
E. 分层管理

8. 下列属于《中华人民共和国传染病防治法》规定的乙类传染病的是

A. 鼠疫

3.【答案】C

【解析】根据《中华人民共和国传染病防治法》第六十四条　对从事传染病预防、医疗、科研、教学、现场处理疫情的人员，以及在生产、工作中接触传染病病原体的其他人员，有关单位应当按照国家规定，采取有效的卫生防护措施和医疗保健措施，并给予适当的津贴。故本题应选C。

4.【答案】B

【解析】根据《中华人民共和国传染病防治法》第二十八条　在国家确认的自然疫源地计划兴建水利、交通、旅游、能源等大型建设项目的，应当事先由省级以上疾病预防控制机构对施工环境进行卫生调查。建设单位应当根据疾病预防控制机构的意见，采取必要的传染病预防、控制措施。故本题选B。

5.【答案】C

6.【答案】D

【解析】对乙类传染病中传染性非典型肺炎、炭疽中肺炭疽和人感染高致病性禽流感，采取《中华人民共和国传染病防治法》中甲类传染病的预防、控制措施。

7.【答案】A

【解析】对可能导致甲类传染病传播的以及国务院卫生行政部门规定的菌种、毒种和传染病检测样本，确需采集、保藏、携带、运输和使用的，实行分类管理，建立健全严格的管理制度。须经省级以上人民政府卫生行政部门批准。

8.【答案】C

【解析】根据《中华人民共和国传染病防治法》，甲类传染病是指：鼠疫、霍乱。乙类传染病是指：传染性非典型肺炎、艾滋病、病毒性肝炎、脊髓灰质炎、人感染高致病性禽流感、麻疹、流行性出血热、狂犬病、流行性乙型脑炎、登革热、炭疽、细菌性和阿米巴性痢疾、肺结核、伤寒和副伤寒、流行性脑脊髓膜炎、百日咳、白喉、新生儿破伤风、猩红热、布鲁氏菌病、淋病、梅毒、钩端螺旋体病、血吸虫病、疟疾。丙类传染病是指：流行性感冒、流行性腮腺炎、风疹、急性出血性结膜炎、麻风病、流行性和地方性斑疹伤寒、黑热病、棘球蚴病、丝虫病，除霍乱、细菌性和阿米巴性痢疾、伤寒和副伤寒以外的感染性腹泻病。故选项C属于乙类传染病，本题选C。

B. 流行性感冒
C. 人感染高致病性禽流感
D. 黑热病
E. 霍乱

9. 医疗机构在发现甲类传染病时，对疑似病人在明确诊断前，应在指定场所进行
A. 访视
B. 留验
C. 单独隔离治疗
D. 医学观察
E. 就地诊验

10. 传染病暴发、流行时，县级以上地方人民政府应当
A. 宣布疫区
B. 限制或者停止集市、集会
C. 停业、停工、停课
D. 临时征用房屋、交通工具
E. 立即组织力量防治，切断传播途径

11. 发生传染病流行时，县级以上地方政府有权在本行政区域内
A. 调集各级各类医疗、防疫人员参加疫情控制工作
B. 停工、停业、停课
C. 封锁甲类或按甲类传染病管理的传染病疫区
D. 封锁跨省、自治区、直辖市的疫区
E. 宣布疫区

12. 为查找传染病原因，医疗机构依法对疑似传染病病人尸体进行解剖，应当
A. 有病人死亡前签署的同意尸检的书面意见
B. 征得死者家属同意并签字
C. 征得死者家属同意
D. 选择性告知死者家属
E. 告知死者家属

13. 对于住院的甲型肝炎病人使用过的卫生洁具，医疗机构应当采取的措施是
A. 销毁
B. 彻底清洗
C. 必要的卫生处理
D. 请卫生行政机关处理
E. 请防疫机构处理

9.【答案】C
【解析】医疗机构发现甲类传染病时，应当及时采取下列措施：①对病人、病原携带者，予以隔离治疗，隔离期限根据医学检查结果确定；②对疑似病人，确诊前在指定场所单独隔离治疗；③对医疗机构内的病人、病原携带者、疑似病人的密切接触者，在指定场所进行医学观察和采取其他必要的预防措施。故本题选C。

10.【答案】E
【解析】根据《中华人民共和国传染病防治法》第四十二条 传染病暴发、流行时，县级以上地方人民政府应当立即组织力量，按照预防、控制预案进行防治，切断传染病的传播途径，必要时，报经上一级人民政府决定，可以采取下列紧急措施并予以公告：
(一) 限制或者停止集市、影剧院演出或者其他人群聚集的活动；
(二) 停工、停业、停课；
(三) 封闭或者封存被传染病病原体污染的公共饮用水源、食品以及相关物品；
(四) 控制或者扑杀染疫野生动物、家畜家禽；
(五) 封闭可能造成传染病扩散的场所。
故本题选E。

11.【答案】B

12.【答案】E
【解析】根据《中华人民共和国传染病防治法》第四十六条 患甲类传染病、炭疽死亡的，应当将尸体立即进行卫生处理，就近火化。患其他传染病死亡的，必要时，应当将尸体进行卫生处理后火化或者按照规定深埋。为了查找传染病病因，医疗机构在必要时可以按照国务院卫生行政部门的规定，对传染病病人尸体或者疑似传染病病人尸体进行解剖查验，并应当告知死者家属。故本题选E。

13.【答案】C
【解析】根据《中华人民共和国传染病防治法》第二十七条 对被传染病病原体污染的污水、污物、场所和物品，有关单位和个人必须在疾病预防控制机构的指导下或者按照其提出的卫生要求，进行严格消毒处理；拒绝消毒处理的，由当地卫生行政部门或者疾病预防控制机构进行强制消毒处理。故本题选C。

14. 有权对拒绝隔离治疗的霍乱病人采取强制措施的机构是
A. 医疗机构
B. 防疫机构
C. 公安机关
D. 卫生行政部门
E. 政府综合执法机构

15.《中华人民共和国传染病防治法》规定，有关单位应当根据国家规定，对以下人员采取有效的防护措施和医疗保健措施
A. 从事传染病预防的人员以及在生产、工作中接触传染病病原体的其他人员
B. 从事传染病预防、医疗的人员
C. 从事传染病预防、医疗、科研的人员
D. 医疗、教学的人员，以及在生产、工作中接触传染病病原体的其他人员
E. 从事传染病预防、医疗、科研、教学的人员，以及在生产、工作中接触传染病病原的其他人员

16. 除《中华人民共和国传染病防治法》规定以外的其他传染病，根据其暴发、流行情况和危害程度，需要列入乙类、丙类传染病的，由哪个部门决定并予以公布
A. 国务院公安部门
B. 国务院卫生行政部门
C. 国务院畜牧兽医部门
D. 国务院办公厅
E. 国务院司法部门

17. 卫生行政部门工作人员依法执行职务时，应当不少于
A. 两人　B. 3 人　C. 4 人
D. 5 人　E. 6 人

【A2 型题】

1. 患儿刘某，因发热 3 日到县医院就诊，门诊接诊医生张某检查后发现刘某的颊黏膜上有科氏斑，拟诊断为麻疹。张某遂嘱患儿刘某的家长带刘某去市传染病医院就诊。按照《中华人民共和国传染病防治法》的规定，张某应当
A. 请上级医生会诊，确诊后再转诊
B. 请上级医生会诊，确诊后隔离治疗
C. 向医院领导报告，确诊后由防疫部门进行转送隔离
D. 向医院领导报告，确诊后对刘某就地进行隔离
E. 在规定时间内，向当地防疫机构报告

14.【答案】C
【解析】医疗机构发现甲类传染病时，应当及时采取下列措施：①对病人、病原携带者，予以隔离治疗，隔离期限根据医学检查结果确定；②对疑似病人，确诊前在指定场所单独隔离治疗；③对医疗机构内的病人、病原携带者、疑似病人的密切接触者，在指定场所进行医学观察和采取其他必要的预防措施。拒绝隔离治疗或者隔离期未满擅自脱离隔离治疗的，可以由公安机关协助医疗机构采取强制隔离治疗措施。故本题选 C。

15.【答案】E
【解析】《中华人民共和国传染病防治法》第六十四条　对从事传染病预防、医疗、科研、教学、现场处理疫情的人员，以及在生产、工作中接触传染病病原体的其他人员，有关单位应当按照国家规定，采取有效的卫生防护措施和医疗保健措施，并给予适当的津贴。

16.【答案】B
【解析】《中华人民共和国传染病防治法》第三条　国务院卫生行政部门根据传染病暴发、流行情况和危害程度，可以决定增加、减少或者调整乙类、丙类传染病病种并予以公布。

17.【答案】A
【解析】《中华人民共和国传染病防治法》第五十六条　卫生行政部门工作人员依法执行职务时，应当不少于两人，并出示执法证件，填写卫生执法文书。卫生执法文书经核对无误后，应当由卫生执法人员和当事人签名。当事人拒绝签名的，卫生执法人员应当注明情况。

1.【答案】E
【解析】责任疫情报告人发现甲类传染病和乙类传染病中人感染高致病性禽流感、非典型病原体肺炎、肺炭疽的病人、病原携带者和疑似传染病病人时，应于 2 小时内向发病地的卫生防疫机构报告。发现乙类和丙类传染病应在 12 小时内当地防疫机构报告。故选 E。

2. 甲县某养鸡场发生高致病性禽流感疫情。其相邻养鸡场场主杨某因舍不得灭杀种鸡，便趁夜晚驾车将数十只种鸡运往位于乙县的表哥家藏匿，但在途经乙县、丙县和丁县交界处时，被丁县动物防疫部门截获。遂将车上的种鸡在丁县全部灭杀以及无害化处理。在与杨某的交涉中，丁县动物防疫人员发现杨某体温高、不断咳嗽，随后便通知了上述各县疾病预防控制部门。对于杨某进行医学观察的场所应选择在
A. 甲县　　B. 乙县
C. 丙县　　D. 丁县
E. 上级市

第六节　药品及处方管理法律制度

【A1 型题】

1. 医疗机构配制制剂，应是本单位临床需要而市场上没有供应的品种，并须经所在地哪个部门批准后方可配制
A. 省级卫生行政部门
B. 省级药品监督管理部门
C. 县级卫生行政部门
D. 地市级药品监督管理部门
E. 省级工商行政管理部门

2. 医疗机构从事药剂技术工作必须配备
A. 保证制剂质量的设施
B. 管理制度
C. 检验仪器
D. 相应的卫生条件
E. 依法经过资格认定的药师或者其他药学技术人员

3. 医疗机构在药品购销中暗中收受回扣或者其他利益，依法对其给予罚款处罚的机关是
A. 卫生健康主管部门
B. 药品监督管理部门
C. 工商行政管理部门
D. 市场监督管理部门
E. 中医药管理部门

4. 下列**不属于**药品的是
A. 抗生素　　B. 血液
C. 疫苗　　D. 血液制品
E. 血清

2.【答案】D
【解析】疑似甲类或乙类中的某些传染病病人在明确诊断前，应就地进行医学观察。根据题干，防疫人员现怀疑杨某患有"人禽流感"，故应就地(丁县)进行医学观察，故选D。

1.【答案】B
【解析】根据《中华人民共和国药品管理法》第七十六条　医疗机构配制的制剂，应当是本单位临床需要而市场上没有供应的品种，并应当经所在地省、自治区、直辖市人民政府药品监督管理部门批准；但是，法律对配制中药制剂另有规定的除外。医疗机构配制的制剂应当按照规定进行质量检验；合格的，凭医师处方在本单位使用。经国务院药品监督管理部门或者省、自治区、直辖市人民政府药品监督管理部门批准，医疗机构配制的制剂可以在指定的医疗机构之间调剂使用。医疗机构配制的制剂不得在市场销售。选项B符合题目要求，本题选B。

2.【答案】E
【解析】《中华人民共和国药品管理法》第六十九条　医疗机构应当配备依法经过资格认定的药师或者其他药学技术人员。非药学技术人员不得直接从事药剂技术工作。故本题选E。

3.【答案】D
【解析】根据《中华人民共和国药品管理法》第一百四十一条　药品上市许可持有人、药品生产企业、药品经营企业或者医疗机构在药品购销中给予、收受回扣或者其他不正当利益的，药品上市许可持有人、药品生产企业、药品经营企业或者代理人给予使用其药品的医疗机构的负责人、药品采购人员、医师、药师等有关人员财物或者其他不正当利益的，由市场监督管理部门没收违法所得，并处三十万元以上三百万元以下的罚款；情节严重的，吊销药品上市许可持有人、药品生产企业、药品经营企业营业执照，并由药品监督管理部门吊销药品批准证明文件、药品生产许可证、药品经营许可证。故本题选D。

4.【答案】B
【解析】药品是指用于预防、治疗、诊断人的疾病，有目的地调节人的生理功能并规定有适应证或功能主治、用法和用量的物质，包括中药材、中药饮片、中成药、化学原料药及其制剂、抗生素、生化药品、放射性药品、血清、疫苗、血液制品和诊断药品等。血液不属于药品。故选B。

5. 医疗机构必须配备药学技术人员，配备的这类人员应是依法经过
A. 学历认定　B. 资历认定　C. 资格认定
D. 资质认定　E. 执业认定

6. 执业医师处方权的取得方式是
A. 被医疗机构聘用后取得
B. 在注册的执业地点取得
C. 在上级医院进修后取得
D. 医师资格考试合格后取得
E. 参加卫生行政部门培训后取得

7. 医疗机构药剂人员调配处方时的**错误**行为是
A. 处方须经过核对，对所有药品不得擅自更改
B. 处方所列药品缺货时用同类药品代用
C. 对有配伍禁忌的处方，应当拒绝调配
D. 对有超剂量的处方，应当拒绝调配
E. 必要时，经处方医师更正或者重新签字，方可调整

8. 每次开处方，每张处方所包含的药品种类上限为
A. 5种　B. 3种　C. 6种
D. 4种　E. 7种

9. 可授予特殊使用级抗菌的药物处方权的医务人员是
A. 主治医师　B. 住院医师　C. 乡村医生
D. 副主任医师　E. 实习医生

10. 医师开具处方**不能**使用
A. 药品通用名称
B. 复方制剂药品名称
C. 新活性化合物的专利药品名称
D. 药品的商品名或曾用名
E. 国家卫生健康委员会公布的药品习惯名称

11. 处方开具当日有效。特殊情况下需延长有效期的，由开具处方的医师注明有效期限，但有效期最长**不得**超过
A. 2天　B. 3天　C. 4天
D. 5天　E. 6天

12. 对已确认发生严重不良反应的药品，可以采取停止生产、销售、使用的紧急控制措施的是
A. 地方人民政府和药品监督管理部门

5.【答案】C
【解析】详见【A1型题】第2题。故选C。

6.【答案】B
【解析】经注册的执业医师在执业地点取得相应的处方权。进修医师由接收进修的医疗机构对其胜任本专业工作的实际情况进行认定后授予相应的处方权。故本题选B。

7.【答案】B
【解析】医疗机构的药剂人员调配处方，必须经过核对，对处方所列药品不得擅自更改或代用。对有配伍禁忌或者超剂量的处方，应当拒绝调配；必要时，经处方医师更正或者重新签字，方可调配。根据上述，A、C、D、E的行为都是正确行为，故选B。

8.【答案】A
【解析】门诊处方一般上限：当日有效，3天效期，5种药物，7日用量，慢性注明延长用量。故本题选A。

9.【答案】D
【解析】具有高级专业技术职务任职资格的医师，可授予特殊使用级抗菌药物处方权。故本题选D。

10.【答案】D
【解析】《处方管理办法》第十七条　医师开具处方应当使用经药品监督管理部门批准并公布的药品通用名称、新活性化合物的专利药品名称和复方制剂药品名称。医师开具院内制剂处方时应当使用经省级卫生行政部门审核、药品监督管理部门批准的名称。医师可以使用由国家卫生健康委员会公布的药品习惯名称开具处方。

11.【答案】B
【解析】《处方管理办法》第十八条　处方开具当日有效。特殊情况下需延长有效期的，由开具处方的医师注明有效期限，但有效期最长不得超过3天。

12.【答案】B
【解析】《中华人民共和国药品管理法》第八十一条　对已确认发生严重不良反应的药品，由国务院药品监督管理部门或者省、自治区、直辖市人民政府药品监督管理部门根据实际情况采取停止生产、销售、使用等紧急控制措施，并应当在五日内组织鉴定，自鉴定结论作出之日起十五日内依法作出行政处理决定。

B. 国务院或者省级人民政府的药品监督管理部门
C. 药品监督管理部门及其设置的药品检验机构
D. 药品监督管理部门及其设置的药品检验机构的工作人员
E. 药品生产、经营企业和医疗机构的药品检验机构或者人员

13. 药品的生产企业、经营企业、医疗机构违反《中华人民共和国药品管理法》规定，给药品使用者造成损害的
A. 依法承担赔偿责任
B. 依法给予行政处分
C. 依法给予行政处罚
D. 依法追究刑事责任
E. 不予行政处罚

13.【答案】A
【解析】《中华人民共和国药品管理法》第一百四十四条　药品上市许可持有人、药品的生产企业、药品经营企业或者医疗机构违反本法规定，给用药者造成损害的，依法承担赔偿责任。

【A2 型题】

1. 某患者到省人民医院就医，接诊医师在诊治过程中，使用了一种新上市的抗生素，致使该患者出现了严重不良反应。按照《中华人民共和国药品管理法》的规定，该医院应当向有关部门报告。接受报告的部门是
A. 国家工商行政管理部门
B. 省级药品监督管理部门和卫生行政部门
C. 国家药品监督管理部门
D. 国务院卫生行政部门
E. 国家中医药管理部门

1.【答案】B
【解析】当药品生产企业、药品经营企业、医疗机构发现可能与用药有关的严重不良反应时，在24小时内应向当地省、自治区、直辖市药品监督管理部门和卫生行政部门报告。

2. 某县药品监督管理部门接到某药店将保健食品作为药品出售给患者的举报后，立即对该药店进行了查处，并依照《中华人民共和国药品管理法》的规定，将其销售给患者的保健食品认定为
A. 按假药论处的药　　B. 假药
C. 劣药　　D. 食品
E. 按劣药论处的药

2.【答案】B
【解析】假药：药品所含成分与国家药品标准规定的成分不符；以非药品冒充药品或者以他种药品冒充此种药品。按假药论处：国务院药品监督管理部门规定禁止使用的；依照本法必须批准而未经批准生产、进口，或者依照本法必须检验而未经检验即销售的；变质的；被污染的；使用依照本法必须取得批准文号而未取得批准文号的原料药生产的；所标明的适应证或者功能主治超出规定范围的。

3. M药厂销售代表在和某医院几名医师达成协议后，医师在处方时使用M药厂生产的药品，并按使用量的多少收受了药厂给予的提成。事情曝光以后，对M药厂按《中华人民共和国药品管理法》的有关规定处理；对于医师的错误行为，有权决定给予处分、没收违法所得的部门是
A. 药品监督管理部门
B. 工商行政管理部门
C. 医师协会

3.【答案】E
【解析】根据《中华人民共和国药品管理法》第一百四十二条　医疗机构的负责人、药品采购人员、医师、药师等有关人员收受药品上市许可持有人、药品生产企业、药品经营企业或者代理人给予的财物或者其他不正当利益的，由卫生健康主管部门或者本单位给予处分，没收违法所得；情节严重的，还应当吊销其执业证书。故本题选E。

D. 消费者权益保护协会
E. 卫生健康主管部门

4. F药厂销售代表和某医院多名医师约定，医师在处方时使用F药厂生产的药品，并按使用量的多少给予提成。事情曝光以后，按《中华人民共和国药品管理法》的规定，对F药厂可以作出行政处罚的部门是
A. 市场监督管理部门
B. 工商行政管理部门
C. 税务管理部门
D. 医疗保险部门
E. 卫生健康主管部门

5. 李某为中度慢性疼痛患者，医师开具第一类精神药品控制缓解制剂为其治疗，根据《处方管理办法》，每张处方用药量的最多天数是
A. 15日
B. 3日
C. 5日
D. 7日
E. 10日

6. “献血大王”刘某，在过去的7年间，献血总量已达5 600ml。快满50周岁的刘某告诉记者，如果身体一直保持健康状态，他满55周岁以前，还可争取无偿献血
A. 7次
B. 8次
C. 9次
D. 10次
E. 11次

7. 某村发生一起民居垮塌事故，重伤者9人，急送乡卫生院抢救。市中心血站根据该院用血要求，急送一批无偿献血的血液到该院。抢救结束后，尚余900ml血液，该院却将它出售给另一医疗机构。根据《中华人民共和国献血法》规定，对于乡卫生院的这一违法行为，县卫生局除了应当没收其违法所得外，还可以对其处以罚款
A. 十万元以下
B. 五万元以下
C. 三万元以下
D. 一万元以下
E. 五千元以下

4.【答案】A
【解析】根据《中华人民共和国药品管理法》第一百四十一条 药品上市许可持有人、药品生产企业、药品经营企业或者医疗机构在药品购销中给予、收受回扣或者其他不正当利益的，药品上市许可持有人、药品生产企业、药品经营企业或者代理人给予使用其药品的医疗机构的负责人、药品采购人员、医师、药师等有关人员财物或者其他不正当利益的，由市场监督管理部门没收违法所得，并处三十万元以上三百万元以下的罚款；情节严重的，吊销药品上市许可持有人、药品生产企业、药品经营企业营业执照，并由药品监督管理部门吊销药品批准证明文件、药品生产许可证、药品经营许可证。故本题选A。

5.【答案】A
【解析】为门(急)诊癌症疼痛患者和中、重度慢性疼痛患者开具的麻醉药品、第一类精神药品注射剂，每张处方不得超过3日常用量；控制缓释剂，每张处方不得超过15日用量。故本题选A。

6.【答案】D
【解析】根据《中华人民共和国献血法》第九条 血站对献血者必须免费进行必要的健康检查；身体状况不符合献血条件的，血站应当向其说明情况，不得采集血液。献血者的身体健康条件由国务院卫生行政部门规定。血站对献血者每次采集血液量一般为二百毫升，最多不得超过四百毫升，两次采集间隔不少于六个月。严格禁止血站违反前款规定对献血者超量、频繁采集血液。在接下来的5年内，由于两次采集间隔不少于六个月，刘某还可以无偿献血10次，故本题选D。

7.【答案】A
【解析】根据《中华人民共和国献血法》第十八条 有下列行为之一的，由县级以上地方人民政府卫生行政部门予以取缔，没收违法所得，可以并处十万元以下的罚款；构成犯罪的，依法追究刑事责任：①非法采集血液的；②血站、医疗机构出售无偿献血的血液的；③非法组织他人出卖血液的。故本题选A。

第七节 突发公共卫生事件的应急处理条例

【A1 型题】

1. 在突发公共卫生事件应急处理工作中，有关单位和个人不配合有关专业技术人员调查、采样、技术分析和检验的，对有关责任人给予
   A. 警告
   B. 吊销执照
   C. 降级或者撤职的纪律处分
   D. 行政处分或者纪律处分
   E. 追究刑事责任

2. 医疗机构发现发生或者可能发生传染病暴发流行时，应当
   A. 在1小时内向所在地县级人民政府卫生行政主管部门报告
   B. 在2小时内向所在地县级人民政府卫生行政主管部门报告
   C. 在4小时内向所在地县级人民政府卫生行政主管部门报告
   D. 在6小时内向所在地县级人民政府卫生行政主管部门报告
   E. 在8小时内向所在地县级人民政府卫生行政主管部门报告

3.《突发公共卫生事件应急条例》规定，医疗卫生机构应当对传染病做到
   A. 早发现、早观察、早隔离、早治疗
   B. 早报告、早观察、早治疗、早康复
   C. 早发现、早报告、早隔离、早治疗
   D. 早发现、早报告、早隔离、早康复
   E. 早预防、早发现、早治疗、早康复

4. 对流动人口中的传染性非典型肺炎病人、疑似病人处理的原则是
   A. 就地控制、就地治疗、就地康复
   B. 就地隔离、就地治疗、就地康复
   C. 就地控制、就地观察、就地治疗
   D. 就地隔离、就地观察、就地治疗
   E. 就地观察、就地治疗、就地康复

1.【答案】D

【解析】根据《突发公共卫生事件应急条例》第五十一条 在突发事件应急处理工作中，有关单位和个人未依照本条例的规定履行报告职责，隐瞒、缓报或者谎报，阻碍突发事件应急处理工作人员执行职务，拒绝国务院卫生行政主管部门或者其他有关部门指定的专业技术机构进入突发事件现场，或者不配合调查、采样、技术分析和检验的，对有关责任人员依法给予行政处分或者纪律处分；触犯《中华人民共和国治安管理处罚条例》，构成违反治安管理行为的，由公安机关依法予以处罚；构成犯罪的，依法追究刑事责任。故本题选D。

2.【答案】B

【解析】国家建立突发事件应急报告制度。国务院卫生行政主管部门制定突发事件应急报告规范，建立重大、紧急疫情信息报告系统。突发事件监测机构、医疗卫生机构和有关单位发现有下列情形之一的，应当在2小时内向所在地县级人民政府卫生行政主管部门报告；接到报告的卫生行政主管部门应当在2小时内向本级人民政府报告，并同时向上级人民政府卫生行政主管部门和国务院卫生行政主管部门报告。县级人民政府应当在接到报告后2小时内向设区的市级人民政府或者上一级人民政府报告；设区的市级人民政府应当在接到报告后2小时内向省、自治区、直辖市人民政府报告。省、自治区、直辖市人民政府应当在接到报告1小时内，向国务院卫生行政主管部门报告，国务院卫生行政主管部门对可能造成重大社会影响的突发事件，应当立即向国务院报告：①发生或者可能发生传染病暴发、流行的；②发生或者发现不明原因的群体性疾病的；③发生传染病菌种、毒种丢失的；④发生或者可能发生重大食物和职业中毒事件的。

3.【答案】C

【解析】根据《突发公共卫生事件应急条例》第四十二条 有关部门、医疗卫生机构应当对传染病做到早发现、早报告、早隔离、早治疗，切断传播途径，防止扩散。故本题选C。

4.【答案】D

【解析】根据《突发公共卫生事件处理条例》第四十一条 对传染病暴发、流行区域内流动人口，突发事件发生地的县级以上地方人民政府应当做好预防工作，落实有关卫生控制措施；对传染病病人和疑似传染病病人，应当采取就地隔离、就地观察、就地治疗的措施。故本题选D。

5. 教育部所属综合大学的附属医院发现脊髓灰质炎疫情，应当报告的部门是
   A. 国家教育行政部门
   B. 国家卫生行政部门
   C. 国家疾病预防控制机构
   D. 所在地的政府卫生行政部门
   E. 所在地的疾病预防控制机构

6.《突发公共卫生事件应急条例》（国务院 376 号令）公布实施的日期为
   A. 2003 年 5 月 9 日　　B. 2002 年 5 月 9 日
   C. 2002 年 9 月 5 日　　D. 2003 年 9 月 5 日
   E. 2001 年 5 月 9 日

7. 突发公共卫生事件应急处理指挥部根据突发事件应急处理的需要，可以对以下哪些环节采取控制措施
   A. 食物　　B. 食物和水源　　C. 水源和交通
   D. 交通　　E. 水源

8. 对新发现的突发传染病，国家卫生健康委员会根据危害程度、流行强度，依法及时宣布为
   A. 法定传染病　　B. 甲类传染病
   C. 乙类传染病　　D. 丙类传染病
   E. 丁类传染病

9. 突发事件应急工作应当遵循什么方针
   A. 统一领导，分级负责　　B. 预防为主，常备不懈
   C. 反应及时，措施果断　　D. 依靠科学，加强合作
   E. 现场处理，监督检查

10. 全国突发事件应急预案应当包括
   A. 突发事件应急处理指挥部的组成和相关部门的职责
   B. 突发事件信息的收集、分析、报告、通报制度
   C. 突发事件应急处理技术和监测机构及其任务
   D. 突发事件预防、现场控制，应急设施、设备、救治药品和医疗器械以及其他物资和技术的储备与调度
   E. 以上均包括

5.【答案】E

【解析】传染病疫情报告是属地管理。教育部所属综合大学的附属医院发现脊髓灰质炎疫情，应当向所在地的疾病预防控制机构报告，故本题选 E。

6.【答案】A

【解析】《突发公共卫生事件应急条例》由中华人民共和国国务院于 2003 年 5 月 9 日发布，自公布之日起施行。共六章五十四条。

7.【答案】B

【解析】《突发公共卫生事件应急条例》第三十四条　突发事件应急处理指挥部根据突发事件应急处理的需要，可以对食物和水源采取控制措施。

8.【答案】A

【解析】《突发公共卫生事件应急条例》第三十条　国务院卫生行政主管部门对新发现的突发传染病，根据危害程度、流行强度，依照《中华人民共和国传染病防治法》的规定及时宣布为法定传染病；宣布为甲类传染病的，由国务院决定。

9.【答案】B

【解析】《突发公共卫生事件应急条例》第五条　突发事件应急工作，应当遵循预防为主、常备不懈的方针，贯彻统一领导、分级负责、反应及时、措施果断、依靠科学、加强合作的原则。

10.【答案】E

【解析】《突发公共卫生事件应急条例》第十一条　全国突发事件应急预案应当包括以下主要内容：

（一）突发事件应急处理指挥部的组成和相关部门的职责；

（二）突发事件的监测与预警；

（三）突发事件信息的收集、分析、报告、通报制度；

（四）突发事件应急处理技术和监测机构及其任务；

（五）突发事件的分级和应急处理工作方案；

（六）突发事件预防、现场控制，应急设施、设备、救治药品和医疗器械以及其他物资和技术的储备与调度；

（七）突发事件应急处理专业队伍的建设和培训。

第二章　医学伦理学

第一节　医学伦理学的理论基础和规范体系

【A1 型题】

1. 医学伦理学基本理论**不包括**
   A. 生命神圣论　B. 后果论　C. 美德论
   D. 道义论　E. 人权论

1.【答案】E

2. 医学伦理学发展到生命伦理学阶段，其理论基础的核心是
   A. 生命神圣论　B. 美德论
   C. 义务论　D. 生命质量与生命价值论
   E. 人道论

2.【答案】D
【解析】生命伦理学是根据道德价值和原则，对生命科学和卫生保健领域内的人类行为进行系统研究的科学，是对传统医学伦理学的继承和发展，它是围绕改进生命和提高生命质量而展开的有关人类行为的各种伦理问题的概括。

3. 下列哪一个**不属于**医学伦理学的理论基础
   A. 生命价值论　B. 美德论　C. 义务论
   D. 社会论　E. 公益论

3.【答案】D

4. 关于公益原则，**错误**的是
   A. 当前利益与长远利益兼顾
   B. 局部利益与个体利益兼顾
   C. 与公正原则相辅相成
   D. 以公共利益不受损害为前提
   E. 以整体利益、长远利益为重

4.【答案】B
【解析】公益论的内容：兼容观、兼顾观(任何医疗行为都应该兼顾到社会、个人、集体的利益)、社会效益观。

5. 生命神圣论的积极意义**不包括**
   A. 对人的生命的尊重
   B. 推行医学人道主义，反对非人道的医疗行为
   C. 反对不平等的医疗制度
   D. 合理公正地分配卫生资源
   E. 实行一视同仁的医德规范

5.【答案】D
【解析】①尊重患者的生命，是医学人道主义最基本的或最根本的思想，医者应当珍重生命，尊重人的价值，尽力救治患者；②尊重患者的人格，患者具有正常人的权利也具有一些特殊的权利，是提高医疗质量及效果的必须要求；③尊重患者的平等，医疗中应当尽量排除非医疗因素，让每个患者都能人道地、平等地实现医疗目的；④尊重患者的生命价值，要求重视患者的生命质量和价值。

6. 下列有关公益论的表述,不正确的是
A. 科学公益
B. 后代公益
C. 医疗群体公益
D. 绝大多数人的利益
E. 少数人的利益

7. 生命质量的衡量标准不包括
A. 个体生命健康程度
B. 个体生命德才素质
C. 个体生命优化条件
D. 个体生命治愈希望
E. 个体生命预期寿命

8. 下面关于公益论作用的表述,不正确的是
A. 公正合理地解决医疗活动中出现的各种利益矛盾
B. 使医疗活动为人类的整体利益服务
C. 改善人体的生存环境
D. 促进医学科学的发展
E. 消除卫生资源的浪费现象

9. 医院以医学人道主义精神服务于人类社会,主要表现的是
A. 经济效益
B. 社会效益
C. 功利并重
D. 功利主义
E. 优化效益

10. 下列不属于公益论原则的是
A. 人人享有最基本的医疗权利
B. 当发生个体利益与群体利益矛盾时,以群体利益为重
C. 当发生局部利益与整体利益矛盾时,以整体利益为重
D. 当发生眼前利益与长远利益矛盾时,以长远利益为重
E. 当发生个人与社会之间的矛盾时,以社会利益为重

11. 医学伦理学的学科性质属于
A. 医德学
B. 元伦理学
C. 规范伦理学
D. 应用伦理学
E. 道德哲学

12. 现代生命伦理学面对的矛盾、悖论乃至道德冲突,本质上源于
A. 新的科技成果在医疗卫生领域特别是临床上的应用
B. 生命科学与技术的进步
C. 社会对医学评价标准的全面化提升
D. 社会传统文化与科技成果广泛运用之间矛盾的反映
E. 科学主义和市场经济的挑战

13. 道德义务是一种自觉自愿的行为,而法律义务具有的特性是
A. 约束性
B. 强制性
C. 非强制性
D. 广泛性
E. 技术性

6.【答案】E

【解析】公益论的内容:兼容观、兼顾观(任何医疗行为都应该兼顾到社会、个人、集体的利益)、社会效益观。

7.【答案】C

【解析】生命质量的衡量标准:①主要质量指人体的身体和智力状态;②根本质量指生命的目的、意义及人在社会、道德上的相互作用;③操作质量指利用智商、诊断学的标准来测量智能、生理方面的人性质量。而个体生命优化条件不属于上述范畴。

8.【答案】E

【解析】公益论就是从社会和全人类的长远利益出发,公正合理地解决医疗活动中出现的各种利益矛盾,使医疗活动不仅有利于患者个体,还有利于群体和后代,有利于社会,有利于人类生存环境的改善,有利于医学科学的发展。

9.【答案】B

【解析】医学人道主义在医学活动中,特别是在医患关系中表现出来的同情和关心患者、尊重患者的人格与权利、维护患者的利益,珍视人的生命价值和质量的伦理思想和权利观念。

10.【答案】A

【解析】公益论根据行为是否以社会公共利益为直接目的而确定道德规范的伦理理论。公益论认为确定的道德规范必须直接有利于人类的共同利益。

11.【答案】D

12.【答案】D

13.【答案】B

14. “只有当那些最需要卫生保健体系的人能从中得益，卫生保健体系的不平等才情有可原”体现的伦理学理论是
A. 德性论 B. 道义论 C. 正义论
D. 功利论 E. 后果论

14.【答案】C

15. 道德最显著的特征是
A. 继承性 B. 实践性 C. 自律性
D. 他律性 E. 客观性

15.【答案】C

16. 医学伦理最突出的特征是
A. 实践性、继承性 B. 时代性、人道性
C. 人道性、全人类性 D. 全人类性、继承性
E. 人道性、实践性

16.【答案】C

17. 生命伦理学研究的主要内容是
A. 义务公平 B. 公益论
C. 公平理论 D. 生命道德理论
E. 生命科学

17.【答案】D

18. 医学与医学伦理学的关系是
A. 医学实践活动是医学伦理学产生的结果
B. 医学实践活动是医学伦理学的尺度和方式
C. 医学道德是医学工作者实现人类健康服务的保障
D. 只要技术过硬就能够实现全心全意为人民健康服务的目的
E. 在现代医学科学研究中医学道德服从医学成果

18.【答案】C

19. 当代医学科学研究和创新的“双刃剑”效应是指
A. 当代医学科学研究和创新带来了医学的进步
B. 当代医学科研研究和创新带来了道德的进步
C. 当代医学科研和创新促进了人类健康
D. 当代医学科学研究和创新可能用于危害人类健康
E. 当代医学科学研究和创新既有用于促进人类健康的价值又有用于危害人类健康的可能

19.【答案】E

20. 以下关于“不伤害”原则的表达**不正确**的是
A. 无损伤
B. 尽可能避免身体的伤害
C. 尽可能避免生理的伤害
D. 尽可能避免心理的伤害
E. 尽可能避免经济上的损失

20.【答案】A

21.【答案】E

21. 医学伦理的"有利"原则**不包括**
A. 努力使患者受益
B. 关心患者的客观利益和主观利益
C. 选择受益最大、伤害最小的行动方案
D. 努力预防或减少难以避免的伤害
E. 把患者的利益看得高于一切

22.【答案】B

22. 医学伦理的"尊重"原则**不包括**
A. 尊重患者及其家属的自主性或决定
B. 尊重患者的一切主观意愿
C. 治疗要获得患者的知情同意
D. 保守患者的秘密
E. 保守患者的隐私

23.【答案】B

23. 要尊重患者的医疗自主权，其中自主权内容**不包括**
A. 自我选择 B. 按个人意愿服药
C. 依照个人意愿自我管理 D. 自我决策
E. 自由行动

24.【答案】B

24. 尊重患者的医疗自主权，以下哪种情况医方做主才是合理的
A. 患者昏迷、病情危急
B. 患者将治疗权全权授予医生
C. "无主"患者(身边无任何人)需要急救，而本人不能行使自主权
D. 患者有对他人和社会有危害的疾病，有不合理的要求
E. 早期癌症患者坚持不接受治疗

25.【答案】C

25. 保护患者的隐私权，其内容**不包括**
A. 目前健康状况 B. 既往病史资料
C. 自杀企图 D. 身体私密部位
E. 医疗自主

26.【答案】E

26. 对隐私权的保护不是无限制的、绝对的，以下需要对隐私权公开的情况，**不包括**
A. 保护隐私权和公共利益相冲突
B. 保护隐私权和公民合法知情权相冲突
C. 保护隐私权和国家法律相冲突
D. 保护隐私权和他人健康相冲突
E. 保护隐私权和医院利益相冲突

【A2 型题】

1.【答案】A

1. 某医院曾曝出过一起"死者眼球丢失案"。经查，死者眼球是

一位专攻角膜移植的眼科医生为了抢救两名将要失明的患者而盗走的。这位医生擅自进入该医院的太平间，摘取了一位死者的双侧眼球，很快给一位氨水烧伤的患者施行了手术，使之复明。同时还将另外一个角膜移植给一位老人，治好了她的眼疾。基于该案例，下列描述合乎伦理的是

A. 仅以医学行为后果作为评判行为正当与否的依据，有时难以具有充分的说服力
B. 医学行为的后果是医学行为正当与否的唯一依据
C. 医学行为的动机是医学行为正当与否的唯一依据
D. 医学行为只要符合义务的原则要求就是正当的
E. 以上选项都不对

2. 2000年6月，美、英、日、法、德、中六国公布人类基因组序列图的“工作框架图”绘出。这将为人类疾病的本原、新药的设计、新治疗方法的产生提供重要依据。同时人们也担心这一成果如果用于危害人类研究，其后果是不可设想的。上述情况表达的最主要思想是

A. 科学技术进步的力量是无穷的
B. 道德在科学技术进步面前是无能为力的
C. 现代医学科学发展需要医学道德把关
D. 医学道德制约了医学科学的发展
E. 基因科学的发展是解决人类全部健康问题的根本

2.【答案】C

第二节　医患关系伦理

【A1 型题】

1. 下列关于良好医患关系的重要性，**不包括**

A. 提高患者的社交能力
B. 提高患者对医务人员的信任度
C. 有利诊断、治疗得到顺利实现
D. 造就医患之间良好的心理气氛
E. 本身就是一种治疗手段

1.【答案】A
【解析】第一，良好的医患关系是医疗活动顺利开展的必要基础。例如从诊断方面看，医患之间没有充分的交往，医生就往往采集不到确切的病史资料。从治疗方面看，患者遵从医嘱是治疗成功的关键。第二，融洽的医患关系会造就良好的心理气氛和情绪反应。对于患者来说，不仅可消除疾病所造成的心理应激，而且可以从良好的情绪反应所致的躯体效应中获益。对于医生来说，从这种充满生气的医疗活动中亦可得到更多的心理上的满足，即良好的医患关系本身就是一种治疗的手段，它不仅可以促进患者的康复，而且对医生的心理健康也是必需的。

2. 下列**不属于**医务人员非语言沟通技巧的是

A. 语调　B. 目光　C. 身体姿势
D. 表情　E. 文字暗示

2.【答案】E
【解析】　非语言沟通是指医务人员通过仪表、体态、面部表情、眼神、声调、手势、抚触、距离等非语言特性沟通方式与患者进行信息交流，在沟通中可以达到支持、补充和深化语言表达的效果。

3. 下列会直接影响医务人员与患者进行语言沟通的是

A. 声调　B. 手势
C. 谈话地点　D. 关闭式谈话
E. 以上均不是

3.【答案】D

4.【答案】E

5.【答案】E

【解析】主要是有的人虽有较高的技术，但缺乏医德修养，有的人甚至两者都缺乏。他们在诊治过程中对患者的病痛缺乏应有的同情和责任感，对患者态度冷淡、漠不关心、厌烦甚至鄙视，以权威、救世主自居。在医务工作中，对患者以是否有“治疗价值”或“科研价值”的标准去对待。只注意自己“提高技术”而不关心患者的疾苦；对常见病、多发病不是马虎地诊治，就是一推了之。有些医务人员因受社会上的不良影响，以对方能否给自己带来某种物质利益或获得某种方便来确定医患关系，导致医患关系的紧张。

6.【答案】B

【解析】指导-合作型的医患关系模式中，患者有一定意志要求，需要医师帮助，并愿意合作。他们常常把医师置于权威性位置，医师也自觉或不自觉地在防治过程中使用自己的权威，发挥其指导作用，这是目前最常见的医患关系模式，主要适用于急性疾病和外科手术恢复期。在这类模式中，医患双方产生各种心理的相互作用。医师以恩赐者自居、患者对医师的过度依赖都对医患关系有很大影响，有时可能延缓康复过程。因此，随着急性疾病发生的减少，这类模式的应用也将减小。

7.【答案】A

【解析】指导-合作型的要点是医生告诉患者做什么，患者缺乏较多的主动性和能力；也相当于父母与儿童式的关系。在主动-被动型的医患关系中患者的主动性和能力则更低。故医生帮助患者自助的医患关系属共同参与型。

8.【答案】E

9.【答案】B

10.【答案】A

11.【答案】E

4. 医患冲突的结果，可能造成

A. 患者的被动-攻击行为

B. 患者不遵从医嘱

C. 患者难以公开谈出自己的需要

D. 患者的情绪不好

E. 以上情况均有可能发生

5. 医患间交往障碍的原因，医生方面可能有

A. 对患者的病痛缺乏同情心

B. 以是否有科研价值对待患者

C. 关心对方能否给自己带来物质利益

D. 情绪不稳

E. 以上原因均有可能

6. 在患者处于急性感染但无意识障碍的情况下，通常采用的医患关系模式是

A. 共同参与型　　B. 指导-合作型　　C. 主动-被动型

D. 父母与婴儿式　　E. 以上均不是

7. 对大多数慢性病患者，帮助患者自助属于哪种医患关系模式

A. 共同参与型　　B. 指导-合作型　　C. 主动-被动型

D. 父母与婴儿式　　E. 以上均不是

8. 随着病情的变化，医患关系可以

A. 一直保持不变

B. 由主动-被动型转化为指导-合作型

C. 由主动-被动型转化为共同参与型

D. 最终都要进入共同参与型

E. 由一种模式转向另一种模式

9. 医务人员职业道德**不要求**

A. 无私的奉献

B. 崇高的爱情

C. 利他精神

D. 把患者的痛苦看得高于一切

E. 以上均不是

10. 医务人员职业要求其情绪主要是

A. 积极而稳定　　B. 爱憎分明　　C. 心境平和

D. 悲喜有节制　　E. 永远快乐

11. 对医务人员记忆力的主要要求是

A. 记忆的准备性　　B. 记忆的持久性
C. 记忆的专一性　　D. 记忆的敏捷性
E. 记忆的准确性

12. 心理品质是指
A. 遗传的心理素质
B. 一个人的情绪和行为体系
C. 一个人独特的精神面貌
D. 一个人的认知、情感、意志和行为活动的有机结合
E. 良好的气质

13. 萨斯和荷伦德提出的医患关系基本模式是
A. 主动 - 被动型、共同参与型
B. 主动型、共同参与型
C. 被动型 - 主动型、共同参与型
D. 主动 - 被动型、指导 - 合作型、共同参与型
E. 主动 - 被动型、指导 - 配合型

14. 医患沟通的伦理准则是
A. 尊重　　B. 有利　　C. 公正
D. 诚信　　E. 以上均是

15. 医患沟通的伦理意义是
A. 实践"人是目的"的伦理价值
B. 发挥道德情感的传递作用
C. 推动人道主义精神的发展
D. 促进医患双方道德境界的提升
E. 以上均是

16. 现代医学实践中医患关系的常用模式是
A. 主动 - 被动型模式　　B. 指导 - 合作型模式
C. 指导 - 参考型模式　　D. 共同参与型模式
E. 相互协作型模式

17. 医患纠纷增多的原因
A. 医疗体制改革相对于市场经济发展的滞后
B. 医院管理的缺陷
C. 医务人员的服务态度
D. 媒体的推波助澜
E. 以上均是

18. 医患关系的意义包括

12.【答案】D

13.【答案】D
【解析】①主动 - 被动型：是一种传统的医患关系类型，这种模式在现代医学实践中普遍存在，如外科，麻醉、抗菌治疗。这一模型适用于急诊治疗、严重创伤、大出血或休克昏迷等。②指导 - 合作型：是一种现代医患关系基础的模型。医患间存在着相互作用，患者因某些症状，如急性感染，主动寻求医生帮助。医生则告诉患者做什么，并期望患者对指令性的治疗服从、合作。医生不喜欢患者提问题或表示异议，或不履行应该接受的医嘱。这种关系虽然患者有了一定的地位和主动性，但在总体上医患的权利还是不平等的。③共同参与型：医生和患者有近似相等的权利和地位，医生帮助患者治疗，几乎所有的心理治疗均属于这种模式，大多数慢性病也适用这种模式。这种模型就参与者双方而言，比上述两种模型需要更为复杂的心理要求。

14.【答案】E
【解析】医患沟通的伦理准则：尊重、有利、公正、诚信。

15.【答案】E
【解析】医患沟通的伦理意义：①实践"人是目的"的伦理价值；②发挥道德情感的传递作用；③推动人道主义精神的发展；④促进医患双方道德境界的提升。

16.【答案】B
【解析】现代医学实践中医患关系的常用模式是指导 - 合作型模式。

17.【答案】E
【解析】医患纠纷增多的原因：①医疗体制改革相对于市场经济发展的滞后；②医院管理的缺陷；③医务人员的服务态度；④患者缺乏理性态度；⑤媒体的推波助澜。

18.【答案】A
【解析】医患关系的意义包括：①有利于医学事业的发展；②有利于发挥医院的整体效应而提高各项工作的效率；③有利于建立和谐的医患关系；④有利于医务人员成才。

19.【答案】E

【解析】良好医患关系的建立，有利于：①增强尊重患者的权利的意识，这主要是针对医方而言，因为患方属于弱势群体，其权益更易受到侵害；②建立协调医患关系的组织，如医院伦理委员会会很好地协调医患关系；③确立公正的社会舆论导向，一种公正的舆论导向对于建设良好的医患关系十分重要，因为公众的行为方式极易受到社会舆论的引导；④普及医学、伦理学、法律知识，患者由于医学知识和伦理、法律的欠缺，容易造成医患关系中的被动，医务人员的伦理、法律知识也很缺乏，从而导致对患者权益的忽视和在一些伦理困境中的不知所措。医学、伦理、法律知识的广泛普及，必定是建立理想医患关系的必由之路。

20.【答案】E

【解析】改善医患关系的措施包括：①医方：提高专业技术、品德修养，尊重患者权利等；②患方：尊重医务人员和医院的规章制度，普及医学伦理法律知识，积极配合治疗；③加快卫生体制改革：完善医疗制度、规范医院的管理、完善卫生补偿体制；④建立协调医患关系的组织；⑤确立公正的社会舆论导向。

21.【答案】D

【解析】首先医患双方具有独立人格的前提是具有平等的关系，所以医生要做到平等对待患者。

22.【答案】C

【解析】医患之间的信任关系表现为：一方面患者对医方的信任，把自己的健康和生命交付给医务人员和医院，相信医方能负起这一重责；另一方面医生也信任患者，相信患者对病情的诉说是真实的，患者是尊医的、是能配合医疗的。这种信任关系在法制社会里，应该明显地带有法制关系性质，但不是抽象的法律关系。医患之间的法律关系是医生(医院)与患者双方对有关患者医疗问题达成的一种约定，即医患之间确立、变更、终止医疗民事权利的协议或诺言。医患之间的这种法律关系属性是重要且必需的，但不同于一般的契约关系，既没有订立一般契约的那种程序和条款，也没有考虑经济指标。所以，这种法律约束在医患关系中应位于次要地位，医患关系仍应以伦理道德关系为主。

23.【答案】E

【解析】正确处理医务人员之间关系的意义：①有利于医学事业的发展；②有利于发挥医院的整体效应而提高各项工作的效率；③有利于建立和谐的医患关系；④有利于医务人员成才。

A. 有利于医学事业的发展
B. 共同维护患者利益和社会利益
C. 相互信任、支持与协作
D. 相互学习与竞争
E. 彼此平等和相互尊重

19. 良好医患关系的建立有利于
A. 增强尊重患者的权利的意识
B. 建立协调医患关系的组织
C. 确立公正的社会舆论导向
D. 普及医学、伦理学、法律知识
E. 以上均是

20. 改善医患关系的措施包括
A. 提高专业技术、品德修养、尊重患者权利等
B. 尊重医务人员和医院的规章制度，普及医学伦理法律知识，积极配合治疗
C. 完善医疗制度，规范医院的管理，完善卫生补偿体制
D. 建立协调医患关系的组织
E. 以上均是

21. 医患双方都具有独立人格，要求医师做到
A. 不伤害患者
B. 从各方面关心患者
C. 患者是上帝
D. 平等对待患者
E. 以上均不是

22. 医患之间正常的信托关系应该建立于
A. 上下级关系
B. 契约关系
C. 社会主义医德关系和法制关系
D. 亲属关系
E. 以上均不是

23. 下列哪项不属于正确处理医务人员之间关系的意义
A. 有利于医学事业的发展
B. 有利于医院整体效益的发挥
C. 有利于医务人员的成长
D. 有利于建立和谐的医患关系
E. 有利于共同对付患者及其家属

24. 确切地说，按规定积极参加会诊，这一做法最能体现的正确处理医务人员之间关系的意义和道德原则是
A. 有利于建立和谐的医患关系；共同维持社会公益
B. 有利于医院集体力的发挥；彼此独立、互相支持和帮助
C. 有利于加深朋友之谊；彼此信任、礼尚往来
D. 有利于分担风险；彼此独立、相互支持和帮助
E. 有利于医院集体力量的发挥；彼此信任、礼尚往来

24.【答案】B

25. 医生和患者所采取沟通方式，哪项不属于非语言沟通
A. 面部表情　B. 说话声调　C. 书面通知
D. 身体姿态　E. 眼神手势

25.【答案】C
【解析】非语言沟通指不以自然语言为载体进行信息传递，而是以人的仪表、服饰、动作、神情等非语言信息作为沟通媒介进行的信息传递。

26. 非语言沟通方法有 3 种：动态的、静态的和副语言。下列哪项属于副语言
A. 手势
B. 仪表
C. 语调
D. 医院的导诊牌
E. 医生和患者之间的空间距离

26.【答案】C
【解析】"狭义的副语言"指有声现象，如说话时气喘、嗓子沙哑、整句话带鼻音、某个字音拉得很长、压低嗓音、说话不连贯等。

27. 医患沟通的意义中不包括
A. 是医学目的的需要
B. 是提高医生技术水平的需要
C. 是临床治疗的需要
D. 是医学人文精神的需要
E. 是医疗诊断的需要

27.【答案】B
【解析】在医疗市场竞争日趋激烈的社会背景下，加强与患者的沟通，充分尊重患者的知情权、选择权，能使患者积极支持、配合医疗工作，减少不必要的医患纠纷。①医患沟通是医疗诊断的需要；②医患沟通是医学发展的需要；③医患沟通是减少纠纷的需要；④医患沟通是双向性的。

28. 患者的知情同意权主要体现在
A. 医生的技术水平　B. 对自己健康的维护
C. 医生的主要诊治手段　D. 医院的各项规章制度
E. 自己承担的社会责任

28.【答案】C

29. 患者的权利中不包括
A. 经济免责权　B. 平等医疗权　C. 疾病认知权
D. 法律诉讼权　E. 知情同意权

29.【答案】A
【解析】患者的权利包括基本医疗权、疾病认知权、知情同意权、保护隐私权、监督医疗权、免除一定的社会责任权、要求赔偿权。而经济免责权不属于上述范畴。

30. 下列各项中不属于医患之间非技术关系的是
A. 道德关系　B. 利益关系　C. 价值关系
D. 经济关系　E. 法律关系

30.【答案】D
【解析】医患之间的非技术性关系是：道德关系、利益关系、价值关系、法律关系、文化关系。

31. 在诊疗过程中医务人员之间、专业相互之间和科室相互之间通力协作、密切配合和团结一致，共同为患者的康复而努力，

31.【答案】B

该诊疗伦理原则是

A. 整体性原则 B. 协同一致的原则 C. 最优化原则
D. 知情同意原则 E. 病人为中心原则

32.【答案】A

32. 保守患者的秘密,其实质是
A. 尊重患者自主 B. 不伤害患者自尊
C. 保护患者隐私 D. 医患双方平等
E. 人权高于一切

33.【答案】D

33. 医务人员应当对患者保守的医疗秘密是
A. 患者的病情
B. 患者的医疗方案
C. 患者的性别
D. 医务人员的家庭住址
E. 医院及医务人员的特色、特长

34.【答案】A

34. 医疗活动中最基本、最重要的人际关系是
A. 医患关系 B. 医疗团体与社会的关系
C. 医护关系 D. 医际关系
E. 护患关系

35.【答案】B

35. 医患关系是契约关系,表明
A. 医患关系不是民事法律关系
B. 医患之间是平等的
C. 医患关系的主体是来就诊的患者
D. 医患关系是患者出于无奈与医务人员及医疗机构结成的
E. 医患关系的客体是社会

36.【答案】C

36. 医患关系的性质是
A. 医患关系是一般的契约关系
B. 医患关系是纯粹的信托关系
C. 医患关系是在信托关系基础上的契约关系
D. 医患关系是信托关系就不是契约关系
E. 医患关系是契约关系就不是信托关系

37.【答案】A

37. 患者的自主性取决于
A. 医患之间的契约关系 B. 医患之间的经济关系
C. 医患之间的政治关系 D. 医患之间的亲疏关系
E. 医患之间的工作关系

38.【答案】A

38. 在医患交往中,强调维护患者权益取决于
A. 患者在信托关系中居于弱势地位

B. 患者在信托关系中有明确要求
C. 患者在信托关系中居于强者地位
D. 医师对患者的承诺
E. 医师对患者的关心

39. 构成医患信托关系的根本前提是
A. 患者求医行为中包含对医师的信任
B. 患者在医患交往中处于被动地位
C. 医师是“仁者”
D. 现代医学服务是完全可以信赖的
E. 医患交往中加入一些特殊因素

39.【答案】A

40. 为维护医患之间相互信任的关系，医师必须做到但应**除外**的是
A. 主动赢得患者信任
B. 珍惜患者的信任
C. 对患者所提要求言听计从
D. 努力消除误解
E. 对患者出现的疑虑尽量澄清

40.【答案】C

41. 患者的权利受到关注的社会背景是
A. 人的权利意识、参与意识增强和对人的本质的进一步认识
B. 医患间医学知识的差距逐渐缩小
C. 对人的本质有了进一步认识
D. 意识到医源性疾病的危害
E. 世界性的医患关系冷漠化

41.【答案】A

42. 在医疗过程中，医生的医疗权应该
A. 服从医院的发展　　B. 服从患者的权利
C. 服从社会公益　　D. 服从医院行政领导
E. 服从家属的意愿

42.【答案】B

43. 尊重患者的疾病认知权需要一定的前提是
A. 不影响医务人员与家属的关系
B. 不让患者难过
C. 不影响医患关系的确立
D. 不影响医生治疗方案的选择
E. 不加重患者的心理负担和影响治疗效果

43.【答案】E

44. 患者的道德义务有
A. 保持健康和恢复健康

44.【答案】B

B. 在医师指导下接受和积极配合医生诊疗
C. 帮助医务人员工作
D. 服从医院的行政领导
E. 要求家属帮助护士工作

45.【答案】C

45. 当患者对医生所实施的诊治手段有质疑时,医生必须详细介绍,在患者愿意时才能继续进行,这属于患者的
A. 平等医疗权　B. 疾病认知权　C. 知情同意权
D. 社会责任权　E. 保护隐私权

46.【答案】E

46. 患者的权利**不包括**
A. 基本医疗权　B. 自我决定权　C. 知情同意权
D. 要求保密权　E. 保管病志权

47.【答案】A

47. 患者义务应**除外**
A. 完全听从医师的安排　B. 如实提供病情信息
C. 认真执行医嘱　D. 不将疾病传播他人
E. 尊重医师及其劳动

48.【答案】C

48. 下列关于患者享有平等医疗权利的表述,**错误**的是
A. 公民享有生命健康权
B. 对所有患者都应一视同仁
C. 对患者的要求都予以满足
D. 患者享有的医疗保健权在实现时是受条件限制的
E. 应充分给患者提供医疗信息

49.【答案】C

49. 对患者知情同意权的做法中,**错误**的是
A. 婴幼儿患者可以由监护人决定
B. 对某些特殊急诊抢救视为例外
C. 无家属承诺,即使患者本人知情同意也不能给予手术治疗
D. 做到完全知情
E. 做到有效同意

50.【答案】E

50. 患者在诊治过程中**不能**拒绝
A. 治疗　B. 公开病情　C. 手术
D. 实验　E. 遵守医院制度

51.【答案】E

51. 患者下列义务中应该经其同意后才能合理履行的是
A. 如实提供病情
B. 尊重医务人员的劳动
C. 避免将疾病传播给他人

D. 遵守住院规章
E. 支持医学生实习和发展医学

52. 医患关系出现物化趋势的最主要原因是 52.【答案】A
A. 医学高技术手段的大量应用
B. 医院分科越来越细，医生日益专科化
C. 医生工作量加大
D. 患者对医生的信任感降低
E. 患者过多依赖医学高技术的检测手段

53. 现代诊疗过程中医生越来越依赖于辅助检查所得的指标和数据，医生和患者的直接交流因此减少。这反映出医患关系出现 53.【答案】B
A. 民主化趋势 B. 物化趋势
C. 法制化趋势 D. 分化趋势
E. 商品化趋势

54. 共同参与型的医患关系中 54.【答案】C
A. 医生有绝对的权威，患者无条件地配合医生
B. 医生相对主动，患者相对被动
C. 医生和患者共同商讨病案并决定治疗方案
D. 患者的主动性大于医生的主动性
E. 现实中不存在

55. 医患双方都具有独立人格，要求医师做到 55.【答案】D
A. 不伤害患者 B. 从各方面关心患者
C. "患者是上帝" D. 平等对待患者
E. 关心患者心理需求

56. 下列对医际关系伦理意义的描述，**不准确**的是 56.【答案】C
A. 有利于医学事业发展
B. 有利于医务人员成才
C. 有利于取得更高的经济收益
D. 有利于医院集体力量的发挥
E. 有利于建立和谐的医患关系

57. 正确处理医际关系的原则是 57.【答案】C
A. 根据职务、职称不同，区别对待
B. 根据学历、职务的高低，分配发展机会
C. 彼此信任，互相协作和监督
D. 互相尊重，"井水不犯河水"
E. 相互尊重，坚持独立，注重自我发展

58.【答案】C

58. 下列处理医际关系的原则,**不正确**的是
A. 彼此平等、互相尊重
B. 彼此独立、互相支持和帮助
C. 彼此协作,力争最大经济效益
D. 彼此信任,相互协作和监督
E. 相互学习,共同提高和发挥优势

【A2 型题】

1.【答案】B

1. 患者李某,女,26 岁,未婚,体检中发现左侧乳房有肿块来院治疗。经医生诊断后拟进行手术治疗,但患者十分担心手术后会影响今后生活质量,医生积极解释,消除了患者的心理负担,在征得患者家属同意的情况下,进行手术且手术顺利,患者及家属都很满意。本案例集中体现了尊重患者的
A. 基本医疗权
B. 知情同意权
C. 疾病认知权
D. 提出问题并要求医生解答的权利
E. 监督医疗过程的权利

2.【答案】D

2. 因车祸受重伤的男子被送去医院急救,因没带押金,医生拒绝为患者办理住院手续。当患者家属拿来钱时,已错过了抢救最佳时机,患者死亡。本案例违背了患者权利的
A. 享有自主权　　B. 享有知情同意权
C. 享有保密和隐私权　　D. 享有基本的医疗权
E. 享有参与治疗权

3.【答案】B

3. 甲医师发现邻病房乙医师的诊治失误后,及时反映给主管部门。这体现了正确处理医务人员之间关系的道德原则是
A. 共同维护社会公益　　B. 共同维护患者利益
C. 开展正当竞争　　D. 全心全意为人民服务
E. 以上都不是

4.【答案】C

4. 某医师为不得罪同事,将患者严格区分为“你的”和“我的”,对其他医生所负责的患者一概不闻不问,即使同事出现严重失误,也是如此。这种做法违反了正确处理医务人员之间关系的道德原则
A. 彼此平等、互相尊重
B. 彼此独立、相互支持和帮助
C. 彼此信任、互相协作和监督
D. 彼此独立、相互协作和监督
E. 彼此平等、互相协作和监督

5. 一位女医生对患者说话声调柔和、目光亲切、讲话时面带微笑，说明她在下列哪一方面做得好
A. 语言沟通和非语言沟通　B. 语言沟通技巧
C. 非语言沟通技巧　D. 目光沟通
E. 以上都不是

5.【答案】C
【解析】医患交往的两种形式：语言形式的交往和非语言形式的交往。前者顾名思义，是用语言传递信息，后者包括语调、表情等。依题意，这位女医生是非语言形式的交往做得好。

第三节　精神科伦理

【A1型题】

1. 以下适用保密原则的情况是
A. 精神障碍患者有严重伤害自身或伤害他人的危险
B. 精神障碍患者有致命的传染性疾病等且可能危及他人
C. 未成年人受到性侵犯或虐待
D. 精神障碍患者有敏感多疑的想法
E. 法律规定需要披露的情形

1.【答案】D
【解析】在精神科临床实践中的保密原则不适用于：①精神障碍患者有严重伤害自身或伤害他人的危险；②精神障碍患者有致命的传染性疾病等且可能危及他人；③未成年人受到性侵犯或虐待；④法律规定需要披露的情形。

2. 关于知情同意，不属于生命伦理学所定义的基本要素的是
A. 理解　B. 信息告知　C. 理解能力
D. 自由同意　E. 同意能力

2.【答案】C
【解析】生命伦理学把知情同意的要素分为信息告知、理解、自由同意和同意能力四个部分，其中信息告知和理解属于知情，自由同意和同意能力属于同意。

3. 精神科医生在判断患者是否具有知情同意能力时，不需考虑患者
A. 能否理解自身的病情及医生所建议的诊断和治疗方案
B. 能否推断作出选择的利益和风险
C. 能否承担治疗疾病时所需要的费用
D. 能否正确评价自身的病情及选择的后果
E. 能否恰当表达自己的选择

3.【答案】C
【解析】精神科医生在判断患者是否具有知情同意能力时，可从以下几个方面考虑：①能否理解自身的病情及医生所建议的诊断和治疗方案；②能否推断作出选择的利益和风险；③能否正确评价自身的病情及选择的后果；④能否恰当表达自己的选择。

4.《中华人民共和国侵权责任法》第五十五条规定：医务人员在诊疗活动中应当向患者说明病情和医疗措施。需要实施手术、特殊检查、特殊治疗的，医务人员应当及时向患者说明医疗风险、替代医疗方案等情况，并取得其
A. 本人同意　B. 家属同意　C. 领导同意
D. 口头同意　E. 书面同意

4.【答案】E
【解析】《中华人民共和国侵权责任法》第五十五条规定：医务人员在诊疗活动中应当向患者说明病情和医疗措施。需要实施手术、特殊检查、特殊治疗的，医务人员应当及时向患者说明医疗风险、替代医疗方案等情况，并取得其书面同意；不宜向患者说明的，应当向患者的近亲属说明，并取得其书面同意。

5.《病人权利宣言》规定患者知情同意权的内容不包括
A. 患者对医院的资质情况有了解的权利
B. 患者对医生的婚姻状况有了解的权利
C. 患者对治疗方案有选择的权利
D. 患者对治疗方案有拒绝的权利
E. 患者对医疗费用有审查的权利

5.【答案】B
【解析】《病人权利宣言》规定患者知情同意权的内容包括：患者对医院和医生的情况有了解的权利，患者对治疗方案有选择和拒绝的权利，患者对医疗费用有审查的权利，医生有就症状、治疗方案等与患者有关的治疗信息对患者进行详细说明的义务。

【A2 型题】

1. 患者,男,18 岁,住院期间明确诊断精神分裂症,医生嘱其出院后继续服药巩固治疗,防止复发。但是患者出院后拒绝服药,家属无奈,求助于门诊医生。作为门诊医生,应指导家属的内容是
A. 建议家属带患者来医院就诊
B. 建议家属回家后给患者暗服药物
C. 在患者不出现自伤伤人的情况下,建议家属静观其变
D. 建议家属带患者继续入院接受治疗
E. 为了保证治疗效果,建议家属强制患者服药

2. 患者,男,14 岁,存在大量幻觉妄想,门诊明确诊断为精神分裂症。父母担心患者知道诊断后受到打击,不希望医生告知患者诊断。当患者问医生自己得的什么病时,作为医生,正确的处理是
A. 实事求是,明确告知是精神分裂症
B. 让患者直接去问父母
C. 避重就轻,只说思维、情绪方面有一些异常
D. 告诉患者他年龄尚小,还不能理解,等年龄大点儿再慢慢告诉他
E. 引导父母正确认识疾病,对患者告知病情的程度上征求父母的意见

3. 患者,女,23 岁,在父母陪同下就诊,明确诊断精神分裂症。为加强重性精神疾病患者的管理,一旦诊断重性精神疾病,需要上报系统。患者父母不希望所居住的社区知道患者得病的消息,不同意上报。正确的处理是
A. 遵守上级规定,按制度上报
B. 尊重家属的意见,不上报
C. 向家属解释上报的意义和获益,若不上报责任自负
D. 向家属解释上报的意义和获益,如仍不同意,则暂不上报
E. 告诉家属倘若不上报,无法为其提供下一步治疗。

4. 患者,女,35 岁,大学老师,诊断为精神分裂症。一年来固定就诊于某位医生门诊,目前病情平稳。一日,其所在单位的领导到门诊咨询医生,希望了解患者的病情,以便为下一步工作做安排。合适的处理是
A. 明确告知患者的病情和诊断
B. 保护患者隐私,让系领导直接问患者本人
C. 为免于患者工作受到影响,向领导诉说时故意降低疾病的严重程度

1.【答案】A
【解析】根据医学伦理的基本原则,患者享有医疗自主权。精神分裂症患者可以出院,说明病情已稳定,因此给患者暗服药和强制服药均是不合理的。本着对患者有利、不伤害原则,停止服药静观其变对患者的病情康复极为不利。因此最佳答案是带患者前来就诊,由医生来对患者的下一步治疗进行合理建议。

2.【答案】E
【解析】根据我国《中华人民共和国民法总则》,患者不满 16 岁,属于限制行为能力人,在进行医疗行为的过程中需要征得其法定代理人的同意;同时患者的精神状况受到损害,不能完全辨认自己的行为,因此也应由其法定代理人决定是否告知患者病情。

3.【答案】D
【解析】在医疗行为过程中要尊重患者的隐私权和自主权,但是对隐私权的保护也不是绝对的、无限制的,受到以下几个方面的限制:①受到公共利益的限制;②不能为了保护隐私权而剥夺公民合法的知情权;③对隐私的保护不得有违国家法律。在本案例中,患者的行为尚没有对公共利益造成危害。若患者及家属坚持不同意上报,可以先继续观察一段病情,再根据情况决定是否上报。

4.【答案】D
【解析】在医疗行为过程中要尊重患者的隐私权,包括患者的健康状况、既往病史、病历资料、医疗自主等方面,特别是患有一些社会习俗所不能容忍、容易引起人们非议的疾病。该患者目前病情平稳,因此是否告知单位领导需要征得患者的同意。

D. 征得患者同意后再告知

E. 不明确告知诊断，但告知目前的病情平稳，让单位领导不必担心

5. 患者，女，42 岁，近期在工作和家庭方面遭遇不幸，每天以泪洗面，总说“活着没意思”，曾多次向家属提及不想活了，经常一个人关在屋子里，拒绝家属进入。家属劝其来医院就诊，患者拒绝。家属前来门诊咨询，应指导家属

A. 为避免患者发生自伤、自杀，强行带患者来治疗

B. 嘱家属加强看护

C. 建议家属给患者暗服抗抑郁药物

D. 建议家属劝说患者来医院就诊

E. 明确告知家属：患者不来无法作出诊疗和建议

5.【答案】D

【解析】根据医学伦理的基本原则，要尊重患者的自主权，包括自我选择、自由行动及依照个人的意愿自我管理和自我决策。因此强迫患者和给予暗服药物均不合理。最佳办法还是让家属劝说患者来医院就诊，符合伦理的有利、不伤害原则。

6. 患者，20 岁，出现“耳边有人总在说他的坏话，但又找不到人”。经常情绪很激动，对家人发脾气。家属带其在精神科就诊，希望医生给患者办理住院手续，患者拒绝。最合适的处理方式是

A. 听从家属意见，为患者办理非自愿住院手续

B. 尊重患者本人意愿，给予诊疗意见，门诊治疗

C. 进一步明确患者是否有伤害自己或周围人的行为或风险，如有，办理非自愿住院治疗

D. 访谈中发现患者有伤害周围人的行为，但考虑患者本人意见，暂时门诊治疗

E. 等患者和家属意见一致了，再做处理

6.【答案】C

【解析】我们要尊重患者的医疗自主权，包括在医疗过程中自我选择、自由行动及依照个人的意愿自我管理和自我决策，但前提条件之一是患者的自主选择不对自身、他人和社会利益产生冲突。在本案例中，医生应该先判断患者是否有伤害自己和周围人的行为或风险，若有风险，则需以对患者健康“有利、不伤害”原则为重，为患者办理非自愿住院。

7. 患者因诊断精神分裂症在封闭病房住院治疗，因被害妄想与同室病友发生争执，扬言要打病友，情绪激动，破口大骂，不听劝阻。医护人员决定对患者实施保护性隔离。采取措施的理由，**错误**的是

A. 患者有伤害他人和自身的风险

B. 患者不能接受医护人员的劝阻，医务人员已经尝试了可替代措施

C. 患者有扰乱病房秩序的风险

D. 医务人员通知家属，告知病情，争得家属同意，采取保护措施

E. 患者影响病友团结，可以使用保护隔离作为控制措施

7.【答案】E

【解析】精神障碍患者在医疗机构内发生或者将要发生伤害自身、危害他人安全、扰乱医疗秩序的行为，医疗机构及其医务人员在没有其他可替代措施的情况下，可以实施约束、隔离等保护性医疗措施。实施保护性医疗措施应当遵循诊断标准和治疗规范，并在实施后告知患者的监护人。本案例中实施保护性约束为了不对患者自身和他人产生伤害，符合有利、不伤害原则。

8. 家属来诊，替患者咨询。患者，23 岁，近两年生活很不规律，经常独自在屋子里大声讲话，说是有人监视他。拒绝就诊，还经常和父母发脾气。合适的医疗处理是

A. 根据家属描述，考虑幻觉妄想状态，开抗精神病药物治疗

8.【答案】D

【解析】患者对是否就医有自主权，这是人身自由的体现。只有在个人发生伤害自身、危害他人安全的行为，或者有伤害自身、危害他人安全的危险，且在外人看来属于疑似精神障碍患者的情况下，其近亲属、所在单位、当地公安机关才可以违背其本人意志，将其送往医疗机构进行精神障碍诊断。

B. 到家中为患者提供诊断治疗方案

C. 要求家属提供患者的录像、视频资料，提供药物治疗方案

D. 告知家属需要患者本人就诊，如果患者有伤害自身和身边人的行为或风险，可以请公安机关协助送诊

E. 建议家属给患者暗服药物治疗

9. 患者，20岁，大学生，在同学陪同下就诊。在单独和精神科医生谈话中，有轻生想法，有尝试过量服药的行为。交谈中非常痛苦，不停哭泣，但嘱咐医生不要告知家人，怕家人担心。作为接诊医生，该如何处理

A. 尊重患者隐私，不告知家属

B. 在患者不知情的情况下联系学校老师，通知家属

C. 告知患者疾病严重性，劝说患者同意通知家属。如患者不接受，暂时不通知家属

D. 告知患者病情严重性，劝说通知家属。若患者仍不同意，通知学校和家属

E. 告知患者病情严重性，劝说通知家属。若患者仍不同意，通知学校为患者办理住院

9.【答案】D

【解析】在医疗行为过程中要尊重患者的隐私权和自主权，不给患者的工作、生活、就医等造成不必要的干扰。但是对隐私权的保护也不是绝对的、无限制的，如果保护患者隐私造成了对自身和他人的人身伤害，就要进行部分公开。在本案例中，患者的行为已经可能对自身生命健康造成威胁，因此在劝说无效的情况下，有必要告知家属及学校相关人员，符合伦理的尊重及不伤害原则。

10. 患者，25岁，在某精神专科医院封闭病房住院治疗，诊断精神分裂症，目前经过治疗，病情稳定。在住院期间，患者给自己外地女友写信，希望医院工作人员能帮忙把信寄出去。接到信件的住院医生，最合适的处理是

A. 按照患者要求把信投递到邮局，寄出

B. 在患者不知情的情况下把信件拆开，阅读信件，确定没有风险后再递送到邮局

C. 把信件交给患者家属，请家属处理

D. 告知患者我们需要了解信件内容，才能帮助寄送。征得患者同意，当着患者阅读信件后再确定进一步方案

E. 把患者信件收回，但不寄出

10.【答案】D

【解析】由于精神科疾病的特殊性，患者的信件中有可能包含一些伤害自己或他人的内容或相关隐含信息。医务人员在获得患者同意后，有必要对信件内容进行检查，同时向患者承诺对信件内容保密。一方面保护患者的隐私及自由通信的权利，另一方面又坚持了不伤害原则。

11. 50多岁的张某无家可归，整日胡言乱语，无故大笑，独自对着行人指指点点。寒冷的冬季晚上只能睡在地下通道里。当有关人员找到张某时，张某拒绝接受救助，该如何处理

A. 出于对张某生命安全和健康的考虑，强行将其带到收容站

B. 说服其接受救助，如说服无效，强行将其带到收容机构

C. 说服其接受救助，如说服无效，尊重他的意愿，不予干预

D. 说服其接受救助，如说服无效，为他发放棉衣棉被和食物

E. 以上各项均可

11.【答案】D

【解析】要尊重流浪人员的人格尊严和自主选择权，因此当他拒绝救助并劝说无效时，不能强行带至收容所。另外要本着不伤害的伦理原则，为他发放基本的生活物品。

12. 患者，31 岁，诊断精神分裂症，在社区已经建档。接到社区精防人员的电话，要对其进行上门访视，患者拒绝访视。工作人员应该
A. 放弃对其进行访视
B. 精防工作人员坚持上门访视
C. 请公安机关、社区居委会协助，强行对其进行访视
D. 继续进行电话随访，告知目前的上报制度及访视的好处，适时进行上门访视
E. 只需电话随访，不再上门访视

12.【答案】D
【解析】患者有知情权、同意权和医疗自主权。医务人员对患者采取治疗或干预行为前要事先征得患者的同意，若患者在告知后不同意上门访视，医务人员应尊重患者的意见，选取其他时间征得同意后再访视。

13. 患者，女，25 岁，5 年前诊断精神分裂症，目前病情稳定。近日，有亲戚为其介绍了一个男朋友，两人通过手机聊了两天，有些好感，决定见面。患者有些忐忑，该不该把自己得病的事实告诉对方
A. 告诉对方，在第一次见面时
B. 告诉对方，在决定结婚时
C. 告诉对方，在结婚后
D. 患病是个人隐私，不必告诉对方
E. 患病是个人隐私，可以不告诉对方，但本着交往应坦诚的原则，可在即将确定恋爱关系时告知对方

13.【答案】E
【解析】患者对自身疾病等方面享有隐私权，可以自己决定是否对隐私进行隐瞒、不为他人所知。但是在恋爱结婚方面，对方也享有合法的知情权。因此要平衡隐私权和对方知情权的关系，本着恋爱坦诚的道德准则，在适当时机告诉对方。

14. 患者，50 岁，诊断双相情感障碍，躁狂发作，住院期间在病房吵闹，与另外一个病友发生肢体冲突。工作人员欲对其进行约束。正确的做法是
A. 直接对其进行约束
B. 打电话给家属，征得家属同意后进行约束
C. 对其进行劝说，同意后方可进行约束。如其不同意，则不采取约束措施
D. 对其进行劝说，如劝说无效，可对其进行约束
E. 打电话给家属，家属到场后，方可进行约束

14.【答案】D
【解析】精神障碍患者在医疗机构内发生或者将要发生伤害自身、危害他人安全、扰乱医疗秩序的行为，医疗机构及其医务人员在没有其他可替代措施的情况下，可以实施约束、隔离等保护性医疗措施，符合有利、不伤害原则。实施保护性医疗措施应当遵循诊断标准和治疗规范。

15. 患者，女，30 岁，诊断抑郁症，近日抑郁情绪严重，门诊中跟医生透露自己没有服用抗抑郁药，意志很消沉。但她不希望父母担心，希望医生不要告诉在诊室外陪诊的父母。此时医生应该
A. 尊重患者隐私，不告知其父母。静观其变
B. 尊重患者隐私，不告知其父母。劝说服药，积极引导
C. 告知患者父母，请父母监督其服药
D. 告知患者父母，请父母监督其服药，并请父母严密看护
E. B、D 均可

15.【答案】B
【解析】在医疗行为过程中要尊重患者的隐私权，但是对隐私权的保护也不是绝对的、无限制的，如果保护患者隐私造成了对患者的人身伤害，就要进行部分公开。在本案例中，患者的病情尚没有对自身生命健康造成威胁，因此可以先不必告知家属，尊重患者的隐私权和自主选择权。

16. 患者，女，诊断为精神分裂症，病情稳定，婚后想生孩子，门诊

16.【答案】B
【解析】让患者自己决定是否服药并承担风险。患者有自主选择是否生育的权利，前提是：①医务人员应提供适量、正确、并且患者能够理解的医疗信息；②患者有自我选择和决定的能力；③患者的自主选择不与他人和社会利益发生冲突。因此医生应该向患者提供足够的医疗信息，让患者自己决定是否要孩子。

咨询是否可以生育，门诊医生应建议

A. 同意怀孕，建议孕期停药，生完孩子立刻恢复服药

B. 介绍精神疾病的遗传概率和在怀孕期服药对胎儿的影响，让患者自己决定是否生育

C. 考虑到疾病的稳定性和遗传率，不同意怀孕

D. 同意怀孕，建议患者使用A级抗精神病药物，减少胎儿致畸率

E. 同意患者有权利怀孕，让患者自己决定是否需要服药，并承担风险

17. 患者，女，25岁，一个月前渐出现“认为同部门的同事故意针对自己，总是给自己穿小鞋”的症状。半个月前，发现“另外一个同事总是跟这个同事窃窃私语，在说自己的坏话”。回家后总是和家人唠叨这些事，严重影响睡眠。家人认为不正常，后多次劝说下带其就诊。门诊医生诊断精神分裂症并给予治疗方案，但患者拒绝接受。应向患者及家属作出的诊疗意见是

A. 向患者本人说明情况，建议药物治疗

B. 单独向家属说明情况，并嘱监督服药，必要时可采取暗服药

C. 向患者及家属说明药物治疗的重要性及不治疗有可能带来的危害，建议家庭讨论决定

D. 向家人说明患者情况，给予药物治疗；对患者说药物是改善睡眠的

E. 患者平日和二姨关系好，建议家属让二姨劝说

18. 患者，女，10岁，诊断注意缺陷多动障碍，其奶奶在医院看到有关研究的招募海报，欲签署“知情同意书”报名参加，作为该项目负责人，正确的做法是

A. 让奶奶签署“知情同意书”

B. 告知需由患者本人签字同意

C. 告知需由患者父母共同签署

D. 告知需由患者本人及父母三方同意并签署知情同意书

E. 以上均不是

19. 患者，男，25岁，诊断“精神分裂症”，同意参加某药物临床试验研究，需要签署“知情同意书”，**不属于**知情同意的内容是

A. 参加研究的持续时间

B. 受试者可能被分配到的组别

C. 可能发生的风险与不便

D. 研究背景与研究目的

E. 在试验各阶段中途不能退出

17.【答案】C

【解析】患者对自己疾病的病情、治疗措施、相关检查资料享有知情权，医生采取的治疗行为也应征得患者及其家属的同意。由于疾病原因，患者的认知行为能力受到了一定的损害，因此医生应同时向患者和家属告知诊疗意见，由家人共同决定。

18.【答案】D

【解析】受试者10岁，根据我国《中华人民共和国民法总则》，小于16岁属于限制行为能力人，在进行医疗行为的过程中需要征得本人及其法定监护人的同意。她的法定监护人是父母，而非爷爷奶奶。所以儿童临床研究一定要让儿童的父母知情，如果爷爷奶奶一定参与，只有否决权，没有同意权。例如，若父母双方都同意，爷爷奶奶不同意，那么就不要入选该儿童。

19.【答案】E

【解析】受试者可以在研究的任何阶段选择退出研究，尊重受试者的自主选择权。

20. 某精神科封闭病房的住院患者，诊断抑郁症，既往曾有自杀行为，经电休克治疗后目前情绪稳定，否认轻生观念。某日夜间其陪护(患者母亲)心前区绞痛，患者要求陪伴母亲外出就医，作为值班医生，最佳处理方式是

A. 患者目前无风险，让其母亲自己到综合医院就医，其他患者的陪护临时照看

B. 为患者开具短期外出医嘱，签署知情同意书，随同其母亲到综合医院就医

C. 值班医生在确保有其他医务人员在岗后，带其母亲到综合医院就医

D. 对其母亲的要求以"保证患者安全"为由予以拒绝

E. 值班医生为其母亲进行诊疗

20.【答案】C

【解析】出于医学道德的考虑，应尽快让人陪同患者母亲前去专科医院就诊。由于患者刚进行完电休克治疗，暂不能外出陪同，否则容易有风险。因此最佳方式为在确保病房医务人员足够的情况下，值班医生陪同就诊。

21. 某精神科住院患者，长期失眠，主管医生用普通的维生素暗示，告知患者这种药是新近研发的进口睡眠药"SLP"，取得了一定的效果，直至患者即将出院。主管医生正确的做法是

A. 为了保持暗示的疗效不告知患者服用的是维生素，并继续带药出院

B. 用安眠药替换维生素

C. 出院前停用该维生素

D. 告知患者所服药物是维生素，取得理解

E. 和家属商量取得合作，继续暗示治疗

21.【答案】D

【解析】患者对自己疾病的病情、治疗措施享有知情权。由于疾病原因，在住院期间医生采取了暗示疗法。当患者出院时，应告知患者真实情况，给予相应解释、鼓励和支持。

22. 患者，25岁，诊断为抑郁症。近日抑郁情绪严重，觉得活着没意思。医生向患者及其父母介绍，有一种新药正在进行临床试验，前期试验显示可以有效控制患者的抑郁症状且副作用较少，而且免费，询问其是否愿意参加此药物研究。患者父母同意参加试验。此时，如何签署知情同意书

A. 跟患者父母详细解释，让父母签署知情同意书

B. 跟患者解释试验情况，同意后让患者签署知情同意书

C. 跟患者和父母都做解释，让父母签署知情同意书

D. 评估患者能否正确的理解试验相关信息，再决定除了患者签字外，是否让父母签字

E. 直接让父母、患者都签字

22.【答案】D

【解析】患者能否自己决定参加试验要先判断患者是否是完全行为能力的人，其中需要判断的能力有：能否正确的理解相关信息、能否明了自己的状况、能否正确表达自己的决定。若是完全行为能力人则可以自己签署知情同意，若是这些能力有缺损则需患者和监护人共同签署。

23. 患者，女，36岁，反复怀疑自己得了狂犬病，一年之内打了十次狂犬病疫苗，防疫站医生要求患者来精神科评估。精神科门诊医生向患者解释后，患者仍然执意要求注射狂犬病疫苗。此时，合适的处理是

A. 注射狂犬病疫苗无显著不良后果，可以满足患者需求

B. 严肃地拒绝患者，告诉患者这是不对的

C. 以患者干扰医生工作为由报警

23.【答案】D

【解析】疑病患者的纠缠，是因为他们处于严重的焦虑不安之中，医生应该理解他们的情绪，不能粗暴地拒绝，但也不能一直依从患者意愿，反复给予有创性操作。根据知情原则，轻易给予"暗示"治疗无益于解决患者的本质问题。因此，接诊医生对此类患者处理困难时，可以表示出对患者目前状态的理解，同时本着不让患者继续受到伤害的原则，请更有经验的医师协助处理。

D. 帮助患者转诊,请有经验的上级医生进行处理
E. 给予患者生理盐水注射进行暗示

24. 患者,男,18 岁,大一学生,由父亲陪同就诊。患者半年前开始在名牌大学就读法律专业,半月前跟家人提出要退学,问其原因,诉不喜欢现在的专业,想要重新参加高考。父亲因此在家多次殴打患者,也未能使其改变想法。因为意见不合,父亲在诊室内就开始辱骂、踢打患者。此时,接诊医生应该
A. 请家属和患者离开诊室,避免影响其他患者就诊
B. 劝说患者放弃休学想法
C. 在保证自己的安全下制止患者父亲的暴力行为,必要时请警察介入
D. 迅速撤离诊室,请保安处理
E. 安静地观察一段时间父子间的互动

25. 患者,男,78 岁,髋关节术后三天,护士反映患者连续两天早上相对安静,晚上就开始吵闹,还有辱骂医务人员的现象。次日早上外科医师请精神科会诊,医生与患者交谈过程中没有发现明确的精神症状,但怀疑患者存在谵妄可能。合适的处理是
A. 患者目前不能明确存在精神障碍,为了保证患者人身自由的权利,建议主管医生准予出院
B. 让家属做决定,如果家属同意,可以签字离院
C. 向家属说明患者可能的诊断及存在的风险,建议留院观察
D. 给予抗精神病药物,避免患者影响他人
E. 告知主管医生,患者不属于精神科处理的情况,让其自行决定

26. 患者,男,85 岁,1 年前诊断阿尔茨海默病(轻度,简易智力状态检查量表得分 21 分)。与现任妻子为再婚,与前妻(已去世)生育一子,父子关系欠佳。患者和妻子希望签署捐献遗体的协议,但儿子不同意,反复与患者吵架。今患者及妻子来门诊咨询精神科医生,希望医生给予患者具备行为能力的证明。此时,医生应做的是
A. 告知患者,这不属于精神科医生的职业范畴
B. 电话联系患者儿子,对其进行劝说
C. 帮助患者推翻之前的诊断,完成其帮助他人的愿望
D. 建议患者和家属咨询法律专业人士,因为行为能力的判断是由法官决定
E. 出具证明,说明患者虽然诊断痴呆但可以有能力签署遗体捐献的协议

24.【答案】C
【解析】在患者遭受人身危险时,医生应该帮助其免受攻击,但需注意干预方式,避免自己受伤。

25.【答案】C
【解析】患者老年男性,术后可能存在谵妄的情况,谵妄本身就可以表现出晨轻暮重的特点,因此早上评估的时候意识清楚不代表患者晚上不存在意识障碍,因此需要向主管医师和患者家属说明情况,不能仅根据患者横断面的表现就作决定。医生在做医疗判断时,不能只考虑责任问题,而是要以患者利益为重。

26.【答案】D
【解析】精神科医生的主要职责是对诊疗各种精神障碍,行为能力的判断应由法律机构来完成,但法律专业人士可能对精神障碍的疾病知识了解不足,此时可由精神科医生向法律专业人士提供相关医学信息。

27. 患者，女，12 岁，有轻生观念，否认自己有病。门诊医生考虑抑郁发作可能，建议住院治疗。此时，恰当的处理方式是
A. 请患者在诊室外等待，与其监护人讨论治疗方案的选择
B. 与患者及其监护人一起讨论治疗方案的选择
C. 如果监护人拒绝患者住院的建议，可以向法律部门投诉
D. 请监护人在诊室外等待，与患者讨论治疗方案的选择
E. 开住院单，让家属自己回去考虑

27.【答案】B
【解析】即使在精神障碍患者对疾病缺乏自知力情况下，也应该尽量保护其知情同意权。12 岁青少年，虽然法律上是未达完全行为能力人，但也有行使部分行为能力的权利。医生应当予以尊重。

28. 患者，男，56 岁，长期饮酒，酒后吵闹家人，摔东西，拒绝就诊，家人来精神科门诊咨询。此时医生应有的解释是
A. 根据家属的叙述，张某已经构成精神疾病
B. 张某酒后没有自控能力，可以强行安排他住院
C. 本人不来，医生无法给出建议
D. 张某有完全行为能力，应尊重他的选择
E. 报警，请警察协助送医

28.【答案】E
【解析】患者虽然有酒后的吵闹、摔东西等行为，但未经医生明确诊断，应尊重患者医疗自主权，因此家人不能强行送医。但是当患者出现酒后伤人伤己的情况下，就要以有利、不伤害的伦理原则为重，报警请警察判断是否送医。

29. 李某是一名外科医生，工作期间突然出现兴奋冲动。精神科医生会诊后，诊断急性精神障碍，开具抗精神病药，但李某拒绝服用。为了帮助患者稳定情绪，防止发生意外，领导在没有告知患者家属的情况下，劝说李某服用了安定类药物。下列描述恰当的是
A. 只要药物对患者有益，就可以给药
B. 未经患者家属同意不可以给药
C. 只有在患者有伤害自己或他人的情况下，才可以给药
D. 安定类药物属于临床常用药物，没有危险，可以给药
E. 不可以给药，因为这不是精神科医生的医嘱

29.【答案】A
【解析】在比较紧急的情况下，医生可以作出最有利于患者的判断并治疗，符合伦理的有利原则。

30. 患者，女，产后四个月，即将回单位工作，但又放心不下自己的孩子，因情绪烦躁不安来诊，希望以焦虑为由休病假。同时因处于哺乳期，不想服用任何药物。经过检查，诊断焦虑障碍，该如何回应患者的要求
A. 应该满足，因为休假有利于缓解焦虑情绪
B. 应该满足，因为要以患者的要求为主
C. 应该满足，因为孩子还小，和母亲分离对孩子心理健康不利
D. 不能满足，因为她不吃药
E. 不能满足，因为她有明显“泡病假”的动机

30.【答案】A
【解析】根据伦理的有利原则，医生应按照诊疗规范和患者的实际病情来决定是否需要开假条。只要休假能够帮助患者缓解病情，就应该满足患者的要求，而不应过多考虑非医疗因素。

31. 患者，男，18 岁，之前一直在精神专科医院就诊，诊断精神分裂症，最近家长到门诊咨询。患者有严重伤人行为，且不接受住院治疗，在家砸东西打人。应指导家长的内容是
A. 因患者已有伤人行为并且很严重，建议报警，协助送医院

31.【答案】A
【解析】患者对是否就医有自主权，但是在个人发生伤害自身、危害他人安全的行为，或者有伤害自身、危害他人安全的危险，且在外人看来属于疑似精神障碍患者的情况下，其近亲属、所在单位、当地公安机关可以违背其本人意志，将其送往医疗机构进行精神障碍诊断。符合不伤害原则。

强制治疗
B. 家长继续在家照顾患者，不送诊
C. 家长给患者暗服药，先稳定患者病情
D. 家长对其无能为力，召集家属把患者绑起来
E. 请医生去家里会诊

32. 患者，女，23岁，木僵、缄默状态，无法交流，从未就医。家属陪同办理住院手续时，患者对指令毫无反应，无法签字，医生恰当的处理是
A. 非自愿住院，无须患者签字
B. 家属代签字住院
C. 向家属和患者解释，尽量做到知情同意，自愿签字住院
D. 因签不了字致使患者无法住院
E. 由警察来证明患者签字

32.【答案】A
【解析】当患者因病情需要亟须住院治疗，而患者本人又因病情原因无法自主办理住院手续及完成签字授权时，可由患者监护人办理非自愿住院手续。

第四节 医学道德的评价、监督和修养

【A1型题】

1. 医德修养的根本途径和方法是
A. 自我批评　　B. 自我反思
C. 见贤思齐　　D. 接受患者监督
E. 与医疗实践结合

2. 医学道德修养的范畴包括
A. 意志、情操、仪表、品行　　B. 举止、仪表、意志、情感
C. 情操、信念、习惯、举止　　D. 情操、举止、仪表、品行
E. 仪表、品行、情操、信念

3. 医学道德教育的过程**不包括**
A. 提高道德意识
B. 培养医德情感
C. 锻炼医德意志
D. 鉴定医德信念
E. 进行自我教育和自我锻炼

4. 医学道德的意义**不包括**
A. 有助于形成医务人员的内在品质
B. 有助于培养医务人员的人文素养和道德情操
C. 有助于促进医学科学工作发展
D. 是将医学道德原则和规范转化为内心信念的重要环节
E. 是确保维护社会公益的原则

1.【答案】E
【解析】与医疗实践相结合是医德修养的根本途径和方法，具体是从以下三个方面做起：①要坚持在为人民健康服务的医疗实践中认识主观世界，改造主观世界；②要坚持在医疗实践中检验自己的品德，自觉地进行自我教育，自我锻炼，提高自己医学修养；③要随着医疗实践的发展，使自己的认识不断提高，医学道德修养不断深入。

2.【答案】D
【解析】医德修养包括医疗实践中所形成的情操、举止、仪表和品行等。

3.【答案】E
【解析】医学道德教育的过程包括提高医德认识、培养医德情感、锻炼医德意志、坚定医德信念以及养成医德行为习惯。

4.【答案】E
【解析】医学道德教育的意义包括：①有助于形成医务人员的内在品质，是把医学和规范转化为内心信念的重要一环；②有助于培养医务人员的人文素养和道德情操，是形成良好医德医风的重要环节；③有助于培养高素质的医学人才，是促进医学科学工作发展的重要措施。

5. 正确把握医德评价依据的观点是
A. 动机论
B. 手段论
C. 效果论
D. 目的论
E. 动机与效果、目的与手段辩证统一论

6. 医学道德评价的标准包括
A. 疗效标准、社会标准、科学标准
B. 舆论标准、价值标准、疗效标准
C. 科学标准、社会标准、舆论标准
D. 科学标准、疗效标准、价值标准
E. 社会标准、价值标准、舆论标准

7. 对医德评价的意义理解**有误**的是
A. 表明评价者个人的喜好
B. 形成健康的医德氛围
C. 调节医学人际关系
D. 有助于将外在医德规范内化为医务人员的信念
E. 有助于指导医务人员选择高尚的医德行为

8. 医德品质构成的基本要素是
A. 内心信念　B. 社会舆论　C. 传统习俗
D. 真诚信仰　E. 科学标准

9. 对医务人员在医德修养方面提倡"慎独"，**不正确**的是
A. "慎独"是古代儒家用语，是封建社会道德特有的范畴
B. "慎独"是道德修养的方法
C. "慎独"是指个人在独处无人监督时，仍能坚持道德原则和道德信念
D. "慎独"是中性名词，在今天使用它可以有崭新的内容和含义
E. 医德修养是有层次的，提倡"慎独"，是希望医务人员的医德修养达到更高境界

10. 医学评价中最普遍、最具有影响力的方式是
A. 内心信念　B. 社会舆论　C. 传统习俗
D. 真诚信仰　E. 科学标准

11. 市场经济条件下加强医学伦理教育的必要性主要取决于
A. 公正分配医药卫生资源的要求
B. 实现医疗活动道德价值的要求

5.【答案】E
【解析】正确把握医德评价依据的观点：①在医学道德评价上，我们应该坚持哲学上的动机与效果辩证统一的观点，即必须从效果上去检验动机，又要从动机上去看待效果，对具体情况做具体分析。②一般情况下目的决定手段，手段服从目的，没有目的的手段是毫无意义的。同时，没有一定的手段相助，目的也是无法实现的。在评价医务人员的医德行为时，不仅要看其目的是否正确，还要看其是否选择了恰当的手段。

6.【答案】A
【解析】医学道德评价标准有疗效标准、社会标准、科学标准。

7.【答案】A
【解析】医德评价是医务人员行为、医疗卫生保健单位活动的监视器和调节器；维护医德原则、规范和准则的重要保障；使医德原则、规范和准则转化为医务人员行为和医疗卫生保健单位活动的中介和桥梁。

8.【答案】A
【解析】内心信念是指医务人员发自内心地对道德义务的深刻认识、真诚信仰和强烈的责任感，是医务人员对自己行为进行善恶评价的内在动力，是医德品质构成的基本要素，也是医德评价的重要方式。

9.【答案】A

10.【答案】B
【解析】社会舆论是指公众对某种社会现象、行为和事件的看法和态度，即公众的认识。社会舆论可以形成一种强大的精神力量，调整人们的道德行为，指导人们的道德生活，适宜的评价最普遍、最具有影响力的方式，在医德评价中起着重要作用。

11.【答案】E

C. 协调医际关系的要求
D. 合理解决卫生劳务分配问题的要求
E. 正确处理市场经济对医学服务正负双重效应的要求

12.【答案】A

12. 医德修养的内容不包括
A. 学习医疗卫生体制改革文件,进行政策修养
B. 学习科学的医学伦理学理论,进行医德理论修养
C. 在医疗实践中以医德原则和规范要求自己,进行医德规范认同修养
D. 以正确的医德思想战胜错误的医德思想,进行医德情感和信念修养
E. 实践正确的医德认识,进行医德品质和习惯修养

13.【答案】C

13. 应大力宣传医务人员中的先进人物和先进事迹,所根据的医德教育原则是
A. 目的性原则　B. 理论联系实际原则
C. 正面引导原则　D. 因人施教原则
E. 实践性原则

14.【答案】B

14. 医德的维系手段是
A. 强制性力量　B. 非强制力量　C. 卫生法纪
D. 经济奖惩　E. 行政处罚

15.【答案】E

15. 医德评价方式不包括
A. 正式社会舆论　B. 非正式社会舆论
C. 传统习俗　D. 内心信念
E. 卫生行政仲裁

16.【答案】A

16. 医学道德评价一般分为
A. 自我评价与非自我评价　B. 社会评价
C. 内心信念　D. 传统习俗
E. 社会评价与他人评价

17.【答案】E

17. 原中华人民共和国卫生部颁布的《医务人员医德规范及实施办法》的精神是
A. 对患者一视同仁　B. 文明礼貌服务
C. 廉洁行医　D. 为患者保守隐私
E. 实行社会主义人道主义

18.【答案】E

18. 临床医师应尽的道德义务中,首要和根本的是
A. 对同事的义务　B. 对医院的义务　C. 对医学的义务
D. 对社会的义务　E. 对患者的义务

19. 对“慎独”最正确的理解是
A. 无人监督时注意不违背医德
B. 别人无法监督时注意不违背医德
C. 有错误思想干扰时注意加以抵制
D. 坚持从小事上点点滴滴做起
E. 坚持医德修养的高度自觉性、坚定性、一贯性

19.【答案】E

20. 评价医德行为善恶的根本标准是
A. 患者的个人意见
B. 患者家属的意见
C. 新闻媒体的认定
D. 有利于患者康复、有利于医学发展、有利于人类生存环境的改善
E. 社会主义医德规范体系

20.【答案】D

第二篇　专业理论知识

第一章　本专业相关基础理论知识

第一节　神经内科基础知识

【A1 型题】

1. 原发性三叉神经痛检查可发现
   A. 面部有疼痛触发点
   B. 面部感觉减退
   C. 角膜反射消失
   D. 张口下颌偏斜
   E. 咀嚼肌萎缩

2. 面神经炎的特点有
   A. 双侧多见
   B. 女性多见
   C. 伴有吞咽困难
   D. 贝尔现象阳性
   E. 常伴展神经麻痹

3. 关于急性炎症性脱髓鞘性多发性神经病的临床表现，**错误**的是
   A. 手套袜套状感觉障碍
   B. 四肢对称性弛缓性瘫痪
   C. 早期出现大小便功能障碍
   D. 伴脑神经损害
   E. 脑脊液蛋白 - 细胞分离

4. 重症肌无力表现为
   A. 眼外肌、面肌、延髓支配各肌最常受累
   B. 受累的肌肉持续无力
   C. 常有肌肉萎缩
   D. 胆碱酯酶抑制药无效

1.【答案】A
【解析】此题主要考查对原发性三叉神经痛最具诊断特性的临床特点的掌握。三叉神经分布区发作短暂的，常呈烧灼样、刀割、针刺、撕裂样的疼痛，触碰一些敏感区域，常常会诱发发作。这些区域也称为扳机点，常分布于口角、颊部、鼻翼等部位。而其他4个选项多为继发性三叉神经痛等疾病中出现的三叉神经损害时的体征。
【考点】原发性三叉神经痛的临床特点☆

2.【答案】D
【解析】此题主要考查对特发性面神经麻痹临床特点的掌握。特发性面神经麻痹又称"面神经炎"或"贝尔麻痹"，是茎乳孔内面神经急性非特异性炎症所致的周围性面神经麻痹或面瘫。多为急性或亚急性单侧面神经周围性麻痹的症状或体征起病，发病无明显的性别差异。
【考点】特发性面神经麻痹的临床特点☆

3.【答案】C
【解析】此题主要考查对急性炎症性脱髓鞘性多发性神经病特征性临床表现的掌握。手套袜套状感觉障碍和四肢对称性弛缓性瘫痪可出现，有些患者可以出现脑神经损害。蛋白 - 细胞分离，即脑脊液蛋白含量增高而白细胞数正常或轻度增加，可能与免疫损伤有关病。脑脊液蛋白细胞分离是急性炎症性脱髓鞘性多发性神经病的重要实验室检查要点。早期出现大小便功能障碍多为急性横贯性脊髓炎的临床表现。
【考点】急性炎症性脱髓鞘性多发性神经病的诊断要点☆

4.【答案】A
【解析】此题主要考查对重症肌无力临床表现的掌握。眼外肌麻痹是重症肌无力最常见的首发症状。肌无力的波动性和易疲劳性是肌无力的最主要特征，多无肌肉萎缩，胆碱酯酶抑制药有效。重症肌无力是一种由神经肌肉接头处传递功能障碍所引起的自身免疫性疾病，血钾多正常。
【考点】重症肌无力的临床特点☆

5.【答案】A

【解析】重症肌无力危象指肌无力症状突然加重，出现呼吸肌、吞咽肌进行性无力或麻痹，而危及生命者。卡那霉素、庆大霉素、四环素这些药物可以抑制乙酰胆碱的产生和释放。安定可能有呼吸抑制作用。

【考点】重症肌无力危象机制以及相关药物机理☆

6.【答案】D

【解析】此题主要考查锥体束损害的临床特征。肌张力增高也为锥体外系损害的表现，如果是锥体束损害的肌张力增高应该说明是痉挛性肌张力增高；腱反射活跃可以是锥体束损害的一种表现，也可见于非器质性疾病；肌肉萎缩为下运动神经元损害的表现；巴宾斯基征（Babinski 征）是一种病理征，表现为上运动神经元损害出现的原始反射。

【考点】锥体束损害的特征☆

7.【答案】A

【解析】此题主要考查对进行性肌营养不良的掌握。进行性肌营养不良是一组遗传性肌肉疾病，遗传方式多样，缓慢起病，进行性加重，主要表现为进行性对称性肌肉无力、萎缩，无感觉障碍。肌电图为肌源性损害，轻收缩时运动单位电位时限缩短，波幅降低。

【考点】进行性肌营养不良的临床特征☆

8.【答案】E

【解析】进行性假肥大性肌营养不良步态障碍的临床特征：肌无力自躯干和四肢近端开始缓慢进展，下肢重于上肢；骨盆带肌肉无力，肌张力减低，由于髂腰肌和股四头肌无力而登楼及从蹲位站立困难，进而腰椎前突，因骨盆带肌无力而走路时向两侧摇摆，呈典型鸭步。

【考点】进行性假肥大性肌营养不良步态障碍的临床特征☆

9.【答案】D

【解析】多发性肌炎是一种以肌无力、肌痛为主要表现的自身免疫性疾病，病因不清，以对称性四肢近端、颈肌、咽部肌肉无力，肌肉压痛，血清肌酸激酶增高为临床特征的弥漫性肌肉炎症性疾病。急性期外周血白细胞计数增高，稳定期则正常。血沉可增快。血清肌酸激酶与乳酸脱氢酶在病情活动时明显增高。肌电图检查提示肌源性和神经源性病变共同存在，可见自发纤颤电位和正相尖波增多。肌肉活检可发现肌纤维变性、坏死、肌肉萎缩与再生，肌纤维间质炎性细胞浸润，小血管阻塞，毛细血管内皮增生等病理改变。

【考点】多发性肌炎的临床特点☆

10.【答案】B

【解析】此题主要考查对周期性瘫痪的掌握。低钾性周期性麻痹是最常见的周期性瘫痪，表现为迟缓性肌无

E. 血钾偏低

5. 可诱发重症肌无力危象的药物是
   A. 安定、卡那霉素、庆大霉素、四环素
   B. 新斯的明
   C. 三磷酸腺苷
   D. 辅酶 A
   E. 洛贝林

6. 锥体束损害最具特征性的体征是
   A. 瘫痪
   B. 肌萎缩
   C. 腱反射活跃
   D. 巴宾斯基征阳性
   E. 肌张力增高

7. 关于进行性肌营养不良，**错误**的是
   A. 肌电图示运动单位电位波幅增高、时程增加、多相波增多
   B. 病程进展缓慢，进行性加重
   C. 对称性肌肉萎缩、无力
   D. 个别类型可有心肌受累
   E. 由遗传因素所致的肌肉变性病

8. 进行性假肥大性肌营养不良步态为
   A. 跨阈步态
   B. 慌张步态
   C. 剪刀步态
   D. 醉汉步态
   E. 鸭步

9. 关于多发性肌炎的表述，**错误**的是
   A. 四肢对称性近端肌无力
   B. 首发症状多为站立、上下楼和梳头困难
   C. 常伴肌肉酸痛和压痛
   D. 血沉和血清肌酸激酶等正常
   E. 可伴颈肌无力，表现抬头困难

10. 低钾性周期性麻痹
   A. 肌无力常由双上肢开始，双侧对称，以近端较重
   B. 肌无力常由双下肢开始，双侧对称，以近端较重
   C. 肌无力常由双下肢开始，双侧对称，以远端较重
   D. 肌无力常由双上肢开始，双侧不对称，以远端较重

E. 肌无力常由双下肢开始，双侧不对称，以近端较重

11. 关于兰伯特-伊顿肌无力综合征（Lambert-Eaton myasthenic syndrome），**错误**的是
A. 周围神经末梢突触前膜电压依赖性钙通道受累
B. 滕喜龙试验、新斯的明试验可呈阳性反应
C. 肌无力症状休息后减轻，短暂重复活动后加重
D. 高频神经重复电刺激动作电位升高
E. AChR-Ab 水平不增高

12. 癫痫持续状态是指
A. 连续小发作
B. 精神运动性发作持续数天
C. 一侧肢体间断抽搐
D. 长期用药抽搐仍经常发作
E. 癫痫大发作频繁出现，间歇期仍意识不清

13. 诊断癫痫的依据是
A. 神经系统查体
B. 颅骨 X 线片
C. 头颅 CT 或头颅 MRI
D. 脑脊液检查
E. 病史和脑电图

14. 癫痫复杂部分性发作的治疗首选
A. 丙戊酸钠
B. 乙琥胺
C. 苯妥英钠
D. 卡马西平
E. 苯巴比妥

15. 癫痫患者服用抗癫痫药**切忌**
A. 量太小
B. 同时合用两种药
C. 只在夜间服
D. 药物价格太高
E. 突然停药

16. 临床最常见的一种脑炎是
A. 病毒性脑炎
B. 肠道病毒性脑炎
C. 单纯疱疹脑炎

力和瘫痪，常呈双侧对称性，近端重于远端，下肢重于上肢，心电图呈低钾性改变。
【考点】低钾性周期性麻痹☆

11.【答案】C
【解析】此题主要考查对副肿瘤综合征累及神经肌肉接头和肌肉的掌握。副肿瘤综合征，是指由于肿瘤的产物（包括异位激素的产生）异常的免疫反应。当累及神经肌肉接头时，也称兰伯特-伊顿肌无力综合征或肌无力综合征，致病的自身抗体直接抑制了神经末梢突触前的压力门控钙通道从而导致了肌无力症状，该病特征是肢体近端肌群无力和易疲劳，患肌短暂用力收缩后肌力反而增强，持续收缩后呈病态疲劳。其他选项包括滕喜龙试验、新斯的明试验可呈阳性反应，高频神经重复电刺激动作电位升高，AChR-Ab 水平不增高均正确。
【考点】副肿瘤综合征累及神经肌肉接头和肌肉☆

12.【答案】E
【解析】癫痫持续状态是癫痫连续发作之间意识未完全恢复又频繁再发，或发作持续 30min 以上不自行停止。长时间癫痫发作，若不及时治疗，可因高热、循环衰竭或神经元兴奋毒性损伤导致不可逆的脑损伤，致残率和病死率很高，因而是神经内科常见的急症。
【考点】癫痫持续状态☆

13.【答案】E
【解析】此题主要考查对癫痫临床诊断的掌握。癫痫诊断主要根据发作史，目击者对发作过程提供可靠的详细描述，辅以脑电图痫性放电证据即可确诊。
【考点】癫痫诊断的辅助检查☆☆

14.【答案】D
【解析】此题主要考查对癫痫药物治疗的掌握。其中丙戊酸钠是一种广谱抗癫痫药，是全面性发作的首选；苯妥英钠对全面强直阵挛发作、部分性发作、部分继发全面性发作均有效；乙琥胺主要用于典型或不典型失神发作；苯巴比妥对全面性和部分性发作均有作用。卡马西平是部分性发作的首选。
【考点】癫痫药物治疗☆

15.【答案】E
【解析】抗癫痫药物的原则：尽量单药治疗，单药应由小剂量开始。在两种单药规范使用后不能获得充分控制的癫痫患者，可以使用多药联合治疗。坚持长期规律治疗。停药过程应根据病情，通常 1~2 年逐渐减量。
【考点】癫痫药物治疗原则☆

16.【答案】C
【解析】单纯疱疹脑炎是最常见的中枢神经系统感染疾病之一，占所有病毒性脑炎的 20%~68%。
【考点】单纯疱疹脑炎临床特点的掌握☆

17.【答案】D

【解析】单纯疱疹脑炎辅助检查：脑脊液压力、细胞计数、蛋白正常或轻度增高，糖、氯化物多正常；脑电图常为弥漫性高幅波背景，提示脑实质损害；影像学检查，单纯疱疹病毒感染一般累及的部位多在颞叶、额叶，头颅CT的改变多在发病1周以后出现，表现为一侧或双侧皮质出现低密度影，偶见少量出血的高密度影。

【考点】单纯疱疹脑炎脑脊液临床特点☆

18.【答案】A

【解析】多发性硬化最常见的临床类型是复发-缓解型，约占85%。

【考点】多发性硬化临床亚型☆

19.【答案】C

【解析】多发性硬化主要是细胞免疫介导的自身免疫性疾病，治疗的主要目的是抑制自身免疫性炎性脱髓鞘病变的进展。

【考点】多发性硬化治疗方法☆

20.【答案】E

【解析】脊髓亚急性联合变性因累及周围神经、脊髓后索和侧索等出现相应的临床表现。①周围神经受累：肢体末端对称性和持续性感觉异常；②脊髓后索受累：深感觉障碍和感觉性共济失调；③脊髓侧索受累：痉挛性截瘫，肌力下降，肌张力增高。其他症状包括精神症状、贫血和消化道症状等。

【考点】脊髓亚急性联合变性的临床特点☆

21.【答案】E

【解析】腰椎穿刺压颈试验是指腰椎穿刺时，压迫颈静脉后，脑脊液压力立即上升，压迫解除后，立即降到初压水平。压颈试验有助于判断脊髓蛛网膜下腔有无梗阻以及梗阻的程度。

【考点】脊髓病的鉴别诊断☆

22.【答案】B

【解析】无先兆的偏头痛是偏头痛最常见的类型，约占80%，也称普通型偏头痛。

【考点】偏头痛主要类型的流行病学的掌握☆

D. 带状疱疹病毒性脑炎
E. 腺病毒性脑炎

17. 单纯疱疹脑炎早期最可能出现的异常情况是
A. 血白细胞计数增多
B. 脑脊液糖降低
C. 脑脊液氯降低
D. 脑电图出现弥漫性高波幅慢波
E. CT 显示颞叶低密度病灶

18. 多发性硬化最常见的临床类型是
A. 复发-缓解型
B. 继发进展型
C. 原发进展型
D. 进展复发型
E. 良性型

19. 多发性硬化最主要的治疗是
A. 血管扩张药
B. 钾盐
C. 免疫抑制剂
D. 维生素B族
E. 溴吡斯的明

20. 脊髓亚急性联合变性的临床表现不包括
A. 感觉性共济失调
B. 痉挛性截瘫
C. 贫血
D. 抑郁、易激惹等精神症状
E. 节段性分离性感觉障碍

21. 区别压迫性和非压迫性脊髓病最主要依据是
A. 上下肢瘫痪的顺序
B. 有无神经根痛
C. 有无脊椎压痛、畸形和破坏
D. 脑脊液蛋白是否增高
E. 腰椎穿刺压颈试验

22. 最常见的偏头痛为
A. 有先兆的偏头痛
B. 无先兆的偏头痛
C. 基底型偏头痛

D. 偏瘫型偏头痛
E. 偏头痛等位发作

23. 偏头痛间歇期不宜用
A. 苯塞啶　　B. 普萘洛尔
C. 甲基麦角酸丁醇酰胺　　D. 氯压啶
E. 麦角胺咖啡因

23.【答案】E
【解析】麦角胺咖啡因多用于发作期重症偏头痛患者的治疗。偏头痛的间接期可用β-肾上腺受体阻滞剂，去甲肾上腺素和5-HT再摄取抑制剂，抗惊厥药及钙通道阻滞剂。
【考点】偏头痛药物治疗☆

【A2型题】

1. 患者，男，56岁，高血压病史6年。3h前生气后突然头痛，呕吐，右侧肢体不能活动，5min后患者意识不清。查体：血压180/120mmHg，中度昏迷，瞳孔2mm，对光反应存在，右侧鼻唇沟浅，右侧上下肢痛刺激无反应，右侧病理征阳性。急查头颅CT，见左侧豆状核区有一高密度影，左侧脑室体部和枕角内有高密度影。来院2h后，瞳孔左侧5mm，右侧2mm，对光反应左侧消失，右侧存在。最可能的诊断为
A. 基底节出血
B. 基底节出血，颞叶钩回疝形成
C. 基底节出血，继发性脑室出血
D. 基底节出血，继发性脑室出血，颞叶钩回疝形成
E. 脑梗死，脑疝形成

1.【答案】D
【解析】患者头痛，呕吐，多为颅内高压征象。右侧肢体不动，右侧鼻唇沟浅，右侧上下肢痛刺激无反应，右侧病理征阳性，多见内囊受损。急诊CT对定位有一定帮助，左侧豆状核区有一高密度影，左侧脑室体部和枕角内有高密度影，为继发性脑室出血征象；来院2h后，瞳孔左侧5mm，右侧2mm，对光反应左侧消失，右侧存在，考虑颞叶钩回疝出现。
【考点】基底节出血的诊断☆☆

2. 患者，男，63岁，1h前生气时突然头痛、呕吐和右侧肢体无力，10min后昏迷。查体：血压210/120mmHg，中度昏迷，右鼻唇沟浅，右侧肢体痛刺激无反应，右Babinski征(+)。头颅CT示左基底节有一直径为5cm左右类圆形的高密度影。入院2h后，左瞳孔5mm，对光反应消失；右瞳孔2mm，光反应存在。最可能的诊断为
A. 脑血栓形成合并脑疝　　B. 脑栓塞合并脑疝
C. 脑出血合并脑疝　　D. 蛛网膜下腔出血
E. 脑出血

2.【答案】C
【解析】急诊头颅CT示高密度影，结合病史，多考虑为脑出血。患者有头痛、呕吐等颅内高压表现，易出现脑疝，脑疝易导致瞳孔不等大。
【考点】脑出血的诊断☆☆

3. 患者，女，62岁，两天前清晨出现眩晕，呕吐，声音嘶哑，饮水发呛，左上下肢动作不准确。查体：神志清，血压、心肺正常。左眼裂小，左瞳孔小，双眼有水平性眼球震颤，左面部痛觉减退，左软腭运动差，悬雍垂偏右，四肢肌力正常，左侧指鼻试验不准，左轮替试验笨拙，左跟膝胫试验不准，无病理征。右颈以下痛觉减退。病变部位在
A. 左延髓腹侧　　B. 左延髓背外侧
C. 左脑桥　　D. 左侧小脑半球
E. 右侧延髓背外侧

3.【答案】B
【解析】小脑后下动脉闭塞引起的延髓背外侧梗死，称延髓背外侧综合征，又称“小脑后下动脉综合征”或“瓦伦贝格综合征”，是脑干梗死最常见的一种类型。受损后表现为病侧面部和对侧躯干和肢体(不包括面部)痛、温觉障碍，即交叉性感觉障碍。病侧软腭麻痹、构音及吞咽障碍，咽反射减弱或丧失。眩晕、恶心、呕吐及眼球震颤；病灶侧不全型Horner征，主要表现为瞳孔小和/或眼睑变小；同侧肢体和躯干共济失调。
【考点】延髓背外侧综合征临床特点☆☆

4.【答案】B

【解析】急诊头颅CT检查未见异常，3d后复查见大片低密度影，可排除脑出血，考虑脑梗死。患者有高血压10年，糖尿病6年，这些既往史易导致脑血栓形成。

【考点】脑梗死的临床特点☆☆

5.【答案】C

【解析】短暂性脑缺血发作(transient ischemic attack，TIA)是颈动脉或椎基底动脉系统发生短暂性血液供应不足，引起局灶性脑缺血导致突发的、短暂性、可逆性神经功能障碍。发作持续数分钟，通常在30min内完全恢复，超过2h常遗留轻微神经功能缺损表现，或CT及MRI显示脑组织缺血征象。患者出现神经功能受损，排除TIA。

【考点】脑血管病鉴别诊断☆☆

6.【答案】D

【解析】颅内压高于180mmH_2O，即为颅内高压。患者颅内压280mmH_2O，宜尽早降颅内压。

【考点】脑梗死后颅内高压的处理☆☆

7.【答案】C

【解析】蛛网膜下腔出血典型临床表现为突然发生的剧烈头痛、恶心、呕吐和脑膜刺激征，伴或不伴局灶体征。剧烈活动中或活动后出现爆裂性、局限性或全头部剧痛，难以忍受，呈持续性或持续进行性加重，有时上颈段也可出现疼痛。其始发部位常与动脉瘤破裂部位有关。常见伴随症状有呕吐、短暂意识障碍、项背部疼痛、畏光等。绝大多数病例发病后数小时内出现脑膜刺激征，以颈强直最明显，凯尔尼格征(Kernig征)、布鲁津斯基征(Brudzinski征)可阳性。眼底检查可见视网膜出血、视神经乳头水肿，约25%的患者可出现精神症状，如欣快、谵妄、幻觉等。还可有癫痫发作、局灶神经功能缺损体征如动眼神经麻痹、失语、单瘫或轻偏瘫、感觉障碍等。

【考点】蛛网膜下腔出血的临床特点☆☆

8.【答案】D

【解析】罂粟碱对血管、心脏或其他平滑肌有直接的非特异性松弛作用，其作用可能是抑制环核苷酸磷酸二酯酶引起。用于治疗脑血管、心血管及外周血管痉挛所致的缺血。

【考点】蛛网膜下腔出血的治疗☆☆

4. 患者，男，66岁，高血压10年，糖尿病6年。4d前，清晨昏迷，右侧肢体不能动。查体：血压180/90mmHg，中度昏迷，瞳孔正常，右侧鼻唇沟浅，压眶右侧上下肢未见运动，四肢腱反射未引出，双侧病理征阳性。病后7h，头颅CT检查未见异常，3d后复查CT，见左侧额颞顶区大片低密度影。最可能的诊断为
   A. 脑栓塞
   B. 脑血栓形成
   C. 脑叶出血
   D. 基底节出血
   E. 蛛网膜下腔出血

5. 患者，女，62岁，晨起出现讲话不清，右侧肢体无力，2d后病情渐加重。血压148/80mmHg，意识清，布罗卡失语(Broca失语)，右侧偏瘫。可完全排除的诊断是
   A. 脑栓塞
   B. 动脉粥样硬化性脑梗死
   C. 短暂性脑缺血发作
   D. 脑出血
   E. 腔隙性脑梗死

6. 患者，52岁，脑梗死后第3天出现意识不清，血压190/100mmHg，左侧偏瘫，颅内压280mmH_2O，宜首选的治疗药物是
   A. 降压药
   B. 扩张血管药
   C. 尿激酶静脉滴注
   D. 20%甘露醇静脉滴注
   E. 低分子量肝素腹部皮下注射

7. 患者，男，24岁，3h前活动时突然感剧烈头痛和呕吐，出现全面性强直-阵挛性癫痫发作一次，脑膜刺激征(+)。最可能的诊断是
   A. 小脑出血
   B. 脑干出血
   C. 蛛网膜下腔出血
   D. 基底节出血
   E. 流行性脑脊髓膜炎

8. 患者，女，70岁，先天性颅内动脉瘤破裂，造成蛛网膜下腔出血。错误的治疗是
   A. 绝对卧床休息　　B. 保持大便通畅
   C. 静脉滴注甘露醇　　D. 静脉滴注罂粟碱
   E. 口服钙通道阻滞剂

9. 患者，女，70岁，1d前突然出现剧烈头痛和呕吐。查体：颈项强直，Kernig征阳性。全脑血管造影见前交通动脉有一梨形带蒂影。最可能是

A. 动静脉畸形　　B. 动静脉瘘

C. 动脉瘤　　D. 蛛网膜囊肿

E. 烟雾病

9.【答案】C

【解析】结合患者临床表现需考虑蛛网膜下腔出血。动脉瘤是由于动脉壁的病变或损伤，形成动脉壁局限性或弥漫性扩张或膨出的表现，以膨胀性、搏动性肿块为主要表现，可以发生在动脉系统的任何部位，而以肢体主干动脉、主动脉和颈动脉较为常见。

【考点】蛛网膜下腔出血的病因、临床特点☆☆

10. 患者，男，65岁，突然右口角流涎，言语不清，右上下肢无力、活动不灵，右偏身对针刺不敏感，看不见右侧物体，病变位于

A. 左侧中央前回　　B. 左侧中央后回

C. 左侧额下回后部　　D. 左侧内囊

E. 左侧枕叶距状裂

10.【答案】D

【解析】当内囊损伤广泛时，患者会出现对侧偏身感觉丧失（丘脑中央辐射受损），对侧偏瘫（皮质脊髓束、皮质核束受损）和对侧偏盲（视辐射受损）的"三偏"症状。

【考点】内囊损害时的临床症状☆☆

11. 患者，男，50岁，近半年出现双手无力，肌萎缩，缓慢进展。查体：双手骨间肌、鱼际肌萎缩，并见肌束颤动，双侧病理反射(-)，无感觉障碍。最可能的定位诊断为

A. 脊髓前角细胞　　B. 脊髓后角细胞

C. 神经根　　D. 神经干

E. 周围神经

11.【答案】A

【解析】该患者同时出现下运动神经元症状和体征（肌肉萎缩、肌力下降、束颤），且无感觉障碍，因此考虑脊髓前角细胞病变。

【考点】运动神经元病的临床特点☆☆

12. 患者，男，72岁，2年前出现了不对称肌强直、运动迟缓、震颤。被确诊为帕金森病，使用卡比多巴与左旋多巴治疗。卡比多巴与左旋多巴连用的原因是

A. 具有抗胆碱能活性　　B. 具有多巴胺能活性

C. 是抗组胺药　　D. 是一种止吐药

E. 多巴脱羧酶抑制剂

12.【答案】E

【解析】该患者72岁，诊断为帕金森病，首选左旋多巴治疗，由于左旋多巴在外周血中可降解为多巴胺，多巴胺不能直接通过血-脑屏障，因此联合多巴脱羧酶抑制剂可减少左旋多巴在外周的降解，增加左旋多巴进入中枢的浓度。

【考点】帕金森病治疗药物的使用☆☆

13. 患者，女，34岁，近两个月头痛、头昏，步态不稳，易向左侧倾斜。查体：眼球向左注视时出现粗大震颤，左指鼻试验、跟膝胫试验不准，轮替运动差，误指试验偏向左侧。此患者病变可能在

A. 小脑蚓部　　B. 右侧小脑半球

C. 左侧小脑半球　　D. 新纹状体

E. 苍白球、黑质

13.【答案】C

【解析】该患者步态不稳，易向左侧倾斜。查体：眼球向左注视时出现粗大震颤，左指鼻试验、跟膝胫试验不准，轮替运动差，误指试验偏向左侧，病变部位位于左侧小脑半球。

【考点】小脑损害时的临床特点☆☆

14. 患者，男，20岁，双手抖动3年。查体：面部表情少，双手震颤，步行运动迟缓，双眼角膜与巩膜交界处见褐色环，该患者最有可能的诊断是

A. 帕金森病　　B. 帕金森综合征

C. 特发性震颤　　D. 亨廷顿舞蹈病

E. 肝豆状核变性

14.【答案】E

【解析】该患者出现锥体外系反应和角膜色素环(K-F环)，考虑诊断肝豆状核变性(Wilson病)。

【考点】肝豆状核变性的临床特点☆☆

15. 一位帕金森病患者连续多年服用抗帕金森病药物治疗，症状控制好。但患者突然出现了迟缓和强直的急性发作，而且这些症状很快又得以缓解，这名患者有可能遭受了

A. 急性肌张力障碍　　B. 开关现象
C. 复杂部分性发作　　D. 剂末现象
E. 异动症

15.【答案】B
【解析】该患者连续服用多年抗帕金森病药物后出现症状波动，突然出现"关期"的运动不能症状，和"开期"症状的转换，称为"开关现象"。
【考点】帕金森病运动并发症☆☆

16. 患者，男，70 岁，2 年前出现左上肢静止性震颤，1 年逐渐发展为左下肢静止性震颤，肢体活动缓慢进行性加重半年，该患者有前列腺增生，不宜应用的药物是

A. 苯海索　　B. 多巴丝肼　　C. 苯海拉明
D. 金刚烷胺　　E. 溴隐亭

16.【答案】A
【解析】该患者表现为静止性震颤和运动迟缓，首先考虑帕金森病。苯海索为抗胆碱能药物，其副作用主要来源于对周围副交感神经的阻遏，青光眼和前列腺肥大者禁用。
【考点】帕金森病药物治疗☆☆

17. 患者，男，32 岁，近半年逐渐出现四肢发硬，双手震颤，持筷不稳来医院就诊。家人发现其表情呆板，言语减少，时有不自主发声，且急躁、易忘事。否认高血压病史及家族史。查体：仅见四肢肌张力呈铅管样肌强直，余体征阴性，半年前有 CO 中毒史，昏迷 1d，此患者最可能的诊断

A. 帕金森综合征　　B. 运动神经元病
C. 原发性震颤　　D. 帕金森病
E. 颈椎病

17.【答案】A
【解析】帕金森综合征一般可以找到明确的病因，如药物、中毒、感染等。该患者半年前有 CO 中毒史，随后出现震颤、肌张力增高和动作减少，考虑诊断为帕金森综合征。
【考点】对帕金森综合征的临床表现☆☆

18. 患者，男，26 岁，平素体健，咳嗽发热 7d 后出现高热、乱语和癫痫发作，24h 后昏迷，去大脑强直发作，四肢无自主活动。查体：血压 130/85mmHg，四肢瘫，双侧霍夫曼征（Hoffmann 征）(+)，Babinski 征 (-)，但 Kernig 征和 Brudzinski 征均 (+)。最可能的诊断是

A. 脑囊虫症　　B. 感染中毒性休克
C. 结核性脑膜炎　　D. 急性播散性脑脊髓炎
E. 急性蛛网膜下腔出血

18.【答案】D
【解析】患者为年轻人，急性发病，病程短，出现发热、昏迷、癫痫发作和意识障碍，并且出现去大脑强直发作，四肢无自主活动。查体示：四肢瘫，脑膜刺激征阳性和病理征阳性。定位诊断于大脑和脊髓，定性诊断为炎症，诊断为急性播散性脑脊髓炎。
【考点】急性播散性脑脊髓炎的临床特征☆☆

19. 患者，女，52 岁，近 6 个月出现了进行性痴呆、震颤、共济失调步态、肌阵挛。讲话语速缓慢，口齿不清，手动作笨拙。患者直系家庭成员没有神经系统退行性疾病的病史。MRI 提示双侧基底节信号增高。脑电图提示双侧弥漫尖波，在 1s 的间隔重复出现，血管造影显示血管未见异常。临床表现最符合

A. 血管性痴呆
B. 脊髓痨
C. 弗里德赖希共济失调（Friedreich 共济失调）
D. 蛛网膜下腔出血
E. 克 - 雅脑病

19.【答案】E
【解析】患者表现为近 6 个月的进行性痴呆、肌阵挛、锥体 / 锥体外系功能异常等临床症状和体征，脑电图出现弥漫性慢波，特点为周期性 1~2 次 /s 的尖波或棘波，MRI 示双侧基底节信号增高，同时由于患者直系家属无神经退行性病变家族史，首先考虑克 - 雅脑病。
【考点】克 - 雅脑病的临床特征☆☆

20. 患者，男，50岁，头痛，呕吐，高热，体温达40℃，2d后频繁癫痫发作、昏迷，3d后死亡。病理检查脑实质内出血性坏死、细胞核内包涵体。该病为

A. 结核性脑炎
B. 化脓性脑炎
C. 急性播散性脑脊髓炎
D. 真菌性脑炎
E. 单纯疱疹脑炎

21. 患者，男，25岁，8个月前无诱因缓慢出现左胸电击样疼痛，咳嗽、排便和用力时加重，夜间较白天明显。5个月前左下肢进行性无力，近1个月右下肢无力，排尿困难。查体：双上肢正常，左下肢肌力3级、右下肢肌力4级，肌张力增高，腱反射亢进，双Babinski征(+)，T_4以下感觉减退。最可能的诊断是

A. 脊髓压迫症
B. 急性脊髓炎
C. 运动神经元病
D. 急性脊髓灰质炎
E. 多发性神经病

22. 患者，男，21岁，因"发热、头痛伴呕吐2d"入院。神经系统查体无阳性体征。腰椎穿刺：脑脊液压力180mmH_2O，脑脊液无色透明，葡萄糖、氯化物正常，蛋白0.65g/L，白细胞计数65×10^6/L，淋巴细胞百分率94%，单核细胞百分率6%。该患者最可能的诊断是

A. 带状疱疹病毒性脑炎
B. 病毒性脑炎
C. 真菌性脑炎
D. 化脓性脑膜炎
E. 结核性脑膜炎

23. 患者，女，50岁，发热头痛伴间断呕吐2周，体温37.4~38.3℃。查体：颈抵抗，Kernig征(+)。腰椎穿刺：颅内压280mmH_2O，脑脊液淡黄色，糖1.5mmol/L、氯化物100mmol/L，蛋白2.3g/L，白细胞计数400×10^6/L，淋巴细胞百分率40%，单核细胞百分率28%，中性粒细胞百分率34%，墨汁染色(+)。应选择的治疗为

A. 头孢曲松钠　　B. 阿昔洛韦
C. 氟康唑　　D. 甲泼尼松
E. 四联抗结核

20.【答案】E

【解析】50岁男性，突发头痛高热，病理检查提示脑实质内出血性坏死，细胞核内包涵体是单纯疱疹脑炎最具特征性的病理学改变。最常累及大脑颞叶、额叶及边缘系统，约1/3的患者出现全身性或部分性癫痫发作，在数日内快速进展，多数患者有意识障碍，表现意识模糊或谵妄，部分患者在疾病早期迅即出现昏迷，未经治疗的患者病死率高达70%以上。

【考点】单纯疱疹脑炎的临床特点☆☆

21.【答案】A

【解析】左胸电击样疼痛是神经根病变后，刺激后根引起的自发性疼痛，如电击样，烧灼、刀割或撕裂样。双下肢进行性无力为锥体束病变后引起的肢体痉挛性瘫痪肌，张力增高，腱反射亢进，病理征阳性。T_4以下感觉减退为明显的感觉平面受累。该患者的病情呈缓慢起病，进行性发展，考虑脊髓压迫症，还可出现自主神经功能异常，脊膜刺激症状等。急性脊髓炎、急性脊髓灰质炎多急性起病，常有感染病史。运动神经元病无感觉异常。多发性神经病表现为四肢对称性末梢型感觉障碍、下运动神经元瘫痪及自主神经功能障碍的综合征。

【考点】脊髓压迫症的鉴别诊断☆☆

22.【答案】B

【解析】病毒性脑炎的脑脊液无色透明，压力正常或增高，细胞数轻度增加，可达(10~1 000)×10^9/L。早期以多形核细胞为主，8~48h后以淋巴细胞为主，糖和氯化物含量正常，蛋白略升高，涂片和培养无细菌发现。化脓性脑膜炎可见脑脊液外观混浊或稀米汤样，压力增高。真菌性脑炎往往恶性颅内高压，糖低、氯低；结核性脑膜炎脑脊液压力增高可达400mmH_2O或以上，外观无色透明或微黄，静置后可有薄膜形成。

【考点】感染性脑炎脑脊液的特点☆☆

23.【答案】C

【解析】患者头痛低热，伴颈抵抗，Kernig征(+)等脑膜刺激征阳性，考虑脑膜炎。腰椎穿刺提示脑脊液压力升高，蛋白含量高，氯化物降低，墨汁染色阳性考虑隐球菌性脑膜炎感染，因此选择抗真菌治疗。

【考点】隐球菌性脑膜炎临床特点及药物治疗☆

24. 患者，男，29岁，头痛、呕吐3d，脑膜刺激征(+)，脑脊液抗酸涂片(+)。需尽早选药，应排除的药物是

A. 异烟肼　B. 利福平　C. 两性霉素B

D. 乙酰丁胺　E. 吡嗪酰胺

25. 患者，女，6岁，表现为发热、呕吐、嗜睡和惊厥等3d。查体：咽部红肿，有颈强直，脑膜刺激征阳性。腰椎穿刺有脓性脑脊液，但未培养出脑膜炎双球菌。临床诊断为脑膜炎，下列还能引起本病的细菌是

A. 肺炎双球菌　B. 流感杆菌

C. B型链球菌　D. 新型隐球菌

E. 金黄葡萄球菌

26. 患者，女，15岁，居住农村，家中畜养牛、羊和猪。近一月反复出现短暂性、发作性意识丧失伴四肢抽搐，发作间期如常，头颅CT检查可见散在直径0.5~1.0cm大小不等的圆形或类圆形低密度和高低混杂密度影及数个钙化灶。该患者最可能的诊断是

A. 脑脓肿　B. 脑肿瘤　C. 脑囊虫病

D. 脑炎　E. 脑膜炎

27. 患者，男，19岁，在上呼吸道感染之后，出现了脚踝不适。随后7d，他的双下肢逐步出现了进展性乏力，渐渐波及上肢，第10d出现呼吸困难，并需要辅助通气。病程中没有感觉障碍，没有大小便失禁。行腰椎穿刺检查，脑脊液未查见有核细胞，蛋白3g/L，糖4mmol/L，脑脊液压力120mmH_2O。患者可能的疾病是

A. 脑炎　B. 急性脊髓炎

C. 吉兰-巴雷综合征　D. 周期性瘫痪

E. 急性脊髓灰质炎

【A3/A4型题】

(1~2题共用题干)

患者，男，40岁，1d前吹空调后于今晨洗脸时突然发现一侧面颊动作不灵、口角歪斜，查体：右侧额纹变浅，右眼闭合不全，右侧鼻唇沟变浅，伸舌居中，四肢肌力、肌张力正常。

1. 最可能的诊断是

A. 脑梗死　B. 面神经炎

C. 脑出血　D. 吉兰-巴雷综合征

E. 多发性硬化

24.【答案】C

【解析】该患者青年男性，脑膜刺激征阳性，同时脑脊液抗酸涂片(+)，考虑结核性脑膜炎，因此选择抗结核治疗。两性霉素B为抗真菌药物。

【考点】结核性脑膜炎药物治疗☆☆

25.【答案】B

【解析】患者为6岁儿童，表现为发热、呕吐、嗜睡和惊厥等症状，伴咽部红肿，有颈强直，脑膜刺激征阳性，腰椎穿刺有脓性脑脊液，在脑脊液中未培养出脑膜炎双球菌，考虑由流感杆菌感染所致。流感杆菌是小儿及老人常见感染的病原体，可引起多种组织的化脓性病变，最常见的是婴幼儿脑膜炎及某些病毒性疾病的继发感染。肺炎双球菌好发于老年人；流感嗜血杆菌好发于6岁以下儿童；大肠埃希菌、B型链球菌好发于新生儿；金黄色葡萄球菌或铜绿假单胞菌常继发于腰椎穿刺、脑室引流、神经外科手术后。

【考点】中枢性神经系统感染病原菌☆☆

26.【答案】C

【解析】患者为青少年女性，居住地为农村，家中畜养牛、羊和猪，可能有便绦虫史和食米猪肉史。临床可见癫痫样发作，头颅CT可见脑实质、脑室内低密度囊虫影或高密度的囊虫钙化影，考虑脑囊虫病。

【考点】脑囊虫病临床特点☆☆

27.【答案】C

【解析】该患者在患病前有上呼吸道感染病史，逐渐出现下肢体远端末端对称性的感觉异常，可有烧灼、麻木、刺痛和不适感等，逐渐进展为对称性双下肢下运动神经元瘫，并从下肢上升至躯干、上肢或累及脑神经。是吉兰-巴雷综合征的典型临床特点。

【考点】吉兰-巴雷综合征临床特点☆☆

1.【答案】B

【解析】患者在受凉后出现上述症状，提示上下组面肌均受累，考虑为周围性面瘫，且为急性起病，面神经炎可能性最大。

2. 该患者不可能出现的症状

A. 舌前2/3味觉丧失　　B. 听觉过敏

C. 外耳道疱疹　　D. 右侧颜面部痛觉减退

E. Bell现象

2.【答案】D

【解析】颜面部感觉由三叉神经支配。

【考点】面神经炎☆

(3~5题共用题干)

患者，女，60岁。因“突然言语困难伴右侧肢体活动不灵1d”入院。既往有糖尿病病史。查体：血压正常，心肺检查无异常，神志清醒，能配合查体，但不能讲话，右侧鼻唇沟浅，额纹对称，伸舌右偏，右侧肢体肌力3^+级，右侧病理征阳性。

3. 患者的语言障碍属于

A. 感觉性失语　　B. 运动性失语

C. 混合性失语　　D. 构音障碍

E. 传导性失语

3.【答案】B

【解析】患者神志清醒，可配合查体，表明可以理解他人的语言，但不能讲话，难以发出个别的字、词、音节，故为运动性失语。

【考点】脑梗死临床特点、诊断☆☆

4. 本病最可能的诊断是

A. 脑梗死　　B. 脑出血

C. 蛛网膜下腔出血　　D. 脑栓塞

E. 脑肿瘤

4.【答案】A

【解析】脑梗死好发50~60岁以上的中老年人，男性稍多于女性。其常合并有动脉硬化、高血压、高脂血症或糖尿病等危险因素或对应的全身性非特异性症状。脑梗死的前驱症状无特殊性，部分患者可能有头昏、一时性肢体麻木、无力等短暂性脑缺血发作的表现。而这些症状往往由于持续时间较短和程度轻微而被患者及家属忽略。脑梗死发病起病急，多在休息或睡眠中发病，其临床症状在发病后数小时或1~2d达到高峰。

【考点】脑梗死临床特点、诊断☆☆

5. 确诊本病需要做的检查是

A. 头颅CT　　B. 腰椎穿刺

C. 脑血管造影　　D. 脑电图

E. 头颅MRI

5.【答案】E

【解析】标准的MRI序列可清晰显示缺血性梗死、脑干和小脑梗死、静脉窦血栓形成等。

【考点】脑梗死临床特点、诊断☆☆

(6~8题共用题干)

患者，女，60岁，高血压病史3年、糖尿病病史1年，突发眩晕、呕吐、言语不清8h入院。查体：声音嘶哑、吞咽困难，左侧眼裂小，左侧瞳孔小，有水平性眼球震颤，左面部和右半身感觉减退，左侧指鼻试验不准。

6. 该患者最可能的诊断为

A. 瓦伦贝格综合征(Wallenberg综合征)

B. 韦伯综合征(Weber综合征)

C. 闭锁综合征

D. 基底动脉尖综合征

E. 米亚尔-居布勒综合征(Millard-Gubler综合征)

6.【答案】A

【解析】患者出现导致眩晕、呕吐、眼球震颤提示前庭神经核受损；“左面部和右半身感觉减退”提示交叉性感觉障碍(三叉神经脊束核及对侧交叉的脊髓丘脑束受损)；“左侧眼裂小，左侧瞳孔小”提示同侧霍纳征(Horner征)(下行交感神经纤维受损)；吞咽困难和声音嘶哑提示迷走神经疑核受损；“左侧指鼻试验不准”提示同侧小脑性共济失调(绳状体或小脑受损)。综合以上症状，考虑为瓦伦贝格综合征(Wallenberg综合征)。

【考点】脑梗死临床特点、诊断☆☆

7. 最可能的受累血管是

A. 小脑后下动脉　　B. 基底动脉

C. 小脑前下动脉　　D. 大脑后动脉

7.【答案】A

【解析】瓦伦贝格综合征也称小脑后下动脉或椎动脉闭塞综合征、延髓背外侧综合征，故最常累及小脑后下动脉。

【考点】脑梗死临床特点、诊断☆☆

E. 小脑上动脉

8. 为明确诊断，不必要的辅助检查是
A. 颈部血管彩超
B. 血脂
C. 颈部 CTA
D. 头颅 MRI
E. 腰椎穿刺

(9~11 题共用题干)

患者，女，40 岁，面部疖肿自行挤压后出现发热、视物成双、右眼睁眼困难 3d。查体：右侧眼球结膜水肿，眼球突出，伴该侧眼睑下垂，右眼球固定、各向运动不能，右侧瞳孔扩大、对光反射消失，角膜反射消失，眼底可见视神经乳头水肿。

9. 受累的脑神经包括
A. Ⅸ、Ⅹ、Ⅺ脑神经
B. Ⅱ、Ⅲ、Ⅳ、$V_{1\sim2}$ 脑神经
C. Ⅲ、Ⅳ、Ⅵ脑神经
D. Ⅲ、Ⅳ、Ⅵ、$V_{1\sim2}$ 脑神经
E. Ⅸ、Ⅹ、Ⅺ、Ⅻ脑神经

10. 临床最可能的诊断考虑
A. 上矢状窦血栓形成
B. 直窦血栓形成
C. 脑梗死
D. 横窦和乙状窦血栓形成
E. 海绵窦血栓形成

11. 为明确诊断，应首选的检查是
A. CT
B. 腰椎穿刺
C. TCD
D. MRI
E. SPECT

(12~14 题共用题干)

患者，男，67 岁。晨练时突然出现眩晕、恶心、频繁呕吐、枕部疼痛、走路不稳，急诊入院。既往高血压病史。查体：血压 180/105mmHg，心肺检查无异常，语言流利，双眼水平眼震，右手轮替动作笨，右手指鼻试验不稳准。

12. 本病最可能的诊断是
A. 脑桥出血
B. 基底节区出血
C. 小脑出血
D. 小脑梗死
E. 基底动脉主干闭塞

13. 为进一步明确诊断需首选的检查是
A. 头颅 CT
B. 头颅 MRI
C. 脑电图
D. 腰椎穿刺
E. 脑血管造影

8.【答案】E
【解析】脑梗死时腰椎穿刺不作为常规检查。
【考点】脑梗死临床特点、诊断☆☆

9.【答案】D
【解析】患者出现眼睑下垂、右眼球各向运动不能，右侧瞳孔扩大、对光反射消失，角膜反射消失，提示动眼神经(Ⅲ)、滑车神经(Ⅳ)、外展神经(Ⅵ)及三叉神经的 1~2 支($V_{1\sim2}$)受损。
【考点】海绵窦血栓形成临床特点及诊断☆☆

10.【答案】E
【解析】患者因面部疖肿自行挤压危险三角区，出现感染症状并累及上述脑神经，应首先考虑海绵窦血栓形成的可能。
【考点】海绵窦血栓形成临床特点及诊断☆☆

11.【答案】D
【解析】海绵窦血栓形成常由于耳源性、鼻窦和眶面部化脓性感染(如中耳炎、乳突炎、鼻窦炎)以及全身性感染所致，MRI 为首选的辅助检查，可进一步明确诊断。
【考点】海绵窦血栓形成临床特点及诊断☆☆

12.【答案】C
【解析】患者突然出现眩晕、恶心、频繁呕吐、走路不稳、双眼水平眼震、右手轮替动作笨、右手指鼻试验不稳准，可推断为小脑性共济失调征象，故定位于小脑。此外考虑患者既往有高血压病史，此时查血压值较高，故首先考虑脑出血。
【考点】脑出血临床特点、辅助诊断及治疗☆☆

13.【答案】A
【解析】急诊需排查脑部血管出血性疾病时，优先选择头颅 CT。
【考点】脑出血临床特点、辅助诊断及治疗☆☆

14. 下列处理正确的是
A. 应用甘露醇降低颅内压
B. 应用利血平降低血压
C. 静脉滴注扩血管药物
D. 应用低分子量肝素
E. 应用溶栓药

(15~17 题共用题干)
患者，男，60 岁，双手抖动伴动作缓慢 7 年，伴身体疲乏，嗅觉减退 10 年，便秘 8 年，夜间睡眠差。查体：记忆力稍差，拇指与示指呈搓丸样静止性震颤，铅管样肌强直，手指扣纽扣、系鞋带等困难，书写时字越写越小，慌张步态。

15. 该患者最可能的诊断是
A. 特发性震颤　　B. 肝豆状核变性
C. 帕金森病　　D. 抑郁症
E. 阿尔茨海默病

16. 对本病诊断价值最大的是
A. 病史和体格检查
B. 肝肾功能和血清铜蓝蛋白检查
C. 腰椎穿刺脑脊液检查
D. 抑郁和智能量表测试
E. 头颅 CT 和 MRI

17. 治疗此病最有效的药物是
A. D- 青霉胺　　B. 复方左旋多巴
C. 普萘洛尔　　D. 胆碱酯酶抑制药
E. 抗胆碱能药

(18~19 题共用题干)
患者，女，10 岁，3 周前有上呼吸道感染病史，逐渐出现不自主挤眉、弄眼、噘嘴、吐舌、扮鬼脸、转颈、耸肩、手指间断性伸屈、摆手和伸臂等，睡眠时消失。

18. 该症状是
A. 意向性震颤　　B. 手足徐动　　C. 静止性震颤
D. 舞蹈样动作　　E. 共济性失调

19. 损害部位是
A. 运动皮质　　B. 锥体束　　C. 锥体外系
D. 脊髓　　E. 周围神经

14.【答案】A
【解析】因患者考虑为颅内出血，且出现恶心、频繁呕吐，故应警惕颅内高压，所以首先应该降颅内压。
【考点】脑出血临床特点、辅助诊断及治疗☆☆

15.【答案】C
【解析】患者为老年男性，慢性病程，起病隐匿，主要表现为静止性震颤、运动迟缓、肌强直、姿势步态障碍等运动症状，同时伴有嗅觉减退、便秘、睡眠障碍等非运动性症状，故考虑最可能为帕金森病。
【考点】帕金森病临床特点、辅助诊断及治疗☆☆

16.【答案】A
【解析】帕金森病诊断主要依靠病史、临床症状及体征。根据隐袭起病、逐渐进展的特点，单侧受累进而发展至对侧，表现为静止性震颤和行动迟缓，排除非典型帕金森病样症状即可作出临床诊断。常规血、脑脊液检查多无异常，头颅 CT、MRI 亦无特征性改变。
【考点】帕金森病临床特点、辅助诊断及治疗☆☆

17.【答案】B
【解析】药物治疗是帕金森病最主要的治疗手段。左旋多巴制剂仍是最有效的药物。手术治疗是药物治疗的一种有效补充。
【考点】帕金森病临床特点、辅助诊断及治疗☆☆

18.【答案】D
【解析】舞蹈样动作是指一种快速的、不规则的、无目的、不对称、运动幅度大的不自主运动。
【考点】舞蹈样动作临床特点及病损部位☆☆

19.【答案】C
【解析】舞蹈样动作损害部位为锥体外系。
【考点】舞蹈样动作临床特点及病损部位☆☆

(20~22 题共用题干)

患者，男，52 岁，双手骨间肌及大小鱼际肌萎缩 1 年，双手无力 9 个月，构音不清、吞咽困难 3 月，查体舌肌萎缩，双手骨间肌及大小鱼际肌萎缩，以右侧为重，双上肢近端肌力 5^- 级，双手肌力 3^+ 级，无感觉障碍，四肢腱反射活跃，双侧病理征阳性。

20. 此患者应首选的检查是
   A. 头颅 CT　　B. 肌电图　　C. 脑电图
   D. 肌肉活检　　E. 颈髓 MRI

21. 若肌电图显示神经源性改变，可见纤颤波和正锐波，神经传导速度正常，考虑可能性大的疾病是
   A. 脊髓型颈椎病　　B. 周围神经病
   C. 脊肌萎缩症　　D. 运动神经元病
   E. 多灶性运动神经病

22. 该患者**不出现**的临床表现
   A. 强哭强笑　　B. 小便失禁
   C. 胸部束带感　　D. 认知功能下降
   E. 抑郁

(23~25 题共用题干)

患者，男，70 岁，进行性记忆力下降 4 年，生活能力下降 1 年。患者于 4 年前开始缓慢出现记忆力减退，尤其是对刚发生的事不能记忆，而对以往发生的事可记忆，逐渐出现出门后不能回家，性格变得内向、孤僻，不愿意与人交谈。近来出现幻视和幻听，活动变慢，穿衣、吃饭需要家人提醒。查体发现精神抑郁，注意力涣散，记忆力、定向力和计算力均减退，行动略迟缓，其他未见神经系统定位体征，头颅 MRI 发现脑萎缩，脑室系统扩大。

23. 本患者考虑
   A. 血管性痴呆　　B. 路易体痴呆
   C. 阿尔茨海默病　　D. 皮克病（Pick 病）
   E. 多系统萎缩

24. 患者的病理组织检测最可能出现的改变是
   A. 中脑黑质神经元缺失
   B. 神经元胞质内出现路易小体
   C. 血管周围淋巴细胞增生
   D. 神经元胞质内出现神经元纤维缠结
   E. 神经胶质细胞增生不显著

20.【答案】B

【解析】该患者同时出现下运动神经元受损的症状和体征（肌肉萎缩、肌力下降、舌肌萎缩）及上运动神经元受损的症状和体征（四肢腱反射活跃、双侧病理征阳性），且无感觉障碍，无尿、便功能障碍，因此考虑为运动神经元病。运动神经元病首选检测是肌电图，尤其是对于早期检查出临床未受累的电生理检查（失神经改变）尤为重要。

【考点】运动神经元病的临床特点、诊断与治疗☆☆

21.【答案】D

【解析】肌电图出现神经源性改变，更提示运动神经元病。

【考点】运动神经元病的临床特点、诊断与治疗☆☆

22.【答案】B

【解析】近些年的研究结果表明运动神经元病的患者可以出现认知功能下降、焦虑、抑郁等症状，而运动神经元病通常不出现尿、便功能障碍。

【考点】运动神经元病的临床特点、诊断与治疗☆☆

23.【答案】C

【解析】路易体痴呆表现为波动性认知障碍，疾病早期往往具有帕金森综合征表现；多系统萎缩中自主神经功能受损较为突出，如小便失禁、性功能障碍等，运动症状起病，严重痴呆类型罕见；血管性痴呆在头颅 MRI 上皮质可见缺血灶证据等；Pick 病言语障碍早期出现，影像学为额 / 颞叶不对称性萎缩。而该患者缓慢起病，逐渐进展，首先出现记忆力受损，而后渐出现性格改变、智能减退、生活能力下降及精神病性症状，结合查体及头颅 MRI 结果，考虑为阿尔兹海默病。

【考点】阿尔茨海默病临床表现、病理及治疗☆☆

24.【答案】D

【解析】阿尔茨海默病的三大病理表现为老年斑、神经元纤维缠结、神经元缺失伴胶质增生。

【考点】阿尔茨海默病临床表现、病理及治疗☆☆

25. 关于本病的治疗，正确的是
A. 抗精神病药
B. 心理社会治疗
C. 胆碱酶抑制剂
D. NMDA 受体阻滞剂
E. 以上均正确

(26~29 题共用题干)
患者，男，48 岁，突发头痛、呕吐伴发热、精神行为异常 2d，伴全身不适、咽痛、畏光、眩晕，精神萎靡。查体：体温：38.5℃，神志清，四肢肌力、肌张力正常，双侧 Babinski 征 (-)，颈抵抗 (+)，Kernig 征 (+)。脑电图示广泛中度异常；头颅 CT 未见异常。

26. 为明确诊断，还需要的检查是
A. 胸部 X 线片
B. 头颅 MRI
C. 血培养
D. 结核菌素试验
E. 腰椎穿刺

27. 若脑脊液检查：脑脊液压力 200mmH_2O，脑脊液无色透明，糖 3mmol/L、氯化物 125mmol/L，蛋白 0.9g/L，白细胞计数 200×10^6/L，淋巴细胞百分率 82%，单核细胞百分率 18%，则最可能诊断为
A. 脑脓肿
B. 化脓性脑膜炎
C. 结核性脑膜炎
D. 病毒性脑膜炎
E. 隐球菌脑膜炎

28. 最主要的治疗是
A. 头孢类抗生素
B. 抗结核治疗
C. 抗真菌治疗
D. 皮质类固醇类药物
E. 抗病毒治疗

29. 若头颅 CT：两侧颞叶和额叶见低密度灶，其中有点片状高密度灶。最可能的诊断是
A. 带状疱疹病毒性脑炎
B. 肠道病毒性脑炎
C. 巨细胞病毒性脑炎
D. 急性播散性脑脊髓炎
E. 单纯疱疹脑炎

(30~32 题共用题干)
患儿，7 岁，头痛、恶心和呕吐 6d 伴抽搐，意识障碍 3d，于 2016 年 8 月 2 日入院，入院后查体：体温 40.5℃，意识呈浅昏迷状态，腹软，无压痛。病理征阳性，脑膜刺激征阳性，浅反射消失、深反射亢进。血常规：白细胞计数 14×10^9/L，中性粒细胞百分率 86%，

25.【答案】E
【解析】阿尔茨海默病的治疗为综合性治疗，包括对症支持治疗(抗精神病药物治疗)、针对病因的治疗(胆碱酶抑制剂及 NMDA 受体阻滞剂治疗)和社会心理干预(心理社会治疗)。
【考试】阿尔茨海默病临床表现、病理及治疗☆☆

26.【答案】E
【解析】患者出现发热、颅内高压症状(剧烈头痛、呕吐伴发热、精神行为异常)且颈抵抗阳性，需考虑中枢系统感染，下一步应进行脑脊液检查，故应行腰椎穿刺。
【考点】病毒性脑膜炎临床特点、诊断、鉴别诊断及治疗☆☆

27.【答案】D
【解析】患者脑脊液检查示脑脊液压力稍增高，性状澄清透明，蛋白稍增高，糖和氯化物正常，白细胞计数增加，且淋巴细胞为主，需考虑为病毒性感染。
【考点】病毒性脑膜炎临床特点、诊断、鉴别诊断及治疗☆☆

28.【答案】E
【解析】病毒性脑膜炎最主要的治疗为抗病毒治疗。
【考点】病毒性脑膜炎临床特点、诊断、鉴别诊断及治疗☆☆

29.【答案】E
【解析】单纯疱疹脑炎的 CT 改变多在发病 1 周以后出现，表现为一侧或双侧皮质出现低密度影，偶见少量出血的高密度影。
【考点】病毒性脑膜炎临床特点、诊断、鉴别诊断及治疗☆☆

30.【答案】B

【解析】流行性乙型脑炎的诊断标准为:①流行病学资料,大多数患者集中起病在7~9月,10岁以下儿童多见;②临床特点,突然起病,高热、头痛、呕吐,意识障碍,抽搐,病理反射征阳性;③实验室检查,血液白细胞及中性粒细胞计数增高。患者发病年龄、主要症状、神经系统体征及相关化验检查均满足以上标准,故考虑最可能为流行性乙型脑炎。

【考点】流行性乙型脑炎临床特征、诊断☆☆

31.【答案】A

【解析】流行性乙型脑炎通过检测特异性IgM抗体可帮助确诊。

【考点】流行性乙型脑炎临床特征、诊断☆☆

32.【答案】C

【解析】流行性乙型脑炎按病情轻重,根据发热、精神神经症状、呼吸衰竭情况分为轻型、普通型、重型和极重型。该患者符合极重型的特点,即体温40℃以上,昏迷、反复或持续性抽搐,浅反射消失,深反射先亢进后消失,病理反射阳性,可有肢体瘫痪或呼吸衰竭,病程多在2周以上。恢复期可有精神神经症状,少数留有后遗症。

【考点】流行性乙型脑炎临床特征、诊断☆☆

33.【答案】B

【解析】该患者为中年女性,以亚急性形式起病,出现左面部感觉异常和眼球活动障碍,同时逐渐出现其他脑神经损害的表现,故应考虑多发性硬化。

【考点】多发性硬化临床特点、诊断、治疗及预后☆☆

34.【答案】E

【解析】多发性硬化的脑脊液检查可对该病的临床诊断提供重要证据;诱发电位包括视觉诱发电位(visual evoked potential,VEP)、脑干听觉诱发电位(brainstem auditory evoked potential,BAEP)和躯体感觉诱发电位(somatosensory evoked potential,SEP)等,50%~90%的MS患者可有一项或多项异常;MRI可见侧脑室前角与后角周围、半卵圆中心及胼胝体等部位大小不一类圆形的T_1低信号、T_2高信号;脑电图(EEG)则相对缺少鉴别诊断价值。

【考点】多发性硬化临床特点、诊断、治疗及预后☆☆

血小板计数180×10^9/L,尿、便常规未见异常。

30. 考虑最可能的诊断是
   A. 中毒性菌痢(脑型)
   B. 流行性乙型脑炎
   C. 结核性脑膜炎
   D. 流行性脑脊髓膜炎
   E. 化脓性脑膜炎

31. 最有助确诊的检测是
   A. 血清特异性IgM
   B. 脑脊液涂片找细菌
   C. 便培养
   D. 结核菌素试验
   E. 脑脊液培养

32. 该患者的分型可能是
   A. 轻型
   B. 普通型
   C. 重型
   D. 极重型
   E. 未分型

(33~36题共用题干)

患者,女,50岁,不明原因出现左面部麻木和眼球活动障碍25d。查体发现左侧眼球内收、上视下视不能,左侧外展受限,左面部感觉缺失。既往体健,2个月前有双侧面神经麻痹史。

33. 最可能的诊断是
   A. 脱髓鞘脑炎
   B. 多发性硬化
   C. 米-费综合征(Miller-Fisher syndrome)
   D. 腔隙性脑梗死
   E. 脑干肿瘤

34. 最无鉴别诊断价值的辅助检查是
   A. 脑脊液检查
   B. VEP
   C. 头颅MRI
   D. SEP
   E. EEG

35. 最重要的治疗是
A. 神经营养剂　B. 抗病毒治疗
C. 复合 B 族维生素　D. 理疗
E. 糖皮质激素

36. 患者最可能的预后
A. 病情进展迅猛
B. 预后不良
C. 虽复发 - 缓解多次反复，但可存活 25 年以上
D. 慢性进展无缓解
E. 很快痊愈

（37~38 题共用题干）
患者，男，60 岁，四肢无力 1 个月，下肢较上肢重，在起立、上楼时症状明显。既往吸烟 20 余年。查体：四肢肌力减低，但短暂用力后肌力增强，高频神经重复电刺激动作电位波幅升高。

37. 最可能的诊断是
A. 周期性瘫痪
B. 重症肌无力
C. 兰伯特 - 伊顿综合征
D. 颈椎病
E. 肌营养不良

38. 关于此患者治疗，**错误**的叙述是
A. 血浆置换有暂时性疗效
B. 免疫球蛋白静脉滴注有效
C. 主要针对肿瘤病因治疗
D. 手术切除肿瘤可改善肌无力症状
E. 胆碱酯酶抑制药效果明显

【案例分析题】

案例一：患者，男，50 岁，4h 前突发运动性失语，右侧偏瘫，诊断为"脑梗死"，血压 200/120mmHg，病情迅速进展至昏迷，CT 显示左侧大脑半球大面积梗死，左侧侧脑室受压及中线移位。
提问 1：该患者应完成的辅助检查包括
A. 血常规
B. 凝血常规
C. 心电图
D. 电解质
E. 血脂、血糖、肝肾功能
F. 计算机体层血管成像（CTA）

35.【答案】E
【解析】皮质类固醇是多发性硬化急性发作和复发的主要治疗药物，有抗炎和免疫调节作用，可促进急性复发的恢复和缩短复发期病程，但不能改善恢复程度。
【考点】多发性硬化临床特点、诊断、治疗及预后☆☆

36.【答案】C
【解析】复发 - 缓解型是多发性硬化最常见的发作类型，多发性硬化患者预后较好，可存活 20~30 年。良性型预后较好，在起病后 15 年尚无明显功能障碍；恶性型可在起病较短的时间内病情恶化致残或致死。
【考点】多发性硬化临床特点、诊断、治疗及预后☆☆

37.【答案】C
【解析】该患者出现四肢无力，但短暂用力收缩后增强；肌电图示高频神经重复电刺激动作电位波幅升高，均提示首先考虑兰伯特 - 伊顿综合征（Lambert-Eaton syndrome，LEMS），且该患者为老年男性，既往有长期吸烟史，需考虑肺癌可能，而小细胞肺癌相关的 LEMS 占 50%~87%。兰伯特 - 伊顿综合征是一种累及神经肌肉接头突触前膜的自身免疫性疾病。其自身抗体的靶器官为突触前膜的钙通道抗体和乙酰胆碱囊泡释放区，该抗体直接作用于周围神经末梢突触前膜 ACh 释放部位及电压门控性钙通道，阻滞钙离子传递，造成神经冲动所致的 ACh 释放减少，产生神经肌肉接头传递障碍。肌电图示低频（<10Hz）重复电刺激波幅变化不大，高频（20~50Hz）重复电刺激后肌肉产生强烈自主收缩，动作电位波幅明显增加。
【考点】兰伯特 - 伊顿综合征的诊断和治疗☆☆☆

38.【答案】E
【解析】针对性治疗包括治疗原发病，针对原发肿瘤的治疗可以使神经系统症状获得改善；症状性治疗方面可以应用乙酰胆碱释放增强剂；此外，免疫抑制剂、血浆交换或免疫球蛋白冲击治疗有效，胆碱酯酶抑制药如溴吡斯的明及新斯的明通常无效。
【考点】兰伯特 - 伊顿综合征的诊断和治疗☆☆☆

提问 1：【答案】ABCDEF
【解析】对于急性期脑梗死的诊断，不行脑脊液检查。
【考点】脑梗死诊断☆

提问2:【答案】ABCD

【解析】患者处于急性期脑梗死，应予积极支持治疗，包括维持气道通畅、吸氧、适当调整血压及重症监护等。因患者目前血压为200/120mmHg，已超过180/100mmHg，为溶栓禁忌证，应适当降压后再行溶栓。

【考点】脑梗死治疗☆☆

提问3:【答案】ABCDEFG

【解析】脑梗死的二级预防包括改善个人生活方式，如合理膳食、适当运动、减肥、控制血压及血糖、使用抗血小板聚集药物，并开展对认知障碍和抑郁的干预，若患者合并心房颤动应推荐使用华法林等抗凝药物。此外，近些年，在国内外的多项指南均指出睡眠呼吸暂停是卒中的独立危险因素，应积极治疗。

【考点】脑梗死二级预防☆☆☆

提问1:【答案】ABEFG

【解析】小脑定位诊断的主诉和体征：主诉常常有步态不稳、言语不清等，体征包括各种共济失调的体征，如吟诗样语言、眼震、轮替动作欠稳准、跟膝胫试验欠稳准，宽基底步态等。

【考点】小脑定位诊断☆☆

提问2:【答案】ABCDEFG

【解析】高血压脑出血是脑出血最常见的原因，最好发的部位是壳核和内囊区，其次为各个脑叶、丘脑、小脑、脑干等。

【考点】高血压脑出血临床表现☆☆

提问3:【答案】BCD

【解析】小脑出血与高血压有直接关系，是由小脑齿状核动脉破裂所致。吸烟、酗酒、食盐过多、体力和脑力劳动过度，都会发生小脑出血。小脑出血多数表现为突然起病的眩晕、频繁呕吐，枕部头痛，可有眼球震颤。高血压性脑出血部位发生再出血不常见，通常无须用抗纤维蛋白溶解药。内科治疗包括控制血管源性脑水肿。脑水肿可使颅内压增高和导致脑疝，是脑出血主要死因。手术适应证其中包括小脑半球血肿量≥10ml或蚓部>6ml，手术宜在发病后6~24h内进行，预后直接与术前意识水平有关，昏迷患者通常手术效果不佳。此患者小脑出血可使脑干呼吸中枢受压出现呼吸抑制，因此可在用呼吸机维持呼吸的同时，给予呼吸中枢兴奋剂。

【考点】脑干出血治疗☆☆

G. 脑脊液检查

提问2:对于该患者的处理，正确的是

A. 维持气道通畅
B. 吸氧
C. 适当调整血压
D. 进入重症监护病房
E. 100万IU尿激酶静脉溶栓治疗
F. 脱水剂防治脑水肿
G. 必要时手术治疗

提问3:关于该患者出院后的二级预防，正确的是

A. 积极治疗高血压
B. 积极治疗糖尿病
C. 减肥
D. 使用抗血小板聚集药物
E. 卒中后认知障碍和抑郁的干预
F. 患者若合并心房颤动，推荐使用抗凝药物
G. 患者合并有睡眠呼吸暂停，应积极治疗

案例二：患者，男，45岁，在步行回家途中突发眩晕、呕吐、步态不稳，并很快呼之不应，呼吸不规则；CT检查发现小脑出血，血肿20ml。

提问1:通常可定位诊断在小脑的症状或体征为

A. 步态不稳　　B. 宽基底步态
C. 肌张力增高　　D. 肌力下降
E. 眼震　　F. 吟诗样语言
G. 轮替试验阳性

提问2:高血压脑出血的好发部位包括

A. 壳核　　B. 内囊区
C. 额叶　　D. 颞叶
E. 丘脑　　F. 小脑半球
G. 脑桥

提问3:首选治疗及须采取的措施是

A. 大剂量止血药
B. 立即手术治疗
C. 呼吸兴奋剂
D. 20%甘露醇250~500ml，静脉滴注
E. 血管扩张剂
F. 中成药
G. 镇静剂

案例三：患者，女，55岁。6年前无明显诱因出现右上肢轻微震颤。5年前右下肢亦出现震颤，静止时明显，同时右侧肢体活动欠灵活，动作缓慢。3年前患者左侧上、下肢亦相继出现震颤，并逐渐

加重,左侧肢体也出现僵硬,活动不灵活。既往健康。查体:神清,面具脸,构音障碍,语言低微,口角有时流涎,四肢肌力5级,肌张力齿轮样增高,四肢静止性震颤,动作迟缓,起步困难。

提问1:支持帕金森病的症状或体征包括

A. 静止性震颤

B. 动作迟缓

C. 肌强直

D. 冻结步态

E. 共济失调

F. 肌力下降

G. 快速动眼期睡眠障碍

H. 嗅觉减退

提问2:治疗帕金森病的药物包括

A. 金刚烷胺　B. 普拉克索

C. 左旋多巴　D. 吡贝地尔

E. 盐酸苯海索　F. 恩他卡朋

G. 丙戊酸钠　H. 左乙拉西坦

提问3:患者采取左旋多巴治疗,症状明显改善,但是应注意并发症的发生,运动并发症包括

A. 开关现象　B. 意识模糊

C. 异动症　D. 心律失常

E. 无开期　F. 低血压

G. 疗效减退　H. 关期肌张力障碍

案例四:患者,男,35岁,居住农村,因"反复发作性意识丧失伴四肢抽搐半年,头痛、呕吐1周"就诊,6个月内发生抽搐5次,表现为全面性强直-阵挛发作。近1周头痛加重,为全头痛伴恶心、呕吐。查体:体温36.7℃,神志清,反应较迟钝,脑神经未见异常,四肢肌力5级,肌张力略增高,右侧肢体腱反射活跃,左侧肢体腱反射亢进,双侧病理反射阳性。

提问1:该患者需进行的辅助检查是

A. 血常规　B. 血电解质

C. 脑脊液检查　D. 头颅MRI

E. 脑电图　F. 肌电图

G. 肌肉活检　H. 肝肾功能

提问2:该患者诊断为癫痫,说法正确的是

A. 癫痫是脑部神经元异常放电所致

B. 癫痫的治疗包括病因治疗、药物治疗和手术治疗

C. 应根据癫痫的发作类型选择抗癫痫药物

D. 自动症患者是存在意识障碍的

E. 症状一旦控制,即可尽快停药,避免药物依赖

F. 尽早开始联合用药,加速对癫痫的控制

提问1:【答案】ABCDGH

【解析】帕金森病的症状包括运动症状和非运动症状,其中运动症状有肌强直、动作迟缓、静止性震颤、冻结步态等;非运动症状包括在疾病早期出现的嗅觉减退、快速动眼期睡眠障碍,以及疾病中晚期逐渐出现的认知障碍、便秘、自主神经功能障碍。共济失调和肌力下降不属于帕金森病的体征。

【考点】帕金森病临床诊断☆☆

提问2:【答案】ABCDEF

【解析】帕金森病的药物包括左旋多巴制剂(左旋多巴)、多巴胺受体激动剂(普拉克索、吡贝地尔等)、儿茶酚氧位甲基转移酶抑制剂(恩他卡朋)、金刚烷胺、盐酸苯海索。丙戊酸钠和左乙拉西坦均为抗癫痫药物。

【考点】帕金森病的治疗☆☆

提问3:【答案】ACEGH

【解析】左旋多巴的迟发并发症包括症状波动(开关现象、疗效减退)、无开期、开期延迟、异动症(剂峰运动障碍、双相运动障碍、肌张力障碍)等。

【考点】帕金森病运动并发症☆☆

提问1:【答案】ABCDEH

【解析】该患者反复发作的痫性发作,应开展血常规、血电解质和肝肾功能等常规检查;同时脑电图、头颅MRI和脑脊液检查对明确痫性发作性质有重要鉴别意义;肌电图检查是用于诊断周围神经、神经肌肉接头和肌肉的辅助检查,肌肉活检是用于肌肉疾病的诊断,这两项与该患者目前的定位诊断不符合,暂不考虑。

【考点】癫痫的诊断☆☆

提问2:【答案】ABCDG

【解析】癫痫的治疗包括病因治疗、药物治疗和手术治疗,在有明确病因的情况下,应首先进行病因治疗,如颅内肿瘤,需用手术方法切除新生物,如寄生虫感染,则需用抗寄生虫的方法进行治疗。癫痫药物治疗的选药方法是根据癫痫发作和癫痫综合征的类型等进行选药。单一药物治疗是应遵守的基本原则,如治疗无效,可换用另一种单药。多数情况下盲目联合用药并不能提高临床疗效,还可能增加药物副作用和加重患者的经济负担。癫痫治疗的停药应有一个缓慢减量的过程,该时期一般不少于1年。脑电图尤其是长程视频脑电监测对于癫痫的诊断非常重要,癫痫脑电图的典型表现为棘波、尖波、棘-慢或尖-慢复合波。自动症属于复杂部分性发作,复杂部分性发作的主要特征是意识障碍、发作时患者对外界刺激没有反应、发作后不能或部分不能复述发作的细节。

【考点】癫痫的定义、诊断和治疗☆☆

G. 长程视频脑电监测对于癫痫的诊断具有重要作用

H. 癫痫脑电图的典型表现是快波

提问3：若该患者进一步诊断为症状性癫痫，全面性强直-阵挛发作收入院，患者入院当日再发癫痫1次，表现为全面强直-阵挛发作，给予安定后控制发作，同时给予卡马西平治疗。其可能的病因应考虑

A. 颅内肿瘤　　B. 脑囊虫病
C. 脑棘球蚴病　　D. 结核性脑膜炎
E. 化脓性脑膜炎　　F. 脑血管畸形
G. 纹状体黑质变性

案例五：患者，男，46岁。因"步态不稳4年，间断性幻视1年，进行性加重伴无力、肌萎缩5个月"就诊。患者4年前出现步态不稳，间断性出现视物成双，四肢远端麻木。1年前出现间断幻觉，脾气烦躁、有暴力趋向，于精神病院治疗不见好转；间断出现活动时手抖，饮酒后减轻，走路不稳进行性加重，自觉双下肢无力。5个月前，家属发现患者双下肢肌肉明显萎缩，无力进行性加重，肢体僵硬不能行走。口服B族维生素，并开始戒酒，戒酒期间曾出现烦躁、幻觉，不认识家里人，大小便失禁及胡言乱语现象，后逐渐好转；但无力及肢体僵硬仍加重。近2个月来卧床，双下肢僵硬屈曲状态，口服维生素B_1无好转。饮酒史：200~500ml/d，25年，饮酒时食量少。查体：构音欠清，计算力和记忆力下降，有幻觉和虚构，双侧瞳孔等大等圆，直径3mm，对光反射稍迟钝，可见水平眼震；双下肢肌力3级，双下肢及右上肢肌张力增高，四肢腱反射亢进，病理反射阳性，双下肢膝关节以下针刺觉减退，双侧髋关节以下音叉振动觉、关节位置觉消失，双侧指鼻轮替试验欠协调。

提问1：根据患者的病史和查体，正确的定位诊断是

A. 小脑　　B. 大脑皮质
C. 脊髓后索　　D. 下运动神经元
E. 神经肌肉接头　　F. 肌肉
G. 周围神经

提问2：对以上症状，可能的诊断是

A. 韦尼克-科尔萨科夫综合征（Wernicke-Korsakoff syndrome）
B. 肌萎缩侧索硬化
C. 脊髓亚急性联合变性
D. 营养不良及乙醇中毒性周围神经病
E. 副肿瘤综合征
F. 吉兰-巴雷综合征

提问3：需要明确诊断，应开展的辅助检查是

A. 血常规　　B. 头颅MRI
C. 肝肾功能　　D. 血电解质
E. 肌电图　　F. 肿瘤标志物

提问3：【答案】ABCF

【解析】该患者病程2个月，为慢性起病，反复发作头痛和抽搐。结核性脑膜炎患者多有肺结核病史，且会出现午后潮热等全身症状；化脓性脑膜炎患者多有高热，感染中毒症状重；纹状体黑质变性患者通常为慢性起病会出现锥体外系反应，如震颤和肌张力增高，不会出现癫痫发作等。

【考点】中枢神经系统感染、颅内肿瘤、血管病、变性疾病的鉴别诊断☆☆

提问1：【答案】ABCDG

【解析】水平眼震、共济失调提示小脑受损；虚构、幻觉提示皮质受累；双侧髋关节以下音叉振动觉、关节位置觉消失，提示脊髓后索所累；肌张力增高、腱反射亢进、双侧病理反射阳性提示脊髓侧索受累；双下肢肌力下降、肌萎缩定位于下运动神经元受损；双下肢膝关节以下针刺觉减退，提示周围神经。

【考点】神经系统疾病的定位诊断☆☆

提问2：【答案】ACD

【解析】患者长期大量饮酒，进食主食和蔬菜少，有B族维生素缺乏的基础。患者出现复视、眼震、共济失调及精神症状、记忆力减退考虑诊断韦尼克-科尔萨科夫综合征。患者双下肢深感觉减退、肌张力增高、腱反射亢进、双侧病理征阳性，考虑为维生素B_{12}缺乏引起的亚急性联合变性。患者双下肢无力、肌萎缩、针刺觉减退，考虑为营养缺乏及乙醇中毒性周围神经病。

提问3：【答案】ABCDEF

【解析】患者有后侧索症状须明确维生素和叶酸是否低于正常，血常规是否有大细胞贫血。患者有幻觉、眼震、共济失调，头颅MRI明确是否有颅脑病灶。患者大量饮酒时进食少，生化全项明确是否有肝功能异常、低蛋白及电解质紊乱。患者有下运动神经元损害体征，行肌电图进一步明确并了解其损伤程度。患者多系统受累，须完善肿瘤全项筛查是否有副肿瘤综合征的可能。

【考点】脊髓疾病、代谢性脑病、运动神经元病等的鉴别诊断☆☆

G. 肌肉活检

第二节　心内科基础知识

【A1 型题】

1. 可减慢心率、减弱心肌收缩力、减少心排血量、降低血浆肾素活性的降压药物是

A. 哌唑嗪　B. 美托洛尔　C. 吲达帕胺
D. 贝那普利　E. 氨氯地平

2. 高血压合并下列哪种疾病最适合用β受体阻滞剂

A. 心动过缓　B. 支气管哮喘
C. 急性左心衰　D. 二度房室传导阻滞
E. 肥厚性梗阻性心肌病

3. 血管紧张素转换酶抑制剂(ACEI)宜用于

A. 高血压合并高钾血症
B. 高血压合并妊娠
C. 高血压合并糖尿病
D. 高血压合并双侧肾动脉狭窄
E. 高血压合并感染性休克

4. 高血压合并妊娠**不适合**应用的是

A. 甲基多巴　B. 利尿剂
C. 钙通道阻滞剂　D. β受体阻滞剂
E. ACEI

5. 关于高血压的说法中，正确的是

A. 是可控性疾病　B. 降压治疗要达标
C. 目前无根治疗法　D. 多数需长期治疗
E. 以上都是

6. 在心肌梗死后二级预防中，**不推荐**使用的药物是

A. β受体阻滞剂　B. 调脂药
C. ACEI　D. ARB
E. 钙通道阻滞剂

7. 心肌梗死的溶栓治疗禁忌证**不包括**

A. 颅内肿瘤
B. 半年前曾有头部外伤史
C. 2~4 周内有活动性内脏出血

1.【答案】B
【解析】β受体阻滞剂的作用特点是通过抑制中枢和周围肾素-血管紧张素-醛固酮系统，抑制心肌收缩力和减慢心室率，进而减少心排出量发挥降压作用，而选项中只有美托洛尔属于β受体阻滞剂，故选 B。
【考点】高血压用药☆

2.【答案】E
【解析】β受体阻滞剂是治疗梗阻性肥厚型心肌病的首选药，可改善心室松弛，增加心室舒张期充盈时间，减少室性及室上性心动过速，故选 E。
【考点】高血压用药☆

3.【答案】C
【解析】ACEI 具有改善胰岛素抵抗的作用，对高血压合并糖尿病的患者具有相对较好的疗效，故选 C。
【考点】高血压用药☆

4.【答案】E
【解析】ACEI 禁用于妊娠妇女，故选 E。
【考点】高血压用药☆☆

5.【答案】E
【考点】高血压的概念☆

6.【答案】E
【解析】ACC/AHA 指南并不推荐心肌梗死后常规使用钙通道阻滞剂和抗氧化剂，故选 E。
【考点】心肌梗死用药☆☆

7.【答案】B
【解析】心肌梗死溶栓治疗的禁忌证包括：①既往发生过出血性脑卒中，6 个月内发生过缺血性卒中或脑血管事件；②中枢神经系统受损、颅内肿瘤或畸形；③近期(2~4 周)有活动性内脏出血；④未排除主动脉夹层；⑤入院时严重且未控制的高血压(>180/110mmHg)或慢性严重高血压病史；⑥目前正在使用治疗剂量的抗凝药或已知有出血倾向；⑦近期(2~4 周)创伤史，包括头部外伤、创伤性心肺复苏或较长时间(>10min)的心肺复苏；⑧近期(<3 周)外科大手术；⑨近期(<2 周)曾有在不能压迫部位的大血管行穿刺术。故选 B。
【考点】心肌梗死治疗禁忌证☆☆

D. 入院时严重且未控制的高血压或慢性严重高血压病史
E. 半年内发生过缺血性卒中或脑血管事件

8. 主动脉粥样硬化最主要的后果是
A. 腹主动脉瘤 B. 胸主动脉瘤 C. 主动脉瘤
D. 心室壁瘤 E. 脑动脉栓塞

9. 缺血性心肌病型冠心病的病理基础是
A. 心肌重塑 B. 心肌细胞坏死
C. 心肌纤维化 D. 冠状动脉痉挛
E. 心肌间质细胞炎症浸润

10. 冠心病用药，错误的观点是
A. 硝酸酯类药物主要用于缓解心绞痛症状
B. 血脂不高也应使用调脂药物
C. 对 ST 段抬高型急性心肌梗死，硝酸甘油静脉滴注应作为常规治疗
D. β 受体阻滞剂可以减少不稳定型心绞痛心肌缺血和急性心肌梗死的发生率
E. 链激酶溶栓不需要常规使用普通肝素抗凝

11. 主要降低甘油三酯的药物
A. 辛伐他汀 B. 非诺贝特 C. 多烯康
D. 考来烯胺 E. 阿昔莫司

12. 导致急性心肌梗死患者早期(24h 内)死亡的主要原因为
A. 心力衰竭 B. 心源性休克 C. 心律失常
D. 心脏破裂 E. 肺栓塞

13. 慢性心房纤颤伴快速心室率，治疗措施首先是
A. 药物复律，使之恢复为窦性节律
B. 积极治疗，预防栓塞并发症
C. 减慢心室率，使心室率控制在 60~80 次 /min
D. 积极治疗原发病因
E. 控制诱发因素

14. 确诊室性心动过速的最重要依据的心电图表现是
A. P 与 QRS 波无关
B. QRS 宽大畸形
C. RR 间期相等
D. 可见心室夺获与室性融合波
E. 心室率在 100~250 次 /min

8.【答案】C
【考点】冠状动脉粥样硬化的并发症☆☆

9.【答案】C
【考点】冠心病的病理☆☆

10.【答案】C
【解析】大多数心肌梗死患者都可以用硝酸酯类药物，而下壁心肌梗死、可疑右室心肌梗死或明显低血压(收缩压 <90mmHg)的患者不宜使用，故选 C。
【考点】冠心病的用药☆☆

11.【答案】B
【解析】降低甘油三酯首选贝特类药物，如非诺贝特，故选 B。
【考点】冠心病的用药☆☆

12.【答案】C
【解析】在急性心肌梗死引起的各种心律失常中以室性心律失常最多见，心室颤动是急性心肌梗死患者入院前的主要死因。
【考点】急性心肌梗死的死因☆

13.【答案】C
【考点】心房颤动的治疗措施☆

14.【答案】D
【考点】室性心动过速的心电图确诊依据☆☆

15. 心房纤颤的心电图特征**不包括**
A. P 波消失
B. f 波频率为 350~600 次 /min
C. RR 间期规则
D. 心率通常 100~160 次 /min
E. QRS 波形态通常正常

15.【答案】C
【考点】心房颤动的心电图☆☆

16. 治疗尖端扭转型室速时，**不宜**选用的药物是
A. 镁盐 B. 普萘洛尔 C. 普罗帕酮
D. 异丙肾上腺素 E. 利多卡因

16.【答案】C
【解析】普罗帕酮可使 QT 间期延长，故不宜使用。
【考点】室速的治疗☆☆

17. 有利于室性心动过速与室上性心动过速鉴别的是
A. 心室率 160 次 /min
B. 心电图 QRS 波宽大畸形
C. 过去发现室性期前收缩
D. 心脏增大
E. 心电图有心室夺获及室性融合波

17.【答案】E
【考点】室性心动过速与室上性心动过速的鉴别☆☆

18. 非阵发性交界区性心动过速最常见于
A. 洋地黄中毒 B. 下壁心肌梗死
C. 心肌炎 D. 内源性儿茶酚胺增加
E. 正常人

18.【答案】A
【考点】非阵发性交界性心动过速的常见原因☆☆

19. 洋地黄中毒引起的下列心律失常中，**不应**用钾盐治疗的是
A. 室性心动过速
B. 多源性室性期前收缩
C. 非阵发性交界区心动过速
D. 室上性阵发性心动过速
E. 房室传导阻滞

19.【答案】E
【解析】氯化钾可有效治疗由洋地黄中毒引起的快速型心律失常，而针对由洋地黄中毒引起的心动过缓或房室传导阻滞，则不能补钾，否则可致心脏停搏，此时可用 M 受体阻断药阿托品治疗。
【考点】洋地黄的治疗☆☆

20. 窦性心动过缓时出现期前收缩，可用于治疗的药物是
A. 维拉帕米 B. 奎尼丁 C. 洋地黄
D. 阿托品 E. 苯妥英钠

20.【答案】D
【考点】窦性心动过缓的用药☆☆

21. 阵发性室上性心动过速发作时，用刺激迷走神经方法治疗，**错误**的是
A. 双侧颈动脉窦按摩 B. Valsalva 动作
C. 压迫眼球 D. 面部浸于冰水中
E. 刺激悬雍垂

21.【答案】A
【考点】阵发性室上性心动过速治疗☆

22. 病态窦房结综合征的心电图表现**不包括**
A. 持续而显著的窦性心动过缓(心率 <50 次 /min)且并非由

22.【答案】E
【考点】病态窦房结综合征的心电图表现☆☆

23.【答案】E

【考点】及早终止阵发性室性心动过速的原因☆

24.【答案】B

【解析】氨茶碱与二羟丙茶碱均属于茶碱类药物，具有扩张支气管的作用，但氨茶碱还具有心脏兴奋作用，可用于改善窦房结的功能，治疗缓慢性心律失常，属于超说明书用药；而二羟丙茶碱的心脏兴奋作用较弱，仅为氨茶碱的1/20~1/10。阿托品、异丙肾上腺素和人工心脏起搏器均可用于窦性心动过缓，故选B。

【考点】窦性心动过缓的治疗☆☆

25.【答案】D

【解析】控制快速心房颤动的心室率的药物包括β受体阻滞剂、钙通道阻滞剂或地高辛(洋地黄)，故选D。

【考点】心房颤动的治疗☆

26.【答案】A

【解析】由于洋地黄能缩短旁路不应期，加快旁路前传，使心室率加快，故禁用于预激综合征合并心房颤动者。

【考点】预激综合征合并心房颤动的治疗☆☆

27.【答案】E

【考点】窦性心律的表现☆

28.【答案】D

【解析】若急性心肌梗死患者发生窦性心动过速或室性期前收缩时，应尽早使用β受体阻滞剂，以尽可能减少心室颤动的发生风险，故选D。

【考点】心律失常的治疗☆

29.【答案】D

【解析】洋地黄中毒引起的室性心动过速，不宜使用电复律，应给予药物治疗，故选D。

【考点】心律失常的治疗☆

于药物所致

B. 可出现窦性停搏与窦房传导阻滞

C. 窦房传导阻滞可与房室传导阻滞同时存在

D. 表现为心动过缓-过速综合征，即指缓慢心律失常与快速房性心律失常交替发作

E. 可见心室夺获与室性融合波

23. 阵发性室性心动过速需要及早终止其发作的最主要原因是

A. 可引起心源性休克　B. 可引起心功能不全

C. 可引起心绞痛　D. 可发生栓塞

E. 可发展为心室颤动

24. 下列方法用于治疗窦性心动过缓，除了

A. 氨茶碱　B. 二羟丙茶碱　C. 阿托品

D. 异丙肾上腺素　E. 人工心脏起搏器

25. 使快速心房颤动的心室率减慢，应首选

A. 利多卡因　B. 苯妥英钠　C. 普鲁卡因胺

D. 洋地黄　E. 奎尼丁

26. 治疗预激综合征合并心房颤动不宜用

A. 洋地黄　B. 普鲁卡因胺　C. 胺碘酮

D. 普罗帕酮　E. 奎尼丁

27. 下列关于正常窦性心律的描述，错误的是

A. 冲动起源于窦房结

B. 频率为60~100次/min

C. P波在Ⅰ、Ⅱ、aVF导联直立，aVR导联倒置

D. PR间期0.12~0.20s

E. 心律绝对匀齐

28. 哪种情况下发生室性期前收缩，应给予积极治疗

A. 慢性心肌缺血　B. 无器质性心脏病者

C. 肺部感染　D. 急性心肌缺血或炎症

E. 心力衰竭

29. 不适合应用电击复律治疗的情况是

A. 室性心动过速伴有严重血流动力学障碍

B. 急性心肌梗死，合并室性心动过速

C. 扩张型心肌病合并室性心动过速

D. 洋地黄中毒出现室性心动过速

E. 心脏手术过程中出现室性心动过速

30. 听诊心率正常而不整齐，可除外

A. 一度房室传导阻滞
B. 心房颤动
C. 室性期前收缩
D. 二度Ⅰ型房室传导阻滞
E. 伴有4∶1和3∶1房室传导比例的心房扑动

30.【答案】A
【解析】一度房室传导阻滞时每个心房冲动都能传导至心室，故心律是整齐的。
【考点】心律失常的表现☆

31. 下列哪项心电图表现是确诊室性心动过速的最重要依据

A. RR间期绝对规则
B. PR间期递增
C. 可见心室夺获与室性融合波
D. P波与QRS波群无固定关系
E. V_1必须呈rSR′型

31.【答案】C
【考点】室性心动过速心电图的依据☆☆

【A2型题】

1. 患者，女，65岁，高血压病史5年，多次测血压170~190mmHg/90~110mmHg，眼底有水肿和渗出，该患者诊断为

A. 高血压2级，中危　B. 高血压2级，很高危
C. 高血压3级，高危　D. 高血压3级，中危
E. 高血压3级，很高危

1.【答案】E
【解析】该患者最高收缩压为190mmHg，最高舒张压为110mmHg，为高血压3级；患者眼底水肿和渗出，存在视网膜病变，为很高危；故选E。
【考点】高血压分级☆

2. 患者，女，76岁，高血压160/95mmHg，确诊为心肌梗死，诊断为

A. 高血压1级，高危　B. 高血压1级，很高危
C. 高血压3级，很高危　D. 高血压2级，高危
E. 高血压2级，很高危

2.【答案】E
【解析】该患者收缩压为160mmHg，舒张压为95mmHg，为高血压2级；存在心肌梗死，为很高危；故选E。
【考点】高血压分级☆

3. 患者，30岁，血压220/130mmHg，下列哪项是肾血管性高血压的诊断依据

A. 无高血压家族史　B. 右上腹连续性血管杂音
C. 发病年龄早　D. 肾功能损害
E. 血压的高低

3.【答案】B
【解析】凡进展迅速或突然加重的高血压，均应怀疑肾血管性高血压，体检时在上腹部或背部肋脊角处可闻及血管杂音，故选B。
【考点】高血压诊断☆☆

4. 为了预防高血压的发生，世界卫生组织（WHO）建议每人每天食盐摄入量不超过

A. 12g　B. 10g　C. 8g
D. 6g　E. 4g

4.【答案】D
【考点】高血压预防☆

5. 患者，男，67岁，有高血压病史20年，前列腺增生史，2年前发生急性前壁心肌梗死，门诊测血压170/100mmHg，心率96次/min，该患者的降压药物第一个最佳选择

A. 美托洛尔　B. 维拉帕米　C. 吲达帕胺
D. 哌唑嗪　E. 卡托普利

5.【答案】A
【解析】高血压合并心肌梗死病史者首选β受体阻滞剂，如美托洛尔，故选A。
【考点】高血压用药☆☆

6. 患者，女，65岁，高血压12年，存在慢性心力衰竭，肾功能正常，该患者使用血管扩张药最常见的严重不良作用是

A. 血容量增加　　B. 反射性心率增快
C. 右心衰竭　　D. 血压降低
E. 电解质紊乱

7. 患者，女，65岁，1年前日常活动后出现胸骨后疼痛，每日3~4次，近1个月发作次数增多，每日6~7次，轻微活动也能诱发，发作时心电图ST段呈一过性水平压低，最可能的诊断是

A. 心内膜下心肌梗死
B. 广泛前壁心肌梗死
C. 稳定型心绞痛
D. 不稳定型心绞痛
E. 变异型心绞痛

8. 患者，男，60岁，急性广泛前壁心肌梗死8h。查体：端坐位，呼吸30次/min，血压125/63mmHg，心率125次/min，律齐，双肺满布中小湿啰音。该患者最可能合并

A. 肺部感染　　B. 呼吸衰竭
C. 心力衰竭　　D. 心肌梗死后综合征
E. 休克

9. 患者，男，45岁，突发心悸10min。心电图显示心率180次/min，P波与QRS波无固定关系，可见室性融合波。该患者最可能的诊断是

A. 窦性心动过速　　B. 房性心动过速
C. 室性心动过速　　D. 交界区心动过速
E. 心房扑动

10. 患者，女，55岁，近日阵发性心悸，查体：血压140/95mmHg，心率120次/min，律齐。心电图显示窦性心律。针对该患者目前的情况，首选

A. 美托洛尔　　B. 硝苯地平　　C. 维拉帕米
D. 卡托普利　　E. 胺碘酮

11. 患者，女，70岁，活动耐量逐年下降。查体：心尖冲动减弱，范围弥散，心界向两侧扩大，心尖部可闻及2/6级收缩期吹风样杂音。该患者最可能的诊断是

A. 心包积液　　B. 扩张型心肌病
C. 缺血性心肌病　　D. 风湿性心脏病
E. 肺源性心脏病

6.【答案】D

【解析】患者慢性心力衰竭，使用血管扩张药可能引起血压降低，进而影响重要脏器的灌注，故选D。

【考点】降压药的不良反应☆☆

7.【答案】D

【解析】稳定型心绞痛也称劳力性心绞痛，其疼痛发作的程度、频度、性质及诱发因素在数周至数月内无明显变化；本例患者近1个月发作次数增多，轻微活动也能诱发，显然不属于稳定型心绞痛，而属于不稳定型心绞痛，故选D。心内膜下心肌梗死的ST段压低一般持续数日或数周，而非一过性的；广泛前壁心肌梗死和变异型心绞痛一般表现为心电图ST段抬高，而非压低；故可排除选项A、B、E。

【考点】心绞痛的鉴别诊断☆☆

8.【答案】C

【解析】老年急性心肌梗死患者，端坐位，呼吸频率增快，双肺湿性啰音，有肺淤血的体征，最可能合并急性左心衰竭，故选C。

【考点】心肌梗死的并发症☆☆

9.【答案】C

【解析】室性融合波为室性心动过速的特征性表现，故选C。

【考点】心律失常的鉴别诊断☆☆

10.【答案】A

【解析】该患者表现为阵发性心悸，心率为120次/min，律齐，心电图显示窦性心律，故可诊断为窦性心动过速；窦性心动过速的治疗应针对病因和去除诱发因素，必要时可使用β受体阻滞剂（如美托洛尔）或非二氢吡啶类钙通道阻滞剂（如地尔硫䓬）减慢心率，故选A。

【考点】窦性心动过速的治疗☆☆

11.【答案】B

【解析】患者心界向两侧扩大，应首先考虑扩张型心肌病和心包积液；扩张型心肌病由于左心室扩大，可有相对性二尖瓣关闭不全的表现，故可在心尖部闻及收缩期杂音；心包积液可于心前区闻及心包摩擦音，故可排除选项A。缺血性心肌病常表现为胸前区疼痛，与本患者表现不符，故可排除选项C；风湿性心脏病二尖瓣关闭不全可有心尖部收缩期杂音，心界向左下扩大，而非向两侧扩大，故可排除选项D；晚期肺源性心脏病可有右心室肥大，不会出现心界向两侧扩大，故可排除选项E。

【考点】心肌疾病的鉴别诊断☆☆

12. 患者，女，65 岁，风湿性心脏病 15 年，喘憋 1d。查体：血压 125/80mmHg，端坐位，双肺可闻及湿性啰音，心率 110 次 /min，律齐，心尖部可闻及舒张期杂音，双下肢无水肿，为缓解该患者的喘憋症状，首选药物是

A. 美托洛尔　B. 地高辛　C. 胺碘酮
D. 普罗帕酮　E. 呋塞米

【A3/A4 型题】

（1~3 题共用题干）

患者，女，60 岁，发现高血压 1 年，近日头胀较为明显。查体：血压 160/105mmHg，心率 90 次 /min，律齐。实验室检查：血肌酐 115μmol/L，血尿酸 525μmol/L。

1. 根据目前题干信息，该患者的高血压分级与心血管危险分层最可能是

A. 1 级高血压，中危　B. 1 级高血压，高危
C. 2 级高血压，中危　D. 2 级高血压，高危
E. 2 级高血压，很高危

2. 该患者控制血压的目标值应低于

A. 130/80mmHg　B. 140/90mmHg　C. 130/90mmHg
D. 140/80mmHg　E. 120/90mmHg

3. 该患者不宜使用的降压药是

A. β 受体阻滞剂
B. 噻嗪类利尿剂
C. 钙通道阻滞剂
D. 血管紧张素转换酶抑制剂
E. 血管紧张素Ⅱ受体阻滞剂

（4~6 题共用题干）

患者，女，70 岁，近 2 周反复胸痛，发作与劳累及情绪有关，休息可以缓解；2h 前出现持续性胸痛，并逐渐加重，伴有气促，不能平卧。查体：血压 120/85mmHg，心率 124 次 /min，律齐，心尖部可闻及 3/6 级收缩期杂音，双肺散在哮鸣音及湿啰音。

4. 根据上述临床表现，该患者最可能的诊断是

A. 扩张型心肌病
B. 支气管哮喘
C. 支气管肺炎
D. 风湿性心脏病二尖瓣关闭不全
E. 急性心肌梗死并发左心衰竭

12.【答案】E

【解析】风湿性心脏病患者心尖部可闻及舒张期杂音，应考虑二尖瓣狭窄；患者突发喘憋，端坐位，双肺湿啰音，心率增快，应考虑急性左心衰竭，故该患者应诊断为风湿性心脏病二尖瓣狭窄合并急性左心衰竭。普通急性左心衰竭的治疗可首选洋地黄，但风湿性心脏病二尖瓣狭窄合并的急性左心衰竭严禁使用洋地黄，因为洋地黄可增加右心室收缩功能而加重肺水肿；而且对于风湿性心脏病二尖瓣狭窄合并急性左心衰，洋地黄仅用于心房颤动伴快速心室率者，以减慢心室率，而本例患者心律齐，无心房颤动，故严禁使用地高辛。呋塞米为袢利尿剂，可快速减轻心脏前负荷，故可使用。患者端坐位，应诊断为 NYHA 心功能Ⅳ级，严禁使用 β 受体阻滞剂（美托洛尔）。胺碘酮与普罗帕酮均属于抗心律失常药，该患者不宜使用。

【考点】风湿性心脏病合并急性左心衰竭的治疗☆☆

1.【答案】D

【解析】该患者收缩压为 160mmHg，舒张压为 105mmHg，为高血压 2 级；患者女性，血肌酐为 115μmol/L，介于 107~124μmol/L，存在靶器官损害，为高危；故选 D。

【考点】高血压分级与危险分层☆☆

2.【答案】A

【解析】目前一般主张血压控制目标值应 <140/90mmHg，但对于糖尿病、慢性肾脏病、心力衰竭或病情稳定的冠心病合并高血压者，血压控制目标值应 <130/80mmHg，本例患者血肌酐增高，故选 A。

【考点】高血压的治疗目标☆☆

3.【答案】B

【解析】噻嗪类利尿剂可影响血脂、血糖、血尿酸代谢，禁用于高尿酸、痛风患者，故选 B。血管紧张素转换酶抑制剂、血管紧张素Ⅱ受体阻滞剂禁用于血肌酐 >265μmol/L 者，故本例患者可以使用。

【考点】使用降压药的注意事项☆☆

4.【答案】E

【解析】该患者近 2 周反复胸痛，休息可缓解，本次持续性胸痛 2h，应考虑为急性心肌梗死；心尖部可闻及收缩期杂音，提示二尖瓣乳头肌功能失调；气促、不能平卧、双肺散在哮鸣音及湿啰音，为急性左心衰竭的表现；故该患者最可能的诊断是急性心肌梗死并发左心衰竭。

【考点】急性心肌梗死的鉴别诊断☆☆

5. 针对该患者目前的情况，接下来首选的检查是

A. 心电图　B. 超声心动图

C. 血清肌钙蛋白Ⅰ或T　D. 胸部X线片

E. 冠状动脉造影

6. 针对该患者目前的情况，首选的治疗方案是

A. 使用抗生素控制感染

B. 使用糖皮质激素减轻支气管痉挛

C. 使用洋地黄类药物

D. 使用β受体阻滞剂预防室性心律失常

E. 使用吗啡和利尿剂

(7~9题共用题干)

患者，女，60岁，风湿性二尖瓣狭窄25年，心悸、气短6年，近1月在受凉后出现咳嗽、咳黄痰，喘憋较重，不能进行任何体力活动，夜间不能平卧。查体：端坐位，颈静脉怒张，心率128次/min，心律绝对不齐，心音强弱不等，二尖瓣听诊区可闻及舒张期隆隆样杂音及奔马律。

7. 根据目前提供的信息，该患者最可能的诊断是

A. 心室颤动　B. 心房颤动

C. 房性期前收缩　D. 窦性心律不齐

E. 室性期前收缩

8. 该患者颈静脉怒张最可能的原因是

A. 缩窄性心包炎　B. 肝硬化

C. 右心功能不全　D. 肾功能不全

E. 肺栓塞

9. 针对该患者的心律失常，首选的治疗措施是

A. 利尿脱水　B. 抗凝治疗　C. 扩张血管

D. 降压治疗　E. 控制心室率

(10~12题共用题干)

患者，男，69岁，高血压30年，慢性支气管炎15年，活动后心悸、气短4年，突发喘憋5h。查体：端坐位，血压185/108mmHg，呼吸29次/min，脉搏110次/min，心界向左侧扩大，双肺可闻及哮鸣音，两肺底有较密集的中小水泡音。

10. 该患者突发喘憋的最可能病因是

A. 肺栓塞　B. 慢性肺源性心脏病

C. 急性心源性哮喘　D. 慢性支气管炎急性发作

5.【答案】A

【解析】心电图是诊断急性心肌梗死最常用的首选检查方法，发作15min后即可有心肌缺血的表现，故选A；血清肌钙蛋白Ⅰ或T一般在起病3~4h后升高，该患者本次发作2h，故肌钙蛋白Ⅰ或T可能为阴性，不能作为首选检查。超声心动图、胸部X线片、冠状动脉造影均为影像学检查，一般不作为心肌梗死的首选检查。

【考点】急性心肌梗死的辅助检查☆☆

6.【答案】E

【解析】本例患者为急性心肌梗死合并左心衰竭，首先应使用吗啡解除疼痛，其次使用速效利尿剂，迅速减轻心脏的前负荷，积极纠正左心衰竭，故选E。

【考点】急性心肌梗死合并左心衰的治疗☆☆

7.【答案】B

【解析】该患者心律绝对不齐，心音强弱不等，为心房颤动的典型表现，可诊断为心房颤动，故选B。

【考点】心律失常的鉴别诊断☆☆

8.【答案】C

【解析】患者咳嗽咳痰、喘憋、端坐位为典型左心衰竭的表现，而颈静脉怒张、奔马律为右心衰竭的表现，故选C。

【考点】右心衰竭的临床表现☆☆

9.【答案】E

【解析】该患者可诊断为心房颤动，心房颤动的治疗原则为预防复发，发作时控制心室率，而抗凝治疗是心房颤动转复窦性心律前后的治疗方法，故选E。

【考点】心房颤动的治疗原则☆☆

10.【答案】C

【解析】老年患者，有高血压病史，突发喘憋、端坐位，双肺可闻及哮鸣音与湿啰音，应首先考虑急性左心衰所致的心源性哮喘，而非支气管哮喘，故选C。

【考点】急性心源性哮喘的鉴别诊断☆☆

E. 支气管哮喘

11. 进一步心电图检查结果显示P波消失，代之以f波，心室率绝对不规律，QRS波群形态正常，该患者心律不齐的最可能诊断是
A. 心房扑动　B. 心房颤动
C. 阵发性室上性心动过速　D. 阵发性室性心动过速
E. 心室颤动

12. 针对该患者目前的情况，首选的治疗药物是
A. 卡维地洛　B. 氨茶碱　C. 普罗帕酮
D. 毛花苷C　E. 硝普钠

11.【答案】B
【解析】患者心律不齐，心电图显示P波消失，代之以f波，心室率绝对不规律，QRS波群形态正常，可确诊为心房颤动，故选B。
【考点】心房颤动的鉴别诊断☆☆

12.【答案】D
【解析】该患者为急性左心衰竭，合并心房颤动，心率较快，治疗应首选洋地黄类药物(毛花苷C)，故选D。
【考点】急性左心衰合并心房颤动的治疗☆☆

第三节　急诊科基础知识

【A1型题】

1. 慢性充血性心力衰竭的诱发因素中最常见的是
A. 严重的心律失常　B. 妊娠与分娩
C. 过劳和情绪激动　D. 感染
E. 输液过快过量

2. 最常见的再灌注心律失常是
A. 室性心律失常　B. 房室传导阻滞
C. 室性期前收缩　D. 心房颤动
E. 窦性心动过速

3. 发生高血压危象患者伴有左心衰竭，此时宜首选
A. 哌唑嗪　B. 卡托普利
C. 维拉帕米　D. 尼莫地平
E. 硝普钠

4. **不适合**用于变异性心绞痛的药物是
A. 硝酸异山梨酯　B. 维拉帕米
C. 美托洛尔　D. 硝苯地平
E. 硝酸甘油

5. 强心苷过量中毒时最早出现的临床表现是
A. 消化道症状　B. 视觉异常
C. 眩晕、乏力和视力模糊　D. 神经性痛
E. 传导阻滞

1.【答案】D
【解析】此题主要考查心力衰竭的诱因，需要掌握。感染，特别是上呼吸道感染为心力衰竭最常见的诱发因素。
【考点】心力衰竭的诱因☆☆

2.【答案】A
【解析】此题主要考查再灌注心律失常。以上各类心律失常在再灌注时都会发生，其中室性心律失常较为常见。
【考点】再灌注心律失常☆

3.【答案】E
【解析】此题主要考查高血压个性化治疗。A、B、C、D均可以降压，但硝普钠还同时兼有减轻心脏前负荷作用，从而改善心衰。
【考点】高血压个体化治疗☆☆

4.【答案】C
【解析】此题主要考查心绞痛用药要点。变异性心绞痛为冠脉痉挛引起，β受体阻滞剂会诱发冠脉痉挛，因此不适合，其他四种均可应用。
【考点】心绞痛用药☆☆

5.【答案】A
【解析】此题主要考查洋地黄中毒反应，消化道为最早出现的症状，在临床中应引起注意。
【考点】洋地黄中毒☆☆

6.【答案】A

【解析】此题主要考查电除颤能量的选择。首次除颤双向波可选择120J或150J，单向波可选择360J。

【考点】CPR除颤☆☆

7.【答案】D

【解析】此题主要考查心肌梗死急性期的处理原则。心肌梗死24h内禁用正性肌力类药物。美托洛尔若无禁忌证应尽早使用，硝普钠、呋塞米、多巴胺应根据血压、症状情况而定。

【考点】心肌梗死急性期用药☆☆

8.【答案】E

【解析】此题主要考查急性心肌梗死的诊断要点。2015年《急性ST段抬高型心肌梗死诊断和治疗指南》提出以下诊断标准，即肌钙蛋白升高≥20%，同时满足以下任何一条：①心肌缺血症状；②心电图缺血改变或新出现的左束支阻滞；③冠状动脉造影示主干或分支阻塞或持续慢血流或无复流或栓塞；④新的存活心肌丧失或节段性室壁运动异常的影像学表现。

【考点】急性心肌梗死的诊断☆☆

9.【答案】D

【解析】此题主要考查肥厚型心肌病临床特征。肥厚型心肌病为青年人猝死常见原因。

【考点】肥厚型心肌病☆☆

10.【答案】D

【解析】此题主要考查心脏压塞处理。各种原因引起的心脏压塞，心脏彩超一旦明确均应立即行心包穿刺。

【考点】心脏压塞紧急处理☆☆

11.【答案】C

【解析】此题主要考查吗啡使用并发症。高龄、呼吸功能较差不宜使用吗啡，B、D、E项均为吗啡使用的副反应，C项有呼吸机保护可应用吗啡镇静，减轻心脏负荷。

【考点】急性心力衰竭处理☆☆

12.【答案】D

【解析】此题主要考查心脏性猝死病因。心脏性猝死多为心脏器质性疾病引起，其中最常见为冠心病。

【考点】心脏性猝死☆☆

13.【答案】D

【解析】胃食管反流的发病机制为：①抗反流屏障结构与功能异常，如贲门失弛缓症术后、食管裂孔疝、腹内压升高及长期胃内压升高导致食管下括约肌(LES)结构异常；某些激素(缩

6. 心室颤动时首次电除颤能量选择正确的是

A. 双向波150J　B. 单向波300J
C. 单向波100J　D. 单向波150J
E. 双向波100J

7. 在心肌梗死24h内**禁用**的药物是

A. 琥珀酸美托洛尔　B. 硝普钠
C. 呋塞米　D. 地高辛
E. 多巴胺

8. 诊断急性心肌梗死依据最强的是

A. 胸骨后针刺痛
B. 含服硝酸甘油20min内缓解
C. 咳粉红色泡沫痰
D. 血清肌酸激酶升高
E. 心电图示新出现的完全性左束支阻滞

9. 属于青年人猝死主要原因的是

A. 急性心肌梗死
B. 急性心力衰竭
C. 阵发性室上性心动过速
D. 肥厚型心肌病
E. 先天性心脏病

10. 出现心脏压塞综合征时，最有效的治疗手段是

A. 吸氧　B. 静脉利尿剂
C. 扩张血管　D. 心包穿刺排液
E. 吗啡

11. 治疗急性心力衰竭时，适合使用吗啡的情况是

A. 高龄　B. 恶心、呕吐
C. 呼吸机辅助呼吸　D. 端坐呼吸
E. 低血压

12. 引起心脏性猝死最常见病因为

A. Brugada综合征　B. 长QT综合征
C. 心肌病　D. 冠心病
E. 心肌炎

13. 胃食管反流的主要发病机制**不包括**

A. LES结构受损
B. LES功能障碍

C. 食管清除作用降低
D. 夜间胃酸分泌过多
E. 食管黏膜屏障功能降低

14. 需要定期接受内镜复查的胃食管反流患者是
A. 反酸、烧心反复出现者
B. 合并食管裂孔疝
C. Barrett 食管
D. 伴有咽部异物感
E. 伴有胸痛症状的胃食管反流

15. 慢性胃炎的最主要病因是
A. 十二指肠胃反流
B. 自身免疫
C. 年龄因素
D. 幽门螺杆菌感染
E. 胃黏膜营养因子缺乏

16. 消化性溃疡诊断的首选方法为
A. X 线钡餐　　B. Hp 检测
C. 粪便隐血　　D. 腹部超声
E. 胃镜

17. 肠结核最常见的发病部位是
A. 直肠　　B. 降结肠
C. 十二指肠　　D. 升结肠
E. 回盲部

18. 结核性腹膜炎的腹痛规律是
A. 疼痛—排便—加重
B. 进食—疼痛—缓解
C. 持续性腹痛
D. 疼痛—排便—缓解
E. 无规律间断腹痛

19. 典型溃疡性结肠炎患者的粪便特点是
A. 黏液脓血便
B. 脂肪泻
C. 大量水样便
D. 白陶土样便
E. 糊状便，一般无黏液及脓血

胆囊素、胰高血糖素等）、食物（高脂）、药物（钙通道阻滞剂、地西泮）可引起 LES 功能障碍。②食管清除作用降低，常见于导致食管蠕动和唾液分泌异常的疾病或病理生理改变，如干燥综合征。③食管黏膜的屏障功能降低，长期吸烟、饮酒、进食刺激性事物或药物等导致食管黏膜屏障功能减低。

【考点】胃食管反流病的发病机制☆

14.【答案】C

【解析】胃食管反流可并发巴雷特食管（Barrett 食管）（食管下段鳞状上皮被化生的柱状上皮替代），其腺癌的发生率较正常人高 10~20 倍，定期随访是预防 Barrett 食管癌变的唯一方法。

【考点】胃食管反流的预后☆

15.【答案】D

【解析】A、B、C、D、E 项都为慢性胃炎的病因，其中幽门螺杆菌感染为最常见的因素。

【考点】慢性胃炎的病因☆

16.【答案】E

【解析】胃镜是消化性溃疡诊断的首选方法，其目的在于：①确定有无病变、部位及分期；②鉴别良恶性；③治疗效果的评价；④对合并出血者给予止血治疗。

【考点】消化性溃疡的诊断☆

17.【答案】E

【解析】肠结核是结核分枝杆菌引起的肠道慢性特异性炎症，常继发于肺结核，病变多局限在回盲部，一般见于中青年，女性多于男性。

【考点】肠结核的发病特点☆

18.【答案】C

【解析】结核性腹膜炎是由结核分枝杆菌引起的慢性弥漫性腹膜感染，腹痛常呈持续性隐痛，可位于脐周、下腹或全腹。偶可表现为急腹症。

【考点】结核性腹膜炎的症状特点☆

19.【答案】A

【解析】溃疡性结肠炎主要累及大肠黏膜及黏膜下层，呈连续性弥漫性分布。病变多自直肠开始，逆行向近段发展。反复发作的腹泻、腹痛及黏液脓血便是溃疡性结肠炎的主要临床表现。黏液脓血便系黏膜炎性渗出、糜烂及溃疡所致。

【考点】溃疡性结肠炎的症状特点☆

20. 克罗恩病的最常见并发症是
A. 结肠大出血
B. 肠梗阻
C. 急性肠穿孔
D. 癌变
E. 肠粘连

21. 符合肠易激综合征的临床特点是
A. 症状进行性加重
B. 好发于老年男性
C. 可伴有精神心理障碍
D. 与食物无明显关系
E. 可发现明显的器质性病变

22. 肝硬化最严重的并发症是
A. 上消化道出血
B. 肝性脑病
C. 肝肾综合征
D. 电解质紊乱
E. 胆石症

23. 慢性阻塞性肺疾病(COPD)简称"慢阻肺",是以持续性的气流受限为特征的可以预防和治疗的疾病,对其诊断最有意义的辅助检查为
A. 胸部 CT
B. 胸部 X 线检查
C. 血气检查
D. 肺功能检查
E. 体格检查

24. 医院获得性肺炎(HAP)是指患者入院时不存在,也不处于潜伏期,而于入院多长时间后在医院内发生的肺炎
A. 12h
B. 24h
C. 48h
D. 72h
E. 6h

25. 浸润性肺结核的好发部位
A. 肺尖和锁骨下
B. 上叶背段
C. 后基底段

20.【答案】B
【解析】克罗恩病是一种慢性炎性肉芽肿性疾病,多见于末段回肠和邻近结肠,但从口腔至消化道均可受累,呈节段性或跳跃式分布。临床以腹痛、腹泻、体重下降、腹块、瘘管形成及肠梗阻为特点,可伴有发热等全身表现以及关节、眼、皮肤、口腔黏膜等肠外损害。肠梗阻为其最常见并发症,其次是腹腔内脓肿,偶可并发急性穿孔及大量便血。
【考点】克罗恩病的并发症☆

21.【答案】C
【解析】肠易激综合征是一种以腹痛或腹部不适伴排便习惯改变为特征而无器质性病变的常见功能性肠病。患者以中青年居多,老年人初次发病者少见,男女比例约为 1:2。精神、饮食等因素常使症状复发或加重。
【考点】肠易激综合征的临床特点☆

22.【答案】B
【解析】肝性脑病是由严重的肝病或门体分流引起的,以代谢紊乱为基础、中枢神经系统功能失调的综合征,临床表现轻者可仅有智力减退,严重者出现意识障碍、行为失常和昏迷,是肝硬化最严重的并发症。
【考点】肝硬化的并发症☆

23.【答案】D
【解析】慢性阻塞性肺疾病(COPD)以持续性的气流受限为特征,而肺功能检查对确定气流受限有重要意义。在吸入支气管扩张剂后,第 1 秒用力呼气容积(FEV_1)/用力肺活量(FVC)<0.70 表示存在气流受限。
【考点】慢性阻塞性肺疾病的诊断☆

24.【答案】C
【解析】医院获得性肺炎(hospital acquired pneumonia,HAP)是指患者入院时不存在,也不处于潜伏期,而于入院 48h 后在医院内发生的肺炎。无感染高危因素患者的常见病原体依次为肺炎链球菌、流感嗜血杆菌、金黄色葡萄球菌、大肠埃希菌、肺炎克雷伯菌等,有感染高危因素患者的常见病原体为金黄色葡萄球菌、铜绿假单胞菌、肺炎克雷伯菌等。
【考点】医院获得性肺炎的概念☆

25.【答案】A
【解析】浸润性肺结核多发生于肺尖及锁骨下,影像学检查表现为小片状或斑点状阴影,可融合形成空洞。肺结核的好发部位为上叶尖后段、下叶的背段和后基底段。
【考点】浸润性肺结核的发病特点☆

D. 下叶背段
E. 上叶尖后段

26. 肺癌肺外胸内扩展引起的症状和体征**不包括**
A. 肥大性肺性骨关节病
B. Horner 综合征
C. 声音嘶哑
D. 胸痛
E. 上腔静脉阻塞综合征

27. 在我国,导致渗出性胸腔积液的最主要原因为
A. 低蛋白血症
B. 肺炎
C. 充血性心力衰竭
D. 肺癌
E. 结核性胸膜炎

28. 胸部 X 线片是诊断气胸的重要方法,气胸的典型表现为
A. 肋膈角变钝,积气量增多时,有向外侧向上的弧形上缘积气影
B. 外凸弧形的细条线形影,线外透亮度增高,线内为压缩的肺组织
C. 气道表现为显著的囊腔,腔内可存在气液平面
D. 膈下游离气体
E. 大片密度增高的浸润阴影或实变影

29. 急性呼吸窘迫综合征的病理改变为弥漫性的肺泡损伤。主要表现为肺广泛性的充血水肿和肺泡腔内哪种成分的形成
A. 炎性因子
B. 血浆蛋白
C. 纤维素
D. 透明膜
E. 微血栓

30. 胸腔积液最常见的症状为
A. 咳痰
B. 咳嗽
C. 发热
D. 胸痛
E. 呼吸困难

26.【答案】A
【解析】肺癌肺外胸内扩展引起的症状和体征可表现为:①胸痛(侵犯胸膜或胸壁);②声音嘶哑(压迫喉返神经);③咽下困难(侵犯或压迫食管);④胸腔积液(肿瘤转移累及胸膜或肺淋巴回流受阻);⑤上腔静脉阻塞综合征,是由于上腔静脉被转移性淋巴结压迫或右上肺原发性肺癌侵犯,或腔静脉内癌栓阻塞静脉回流引起;⑥霍纳综合征(Horner 综合征),即肺尖部肺癌易压迫颈部交感神经引起病侧眼睑下垂,瞳孔缩小,眼球内陷,同侧额部及胸壁少汗或无汗。肥大性肺性骨关节病是肺癌非转移性胸外表现,或称为副癌综合征。
【考点】肺癌肺外胸内扩展的临床特点☆

27.【答案】E
【解析】在我国导致渗出性胸腔积液的最主要原因为结核性胸膜炎。低蛋白血症通常导致漏出性胸腔积液,多伴有全身水肿。充血性心力衰竭也导致漏出性胸腔积液,积液多为双侧,右侧多于左侧。
【考点】渗出性胸腔积液的病因☆

28.【答案】B
【解析】立位后前位胸部 X 线片检查是诊断气胸的重要方法。典型表现为外凸弧形的细条形阴影,称为气胸线,线外透亮度增高,无肺纹理,线内为压缩的肺组织。A 选项为胸腔积液的表现;C 选项为支气管扩张的表现;D 选项常为消化性溃疡穿孔的 X 线表现。E 选项为大叶性肺炎的 X 线表现。
【考点】气胸的 X 线片表现☆

29.【答案】D
【解析】急性呼吸窘迫综合征(acute respiratory distress syndrome, ARDS)是指由各种肺内和肺外致病因素所导致的急性弥漫性肺损伤和进而发展的急性呼吸衰竭。主要病理改变是肺广泛的充血水肿和肺泡腔内透明膜的形成。透明膜由渗出到肺泡腔凝结的血浆蛋白、纤维素、细胞碎片及残余的肺表面活性物质混合形成。
【考点】急性呼吸窘迫综合征的发病机制☆

30.【答案】E
【解析】呼吸困难是胸腔积液最常见的症状,多伴有胸痛和咳嗽。呼吸困难与胸廓顺应性下降,患侧膈肌受压,纵隔移位,肺容量下降刺激神经反射有关。
【考点】胸腔积液的症状☆

31. 确诊结核的金标准为
A. 影像学检查
B. 痰培养出结核分枝杆菌
C. 结核菌素实验
D. 病史与体征
E. 痰涂片

32. 肺炎链球菌肺炎的特征性痰液表现为
A. 黄脓痰液
B. 白色黏液痰
C. 铁锈色痰液
D. 红棕色胶冻样痰液
E. 咖啡样痰液

33. 下列关于体温正常波动的叙述，**错误**的是
A. 育龄期女性基础体温以排卵日最低
B. 成年男性的平均体温比女性高约 0.3℃
C. 通常儿童体温高于老年人
D. 体温的昼夜变化不超过 1℃
E. 运动时肌肉活动能使代谢增强，体温升高

34. 机体在安静状态下产热的主要器官是
A. 骨骼肌 B. 脑 C. 肝脏
D. 脾脏 E. 心脏

35. 新生儿主要依靠的产热方式是
A. 基础代谢产热
B. 战栗产热
C. 代谢产热
D. 食物特殊动力作用
E. 骨骼肌运动产热

36. 调节非战栗产热活动最重要的体液因素是
A. 甲状腺激素
B. 肾上腺素
C. 去甲肾上腺素
D. 生长激素
E. 糖皮质激素

37. 下列说法正确的是
A. 不感蒸发与汗腺活动有关
B. 顶泌汗腺局限于腋窝与阴部等处，与体温调节有关

31.【答案】B
【解析】结核分枝杆菌培养为痰结核分枝杆菌检查提供了准确可靠的结果，灵敏度高于痰涂片，常作为结核病诊断的“金标准”，同时也为药物敏感性测定和菌种鉴定停供菌株。
【考点】结核的诊断标准☆

32.【答案】C
【解析】黄脓痰液多见于肺脓肿或支气管扩张；白色黏液痰多见于慢性支气管炎；铁锈色痰液是肺炎链球菌肺炎的特征性痰液表现；红棕色胶冻样痰液可能是肺炎克雷伯菌感染；咖啡样痰液多见于肺阿米巴病。
【考点】肺炎链球菌肺炎的临床特点☆

33.【答案】B
【解析】影响体温生理性波动的因素主要涉及体温的日节律、性别、年龄及运动的影响。女性的平均体温高于男性约 0.3℃。
【考点】影响体温生理性波动的因素☆

34.【答案】C
【解析】机体在安静时主要由内脏产热，约占总产热量的 56%，在内脏各器官中以肝脏的代谢最为旺盛，产热量最高。当进行体育运动时或劳动时，骨骼肌则成为主要的产热器官。
【考点】安静状态机体产热的器官☆

35.【答案】C
【解析】战栗是指骨骼肌发生不随意的节律性收缩。代谢产热又称“非战栗产热”，是一种通过提高组织代谢率来增加产热的形式。非战栗产热作用最强的组织是分布在肩胛下区、颈部大血管周围、腹股沟等处的褐色脂肪组织。褐色脂肪组织的代谢产热量约占非战栗产热总量的 70%，新生儿体内含较多的褐色脂肪组织，新生儿因体温调节功能尚不完善，不能发生战栗产热，故非战栗产热对新生儿的意义尤为重要。
【考点】新生儿产热的机制☆

36.【答案】A
【解析】甲状腺激素是调节非战栗产热活动最重要的体液因素。甲状腺激素作用的特点是起效缓慢，但持续时间较长，肾上腺素、去甲肾上腺素和生长激素也可刺激产热，它们起效较快，但维持时间较短。
【考点】调节非战栗产热活动的体液因素☆

37.【答案】D
【解析】蒸发散热分为不感蒸发和

C. 小汗腺分布于全身皮肤，四肢和躯干最多
D. 高温状态下唯一的散热方式是蒸发散热
E. 最后排出的汗液是等渗的

38. 下列说法正确的是
A. 稽留热体温恒定的维持在39℃以上的高水平，24h内体温波动不超过1℃
B. 弛张热体温常>39℃，24h内波动范围不超过2℃
C. 间歇热体温骤升至≥39℃，持续数天后骤降至正常水平，高热期和无热期各持续若干天后规律性交替一次
D. 回归热体温逐渐上升至≥39℃，数天后逐渐降至正常，持续数天后又逐渐升高，如此反复多次
E. 波状热体温骤升达高峰后持续数小时，又迅速降至正常水平，无热期可持续1d至数天，如此高热期与无热期反复交替出现

39. 弛张热常见于的疾病是
A. 大叶性肺炎　B. 斑疹伤寒
C. 重症肺结核　D. 急性肾盂肾炎
E. 疟疾

40. 37.3~38℃属于低热，是按哪个部位的温度为标准划分的
A. 直肠温度　B. 鼓膜温度
C. 腋窝温度　D. 食管温度
E. 口腔温度

41. 下列说法正确的是
A. 测量直肠温度时温度计应插入直肠5cm以上才能比较接近体核温度
B. 测量口腔温度适用于精神病患者
C. 一般食管温度比直肠温度高0.3℃
D. 在研究体温调节的生理学实验中，常用鼓膜温度来反映脑组织的温度
E. 测量腋窝温度一般需要10min以上

【A2型题】

1. 患者，男，64岁，患高血压多年，近日出现心悸、气喘，劳动后上述症状加重，伴双下肢轻度水肿。该患者最有可能的诊断是
A. 慢性阻塞性肺疾病　B. 心房颤动
C. 左心室向心性肥大　D. 右心室肥大
E. 扩张性心肌病

发汗两种形式。不感蒸发不被人们察觉，与汗腺活动无关，故得此名。发汗又称“可感蒸发”，是汗腺主动分泌汗液的活动。人体皮肤上分布有顶泌汗腺和小汗腺，顶泌汗腺局限于腋窝和阴部等处，与体温调节反应无关。小汗腺可见于全身皮肤，手掌和足跖最多，四肢和躯干最少，而汗腺的分泌能力却以躯干最强，小汗腺是体温调节反应重要的效应器。刚从汗腺分泌出来的汗液与血浆是等渗的，但在流经汗腺管腔时，在醛固酮的作用下，汗液中的钠离子和氯离子被重吸收，最后排出的汗液是低渗的。

【考点】蒸发散热的机制☆

38.【答案】A

【解析】稽留热体温持续在39℃，达数天或数月，24h波动范围不超过1℃；多见于肺炎球菌肺炎、伤寒等。弛张热体温在39℃以上，24h内温差达1℃以上，体温最低时仍高于正常水平，多见于败血症、风湿热、化脓性疾病等。间歇热体温骤升至39℃以上，持续数小时或更长，然后下降至正常或正常以下，经过一个间歇，又反复发作，即高热期和无热期交替出现，见于疟疾等。回归热体温急剧上升至39℃或以上，持续数天后又骤然下降至正常水平，高热期与无热期各持续若干天后规律性交替一次，可见于回归热、霍奇金病等。波状热体温逐渐上升达39℃或以上，数天后又逐渐下降至正常水平，持续数天后又逐渐升高，如此反复多次，常见于布鲁氏菌病。

【考点】常见热型的定义及其常见病因☆

39.【答案】C

【解析】弛张热又称“败血症热型”，常见于败血症、风湿热、重症肺结核和化脓性炎症等。

【考点】弛张热的病因☆

【考点】先发热后昏迷的病因☆

40.【答案】E

【考点】温度及体核温度的测量方法☆

41.【答案】D

【考点】温度及体核温度的测量方法☆

1.【答案】C

【解析】此题主要考查高血压性心脏病。患者男性，有高血压病史多年，近日出现心悸、气喘等心衰症状，负荷高血压性心脏病改变，为向心性肥大。

【考点】高血压性心脏病诊断☆☆

2. 患者，女，20岁，自觉心悸半月，门诊心电图示PSVT。该患者发作时首选药物是

A. 普罗帕酮　　B. 地高辛

C. 维拉帕米　　D. 尼莫地平

E. 利多卡因

3. 患者，男，76岁，咳嗽、咯血伴呼吸困难3d，加重半小时。既往有长期大量吸烟史，1月前行股骨头手术。门诊心电图示SⅠQⅢTⅢ。该患者确诊检查手段是

A. 冠状动脉造影　　B. 心脏彩超

C. 心电图　　D. CT肺动脉造影

E. 心肌酶检测

4. 患者，男，60岁，既往有长期大量吸烟史，高血压病史20年，未规律服用降压药。今晨与儿子争吵时自觉剧烈头痛，伴视物模糊、恶心、呕吐，遂就诊。入院查体：血压200/110mmHg，心率88次/min，呼吸20次/min，经皮动脉血氧饱和度（SpO_2）95%。双肺未闻及干湿性啰音，律齐，未闻及各瓣膜区杂音。作为首诊医师，应采取的最适合的治疗为

A. 静推呋塞米　　B. 静脉泵硝普钠

C. 静脉泵硝酸甘油　　D. 静推琥珀酸美托洛尔

E. 静脉滴注甘露醇

5. 患者，女，30岁，阵发性心悸2月。自觉发作时突发突止。该患者最可能的诊断是

A. 心房颤动　　B. 阵发性心动过速

C. 窦性心律不齐　　D. 阵发性室上性心动过速

E. 心房扑动

6. 患者，男，68岁，1h前出现胸痛。查体：血压100/70mmHg，心率38次/min，心电图示V_1~V_3导联ST段抬高。此患者心率减慢的原因可能是

A. 心房颤动

B. 一度房室传导阻滞

C. 二度房室传导阻滞

D. 三度房室传导阻滞

E. 完全性左束支传导阻滞

7. 患者，男，68岁，既往有高血压病史20年，规律服用降压药，今晨天气突然降温，1h前出现剧烈胸背部痛，无法忍受，伴大汗。查体：急性面容，血压180/70mmHg（左上肢），110/60mmHg（右上肢），双肺未闻及干湿性啰音，心脏听诊未发现异常，心率88

2.【答案】C

【解析】此题主要考查阵发性室上性心动过速（paroxysmal supraventricular tachycardia，PSVT）的临床处理。PSVT首选用药为维拉帕米。其余均不为首选。

【考点】PSVT的药物治疗☆

3.【答案】D

【解析】此题主要考查急性肺栓塞临床诊断。患者为老年男性，有长期大量吸烟史，1月内手术史等栓塞危险因素，并且心电图符合肺栓塞，因此确诊手段为CT肺动脉造影（CTPA）。

【考点】急性肺栓塞诊断手段☆☆

4.【答案】B

【解析】此题主要考查高血压急症的处理。患者为老年男性，长期高血压未规律服药，入院时血压200/110mmHg，伴头痛、视物模糊，此为高血压急症，首选静脉降压药物。硝普钠起效时间比硝酸甘油更快。

【考点】高血压急症治疗☆☆

5.【答案】D

【解析】此题主要考查PSVT发病特点。患者为青年女性，发作时突发突止，符合PSVT诊断特征。

【考点】PSVT的临床特点☆☆

6.【答案】D

【解析】此题主要考查急性心肌梗死并发症。患者为老年男性，心电图+胸痛症状判断为急性下壁心肌梗死，心率<40次/min，所以判断为三度房室传导阻滞。

【考点】急性心肌梗死合并房室传导阻滞特点☆☆

7.【答案】C

【解析】此题主要考查急性主动脉夹层特点。患者为老年男性，高血压多年，今晨因天气变化，血压剧烈波动，双上肢血压相差超过20mmHg，胸痛剧烈，应首先考虑急性主动脉夹层可能。

【考点】急性主动脉夹层临床特点☆

次 /min，余未见明显异常。心电图示：V_1~V_3 导联 ST 段下移 0.02mV。此患者最可能是

A. 急性心肌梗死　B. 急性肺栓塞
C. 急性主动脉夹层　D. 张力性气胸
E. 完全性左束支传导阻滞

8. 患者，男，60 岁，住院患者，吃早餐时突然倒地，意识丧失。查体：大动脉搏动消失，呼吸微弱。作为住院医师，首先应采取的措施是

A. 按人中　B. 吸氧　C. 人工呼吸
D. 剧烈摇动患者　E. 胸外按压

8.【答案】E
【解析】此题主要考查 CPR。患者为突发意识丧失，呼吸脉搏消失，此时应立即进行 CPR，首先行胸外按压。
【考点】心肺复苏☆☆

9. 患者，男，56 岁，血压 120/99mmHg，既往有糖尿病病史，入院其他检查未见明显异常，该患者高血压危险分层为

A. 低危　B. 中危　C. 高危
D. 很高危　E. 1 级

9.【答案】D
【解析】此题主要考查高血压危险分层。患者为中年男性，血压符合高血压 1 级，伴有 1 项心血管危险因素(年龄 >55 岁)，伴有 1 项临床疾患(糖尿病)，因此分层为很高危。
【考点】高血压危险分层☆☆

10. 患者，女，33 岁，未婚，大专学历，超市收银员，近两天突然话多骂人、晚上不睡觉、有冲动伤人行为，由家属强制带来医院，该患者的急诊处理原则中，**不合适**的是

A. 进行与器质性精神障碍、精神活性物质使用等有关的病史采集
B. 如有严重躯体疾病或脑部疾病的可能，及时请相关科室会诊
C. 对患者进行心理治疗并行认知功能评估
D. 避免与患者发生正面冲突，必要时可以对患者适当约束
E. 如无明显器质性疾病，尽快控制兴奋冲动

10.【答案】C
【解析】躁狂发作需与精神活性物质所致精神障碍、器质性精神障碍等进行鉴别诊断并尽快控制患者兴奋冲动。C 选项非急诊处理所需。
【考点】躁狂发作的急诊处理原则☆☆

11. 患者，男，20 岁，突发昏迷 2h 来急诊，陪同者送患者到急诊后急忙离开；检查发现患者瞳孔呈针孔大小，双侧手臂有针眼，神经系统病理征可疑阳性，考虑诊断为

A. 精神活性药物过量　B. 癫痫
C. 癔症　D. 脑炎
E. 脑外伤

11.【答案】A
【解析】男性年轻患者，瞳孔呈针孔大小，双侧手臂有针眼，有可能是冰毒、海洛因等精神活性药物中毒的表现。另外陪同人员匆忙离开，存在毒品接触的可疑，根据上述，判断极有可能是精神活性药物过量。
【考点】精神活性药物过量的急诊判断☆☆

12. 患者，中年女性，农民，抑郁症病史 10 年，对生活缺乏兴趣，有消极想法，认为自己是家人的负担、拖累家人。今晨突发昏迷被家人发现，旁边有一空瓶农药，紧急送往医院急诊，检查发现患者带有大蒜样气味。该患者可能诊断为

A. 安定中毒　B. 有机磷中毒　C. 木僵
D. 卒中　E. 分离障碍

12.【答案】B
【解析】重度抑郁症者大多有严重的自杀倾向，对于这类患者应该高度警惕。另外患者有接触有机磷农药的可能，并带有大蒜样气味可诊断为有机磷中毒。
【考点】有机磷农药中毒的诊断☆☆

13. 患者，中年女性，顿服100片氯硝西泮送往急诊，患者神志模糊，意识不清，能唤醒但一会儿又睡着了，神经系统检查存在可疑性病理征。作为首诊医生，合适的处理是

A. 洗胃　　B. 血液透析
C. 血浆置换　　D. 给予奥氮平
E. 静脉滴注维生素C

13.【答案】A
【解析】精神药物急性中毒，应减少药物的吸收，给予洗胃处理，以终止药物的继续吸收。故选A。
【考点】精神药物急性中毒的处理办法☆☆

【A3/A4型题】

(1~3题共用题干)

患者，男，60岁，有长期大量吸烟史，20支/d，未戒，有高血压病史20年，规律服用降压药，最高140/90mmHg。一月来心前区疼痛反复发作，持续几分钟可缓解。1h前起床刷牙时自觉胸痛，濒死感，伴大汗、头晕、乏力，含服硝酸甘油无法缓解，胸痛加剧，遂即入院。

1. 作为接诊医师，首要考虑的诊断是

A. 急性肺栓塞　　B. 主动脉夹层
C. 急性心肌梗死　　D. 颈椎病
E. 张力性气胸

2. 作为接诊医师，立即要进行的检查是

A. 冠状动脉造影　　B. 心电图
C. 心脏彩超　　D. 运动试验
E. 胸部X线片

3. 患者心电图示Ⅱ、Ⅲ、aVF导联ST段抬高0.3~0.5mV，V_1~V_3导联ST段抬高0.4mV。首要立即采取的适宜治疗措施是

A. 急诊冠状动脉造影　　B. 静脉泵硝酸甘油
C. 静脉琥珀酸美托洛尔　　D. 吗啡
E. 吸氧

1.【答案】C
【解析】此题主要考查急性心肌梗死临床特点。患者为老年男性，既往有高血压病史，长期大量吸烟史，发作胸痛，呈持续性，硝酸甘油无法缓解，入院时血压不高，因此应首先考虑急性心肌梗死可能。
【考点】急性心肌梗死诊断☆☆

2.【答案】B
【解析】此题主要考查考虑胸痛患者急诊处理。心电图是排除患者有无心脏病变最快速直接的检查手段，故应立即进行。
【考点】胸痛的急诊处理☆☆

3.【答案】A
【解析】此题主要考查急性心肌梗死心电图特点及处理。心电图明确为急性下壁、前壁心肌梗死，此时应行急诊冠状动脉造影，依据造影结果决定是否植入支架。
【考点】急性心肌梗死心电图特点及处理☆☆

(4~6题共用题干)

患者，男，75岁，既往有大量吸烟史，未戒，无饮酒史，无高血压、糖尿病病史。今晨乘坐电梯时，突发晕倒，伴意识丧失几分钟，无大小便失禁，伴呼吸困难、咳嗽、咯血，遂急诊入院，入院查体：体温36.6℃，血压90/60mmHg，脉搏76次/min，呼吸40次/min，SpO_2 90%，痛苦面容，偏瘦，双肺可闻及散在干性啰音，心脏听诊各瓣膜区未闻及杂音，双下肢无明显水肿。

4. 作为首诊医师，首要考虑诊断是

A. 急性心肌梗死　　B. 急性主动脉夹层
C. 急性肺栓塞　　D. 短暂性脑缺血发作

4.【答案】C
【解析】此题主要考查急性肺栓塞临床特点。患者为老年男性，既往有长期大量吸烟史，突发晕厥，入院有低血压，血氧低，Geneva评分为6分，中度可能，应考虑急性肺栓塞可能。
【考点】急性肺栓塞临床特点☆☆

E. 张力性气胸

5. 为明确诊断，须完善的检查是
A. 心电图　　B. 心脏彩超
C. CT 肺动脉造影　　D. 急诊冠状动脉造影
E. 胸部 CT

5.【答案】C
【解析】此题主要考查急性肺栓塞诊断手段。急性肺栓塞确诊手段为 CT 肺动脉造影。
【考点】急性肺栓塞确诊手段☆☆

6. 该患者心电图示 SⅠQⅢTⅢ，该患者应采取的治疗措施为
A. 急诊冠状动脉造影　　B. 口服阿司匹林
C. rt-PA　　D. 口服氯吡格雷
E. 皮下注射低分子量肝素

6.【答案】E
【解析】此题主要考查急性肺栓塞诊断及治疗。患者心电图+症状+体征诊断急性肺栓塞明确，对其进行 PESI 评分(肺栓塞评分)为 60 分，低危，不建议溶栓治疗，可行皮下注射低分子量肝素抗凝。
【考点】急性肺栓塞治疗☆

(7~9 题共用题干)
患者，女，56 岁，因"发现昏迷 3h"急诊入院。既往有长期失眠并服用"氯硝西泮"病史。家属诉患者当日清晨曾与邻居发生激烈争吵、未吃午饭便诉自己要午休，后家属于下午 2 时发现叫不醒患者便急诊来院。查体：体温 36.1℃，呼吸微弱、表浅(约 17 次/min)，血压 80/60mmHg，昏迷状态，双瞳孔等大等圆(6mm)、对光反射存在，全身肌肉弛缓，各种反射消失。

7. 为进一步明确诊断，最有价值的急诊检查是
A. 血常规、生化全套　　B. 头颅 CT
C. 头颅磁共振　　D. 动脉血气
E. 血糖

7.【答案】B
【解析】此题主要考查对精神科急诊意识障碍患者的鉴别诊断，上述五个选项中最常采用急诊头颅 CT 检查以排除卒中等。
【考点】精神科急诊意识障碍患者的鉴别诊断☆☆

8. 该患者完善颅脑检查后未见明显异常，最可能的诊断是
A. 恶性综合征　　B. 分离障碍
C. 创伤后应激障碍　　D. 安定中毒
E. 低血糖

8.【答案】D
【解析】此题主要结合病例考查对精神科急诊安定中毒患者的临床特点，安定药物接触史、负性生活事件、意识障碍、四肢肌张力低、呼吸浅慢、瞳孔散大等为典型表现。
【考点】精神科急诊安定中毒患者的临床特点☆☆

9. 对该患者急需的急诊处理**不包括**
A. 洗胃
B. 静脉大量补液
C. 氟马西尼静推及静脉滴注
D. 苯海索药物治疗
E. 硫酸镁导泻

9.【答案】D
【解析】此题考查对安定中毒患者的急诊治疗，对吞服大量安定中毒者，应立即给予及时有效的洗胃，以排除胃内毒物，防止毒物吸收。在洗胃的同时即建立静脉通道、大量补液并给予解毒剂氟马西尼，洗胃后可用硫酸镁导泻，以减少毒物的吸收。
【考点】对安定中毒患者的急诊治疗☆☆

(10~12 题共用题干)
患者，男，24 岁，既往诊断为"双相情感障碍"，长期服用碳酸锂治疗。主诉"浑身无力、手指震颤、构音不清 1d"来诊。

10. 为明确诊断，该患者最需要进行的诊治是

10.【答案】B
【解析】锂中毒患者往往有锂盐药物接触史，临床表现为无力、手指震颤、恶心、呕吐、构音障碍，严重时有意识障碍，该患者应急查血锂浓度以明确诊断。
【考点】锂中毒的诊断☆☆

A. 试验性加用苯海索　　B. 急查血锂浓度
C. 完善认知检查　　D. 头颅磁共振
E. 心电图检查

11. 若患者血锂浓度为 1.5mmol/L，该患者最可能的诊断是
A. 轻度锂中毒　　B. 中度锂中毒　　C. 重度锂中毒
D. 帕金森病　　E. 锥体外系反应

12. 对该患者的处理应为
A. 口服左旋多巴治疗
B. 肌内注射东莨菪碱
C. 停用碳酸锂，并给予静脉滴注生理盐水
D. 停用碳酸锂
E. 口服苯海索治疗

（13~15 题共用题干）
患者，女，24 岁，近期曾在精神科住院治疗“双相情感障碍（躁狂发作）”，半月前好转后出院，出院后坚持服药“阿立哌唑片 10mg，2 次 /d，碳酸锂片 0.25g，2 次 /d”。现主诉“双眼上翻、手足震颤 2h”急诊。

13. 该患者最可能的诊断是
A. 锂中毒
B. 锥体外系反应
C. 躯体形式障碍
D. 结膜炎
E. 卒中

14. 接诊医生应该做的急诊处理是
A. 左旋多巴口服治疗
B. 氢溴酸东莨菪碱肌内注射
C. 大量给予生理盐水输液
D. 氟马西尼静脉滴注
E. 增加抗精神病药物治疗

15. 患者经急诊救治好转，准备离院，需要给予的进一步处理是
A. 停用所有精神科药物
B. 使用抗感染滴眼液
C. 每日来院肌内注射氢溴酸东莨菪碱
D. 建议前往神经内科治疗
E. 增加盐酸苯海索口服药物治疗

11.【答案】A
【解析】锂盐的治疗窗狭窄，中毒剂量与治疗剂量接近。在治疗急性病例时，血锂浓度宜为 0.6~1.2mmol/L，超过 1.4mmol/L 时易产生中毒反应，1.5~2.0mmol/L 为轻度，2.0~2.5mmol/L 为中度，2.5~3.0mmol/L 为重度，大于 3.0mmol/L 危及生命。
【考点】锂中毒的诊断☆☆

12.【答案】C
【解析】一旦出现锂盐毒性反应需立即停用锂盐，大量给予生理盐水或高渗钠盐加速锂的排泄。
【考点】锂中毒的治疗☆☆

13.【答案】B
【解析】抗精神病药物的常见神经系统副作用（锥体外系反应），包括四种表现：急性肌张力障碍（眼上翻等）、类帕金森症状、静坐不能、迟发型运动障碍，该患者有前面两种症状。
【考点】抗精神病药物的常见神经系统副作用☆☆

14.【答案】B
【解析】服抗精神病药物史的患者出现急性肌张力障碍时，肌内注射氢溴酸东莨菪碱 0.3mg 或异丙嗪 25mg 可即时缓解。
【考点】锥体外系反应的急诊处理☆☆

15.【答案】E
【解析】该患者出现类帕金森症状，可服用抗胆碱能药物盐酸苯海索并使用最低有效剂量的抗精神病药物。另外，由于患者处于巩固治疗期，尚不建议完全停药。
【考点】锥体外系反应的后续治疗☆☆

（16~18 题共用题干）

患者，女，72 岁，在浴室中昏迷摔倒，被家属发现紧急送往医院，患者出现呼吸困难，口唇、指甲、皮肤、黏膜呈樱桃红色，意识丧失，呈中度昏迷，各种反射迟钝，对外界强烈刺激尚有反应。

16. 该患者最可能的诊断是
   A. 一氧化碳中毒
   B. 精神分裂症
   C. 躯体形式障碍
   D. 癫痫发作
   E. 脑梗死

16.【答案】A

【解析】老年患者，在浴室中晕倒，存在中毒的环境，另外检查发现患者黏膜呈樱桃红，为一氧化碳中毒的特征性表现。故选 A。

【考点】一氧化碳中毒的诊断☆☆

17. 对该患者的处理是
   A. 给予抗精神药物处理
   B. 给予抗抑郁药物治疗
   C. 吸入含 5% 二氧化碳的氧疗
   D. 冬眠疗法
   E. 电休克治疗

17.【答案】C

【解析】根据上题的解释和分析已明确诊断是一氧化碳中毒，其治疗原则为迅速脱离现场，吸入新鲜的空气，最好给予氧疗。故选 C。

【考点】一氧化碳中毒的急诊处理☆☆

18. 经过治疗后患者意识恢复，但 2d 后又突发精神异常，表现为淡漠、迟钝、遗忘、理解能力差，生活不能自理，情绪易激惹，考虑的情况是
   A. 一氧化碳中毒所致晚发神经中毒型
   B. 重度一氧化碳中毒
   C. 轻度一氧化碳中毒
   D. 中度一氧化碳中毒
   E. 脑器质性疾病所致的精神障碍

18.【答案】A

【解析】轻度、中度、重度一氧化碳中毒的判断与血液中碳氧血红蛋白浓度有关，题干未给出，暂不考虑 B、C、D。在急性一氧化碳中毒后会出现短暂的“假愈期”，之后会出现严重的精神障碍，为晚发神经中毒型的特点。故选 A。

【考点】一氧化碳中毒所致精神障碍的分型☆☆

【案例分析题】

案例一：患者，女，21 岁，因“急起不眠、糊涂、言行异常 1d”被家人送急诊科。患者为大三实习期，昨日突然打电话给家长说一些有头无尾、家长听不懂的话，一夜未眠，时而躺着、时而来回走动。家长从外地赶来，发现其神情恍惚，衣着妆容凌乱，消瘦，说话吞吞吐吐，欲言又止，说话说到一半即停下，交谈困难；表情呆板，情绪不稳定，紧张害怕；行为异常，坐立不安。既往无其他躯体疾病及精神疾病家族史。发病前在学校表现好；半年前失恋后性格改变，经常与社会上的朋友出入酒吧等娱乐场所。

提问 1：该患者还应该进一步收集的病史信息是
   A. 近半年的情绪状态如何
   B. 有无接触精神活性物质
   C. 近半年饮食及睡眠情况
   D. 病前有无感冒发热病史

提问 1：【答案】ABCDF

【解析】①患者急起精神行为异常，加之经常出入娱乐场所，应首先了解患者是否为精神活性物质所致的精神行为问题；②需考虑到其患中枢神经系统疾病的可能性，故应该了解其有无感冒发热、头痛、恶心、呕吐等病史；③需考虑到其患心境障碍的可能性，故应该了解患者近半年是否有抑郁、焦虑、易激惹、冲动及饮食睡眠问题。

【考点】精神活性物质所致精神障碍、心境障碍的诊断与鉴别诊断☆☆

E. 有无胃肠道疾病病史

F. 有无头痛、恶心、呕吐等

提问 2:该患者在急诊科应该做的检查是

A. 头颅 CT 检查

B. 血生化检查

C. 心肺功能评定

D. 腰椎穿刺脑脊液检查

E. 心理评估

F. 尿液毒品检测

提问 3:追问病史,患者近半年失恋后变得比较叛逆,经常出入酒吧,花钱大手大脚,甚至网上借贷几万元,2 月前曾告知舅舅她和朋友吃过麻果,但进一步检查未见明显异常。该患者进一步的治疗包括

A. 收住院,营养支持治疗

B. 可暂时给予安定类药物镇静治疗

C. 可暂时给予抗精神病药物治疗

D. 作视频脑电图检查

E. 心理治疗

F. 待患者精神状态稳定后再进一步询问病情经过

提问 4:经治疗 3d 后,患者睡眠改善,精神状态基本恢复,可以进行交流。自述近半年情绪不佳,对什么都无所谓,无故烦躁,做事冲动,不顾后果,不愿一个人待着,喜欢寻求刺激,注意力不集中,不能安心学习工作,睡眠需要减少,晚上经常通宵不睡,白天睡几个小时,进食不规律,体重明显减轻;有几次在朋友的怂恿下用过几次麻果,此次入院前和朋友一起玩过笑气。被家属送到急诊科前后的事情记得不太清楚。考虑患者的诊断是

A. 创伤后应激障碍

B. 精神活性物质滥用

C. 抑郁症

D. 心境障碍

E. 焦虑症

F. 精神活性物质所致精神障碍

提问 2:【答案】ABF

【解析】头颅 CT、生化检查等排除中枢神经系统及躯体疾病。毒品检测了解患者有无使用精神活性物质。患者无心肺症状,故暂不需要心肺功能评估。腰椎穿刺脑脊液检查属于有创检查,若患者病史提示有神经系统感染的可能性,可考虑行腰穿脑脊液检查,否则不作为急诊科常规检查项目。患者神志恍惚、言行紊乱,不适合进行心理评估。

【考点】精神活性物质所致精神障碍的诊断☆☆

提问 3:【答案】ABCF

【解析】患者睡眠差、言行紊乱、消瘦、精神恍惚,应该给予营养支持治疗、促进精神活性物质的排泄、镇静治疗。如患者有幻觉、妄想等精神症状,可以使用抗精神病药物治疗。患者进一步检查未见异常,也无癫痫发作,暂不需要视频脑电图检查。患者处于急性期,情绪不稳定,不能配合进行心理治疗。

【考点】精神活性物质所致精神障碍的处理☆☆

提问 4:【答案】BDF

【解析】该患者多次使用麻果,属于精神活性物质滥用。此次精神行为异常是在使用笑气之后出现,表现精神恍惚、迷茫,言行异常,应为精神活性物质所致精神障碍。患者近半年明显性格改变,情绪不稳、冲动、寻求刺激、注意力不集中、睡眠减少,明显影响其社会功能,应考虑心境障碍,为混合性发作,而非抑郁症。患者经历了失恋,但是失恋并非创伤性生活事件,患者亦无对创伤性事件的回避、警觉性高、创伤性再体验等表现,故不能诊断为创伤后应激障碍。

【考点】精神活性物质所致精神障碍与其他精神障碍的共病及鉴别诊断☆☆

案例二:患者,男,50 岁,因“精神异常 20 余年,复发加重半月,并神志不清、发热 7d”由当地医院转上级医院急诊科诊治。患者 18 岁时,因高考成绩不理想,逐渐出现孤僻少语、不出门、自语自笑、冲动发脾气等,在当地医院诊断为“精神分裂症”,予以利培酮、氯氮平等药物治疗。近几年主要服用氯氮平 200~300mg 治疗,病情时好时坏。半月前患者精神症状加重,表现睡眠差,整日在家来回走动,口中喃喃自语,听不清具体内容;对家人有敌意,推父母,拒绝服药,不和父母一起吃饭,进食少,偶尔自己煮一点面条吃,体重下降 2~3kg。家人无法管理,将其送当地精神病院治

疗，给予氯氮平逐渐加量至400mg治疗，患者仍时有吵闹，经常被保护约束治疗。一周前患者出现咳嗽、咳黄色黏痰，发热，体温39~41℃，浅昏迷状态。当地医院给予抗感染治疗病情无改善，仍高热、神志不清，转上级医院求进一步诊治。

提问1：该患者目前在急诊科应该进行的检查是

A. 头颅CT
B. 血常规
C. 血生化
D. 体格检查
E. 胸部CT
F. 血气分析

提问2：在急诊科，精神科医生作为该患者的首诊医生，应该做的处理包括

A. 给予抗感染治疗
B. 请相关科室的医生会诊
C. 直接收至精神科病房进一步检查治疗
D. 告知病重
E. 心电监护
F. 禁食禁水

提问3：该患者检查结果情况为浅昏迷状态，体温39.1℃，脉搏118次/min，血压100/60mmHg，呼吸20次/min，SpO_2 90%；双肺呼吸音粗，未闻及干湿性啰音，神经系统检查未见明显阳性体征；白细胞计数14.6×10^9/L，中性粒细胞百分率80%，C反应蛋白13.50mg/L，肌酸激酶438IU/L；头颅CT未见明显异常，胸部X线片示右肺上叶及左肺下叶感染，胸腔少量积液。作为精神科医生，应该做的处理包括

A. 考虑患者目前主要为恶性综合征，收精神科治疗
B. 考虑患者目前主要为恶性综合征合并肺部感染，收精神科治疗
C. 考虑患者目前主要为恶性综合征合并肺部感染，收呼吸科或重症医学科治疗
D. 考虑患者目前主要为肺部感染，收呼吸科治疗，请精神科会诊
E. 考虑患者目前感染较重，收重症医学科治疗，请精神科会诊
F. 考虑患者目前主要为意识障碍，收神经科治疗

提问4：患者在重症医学科治疗5d后，病情有所改善，体温降至正常，意识状态较前清晰，可以睁眼，但是自言自语，冲动，不理人，不能与人交流，治疗不配合，晚上不眠，叫喊，言语内容听不清，经常眼睛看着一个固定的地方。作为精神科医生，可给予的建议是

A. 给予小剂量氯氮平治疗，逐渐加量

提问1：【答案】ABCDEF

【解析】该患者患精神分裂症多年，长期使用氯氮平治疗，氯氮平容易引起粒细胞减少、口水多及过度镇静易导致误吸等问题。此次患者精神症状加重，进食睡眠不好，体重下降，在精神病院住院以氯氮平治疗，患者经常因为冲动吵闹被约束保护，更容易引起继发感染的风险，尤其肺部感染的风险；故应进行体格检查，血常规、降钙素等感染相关的指标，胸部CT，血气分析等检查。还应进行生化检查，了解患者的肝肾功能、电解质、血糖、血脂等反映身体功能状况的指标及血清肌酸磷酸激酶（CPK）水平。患者长期使用抗精神病药物治疗，近期病情加重有兴奋、不眠、拒食和营养不良，表现神志不清、高热，还应考虑恶性综合征的可能性。体格检查了解是否有肌肉强直、肌张力高，CPK水平也可辅助诊断。头颅CT检查排除中枢神经系统疾病。

【考点】重性精神病患者发热的诊断☆☆

提问2：【答案】BDEF

【解析】检查结果未回报、尚未明确发热的原因前，对于有意识障碍的患者应首先完善相关检查、监测生命体征的变化、暂时给予营养支持治疗、告知家属病情严重，请相关科室医生会诊，对于该患者可以请神经内科、呼吸科、重症医学科等科室的医生会诊，协商安排患者后续治疗事宜；鉴于患者神志不清，应禁食禁水避免误吸，给予应予支持治疗，必要时持续低流量吸氧，注意内环境的稳定。患者躯体情况不佳，不宜直接收住精神科，而应该待检查结果回报后，根据患者的躯体疾病情况到相应科室进一步治疗，待躯体情况好转、脱离危险后再转至精神科治疗。

【考点】重性精神障碍患者出现躯体问题的急诊处理☆☆

提问3：【答案】DE

【解析】患者发热、神志不清，听诊呼吸音粗糙，白细胞计数明显增高，中性粒细胞百分率增高，C反应蛋白增高，胸部X线片提示肺部感染，因此患者发热、意识障碍可能与肺部感染有关；而且病情较重，应收到呼吸科或者重症医学科治疗，必要时可请精神科会诊。无肌张力增高，肌酸激酶增高不多，故目前不符合恶性综合征诊断。

【考点】重性精神障碍患者出现躯体问题的急诊处理☆☆

提问4：【答案】EF

【解析】该患者既往精神分裂症多年，病前使用氯氮平治疗，但患者目前肺部感染未完全缓解，身体条件欠佳，应暂缓恢复使用氯氮平，可以使

B. 恢复入院前的治疗方案，即氯氮平 400mg/d

C. 给予氯硝西泮治疗，改善睡眠

D. 建议改良电休克治疗

E. 继续抗感染、营养支持治疗

F. 给予奥氮平 5~10mg/d 治疗，逐渐加量

用奥氮平控制精神症状。氯硝西泮有抑制呼吸的作用，不宜使用。

【考点】精神疾病合并躯体疾病的治疗☆☆

第二章 本专业基本理论知识

第一节 精神症状与综合征

【A1 型题】

1. 内感性不适是以下哪类症状
   A. 知觉障碍　B. 内脏幻觉　C. 幻触
   D. 感觉障碍　E. 感觉过敏

2. 在没有任何刺激时，患者感到皮肤上有某种异常的感觉，如电麻感、虫爬感或针刺感等，该症状最可能是
   A. 感觉过敏　B. 内感性不适
   C. 幻触　D. 内脏幻觉
   E. 假性幻觉

3. 当某一种感官处于功能活动状态时，出现涉及另一感官的幻觉，如听到广播声音的同时就看到播音员的人像站在面前，是哪种幻觉
   A. 幻视　B. 功能性幻觉
   C. 幻触　D. 心因性幻觉
   E. 反射性幻觉

4. 以下哪种**不是**常见于精神分裂症的思维形式障碍
   A. 思维散漫　B. 思维破裂
   C. 语词杂拌　D. 思维不连贯
   E. 强制性思维

5. **不属于**强迫思维的是
   A. 强迫怀疑　B. 强制性思维
   C. 强迫性对立思维　D. 强迫性穷思竭虑
   E. 强迫回忆

1.【答案】D
【考点】内感性不适☆☆

2.【答案】C
【解析】此题主要考查对知觉障碍中幻触的识别。
【考点】幻触☆☆

3.【答案】E
【解析】此题主要考查知觉障碍中反射性幻觉的定义。
【考点】反射性幻觉☆☆

4.【答案】D
【解析】此题主要考查思维形式障碍，思维不连贯表现与语词杂拌类似，但它是在意识障碍背景下表现的语言支离破碎和杂乱无章状态，多见于谵妄状态。其余均是常见于精神分裂症的思维形式障碍。
【考点】思维不连贯☆☆

5.【答案】B
【解析】此题主要考查强迫思维的内容，除强制性思维外，其他四项均属于强迫思维。强制性思维是外力强加的、不属于自己的思维，内容变化多端，且突然出现、突然消失，多见于精神分裂症。
【考点】强制性思维与强迫思维☆☆

6. 患者无中生有地坚信自己的配偶对自己不忠诚，另有所爱，属于的症状是
   A. 夸大妄想
   B. 钟情妄想
   C. 嫉妒妄想
   D. 自罪妄想
   E. 特殊意义妄想

6.【答案】C
【解析】此题主要考查对各种妄想症状的识别。嫉妒妄想主要指患者坚信配偶不贞，采取各种方式寻找证据，或对配偶的日常活动跟踪监视，有时甚至拷打折磨，逼迫招认，根据题干可判断患者属于嫉妒妄想。
【考点】嫉妒妄想☆☆

7. 关于妄想，**错误**的是
   A. 妄想内容与事实不符，但患者坚信不疑
   B. 妄想内容涉及患者本人，且与个人利害相关
   C. 妄想内容是集体信念，并非患者个体的心理现象
   D. 妄想内容与患者的文化背景和经历有关
   E. 妄想内容通常具有浓厚的时代色彩

7.【答案】C
【解析】此题主要考查妄想的特点。妄想内容具有个体独特性，是个体的心理现象，并非集体信念，其余各项均是妄想的特点。
【考点】妄想的特点☆☆

8. 患者在智能障碍基础上出现的与周围环境不协调的愉快体验，称为
   A. 情感高涨　　B. 兴高采烈
   C. 欣快　　D. 情感不稳
   E. 情感矛盾

8.【答案】C
【解析】此题主要考查欣快的特点。欣快是患者在智能障碍基础上出现的与周围环境不协调的愉快体验，表现为自得其乐，似乎十分满足，但由于智能障碍的影响，表情比较单调刻板，往往给人以呆傻、愚蠢的感觉，多见于脑器质性精神障碍。
【考点】欣快☆☆

9. 患者表现为面部表情呆板，对周围发生的事物漠不关心，即使与自身有密切利害关系的事情也是如此，此症状为
   A. 情感高涨　　B. 欣快
   C. 情感低落　　D. 情感淡漠
   E. 情感倒错

9.【答案】D
【解析】此题主要考查情感淡漠的特点。情感淡漠是指对外界刺激缺乏相应的情感反应，缺乏内心体验。表现为面部表情呆板，对周围发生的事物漠不关心，即使对与自身有密切利害关系的事情也是如此，多见于晚期精神分裂症。
【考点】情感淡漠☆☆

10. 下列哪种情感症状常伴随心悸、出汗、手抖、尿频等自主神经症状
   A. 情感高涨
   B. 欣快
   C. 情感低落
   D. 情感淡漠
   E. 焦虑

10.【答案】E
【解析】此题主要考查焦虑的特点。焦虑是指在缺乏相应的客观刺激情况下出现的内心不安状态，表现为患者顾虑重重、紧张恐惧，坐立不安，严重时可表现为搓手顿足，惶惶不可终日，似有大祸临头的感觉，常伴有心悸、出汗、手抖、尿频等自主神经紊乱症状，多见于焦虑症。
【考点】焦虑☆☆

11. 患者极易因一般小事而引起强烈的不愉快情感反应，如暴怒发作，该症状为
   A. 情感高涨
   B. 恐惧
   C. 情感低落
   D. 易激惹
   E. 焦虑

11.【答案】D
【解析】此题主要考查易激惹的特点。易激惹是情感活动的激惹性增高，表现为极易因小事而引起强烈的不愉快情感反应，如暴怒发作。多见于疲劳状态、人格障碍、神经症或妄想性障碍患者。
【考点】易激惹☆☆

12. 以下不属于痴呆的是
A. 全面性痴呆
B. 部分性痴呆
C. 假性痴呆
D. 精神发育迟滞
E. 童样痴呆

13. 协调性精神运动性兴奋常见于
A. 精神分裂症的紧张型
B. 精神分裂症的青春型
C. 谵妄状态
D. 躁狂发作
E. 抑郁状态

14. 蜡样屈曲常在以下哪一症状的基础上出现
A. 缄默 B. 违拗 C. 木僵
D. 意识障碍 E. 模仿动作

15. 作态多见于
A. 精神分裂症
B. 正常人
C. 谵妄状态
D. 躁狂发作
E. 抑郁状态

16. 患者明知没有必要，却难以克制地去重复做某种动作行为，如果不重复，患者往往焦虑不安，该症状为
A. 矛盾意向
B. 意志行为增强
C. 强迫动作
D. 刻板动作
E. 模仿动作

17. 患者对同一事物，同时出现两种完全相反的意向，但患者并不感到这两种意向的矛盾和对立，没有痛苦和不安，该症状为
A. 矛盾意向
B. 意志缺乏
C. 强迫动作
D. 刻板动作
E. 模仿动作

12.【答案】D
【解析】此题主要考查痴呆的范围。根据大脑病理变化的性质、所涉及的范围以及智能损害的广度，可分为全面性痴呆、部分性痴呆和假性痴呆，假性痴呆有甘瑟综合征、童样痴呆的特殊类型。精神发育迟滞是指18岁前由于各种原因影响智能发育造成的智力低下和社会适应困难状态，不属于痴呆的范围。
【考点】痴呆☆☆

13.【答案】D
【解析】此题主要考查协调性精神运动性兴奋的特点。协调性精神运动性兴奋表现为患者增多的动作行为及言语与思维、情感、意志等精神活动协调一致，并与环境保持较密切关系，患者的整个精神活动比较协调，行为具有目的，可以被周围人理解。多见于躁狂发作。
【考点】协调性精神运动性兴奋☆☆

14.【答案】C
【解析】此题主要考查蜡样屈曲的特点。蜡样屈曲指患者在木僵的基础上，出现肢体任人摆布，即使极不舒服的姿势，也能较长时间维持不动，形似蜡塑一般，故称为蜡样屈曲。
【考点】蜡样屈曲☆☆

15.【答案】A
【解析】此题主要考查作态的特点。作态指患者作出古怪的、愚蠢的、幼稚做作的动作、姿势、步态与表情，如做怪相、扮鬼脸等，多见于精神分裂症。
【考点】作态☆☆

16.【答案】C
【解析】此题主要考查强迫动作的特点。强迫行为是指患者明知没有必要，却难以克制地去重复做某种动作行为，如果不重复，患者往往焦虑不安，如强迫性洗涤、强迫性检查等。强迫动作多与强迫思维有关，常见于强迫症。
【考点】强迫动作☆☆

17.【答案】A
【解析】此题主要考查矛盾意向的特点。矛盾意向表现为对同一事物，同时出现两种完全相反的意向，但患者并不感到这两种意向的矛盾和对立，没有痛苦和不安。如患者碰到朋友时，想去握手，却把手缩回来，多见于精神分裂症。
【考点】矛盾意向☆☆

18. 关于躁狂综合征,错误的是
A. 情感高涨
B. 思维奔逸
C. 活动增多
D. 患者很少主动就诊
E. 与器质性精神障碍无关

19. 关于抑郁综合征,错误的是
A. 情感低落
B. 思维迟缓
C. 思维贫乏
D. 活动减少
E. 可见于器质性精神障碍

20. 关于科尔萨科夫综合征,错误的是
A. 近记忆障碍
B. 意识障碍
C. 虚构
D. 定向力障碍
E. 多见酒精中毒性精神障碍

【A2型题】

1. 患者,中年女性,三天前爱人因车祸去世,夫妻感情较好,近两天常看到已故爱人的影子在房间里走动,最可能的症状是
A. 感觉过敏　　B. 错觉
C. 功能性幻觉　　D. 反射性幻觉
E. 心因性幻觉

2. 患者,少年女性,某天诉看到护士长从自己旁边走过去,是在暗示自己要好好跳舞。最可能的症状是
A. 错觉
B. 幻觉
C. 被害妄想
D. 特殊意义妄想
E. 心因性幻觉

3. 患者,青年男性,坚信自己是个"透明人",自己的所有想法,周围人都知道,虽然不知道他们是通过什么方式知道的,但他们肯定知道。该症状为
A. 错觉　　B. 特殊意义妄想
C. 物理影响妄想　　D. 内心被揭露感
E. 被害妄想

18.【答案】E
【解析】此题主要考查躁狂综合征的症状和临床特点。躁狂综合征是指以情感高涨、思维奔逸和动作增多为主要临床表现的综合征,患者整个精神活动表现活跃,症状之间、症状与环境之间基本协调一致。因患者多无自知力,故很少主动就诊。多见于双相躁狂发作,但也可见于某些中毒性精神病。
【考点】躁狂综合征☆☆

19.【答案】C
【解析】此题主要考查抑郁综合征的症状和临床特点。抑郁综合征是指以情绪低落、兴趣与精力下降、快感缺乏为主要临床表现的综合征,患者表现为整个精神活动的抑制与减少,精神活动之间相互协调,故可出现思维迟缓,而非思维贫乏。
【考点】抑郁综合征☆☆

20.【答案】B
【解析】此题主要考查科尔萨科夫综合征的症状和临床特点。主要由三个症状组成:近记忆严重削弱、定向障碍尤其是时间定向障碍、虚构,不包括意识障碍,常见于酒精中毒性精神障碍。
【考点】遗忘综合征☆☆

1.【答案】E
【解析】此题主要考查各类幻觉的表现。心因性幻觉是在强烈心理因素影响下出现的幻觉,幻觉内容与心理因素密切联系,多见于应激相关障碍、分离(转换)障碍。
【考点】心因性幻觉☆☆

2.【答案】D
【解析】此题主要考查对特殊意义妄想的识别。特殊意义妄想是指客观事实上与患者无关的人或事,患者却感到某种针对他本人的特殊意义。
【考点】特殊意义妄想☆☆

3.【答案】D
【解析】此题主要考查精神分裂症可能会出现的一种特殊的内心被揭露感。患者不是根据别人的言行作出推断,也不是妄想、幻听或猜疑恐惧心情所致,似乎"直觉地"感到别人已经知道了他的思想,说不出任何根据,他也不需要任何根据,凭他的"直觉"也就足够,这是一种原发性病态体验。
【考点】内心被揭露感☆☆

4. 患者，女，35岁，整日在床头倚窗，有时侧耳倾听、面露微笑，有时双手捂耳，有时指指点点对着窗外破口大骂，气愤不已。该症状最可能为

A. 错觉　B. 假性幻觉
C. 真性幻觉　D. 被害妄想
E. 内心被揭露感

5. 患者，中年男性，既往有精神分裂症病史，近日工作较劳累，常感到周围环境灰蒙蒙一片，没有生气，像是透过镜子看地一样，该症状最可能是

A. 幻觉　B. 错觉
C. 不真实感　D. 视物变形症
E. 意识模糊状态

6. 患者，少年女性，近半年反复跑机场，称"要出国找亲生父母，亲生父母可能在日本"。并诉家人"在感冒时采过指血，做过亲子鉴定，虽没见过鉴定结果，但肯定不是亲生的"，该症状为

A. 夸大妄想　B. 嫉妒妄想
C. 被害妄想　D. 非血统妄想
E. 内心被揭露感

7. 患者，青年男性，近2年常感到被人控制，诉"大脑被外星人用电磁波给控制了，他们让我想什么我就得想什么，一点自由都没有"，该症状为

A. 夸大妄想　B. 物理影响妄想
C. 被害妄想　D. 非血统妄想
E. 内心被揭露感

8. 患者，男，在查房时，医生问其姓名，回答"地上的云彩，汽车、水饺、计算机、水中飞飞飞，奥氮平……"，该症状最可能是

A. 思维散漫　B. 思维中断
C. 思维不连贯　D. 语词杂拌
E. 强制性思维

9. 患者，青年男性，查房时兴高采烈，诉"近来心情特别好，今天很高兴跟你们坐一起，参与高峰论坛，为医院的改革、国家的建设出谋划策"，患者讲话时表情丰富、手舞足蹈，该症状可能为

A. 易激惹　B. 情感高涨
C. 情感低落　D. 情感不稳
E. 欣快

4.【答案】C

【解析】此题主要考查真性幻觉的外在行为表现。患者常凭空对话、谩骂或微笑等，与外界声音进行交流，作出相应的反应。

【考点】真性幻觉☆☆

5.【答案】C

【解析】不真实感，又称"现实解体"，指患者感到周围事物和环境变得不真实，犹如隔着一层窗纱，如感到周围的房屋、树木像是纸板糊成的，毫无生气，周围人就像没生命的木偶一样等，可见于抑郁发作、分离性障碍和精神分裂症等。

【考点】不真实感☆☆

6.【答案】D

【解析】此题主要考查非血统妄想的识别。患者毫无依据坚信自己的父母不是亲生的，虽经反复解释和证实，仍坚信不疑，多见于精神分裂症。

【考点】非血统妄想☆☆

7.【答案】B

【解析】此题主要考查对物理影响妄想的识别。物理影响妄想，又称"被控制感"，患者感到自己的思想、情感或意志行为受到某种外界力量的控制而身不由己。

【考点】物理影响妄想☆☆

8.【答案】D

【解析】此题主要考查思维形式障碍。思维散漫表现为在交谈中，患者联想松弛，内容散漫，缺乏主题，话题转换缺乏必要的联系，讲话东拉西扯，以致别人弄不懂患者要阐述的什么主题思想。思维破裂表现为患者的言语或书写内容有结构完整的句子，但各句含义互不相关，变成了语句堆积，整段内容令人不能理解。语词杂拌，则是语言支离破碎，句子结构不完整，成了一些不相干的字、词的堆积。

【考点】语词杂拌☆☆

9.【答案】B

【解析】此题主要考查对情感高涨的识别。情感高涨是正性情感活动的明显增强，表现为不同程度的、与周围环境不相称的病态喜悦。患者自我感觉良好，整日喜笑颜开，谈话时语音高昂、眉飞色舞、表情丰富。由于其高涨的情感与精神活动的其他方面比较协调，且与周围环境保持一定联系，故具有较强感染性，易引起周围人的共鸣，多见于躁狂发作。

【考点】情感高涨☆☆

10.【答案】C

【解析】此题主要考查对情感低落的识别。情感低落是负性情感活动的明显增强，表现为忧愁、苦闷、唉声叹气、暗自落泪等，有时感到前途灰暗，没有希望，严重时可因悲观绝望而出现自杀企图及行为。多见于抑郁发作。

【考点】情感低落☆☆

11.【答案】C

【解析】此题主要考查恐惧的特点。恐惧是指面临某种事物或处境时出现的紧张不安反应，可见于正常人，如对危险动物或处境的恐惧等。病态的恐惧是指与现实威胁不相符的恐惧反应，表现为过分害怕，提心吊胆，且常伴有明显的自主神经功能紊乱症状，如心悸、气急、出汗、四肢发抖，甚至大小便失禁等，恐惧常伴有回避行为，多见于恐惧症。

【考点】恐惧☆☆

12.【答案】E

【解析】此题主要考查对情感倒错的识别。情感倒错指患者的情感表现与其内心体验或处境明显不相协调，甚至截然相反，如某患者听到亲人去世时，却放声高歌。多见于精神分裂症。

【考点】情感倒错☆☆

13.【答案】E

【解析】此题主要考查情感矛盾。情感矛盾指患者在同一时间对同一人或事物产生两种截然不同的情感反应，但患者并不感到这两种情感的矛盾和对立，没有痛苦和不安。多见于精神分裂症。

【考点】情感矛盾☆☆

14.【答案】C

【解析】此题主要考查缄默症。缄默症是言语活动的明显抑制，表现为缄默不语，不回答任何问题，有时仅以手示意或者书写交流，多见于分离(转换)障碍及精神分裂症。

【考点】缄默症☆☆

15.【答案】C

【解析】此题主要考查主动违拗。违拗指患者对于他人的要求加以抗拒，可分为主动违拗和被动违拗，前者表现为不但拒绝执行他人要求，而且还作出与要求截然相反的行为，后者则表现为对他人的各种要求一概拒绝执行。多见于紧张型精神分裂症。

【考点】主动违拗☆☆

10. 患者，老年女性，常暗自落泪、唉声叹气、一筹不展，觉得生活没有任何希望，常诉“不如死了算了”，该症状为

A. 情感矛盾　　B. 情感高涨
C. 情感低落　　D. 情感不稳
E. 焦虑

11. 患者，青年女性，对蜘蛛极其害怕，不敢靠近任何形似蜘蛛的东西，周围人不能提及“蜘蛛”二字，不然极其不适，出现心悸、出汗、气急等表现，该症状为

A. 焦虑　　B. 情感低落
C. 恐惧　　D. 情感不稳
E. 易激惹

12. 查房时，患者描述自己被人跟踪、投毒等情景时，却表现出愉快的表情，该症状为

A. 情感高涨　　B. 情感低落
C. 情感淡漠　　D. 情感不稳
E. 情感倒错

13. 患者因怀疑母亲非亲生、迫害自己而憎恨她，但同时又对她亲近关心，该症状为

A. 情感高涨
B. 情感低落
C. 情感倒错
D. 情感不稳
E. 情感矛盾

14. 患者入院后一直不说话，有时用眼神、手示意，精神检查时仅用书写的方式与医生交流，该症状为

A. 木僵
B. 蜡样屈曲
C. 缄默症
D. 违拗症
E. 刻板动作

15. 精神检查时患者不说话，并把嘴紧闭，医生要求其睁眼时，眼睛闭得更紧。该症状为

A. 蜡样屈曲
B. 被动违拗
C. 主动违拗
D. 刻板动作
E. 缄默症

16. 患者，青年男性，入院精神检查时医生动一下头发，患者也跟着动一下自己的头发。该症状可能是
A. 缄默症 B. 木僵 C. 违拗症
D. 模仿动作 E. 刻板动作

16.【答案】D
【解析】此题主要考查模仿动作。模仿动作是指患者无目的地、无意义地模仿别人的动作。常与模仿语言同时存在。多见于紧张型精神分裂症。
【考点】模仿动作☆☆

17. 患者，少年男性，无躯体疾病，有时反复重复无意义动作，比如长时间反复地将苹果拿起和放下，否认痛苦体验，该症状最可能为
A. 蜡样屈曲 B. 被动违拗 C. 主动违拗
D. 强迫动作 E. 刻板动作

17.【答案】E
【解析】此题主要考查刻板动作。刻板动作指患者机械刻板地重复某一单调的动作。常与刻板言语同时出现。多见于精神分裂症、孤独症等。
【考点】刻板动作☆

18. 患者，女，49 岁，家庭妇女，10 年来认为丈夫有外遇，比如虽然丈夫每天回家，但丈夫半夜会趁她睡着后出去约会，证据是早晨醒来后发现门锁被人动过。因此与丈夫多次发生争执，影响情绪，感觉郁闷，患者的表现最可能的是
A. 幻觉妄想状态
B. 紧张综合征
C. 抑郁状态
D. 强迫状态
E. 病理性嫉妒综合征

18.【答案】E
【解析】此题主要考查病理性嫉妒综合征的症状和临床特点。患者常年坚持认为丈夫有外遇，但尚未达到妄想的程度，是一种病态的嫉妒，考虑最可能为病理性嫉妒综合征。
【考点】病理性嫉妒综合征☆☆

19. 患者，男，23 岁，首次就诊，向门诊医生描述说，他感觉失去了对自己身体的控制权，似乎有个神秘的外力控制他的行为。此现象为
A. 类妄想性幻想综合征
B. 科塔尔综合征（Cotard 综合征）
C. 疑病症综合征
D. 精神自动综合征
E. 科尔萨科夫综合征

19.【答案】D
【解析】此题主要考查精神自动综合征的症状和临床特点。精神自动综合征是指在意识清晰的情况下，出现假性幻觉、被动体验和各种妄想共同组成的一组复杂的临床综合征，题干中患者出现强烈的不自主感、被动感和异己感，符合精神自动综合征的特征。
【考点】精神自动综合征☆☆

20. 患者，男，41 岁，因记忆力下降在家人陪伴下就诊，有长期饮酒的嗜好。下列症状中，**最不可能**的表现是
A. 远期记忆下降
B. 记错当下的日期
C. 虚构事情
D. 不记得刚刚说过的话
E. 幻听

20.【答案】A
【解析】此题主要考查科尔萨科夫综合征的症状和临床特点。科尔萨科夫综合征主要见于长期饮酒的患者，表现为近记忆障碍，定向力障碍尤其是时间障碍，以及错构、虚构等，此外患者长期饮酒，可能出现幻听症状。
【考点】科尔萨科夫综合征☆☆

【A3/A4 型题】

（1~3 题共用题干）
患者，女，49 岁，大学文化，公务员，主因“渐孤僻、发呆、自语自笑、行为异常半年，加重 3 个月”入院，患者近 3 月来长时间发呆，

有时无故突然狠狠冒一句“看你们究竟要怎样？”，有时问爱人“你最近有没有听到关于我的谣言？”，常自言自语、大笑或对空骂人。患者既往体健，否认精神活性物质滥用史。

1. 患者可能存在的症状为
   A. 恐惧　　B. 错觉　　C. 幻觉
   D. 夸大妄想　　E. 思维奔逸

2. 近 1 周，该患者睡前将菜刀放在枕边，说要“自卫”，近两天拒绝进食，诉食物里有异味，则该患者可能还有的症状是
   A. 错觉　　B. 夸大妄想　　C. 钟情妄想
   D. 被害妄想　　E. 思维奔逸

3. 该患者最可能的诊断是
   A. 精神分裂症　　B. 躁狂发作
   C. 双相情感障碍　　D. 抑郁症
   E. 神经症

(4~6 题共用题干)
患者，女，24 岁，大学本科学历，社区职员，既往体健，入院后寡言少语，问话回答简单，言语内容空洞单调，常回答“不知道”“没想什么”，表情缺乏变化。

4. 该患者存在的症状有
   A. 记忆减退　　B. 思维散漫　　C. 思维被夺
   D. 思维中断　　E. 思维贫乏

5. 患者常独自坐于床边，眼睛注视地面，持续半天，很少与他人交流，几乎不参加病房活动，刷牙洗脸、进食等常需要护士督促。该症状最可能是
   A. 矛盾意向　　B. 意志缺乏　　C. 木僵
   D. 缄默　　E. 违拗

6. 该患者的表现已持续 8 年，则可能的诊断是
   A. 器质性精神障碍
   B. 躯体疾病所致精神障碍
   C. 精神分裂症
   D. 双相情感障碍，目前为抑郁发作
   E. 抑郁发作

(7~9 题共用题干)
患者，男，21 岁，大学本科在读，既往体健。入院后见人就打招呼，

1.【答案】C
【解析】此题主要考查对精神分裂症症状的识别。有幻听的患者常有自语自笑、倾听状、发呆、对空谩骂等表现。
【考点】精神分裂症的表现☆☆

2.【答案】D
【解析】此题主要考查对精神分裂症症状的识别。有妄想的患者可有相应的情绪及行为改变，如被害妄想者可以表现为警觉性增高、紧闭门窗、闭门不出、拒绝饮食、发怒、攻击等。但症状的明确不能仅凭家属或患者的简单描述，还要深入澄清具体表现。
【考点】精神分裂症的表现☆☆

3.【答案】A
【解析】此题主要考查精神分裂症的诊断。该患者为幻觉妄想状态，既往体健，否认精神活性物质使用史，考虑精神分裂症可能性大，具体还要依据症状明确诊断条目，以明确诊断。
【考点】精神分裂症的诊断☆☆

4.【答案】E
【解析】此题主要考查思维贫乏的特点。思维贫乏指联想概念与词汇贫乏，患者感到脑子空空荡荡，没有什么思想，表现为寡言少语，谈话时言语内容空洞单调或语词句短，回答问题简单，严重者对什么问题都回答“不知道”。多见于精神分裂症、器质性精神障碍及精神发育迟滞。
【考点】思维贫乏☆☆

5.【答案】B
【解析】此题主要考查意志缺乏的特点。患者对任何活动都缺乏动机、要求，生活处于被动状态，处处需要别人督促和管理，严重时行为孤僻退缩，对饮水、进食等本能的需求也没有，且常伴有情感淡漠和思维贫乏。多见于精神分裂症、精神发育迟滞和痴呆。
【考点】意志缺乏☆☆

6.【答案】C
【解析】此题主要考查精神分裂症的诊断。患者青年女性，既往体健，存在思维贫乏、情感平淡、意志行为减退等阴性症状，已持续 8 年，考虑诊断精神分裂症的可能性大。
【考点】精神分裂症的诊断☆☆

眉飞色舞，自我介绍说“我叫马林，马是美国总统奥巴马的马，林是民族英雄林则徐的林，他们的优良特性在我身上也得到了充分体现，勇敢、聪明……”。当医生问其家庭住址时，患者答“南部山区”，随后唱到“我家住在黄土高坡，大风从坡上刮过，不管是西北风还是东南风，都是我的歌我的歌……”。

7. 该患者最可能的症状有
A. 夸大妄想 B. 思维散漫 C. 病理性赘述
D. 思维奔逸 E. 语词新作

7.【答案】D
【解析】此题主要考查思维奔逸的特点。思维联想速度加快、数量增多和转换加速，患者表现为特别健谈，说话滔滔不绝、口若悬河，感到脑子特别灵活，就像机器加了“润滑油”一样难以停顿下来。
【考点】思维奔逸☆☆

8. 该患者后不停地说自己可以做美国总统，要让美国和中国搞好关系，还要组织召开联合国大会，倡导和平，抵制战争。该症状最可能是
A. 关系妄想 B. 被害妄想 C. 内心被揭露感
D. 超价观念 E. 夸大妄想

8.【答案】E
【解析】此题主要考查夸大妄想的特点。患者认为自己拥有非凡的才能、智慧、财富、权利、地位等，如称自己是著名的科学家、歌唱家、发明家、明星、大富翁、国家领导人等。可见于躁狂发作、精神分裂症及某些器质性精神病。
【考点】夸大妄想☆☆

9. 该患者最可能的诊断是
A. 精神分裂症 B. 躁狂发作 C. 抑郁发作
D. 谵妄状态 E. 分离障碍

9.【答案】B
【解析】此题主要考查结合症状特点诊断疾病的能力。患者既往体健，目前意识清楚，存在思维奔逸、夸大妄想，诊断躁狂发作的可能性较大。
【考点】躁狂发作的诊断☆☆

（10~11 题共用题干）
患者，女，26 岁，中专文化，小学教师，主因“心情差、烦躁易怒、失眠 1 年，加重 2 月”就诊。患者 1 年前生产后到新岗位工作不顺利，近 2 月整日忧心忡忡，高兴不起来；兴趣减退，不再爱上网，不愿看电视，不愿做家务，躲避同学聚会；动作缓慢，脑子反应迟钝，常独自发呆，话少，总感到疲乏无力，经常卧床。对生活绝望，数次流露出不想活的念头，称“如果不是担心孩子，自己早就解脱了”。

10. 该患者**不具有**的症状是
A. 思维散漫 B. 思维迟缓
C. 情绪低落 D. 意志行为减退
E. 兴趣下降

10.【答案】A
【解析】此题主要考查抑郁症的表现。该患者具有抑郁症的三条核心症状，需掌握。思维散漫为精神分裂症的症状表现。
【考点】抑郁症的表现☆☆

11. 该患者目前风险评估的重点是
A. 躯体风险 B. 攻击风险 C. 自杀风险
D. 法律风险 E. 外逃风险

11.【答案】C
【解析】此题主要考查抑郁症的风险评估。该患者近来已流露出不想活的念头，应高度警惕自杀风险，应详细询问自杀观念的强度、频率等，有无自杀计划、自杀准备等。抑郁症的风险评估为临床工作的重点内容。
【考点】自杀风险的评估☆☆

（12~13 题共用题干）
患者，女，40 岁，大学文化，研究员，主诉“紧张不安、心悸、胸闷、出汗、入睡困难 6 个月”，自行于精神科门诊就诊。自诉近 1 年父亲因心脏病住院，需要陪护，单位有重大项目需患者负责，时间

紧、任务重。逐渐入睡困难，白天头昏昏沉沉。总是提心吊胆，担心孩子上学路上不安全，担心丈夫出差出事，坐立不安，来回踱步。伴有阵发性心悸、胸闷、出汗等，可持续 2h。自感非常痛苦，主动求治。既往体健，无烟酒嗜好。

12. 该患者的主要症状是
A. 幻觉
B. 思维迟缓
C. 情绪低落
D. 意志行为减退
E. 焦虑

13. 该患者可首选作为长期治疗的药物是
A. 奥氮平
B. 喹硫平
C. 帕罗西汀
D. 劳拉西泮
E. 丙米嗪

(14~16 题共用题干)

患者，男，32 岁，无业，既往诊断为精神分裂症 10 年，每天无所事事，不愿与人接触，整日发呆，在家人反复督促下，才会做一些简单的家务。

14. 上述描述中，患者的症状为
A. 抑郁状态
B. 意志减退
C. 被动服从
D. 亚木僵
E. 意志缺乏

15. 家人询问解决办法，下列策略中，帮助最小的是
A. 家庭心理教育
B. 个案管理
C. 行为训练
D. 家人无微不至的关怀
E. 药物治疗

16. 如患者需要调整药物治疗，暂不考虑的是
A. 阿立哌唑
B. 舒必利
C. 奋乃静
D. 利培酮
E. 奥氮平

(17~19 题共用题干)

患者，男，22 岁，在读学生，近 1 周不上学，表现非常忙碌，想法多，但做事情虎头蛇尾。在诊室见到医生，显得非常的热情，面带笑容，诉说医院大厅里很多人员，设计很好，但建议增加更多的娱乐设施，当看着护士拿着一叠病历本进来时候，话题会转到说"你们医护人员真辛苦"。

17. 该患者最不可能存在的是
A. 协调性精神运动性兴奋
B. 躁狂性兴奋

12.【答案】E

【解析】广泛性焦虑障碍(GAD)的表现具有恐慌(为将来的不幸担忧)、运动性紧张(坐卧不宁、紧张性头痛等)和自主神经活动亢进(头重脚轻、出汗、口干等)的特点，该患者满足三条症状，符合焦虑的标准。

【考点】广泛性焦虑障碍的表现☆☆

13.【答案】C

【解析】此题主要考查 GAD 的治疗。五羟色胺再摄取抑制剂(SSRI)和五羟色胺和去甲肾上腺素再摄取抑制剂(SNRI)类药物因不良反应小，长期使用无成瘾风险，故推荐作为长期治疗；苯二氮䓬类药物起效快，但长期使用有依赖风险，故可在急性期配合使用，然后逐渐减停。

【考点】广泛性焦虑障碍的治疗☆☆

14.【答案】E

【解析】慢性精神分裂症患者意志行为会受到损害，但需与抑郁症所致的意志减退鉴别。

【考点】意志缺乏的临床特点☆☆

15.【答案】D

【解析】慢性精神分裂症患者进行防治康复，需要药物治疗、心理治疗、行为培训、家庭健康教育等综合措施。

【考点】慢性精神分裂症的处理☆☆

16.【答案】C

【解析】阴性症状或阳性症状为主的精神分裂症患者药物治疗有所区别，其中奋乃静主要用于阳性症状为主的患者。其余药物改善阴性症状。

【考点】精神分裂症阴性症状为主的药物治疗☆☆

17.【答案】C

【解析】考查精神运动性兴奋不同分类之间的区别点。该患者不属于非协调性精神运动性兴奋，即青春性兴奋。

【考点】兴奋状态的临床表现☆☆

C. 青春性兴奋
D. 会引起其他人共鸣
E. 意志增强

18. 该患者最可能出现的症状
A. 病理性赘述　B. 持续言语　C. 欣快感
D. 易激惹　E. 情感高涨

18.【答案】E
【解析】该患者考虑为躁狂发作，表现有三大主要症状：情感高涨、思维增加和活动增多。
【考点】协调性精神运动性兴奋状态的临床表现☆☆

19. 如需要确诊，暂不需要的信息是
A. 用药历史　B. 躯体健康情况
C. 既往人格特点　D. 攻击行为评估
E. 情感障碍家族史

19.【答案】D
【解析】考虑精神科诊断时，需排除器质性、药物等原因所致精神问题，同时家族史也是首要评估内容。既往人格特点可以判断患者目前情况与既往的区别，有助于疾病诊断。而攻击行为可出现在不同疾病中，只能评估病情严重程度。
【考点】协调性精神运动性兴奋状态诊断☆☆

（20~22 题共用题干）
患者，女，27 岁，某高校研究生，说："我的情绪波动很大，经常不开心，什么都不想干，兴趣也变差了，自卑，在不开心的时候爱发脾气，也会怀疑伴侣出轨，晚上偶尔会有感觉听到有人喊自己的名字，但周围明明没有人，没有不想活的想法。每次持续几周，之后就会恢复正常，当情绪正常的时候，就不会有这样的想法了。最近一年发生好几次，觉得自己不正常。"

20. 此现象为
A. 幻觉妄想状态
B. 抑郁状态
C. 强迫状态
D. 科塔尔综合征（Cotard 综合征）
E. 卡普格拉综合征（Capgras 综合征）

20.【答案】B
【解析】此题主要考查抑郁状态的症状和临床特点。患者主要表现为情绪低落、兴趣减退、精力体力下降的抑郁核心症状，虽有猜疑、幻听等症状，但与情绪相关联，症状呈发作性，此为抑郁状态的特征，故考虑为抑郁状态。
【考点】抑郁综合征☆☆

21. 下一步问诊过程中，相对不重要的是
A. 排除情绪高涨体验
B. 排除焦虑体验
C. 排除社会心理诱发因素
D. 排除躯体疾病
E. 排除精神活性物质使用史

21.【答案】B
【解析】在进行抑郁患者的精神科评估时，首先需要了解的是患者既往的健康状况、使用药物史、心理社会因素、既往躁狂体验等。
【考点】抑郁状态的评估☆☆

22. 患者补充说"近期考虑怀孕"，下列处理最合理的是
A. 心理治疗　B. 心理健康教育
C. 药物治疗　D. 建议避孕
E. 电休克治疗

22.【答案】A
【解析】考查抑郁状态的治疗原则。考虑患者目前抑郁程度未达到重度，而且有生育需求，故以心理治疗为主。
【考点】抑郁状态的治疗☆☆

【案例分析题】

案例一：患者，男，34 岁，初中学历，主因"凭空对话、疑人害己、言

行异常15年,加重1年”入院。家族史阴性,既往体健。

提问1:入院后患者声称自己是个透明人,脑子里有声音大声讲出了自己的想法,周围人都能听到自己的想法,谈及此患者表情无明显变化,平日患者寡言少语,很少主动与人交流,患者存在的症状有

A. 思维中断　　B. 强制性思维
C. 思维化声　　D. 思维被洞悉感
E. 被害妄想　　F. 关系妄想
G. 情感平淡　　H. 意志减退
I. 抑郁症状

提问2:后患者讲述:“我不是父母亲生的,是个中央领导人的私生子,从小被人放了芯片,被人给控制了,他们可以监督我的一切,我现在不管说什么、做什么他们都知道,我也不清楚他们的目的是什么。”该段中存在的症状有

A. 夸大妄想　　B. 物理影响妄想
C. 被害妄想　　D. 非血统妄想
E. 内心被揭露感　　F. 关系妄想
G. 钟情妄想　　H. 自罪妄想
I. 幻觉

提问3:患者存在的综合征可能有

A. 康金斯基综合征　　B. 幻觉妄想综合征
C. 躁狂综合征　　D. 遗忘综合征
E. 紧张综合征　　F. 科尔萨科夫综合征
G. 抑郁综合征　　H. 震颤谵妄

案例二:患者,男,29岁,无业,主因“渐起孤僻懒散、不与人交往4年”入院。既往体健,生性内向腼腆、胆小。25岁后因无女友,要求家人介绍。开始约会很注重仪表,并事先买好零食,后患者只穿工作服见面,见面后低头看地,一言不发。同时工作能力逐渐下降,从钳工调至车工、保洁员、门卫,后病休在家。入院后患者多低头呆坐,对大多数问话无反应,面部表情少有变化,偶尔以点头、摇头表达意见,无主动需求,在病房内多独处一隅,基本不与人交往。

提问1:该患者可能存在的症状有

A. 幻觉妄想　　B. 思维迟缓
C. 思维贫乏　　D. 情感平淡
E. 抑郁症状　　F. 关系妄想
G. 意志行为减低　　H. 智力低下
I. 情感低落

提问2:治疗上,可作为该患者目前首选的药物为

A. 氯丙嗪　　B. 氯氮平
C. 奥氮平　　D. 阿立哌唑
E. 舍曲林　　F. 喹硫平

提问1:【答案】CDGH

【解析】此题主要考查对症状的识别。本案例为思维化声继发思维被洞悉感,同时存在情感平淡、意志行为减低的表现,注意鉴别阴性症状与抑郁症状,该案例尚不能确定是否存在抑郁症状,仍需进一步询问鉴别。

【考点】症状的识别☆☆

提问2:【答案】ABDE

【解析】此题主要考查对症状的识别。患者称“我不是父母亲生的”,此为非血统妄想,称“是中央领导人的私生子”,此为夸大妄想,称“从小被人放了芯片,被人给控制了,他们可以监督我的一切,我现在不管说什么、做什么他们都知道”,此为物理影响妄想、内心被揭露感。

【考点】妄想的识别☆☆

提问3:【答案】AB

【解析】此题主要考查对综合征的识别。患者存在思维化声、被控制感、不自主感等症状,构成康金斯基综合征、幻觉妄想综合征。康金斯基综合征是在意识清晰状态下产生的一组症状,其典型表现为患者感到本人的精神活动丧失了属于自己的特点,认为是由于外力作用的结果,即存在异己感、强制感和不自主感的三个特点。

【考点】综合征的识别☆☆

提问1:【答案】CDG

【解析】此题主要考查对精神分裂症阴性症状的识别,需掌握。C、D、G选项均为阴性症状,案例中均有提及。

【考点】精神分裂症的阴性症状☆☆

提问2:【答案】CDFH

【解析】此题主要考查对精神分裂症阴性症状的治疗。奥氮平、阿立哌唑、喹硫平、利培酮等第二代抗精神病药可改善阴性症状、认知症状等,但氯氮平因有潜在的严重副反应,不作为首选,故可选择C、D、F、H。

【考点】阴性症状☆☆

G. 氟西汀　　H. 利培酮

I. 丙戊酸钠

提问3:若该患者在服用阿立哌唑20mg,每日一次时,出现静坐不能,则可能的处理措施为

A. 给予东莨菪碱0.3mg肌内注射

B. 给予阿替洛尔12.5mg口服

C. 给予劳拉西泮0.5mg口服

D. 必要时,适当减少药物剂量

E. 立刻减停阿立哌唑,换用其他药物

F. 若症状较轻,可不用处理

G. 立刻停药

H. 详细询问既往用药史

I. 支持性心理治疗

提问3:【答案】BCDFHI

【解析】此题主要考查对静坐不能副反应的处理,B、C、D、F、H、I选项均是处理措施。

【考点】静坐不能☆☆

案例三:患者,男,21岁,大三学生,无宗教信仰,主因"渐起言语凌乱、注意力不集中、多疑2月"入院。2月前患者开始讲话啰唆且难以理解,购买很多稀奇古怪的书籍,不知疲倦地阅读,精力充沛;整日宣称要开公司,夜眠少,到处发传单,多次宴请朋友、谈合作;后逐渐言语凌乱,怀疑有人窃听他的手机,认为有人监视他、要害他,时有自语、凭空谩骂。既往体健,否认家族史。

提问1:为明确诊断,下一步需要做

A. 完善头颅磁共振

B. 进行详细的体格检查

C. 详细了解有无精神活性物质接触史

D. 完善血常规、血生化等化验指标

E. 完善心电图、胸部X线片等检查

F. 详细了解个人史、成长环境、接触人群等

G. 了解重大生活事件

H. 为防止伤害他人,最好先予以约束

I. 即刻给予镇静剂

提问1:【答案】ABCDEFG

【解析】此题主要考查对兴奋状态的常规检查、病史的询问、处理等,根据《中华人民共和国精神卫生法(2018修正)》,精神病患者只有在有威胁自己或他人的行为或风险时,才能约束。

【考点】兴奋状态☆☆

提问2:若相关化验检查、查体均未见异常,该患者考虑可能的诊断有

A. 惊恐障碍　　B. 精神分裂症

C. 分裂情感性障碍　　D. 躁狂发作

E. 抑郁发作　　F. 广泛性焦虑障碍

G. 妄想性障碍　　H. 分离障碍

提问2:【答案】BCD

【解析】患者为青年男性,急性起病,出现言语凌乱、精力充沛、睡眠需要减少、过度活跃等类躁狂表现,首先需考虑躁狂发作可能,但该患者同时伴有被害妄想及言语性幻听等精神病性症状,故需进一步鉴别精神分裂症及分裂情感性障碍的可能。

【考点】伴精神病性症状的躁狂的鉴别诊断☆☆

提问3:该患者目前可能选择的治疗包括

A. 米氮平　　B. 奥氮平

C. 碳酸锂　　D. 丙戊酸盐

E. 舍曲林　　F. 地西泮

G. 电休克治疗　　H. 支持性心理治疗

I. 精神分析治疗

提问3:【答案】BCDFGH

【解析】此题主要考查对躁狂发作的治疗,可选择情感稳定剂、第二代抗精神病药,必要时可辅助使用镇静药物,病情需要可使用电休克治疗,同时辅以心理治疗。但患者处于疾病急性期,不推荐使用精神分析心理治疗。

【考点】躁狂发作的治疗☆☆

案例四：患者，女，21岁，大二学生，主因“情绪低落、兴趣减退、寡言少语、生活懒散1个月”在母亲陪同下入院。1月前患者跟男友分手后逐渐出现胃口差、早醒，心情压抑、烦躁，早上尤其明显，整日愁眉苦脸，对任何事情都不感兴趣，生活懒散，不再化妆打扮，常说自己是最笨的，感觉没前途、没希望，感觉连累父母，认为活着没意思。既往体健，性格内向、敏感，其叔叔有抑郁症病史。

提问1：该患者可能存在的症状为

A. 思维贫乏　　B. 思维迟缓
C. 情绪低落　　D. 情感平淡
E. 意志行为减低　　F. 幻觉
G. 自我评价减低　　H. 关系妄想
I. 自罪妄想

提问1：【答案】BCEGI

【解析】此题主要考查对抑郁症常见症状的识别。患者除抑郁的三个主要症状外，还存在明显自我评价减低，有可能存在自罪妄想，需详细询问鉴别。

【考点】抑郁症状☆☆

提问2：予以米氮平30mg/d治疗2d后，患者病情明显好转，主动与病友交流，成为病房的“开心果”，自觉头脑清醒、灵活，称自己有很多事情要做，反复要求出院。则目前的处理措施可包括

A. 同意其出院
B. 逐渐减停米氮平
C. 加用丙戊酸钠
D. 加用喹硫平
E. 仔细追问病史
F. 必要时，改良电休克治疗（MECT）
G. 仔细评估症状、风险

提问2：【答案】BCDEFG

【解析】此题主要考查转躁的处理。患者服用米氮平2d后出现躁狂症状，应首先考虑病情的自然演变，应仔细询问病史，详细筛查症状，评估目前的严重程度，选用双相障碍的治疗药物，如情感稳定剂丙戊酸钠，或第二代抗精神病药喹硫平等，并逐渐减停抗抑郁药。

【考点】转躁的处理☆☆

提问3：该患者出院时症状基本消失，此时应嘱其

A. 按时规律服药
B. 定期门诊随访
C. 患者病情平稳，可不用继续服药
D. 必要时可辅助心理治疗
E. 告知家属协助监督、督促服药
F. 告知疾病反复发作的特点，做好疾病健康教育
G. 患者可根据病情需要，自行调整药物

提问3：【答案】ABDEF

【解析】此题主要考查出院宣教。因双相障碍具有反复发作的特点，故应遵医嘱减药、停药，以防复发/复燃。

【考点】疾病宣教☆☆

案例五：患者，女，45岁，家人诉患者近1周活动明显减少，白天卧床不起，夜深人静的时候，可以自行进食。1d前开始长时间保持一个姿势不变。

提问1：该患者可能会存在的症状为

A. 紧张性木僵　　B. 古怪动作
C. 抑郁性木僵　　D. 蜡样屈曲
E. 空气枕头　　F. 刻板动作
G. 模仿行为

提问1：【答案】ACDE

【解析】木僵可以分为紧张性、抑郁性、心因性、器质性等。具体表现中会有蜡样屈曲、空气枕头等。蜡样屈曲（waxy flexibility）指在木僵的基础上，患者出现肢体任人摆布，即使是极不舒服的姿势，也能较长时间维持不动，形似蜡塑一般，故称为蜡样屈曲。如果患者平躺时将其枕头取走，患者仍能够长时间保持头部抬高的姿势不变，称为“空气枕头”。多见于紧张型精神分裂症。

【考点】木僵的临床表现☆☆

提问 2:家属补充:患者近半年情绪不佳,唉声叹气,伴有头疼,近期未体检,该患者可能有的表现是

A. 抑郁性木僵　B. 紧张性木僵
C. 心因性木僵　D. 器质性木僵
E. 违拗症　F. 精神分裂症
G. 分离障碍　H. 妄想性障碍

提问 2:【答案】AD

【解析】常见木僵的原因有器质性、精神分裂症、抑郁等,该患者有情绪低落表现,伴有头疼,故器质性、抑郁性木僵可能性大。

【考点】木僵的病因☆☆

案例六:患者,女,35 岁,幼儿教师,在丈夫陪伴下就诊,诉 3 个月前在一次夫妻争吵后,患者第一次出现阵发性抽搐,每次持续数分钟,发作后能够完全回忆起发作过程,此后频繁发作,每次发作周围均有人。

提问 1:该患者可能会有的表现是

A. 平常性格自我为中心
B. 发作时昏迷
C. 发作时无大小便失禁
D. 发作时无摔伤
E. 发作时脑电图出现特异性波形
F. 发作时具有表演色彩
G. 发作时越是被关注,发作越剧烈
H. 发作前可能有情绪诱因

提问 2:下列治疗方案中,可考虑的处理方式是

A. 电休克治疗　B. 暗示治疗
C. 系统脱敏治疗　D. 夫妻治疗
E. 抗抑郁药治疗　F. 抗焦虑药物治疗
G. 抗精神病治疗　H. 不用治疗

提问 1:【答案】ACDFGH

【解析】此题主要考查癔症性躯体障碍(转换性癔症)与癫痫发作的鉴别。患者虽有阵发性抽搐反复发作,但发作时有明显的诱因,发作后能完全回忆,且发作时周围有人,因此考虑为癔症性躯体障碍的运动障碍,而非癫痫发作,故排除发作时昏迷、脑电图的特异性波形的癫痫发作具有的特点。

【考点】癔症性躯体障碍表现☆☆

提问 2:【答案】BCDEFG

【解析】对癔症性神经症的治疗方法可以考虑心理治疗(暗示治疗、系统脱敏治疗、夫妻治疗等)、针对躯体症状进行对症的药物治疗等。

【考点】癔症性神经症的治疗☆☆

案例七:患者,女,35 岁,财务人员。近 3 年,因工作中反复核对自己的财务报表,逐渐不能完成工作,故来医院求助。

提问 1:下列情况中,患者可能会有的是

A. 焦虑情绪
B. 多愁善感
C. 抑郁情绪
D. 杞人忧天
E. 反复检查门窗
F. 反复思考同一个无意义的问题
G. 自己对此不能控制
H. 个性追求完美

提问 2:以下有利于患者症状改善的治疗是

A. 三环类抗抑郁药
B. 选择性 5- 羟色胺再摄取抑制剂
C. 苯二氮䓬类药物
D. 系统脱敏疗法

提问 1:【答案】ACDEFGH

【解析】此题主要考查强迫状态的症状和临床特点。患者出现强迫行为并致社会功能受损,需考虑强迫性障碍的可能,而强迫性障碍常出现强迫性穷思竭虑(杞人忧天、反复思考同一无意义的问题)、强迫行为(反复检查门窗)、强迫意向等,明知毫无意义而自身无法控制,并因此伴有焦虑、抑郁等负性情绪。

【考点】强迫状态☆☆

提问 2:【答案】ABCDEG

【解析】针对强迫性障碍的药物治疗,可选用三环类抗抑郁药及选择性 5- 羟色胺再摄取抑制剂(SSRI)等药物,同时辅以苯二氮䓬类药物缓解焦虑情绪;非药物治疗方面,无论是系统脱敏疗法、团体心理治理,还是近年来兴起的基于正念的认知疗法,均有一定的循证医学证据证明有效。

【考点】强迫性障碍的治疗☆☆

E. 团体心理治疗
F. 紧急更换工作
G. 基于正念的认知疗法

案例八：患者，女，20岁，感到周围人不安全，有人会伤害自己，监视自己，比如路上的人会议论自己，连自己的父母都变了，都被人替代了，现在身边的父母是冒充的，虽然长得一模一样。故来医院求助。

提问1：该患者有的表现是
A. 被害妄想
B. 非血统妄想
C. 关系妄想
D. 卡普格拉综合征（Capgras综合征）
E. Kopcakol综合征
F. 康金斯基综合征
G. 幻觉
H. 弗雷戈利综合征（Fregoli综合征）

提问2：以下有助于患者症状改善的治疗是
A. 抗抑郁药 B. 心静稳定剂
C. 抗精神病药物 D. 改良电休克治疗
E. 认知-行为治疗 F. 社会技能训练
G. 职业康复训练 H. 经颅磁刺激

提问1：【答案】ACD
【解析】此题除了考查被害妄想、关系妄想等，主要考查Capgras综合征的症状和临床特点。Capgras综合征是指患者认为某个与自己关系密切的人已被他人替代，是一种特殊的妄想观念，也可称为冒充者综合征（imposter syndrome）。
【考点】Capgras综合征☆☆

提问2：【答案】CDEFGH
【解析】该患者存在关系妄想、被害妄想和Capgras综合征，最可能的诊断为精神分裂症，针对精神分裂症的治疗措施包括：抗精神病药物、改良电休克治疗、心理治疗和物理治疗。其中，心理治疗包括认知-行为治疗、社会技能训练、职业康复训练等，经颅磁刺激是目前治疗精神分裂症最常用的物理治疗。
【考点】精神分裂症的治疗☆☆

案例九：患者，女，33岁，认为自己罹患绝症，但多次全身检查均未查出，在医生反复解释下，仍认为只是目前的医学手段检查不出来，为此感到周围人不理解自己，为此影响情绪，自觉反应能力下降，对自己的兴趣爱好失去了兴趣，感到无望无助。

提问1：该患者可能的障碍/状态的表现包括
A. 疑病症 B. 强迫状态
C. 幻觉妄想综合征 D. Cotard综合征
E. 抑郁状态 F. 疑病妄想
G. 躁狂状态 H. 躯体形式障碍

提问2：以下有助于该患者症状改善的药物是
A. 三环类抗抑郁药
B. 选择性5-羟色胺再摄取抑制剂
C. 选择性5-羟色胺和去甲肾上腺素再摄取抑制剂
D. 苯二氮䓬类药物
E. 第一代抗精神病药
F. 第二代抗精神病药
G. 心境稳定剂
H. 改善认知功能药物

提问1：【答案】AEH
【解析】此题主要考查抑郁状态、躯体形式障碍和疑病症的症状和临床特点。根据题干提供的资料可知，该患者可能为疑病症、抑郁状态或者躯体形式障碍。
【考点】疑病症、躯体形式障碍和抑郁状态☆☆

提问2：【答案】ABCDF
【解析】针对疑病症、躯体形式障碍或抑郁发作的治疗，可选用的药物包括：三环类抗抑郁药、选择性5-羟色胺再摄取抑制剂、选择性5-羟色胺和去甲肾上腺素再摄取抑制剂、苯二氮䓬类药物、第二代抗精神病药。
【考点】疑病症、躯体形式障碍和抑郁发作的治疗☆☆

案例十：患者，男，53 岁，近 1 年情绪不佳，经常感到劳累，觉得生活没有意义，毫无兴趣，生不如死，认为这个世界本身是不存在的，而且自己也是空的，患者说"我的胃没有了，我感觉不到饥饿，我没感到食物的味道，但食物就进入了腹腔"。

提问 1：该患者可能有的表现是

A. 诈病　　B. 抑郁
C. 错觉　　D. Cotard 综合征
E. 疑病症　　F. 内感性不适
G. 幻触　　H. 虚无妄想

提问 2：以下有助于该患者症状改善的治疗是

A. 选择性 5- 羟色胺再摄取抑制剂
B. 选择性 5- 羟色胺和去甲肾上腺素再摄取抑制剂
C. 苯二氮䓬类药物
D. 第一代抗精神病药
E. 第二代抗精神病药
F. 促胃动力药
G. 改良电休克治疗
H. 心境稳定剂

提问 1：【答案】BDH

【解析】此题主要抑郁状态下的 Cotard 综合征的症状和临床特点，根据题干提供的资料可知，该患者可能存在抑郁、Cotard 综合征和虚无妄想。

【考点】Cotard 综合征☆☆

提问 2：【答案】ABEG

【解析】根据病史可知，该患者最可能的诊断是伴有精神病性症状的重度抑郁发作，故可选用选择性 5- 羟色胺再摄取抑制剂、选择性 5- 羟色胺和去甲肾上腺素再摄取抑制剂、第二代抗精神病药和改良电休克治疗。

【考点】抑郁发作的治疗☆☆

第二节　精神药物基础知识和临床应用

【A1 型题】

1. 以下抗抑郁药，对性功能影响较大的是

A. 米氮平　　B. 安非他酮　　C. 文拉法辛
D. 阿戈美拉汀　　E. 氟伏沙明

1.【答案】C

【解析】抗抑郁药常引起性功能障碍，文拉法辛、帕罗西汀影响相对严重，而安非他酮、米氮平、阿戈美拉汀、氟伏沙明影响较小。

【考点】临床常用精神药物的药物副作用☆☆

2. 与传统抗精神病药相比，非典型抗精神病药的特点**不包括**

A. 对阴性症状有效
B. 较少出现锥体外系反应
C. 对 5-HT 受体有部分激动作用
D. 对代谢影响较小
E. 可以与 D_2 受体快速解离

2.【答案】D

【解析】此题主要考查一、二代抗精神病药的药理学特点。与传统抗精神药相比，非典型抗精神病药对代谢影响并不小，有些药物甚至更大。

【考点】临床精神药理学基础知识☆☆

3. 关于抗精神病药所致代谢综合征，以下描述正确的是

A. 多见于经典抗精神病药，不同药物所致代谢综合征的程度不同
B. 代谢综合征表现为体重增加
C. 治疗前无法准确预测，只能根据患者的基础体重及家族肥胖史做初步预测
D. 关于代谢综合征，强调密切观察，有血脂、血糖异常后进行干预

3.【答案】C

【解析】代谢综合征包括糖耐量异常、胰岛素抵抗、糖尿病、肥胖、脂代谢紊乱及高血压等。非经典抗精神病药较易引起代谢综合征，目前无法预测，治疗前只能根据患者的基础体重及家族肥胖史做初步预测；对于该不良反应，强调早期干预，合理饮食，适度运动，病情允许可适当减药。如果仍不能控制体重，可换药。

【考点】抗精神病药物不良反应☆☆

E. 有代谢综合征的患者，要停药或换药

4. 提高精神病患者的药物使用依从性，以下**错误**的是
   A. 掌握精神药物治疗的原则
   B. 提高患者和家属对服药必要性的认识
   C. 可在患者的饮食中偷偷放入药物
   D. 减少药物不良反应的发生
   E. 长效缓释剂的使用

5. 对于低动力抑郁患者具有“激活”效应的SSRI是
   A. 氟西汀　　　　B. 帕罗西汀
   C. 氟伏沙明　　　D. 西酞普兰
   E. 艾司西酞普兰

6. 关于锂盐，以下说法**错误**的是
   A. 为获得相对客观的结果，测查血锂浓度应在末次服药12h后进行
   B. 治疗老年患者时，锂盐的剂量宜低，其治疗所需血锂浓度往往也较低
   C. 夏天大量出汗可导致锂排泄增加，导致血锂浓度降低，故需酌情提高锂盐剂量
   D. 出现震颤副作用时，可使用亲脂性β受体阻滞剂，如普萘洛尔20~30mg，2~3次/d
   E. 服用锂盐的患者应酌情进食一些含盐量较高的食物

7. 针对奥氮平口崩片治疗精神分裂症，以下说法**错误**的是
   A. 建议初始剂量为10mg/d
   B. 剂量调整范围为5~20mg/d
   C. 可将其放入橘子汁或牛奶中服用
   D. 食物可影响其吸收，故宜空腹服用
   E. 起效较快

8. 关于锂盐的临床使用，说法**错误**的是
   A. 由于锂盐的治疗量和中毒量较接近，应对锂盐浓度进行监测
   B. 急性期治疗的血锂浓度为0.6~1.2mmol/L
   C. 维持治疗的血锂浓度为0.4~0.8mmol/L
   D. 1.6mmol/L视为有效浓度的上限
   E. 血锂浓度2.0mmol/L以上可出现严重中毒

9. 关于碳酸锂，下列说法**错误**的是
   A. 碳酸锂不会明显增加体重

4.【答案】C
【解析】长效缓释剂的使用，是解决依从性差的有效手段。在饮食中偷偷加入药物不是解决药物依从性的根本办法，长远上讲还会不利于患者的康复。
【考点】临床常用精神药物的临床应用☆☆

5.【答案】A
【解析】氟西汀的5-HT2C受体阻滞效应可使去甲肾上腺素（noradrenaline，NE）和多巴胺（dopamine，DA）脱抑制释放，进而带来“激活”特性，对于存在睡眠过多、精神运动性迟滞、疲乏等症状的患者，氟西汀可能是SSRI中最为合适的。
【考点】临床常用精神药物的临床应用☆☆

6.【答案】C
【解析】锂盐是一种金属盐，与其他盐类在肾小管的吸收及分泌过程中存在竞争关系。食盐摄入较少时血锂水平升高，反之亦然，故接受锂盐治疗时应保证稳定的盐摄入量。夏天出汗严重时可能引发锂过量中毒，患者应酌情进食一些含盐量较高的食物。其他选项的描述均正确。
【考点】临床精神药理学基础知识☆☆

7.【答案】D
【解析】可以将奥氮平口崩片放入一杯水或其他适宜的饮料中（如橘子汁、苹果汁、牛奶或咖啡），分散后立即服用。奥氮平吸收不受食物影响，所以给药可以不考虑膳食情况。
【考点】临床常用精神药物的临床应用☆☆

8.【答案】D
【解析】此题主要考查对锂盐治疗血药浓度的掌握情况。一般1.4mmol/L视为有效浓度的上限，血药浓度超过1.5mmol/L，往往出现不同程度的中毒症状。
【考点】锂盐的临床应用☆☆

9.【答案】A
【解析】临床应用中，碳酸锂常引起体重增加，在开始治疗前如果患者已超重或肥胖，应在仔细权衡后作出决定。
【考点】碳酸锂临床应用☆☆

B. 会引起白细胞计数增多
C. 不良反应呈剂量相关性
D. 利尿剂，尤其是噻嗪类，可增加血锂浓度
E. 与其他心境稳定剂如抗癫痫药，以及非典型抗精神病药，几乎没有药代动力学相互作用影响

10. 老年人在应用锂盐时，血锂浓度不超过多少为宜
A. 0.6mmol/L　B. 0.8mmol/L　C. 1.0mmol/L
D. 1.2mmol/L　E. 1.4mmol/L

10.【答案】C
【解析】此题主要考查对锂盐的安全使用，因老年患者更容易中毒，血锂浓度应控制在 1.0mmol/L 以下。
【考点】锂盐的临床应用☆☆

11. 关于丙戊酸钠不同剂型的说法，错误的是
A. 相比速释片，相同服药剂量，缓释片的峰浓度更低
B. 根据半衰期特点，速释片应每日服用至少 2 次，而缓释片可以每日 1 次
C. 双丙戊酸钠较丙戊酸钠，使用剂量应略低一些
D. 速释片和缓释片可以等量替换
E. 相比速释片，缓释片的副作用如胃肠道刺激、脱发等更轻

11.【答案】D
【解析】缓释片生物利用度相当于速释片的 80%，且相同剂量，缓释片的血药浓度也较速释片低 10%~20%。故患者若由速释片换为缓释片，使用剂量应增加 8%~20%。
【考点】丙戊酸钠药代基础知识☆☆

12. 非典型抗精神病药物在双相情感障碍中的应用，说法错误的是
A. 通过 D_2 受体阻滞作用或部分激动作用可以减少躁狂发作中的精神病性症状
B. 通过 5-HT2A 受体阻滞作用，间接减少谷氨酸过度活动，从而减少躁狂症状
C. 通过多种机制可以增加 5-HT/NE/DA 活性，从而起到抗抑郁作用
D. 对于改善双相情感障碍的认知功能也有一定效果
E. 不同非典型抗精神病药物，对于双相障碍抑郁相的效能相似

12.【答案】E
【解析】不同非典型抗精神病药通过各种作用机制可以提高三种单胺类神经递质的效能，包括 5- 羟色胺(5-hydroxytryptamine，5-HT)、多巴胺和去甲肾上腺素，不仅对情绪有积极作用，也对改善认知有效。每种非典型抗精神病药物都有其独特的药理作用，可能与其抗抑郁作用有关。这些药物对于治疗双相障碍的效能不同，有些患者可能对这种药物有反应，而对其他药物没有反应。
【考点】抗精神病药物药理基础知识☆☆

13. 关于拉莫三嗪，说法错误的是
A. 可能出现史 - 约综合征（Stevens-Johnson 综合征）
B. 能有效预防躁狂和抑郁的复发
C. 卡马西平可增加拉莫三嗪血药浓度
D. 良性皮疹发生率约为 10%，停药后可迅速痊愈
E. 严重皮疹的风险低于 1%

13.【答案】C
【解析】卡马西平为肝药酶强诱导剂，可增加拉莫三嗪的清除率而降低其血药浓度。
【考点】药物相互作用☆☆

14. 拉莫三嗪可能导致皮疹，下列哪项不属于减少此风险的措施
A. 小剂量起始
B. 缓慢滴定
C. 避免与丙戊酸钠合并使用
D. 预防性使用抗过敏药物

14.【答案】D
【解析】上述 A、B、C、E 均为减少拉莫三嗪皮疹风险的措施。其中 C 项，丙戊酸钠会导致拉莫三嗪血药浓度增高，会增加拉莫三嗪皮疹的风险，故应谨慎选择丙戊酸钠、拉莫三嗪组合，如果合并使用，则拉莫三嗪剂量应该减少大约 50%。D 项错误，抗过敏性药物不应预防性使用。
【考点】拉莫三嗪不良反应及临床应用☆☆

15.【答案】B

【解析】苯二氮䓬类药物主要作用于GABA-A受体的α2、α3亚型，起到抗焦虑作用，起效迅速。而丁螺环酮为5-HT1A受体的部分激动剂，其抗焦虑作用是滞后的，其抗焦虑作用机制可能与抗抑郁药物类似，即是通过对神经递质受体的调节，有别于苯二氮䓬类药物快速结合GABA受体的作用机制。

【考点】抗焦虑药药理基础知识及不良反应☆☆

16.【答案】E

【解析】半衰期长的苯二氮䓬类药物致依赖作用相对弱，撤药反应更轻。

【考点】苯二氮䓬类药物的受体作用机制及药代知识☆☆

17.【答案】E

【解析】有研究表明，不同类型抗抑郁药的转躁率存在差异：三环类抗抑郁药(TCA)、SNRI、特异性5-羟色胺能抗抑郁药(NaSSA)>SSRI>安非他酮。安非他酮是目前公认的转躁风险最小的抗抑郁药物。

【考点】抗抑郁药的转躁风险☆☆

18.【答案】B

【解析】此题主要考查对5-羟色胺综合征的了解，临床表现有恶心、呕吐、腹痛、颜面潮红、多汗、心动过速、激越、震颤、腱反射亢进、肌张力增高。病情进展可出现高热、呼吸困难、抽搐、酸中毒性横纹肌溶解，继发球蛋白尿、肾衰竭、休克和死亡。它是一种严重的不良反应，应及时确诊、停药并进行内科紧急处理。

【考点】5-羟色胺综合征的临床表现及处理☆☆

1.【答案】A

【解析】患者偶尔失眠，主要为入睡困难，并无明显焦虑、抑郁情绪，首选镇静催眠药物帮助入眠。氯硝西泮半衰期较长，"宿醉"、肌松作用明显，不宜选用。唑吡坦，与佐匹克隆、扎来普隆同为"Z"类药物，没有明显肌松作用，且在耐受性及撤药反应方面相较劳拉西泮更有优势。故对此患者，唑吡坦更为合适。

【考点】镇静催眠药物临床应用☆☆

E. 限制用于12岁以下儿童

15. 关于丁螺环酮，下列说法**错误**的是

A. 是5-HT1A受体的部分激动剂
B. 与苯二氮䓬类药物在抗焦虑作用方面，机制相仿
C. 丁螺环酮不产生依赖性，并且无撤药反应
D. 起效往往需要2~4周时间
E. 丁螺环酮通常不引起性功能障碍

16. 关于苯二氮䓬类药物，说法**错误**的是

A. 主要作用于GABA-A受体，其镇静作用主要与α1受体有关
B. 通过作用于GABA-A受体的α2、α3亚型，起到抗焦虑作用
C. 耐药性可能与其和GABA-A受体的结合方式有关
D. 劳拉西泮半衰期短，且无活性代谢产物，更适合有肝功能损害的患者
E. 通常认为，长半衰期的苯二氮䓬类药物致依赖作用更强

17. 目前公认转躁风险最小的抗抑郁药物为

A. 氯米帕明　　B. 文拉法辛
C. 米氮平　　D. 舍曲林
E. 安非他酮

18. 关于5-羟色胺综合征，以下描述**错误**的是

A. 表现为自主神经功能改变、精神状态改变和神经肌肉异常的临床三联征
B. 是由于共病感染、代谢性疾病或精神活性物质滥用所致
C. 多见于两种5-羟色胺能药物合用时
D. 属于严重不良反应
E. 应及时确诊、停药。

【A2型题】

1. 患者，女，24岁，因失眠来诊，主要为入睡困难，需1~2h才可入睡，每周约出现2~3次。否认诱因，否认明显焦虑、抑郁情绪。下列最为适合的药物是

A. 唑吡坦
B. 劳拉西泮
C. 氯硝西泮
D. 奥氮平
E. 米氮平

2. 患者，女，40 岁，诊断“双相情感障碍”，给予碳酸锂、丙戊酸钠治疗。患者近期出现恶心、腹泻症状。目前最需要进行的化验检查项目为

A. 肝功能　　B. 肾功能
C. 甲状腺功能　　D. 血锂浓度检测
E. 心电图检查

2.【答案】D
【解析】由于锂盐的治疗量和中毒量较接近，使用过程中应对锂盐浓度进行监测。患者出现恶心、腹泻症状，需考虑为锂盐过量的早期反应，故应立即化验血锂浓度，确认是否存在锂盐过量问题。
【考点】锂盐的不良应用☆☆

3. 患者，女，23 岁。近 2 周来兴奋话多，忙碌不停，几乎不睡觉仍觉得自己浑身都是力气。在外四处攀谈，好管闲事，频繁与人口角。既往患有慢性肝炎。最适合该患者的药物是

A. 碳酸锂　　B. 丙戊酸钠　　C. 拉莫三嗪
D. 奥氮平　　E. 喹硫平

3.【答案】A
【解析】患者患有慢性肝炎，用药需考虑肝脏毒性问题。上述选项中，碳酸锂主要经过肾脏代谢，对肝脏影响小，故为首选。
【考点】精神药物不良反应及临床应用☆☆

4. 患者，女，27 岁，患有“双相情感障碍”，目前处于抑郁发作期，伴有失眠。此次因有生育打算，来诊咨询用药，最**不宜**推荐给患者的药物是

A. 奥氮平　　B. 喹硫平　　C. 米氮平
D. 帕罗西汀　　E. 舍曲林

4.【答案】D
【解析】帕罗西汀有致畸的风险，比其他药物比较，对孕期影响更大。
【考点】精神药物临床应用☆☆

5. 患者，女，23 岁，因 1 周来“兴奋、话多、易激惹、不睡觉”等症状来诊。**不宜**推荐给患者的药物是

A. 碳酸锂　　B. 拉莫三嗪　　C. 奥氮平
D. 丙戊酸钠　　E. 喹硫平

5.【答案】D
【解析】根据患者临床表现，考虑躁狂发作可能。上述药物均可有效控制躁狂发作。其中丙戊酸钠因可能与多囊卵巢综合征发生存在相关性，故需谨慎用于青少年女性。
【考点】心境稳定剂临床应用☆☆

6. 患者，女，27 岁，因“躁狂发作”每日服用碳酸锂 1.0g，连续服用 1 周后查血锂浓度为 1.5mmol/L。对于该患者，目前最需进行的辅助检查是

A. 血常规　　B. 肾功能　　C. 甲状腺功能
D. 脑电图　　E. 心电图

6.【答案】B
【解析】碳酸锂对于血常规、肾功能、甲状腺功能、心电图、脑电图都可能产生影响。该患者血锂浓度已经超过安全范围。上述各项中最为重要的是肾功能。
【考点】碳酸锂不良反应☆☆

7. 患者，男，62 岁。因“焦虑、失眠半月余”于精神科就诊。医生处方艾司唑仑每晚 2mg。患者服药次日，出现兴奋、活动增多、烦躁表现。下列说法**错误**的是

A. 可能与苯二氮䓬类药物的脱抑制反应有关
B. 应当加用心境稳定剂
C. 应当停用艾司唑仑
D. 患者未来应谨慎使用苯二氮䓬类药物
E. 这种情况在老年人中相对多见

7.【答案】B
【解析】使用苯二氮䓬类药物的过程中，应当注意其脱抑制反应。包括用药后出现的急性兴奋、活动过度、焦虑增加、性行为脱抑制、敌意、愤怒等表现。这种情况在一般人群中罕见，在老年、儿童、存在冲动控制障碍、中枢神经系统损害的人群中更为常见。若不能识别苯二氮䓬类药物这一作用，容易误解患者出现躁狂发作，所以 B 选项的说法是错误的。
【考点】苯二氮䓬类药物不良反应☆☆

8. 患者，男，72 岁，因“入睡困难”服用艾司唑仑每晚 1mg。服药后夜间走路不稳、摔倒，次晨困倦明显，难以完全清醒。下列说法**错误**的是

8.【答案】D
【解析】长半衰期的药物更易引起药物蓄积，可能增加跌倒风险。氯硝西泮比艾司唑仑半衰期长，跌倒风险更为突出，不宜选择。
【考点】苯二氮䓬类药物药理知识☆☆

A. 摔倒可能与艾司唑仑对GABA的α2及α3受体的作用有关

B. 减小用量可能缓解不良反应

C. 半衰期越长，宿醉效应更重。

D. 建议换为氯硝西泮治疗

E. 建议换为劳拉西泮治疗

9. 患者，女，29岁，因“双相情感障碍”长期服用奥氮平、氟西汀治疗。现因患者病情控制不理想，需合并用药。若从药物相互作用方面考虑，最合适的药物是

A. 喹硫平 B. 氯氮平 C. 丙戊酸钠

D. 帕罗西汀 E. 碳酸锂

10. 患者，女，25岁，因“双相情感障碍”服用碳酸锂治疗1年余。近2个月患者出现面部水肿、畏寒、指甲脆裂、眠多等表现。对于该患者，目前最需要进行的检测是

A. 血常规 B. 肝功能 C. 肾功能

D. 甲状腺功能 E. 血锂浓度

11. 患者，女，63岁，抑郁症共病广泛性焦虑障碍及2型糖尿病，使用胰岛素控制血糖，血糖控制不佳。近期出现糖尿病性外周神经痛。最适合该患者的抗抑郁药是

A. 舍曲林 B. 安非他酮

C. 度洛西汀 D. 艾司西酞普兰

E. 氟伏沙明

12. 患者，男，55岁，诊断精神分裂症，存在明确的追踪评论性幻听、被害妄想，入院血生化检查示轻中度肝功能异常，主要经肾代谢，轻中度肝损害患者不需要调整剂量的抗精神病药是

A. 利培酮 B. 帕利哌酮 C. 喹硫平

D. 奋乃静 E. 奥氮平

13. 患者，男，33岁，因“凭空闻语、怀疑被害10年，加重1周伴冲动、毁物行为”入院。入院后不承认有病，拒绝服药，反复劝说无效，医护人员劝说其服药时显易激惹。既往用药效果好，无自知力，因自行停药复发多次复发。以下处理**不适宜**的是

A. 常规体格和神经系统检查以及血生化和心电图检查

B. 继续耐心劝说，说服患者接受口服给药，逐渐加至治疗剂量

C. 注射给药或改良电休克治疗

D. 症状缓解后继续巩固治疗3~6月，根据病情与患者及家

9.【答案】E

【解析】大部分精神科药物经过肝脏代谢，合并使用时可能出现药物代谢方面相互作用。本题干明确指出，从药物相互作用方面考虑选择合并用药，则碳酸锂主要经肾脏代谢，与大部分精神药物之间没有相互作用，故为理想选择。

【考点】精神科药物药理基础知识☆☆

10.【答案】D

【解析】碳酸锂使用过程中可能引起甲状腺功能减退，故需检测甲状腺功能。该患者出现面部水肿、畏寒、眠多等症状，提示甲状腺功能减退可能，故最需进行的检测是甲状腺功能。

【考点】碳酸锂不良反应☆☆

11.【答案】C

【解析】美国食品药物监督管理局(FDA)已批准度洛西汀治疗抑郁症、广泛性焦虑障碍、糖尿病外周神经痛、纤维肌痛及慢性骨骼肌肉疼痛。证据显示，该药不仅可以有效治疗抑郁和慢性疼痛，针对抑郁障碍患者的慢性疼痛性躯体症状同样有效。

【考点】临床常用精神药物的临床应用☆☆

12.【答案】B

【解析】与其利培酮不同，帕利哌酮(9-羟利培酮)主要经肾脏代谢，轻中度肝损害患者无须调整剂量。

【考点】临床常用精神药物的临床应用☆☆

13.【答案】B

【解析】患者因复发加重伴冲动毁物行为入院，兴奋性高，应快速控制症状，同时患者无自知力，多次因自行停药复发，因此应选择快速起效的注射给药或改良电休克治疗，长期维持可选择长效针剂。

【考点】临床常用精神药物的临床应用☆☆

属商议维持治疗方案

E. 恢复期可选择长效剂进行维持治疗

14. 患者，女，25 岁，因精神分裂症长期服用抗精神病药治疗。以下不良反应中，由药物阻断胆碱能受体和组胺受体产生的症状**不包括**

A. 记忆障碍

B. 口干、便秘

C. 排尿困难、视物模糊

D. 镇静作用和体重增加

E. 锥体外系反应

15. 患者，男，26 岁，精神分裂症病史 6 年，每天吸烟 40 支。理论上，吸烟对其血药浓度影响较小的抗精神病药是

A. 氯氮平　　B. 奥氮平　　C. 氟哌啶醇

D. 利培酮　　E. 氯丙嗪

16. 患者，女，26 岁，诊断精神分裂症，规律服用抗精神病药治疗，目前病情平稳。但患者服药后出现了直立性低血压、心动过速副作用。与患者的副作用关系更大的受体被阻断关系是

A. 多巴胺受体阻断

B. 5- 羟色胺受体阻断

C. 肾上腺素能受体阻断

D. 组胺受体阻断

E. 胆碱能受体阻断

17. 患者，男，26 岁，2 个月前被诊断精神分裂症。门诊医师叮嘱患者，所处方的口服抗精神病药须与餐同服。患者使用最可能的药物是

A. 利培酮　　B. 阿立哌唑　　C. 奥氮平

D. 齐拉西酮　　E. 氨磺必利

18. 患者，男，21 岁，罹患精神分裂症 3 年，对口服抗精神病药依从性差，拟换用长效针剂治疗。关于棕榈酸帕利哌酮针剂，以下说法**错误**的是

A. 单次注射药物后，药物从第 1 天开始释放，持续释放时间最长可达注射后第 126 天

B. 帕利哌酮主要经肾脏排泄，仅少部分(少于 10%)经过肝脏 CYP 酶发生氧化反应而消除

C. 单次注射 25~150mg 帕利哌酮剂量的棕榈酸帕利哌酮注射液后，平均消除半衰期为 25~49d

D. 如果患者既往用过利培酮或帕利哌酮缓释片，则可以直

14.【答案】E

【解析】脑干黑质的 DA 能神经元胞体发出投射，通过轴突终止于基底神经节或纹状体。该通路为锥体外系神经系统的一部分，此通路 DA 缺乏可导致肌强直、运动不能、震颤等运动障碍。具有 D_2 受体阻断效应的药物可复制上述表现，这也可能是抗精神病药锥体外系反应的发生机制。

【考点】临床精神药理学基础知识 ☆☆

15.【答案】D

【解析】吸烟可产生 4 000 余种化学物质，其中相当一部分可影响 CYP 同工酶活性，如诱导 CYP1A2 酶，进而影响某些精神药物的药代动力学。氯氮平、奥氮平、氟哌啶醇及氯丙嗪均主要或次要经 CYP1A2 代谢，吸烟可降低这些药物的血药浓度；利培酮主要经 CYP2D6 酶代谢，次要经 CYP3A4 酶代谢，血药浓度理论上不受吸烟影响。

【考点】临床精神药理学基础知识 ☆☆

16.【答案】C

【解析】抗精神病药肾上腺素能受体阻断作用与直立性低血压、心动过速、性功能减退、射精延迟等副作用有关；多巴胺受体阻断作用主要与抗精神病药的对精神病性阳性症状的治疗作用有关；5- 羟色胺受体阻断作用与潜在的抗精神病作用、减少锥体外系反应、改善阴性症状有关；胆碱能受体阻断作用与口干、便秘、排尿困难、视物模糊、记忆障碍有关；组胺受体阻断作用可产生镇静作用、体重增加作用。

【考点】临床精神药理学基础知识 ☆☆

17.【答案】D

【解析】齐拉西酮口服生物利用度较低(10%~20%)，食物能增加该药的生物利用度约 2 倍，餐时服用 20mg 药物的绝对生物利用度约为 60%。食物对上述其他药物的吸收无显著影响。

【考点】临床精神药理学基础知识 ☆☆

18.【答案】E

【解析】棕榈酸帕利哌酮具有“天然滴定”的特点，注射后药物从第 1 天开始平稳释放，类似口服药物的滴定加量特点，可以不联合口服抗精神病药治疗。如患者兴奋冲动明显，可短期联用具有镇静效应的药物，如苯二氮䓬。其他选项均正确。

【考点】临床精神药理学基础知识 ☆☆

19.【答案】D

【解析】米氮平可有效改善抑郁、焦虑及入睡困难，且性功能副作用较轻。安非他酮的性功能副作用同样较轻，但其激活作用可能加重焦虑及失眠，疑似惊厥发作也构成了隐患。SSRI类药物的性功能副作用较突出。且帕罗西汀、氟西汀均有可能影响患者睡眠效率。

【考点】临床常用精神药物的药物副作用☆☆

20.【答案】A

【解析】HAMD-17总分25分提示重度抑郁，且抑郁可能影响患者服用其他药物的依从性。证据显示，艾司西酞普兰针对严重抑郁的疗效及耐受性理想，起效较快，且药物相互作用风险低，适合该患者。度洛西汀、氟哌噻吨美利曲辛、阿米替林及马普替林均禁用于未经治疗的闭角型青光眼。

【考点】临床常用精神药物的药物副作用☆☆

21.【答案】E

【解析】除舍曲林外其他选项均为三环类抗抑郁药，心脏毒性较大。舍曲林对心脏影响较小，更适合存在心脏问题的患者使用。

【考点】临床常用精神药物的药物副作用☆☆

22.【答案】A

【解析】患者青年女性，既往未服药治疗，目前同时存在阳性症状及阴性症状，选用对阳性症状及阴性症状均有作用，对体重、月经影响小的阿立哌唑更加适合。其他选项中，奥氮平对体重影响大，舒必利及氨磺必利对月经影响大，氯氮平对体重影响大，同时不是首次治疗的一线选择。

【考点】临床常用精神药物的药物副作用☆☆

23.【答案】C

【解析】此题主要考查常用抗抑郁药的药代动力学知识。SSRI是CYP450潜在的强抑制剂，但是各个药物对同工酶的亲和力和具体代谢通路存在差异。例如，细胞色素P4501A2同工酶(CYP1A2)对氟伏沙明的抑制作用最敏感，当该药物与相同代谢途径的药物合并使用时能抑制后者的代谢。

【考点】细胞色素酶P450系统☆☆☆

24.【答案】A

【解析】本题考查伴有精神病性症状的抑郁症的药物治疗。不宜使用对DA受体有激活作用的安非他酮，该药可能加重精神病性症状。

【考点】不同类型抑郁症的药物治疗☆☆

接开始棕榈酸帕利哌酮长效针剂治疗

E. 棕榈酸帕利哌酮治疗前3周内，针剂尚未起效，必须联合口服抗精神病药治疗

19. 患者，男，31岁，抑郁症伴焦虑和入睡困难，希望使用对性功能影响较小的药物，近期有疑似惊厥发作(具体不详)。最适合该患者的抗抑郁药是

A. 安非他酮　　B. 艾司西酞普兰

C. 帕罗西汀　　D. 米氮平

E. 氟西汀

20. 患者，男，51岁，抑郁症核心症状突出，汉密尔顿抑郁量表(HAMD-17)总分25分，目前正在服用多种降压及降脂药物，但依从性欠佳；罹患闭角型青光眼，未经治疗。适用于该患者的药物是

A. 艾司西酞普兰　　B. 度洛西汀

C. 氟哌噻吨美利曲辛　　D. 阿米替林

E. 马普替林

21. 患者，男，56岁，因情绪低落、体重下降、失眠5月，加重伴轻生观念2周入院。既往冠心病2年，心电图示T波低平。以下药物中，本患者的最佳选择是

A. 阿米替林　　B. 氯米帕明　　C. 多塞平

D. 丙咪嗪　　E. 舍曲林

22. 患者，女，20岁，主因凭空闻语、怀疑被害7月，加重伴懒散1月入院。患者既往未曾服药治疗，患者及家属希望使用"副作用小，不发胖"的药物治疗。最适合患者的药物是

A. 阿立哌唑　　B. 奥氮平　　C. 氯氮平

D. 舒必利　　E. 氨磺必利

23. 患者，男，45岁，曾被确诊为"精神分裂症"，长期服用氯氮平200mg/d治疗，病情控制良好。近期无明显诱因出现抑郁症状，影响其日常生活。医生考虑合并抗抑郁药治疗，与氯氮平合并使用时可能使后者血药浓度增加的抗抑郁药是

A. 舍曲林　　B. 艾司西酞普兰

C. 氟伏沙明　　D. 文拉法辛

E. 度洛西汀

24. 患者，女，40岁，心情不好已有4个月余，觉得生活没意思，不时有"不想活"的念头，最近1个月敏感多疑，觉得周围环境不安全，否认既往躁狂或轻躁狂体验。**不适合**该患者的药

物是
A. 安非他酮 B. 艾司西酞普兰
C. 舍曲林 D. 文拉法辛
E. 氟伏沙明

25. 患者,女,55岁,2年前被诊断为"抑郁症",当地医院给予多塞平治疗。因服药后困倦明显,患者不规律用药,病情未完全缓解。1个月前病情加重,多次向家人表示活着拖累了周围的人。昨晚睡前(23时)服用大量的多塞平,今晨(4时)被家人发现时已昏迷,被带至急诊就诊。下列**不恰当**的抢救措施是
A. 试用毒扁豆碱 B. 控制癫痫发作
C. 支持性治疗 D. 使用降压药物
E. 洗胃

25.【答案】D
【解析】超量服用或误服三环类抗抑郁药物可发生严重的毒性反应,危及生命,死亡率高,一次服用丙咪嗪1.25g即可致死。临床表现为昏迷、癫痫发作、心律失常三联征,还可有高热、低血压、肠麻痹、瞳孔扩大、呼吸抑制、心脏骤停。处理:试用毒扁豆碱缓解抗胆碱能作用。及时洗胃、输液,处理心律不齐、控制癫痫发作。由于三环类抗抑郁药物的抗胆碱能作用使胃内容物排空延迟,即使过量服用后数小时,仍可采取洗胃措施。
【考点】抗抑郁药过量中毒的处理☆☆☆

26. 患者,男,20岁,大二学生,近3个月出现持续开心不起来,做事情缺乏动力,懒散及睡眠增多。在辅导员的建议下到精神科门诊就诊,诊断"抑郁状态"。对患者的临床症状控制更有优势的药物是
A. 帕罗西汀 B. 文拉法辛 C. 米氮平
D. 安非他酮 E. 阿米替林

26.【答案】D
【解析】安非他酮具有NE和DA再摄取抑制作用,又具有激动DA的特性。适用于双相抑郁、迟滞性抑郁、睡眠过多的抑郁。
【考点】抗抑郁药的特点☆☆☆

27. 患者,男,48岁,门诊诊断"焦虑抑郁状态",予帕罗西汀20mg/d治疗。服药第6天出现口干、便秘、小便排出不畅。以上表现为药物的哪种副作用
A. 拟5-羟色胺能 B. 抗胆碱能
C. 拟肾上腺素能 D. 抑制一氧化氮合酶
E. 抑制肝药酶

27.【答案】B
【解析】口干、便秘、小便排出不畅等不适是帕罗西汀抗胆碱能副作用的常见表现。帕罗西汀对毒蕈碱受体阻断作用强,是唯一和毒蕈碱受体结合的SSRI,因而可能有较多的抗胆碱能反应。
【考点】抗抑郁药的不良反应☆☆

【A3/A4型题】

(1~2题共用题干)
患者,男,29岁,主因凭空闻语、怀疑被监视5月来诊,门诊诊断"精神分裂症可能性大"。患者吸烟、饮酒史10年,查生化示丙氨酸转氨酶(ALT)210IU/L,天冬氨酸转氨酶(AST)100IU/L,肌酐正常。

1. 除了保肝治疗外,为患者处方抗精神病药,以下更适合的药物是
A. 奥氮平 B. 帕利哌酮 C. 利培酮
D. 硫利达嗪 E. 氯丙嗪

1.【答案】B
【解析】患者肝功能受损,各选项中帕利哌酮不经过肝脏代谢,是更合适的选择。
【考点】临床精神药理学基础知识☆☆

2.【答案】A

【解析】抗精神病药肾上腺素能受体阻断作用与直立性低血压、心动过速、性功能减退、射精延迟等副作用有关；多巴胺受体阻断作用主要与抗精神病药对精神病性阳性症状的治疗作用有关；5-羟色胺受体阻断作用与潜在的抗精神病作用、减少锥体外系反应、改善阴性症状有关；胆碱能受体阻断作用与口干、便秘、排尿困难、事物模糊、记忆障碍有关；组胺受体阻断作用科产生镇静作用、体重增加作用。

【考点】临床精神药理学基础知识☆☆

3.【答案】E

【解析】患者青年男性，近半月精力旺盛，话多，思维快，活动多，自我评价高，乱买东西，接近异性，举止轻浮，易激惹，符合躁狂发作的诊断标准。患者无明显的幻觉、妄想等精神病性症状，无明显心理诱发因素，急性起病，病程清晰，可排除精神分裂症、反应性精神障碍、人格障碍诊断。无抑郁情绪，排除抑郁发作。

【考点】躁狂发作的临床表现☆☆

4.【答案】B

【解析】氟西汀为抗抑郁药，禁用于躁狂发作急性期。由于多数抗抑郁药均有“转躁风险”，对于双相障碍抑郁发作的患者，是否使用抗抑郁药也需谨慎权衡。

【考点】躁狂发作的治疗☆☆

5.【答案】C

【解析】碳酸锂治疗浓度与中毒浓度比较接近，治疗过程中除了监测血锂浓度外，临床需密切观察临床表现，碳酸锂中毒早期表现为不良反应加重，如频发的呕吐和腹泻、无力、淡漠，肢体震颤由细小变得粗大，反射亢进。血锂浓度2.0mmol/L以上可出现严重中毒，表现为意识模糊、共济失调、吐字不清、癫痫发作乃至昏迷。

【考点】临床常用精神药物的药物副作用☆☆

6.【答案】A

【解析】血锂浓度2.0mmol/L以上可出现严重中毒，表现为意识模糊、共济失调、吐字不清、癫痫发作乃至昏迷，应立即停药，清除过多的锂，如洗胃、输液、矫正脱水、维持适当体液和电解质平衡。严重中毒可用血液透析。其他治疗包括支持和对症治疗。

【考点】临床常用精神药物的药物副作用☆☆

2. 患者足量服用该药物2月，精神病性症状逐渐改善，具有部分自知力。以下与抗精神病药治疗精神病性阳性症状关系最大的是

A. 多巴胺受体阻断　　B. 5-羟色胺受体阻断

C. 肾上腺素能受体阻断　　D. 组胺受体阻断

E. 胆碱能受体阻断

(3~6题共用题干)

患者，男，30岁，未婚。近半月来无明显诱因自觉能力非凡，精力旺盛，逢人打招呼，每天早起出门，很晚回家。乱买东西送人，喜欢唱歌、跳舞，喜欢结交朋友，尤其喜欢接近异性。交谈时，滔滔不绝，自觉思维加快，脑子里一个念头接一个念头出现，写文章一挥而就。好管闲事，做事虎头蛇尾，举止轻浮，不顾后果，情绪不稳，常为小事而勃然大怒。

3. 该患者最可能的诊断为

A. 精神分裂症　　B. 反应性精神障碍

C. 人格障碍　　D. 抑郁发作

E. 躁狂发作

4. 作为门诊医生，对该患者的治疗方案，**不合理**的有

A. 建议患者住院治疗

B. 给予氟西汀治疗

C. 给予碳酸锂治疗

D. 合并苯二氮䓬类药物治疗

E. 给予疾病教育

5. 患者服用碳酸锂1.5g/d治疗，需要仔细观察的碳酸锂中毒的早期表现是

A. 发热、定向障碍

B. 震颤、共济失调

C. 厌食、恶心、呕吐等胃肠道反应

D. 癫痫大发作

E. 下肢水肿、多尿

6. 患者服用碳酸锂治疗期间出现意识模糊，吐字不清，急查血锂浓度2.1mmol/L，以下碳酸锂重度中毒时治疗措施中，**错误**的是

A. 减少碳酸锂剂量　　B. 停用碳酸锂

C. 补液　　D. 透析

E. 利尿

(7~10 题共用题干)
患者,女,68 岁,近 3 年来出现记忆力减退,经常说过的话过会儿就忘了,放好的东西经常找不到。近半年病情加重,患者有时记不起家人名字,出门后找不到回家的路。平时显得淡漠,到夜里经常看到屋子里面"有小人",不睡,反复在屋里找东西,痛斥儿媳妇偷自己的钱和衣物。

7. 该患者最有可能选择的治疗药物是
A. 奥氮平　　B. 喹硫平　　C. 多奈哌齐
D. 银杏叶片　　E. 甲钴胺

7.【答案】C
【解析】根据患者临床表现,考虑阿尔茨海默病可能。应选择认知增强剂。上述选项中多奈哌齐为认知增强剂。
【考点】抗痴呆药物的临床应用☆☆

8. 该患者治疗过程中可能出现的问题,说法**错误**的是
A. 可能出现恶心、呕吐、腹泻等症状
B. 较易引起心动过速
C. 需定期复查心电图
D. 需定期复查肝肾功能
E. 缓慢加药有助于减轻胃肠道反应

8.【答案】B
【解析】该患者最适合的药物为多奈哌齐,属于胆碱酯酶抑制药。使用过程中,根据其药理作用,其胆碱酯酶抑制作用可能会引起迷走神经紧张性作用,即心动过缓,而非心动过速。患者在应用胆碱酯酶抑制药过程中需监测心率变化。
【考点】抗痴呆药物的临床应用☆☆

9. 该患者未来选择合并用药时,应尽量**避免**的药物是
A. 文拉法辛　　B. 艾司西酞普兰
C. 氟西汀　　D. 苯海索
E. 喹硫平

9.【答案】D
【解析】抗胆碱能药物降低胆碱酯酶抑制剂的疗效,因此应避免使用。上述药物中,苯海索为抗胆碱能药物。
【考点】痴呆患者的合并用药☆☆

10. 对于患者精神行为症状的处理,下列说法**错误**的是
A. 应当注意排除便秘、感染、疼痛等躯体因素
B. 一旦出现,及时用药
C. 如需使用药物,则需小剂量起始,尽量保持低剂量,尽量应用最短的时间
D. 苯二氮䓬类药物应尽量避免使用
E. 应避免三环类抗抑郁药

10.【答案】B
【解析】针对患者的精神行为症状,非药物管理措施是首选,选项 B 错误。一旦选用药物,则需遵循选项 C 原则。苯二氮䓬类药物因可能增加认知减退以及跌倒致骨折风险,应尽量避免使用。三环类抗抑郁药因抗胆碱能不良反应,可能增加意识障碍风险以及直立性低血压不良反应,增加跌倒风险等,应尽量避免使用。
【考点】精神行为症状的处理☆☆

(11~13 题共用题干)
患者,女,32 岁,因"双相情感障碍"长期服用丙戊酸钠治疗。近 2 周因抑郁症状缓解不佳,合并拉莫三嗪治疗。本周拉莫三嗪剂量由 50mg/d 增至 75mg/d,近三天患者发现前胸及后背出现散在的斑点状的红色皮疹,轻微痒感。未觉其他不适。

11. 根据患者目前情况,下列说法及处置**不合理**的是
A. 考虑为良性皮疹
B. 必须停用拉莫三嗪
C. 如皮疹加重或出现新的症状,应告知患者停药,及时皮肤科就诊

11.【答案】B
【解析】患者皮疹表现考虑为良性皮疹。良性皮疹的特征:皮疹在数天内集中出现,10~14d 消失,呈多斑点状、非融合性、非压痛性、无全身症状及实验室检查正常。一般良性皮疹,C、D、E 均为恰当的处置办法。良性皮疹时需要考虑减少拉莫三嗪剂量或停止增加剂量,B 选项停用拉莫三嗪并非必须。
【考点】拉莫三嗪不良反应☆☆

D. 给予抗组胺药和 / 或局部使用糖皮质软膏消除瘙痒
E. 密切监测患者

12. 若该患者皮疹为融合状、弥漫分布，存在压痛，出现发热、呼吸困难等症状，则下列**不恰当**的处置是
A. 停用拉莫三嗪
B. 继续丙戊酸钠治疗，必要时增加剂量
C. 监测重要器官变化（肝肾和造血系统）
D. 患者可能需要住院治疗
E. 密切监测患者

13. 若该患者计划开始使用锂盐，则**不属于**必须化验检查项目的是
A. 尿素氮和肌酐　　B. 妊娠反应试验
C. 甲状腺功能　　D. 心电图
E. 胸部 X 线

（14~16 题共用题干）
患者，男，42 岁，长期大量饮酒 25 年，平均每日 50 度白酒 500ml，3d 前患者因急性心绞痛发作急诊入院，停饮。目前患者心绞痛已稳定改善，近 2 日出现显著的自主神经功能亢进、焦虑、激越、震颤、大汗等，主观痛苦显著。

14. 患者目前出现显著的自主神经功能亢进、焦虑、激越、震颤等，主观痛苦显著，最有可能的诊断是
A. 酒精戒断综合征　　B. 惊恐发作
C. 神经症　　D. 焦虑障碍
E. 心绞痛

15. 为快速缓解症状，宜采取的治疗手段是
A. 静脉注射地西泮　　B. 美托洛尔
C. 静脉注射劳拉西泮　　D. 口服劳拉西泮
E. 硝酸甘油

16. 除使用药物快速缓解自主神经功能亢进症状外，下列**错误**的措施是
A. 恢复饮酒
B. 给予疾病知识宣教，说明戒酒的必要性，启发患者戒酒意愿
C. 关注电解质，维持电解质平衡
D. 肌内注射维生素 B_{12}
E. 肌内注射维生素 B_1

12.【答案】B
【解析】拉莫三嗪可引发严重皮疹，严重皮疹的特征：皮疹呈融合状和弥漫分布，或紫癜状或有压痛；伴颈或躯干上部特别严重；或累及眼、口、唇；任何相关发热、全身不适、厌食、淋巴结肿大、咽炎；全血细胞计数异常，肝功能、尿液和肌酐值异常。发现有严重特征皮疹时，应当及时停药，皮肤科就诊对症支持治疗，必要时可能需要住院治疗。需要严密监测重要器官变化(肝肾和造血系统)。上述患者表现，提示严重皮疹可能。如患者服用拉莫三嗪时同时使用丙戊酸盐，则应停用，因丙戊酸钠会增加拉莫三嗪血药浓度并延长其半衰期，影响拉莫三嗪代谢。
【考点】拉莫三嗪不良反应☆☆

13.【答案】E
【解析】碳酸锂主要经过肾脏代谢，使用前应当了解肾脏功能，答案 A 正确。另外因锂盐可能引起甲状腺功能减退，也有可能导致心电图改变如 T 波低平及倒置，故使用前完善甲状腺功能、心电图均有必要。锂盐根据美国食品药物监督管理局（FDA）妊娠安全分级，属于 D 级药物，对于人类胚胎有不良影响，故使用前完善妊娠反应试验亦有必要。
【考点】锂盐的临床应用☆☆

14.【答案】A
【解析】患者长期大量饮酒，每日高度白酒 500ml，很可能存在酒精依赖，本次因躯体疾病入院，突然停饮，出现显著的自主神经功能亢进、焦虑、激越、震颤、大汗等，主观痛苦显著，最可能的诊断是酒精戒断状态。
【考点】酒精戒断综合征的识别☆☆

15.【答案】A
【解析】针对中重度酒精戒断综合征患者，静脉注射苯二氮䓬类药物有助于快速缓解症状。相比于劳拉西泮，地西泮的亲脂性更高，更容易穿过血-脑屏障，起效更快。
【考点】酒精戒断综合征的处理☆☆

16.【答案】A
【解析】酒精戒断综合征患者，常存在维生素 B 族缺乏、电解质紊乱，尤其是血钾异常，因此应积极给予补充 B 族维生素，维持电解质平衡。酒精依赖患者常不能主动戒酒，戒酒后复饮率也极高，因此针对性的宣教、心理治疗也非常重要。
【考点】酒精戒断综合征的处理☆☆

（17~18 题共用题干）
患者，女，38 岁，主诉“紧张、担心、出汗 6 个月，情绪差、失眠 1 个月”来诊。体格检查未见异常，实验室检测结果均在正常范围。与患者协商后给予抗抑郁药治疗

17. 该患者可优先选择的药物是
A. 帕罗西汀　B. 氟西汀　C. 阿米替林
D. 丙咪嗪　E. 安非他酮

18. 如果患者有明显的高血压，应尽量避免选择的药物是
A. 米氮平　B. 文拉法辛　C. 帕罗西汀
D. 西酞普兰　E. 氟西汀

（19~21 题共用题干）
患者，男，25 岁，已婚，抑郁障碍，给予舍曲林 50mg/d 治疗。2 周后患者复诊，诉睡眠和食欲明显改善，并且看待事物的方式也发生了变化，患者希望情绪和注意力继续改善。

19. 医生应该调整治疗方案为
A. 维持目前剂量
B. 加至足量 200mg/d
C. 合并安非他酮
D. 换用氟西汀治疗
E. 逐渐减停药物

20. 药物治疗 4 周后，患者再次就诊，患者诉性欲降低。下列方案中，不适合采用的方案是
A. 继续观察 2 周　B. 降低药物剂量
C. 换用帕罗西汀　D. 合并安非他酮
E. 合用西地那非

21. 在第 6 周，患者称其抑郁症状得到了有效的缓解，精力基本恢复，工作顺利，并且对生活充满了期待。患者应该继续服用抗抑郁药多久才能考虑减量
A. 2~3 个月　B. 4~9 个月　C. 8~12 个月
D. 1~2 年　E. 2~3 年

（22~24 题共用题干）
患者，女，55 岁，间断出现情绪低落 10 年，复发 6 个月，表现为情绪低、悲观失望、乏力懒动、身体多处不适，饮食睡眠差，氟西汀 40mg/d 治疗 3 个月症状改善不明显，医生决定换用文拉法辛缓释片治疗。

17.【答案】A
【解析】此题考查伴有焦虑症状的抑郁症的药物选择，优先选择 SSRI 类抗抑郁药中的帕罗西汀。TCA 类药物对伴有焦虑的抑郁症也有很好的疗效，但副作用相对较大，属于二线药物。氟西汀有可能加重焦虑。
【考点】抑郁症的药物治疗☆☆

18.【答案】B
【解析】高血压患者尽量避免使用文拉法辛，因为文拉法辛具有去甲肾上腺素再摄取抑制作用，而 NE 能升高在外周可引起心率快、血压高。
【考点】抗抑郁药常见副作用☆☆

19.【答案】A
【解析】此题主要考查抗抑郁药的治疗规范。治疗 2 周症状已有改善，但尚未达到 4~6 周的充分起效期，故应该维持目前剂量，2 周后门诊再次评估。
【考点】抑郁症的规范化治疗☆☆

20.【答案】C
【解析】对 SSRI 引起的性功能障碍的处理包括：耐心等待（可能会在 2~4 周后改善），降低抗抑郁药剂量（如果抑郁症状控制良好），使用对抗药物安非他酮，另外西地那非被用于治疗 SSRI 引起的性功能障碍。
【考点】抗抑郁药不良反应的处理☆☆

21.【答案】B
【解析】抑郁症复发率高达 50%~85%，其中 50% 的患者在疾病发生后 2 年内复发。为改善这种高复发性疾病的预后，防治复燃及复发，提倡全病程治疗。巩固期治疗为 4~9 个月，在此期间患者病情不稳定，复燃风险较大，原则上应继续使用急性期治疗有效的药物，并强调治疗方案、药物剂量、使用方法保持不变。
【考点】抑郁症的全病程治疗☆☆

22.【答案】C

【解析】此题主要考查抗抑郁药的治疗规范。抗抑郁药治疗遵循单一、足量、足疗程的治疗原则，如果 150mg/d 未出现临床应答，可加量至 225mg/d。因患者年龄偏大，滴定速度不宜过快，可每隔几周增加 37.5~75mg，用药过程中注意关注心率和血压情况。

【考点】抗抑郁治疗的规范☆☆

23.【答案】A

【解析】给予文拉法辛之后，患者的症状得到了改善，但也出现了限制加量的不良反应。这时继续加量可能加重不良反应，而增加另一种药物治疗可能更有效，如合并锂盐、甲状腺素、米氮平、安非他酮、丁螺环酮或小剂量抗精神病药物来增强目前的治疗。

【考点】难治性抑郁症的处理☆☆

24.【答案】E

【解析】诊断难治性抑郁应注意以下几个问题：诊断是否准确；患者是否伴有精神病性症状；有无考虑抑郁障碍的诊断亚型；患者依从性如何；患者是否得到适当治疗（包括剂量及疗程）；药物使用方式是否合适；不良反应是否影响达到有效治疗剂量；是否存在影响疗效的躯体因疾病及精神病性障碍；是否存在其他干扰治疗的因素；治疗结果是如何评价的。

【考点】难治性抑郁的判定☆☆

25.【答案】B

【解析】药物治疗是强迫性障碍治疗最常用的方法，对 50%~70% 的强迫性障碍患者有效，但不能完全消除强迫症状。相对于抑郁障碍的治疗，强迫症所需药物的剂量更大且显效较慢。药物治疗有效后需要长期维持治疗，一般推荐在 1 年以上。停用药物后患者的强迫症状复发率很高。突然停药，复发率更高。

【考点】强迫性障碍的药物治疗☆☆

26.【答案】C

【解析】舍曲林用于强迫性障碍的最大治疗剂量为 200mg。

【考点】强迫性障碍药物治疗剂量☆☆

27.【答案】E

【解析】当强迫性障碍（OCD）患者换用三种不同种类药物系统治疗后仍

22. 文拉法辛使用过程中，下列说法**错误**的是

A. 可以从 37.5mg 起始，尽量减少换药初期的不良反应

B. 必要时可加量至 225mg/d

C. 为保证使用的安全性，剂量不能超过 150mg

D. 用药过程中关注血压情况

E. 每隔几周增加 37.5~75mg

23. 1 个月后，患者无望感减轻，但觉得胃肠不适、恶心、进食较前更差。后续治疗中，**不适合**采用的措施是

A. 加量至 225mg

B. 合并米氮平

C. 合并丁螺环酮

D. 合并安非他酮

E. 合并小剂量喹硫平

24. 在确定为难治性抑郁时，需要注意几个问题。以下问题中，**不需要**考虑的是

A. 诊断是否准确

B. 患者依从性如何

C. 药物使用方式是否合适

D. 抑郁障碍的诊断亚型

E. 药物服用时间是否合适

（25~27 题共用题干）

患者，女，30 岁，5 年来见到血就紧张，害怕“血液病”，不敢碰卫生间的纸篓，担心沾上血，上洗手间后要反复洗手，不愿意接触生猪肉，怕碰到猪血，4 年来不能工作。门诊诊断强迫性障碍，服用舍曲林治疗，症状有所减轻。

25. 下列关于强迫症药物治疗的说法，**错误**的是

A. 相对于抑郁障碍，药物剂量更大

B. 相对于抑郁障碍，药物起效更快

C. 需长时间维持治疗

D. 停用药物后复发率很高

E. 药物仅对 50%~70% 的患者有效

26. 对于强迫性障碍，舍曲林的每日最大治疗剂量为

A. 100mg　　B. 150mg　　C. 200mg

D. 250mg　　E. 300mg

27. 如果该患者换用三种不同种类药物系统治疗后仍无足够疗效，考虑采用联合治疗以增进患者的治疗效果。优先推荐的

方法是

A. 联合锂盐

B. 联合氯米帕明

C. 联合丁螺环酮

D. 联合 MECT

E. 合并使用认知行为治疗

【案例分析题】

案例一:患者,男,25 岁,1 个月前旅游期间渐起兴奋话多,四处攀谈,管闲事。随处购买纪念品,随手赠予路人。觉得自己"才情溢满每个脑细胞",写的诗"超过李白杜甫十万八千里"。一会儿要出诗集,一会儿要"干一番大事业造福当地百姓"。由旅游地返回后仍旧亢奋,不停忙碌,整宿不睡。因不满邻居把垃圾放到门口大吵大闹,发生冲突。被家属送往医院。入院后患者被诊断为"躁狂发作",给予碳酸锂、喹硫平治疗。

提问 1:该患者服药期间,需要定期复查的检查项目有

A. 血常规　　B. 肝功能

C. 肾功能　　D. 甲状腺功能

E. 心电图　　F. 腹部超声

G. 胸部 X 线片

提问 2:患者在治疗过程中误服药物,出现意识模糊、共济失调、吐字不清及肢体粗大震颤,则目前可能采取的措施有

A. 减少锂盐用量　　B. 停用锂盐

C. 化验血锂浓度　　D. 补液

E. 利尿　　F. 维持电解质平衡

G. 透析

提问 3:患者经抢救逐步恢复,但遗留肾功能异常。则该患者在今后的治疗过程中,应**避免**使用的药物是

A. 碳酸锂　　B. 丙戊酸钠

C. 拉莫三嗪　　D. 舒必利

E. 喹硫平　　F. 氨磺必利

G. 奥氮平

案例二:患者,女,35 岁,大学文化,公司职员,在职。8 年前患"甲状腺功能低下",长期服用优甲乐治疗,定期复查,化验指标尚平稳,近半年未复查。此次就诊主因"反复发作情绪低落、兴趣减退 4 年,再发伴记忆减退、昼夜难眠 1 个月"来诊。

提问 1:患者用药前需要完善的检查或评估是

A. 复查甲状腺功能　　B. 外周血 5-HT 测定

C. 焦虑抑郁量表评估　　D. 心电图检查

E. 血液黏度测试　　F. 血常规检测

无足够疗效,可以采用联合治疗以增进患者的治疗效果。在抗强迫的增效治疗中,首先推荐的方法是合并使用 CBT。在增效药物治疗中证据最多的是小剂量抗精神病药物联合治疗,可以提高 5-HT 再摄取抑制剂治疗 OCD 的疗效。特别是针对 OCD 患者中症状比较荒谬、自知力不完全者,小剂量新型抗精神病药物抗强迫的增强作用更好。

【考点】难治性强迫性障碍的治疗☆

提问 1:【答案】ABCDE

【解析】此题主要考查对锂盐、喹硫平的安全使用。喹硫平及锂盐均可以影响血常规、甲状腺功能、心电图,故需定期监测上述项目。另因锂盐主要经肾脏代谢,喹硫平经肝脏代谢,使用期间亦需监测肝、肾功能。

【考点】锂盐的临床应用☆☆

提问 2:【答案】BCDEFG

【解析】患者出现意识模糊、共济失调、吐字不清、癫痫发作乃至昏迷等症状时,提示严重中毒,应立即停药,清除过多的锂,如洗胃、输液、矫正脱水、维持适当体液和电解质平衡。严重中毒可用血液透析。其他治疗包括支持和对症治疗。A 选项减少锂盐用量,为错误选项,轻度中毒时可考虑减量,若为重度中毒需立即停药。

【考点】锂盐的不良反应☆☆

提问 3:【答案】ADF

【解析】患者存在肾功能不全,可选择用药时应避免主要经肾脏清除的药物。上述选项中碳酸锂、舒必利、氨磺必利均主要经过肾脏代谢。

【考点】精神科药物主要代谢途径☆☆

提问 1:【答案】ACDF

【解析】患者既往甲状腺功能结果正常,但近半年未再复查,应复查甲状腺功能,排除继发性抑郁。抗抑郁药使用前应该常规查血常规、心电图、电解质等血液学检查。外周血 5-HT 测定、血液黏度测试对诊断和用药指导意义不大。

【考点】抗抑郁药临床使用前的评估☆☆

提问 2:【答案】DEF

【解析】此题考查抗抑郁药临床使用技巧。抗抑郁药中,对警觉性和认知功能影响最小的有 SSRI 和安非他酮。TCA 镇静作用明显,对警觉性和认知功能影响较明显。帕罗西汀由于其抗胆碱能作用明显,对注意力、记忆力也有一定影响,且停药时相对困难。米氮平镇静的副作用较大。

【考点】抑郁症的临床应用☆☆

提问 3:【答案】BCDE

【解析】此题考查抗抑郁药转躁的处理,服用抗抑郁药出现轻躁狂症状,故需要逐渐减停抗抑郁药,加用情感稳定剂。

【考点】抑郁转躁的处理☆☆

提问 1:【答案】ABE

【解析】此题涉及孕期用药的问题。多数抗抑郁药致畸的风险为 C 级,帕罗西汀对孕期影响相对较大,为 D 级。目前抗抑郁药对孕期胎儿的影响证据不足,无法给出患者明确的建议,但可以尽可能告知相关信息,与患者协商用药问题。

【考点】孕期用药的问题☆☆

提问 2:【答案】DE

【解析】抑郁症状对胎儿的影响要大于抗抑郁药的影响,因此孕期预防抑郁复发或者治疗抑郁发作比防止药物对胎儿的不良作用更为优先。尽量选择对胎儿影响小的药物,如马普替林、安非他酮等。

【考点】孕期抗抑郁药的使用☆☆

1.【答案】E

【解析】此题主要考查国际疾病分类(International Classification of Diseases,ICD)-10 精神与行为障碍分类的相关内容。虽然网络游戏相关问题已经被多次提及,亦是目前的严重问题,但是 ICD-10 尚未将其归为疾病范畴,因此不属于 ICD-10 精神与行为障碍分类内容。

【考点】ICD-10 诊断内容☆

2.【答案】D

【解析】本题主要考虑诊断思路。精神疾病的诊断思路首先是症状分析,然后是构筑综合征、提出假设诊断。在鉴别与排除诊断时,应依照等级诊断原则首先排除或考虑器质性精神障碍。

【考点】ICD-10 诊断思路☆☆

提问 2:该患者的工作对注意力、记忆力要求高,患者希望用药不会影响工作,且停药时不会出现停药反应,可以选择的药物是

A. 丙咪嗪　　B. 帕罗西汀
C. 米氮平　　D. 安非他酮
E. 氟西汀　　F. 艾司西酞普兰

提问 3:患者经过系统治疗后病情改善,但出现爱说爱笑、爱打扮、管闲事、花钱大手大脚等表现,较适合的方案包括

A. 换用镇静作用强的抗抑郁药
B. 逐渐停抗抑郁药
C. 加用碳酸锂
D. 换用喹硫平
E. 加用苯二氮䓬类药物
F. 不需要特殊处理

案例三:患者,女,30 岁,抑郁症,使用抗抑郁药治疗 3 个月达显著好转。她准备怀孕,询问是否能够停用抗抑郁药

提问 1:医生应该给予患者和她的丈夫的建议是

A. 告知药物对孕期胎儿的影响
B. 与患者及家属协商药物使用问题
C. 要求患者继续药物治疗,暂不考虑怀孕
D. 保证服药对怀孕没有影响,减轻患者的心理负担
E. 尊重患者怀孕的愿望

提问 2:如果根据既往多次发作的病史特点,患者需要长期坚持药物治疗。可以谨慎使用的药物是

A. 舍曲林　　B. 氟西汀
C. 文拉法辛　　D. 马普替林
E. 安非他酮　　F. 帕罗西汀

第三节　精神障碍分类与诊断

【A1 型题】

1. ICD-10 精神与行为障碍分类中的内容不包括
   A. 精神分裂症
   B. 血管性痴呆
   C. 躁狂发作
   D. 使用酒精所致的精神和行为障碍
   E. 网络游戏障碍

2. 精神科疾病的诊断思路,错误的内容是
   A. 症状分析:根据症状三要素(性质、频度与强度、持续时间)确认症状,并按照“知、情、意”进行大的归类

B. 构筑综合征：分析现有症状是否构成临床综合征（症状群），确定症状学诊断
C. 提出假设诊断：以症状学诊断为基础，依次列出所有可能的疾病分类学诊断
D. 鉴别与排除诊断：纵横交叉地对假设诊断进行鉴别与排除，依照等级诊断原则首先排除（或考虑）重性精神障碍
E. 应用诊断标准：运用诊断标准（ICD-10）对最可能的诊断进行核实

3. ICD-10 的基本原则和结构，**不包括**的内容是
A. 采用症状学分类，在描述性定义中尽量避免病因学假说
B. 诊断要点以临床表现和病程为基本内容，没有将严重程度和社会功能缺损列入（即没有自知力标准），排除标准以"鉴别诊断"代替
C. 尽量容纳世界各国的诊断名称，在多数诊断要点之后设有"含"与"不含"的说明，许多传统诊断名称在此均能找到
D. ICD-10 诊断标准共分为 10 类，400 余种疾病名称
E. 从第一类 F1 器质性（包括症状性）精神障碍到第七类 F6 成人人格与行为障碍，体现等级诊断原则

3.【答案】E
【解析】本题主要考查学生对 ICD-10 的熟悉程度。ICD-10 的基本结构是从 F0 器质性疾病分类开始，而不是从 F1 开始。
【考点】ICD-10 相关内容☆

4. 关于量表在精神科疾病诊断中的作用，**不妥**的说法是
A. 量表可以作为收集临床资料，进行评估、疗效分析的重要依据
B. 针对经验不足的初学者，量表可以帮助初学者全面、有序、系统地对患者进行检查
C. 量表资料可以作为疾病分类、患者分组的工具
D. 量表资料可以作为流行病学调查的工具或是某类疾病的初筛工具
E. 某些特殊情况下，临床医师可以依靠量表评估结果作出相应诊断及治疗方案

4.【答案】E
【解析】本题主要考查对量表在精神科临床和科研工作中作用的理解。量表在精神科的应用非常广泛，是临床与研究工作必不可少的工具。但是临床医师不能单纯依赖量表评估做诊断，而是必须结合相关专业知识和患者具体情况决定诊治过程。
【考点】量表在疾病诊断中的作用☆

5. 关于 ICD 系统与 DSM 系统的差异，说法**错误**的是
A. ICD 系统没有将疾病严重程度或社会功能损害程度作为诊断标准之一
B. ICD 系统和 DSM 系统都取消了神经症的名称
C. 两者都取消了癔症的诊断名称，同时 ICD 系统将分离性障碍和转换型障碍列为两个独立诊断
D. 两者在躯体形式障碍、适应性障碍的分类方向上渐趋一致
E. 两者对于情感性精神障碍的分类渐趋一致，进一步将抑郁的单次与反复发作划分为轻度、中度与重度三个级别

5.【答案】C
【解析】本题主要考查 ICD 和《精神障碍诊断与统计手册》(*Diagnostic and Statistical Manual of Mental Disorders*, DSM) 诊断系统的异同，了解学生对诊断标准的熟悉情况。ICD 和 DSM 系统都取消了癔症的诊断名称，但是 ICD 系统并未将分离性障碍和转换型障碍列为两个独立诊断。
【考点】ICD 诊断系统☆

6. 下列说法**错误**的是

A. 克雷培林第一次区分了躁狂抑郁症和精神分裂症，成为现代精神病分类结果的基础

B.《中国精神障碍分类与诊断标准》与 DSM 系统保持一致

C. 在 ICD 系统中，障碍一词贯穿于 ICD-10 的始终，而尽量避免使用疾病（disease）或患病（illness）

D. ICD-10 中涉及精神障碍的内容是第五章"精神和行为障碍"

E. DSM-5 特点是对于某些精神疾病提高其"诊断特异性"标准，降低其"诊断敏感性"标准

6.【答案】B

【解析】本题主要考查 ICD 和 DSM 诊断系统的异同，了解学生对诊断标准的熟悉情况。《中国精神障碍分类与诊断标准》与 ICD 诊断系统保持一致。

【考点】ICD 诊断系统☆

7. 关于 DSM 诊断系统，说法**错误**的是

A. 美国精神病学会最早于 1952 年颁布 DSM-1，与 ICD-6 相适应

B. DSM-5 定义精神障碍是以临床显著的个体认知、情感调节或行为紊乱为特征的一种综合征

C. DSM-5 的特点在于对某些精神疾病提高诊断敏感性，降低特异性

D. DSM-5 尝试使用谱系，疾患将不再是"类别分类"

E. DSM-5 疾病按照"发育及生命周期"进行排序

7.【答案】C

【解析】DSM-5 系统的特点是对精神疾病提高其诊断特异性、降低诊断的敏感性，即诊断标准严格要求，尽量排除真正没有精神障碍的人。

【考点】DSM 系统的特点☆

【A3/A4 型题】

（1~2 题共用题干）

患者，男，55 岁，无业，因"反复饮酒 21 年，停酒后意识模糊、言行紊乱 1d"首次住院。患者长期以来每天饮用 20 度左右黄酒 500~750ml，不愿意外出，不关心家人。易烦躁，发脾气，偶有觉得不开心、做任何事情都没有意思。食欲下降，近 2 月来基本不吃正餐，以酒代饭。手抖，双下肢无力，经常腹泻，稀便，恶心。1d 前患者到外地未饮酒，归来后出现意识模糊，不认识家人，称自己的儿子为"爸爸"，日夜颠倒；自述看到床前有成堆的蛇爬过。家属感异常送入医院。

1. 该患者最可能的诊断是

A. 精神分裂症　　B. 抑郁症

C. 焦虑症　　D. 酒精依赖综合征

E. 老年痴呆

1.【答案】D

【解析】本题主要考虑酒精依赖的诊断思路，依照临床症状表现提出假设诊断。患者长期饮酒 20 余年，以酒代饭，考虑为酒精成瘾。本次因外出突然停止饮酒出现戒断症状，包括意识清晰度下降，幻视等。故患者最可能的诊断考虑为酒精依赖综合征。

【考点】ICD-10 酒精依赖综合征的诊断标准及诊断思路☆☆

2. 下一步需要做的工作，**不合适**的是

A. 向患者或家属详细询问、补充病史

B. 完善实验室辅助检查

C. 给予补液对症处理

D. 了解患者既往停止酒精使用后是否有癫痫发作

E. 及时给予抗精神病药氯丙嗪控制精神症状

2.【答案】E

【解析】本题主要考察诊断思路及相应的治疗措施。患者虽然有精神病性症状，但是传统抗精神病药氯丙嗪可以降低癫痫的发作阈值，对于酒精依赖患者可能诱发癫痫发作，因此针对酒精依赖患者伴发的精神病性症状可以考虑选择非典型抗精神病药物，例如奥氮平、利培酮。

【考点】ICD-10 酒精依赖患者的诊疗思路☆☆

(3~5 题共用题干)

患者,男,23 岁,未婚,汉族,中专文化,个体经营者。主诉:凭空闻语,认为被迫害 3 月余,加重 2d,毁物伤人。由家人和警察护送入院。

3. 下述错误的操作是
 A. 详细补充病史
 B. 完善精神检测、体格检查、实验室检查
 C. 必要时给予保护性约束
 D. 警察签署强制入院知情同意书
 E. 必要时给予氟哌啶醇合并东莨菪碱肌内注射

3. 【答案】D
【解析】本题主要考查入院知情同意书的签署。入院知情同意书应由患者监护人签署。本例中由陪同公安人员签署知情同意书不符合入院流程。
【考点】入院流程☆

4. 患者最不可能的诊断是
 A. 精神分裂症
 B. 酒精依赖
 C. 使用苯丙胺类物质所致精神和行为障碍
 D. 脑疾病、损害和功能紊乱所致精神障碍
 E. 恶劣心境

4. 【答案】E
【解析】本题主要考查对入院患者临床表现的判断。患者有典型的精神病性症状,表现为被害妄想、言语性幻听、冲动、毁物等。而上述疾病中,除了恶劣心境外均可能出现上述典型精神病性症状。
【考点】临床症状辨析及诊断☆

5. 下述不建议使用的处理措施是
 A. 补液,纠正水、电解质、酸碱平衡紊乱
 B. 进行尿毒品检测,排除苯丙胺类精神活性物质的使用
 C. 首选氯氮平控制精神症状
 D. 肌内注射氟哌啶醇控制兴奋躁动
 E. 防伤人、自伤行为

5. 【答案】C
【解析】本题主要考查对冲动患者的对症治疗措施。氯氮平虽然能够有效控制患者精神病性症状,但是由于其所致不良反应后果严重(白细胞减少),因此临床上通常不作为控制精神症状的首选药物。
【考点】精神疾病的诊治原则☆

(6~8 题共用题干)

患者,男,22 岁,已婚,汉族,中专文化,技术工人,信奉佛教。由母亲陪伴来诊。自己愿意和医生交谈,也不反对母亲在场。自诉:1 年来多数时间心情差、经常失眠、焦虑、白天工作效率差,经常走神,对事情不感兴趣。

6. 下述不确切的说法是
 A. 患者已婚,却有母亲陪同来诊,应了解患者的家庭关系或夫妻关系情况
 B. 患者由家人陪同来诊,应该了解是自愿就诊,还是在家属要求下来诊
 C. 患者 22 岁,信奉佛教,与所处环境不符,应进行详细询问
 D. 患者心情差,有悲观厌世,对事物缺乏兴趣,应诊断抑郁症
 E. 精神症状与文化有密切关系。临床上应注意鉴别宗教信念和宗教妄想、宗教体验和幻觉

6. 【答案】D
【解析】本题主要考查对临床资料的收集及理解判断能力。患者为已婚男性,由其母亲陪同就医,应考虑夫妻关系问题。此外,也要进一步明确患者是主动就诊还是被动就诊,可能涉及相关法律问题。因现有病史不完整,故不能确诊为抑郁症。
【考点】精神疾病的临床思维能力☆

7.【答案】E

【解析】本题主要考查对临床资料的分析判断能力。根据上述表现，患者主要症状为情绪低落，兴趣下降。而人格障碍主要特征为：起病于儿童青少年、持久性、造成个人苦恼和社会或职业问题。患者不存在上述人格障碍的特征性表现，故初步排除人格障碍诊断。

【考点】精神疾病的临床思维能力☆

8.【答案】D

【解析】本题主要考查对抑郁症临床表现及诊断标准的了解程度。抑郁症的典型症状为心境低落、兴趣丧失、精力减退，此外，患者还经常存在睡眠障碍，食欲减退、体重减轻等表现。但幻觉妄想并非抑郁症的典型表现，仅有个别患者在心境低落影响下，自我评价下降，自觉一切都不如人，并将所有的过错都归于自身，常常产生无助感，无价值感。在此基础上可能会出现被害妄想，部分患者可能出现幻觉。

【考点】抑郁症的诊断标准☆☆

9.【答案】E

【解析】本题主要考查对患者病史收集整理判断能力。病史的收集是不断补充和积累的渐进过程，应当实事求是的记录、分析。患者起初为心境障碍的症状，后来资料提示思维障碍先于情绪障碍出现，因此应考虑心境障碍可能是继发于妄想症状。此外，关于精神疾病的诊断在病因学研究尚未取得突破的情况下，症状学诊断原则是当前的现实选择。首先确认症状(symptoms)并构筑临床综合征(syndrome)，再以综合征为基础建立假设诊断(diagnosis)。然后再以鉴别和排除诊断分析来确定最可能的诊断，最后应用诊断标准作出疾病分类学诊断，此即"S-S-D"思路。

【考点】精神疾病的诊断思路☆☆

10.【答案】D

【解析】本题主要考查病史收集过程中的保密原则。应对患者个人情况进行保密，未征得患者同意的情况下不能泄露患者隐私。但是如果患者当前情况可能对自身或他人造成伤害，则应上报相应机构采取相关措施。此外自知力的判断应该是根据患者对其精神症状的全面认知和判断情况来做决定，而不是仅仅根据患者是否主动就诊来做判断。

【考点】精神疾病的诊断思路☆☆

7. 根据上述表现，初步**排除**的诊断是

A. 心境障碍-抑郁发作　　B. 恶劣心境

C. 焦虑障碍　　D. 神经症性障碍

E. 人格障碍

8. 下列**错误**的说法是

A. 进一步询问病史，判断ICD-10中抑郁发作的三个典型症状心境低落、兴趣丧失、精力减退是否存在

B. 上述症状的判断应从主观体验和客观表现两个方面进行检查和记录

C. 澄清其他抑郁症状，判断全部症状是否满足抑郁发作的标准

D. 抑郁状态的其他典型症状包括注意障碍、睡眠障碍、食欲体重下降、幻觉妄想、自我评价下降

E. 澄清主诉的抑郁症状之后，还要询问可能的原因，明确抑郁症状是原发还是继发

(9~10题共用题干)

患者1年前"发现"妻子和多个男性有不正当关系。由此心情郁闷、烦恼、愤怒，经常失眠。不久又感觉单位所有人都在议论他戴了"绿帽"，儿子不是他的。继而开始追查妻子的言行，反复跟踪，多次扬言杀了妻儿。1个月前殴打妻子，妻兄带人打了他一顿。家人都说他有"神经病"。他认为自己可能有抑郁症，这才同意来诊。

9. 就上述补充内容来看，诊断思路中**不合适**的条目是

A. 补充资料则提示思维障碍(嫉妒妄想和关系妄想)最先出现，应考虑心境障碍是原发还是继发症状

B. 出现妄想症状时候，要明确理解妄想的三个特征：不可动摇性、自我卷入、个人独有的

C. 医生对最初获得的信息进行深入思考和分析，推测各种可能的症状和诊断，以引导后续资料收集的重点和方向

D. 诊断的过程应该是"假设诊断由少变多又由多变少的思维过程

E. 精神障碍的诊断遵循从症状(symptoms)到诊断(diagnosis)的基本思路，即"S-D"思路

10. 具体到本病例，**不妥**的说法是

A. 目前情况仍需进一步补充病史，发现和澄清其他症状以进行鉴别和排除诊断

B. 排除诊断考虑脑器质性精神障碍、躯体疾病所致精神障碍、精神活性物质所致精神障碍

C. 患者既往有暴力行为，因此应对暴力和自杀（伤）风险进行评估

D. 在收集病史时，必须遵循保密原则，即使有严重暴力或危害他人的情况也必须征得患者或家属同意才能上报

E. 患者自己要求家属带其来诊，但是对自身疾病并没有全面认识和判断，因此患者自知力并不存在

（11~13 题共用题干）

患者的堂弟（伯父的儿子）曾经患有“精神病”，16 岁时误入池塘淹死。患者有三个姐姐，母孕期无异常。7 岁上学，成绩一般。一直以来，父母对其比较溺爱，但患者本人对这种管理模式不接受，经常和父母争执，因此关系一直比较紧张。婚姻属于媒妁之言，非自由恋爱。现有一子，目前夫妻关系差。性格内向、固执。近来因经常心情不好，晚上会和朋友到酒吧，偶有醉酒，近两个月曾使用过朋友给的冰毒（共计 2~3 次）。无药物过敏史，无脑外伤和重大躯体疾病史。门诊记录的精神检查：意识清楚，主动叙述病史，情感反应稍显平淡。有明确的嫉妒妄想、关系妄想，未发现幻觉、情绪显低落。愿意配合治疗改善情绪状态。

11. 根据上述资料，**错误**的说法是

A. 家族史是诊断的决定因素，对治疗方案制订、风险评估和预后有重要价值

B. 患者既往有饮酒史，以及断续使用精神活性物质（冰毒），因此在诊断时应了解使用精神活性物质的时间和精神症状出现时间的前后关系，以助于诊断

C. 患者幼年养育方式、亲子关系、夫妻关系均存在问题，也可能是疾病发生的心理 - 社会因素之一

D. 患者既往有饮酒史和断续使用冰毒，应进一步完善神经系统检查，了解酒精所致中枢神经系统损伤情况，并进行尿毒品检测

E. 患者有使用精神活性物质（冰毒）的情况，应进一步进行 HIV 和其他性传播疾病的检测

11.【答案】A

【解析】主要考查除典型精神病性症状外，患者的家族史、既往史、个人史在疾病诊治中的作用。既往的健康情况包括：中枢神经系统疾病、某些慢性病，一方面可能导致或加重精神症状；另一方面，精神科药物也可能加重躯体疾病。个人史可以反映个体的综合素质，家族史提示个体的易患素质。上述因素虽然对疾病的诊断不能起到决定性作用，但是可以有助于鉴别诊断，以及疾病的治疗。

【考点】精神疾病的诊断及治疗思路☆☆

12. 关于本例患者的门诊记录，**不妥**的说法是

A. 门诊记录精神检查缺少风险评估和自知力评估，应进一步补充

B. 门诊精神状态检查和病史采集通常重点突出，内容完善，因此，入院后医生可以根据门诊病史及时进行治疗

C.《中华人民共和国精神卫生法》第三十条规定：“精神障碍的住院治疗实行自愿原则”

D. 该患者自愿入院，但是存在冲动伤人行为，因此也应当设置相应的风险管理措施

12.【答案】B

【解析】因为门诊精神科检查时间有限，通常不能详细全面了解患者的精神症状，因此入院后医生应该根据门诊记录进一步询问患者病情、补充病史，以便作出正确的诊治。

【考点】精神疾病的入院流程及病史收集☆

E. 按照《中华人民共和国精神卫生法》规定，对任何患者都要首先争取其自愿住院治疗，当自愿住院治疗成为不可能时（符合非自愿住院治疗标准并且患者拒绝住院治疗），再考虑非自愿住院治疗

13. 在对患者进行精神检查时，下列不妥的说法是
A. 检查内容要全面，同时重点突出，仔细澄清、确认主要症状
B. 开始阶段要注意观察和倾听，与患者建立关系，发现临床问题的线索，处理患者的情绪，确定最有效的谈话方式
C. 精神状态检查时要注意“三不”原则：不随意打断、不陷入争辩、不进行道德评判
D. 对患者的精神检查应如实、全面地记录，重点内容要详细记录
E. 对于涉及患者个人隐私的问题（如夫妻关系、性功能）应基于保护个人隐私的原则，不予询问

13.【答案】E
【解析】主要考查精神检查时相关注意事项。患者某些精神病性症状可以通过外在的行为表现显现出来，例如酒精依赖患者由于性功能下降就会影响夫妻生活，在此基础上加重患者的嫉妒妄想；而抑郁症的患者也会出现性欲下降。因此在问诊时应对相关问题进行询问，以便进一步了解患者病情，明确诊断。
【考点】精神检查技能☆☆

（14~16 题共用题干）
患者，女，30 岁，无不良嗜好。患者为某公司职员，日常工作压力较大，和部门领导相处较困难，心情不愉快。回家后和爱人倾诉也不被理解，还要照顾孩子更觉疲惫，自觉不能胜任单位工作和家庭负担，开始经常独自一人落泪，工作上也经常出些小错误，被领导批评后更感觉不能胜任，于 2 周前请假在家休息。表现双眉紧锁，唉声叹气，不与家人沟通，进食差，体重下降明显，有入睡困难和早醒。既往史：怀孕期间有血糖升高，自行控制饮食后血糖恢复正常。否认其他躯体疾病，否认食物或药物过敏史。精神检查：意识清，交谈尚切题，主动性言语较少，一问一答。自感压力大，曾尝试自行调节但效果欠佳，心情愈发低落，食欲下降。既往无情感高涨等表现。交谈过程中未引出幻觉、妄想等精神病性症状。情感反应与内心体验相一致，自知力存在。

14. 患者最需要补充的病史是
A. 是否有自杀观念及行为
B. 精神活性药物使用情况
C. 既往诊疗情况
D. 有无特殊生活事件
E. 家族史

14.【答案】A
【解析】此题结合病例主要考查对抑郁症状的病史采集情况，上述五个选项都是需要进一步询问的，但其中自杀观念和行为的重要性最强，避免发生意外。
【考点】抑郁症状病史采集☆☆

15. 根据上述情况，下述不妥的做法是
A. 患者近期进食差，应尽快完善辅助检查，必要时给予对症补液处理
B. 完善实验室检测，进一步指导用药
C. 如果患者存在严重消极观念和自杀行为，可以考虑给予

15.【答案】E
【解析】此题结合病例主要考查抑郁症患者病史收集、分析、诊治原则。针对抑郁症患者，因三环类抗抑郁药不良反应较多，耐受性差，过量服用容易导致严重心律失常，因此临床上不作为抗抑郁首选药物，对于抑郁严重病例，住院患者可以尝试选用。
【考点】抑郁症诊治☆☆

改良电休克治疗

D. 告知家属和患者当前情况及治疗方案，获得家属及患者的配合

E. 可以首选三环类抗抑郁药，快速缓解抑郁情绪

16. 抑郁典型发作的症状表现有

A. 心境低落、兴趣和愉悦感丧失、精力减退

B. 自我评价和自信心降低

C. 自伤、自杀观念或行为

D. 睡眠障碍认为前途暗淡、悲观

E. 自责自罪和无价值感

16.【答案】A

【解析】此题主要考查抑郁发作的诊断标准。典型的抑郁发作主要有心境低落、兴趣丧失、容易疲劳。此外还有其他抑郁症状，例如睡眠障碍、自责自罪、自我评价下降等。而轻度、中度、重度抑郁发作的判断也由不同条目的典型症状和其他症状相结合来判断。

【考点】抑郁症诊断的标准☆

（17~18 题共用题干）

患者，男，5 岁。因不说话，不与他人交流来诊。母亲 35 岁怀孕，患者为第一胎，母亲怀孕后出现妊娠高血压。8 个月时对妈妈拥抱反应迟钝。被妈妈抱起时候，也不贴近母亲身体，并缺乏情绪反应。1 岁时候经常独自发呆，目光呆滞。3 岁入幼儿园也不与其他小朋友来往。有时会尖叫，在教师或院子里狂跑。精神检查时，对医生问题不予回答，也无目光对视。

17. 该患者最可能的诊断是

A. 注意缺陷多动障碍　B. 孤独谱系障碍

C. 精神分裂症　D. 特定性发育障碍

E. 智力发育迟缓

17.【答案】B

【解析】此题结合病例主要考查神经发育障碍-孤独谱系障碍的临床表现。孤独谱系障碍起病于心理发育早期，主要表现为持续性的三组核心症状：社会交往与沟通能力低下，语言发育迟缓，兴趣狭窄、动作和行为刻板。多数患者伴有智力低下，预后较差。本例病案中患者存在上述核心症状，因此最可能的诊断是孤独谱系障碍。

【考点】孤独谱系障碍的临床特点☆

18. 关于孤独谱系障碍，下述说法**错误**的有

A. 孤独谱系障碍与 ICD-10 分类系统中的广泛性发育障碍类似

B. 孤独谱系障碍通常起病于心理发育早期，预后较差

C. 孤独谱系障碍包括孤独症、阿斯佩格综合征（Asperger 综合征）、雷特综合征（Rett 综合征）、童年瓦解性障碍、待分类的广泛性发育障碍

D. 临床表现为：社会交往、沟通能力障碍；语言交流障碍；注意缺陷，活动过多；智力低下，认知功能障碍；其他精神症状

E. 孤独谱系障碍诊断时，尽可能说明个体化的临床特点，例如是否伴有智力缺陷，是否伴有结构性语言受损等

18.【答案】D

【解析】此题主要考查孤独谱系障碍的临床特点。孤独谱系障碍的临床表现主要是社会交往、沟通能力障碍；语言交流障碍；兴趣狭窄、动作和行为为刻板；智力低下及认知功能障碍；其他精神症状及功能共病。注意缺陷、活动过多属于注意缺陷多动障碍的典型临床表现。

【考点】孤独谱系障碍的临床特点☆

（19~20 题共用题干）

患者，女，35 岁，已婚，大学文化，公司职员，以“发作性心悸、胸闷、窒息感，总病程 6 个月”为主诉，独自来诊。

19. 该患者最可能的诊断是
A. 睡眠障碍 B. 抑郁发作
C. 广泛性焦虑障碍 D. 强迫症
E. 惊恐障碍

20. 针对该患者，下列不妥的说法是
A. 患者进行心电图和心脏彩超检查，排除器质性疾病
B. 进一步补充病史，了解患者发作时详尽表现以及持续时间等
C. 发生在确定情境的惊恐发作被视为恐惧严重程度的表现，因此应优先考虑特定恐惧症的诊断
D. 惊恐障碍可以继发于抑郁障碍，如果患者同时符合抑郁障碍的标准，不应将惊恐障碍作为主要诊断
E. 针对此患者可以考虑长期使用苯二氮䓬类药物抗焦虑治疗

(21~23 题共用题干)
患者，女，16 岁，独生子女，个性好强，班级干部。因“反复呼之不应、肢体颤抖 2 个月”入院。2 个月前患者参加英语竞赛选拔赛，结果未能进入决赛，随后出现发作性呼之不应，肢体颤抖，发作过程中无口舌咬伤，无二便失禁，十余分钟后自行缓解。辅助检查：心电图示心率 95 次 /min，窦性心律不齐；脑电图未见明显异常；头颅磁共振未见异常。

21. 该患者最可能的诊断是
A. 癫痫
B. 脑炎
C. 特发于童年的情绪障碍
D. 分离障碍
E. 躯体形式障碍

22. 分离障碍的鉴别诊断可以暂不考虑
A. 急性应激障碍
B. 精神分裂症
C. 神经系统疾病(感觉障碍、失明、失聪、癫痫等)
D. 诈病
E. 抑郁症

23. 最可能有效的治疗是
A. 精神分析
B. 认知行为治疗
C. 支持性心理治疗
D. 暗示治疗
E. 药物治疗

19.【答案】E
【解析】此题结合病例主要考查惊恐障碍的临床表现。惊恐障碍的基本特征是惊恐的反复发作，不限于任何特定的情境或某一环境，同时具有不可预测性，一般每次发作持续时间为数分钟，发作时有濒死感。由于不可预测的惊恐发作导致患者害怕独处或害怕进入公共场所。
【考点】惊恐障碍的临床特点☆

20.【答案】E
【解析】此题结合病例主要考查惊恐障碍的诊断和治疗。针对惊恐障碍的药物治疗可以选用抗焦虑药物和有抗焦虑作用的药物。目前使用较多的为苯二氮䓬类药物，由于其本身具有的依赖、镇静、认知损害等问题，苯二氮䓬类药物限于短期使用。
【考点】惊恐障碍的诊断治疗☆

21.【答案】D
【解析】此题结合病史考查分离障碍的临床表现。分离障碍通常是由一类精神因素，如生活事件、内心冲突、情绪激动、暗示或自我暗示作用于易感个体引起的精神障碍。本例患者有明确的心理诱因，且发作过程中无口舌咬伤，无二便失禁，辅助检查未发现异常，发作前无高热病史，故首先考虑分离障碍。
【考点】儿童情绪障碍、癫痫与分离障碍鉴别☆☆

22.【答案】E
【解析】此题主要考查分离障碍的鉴别诊断。急性应激障碍也有强烈应激性事件，但是无反复发作病史；精神分裂症青春型与分离障碍的情感暴发和幼稚动作有类似，但青春型精神分裂症情感变化莫测，与周围环境无相应联系，行为荒诞离奇。神经系统疾病的临床表现有时容易与分离障碍相混淆，可以通过神经系统检查来进行鉴别。诈病为了达到某种目的也会模仿各种临床表现，但是诈病症状通常是突然发生，并且非常注意周围人对自己症状的态度和反应。目的一旦达到，症状也会不治而愈。而抑郁症患者临床表现与分离障碍无相似之处，故鉴别诊断通常不考虑抑郁症。
【考点】分离障碍鉴别☆☆

23.【答案】D
【解析】暗示治疗是分离障碍的经典方法，适用于急性发作，暗示性高的患者。
【考点】分离障碍的治疗方法☆☆

【案例分析题】

案例一：患者，男，68岁，退休干部，2月前患者爱人因突发心脏病去世，患者出现情绪低，夜眠差，入睡困难，有时自言自语，家人劝说无效，今在儿子陪同下来门诊(病史提供主要由儿子提供)。现病史：患者8年前从原工作岗位退休后，开始回归家庭生活，每天散步、锻炼，适当做些家务活动。近3年来逐渐开始出现记忆力下降，家人告知其当天要做的事，患者转身就忘，后来自己准备小本子做些记录，为此总觉不愉快，觉得退休后自己变成家人的累赘，情绪也明显不稳定，动辄流泪，或者对爱人发脾气，事后又觉不妥出现自责。上述情况时好时坏。近半年来上述情况显著加重，经常对家人大发雷霆，严重时摔东西；交代患者到菜场买东西，总是丢三落四，但生活尚能自理，故未给予治疗。2月前爱人突发心脏疾病去世后，患者情绪明显低落，食欲下降，夜不眠，体重明显下降。今在家属强制要求下门诊就诊。起病前后均无高热、抽搐、不省人事等情况，有多次冲动毁物行为。家属代述患者有糖尿病病史10余年，具体血糖值不详。查体：血压160/100mmHg，心率85次/min，呼吸20次/min。

提问1：根据上述内容，正确的说法是

A. 进一步补充病史，了解患者是否有高血压和脑动脉硬化史或卒中史

B. 完善头颅CT或功能磁共振检查以协助诊断

C. 因患者有情绪低落等表现，因此应进一步了解患者既往是否有过情绪低落或高涨，或其他情感障碍的临床表现

D. 患者主动性言语较少，不愿意配合医生回答问题，可以仅通过其儿子的详细描述来决定疾病诊断

E. 由于认知功能障碍显著影响患者日常生活，因此治疗目标应以改善患者认知功能为主，控制精神症状、改善情绪为辅

F. 阿尔茨海默病、血管性痴呆、混合性痴呆等脑器质性疾病均可以导致认知功能障碍，因此应进一步进行鉴别诊断

G. 阿尔茨海默病的痴呆通常起病较急、症状波动，而血管性痴呆通常起病缓慢

提问1：【答案】ABCF

【解析】此题结合病例主要考查病史采集情况。病史采集应来自多方面，包括患者、家属以及日常生活工作中接触较密切的个体。患者虽然主动性言语较少，但是依然不能通过单一的家属提供病史来确定疾病诊断，而必须通过运用相应的访谈技巧来引导患者，以便从患者处获取更多的信息协助诊治。此外，需详细了解各种痴呆的临床特点及诊断和鉴别诊断。

【考点】痴呆患者病史采集和鉴别诊断☆☆

提问2：关于痴呆的临床表现，下列说法正确的是

A. 缓慢出现的智能减退为主要特征，伴有不同程度的人格改变及意识障碍

B. 痴呆是指既往已获得的认知能力的减退或丧失，所以精神发育期迟滞的认知障碍不能称为痴呆

C. 痴呆主要表现为认知功能受损、社会生活功能减退和行为精神症状三个方面

提问2：【答案】BCDE

【解析】主要考查痴呆的主要特征。痴呆是以缓慢出现的智能减退为主要特征，伴有不同程度人格改变，但是不伴有意识障碍。老年痴呆最常见的原因是阿尔茨海默病。

【考点】血管性痴呆和阿尔茨海默病的鉴别☆☆

D. 记忆障碍是痴呆最早出现的症状，最明显的是近事记忆障碍

E. 由于认知功能障碍可以导致患者出现暂时、多变的妄想观念或者幻觉

F. 老年痴呆常见的原因是血管性痴呆

提问3：关于血管性痴呆和阿尔茨海默病的说法，正确的是

A. 阿尔茨海默病通常起病隐匿

B. 阿尔茨海默病女性患病率稍高

C. 阿尔茨海默病病程进展缓慢

D. 阿尔茨海默病早期有人格改变和自知力缺乏；常伴有局灶性神经系统损害特征

E. 血管性痴呆认知功能损害往往不平均，可以存在局灶性神经系统损害体

F. 血管性痴呆起病较急，自知力和判断力相对较好，病情呈阶段性退化

G. 血管性痴呆 Hachinski 缺血指数量表评分 <4 分

提问4：就该患者而言，治疗方案包括

A. 患者起病缓慢，病程呈波动性，有高血压、糖尿病病史10余年，综合考虑倾向于诊断血管性痴呆，但是应进一步完善相关检查

B. 患者应采取心理治疗和药物治疗相结合的治疗方案

C. 积极控制原发疾病，保持血压和血糖稳定

D. 给予脑代谢药和脑血管扩张剂对症治疗

E. 患者情绪低落，可以给予小剂量抗抑郁药对症治疗

F. 为尽快改善患者抑郁症状，建议给药三环类抗抑郁药

提问3：【答案】ABCE

【解析】此题主要考查阿尔茨海默病（Alzheimer's disease，AD）与血管性痴呆（vascular dementia，VD）的临床特点。AD的患病率女性高于男性，通常疾病缓慢，不伴有局灶性神经系统损害特征，以记忆障碍、失语、失用、失认、执行功能障碍等认知障碍为特征，伴有精神行为异常和社会功能减退。VD临床表现很大程度取决于脑损伤部位，通常以突然起病、波动或阶梯样病程和局灶神经功能缺失为主，随病情进展出现明显认知功能受损和精神行为症状，Hachinski 缺血指数量表评分≥7。

【考点】阿尔兹海默病和血管性痴呆的临床特点及鉴别诊断☆☆

提问4：【答案】ABCDE

【解析】此题主要考查痴呆患者治疗方案的制订。患者病史及临床表现倾向于血管性痴呆的诊断，但是应进一步完善常规检查。针对痴呆的治疗通常采取心理治疗和药物治疗相结合，积极治疗原发疾病，同时对于情绪障碍可以给予抗抑郁药对症处理。由于三环类抗抑郁药心血管系统副作用明显，因此不作为首选药物。

【考点】痴呆治疗方案的制订☆☆

案例二：患者，男，32岁，卡车司机。因"突发多疑，冲动打人1d"由当地警察连同家属将其送入院。由患者爱人提供病史。患者为长途货车司机，经常往返于各省市运输货物，赶上节假日期间经常要加班加点开夜车。6月前家人发现患者睡眠减少，并表现话多、易激惹、发脾气。后其爱人在车上发现可乐瓶和吸管做成的吸毒工具，反复询问后，患者承认1年前开始断续使用冰毒，通常是在开夜车前使用，或者和朋友外出喝酒娱乐时使用，每月大概2~3次，近半年来使用频率有所增加。家人劝其戒断，患者当面答应，但是仍然在断续使用，且近3月来明显脾气较以往暴躁，易怒，对孩子大声斥责。昨日清晨，患者起床后突然质问妻子，为什么要联合外人加害于自己，并要妻子将对方叫来进行对质。妻子拒绝后，患者便出手伤人，并声称："昨晚听到你（妻子）和他一起骂我，说我没用，废物，要和我离婚……"妻子无奈报警后，由警察协同送入医院。发病来，患者体重显著减轻，夜眠不规律，有过冲动毁物情况。

既往史：患者既往有甲型肝炎病史，目前已痊愈。否认有其他躯体疾病，否认伤寒、结核等传染病史，否认食物或药物过敏史。
个人史：兄妹3人，行1，有两个妹妹。母孕期无异常，足月顺产，自幼生长发常，适龄读书，学习成绩较差。性格外向。初中毕业后外出打工，5年前开始从事长途运输。断续饮酒。
家族史：其堂姐（大伯的女儿）有精神疾病史，具体诊断不详，16岁自杀。
精神检查：意识清，接触交谈欠合作，答非所问，不停大声吵闹，称爱人和别人合谋将其送进医院，绝不轻饶对方。因交谈欠合作，故精神检查未引出明显幻觉和妄想等精神症状。情绪不稳定，情感反应欠协调，自知力不存在。
体格检查和神经系统检查无异常。实验室检查暂缺。
提问1：根据上述表现，患者最**不可能**的诊断有

A. 精神分裂症
B. 精神活性物质所致精神障碍
C. 急性短暂精神病性障碍
D. 抑郁症
E. 脑器质性疾病所致精神障碍
F. 人格障碍
G. 焦虑症

提问2：根据病史情况，说法正确的是

A. 患者为卡车司机，且经常开夜车，属于精神活性物质滥用的高危人群
B. 患者在使用精神活性物质（冰毒）后出现性格、脾气的改变
C. 患者使用冰毒频率为每月2~3次，未达到每日频繁使用，因此尚不能断定其成瘾
D. 患者使用冰毒后出现被害妄想和评论性幻听
E. 体重减轻以及睡眠障碍可能为使用精神活性物质冰毒所致
F. 患者有精神疾病家族史，应详细了解患者在使用精神活性物质之前，是否出现过精神症状
G. 患者存在冲动行为，全面评估并由陪同警察签字后可以实施保护性约束

提问3：关于苯丙胺类物质成瘾，**错误**的说法是

A. 苯丙胺类物质具有强烈的中枢神经兴奋作用和致欣快作用
B. 中等剂量的苯丙胺类物质可以引起警觉性增高，注意力集中，运动能力增加
C. 应进一步了解患者精神活性物质使用史，了解患者是否有耐受性增加和戒断症状的出现
D. 目前已经有针对苯丙胺类物质成瘾的替代药物，因此

提问1：【答案】DFG

【解析】此题主要考查精神障碍的诊断思路。精神科的诊断遵循症状-综合征-诊断（S-S-D）的过程式思维方法。首先确定精神症状，再根据症状组合确定综合征，然后对精神症状或综合征的发展趋势，结合发病过程、病程、病前性格等相关资料进行综合分析，提出各种可能的假设诊断，然后根据可能性的大小逐一予以排除。本例患者急性起病，主要表现为多疑、冲动，与抑郁症、人格障碍、焦虑症起病特点和临床表现均不相符，而其他四种疾病都可能出现上述症状，因此可以首先排除抑郁症、人格障碍、焦虑症。

【考点】精神障碍诊断思路☆

提问2：【答案】ABDEF

【解析】此题主要考查临床医生对依赖综合征诊断标准的掌握。根据ICD10依赖综合征的诊断标准要求在过去一年中表现出下列至少三条：①对使用该物质强烈的渴求和冲动；②对精神活性物质使用行为的开始、结束、剂量难以控制；③当减少或停止使用后出现生理戒断症状；④必须使用较高剂量的精神活性物质才能获得既往较低剂量的作用；⑤因使用精神活性物质而逐渐忽视其他乐趣，在获取、使用该物质或从其作用中恢复过来所花费的时间逐渐增加；⑥固执的使用精神活性物质而不顾其明显的后果。而精神活性物质的具体使用次数并不是作为诊断成瘾的依据，因此本例中患者使用冰毒频率增加，且不顾明显的不良后果，对使用冰毒有强烈的渴求和冲动，符合物质依赖的诊断标准。执行保护性约束的时候应当取得监护人同意，签署知情同意书。紧急情况或监护人不在的情况下，可以先实施保护性约束，然后补签知情同意书。警察作为陪同前来的人员不具备签署知情同意书的资格。

【考点】物质依赖诊断标准☆☆

提问3：【答案】DF

【解析】此题主要考查临床医生对苯丙胺类中枢神经系统兴奋剂的了解及苯丙胺类兴奋性依赖的诊治。目前针对苯丙胺类物质成瘾是以对症处理为主，尚缺乏有效的替代治疗药物，因此不能采取替代治疗。苯丙胺类物质使用后可以提高使用者性欲，且患者自控能力下降，因此容易导致HIV及其他性疾病的传播，因此应注意进行HIV和其他性疾病的检测。

【考点】苯丙胺类物质成瘾的诊治☆☆

针对苯丙胺类物质成瘾可以采取替代维持治疗

E. 苯丙胺类物质所致的损害可以涉及中枢神经系统和其他各个系统

F. 苯丙胺使用主要是以烫吸为主，注射使用较少，因此传播HIV风险较低

第四节 病 因 学

【A1 型题】

1. 在精神分裂症的病因学研究中，目前认为最重要的因素是

A. 遗传因素 B. 环境因素 C. 生化因素

D. 脑萎缩 E. 精神因素

2. 双生子研究发现，精神分裂症单卵双生同病率是二卵双生同病率的倍数为

A. 1~3 B. 4~6 C. 7~10

D. 12~15 E. 0

3. 下列不属于精神分裂症神经生化假说的是

A. 多巴胺（DA）功能亢进假说

B. 中枢谷氨酸功能不足假说

C. 5-羟色胺功能异常假说

D. γ-氨基丁酸能神经元减少假说

E. 去甲肾上腺素（NE）功能活动低下假说

4. 根据目前研究，不属于“最有希望成为精神分裂症致病候选基因”的是

A. 神经调节蛋白基因（*NRG1*）

B. G蛋白信号调节基因（*RGS4*）

C. 代谢型谷氨酸受体3基因（*GRM3*）

D. 儿茶酚氧位甲基转移酶基因（*COMT*）

E. X染色体异常基因

5. 苯丙胺能使正常人产生幻觉和妄想，支持的精神分裂症神经生化假说是

A. 多巴胺（DA）功能亢进假说

B. 中枢谷氨酸功能不足假说

C. 5-羟色胺功能异常假说

D. γ-氨基丁酸能神经元减少假说

E. 多基因共同致病假说

1.【答案】A

【解析】谱系调查、双生子及寄养子研究均发现，遗传因素在精神分裂症的发生中起重要作用。环境因素、心理社会应激因素不起决定作用，但可以起诱发作用。

【考点】精神分裂症病因学☆☆

2.【答案】B

【解析】精神分裂症孪生子的研究发现，单卵孪生的同病率是双卵孪生的4~6倍

【考点】精神分裂症病因学☆☆

3.【答案】E

【解析】精神分裂症神经生化基础的研究，包括：多巴胺功能亢进假说，谷氨酸功能不足假说、5-羟色胺功能异常假说、γ-氨基丁酸能神经元减少假说。

【考点】精神分裂症病因学、神经生化假说☆☆

4.【答案】E

【解析】20世纪80年代以来，由于分子遗传学技术的进步，使敏感基因的定位有了可能，当前最有希望的候选基因有：*α-7-nicotinic receptor*、*Discl*、*GRM3*、*dysbindin*、*COMT*、*NRG1*、*RGS4*、*G72*。

【考点】精神分裂症病因学、致病候选基因☆☆

5.【答案】A

【解析】苯丙胺的药理作用是在中枢突触部位抑制DA的再摄取，使受体部位多巴胺的含量增高，苯丙胺能在正常人引起急性精神分裂症妄想型临床十分相似的症状，支持多巴胺功能亢进假说。

【考点】精神分裂症病因学☆☆

6. 苯环己哌啶(PCP)可在受试者身上引起幻觉和妄想,支持的精神分裂症神经生化假说是
A. 多巴胺(DA)功能亢进假说
B. 中枢谷氨酸功能不足假说
C. 5-羟色胺功能异常假说
D. γ-氨基丁酸能神经元减少假说
E. 多基因共同致病假说

7. 下列不属于中枢多巴胺(DA)神经通路的是
A. 中脑-边缘系统通路　B. 中缝核-小脑通路
C. 黑质-纹状体通路　D. 结节-漏斗通路
E. 中脑-皮质通路

8. 下列与抗精神病药物所致锥体外系反应有关的通路是
A. 中脑-边缘系统通路　B. 中缝核-小脑通路
C. 黑质-纹状体通路　D. 结节-漏斗通路
E. 中脑-皮质通路

9. 下列与抗精神病药物所致内分泌紊乱有关的通路是
A. 中脑-边缘系统通路　B. 中缝核-小脑通路
C. 黑质-纹状体通路　D. 结节-漏斗通路
E. 中脑-皮质通路

10. 有关心境障碍血缘关系与发病率的关系,下列描述正确的是
A. 血缘关系与发病率高低无关
B. 血缘关系越远,发病率越高
C. 血缘关系越近,发病率越高
D. 血缘关系越近,发病率越低
E. 以上都不是

11. 心境障碍的儿茶酚胺假说认为
A. 抑郁发作有5-羟色胺升高
B. 抑郁发作有去甲肾上腺素活性降低
C. 躁狂发作有5-羟色胺升高
D. 躁狂发作有去甲肾上腺素活性降低
E. 抑郁发作有多巴胺代谢产物高香草酸升高

12. 心境障碍的5-羟色胺假说认为
A. 抑郁发作有5-羟色胺升高
B. 抑郁发作有5-羟色胺降低
C. 躁狂发作有5-羟色胺升高

6.【答案】B
【解析】谷氨酸受体拮抗剂,如苯环利定、氯胺酮和其他NMDA受体拮抗剂在人类可引起一过性精神症状,亦能引起阴性症状,支持谷氨酸功能不足假说。
【考点】精神分裂症病因学☆☆

7.【答案】B
【解析】中枢多巴胺(DA)的神经通路包括:中脑-边缘系统通路、黑质-纹状体通路、结节-漏斗通路、中脑-皮质通路。
【考点】精神分裂症DA神经通路☆☆

8.【答案】C
【解析】中枢多巴胺(DA)的神经通路中黑质-纹状体通路与抗精神病药物所致锥体外系反应有关。
【考点】精神分裂症DA神经通路☆☆

9.【答案】D
【解析】中枢多巴胺(DA)的神经通路中结节-漏斗通路与抗精神病药物所致内分泌紊乱有关。
【考点】精神分裂症DA神经通路☆☆

10.【答案】C
【解析】遗传因素在心境障碍的发病中起重要作用,血缘关系越近,发病率越高。
【考点】心境障碍病因学☆☆

11.【答案】B
【解析】儿茶酚胺假说认为心境障碍与5-羟色胺(5-HT)和/或去甲肾上腺素(NE)功能活动异常有关。5-HT和/或NE功能降低可能会导致抑郁。5-HT缺乏可能是躁狂症状和抑郁症状共同的生化基础,是易患心境障碍的素质标记,但仅有5-HT缺乏并不一定导致患病,需兼有NE异常才会表现临床症状,NE异常可能是心境障碍的状态标记,NE不足出现抑郁症状,亢进则表现躁狂。
【考点】心境障碍病因学☆☆

12.【答案】B
【解析】心境障碍与5-HT和/或NE功能活动异常有关。5-HT和/或NE功能降低可能会导致抑郁。5-HT缺乏可能是躁狂症状和抑郁症状共同的生化基础。
【考点】心境障碍病因学☆☆

D. 躁狂发作有5-羟色胺升高和降低
E. 没有任何趋向性变化

13. 心境障碍的神经内分泌学说认为
A. 部分抑郁发作患者血浆皮质激素和17-羟皮质类固醇的含量降低
B. 躁狂发作患者促甲状腺素对于促甲状腺素释放因子的反应迟缓
C. 部分抑郁发作患者血浆皮质激素和17-羟皮质类固醇的含量升高
D. 部分躁狂发作患者血浆皮质激素和17-羟皮质类固醇的含量升高
E. 部分抑郁发作患者促甲状腺素对于促甲状腺素释放因子的反应迅速

14. 心境障碍的病因学研究发现中**不包括**
A. 5-羟色胺参与调节心境
B. 5-羟色胺功能降低与抑郁发作的心境低落有关
C. 5-羟吲哚乙酸(5-HIAA)水平降低与自杀行为有关
D. 5-羟色胺功能降低与躁狂发作的心境高涨有关
E. 某些抑郁发作患者脑内DA功能低下

15. 心境障碍的脑影像学的研究发现**不包括**
A. 部分双相Ⅰ型患者,尤其是男性,存在脑室缩小
B. 部分抑郁症患者大脑皮质,尤其是额叶皮质血流量减少
C. 双相Ⅰ型患者发现有深层白质损害
D. 重性抑郁患者尾状核体积缩小,额叶萎缩
E. 采用磁共振光谱技术发现,双相Ⅰ型患者存在细胞膜磷脂代谢的异常

16. Maes提出的抑郁症的免疫反应假说内容**不包括**
A. 抑郁症伴有免疫系统的激活
B. 抑郁症伴有炎性反应
C. 抑郁症涉及自身抗体(抗核抗体、抗磷脂抗体)滴度降低
D. IL-1β和IL-6可导致HPA轴活动过度和5-HT代谢障碍
E. 抑郁症涉及巨噬细胞、T细胞的激活,B细胞的增殖

17. 关于地塞米松抑制试验(DST),**错误**的是
A. DST在评价患者是否复发,指导维持治疗用药方面具有一定价值
B. DST阳性是指口服地塞米松后糖皮质激素的分泌被抑制
C. 既往曾用于抑郁症的辅助诊断指标

13.【答案】C
【解析】部分抑郁发作患者血浆皮质激素和17-羟皮质类固醇的含量升高;部分抑郁发作患者促甲状腺素对于促甲状腺素释放因子的反应迟缓。
【考点】心境障碍病因学、神经内分泌假说☆☆

14.【答案】D
【解析】5-HT缺乏可能是躁狂症状和抑郁症状共同的生化基础,是易患心境障碍的素质标记,但仅有5-HT缺乏并不一定患病,需兼有NE异常才会表现临床症状。NE异常可能是心境障碍的状态标记,NE不足出现抑郁症状,亢进则表现躁狂。
【考点】情感(心境)障碍病因学、神经生化☆☆

15.【答案】A
【解析】部分双相Ⅰ型患者,尤其是男性,存在脑室扩大。
【考点】心境障碍病因学、脑影像学☆☆

16.【答案】C
【解析】抑郁症涉及自身抗体(抗核抗体、抗磷脂抗体)滴度升高。
【考点】心境障碍病因学、免疫假说☆☆

17.【答案】B
【解析】约50%的重性抑郁患者存在下丘脑-垂体-肾上腺轴(hypothalamic-pituitary-adrenal axis,HPA)功能亢进,表现为血浆皮质醇24h分泌节律尽管正常,但昼夜浓度普遍偏高,且口服地塞米松后糖皮质激素的分泌未被抑制,即DST阳性。
【考点】心境障碍病因学、神经内分泌因素☆☆

D. 若抑郁好转但 DST 持续阳性，其复发的概率较大
E. 除抑郁症外，其他精神障碍患者 DST 也有较高的阳性率

18. 有关心境障碍的遗传因素研究的描述，错误的是
A. 单卵双生子的同病率显著高于双卵双生子
B. 寄养子研究提示遗传因素较环境因素的作用明显
C. 双相障碍先证者一级亲属中的同病率较正常人的一级亲属高
D. 抑郁症先证者一级亲属中的同病率较正常人的一级亲属高
E. 遗传因素对抑郁症的影响较双相障碍强

19. 关于神经症的病因，目前比较一致的看法是
A. 精神因素是主要的
B. 内在的素质因素是主要的
C. 已发现有可疑的器质性改变
D. 神经症起病通常与心理、社会因素无关
E. 外在的精神应激因素与内在的素质因素共同作用的结果

20. 可能与神经症发生有关的中枢神经系统的结构和功能的变化，不包括
A. 中枢肾上腺素能、5-HT 能活动增强可能与焦虑障碍有关
B. 中枢去甲肾上腺素的减少可能与抑郁的发生有关
C. γ-氨基丁酸（GABA）功能亢进可能与焦虑障碍有关
D. 5-HT 的减少可能与抑郁的发生有关
E. 白细胞介素Ⅱ升高可能与焦虑障碍有关

21. 神经症的共同特征不包括
A. 发病常与心理社会因素有关
B. 患者常具有某种个性特征
C. 症状没有相应的器质性病变作基础
D. 社会功能相对完好
E. 通常将病态体验与客观现实相混淆

22. 巴甫洛夫学派认为，中枢神经系统为避免急性超强的应激给高级神经活动产生进一步损伤时会作出的反应是
A. 脱抑制　B. 超限抑制　C. 兴奋
D. 反射　E. 诱导

23. 有关自杀的生化研究，错误的是
A. 自杀未遂者脑脊液中 5-HT 的代谢产物 5-HIAA 降低
B. 越是致死性企图，患者脑脊液中 5-HIAA 降低越不明显

18.【答案】E
【解析】遗传因素对单/双相抑郁症的发生都具有十分重要的作用，但对于不同类型的心境障碍，遗传的作用却不尽相同。总体而言，双相比单相、重性较轻性的遗传倾向更为明显。
【考点】心境障碍病因学、遗传因素☆☆

19.【答案】E
【解析】神经症的病因是多源性的，至今仍无定论。目前比较一致的看法是：精神应激因素和内在的素质因素在其发生中缺一不可，亲代的遗传影响主要表现为易感个性。神经症起病通常与心理、社会因素有关，患者病前大多有一定的素质基础或个性特征，其临床症状没有可以证实的器质性病变作基础，其社会功能保持相对完好，自知力充分。
【考点】神经症的病因学☆☆

20.【答案】C
【解析】抑郁与 5-HT、NE 功能不足有关。焦虑与中枢肾上腺素能、5-HT 能活动增强、白细胞介素Ⅱ升高、γ氨基丁酸的功能不足有关，γ氨基丁酸具有抗焦虑作用。
【考点】神经症的病因学、神经生化☆☆

21.【答案】E
【解析】神经症是一组精神障碍的总称，其共同特征为：发病常与心理社会因素有关，患者常具有某种个性特征，症状没有相应的器质性病变作基础，社会功能相对完好，自知力充分，通常不会将病态体验与客观现实相混淆，即患者的现实检验能力未受损害。
【考点】神经症的病因学☆☆

22.【答案】B
【解析】按照巴甫洛夫学派的论点，急剧超强的应激作用于高级神经活动过程，可以导致兴奋、抑制和灵活性的过度紧张及相互冲突，中枢神经系统为了避免进一步的损伤或“破裂”，则往往产生超限抑制。超限抑制属于保护性抑制，在抑制过程的扩散中，中枢神经系统低级部位的功能，包括一系列非条件反射就会脱抑制而释放出来，这就产生了皮质与皮质下活动相互作用的异常形式。
【考点】急性应激反应的病因学☆☆

23.【答案】B
【解析】越是致死性企图，患者脑脊液中 5-羟吲哚乙酸（5-HIAA）降低越明显。
【考点】自杀的神经生物学因素☆☆

C. 抑郁症患者对芬氟拉明激发的催乳素分泌反应越迟钝，患者的自杀企图越强烈
D. 对自杀者死后的脑研究提示脑前额叶皮质 5-HT 活动降低
E. 某些研究提示 5-HT 的生物合成酶 - 色氨酸羟化酶的 L 等位基因可能与自杀危险性有关

24. 人格障碍的病因学研究发现，不包括的是
A. 高内啡肽水平可伴发于无情型人格（相当于反社会人格）
B. 5-HT 与攻击和冲动性呈负相关
C. 脑脊液中 5-HIAA 与人格障碍患者终生攻击行为史成反比
D. 血浆去甲肾上腺素与男性人格障碍患者自报冲动性呈负相关
E. 冲动特质的人往往显示高水平的睾酮、17- 雌二醇和雌酮

25. 关于孤独症谱系障碍的病因错误的是
A. 遗传因素
B. 围生期因素
C. 免疫系统异常
D. 神经内分泌和神经递质系统异常
E. 教育方法不当

26. 儿童少年品行障碍的病因不包括
A. 家庭不良因素
B. 社会环境中不良因素
C. 中枢多巴胺神经递质水平高
D. 中枢 5-HT 神经递质水平低
E. 围生期并发症

27. 一般认为，使用成瘾性物质后产生“快感”是由于
A. 突触间隙 DA 浓度升高
B. 突触间隙 NE 浓度升高
C. 细胞内 NE 水平升高
D. 突触间隙 5-HT 浓度增加
E. 突触间隙 DA 水平降低

28. 对精神分裂症的研究表明，与阳性症状可能有关的是
A. 皮质下边缘系统 DA 功能亢进
B. 皮质下边缘系统 DA 功能低下
C. 5-HT 系统功能亢进
D. 5-HT 系统功能低下
E. 去甲肾上腺素系统功能不足

24.【答案】D
【解析】去甲肾上腺素与攻击直接相关，Siever 和 Trestman（1993）报道血浆去甲肾上腺素与男性人格障碍患者自报冲动性呈正相关。
【考点】人格障碍的病因学☆☆

25.【答案】E
【解析】孤独症谱系障碍与遗传、免疫系统异常、神经内分泌和神经递质系统异常有关，当脑器质性损害发生在产前或围产期时，则本病症状出生后即出现。
【考点】孤独症谱系障碍的病因学☆☆

26.【答案】C
【解析】儿童少年品行障碍病因：生物因素、社会环境、家庭环境中不良因素。中枢 5-HT 水平降低的个体对冲动的控制力下降，容易出现违抗和攻击行为。智商低、围生期并发症等因素也与品行障碍的发生有关。
【考点】品性障碍的病因学☆☆

27.【答案】A
【解析】研究发现，人类滥用的物质如阿片、酒精、苯丙胺等均可增加脑边缘系统细胞外液中多巴胺的浓度，多巴胺是一种与愉快情绪有关的神经递质，在人高兴时，有关犒赏通路上的神经细胞就发出较多的兴奋性冲动，并释放出一定量的多巴胺。位于边缘系统的犒赏系统是导致药物依赖的机构基础。
【考点】物质依赖的生物学因素☆☆

28.【答案】A
【解析】根据多巴胺功能亢进假说，精神分裂症的阳性症状可能与皮质下边缘系统 DA 功能亢进有关。
【考点】精神分裂症病因学☆☆

29. 关于神经系统的可塑性描述，错误的是
A. 脑的结构与化学活动处于变化之中
B. 从神经元到神经环路都可能存在
C. 神经系统可塑性是行为适应性的生理基础
D. 外周神经和中枢神经系统中都存在
E. 只存在于机体的发育阶段

30. 有关心身疾病的描述，错误的是
A. 也称为心理生理疾病
B. 是一组与心理紧张有关的躯体疾病
C. 有器质性病变或确定的病理、生理过程
D. 冠心病和消化性溃疡不属于心身疾病
E. 心理社会因素在疾病的发生、发展、治疗和预后中有相对重要的作用

31. 神经系统可塑性变化的具体表现不包括
A. 宏观上可表现为脑功能的改变
B. 突触数目的改变
C. 神经化学物质的改变
D. 仅在中枢神经系统发生
E. 微观上有神经元突触、神经环路的微细结构变化

32. 迟发性运动障碍的发生机制可能是
A. 多巴胺受体敏感性异常增高
B. 脑神经元异常放电
C. 5-HT 受体敏感性异常增高
D. NE 受体敏感性异常增高
E. 胆碱能受体敏感性异常增高

33. 有关心境障碍的生化研究结果，目前多数学者认为
A. 去甲肾上腺素的活性升高导致抑郁发作
B. 5- 羟色胺降低导致抑郁发作
C. 去甲肾上腺素降低导致躁狂发作
D. 5- 羟色胺升高导致抑郁发作
E. 多巴胺代谢产物高香草酸升高，导致抑郁

34. 与精神分裂症阴性症状产生有关的是
A. 中脑 - 皮质 DA 功能低下
B. 中脑 - 边缘系统通路 DA 功能亢进
C. 结节 - 漏斗通路 DA 功能亢进
D. 黑质 - 纹状体通路 DA 功能亢进
E. 中脑 - 皮质 DA 功能亢进

29.【答案】E
【解析】大脑神经元之间通过突触联系形成了神经环路，构成行为和精神活动的结构基础，神经递质在整个过程起到了中介作用。大脑具有可塑性，从宏观和微观上都处于不断的发展和变化之中，从而影响整个精神活动，并能在一定程度上受到精神活动的影响。
【考点】精神障碍的病因学☆☆

30.【答案】D
【解析】早期，Alexander 提出的典型心身疾病只包括原发性高血压、支气管哮喘、溃疡性结肠炎、甲状腺功能亢进（简称“甲亢”）、消化性溃疡、神经性皮炎和类风湿关节炎七种。之后，心身疾病的概念被广泛接受，范围不断扩大，几乎包括人类所有的疾病。
【考点】精神障碍的病因学☆☆

31.【答案】D
【解析】神经元的可塑性即神经元的可修复性和可再生性，不仅影响突触数目的改变，也影响神经递质的改变。微观上有神经元突触、神经环路和细微结构变化，宏观上可表现为脑功能的改变，神经可塑性在外周神经和中枢神经系统中都存在。
【考点】精神障碍的病因学☆☆

32.【答案】A
【解析】迟发性运动障碍（tardive dyskinesia，TD）是长期使用抗精神病药物，DA 受体被长期阻断，使得 DA 受体的敏感性异常增高。
【考点】迟发性运动障碍的病理机制☆☆

33.【答案】B
【解析】儿茶酚胺假说认为心境障碍与 5-HT 和 / 或 NE 功能活动异常有关。5-HT 和 / 或 NE 功能降低可能会导致抑郁。5-HT 缺乏可能是躁狂症状和抑郁症状共同的生化基础，是易患心境障碍的素质标记，但仅有 5-HT 缺乏并不一定导致患病，需兼有 NE 异常才会表现临床症状，NE 异常可能是心境障碍的状态标记，NE 不足出现抑郁症状，亢进则表现躁狂。
【考点】心境障碍病因学☆☆

34.【答案】A
【解析】中枢多巴胺（DA）的神经通路包括中脑 - 边缘系统通路、黑质 - 纹状体通路、结节 - 漏斗通路、中脑 - 皮质通路。中脑 - 皮质通路 DA 功能低下与精神分裂症阴性症状产生有关。
【考点】精神分裂症的病因学☆☆

35.【答案】A
【解析】同第 33 题。
【考点】躁狂发作的病因学☆☆

36.【答案】A
【考点】抑郁发作的病因学☆☆

37.【答案】C
【解析】阿尔茨海默病的核心症状记忆丧失是由于乙酰胆碱缺失引起，即阿尔茨海默病的胆碱功能低下假说。
【考点】阿尔茨海默病的病因学☆☆

38.【答案】D
【解析】帕金森病的病理变化主要是：中脑黑质和脑桥蓝斑等部位的色素细胞变性、减少、脱失，使作用于纹状体的多巴胺(DA)减少，产生纹状体功能障碍，出现运动减少、缓慢，肌强直、僵直，静止性震颤和姿势障碍等一系列症状。
【考点】帕金森病的病因学☆☆

39.【答案】A
【解析】神经发育异常是重大精神障碍共同的发病机理，但每个疾病的发生都有其各自的神经生化、神经内分泌及影像学特点。
【考点】精神障碍的病因学☆☆

40.【答案】B
【解析】精神分裂症及心境障碍的发生大多属于多基因遗传方式。
【考点】精神障碍的病因学☆☆

41.【答案】A
【解析】各种神经递质都有参与抽动秽语综合征(Tourette 综合征)病理机制的可能性，但多项研究表明，多巴胺系统可能在 Tourette 综合征的发生中起了最重要的作用，如多巴胺受体增加，多巴胺转运体聚集性增高，多巴胺释放增加等。
【考点】儿童期情绪与行为障碍病因学☆☆

42.【答案】D
【考点】心境障碍病因学☆☆

35. 与躁狂发作有关的神经递质变化是
A. 5-HT 功能低下　B. 5-HT 功能亢进
C. 乙酰胆碱功能低下　D. DA 功能低下
E. 乙酰胆碱功能亢进

36. 与抑郁发作有关的神经递质变化是
A. 5-HT 功能低下　B. 5-HT 功能亢进
C. 乙酰胆碱功能低下　D. DA 功能亢进
E. 乙酰胆碱功能亢进

37. 与阿尔茨海默病有关的神经递质变化是
A. 5-HT 功能低下　B. 5-HT 功能亢进
C. 乙酰胆碱功能低下　D. DA 功能低下
E. 乙酰胆碱功能亢进

38. 与帕金森病有关的神经递质变化是
A. 5-HT 功能低下　B. 5-HT 功能亢进
C. 乙酰胆碱功能低下　D. DA 功能低下
E. 乙酰胆碱功能亢进

39. 重大精神障碍的共同发病机理可能是
A. 神经发育异常　B. 额叶灰质体积缩小
C. 多巴胺功能亢进　D. 5-HT 功能低下
E. 乙酰胆碱功能亢进

40. 心境障碍的遗传方式目前多倾向于
A. 单基因常染色体显性遗传
B. 多基因遗传
C. 异质性遗传
D. 性连锁显性遗传
E. 单基因常染色体隐性遗传

41. 与 Tourette 综合征发病有关的神经生化机制是
A. 突触后 D_2 受体超敏
B. 多巴胺功能低下
C. 去甲肾上腺素能系统功能低下
D. 胆碱能系统功能亢进
E. 乙酰胆碱功能亢进

42. 符合心境障碍的神经生化病因假说的叙述是
A. 抑郁患者的 5-HT 功能亢进
B. 躁狂患者的 5-HT 功能亢进

C. 抑郁患者的 NE 功能亢进
D. 躁狂患者的 NE 功能亢进
E. 躁狂患者的 DA 功能低下

43. 精神发育迟滞的常见病因**不包括**
A. 围生期有害因素
B. 遗传及先天性因素
C. 妊娠期感染
D. 出生后各种原因导致的脑损伤
E. 生活事件的刺激

44. 心境障碍主要涉及的神经递质是
A. 乙酰胆碱
B. 多巴胺
C. 谷氨酸
D. 5-HT 和去甲肾上腺素
E. 组胺

45. 前额叶多巴胺功能减退主要引起
A. 锥体外系综合征　　B. 幻觉妄想症状
C. 意志缺乏　　D. 情感高涨
E. 思维松散

46. 心理社会因素对以下哪个躯体疾病的发生发展影响最大
A. 脑梗死　　B. 原发性高血压
C. 1 型糖尿病　　D. 银屑病
E. 脑出血

47. 下列关于抽动障碍病因的描述，**错误**的是
A. Tourette 综合征以生物学因素特别是遗传因素为主
B. 多巴胺活动过度或受体超敏
C. 大脑局部区域的异常放电
D. 社会心理因素可能诱发抽动症状
E. 部分患者存在围生期并发症

48. 下列关于注意缺陷多动障碍发病机制的描述，**错误**的是
A. 本病具有家族聚集现象
B. 患者 DA 和 NE 功能亢进，5-HT 功能低下
C. 磁共振成像发现患者额叶发育异常
D. 母孕期或围生期并发症多容易导致患者发病
E. 家庭和心理社会因素可能作为发病诱因

43.【答案】E
【解析】精神发育迟滞主要有两大方面的原因：一是遗传因素，包括染色体畸变、单基因遗传病、多基因遗传病；二是环境因素，包括妊娠期、围生期有害因素，新生儿、婴幼儿期的有害因素。
【考点】精神发育迟滞病因学☆☆

44.【答案】D
【考点】心境障碍病因学☆☆

45.【答案】C
【解析】中枢多巴胺（DA）的神经通路包括：中脑-边缘系统通路；黑质-纹状体通路；结节-漏斗通路；中脑-皮质通路。其中，中脑-皮质通路 DA 功能低下与精神分裂症阴性症状产生有关。
【考点】精神分裂症病因学☆☆

46.【答案】B
【考点】心身疾病的病因学☆☆

47.【答案】C
【解析】抽动障碍的病因及发病机制尚不明确，其发生与多种因素有关，包括遗传因素、神经生物学因素、社会心理因素、药物等其他因素。就其中 Tourette 综合征而言，各种神经递质都有参与其病理机制的可能性，但多项研究表明，多巴胺系统可能在 Tourette 综合征的发生中起了最重要的作用，如多巴胺受体增加，多巴胺转运体聚集性增高，多巴胺释放增加等。
【考点】儿童期情绪与行为障碍病因学☆☆

48.【答案】B
【解析】注意缺陷多动障碍（ADHD）的病因及发病机制尚不明确，包括遗产及环境相关的多种因素。ADHD 患者的家族成员中此障碍患病率高。DA、NE、5-HT 功能失调，尤其是 DA 功能低下状态可能与发病相关。研究发现 ADHD 患者 MRI 显示额叶体积减小。母孕期或围生期并发症、家庭和心理社会因素均可能与发病相关。
【考点】儿童期情绪与行为障碍病因学☆☆

49.【答案】A

【解析】癔症的病因包括生物学因素(遗传、素质与人格类型、躯体因素)、心理因素、社会文化因素，其中社会文化因素对癔症的影响作用较明显，主要表现在癔症的发病形式、临床症状等方面，有学者认为也影响其发病率。具有癔症个性的人易患癔症，所谓癔症个性即表现为情感丰富、有表演色彩、自我中心、富于幻想、暗示性高。

【考点】癔症的病因学☆☆

50.【答案】E

【解析】在疾病的发生过程中，可能有多种因素起作用，包括素质因素、诱发因素、附加因素。素质因素对应“为什么他 / 她容易发病”的问题，诱发因素对应“为什么那个时候发病”的问题，附加因素对应“为什么病情时常波动、恶化或者总是好不了”的问题。在症状学诊断原则之下对这些因素进行分析，其主要意义不在于诊断，而在于全面、深入理解患者个人特点及病情的发展和转归，是制订个体化治疗方案必不可少的内容。

【考点】精神障碍的病因学☆☆

51.【答案】A

【解析】按照生物 - 心理 - 社会医学观点，可将精神障碍的病因划分为生物因素、心理因素和社会因素三个不同层次。

【考点】精神障碍的病因学☆☆

52.【答案】C

【考点】精神障碍的病因学、神经生化☆☆

53.【答案】D

【解析】精神障碍的遗传学研究是探索精神障碍的生物性病因的主要方法，研究策略包括经典遗传学方法(谱系分析、双生子研究、寄养子研究、高风险子女长期随访研究等)和现代遗传学方法(遗传流行病学、细胞遗传学、分子遗传学、药理遗传等)。

【考点】精神障碍的病因学☆☆

54.【答案】E

【考点】精神障碍的病因学☆☆

55.【答案】E

【解析】AD 的特征性病理改变有：①神经细胞内由双股螺旋微丝构成的神经纤维缠结；②淀粉样蛋白为核心的细胞外老年斑；③神经元颗粒空泡变性；④血管壁淀粉样蛋白变性(淀粉样蛋白血管病)。头颅 CT 检查的突出表现是皮质性脑萎缩和脑室扩大，伴脑沟增宽。

【考点】AD 的病理特征☆☆

49. 下列有关癔症病因描述中错误的是
A. 遗传因素是发病的决定因素
B. 对应激事件的经历和反应是发病的重要因素
C. 幼年的创伤性经历是发病的重要因素
D. 文化程度较低的个体更易患病
E. 个体在人格方面具有暗示性、表演性、自我中心性等特征

50. 有关精神障碍病因的 3P 因素描述，错误的是
A. 3P 因素包含素质因素、诱发因素、附加因素
B. 素质因素对应“为什么他 / 她容易发病”的问题
C. 诱发因素对应“为什么那个时候发病”的问题
D. 附加因素对应“为什么病情时常波动、恶化或者总是好不了”的问题
E. 3P 因素对于疾病诊断具有重要意义

51. 在精神障碍的病因学中，重要的危险因素是
A. 生物与心理社会因素
B. 创伤与环境因素
C. 感染与躯体疾病
D. 心理社会因素
E. 躯体与遗传因素

52. 与精神活动无明显关系的神经递质是
A. 去甲肾上腺素　　B. 多巴胺
C. 甘氨酸　　D. 谷氨酸
E. 5- 羟色胺

53. 有关精神障碍的群体遗传学方法，不包括
A. 谱系研究　　B. 双生子研究
C. 寄养子研究　　D. 遗传分析法
E. 高风险因素的研究

54. 关于精神病学与临床其他学科的关系，错误的是
A. 躯体疾病的症状可作为心理应激导致焦虑抑郁等情绪反应
B. 各种躯体疾病均可影响大脑功能而出现精神症状
C. 临床上某些药物可导致精神异常
D. 精神疾病也可以伴随一系列的内脏和代谢功能紊乱
E. 精神症状对躯体疾病的康复无影响

55. 阿尔茨海默病(AD)的病理特征，错误的说法是
A. 大脑皮质弥漫性萎缩

B. 脑沟增宽
C. 老年斑和神经纤维缠结
D. 脑室扩大
E. 神经元气球样肿胀

56. 关于阿尔茨海默病（AD）的病因学、发病机制，**错误**的是
A. AD 患者脑部乙酰胆碱明显缺乏，乙酰胆碱酯酶和胆碱乙酰转移酶活性降低
B. AD 患者脑中某些神经递质的含量一般减少，如去甲肾上腺素、5-HT、谷氨酸等
C. AD 患者发病与遗传因素有关，有家族史者其患病率为普通人群的 3 倍
D. 载脂蛋白 E（APOE）基因是老年型 AD 的重要危险基因
E. 80% 左右的 AD 患者为家族性常染色体显性遗传患者

56.【答案】E
【解析】临床一小部分患者有明显阳性家族史，成为家族性 AD，大部分为非家族性或散发性 AD。
【考点】痴呆和其他脑器质性精神障碍的病因学☆☆

57. 下面有关阿尔茨海默病（AD）的神经病理学改变，**错误**的是
A. 脑萎缩、脑沟回增宽和脑室扩大是诊断阿尔茨海默病（AD）的主要依据
B. 大脑皮质、海马、某些皮质下核团中有大量的老年斑（SP）形成
C. 大脑皮质、海马、皮质下神经元存在大量的神经元纤维缠结（NFT）
D. SP 和 NFT 大量出现于大脑皮质之中是诊断 AD 的两个主要依据
E. 正常老年人脑中也可出现 SP，但数量比 AD 患者明显少

57.【答案】A
【解析】脑萎缩、脑沟回增宽和脑室扩大是 AD 在 CT 中的突出表现，但不具有特征性，不能作为诊断主要依据。
【考点】阿尔茨海默病的病因学☆☆

【A2 型题】

1. 患者，女，32 岁，病程 5 年，诊断精神分裂症，一直服用利培酮 4mg/d 治疗，出现月经稀少、不规律来潮，有时半年无月经来潮，偶有溢乳现象。出现此现象，相关的神经通路是
A. 中脑 - 边缘系统通路
B. 中缝核 - 小脑通路
C. 黑质 - 纹状体通路
D. 结节 - 漏斗通路
E. 中脑 - 皮质通路

1.【答案】D
【解析】中枢多巴胺（DA）的神经通路中结节 - 漏斗通路与抗精神病药物所致催乳素水平升高有关。
【考点】精神分裂症 DA 神经通路☆☆

2. 患者，男，28 岁，病程 3 年，表现孤僻、几乎整日不语、对家人冷淡，家人跟他交谈也只回应简单一两个字，面无表情，看不出喜怒哀乐变化，经常无故走到大门口，若有所思，问其原因也不回答。诊断精神分裂症。对上述表现的原因分析，最合理的是
A. 中脑 - 边缘系统通路 DA 功能低下
B. 中缝核 - 小脑通路 DA 功能亢进
C. 黑质 - 纹状体通路 DA 功能低下
D. 结节 - 漏斗通路 DA 功能亢进
E. 中脑 - 皮质通路 DA 功能低下

2.【答案】E
【解析】精神分裂症阴性症状的产生与中枢多巴胺（DA）的神经通路中中脑 - 皮质通路 DA 功能低下有关。
【考点】精神分裂症阴性症状与 DA 神经通路的关系☆☆

3.【答案】A

【解析】受体上的受点在数量和敏感性方面可不断发生变化，在不同发育阶段、对神经支配活动以及药物的作用作出反应。长期使用阻断受体的药物可使受体数目增加、敏感性增高，而长期使用激活受体的药物，可使其数目减少，敏感性降低。这可能用来解释精神分裂症患者长期服用与DA受体有高亲和力的经典抗精神病药物后容易出现迟发性运动障碍。当然，自由基清除障碍导致的神经元损害也是迟发性运动障碍的形成因素之一。

【考点】迟发性运动障碍产生的机制☆☆

4.【答案】D

【解析】阿尔茨海默病确诊的金标准为病理诊断。组织学检查除大量神经元脱失、皮质突触显著减少、皮质内神经元脂褐质聚积外，特征性病理改变有神经细胞内由双股螺旋微丝构成的神经纤维缠结；以淀粉样蛋白为核心的细胞外老年斑或轴索斑，又称“淀粉样斑”；神经元颗粒空泡变性；血管壁淀粉样蛋白变性。而“大脑皮质可见圆形或卵圆形空泡呈海绵状改变”是克-雅脑病的病理改变。

【考点】阿尔茨海默病的特征性病理改变☆☆

5.【答案】A

【解析】肝豆状核变性是一种常染色体隐形单基因遗传疾病，由血浆中铜蓝蛋白（一种铜结合酶）水平降低所致。首次由Wilson报道，又称“Wilson病”。病程不断进展，大都预后不良。定位于13号染色体，基因至少存在25种突变。血浆铜蓝蛋白合成受阻，不能与铜结合，肝胆系统排铜减少，随后大量铜沉积于肝、脑（豆状核）、角膜、肾脏，导致铜代谢障碍并引起一系列内脏功能和组织上的损害。锥体外系反应、角膜色素环和血清铜氧化酶吸光度降低是本病诊断的重要依据。

【考点】肝豆状核变性的病因和病理改变☆☆

6.【答案】E

【解析】麻痹性痴呆是神经系统梅毒中最常见的一类慢性脑膜脑炎，它是由梅毒螺旋体侵犯大脑而引起的。本病主要病理变化在大脑实质，同时也可涉及神经系统其他部分，并且引起躯体功能衰退，最后导致麻痹以及日益加重的智能减退和个性变化。病理解剖：由于梅毒感染引起的炎性反应，软脑膜变得混浊、增厚，即所谓慢性软脑膜炎，在额叶最为严重。整个大脑皮质显著萎缩，以额叶为最。脑室多扩大，脑室的室管膜变厚，尤其在第四脑室底部有细小沙粒样隆起，这种颗粒性室管膜炎在

3. 患者，女，54岁，病程20年，诊断精神分裂症，服用多种抗精神病药物。近5年，患者表现肢体不自主地向后倾斜，走路姿态异常，患者不能自控。与该患者的现象有关的机制是

A. 长期使用受体阻断作用强的药物可使受体数目增加，敏感性增高

B. 长期使用受体阻断作用强的药物可使受体数目减少，敏感性增高

C. 长期使用受体阻断作用强的药物可使受体数目增加，敏感性降低

D. 长期使用受体阻断作用强的药物可使受体数目减少，敏感性降低

E. 长期使用受体阻断作用弱的药物可使受体数目增加，敏感性增高

4. 患者，男，80岁，主因“记忆力下降、自私、疑心重、个人卫生不知料理5年，加重1年”入院。既往体健，头颅MRI示弥漫性脑皮质萎缩，海马透明区扩大。对该患者病理学改变描述，**错误**的是

A. 神经纤维缠结

B. 淀粉样蛋白为核心的细胞外老年斑

C. 神经元颗粒空泡变性

D. 大脑皮质可见圆形或卵圆形空泡呈海绵状改变

E. 血管壁淀粉样蛋白变性

5. 患者，女，35岁，主因“肝肿大10年、手颤5年，精神异常2年”入院。查体：肝大右肋下0.5cm，四肢抖动，肌张力强直性增高，双侧角膜下缘可见色素环。易激惹、兴奋话多、行为紊乱、在卫生间放自来水，夜眠差。对该病病因学描述，**错误**的是

A. 本病为常染色体隐性多基因遗传病

B. 体内缺乏血浆铜蓝蛋白

C. 大量铜沉积于肝、脑、角膜、肾脏，导致铜代谢障碍

D. 肝胆系统排铜减少

E. 基因突变定位于13号染色体

6. 患者，男，50岁，主因“兴奋话多、语乱、暴躁、记忆力减退2年，加重半年”入院。诊断为麻痹性痴呆，下列有关描述，正确的是

A. 由乙型脑炎病毒侵犯大脑引起

B. 整个大脑皮质萎缩，以颞叶为重

C. 晚期出现瞳孔变化，双侧瞳孔不等大，形状边缘不整齐

D. 晚期以躁狂样表现为主，智能减退和个性变化不明显

E. 头颅外伤、过度疲劳、酗酒、其他传染病、精神创伤等不良

因素，可削弱机体防御能力，成为发病诱因

7. 患者，女，28 岁，主因“间断情绪低落、兴趣减退、乐趣丧失、疲惫 3 年，复发 1 月”入院。对该疾病病因学描述正确的是
A. 5-HT 功能低下的基础上，NE 功能亢进
B. 5-HT 功能低下的基础上，NE 功能减退
C. 5-HT 功能亢进的基础上，NE 功能亢进
D. 5-HT 功能亢进的基础上，NE 功能减退
E. 神经发育异常假说

8. 患者，男，75 岁，主因“波动性记忆力下降、情感脆弱 2 年”入院，既往高血压病史 10 年，头部 CT 示多发性腔隙脑梗死。对所患疾病描述正确的是
A. 痴呆与脑梗死无关
B. 以记忆障碍为主的局限性痴呆
C. 大脑皮质弥漫性萎缩
D. 神经纤维缠结和老年斑为其最显著的特征
E. 存在家族聚集现象

【A3/A4 型题】

（1~5 题共用题干）

患者，女，23 岁，某次与人发生口角，对方声音洪亮、伶牙俐齿，患者自感不是对手。第二天起床后患者无法说话，只能用手势表示，能正常咳嗽，耳鼻喉检查正常。

1. 该患者的表现是
A. 瓦解症状　　B. 违拗症状
C. 躯体化症状　　D. 分离性症状
E. 转换性症状

2. 该患者最可能的诊断是
A. 惊恐发作
B. 焦虑障碍
C. 恐惧症
D. 转换障碍
E. 急性应激障碍

3. 对该疾病的病因和病理基础描述，**错误**的是
A. 由精神因素作用于易病个体引起的精神障碍
B. 精神因素包括重大生活事件、内心冲突、情绪激动、暗示或自我暗示等
C. 躯体症状是患者的内心冲突以象征的方式表达出来以避免严重的焦虑不安和痛苦

本病病理变化中具有特征性意义。本病产生常取决于机体的反应性和功能状态。头颅外伤、过度疲劳、酗酒、其他传染病、精神创伤等不良因素，可削弱机体防御能力，成为发病诱因。瞳孔变化是一个常见的早期症状，双侧瞳孔不等大，形状边缘不整齐，60% 病例可有阿·罗瞳孔（Argyll Robertson 瞳孔），及瞳孔对光反射完全消失或迟钝，而调节或聚合反应依然保存。

【考点】麻痹性痴呆的病因和病理改变☆☆

7.【答案】B

【解析】NE 和 5-HT 被认为与情感障碍的发生关系最为密切。5-HT 系统的低下为 NE 功能改变所致的情感障碍提供了基础，在 5-HT 功能低下的基础上，NE 功能减退出现抑郁。

【考点】抑郁发作的病因学假说☆☆

8.【答案】B

【解析】血管性痴呆包括由脑梗死、脑出血、缺血引起的痴呆，通常起病较急，常有高血压病史，病程呈波动性或阶梯恶化，以记忆障碍为主导的局限性痴呆，判断力、自知力较好，人格改变不明显，常有情感脆弱表现。神经系统可有局限症状和体征，如病理反射、偏瘫。CT 示多发梗死、腔隙脑梗死和软化灶。其他选项描述的是阿尔茨海默病的特征。

【考点】血管性痴呆的病因和病理机制☆

1.【答案】E

【解析】患者在一定的社会心理应激因素下急性起病，表现为“缄默症”，也称“失音症”。检查神经系统及发音器官，无器质性病变，其症状被认为是患者不能解决的内心冲突和愿望具有象征意义的转换。

【考点】转换症状☆

2.【答案】D

【解析】同上题。

【考点】转换障碍☆

3.【答案】E

【解析】情绪不稳定、易接受暗示、常自我催眠、文化水平低、迷信观念重、青春期或更年期女性，较一般人更容易发生分离障碍。具有情感反应强烈、表情夸张、寻求别人经常注意和自我中心等表演性人格特征的人，在受到挫折、出现心理冲突或接受暗示后容易产生此病。但这类人格特征并非发生癔症的必要条件，有些不属于这类人格的人在强烈的精神因素影响下，同样可以发生癔症反应。

【考点】分离障碍的病因☆☆

D. 属于无意识的防御机制

E. 人格特征是癔症发作的必要条件

4. 对治疗方法的描述，错误的是

A. 心理治疗是这类疾病的基本措施

B. 可用暗示疗法、催眠疗法、解释性心理疗法、行为疗法等心理治疗方法

C. 当精神症状明显时可采用药物治疗

D. 禁用 MECT

E. 当治疗需要家庭成员配合时，可采用家庭疗法，以改善患者的治疗环境

5. 对护理方法的描述，错误的是

A. 应尽可能避免反复的、过多的检查，以免病情进一步复杂化

B. 不宜匆忙草率地采取简单的语言暗示

C. 应尽量避免环境中的不良暗示

D. 需给予积极关注

E. 对病情发展表现出的紧张不安，会使患者寻求注意的倾向性增强，不利于病情改善

【案例分析题】

案例一：患者，男，31 岁，一年前无明显原因出现多疑、敏感，认为邻居在背后议论他，说他的坏话。感到马路上的人也在说他，诋毁他的名誉。近 1 个月病情加重，认为邻居收买了公安局的人派人跟踪监视他，想害死他，并用高科技仪器控制他的脑子，让他头痛，使他生不如死。为此，患者多次拿刀找邻居，被家人及时制止。近三天，患者拒食，听到有声音告诉他："饭里有毒，不能吃。"医生与其交谈时，患者表情变化不明显，语声偏低，反应慢，很少抬头看医生，否认自己有病。

提问 1：该患者的主要精神症状是

A. 命令性幻听　　B. 关系妄想
C. 被害妄想　　D. 抑郁综合征
E. 内心被揭露感　　F. 思维松散
G. 物理影响妄想

提问 2：该患者主要精神症状的神经生化基础是

A. 中脑 - 边缘系统多巴胺功能亢进

B. 谷氨酸受体结合力在边缘系统下降

C. N- 甲基 -D- 天门冬氨酸受体结合力在前额部增高

D. 甘氨酸治疗可能成为处理精神分裂症阳性症状的新途径

E. 由于皮质下 DA 功能系统和谷氨酸功能系统的不平衡所致

4.【答案】D

【解析】物理治疗，如针刺、电兴奋治疗、MECT 对转换性瘫痪、耳聋、失明、失音或肢体抽动等功能障碍，都可有良好效果。

【考点】分离障碍的治疗☆☆

5.【答案】D

【解析】对于分离障碍的患者，过多的人围观、对症状过分关注、对患者病情发展表现出强烈的紧张不安，都会使患者寻求注意的倾向性增强，从而使病情恶化。

【考点】分离障碍的护理要点☆☆

提问 1：【答案】ABCG

【解析】该患者虽有语声偏低、反应慢、表情变化不明显等类似心情不好的表现，但不符合抑郁综合征的表现，且缺乏主观体验。

【考点】症状学☆☆

提问 2：【答案】ABCE

【解析】在临床研究中，高剂量的甘氨酸能使精神分裂症的阴性症状有明显改善，提示甘氨酸治疗可能成为处理精神分裂症阴性症状的新途径。

【考点】精神分裂症的神经生化基础☆☆

提问 3：该患者使用利培酮 6mg/d 治疗一月，出现表情呆板、肢体活动不灵活、双手细颤，血催乳素 170μg/L，与上述现象有关的神经通路是

A. 中脑 - 边缘系统　B. 中脑 - 皮质通路
C. 黑质 - 纹状体通路　D. 结节 - 漏斗通路
E. 网状上行系统　F. 间脑脊髓系统

提问 3：【答案】CD
【解析】黑质 - 纹状体通路起源于黑质，主要向纹状体背部投射，这一投射系统与集体的运动功能关系密切，拮抗此通路的 DA 受体，可导致锥体外系综合征。结节 - 漏斗通路包括下丘脑正中隆起的弓状核、室周核和下丘脑核的细胞，投射到漏斗和垂体中后部，此系统主要与神经内分泌功能关系密切，拮抗此通路的 DA 受体，可导致催乳素水平升高。
【考点】脑内 DA 通路的生理作用☆☆

第五节　精神科风险评估

【A1 型题】

1. 患者有闪现的自杀观念，能够自我打消，可评估自杀风险等级为
A. 低风险　B. 低 - 中风险　C. 中风险
D. 高风险　E. 极高风险

1.【答案】A
【解析】临床评估自杀风险等级的标准：低风险，闪现的自杀观念，能够自我打消；低 - 中风险，经常出现自杀观念但没有付诸行动的想法，或出现付诸行动的想法时能很快地予以自我否定；中度风险，不仅经常出现自杀观念而且有付诸行动的具体计划，但没有行动的准备；高度风险，有自杀准备；极高风险，自杀未遂。
【考点】自杀风险评估☆☆

2. 患者自杀未遂成为就诊主诉，评估自杀风险等级为
A. 低风险　B. 低 - 中风险　C. 中风险
D. 高风险　E. 极高风险

2.【答案】E
【考点】自杀风险评估☆☆

3. 治疗抑郁症时首先要注意的问题是
A. 改善睡眠　B. 改善抑郁情绪
C. 支持安慰　D. 预防自伤自杀
E. 预防转躁

3.【答案】D
【解析】抑郁症患者最严重和最危险的症状是反复出现的自杀自伤企图和行为，因此治疗时首先要注意防范患者的自伤和自杀。
【考点】抑郁症治疗的风险评估☆☆

4. 如发现患者有低 - 中自杀风险，应采取的干预措施**不包括**
A. 必要的镇静　B. 改良电休克治疗
C. 控制症状　D. 心理治疗
E. 保护性约束

4.【答案】E
【解析】患者低 - 中自杀风险时不需要积极给予保护性约束。
【考点】不同程度自杀风险的应对措施☆☆

5. 有关自杀三级预防，表述正确的是
A. 预防个体自杀倾向的产生
B. 包括开展宣传教育、提高人群心理健康水平、做好精神疾病防治工作
C. 识别判断或评估自杀的风险性，及时进行危机干预及专科治疗
D. 预防自杀行为的再次出现
E. 对陷入自杀危机的人早发现、早治疗

5.【答案】D
【解析】一级预防：预防个体自杀倾向的产生；二级预防：对陷入自杀危机的人早期发现早期治疗并力争获得良好的效果；三级预防：预防自杀行为再次出现。
【考点】自杀的三级预防概念☆☆

6. 自杀三级预防的长远期方法**不包括**
A. 较长时间的心理治疗　B. 原发病的进一步治疗
C. 加强社会支持系统　D. 改良电休克治疗
E. 长期随访

6.【答案】D
【解析】自杀的三级预防：预防自杀行为再次出现，长远期方法不包括改良电休克治疗。
【考点】自杀三级预防的措施☆☆

7. 潜在的攻击暴力行为风险最低的患者是
A. 受幻觉妄想的支配 B. 无自知力，拒绝治疗
C. 癫痫性精神障碍 D. 脑器质性精神障碍
E. 广泛性焦虑障碍

8. 下列对精神分裂症患者的自杀行为描述，错误的是
A. 受幻听支配
B. 受妄想的影响
C. 抑郁情绪加重
D. 仅是为了引起关注
E. 部分患者具有突然性和不可预测性

9. 患者有寻死的愿望，但没有采取任何实际行动，属于
A. 自杀企图 B. 自杀意念 C. 自杀行为
D. 自杀动机 E. 自杀

10. 有关自杀的社会学因素叙述，错误的是
A. 自杀不仅是个人决定的行为，也受社会环境影响
B. 独身、离异、丧偶者自杀率高于婚姻稳定者
C. 低社会阶层者的自杀率最高
D. 国外资料显示，自杀未遂者中男女比例为 1∶3
E. 社会文化对自杀率也有影响

11. 一般认为自杀高危人群不包括
A. 抑郁症患者 B. 精神活性物质滥用者
C. 同性恋者 D. 分离障碍患者
E. 支持系统缺乏者

12. 下列叙述错误的是
A. 现代社会中，自杀是人类的十大死因之一
B. 自杀未遂者是自杀死亡者 10~20 倍
C. 我国男性自杀率高于女性
D. 自杀是一个重要的公共卫生和社会问题
E. 自杀对社会和家庭均带来沉重的影响

13. 下列有关自杀的概念，错误的是
A. 自杀是“有意或故意伤害自己生命的行动”
B. 自杀者“把这种行动看作是解决某种问题的最好方法”
C. 自杀是有意的自我伤害导致的死亡
D. 广义的自杀概念认为意识障碍者的自伤或自杀，不应视为自杀
E. 广义的自杀概念认为自杀是指有害生命的一切行为

7.【答案】E
【考点】精神疾病患者攻击暴力行为的风险因素☆☆

8.【答案】D
【考点】精神分裂症患者自杀行为的特点☆☆

9.【答案】B
【解析】自杀是指故意伤害自己生命的行为，一般分为自杀意念、自杀未遂、自杀死亡。
【考点】自杀行为☆☆

10.【答案】C
【解析】国外资料显示，在自杀死亡者中，男女性别比约为 3∶1，而在自杀未遂者中，男女性别比约为 1∶3。社会各阶层的自杀率两侧高，失业者、无固定职业者、非技术工人及高社会阶层的自杀率较高。
【考点】精神分裂症患者自杀行为的特点☆☆

11.【答案】D
【解析】一般认为，自杀高危人群包括男性、年轻人、50 岁以上的中老年人、单身居住、有躯体疾病者、来自政局动荡的地区、特殊职业人群（医生、作家、艺术家）、破裂家庭子女、儿童在 6~14 岁之间丧失双亲者、既往有自杀未遂者、家族自杀史者、未婚或寡居者、居丧者、不良工作记录者、支持系统缺乏者、儿童虐待、同性恋等。最强的因素是存在精神障碍，包括酒精和药物滥用。
【考点】自杀高危人群☆☆

12.【答案】C
【解析】在西方国家，男性是自杀死亡的危险因素之一，男女比例为 3∶1，但在亚洲国家性别因素不显著，我国女性自杀死亡率比男性高 25%。
【考点】自杀的流行病学现状☆☆

13.【答案】D
【解析】广义的自杀概念认为自杀是指有害生命的一切行为，无论是否有意识障碍。
【考点】自杀的概念☆☆

14. 以下叙述**错误**的是
A. 自杀意念指有寻死的愿望，但没有采取任何实际行动
B. 自杀未遂指有意毁灭自我的行动，但并未导致死亡
C. 自杀死亡指采取有意毁灭自己的行为
D. 自杀意念、自杀未遂、自杀死亡三者之间不能完全划分
E. 大部分有自杀意念者最终以自杀结束自己的生命

14.【答案】E
【解析】有自杀意念者中最终有一小部分以自杀结束了自己的生命。
【考点】自杀的概念☆☆

15. 有关自杀的流行病学资料，**错误**的是
A. 世界各国主要以死亡统计数字来推断自杀死亡率
B. 最近的统计表明，自杀率最高的国家每年达30/10万，最低的少于5/10万
C. 1999年卫生部公布的我国自杀率为22.2%
D. 在我国自杀率城市高于农村
E. 我国的研究表明，女性的自杀率高于男性

15.【答案】D
【解析】自杀有城乡差异，在大多数提供了自杀相关统计数据的国家，城市的自杀率高于农村，而在我国，农村高于城市。
【考点】自杀的流行病学现状☆☆

16. 有关自杀的流行学资料，**错误**的是
A. 自杀率一般随年龄的增长而增加，男女性自杀死亡的高峰年龄分别是45岁和55岁左右
B. 自杀是青少年最主要的死因之一
C. 老年人自杀率高于青壮年
D. 自杀意念和自杀未遂在少年儿童中非常少见
E. 在自杀死亡者中，男性采用暴烈手段自杀者多于女性

16.【答案】D
【解析】总的来说，自杀率随年龄增长而增加，虽然研究发现14岁以下儿童自杀死亡者罕见，但自杀意念和自杀未遂在少年儿童中并不少见。
【考点】自杀在不同年龄人群中的特点☆☆

17. 自杀高危人群**不包括**
A. 抑郁症患者　　B. 精神分裂症
C. 反社会型人格障碍　　D. 精神活性物质滥用者
E. 神经症患者

17.【答案】E
【解析】总体而言，神经症不属于重性精神疾病，患者多数症状较轻、自知力存在、对疾病有主动求治的愿望，症状表现也更具有现实基础。
【考点】自杀的高危人群☆☆

18. 下列有关自杀的危险信号，正确的是
A. 表明想自杀的人通常不会自杀
B. 有自杀行为的人都是想死的
C. 重症抑郁患者治疗情况好转，自杀的危险性依然存在
D. 不能与有自杀可能性的人谈自杀
E. 由于自杀的人多有心理问题，故应及早接受系统的治疗

18.【答案】C
【考点】自杀风险识别与评估☆☆

19. 关于躯体疾病患者自杀的原因，**无关**的是
A. 疾病导致的功能受限，不能从事正常的职业和社交活动
B. 疾病导致的难以耐受的慢性疼痛
C. 毁形带来的痛苦
D. 因疾病导致的悲观、绝望情绪
E. 因有些躯体疾病本身就是致死性疾病

19.【答案】E
【考点】躯体疾病患者自杀的原因☆☆

20. 临床工作中，近期内自杀的可能性较小的是
A. 近期内有过自杀或自杀未遂行为者
B. 向亲友、同事或医务人员或在日记作品中流露出消极、悲观的情绪，表现过自杀意愿者
C. 近期遭受了难以弥补的严重丧失者
D. 和有医学知识的朋友讨论自杀方法者
E. 单纯型精神分裂症患者

21. 下列有关"攻击行为"生物学因素描述，**错误**的是
A. 性别因素，男女发生攻击行为的比例为9∶1
B. 遗传因素，存在一定的家族聚集现象
C. 生化因素、5-HT及血浆总胆固醇水平与攻击行为的发生和抑制有关
D. 脑结构与功能，海马被称为攻击中枢
E. 神经内分泌，雄激素、血糖、促肾上腺皮质激素可能与攻击行为有关

22. 出现攻击行为风险最低的疾病是
A. 人格障碍　　B. 躁狂发作
C. 精神分裂症　　D. 颅脑外伤后
E. 抑郁发作

23. 下列有关"攻击行为"心理学因素描述，**错误**的是
A. 青春期为高发阶段，30岁以后开始下降
B. 多具有多疑、固执、缺乏同情心、缺乏自信自尊、情绪不稳定等人格特征
C. 归因方式倾向于内部归因
D. 严重和持续的应激事件可能成为促发因素
E. 智力水平低下者易发生攻击行为

24. 下列有关"攻击行为"社会学因素描述，**错误**的是
A. 低收入、社会底层、失业及职业不稳定群体攻击行为发生率明显较高
B. 早年不良的家庭环境与攻击行为关系较为密切
C. 婚姻稳定性差、缺少社会支持者易发生攻击行为
D. 不当的社会舆论和传媒常有诱导作用
E. 攻击行为的发生与受教育年限成正比

25. 下列有关自杀一级预防的描述，**错误**的是
A. 针对有自杀危险的人群进行早发现、早诊断、早治疗
B. 普及心理健康知识，矫正不良认知及行为
C. 提高对抑郁症等精神疾病的识别与防治

20.【答案】E
【考点】自杀风险☆☆

21.【答案】D
【解析】攻击行为的生物学因素有：①性别因素，男女发生攻击行为的比例为9∶1；②遗传因素，攻击暴力行为存在一定的家族聚集现象，且符合多基因遗传特点，XXY型超雄结构可能更具有攻击性；③生化因素，5-HT及血浆总胆固醇水平与攻击行为的发生和抑制有关；④神经内分泌，雄激素、血糖、促肾上腺皮质激素可能与攻击行为有关；⑤脑结构与功能，左右大脑半球的均衡性发展与协调功能、额叶和颞叶功能及脑电图慢波活动等均与攻击行为有关，杏仁核被称为攻击中枢；⑥疾病因素，精神分裂症、人格障碍、颅脑外伤后患者更易发生攻击行为。
【考点】攻击行为的生物学因素☆☆

22.【答案】E
【考点】攻击高风险的人群☆☆

23.【答案】C
【解析】攻击行为的心理学因素包含以下几个方面：情绪稳定性及成长阶段、人格特征、认知内容与认知加工过程、应激、智能。常出现攻击行为的人，归因方式倾向于外部归因，可能存在内隐性认知加工过程偏差。
【考点】攻击行为的心理学因素☆☆

24.【答案】E
【解析】攻击行为的发生与受教育年限呈反比。
【考点】攻击行为的社会学因素☆☆

25.【答案】A
【解析】自杀的一级预防是针对一般人群及潜在人群；二级预防是对有自杀危险的人群进行早发现早诊断早治疗；三级预防是降低死亡率和善后处理。
【考点】自杀的一级预防☆☆

D. 减少对自杀工具的获得

E. 对各种媒体报道进行规范和必要的限制

26. 严重一氧化碳中毒者在出现精神障碍前可有假愈期，假愈期最长可达

A. 2周　　B. 4周　　C. 8周

D. 12周　　E. 24周

26.【答案】D

【考点】一氧化碳中毒者治疗恢复期的风险问题☆☆

27. 肾上腺皮质激素所致精神障碍，常发生于用药后

A. 数分钟　　B. 数小时

C. 数天到一周　　D. 数天或2个月内

E. 数天或2周内

27.【答案】D

【考点】使用激素类药物出现精神症状的风险☆☆

28. 下列有关使用约束工具的描述，**错误**的是

A. 在可用可不用的情况下，尽量不用

B. 避免用力过猛，尽可能保持患者处于功能位置

C. 定期巡视，定时饮食二便

D. 防止约束带脱落或被患者解开

E. 可以作为对患者行为矫正或惩罚的一种方法

28.【答案】E

【考点】约束的风险评估☆☆

29. 下列有关暴力行为高风险症状的描述，**错误**的是

A. 谵妄　　B. 嫉妒妄想

C. 命令性幻听　　D. 被害妄想

E. 强迫计数

29.【答案】E

【考点】暴力行为的风险评估☆☆

【A2型题】

1. 患者，女，38岁，冬季某日，患者晚上一直烧着蜂窝煤炉，次日清晨家人发现患者处于昏迷状态，颜面呈樱桃红色，遂送至附近医院抢救，经给氧、脱水等治疗后，患者清醒。此后2月患者能正常生活。此时对于此患者最应预防的风险问题是

A. 白细胞减少

B. 运动性神经炎

C. 视力下降甚至永久失明

D. 癫痫发作

E. 假愈期

1.【答案】E

【解析】部分一氧化碳中毒者于昏迷苏醒后，经假愈期，会再度昏迷并出现迟发脑病。

【考点】一氧化碳中毒者治疗恢复期的风险问题☆☆

2. 患者，男，56岁，诊断精神分裂症，服用氯氮平20年，同时服用普萘洛尔及润肠通便药物。由此可以推测该患者长期用药的风险是

A. 白细胞减少　　B. 噎食

C. 肠梗阻　　D. 流涎

E. 甲状腺功能低下

2.【答案】C

【解析】长期服用氯氮平的患者由于药物的抗胆碱能作用较强，引起肠蠕动减弱，容易出现便秘甚至有肠梗阻的风险。

【考点】氯氮平的长期用药风险☆☆

3. 患者，男，32岁，诊断偏执型精神分裂症，既往服用过利培酮、氟哌啶醇、阿立哌唑等药物，均有好转，但因自行停药致病情波动反复住院，家庭经济困难。对此应考虑使用的治疗药物为

A. 利培酮微球注射液　　B. 奥氮平片

C. 帕利哌酮缓释片　　D. 阿立哌唑片

E. 癸酸氟哌啶醇注射液

3.【答案】E

【解析】从既往服药依从性差、家庭经济困难两点考虑，适合选用传统抗精神病药物的长效针剂。

【考点】精神科用药风险评估☆☆

4. 患者，男，32岁，因"情绪低落、悲观自责、自杀观念2月"来诊。患者经常出现自杀观念而且有付诸行动的具体计划，如跳楼等，但没有行动的准备，评估其自杀风险等级为

A. 低风险　　B. 低-中风险　　C. 中风险

D. 高风险　　E. 极高风险

4.【答案】C

【解析】临床评估自杀风险等级的标准：低风险，闪现的自杀观念，能够自我打消；低-中风险，经常出现自杀观念但没有付诸行动的想法，或出现付诸行动的想法时能很快地予以自我否定；中度风险，不仅经常出现自杀观念而且有付诸行动的具体计划，但没有行动的准备；高度风险，有自杀准备；极高风险，自杀未遂。

【考点】自杀风险评估☆☆

5. 患者，女，32岁，因离异于1月前出现情绪低落、高兴不起来、委屈、对生活感到无望，就诊于精神科门诊。患者父亲自杀去世。在与患者交谈中正确的做法是

A. 直接询问患者是否也有轻生的想法

B. 回避与死亡有关的话题

C. 暗示患者不要有轻生的想法

D. 尽量回避问及患者的生活事件

E. 尽量避免问及患者父亲的死因

5.【答案】A

【解析】在谈话中应了解患者目前是否有自杀的危险性，可直接询问是否有轻生的想法、是否考虑过具体措施等，谈话中不应回避有关自杀的话题，不要怕重复，公开坦率的交谈不会促成自杀。

【考点】自杀的询问技巧☆☆

6. 患者，女，56岁，因"间断兴奋话多、睡眠需求减少、挑剔、易激惹行为25年，复发1月伴冲动行为"入院。既往患脂肪肝10年、腔隙性脑梗死2年。入院前服用碳酸锂1.0g/d、丙戊酸钠缓释片1 000mg/d、奥氮平10mg/d。入院后躁闹不安、挑剔环境、骂医护人员、易激惹、把水泼在病友身上。急查电解质血钾3.35mmol/L，尿酮(+++)。此时行MECT，最大的风险因素是

A. 脂肪肝　　B. 既往脑梗死病史

C. 年龄偏大　　D. 药物剂量过大

E. 血钾3.35mmol/L

6.【答案】D

【解析】结合该患者情况考虑，药物剂量过大是最大的风险因素，容易出现发作不充分、认知功能损害等，其他因素次之。

【考点】MECT前的风险评估☆☆

7. 患者，男，35岁，因"情绪低落、少语少动、悲观自责半年，加重2周，勉强进食少量伴自杀观念"来诊。该患者曾说"自己太无能了，不能给妻子、孩子带来好的生活，让全家人都受苦受罪，还不如全都死了也就都解脱了"。该患者最大的风险是

A. 自伤自杀　　B. 木僵

C. 冲动攻击　　D. 电解质紊乱

E. 扩大性自杀

7.【答案】E

【考点】抑郁症的自杀风险评估☆☆

8. 患者，女，52岁，因"情绪低落与情绪高涨间断发作25年，复发1月，话多兴奋"入院。既往体健，有吸烟史20年，10支/d。

8.【答案】D

【解析】QTc间期延长的独立危险因素包括但不限于：年龄≥65岁、女性、存在心脏疾病或异常、电解质紊乱、并发精神障碍、血药浓度过高、物质滥用等。

【考点】抑郁症的自杀风险评估☆☆

常年服用丙戊酸钠缓释片 1 000mg/d、氟哌啶醇片 10mg/d。入院后心电图示 QTc 间期 507ms，血钾 3.2mmol/L，丙戊酸浓度 115mg/L。该患者 QTc 间期延长的风险因素**不包括**

A. 女性　　B. 药物浓度偏高
C. 吸烟史　　D. 年龄
E. 电解质紊乱

【A3/A4 型题】

（1~2 题共用题干）

患者，女，35 岁，因"凭空闻声、被监视感 6 年，加重半年，自语、外跑、毁物"入院。入院诊断偏执型精神分裂症。既往冠心病、高脂血症 5 年，目前服用阿托伐他汀钙治疗。

1. 适合急性期的用药选择是
A. 利培酮　　B. 氟哌啶醇　　C. 氨磺必利
D. 齐拉西酮　　E. 奥氮平

2. 适合稳定期的用药选择是
A. 利培酮　　B. 氟哌啶醇　　C. 氨磺必利
D. 齐拉西酮　　E. 奥氮平

（3~4 题共用题干）

患者，男，79 岁，高中文化，退休。因"记忆受损、智能减退、人格改变 4 年"来诊，患者难以胜任简单家务劳动，不能正确回答自己亲人的名字与年龄，但尚能记住自己的名字，饮食不知饥饱，外出找不到家门，举止幼稚。

3. 根据该患者潜在的风险，治疗护理方面**错误**的是
A. 防止走失和意外事故
B. 防止呛咳、误吸、噎食
C. 关注躯体情况，及时发现问题并给予必要处理
D. 关注抑郁或兴奋情绪，防止冲动自伤行为
E. 经常变换照料者或居住环境

4. 关于此病的预后**错误**的是
A. 渐进性加重
B. 阶段性加重
C. 最后进入严重痴呆状态
D. 数月至数年相对稳定
E. 存活时间与护理质量有关

1.【答案】E

【解析】精神分裂症女性患者，既往有心血管疾病，目前以不协调的精神运动性兴奋为主要表现，要兼顾疗效和不良反应的平衡，考虑到利培酮、氨磺必利、氟哌啶醇对月经的影响，急性期可选用镇静作用较强的、对阳性症状作用较好的奥氮平治疗。

【考点】精神分裂症急性期药物选择的风险评估☆☆

2.【答案】D

【解析】精神分裂症女性患者，既往有心血管疾病，目前以不协调的精神运动性兴奋为主要表现，要兼顾疗效和不良反应的平衡，考虑到利培酮、氨磺必利、氟哌啶醇对月经的影响，急性期可选用镇静作用较强的、对阳性症状作用较好的奥氮平治疗。但长期用药会产生代谢综合征，对冠心病、高脂血症的控制不利，因此稳定期可考虑选用糖脂代谢影响较小的齐拉西酮治疗。

【考点】精神分裂症急性期和稳定期药物选择的风险评估☆☆

3.【答案】E

【解析】严重痴呆的护理注意事项：需有专人陪护或入住看护条件较好的养老院或托老所，由于痴呆患者记忆力减退严重，视空间和定向力进一步受累，在熟悉的环境中也会迷失方向，所以应尽量固定看护者及居住地点，减少环境的变化。

【考点】痴呆患者的护理风险☆☆

4.【答案】B

【解析】阿尔茨海默病是一种预后不良的慢性进行性加重的疾病，发病早、有痴呆家族史者进展可能较快。通常将病程分为早、中、后三期，各期间可存在重叠与交叉，并无截然界限。

【考点】阿尔茨海默病的病程特点☆☆

(5~7 题共用题干)

患者,女,45 岁,3 年前患甲状腺功能亢进,经甲巯咪唑治疗一年后恢复正常,后未再服药及复查。近两月患者出现兴奋话多、言语夸大、精力旺盛、制订各种工作生活计划。

5. 对此,从诊断的角度考虑,需要尽快安排的检查有
   A. 血常规　　B. 甲状腺功能五项
   C. 生化　　D. 超声心动图
   E. 梅毒抗体

6. 如各项指标均正常,目前急性期的治疗药物首选
   A. 碳酸锂　　B. 丙戊酸钠　　C. 拉莫三嗪
   D. 卡马西平　　E. 托吡酯

7. 患者长期用药需针对性地监测的指标有
   A. 电解质　　B. 肝功能　　C. 催乳素
   D. 肾功能　　E. 血沉

(8~11 题共用题干)

患者,年轻男性,因"突然不睡觉,挑剔、易激惹、脾气暴躁,行为冲动"住院治疗。患者说自己能当国家领导人,所有人都得听自己指挥,看到不顺眼的事就破口大骂,甚至扬起拳头要打病友。既往体健,入院后查尿酮(++++),挑剔饮食,进食不规律。

8. 目前该患者需要注意的风险有
   A. 坠床　　B. 水电解质紊乱
   C. 噎食　　D. 跌倒
   E. 自伤自杀

9. 如各项检查结果均正常,急性期首选治疗为
   A. 支持性心理治疗　　B. 非典型抗精神病药物
   C. 苯二氮草类药物　　D. MECT
   E. 心境稳定剂

10. 该治疗的常见不良反应**不包括**
   A. 认知障碍　　B. 骨折　　C. 恶心
   D. 发热　　E. 头痛

11. 增加该治疗危险性的因素**不包括**
   A. 脑占位性病变　　B. 嗜铬细胞瘤
   C. 动脉瘤畸形　　D. 视网膜脱落
   E. 饥饿性酮症

5.【答案】B

【解析】该病例需要鉴别躁狂发作、甲状腺功能亢进伴发精神和行为障碍,需要尽快安排的检查是甲状腺功能。

【考点】针对躁狂状态作出初步诊断时要考虑到的风险问题☆☆

6.【答案】B

【解析】排除器质性因素后则考虑躁狂发作,首选心境稳定剂治疗。常用的对躁狂发作疗效肯定的是碳酸锂、丙戊酸钠。因患者既往有甲状腺疾病病史,碳酸锂对甲状腺功能的影响更为显著,故首选丙戊酸钠。

【考点】进行药物选择时的风险评估☆☆

7.【答案】B

【解析】丙戊酸钠经肝脏代谢,故应该长期监测肝功能。

【考点】长期用药的风险评估☆☆

8.【答案】B

【解析】躁狂患者除攻击冲动风险外,因过于兴奋身体消耗增加,加之对饮食、饮水的忽视,容易出现水电解质紊乱。

【考点】对躁狂状态的风险评估☆☆

9.【答案】D

【解析】患者躁狂发作程度较重,心境稳定剂和非典型精神病药物起效较慢,为快速控制病情,降低攻击风险,应尽快行 MECT。

【考点】对不同程度的躁狂状态急性期的治疗选择☆☆

10.【答案】B

【解析】此题考查的是 MECT 常见的不良反应。

【考点】MECT 的治疗风险☆☆

11.【答案】E

【解析】MECT 没有绝对禁忌证,此题考查的是相对禁忌证。

【考点】MECT 的治疗风险☆☆

【案例分析题】

案例一：患者，女，56岁，离异五年。2月前在得知自己患结肠癌后出现情绪低落、悲观无望、干什么都提不起兴趣、担心自己给家人造成负担、担心自己的病无法治疗、心烦、坐卧不宁、担心儿女也会遗传自己的病。不想治疗躯体疾病，写好遗书，欲割腕，被家属及时发现，后仍一心求死。患者姑姑自杀身亡。

提问1：该患者的自杀高度风险因素包括

A. 焦虑突出

B. 老年抑郁

C. 难以治愈的躯体疾病

D. 抑郁症恢复期

E. 自杀家族史

F. 离异独居

提问1：【答案】ABCEF

【解析】抑郁症恢复期并非自杀的风险因素。

【考点】自杀的危险因素☆☆

提问2：如患者没有条件住院，医生在门诊治疗中应采取的降低患者自杀风险的措施有

A. 支持性心理干预

B. 严防再次自杀

C. 把药物交给患者，详细告知其服用方法

D. 向家属交代自杀风险，医嘱“防自杀”并记录沟通过程

E. 尽快控制抑郁症状

F. 开具大量苯二氮䓬类药物抗焦虑

提问2：【答案】ABDE

【解析】对于有高度自杀风险的门诊患者，如有家属陪同，必须将药物交由家属保管，定时按医嘱看护患者服药；如无家属陪同，应该电话通知患者家属、告知病情，开具最小包装剂量的药品，以防患者过量服药。

【考点】门诊医生接诊高度自杀风险患者的方法☆☆

提问3：如患者住院治疗，医生应采取的措施是

A. 支持性心理干预

B. MECT

C. 使用苯二氮䓬类药物给予必要的镇静

D. 尽快控制抑郁症状

E. 专人看护严防自杀

F. 向家属告知风险，签字确认

提问3：【答案】ABCDEF

【解析】对于有高度自杀风险的住院患者，一方面及时通知护士，严防自杀；另一方面向家属书面告知自杀风险，请专人严密看护，完善检查后尽快行MECT，同时给予抗抑郁药及支持性心理治疗，必要时给予苯二氮䓬类药物镇静。

【考点】病房医生接诊高度自杀风险患者的方法☆☆

案例二：患者，男，22岁，大学二年级学生，近一年来听课发愣，不做笔记，时有自语自笑，动作迟缓，吃一顿饭要一个多小时。5d前开始终日卧床，不吃饭，不知上厕所。既往体健。精神检查：意识清晰，卧床不动不语，针刺其身体无反应，肌张力增高，令其张嘴，反把嘴闭得更紧，把患者肢体摆成不舒服的姿势，可以保持很久不变，躯体及神经系统检查无异常。

提问1：患者**不具备**的症状是

A. 情绪低落　　B. 情感淡漠

C. 蜡样屈曲　　D. 违拗

E. 木僵　　F. 兴趣减退

提问1：【答案】AF

【解析】该患者的临床表现为阴性症状、紧张症，精神检查未查及情绪低落、兴趣减退的抑郁综合征体验。且患者言行与周围环境隔离，无鲜明的情感表达。

【考点】阴性症状与抑郁症状的鉴别☆☆

提问2：该患者的正确诊断是

A. 抑郁症　　B. 脑炎

提问2：【答案】E

【考点】精神分裂症的诊断和鉴别诊断☆☆

提问3:【答案】ABCE

【解析】患者处于紧张症时由于进食被动、长时间保持固定姿势、肌紧张等原因,有可能出现电解质紊乱、压疮、噎食等情况,同时紧张症有突然冲动的风险,患者可在紧张性兴奋与紧张性木僵之间变化。

【考点】紧张症的风险评估☆☆

提问4:【答案】BCD

【解析】紧张症的主要治疗方法为药物治疗,其中又以MECT及舒必利静脉滴注效果较好,可给予苯二氮䓬类药物,通过其肌松作用减轻肌紧张症状。

【考点】紧张症的治疗☆☆

提问1:【答案】C

【解析】谵妄是一种常见的急性器质性精神障碍,核心症状是意识障碍,常有注意力和觉醒程度的改变,常伴随精神运动异常、睡眠觉醒周期紊乱、妄想、情绪异常等症状,夜晚加重。

【考点】谵妄的识别☆☆

提问2:【答案】ABCDEF

【解析】谵妄的显著危险因素有高龄、大手术、有基础的中枢神经系统疾病(如痴呆、帕金森病、卒中)、严重的共病(如终末期疾病、烧伤、肾衰竭)、药物、癌症、物质滥用、导管插入、约束、营养不良、感染、便秘等。

【考点】谵妄的诱发因素☆☆

提问3:【答案】AD

【解析】谵妄时应积极治疗原发病,寻找谵妄原因。为控制精神行为异常可给予抗精神病药物对症治疗,以非典型抗精神病药物为首选,因患者兴奋、躁闹不合作,也可以给予小剂量氟哌啶醇肌内注射。苯二氮䓬类药物一般避免使用,但可用于精神活性物质戒断产生的谵妄。

【考点】针对谵妄精神行为异常的用药选择☆☆

提问4:【答案】CDEF

【解析】精神科药物治疗谵妄的原则:短期、对症、小剂量起始。针对兴奋或精神症状对症治疗,对于低活动型一般不用精神药物治疗。治疗中及时评估,当精神症状被控制,即应停药。

【考点】针对谵妄精神行为异常的用药原则☆☆

C. 精神发育迟滞　　D. 癔症
E. 精神分裂症紧张型　　F. 焦虑症

提问3:该患者可能存在的风险有
A. 水电解质紊乱　　B. 攻击冲动
C. 产生压疮　　D. 自杀风险
E. 噎食　　F. 外跑

提问4:适合于该患者的治疗有
A. 氟哌啶醇快速治疗
B. 苯二氮䓬类药物
C. MECT
D. 舒必利注射液静脉滴注
E. 抗抑郁药物
F. 心理治疗

案例三:患者,男,70岁,胃癌根治术后3d,由重症监护室转入普通病房。住院期间突然半夜起床活动,无目的地摸床、摸墙、摸病友的头、自语不休。时有大喊大叫,不识亲人,不知身在何处,白天稍安静。5年前患脑梗死。

提问1:此患者的诊断可能是
A. 血管性痴呆　　B. 精神分裂症
C. 谵妄状态　　D. 阿尔茨海默病
E. 急性躁狂状态　　F. 分离障碍

提问2:推测产生此状态可能的原因有
A. 手术创伤
B. 麻醉用药和术后用药
C. 高龄
D. 营养不良
E. 脑梗死
F. 可能的感染

提问3:针对该患者的精神行为异常可采用的治疗方法是
A. 氟哌啶醇肌内注射
B. 苯二氮䓬类药物
C. MECT
D. 非典型抗精神病药物
E. 抗抑郁药物
F. 心境稳定剂

提问4:精神科药物的用药原则
A. 充分时间剂量　　B. 联合用药
C. 短期　　D. 小剂量起始
E. 及时停药　　F. 低活动型一般不用

案例四:患者,女,32岁,因“兴奋、语乱、行为冲动紊乱3d”住院治疗。既往体健，高中文化，已婚，病前性格开朗随和，无烟酒嗜好，十天前跟婆婆吵过架，家族史阴性。入院后总体表现兴奋、喊叫、内容不连贯，时而出现定向力障碍及对答不切题现象，表情茫然，小便于床，晚上更明显。体温 38.5℃。

提问 1：关于患者目前所处状态最准确的判断是

A. 焦虑状态　B. 兴奋状态
C. 躁狂状态　D. 谵妄状态
E. 激越状态　F. 妄想状态
G. 痴呆状态

提问 2：该患者诊断可能性最大的疾病是

A. 躁狂发作
B. 精神分裂症
C. 病毒性脑炎
D. 分离障碍
E. 急性而短暂的精神病性障碍
F. 急性应激反应
G. 抑郁发作

提问 3：该患者目前存在的风险有

A. 攻击　B. 坠床
C. 癫痫发作　D. 自伤
E. 水电解质紊乱　F. 心律失常

提问 4：需要尽快完善的检查有

A. 头颅磁共振
B. 神经系统检查
C. 生化
D. 脑电图
E. 心电图
F. 脑脊液检查
G. 乙肝、丙肝、梅毒检查

提问 5：对该患者治疗安排**不合理**的是

A. MECT
B. 氟哌啶醇肌内注射
C. 小剂量抗精神病药物
D. 抗胆碱能作用强的药物
E. 转诊到综合医院进一步诊治
F. 补液支持治疗
G. 对症治疗发热

案例五：患者，男，45 岁，因“凭空闻声、疑心被害、被控制体验 6 年，加重半年”入院。服用利培酮 6mg/d，出现烦躁、坐立不安、在病房来回走动停不下来、自诉“太难受了”，有时想用头撞墙。

提问 1：该患者目前的状态是

提问 1：【答案】D
【解析】患者急性起病，存在波动性的意识障碍，为急性脑器质性综合征的表现，有晨轻暮重的特点。
【考点】谵妄的判断☆☆

提问 2：【答案】C
【解析】患者急性起病，体温升高，存在波动性的意识障碍，首先应考虑器质性精神障碍的可能性。
【考点】谵妄状态的概念☆☆

提问 3：【答案】ABCDE
【解析】因为存在意识障碍，加之兴奋躁动、不能自主进食水，所以有坠床、电解质紊乱的风险。同时，常可出现幻觉、妄想等精神病性症状，故有可能受症状影响出现攻击或自伤行为。谵妄是一种急性脑器质性综合征，有可能出现癫痫发作。
【考点】对谵妄状态的风险评估☆☆

提问 4：【答案】ABCDF
【解析】所要做的检查有两个目的：一方面寻找谵妄的原因，需要神经系统检查和磁共振检查，脑电图排除癫痫发作；另一方面患者进食差，需监测生化。
【考点】对谵妄状态的风险评估☆☆

提问 5：【答案】AD
【解析】急性脑器质性综合征是 MECT 的相对禁忌证，抗胆碱能药物可能会加重意识障碍，故不合理。
【考点】对谵妄状态的治疗☆☆

提问 1：【答案】C
【解析】从题干给出的信息看，患者目前表现为严重的焦虑激越症状，考虑与抗精神病药物剂量较大有关。应于疾病本身的症状加重进行鉴别。
【考点】药物的风险评估☆☆

A. 躁狂状态　　B. 抑郁状态
C. 药源性焦虑状态　　D. 强迫状态
E. 妄想状态　　F. 谵妄状态
G. 违拗状态

提问 2:目前该患者最大的风险是
A. 水电解质紊乱　　B. 攻击冲动
C. 外跑　　D. 自伤自杀
E. 藏药　　F. 跌倒
G. 心律失常

提问 3:需尽快给予的处理是
A. 加抗抑郁药
B. 减少利培酮剂量
C. 输液促进药物代谢
D. 加苯二氮䓬类药物
E. MECT
F. 加心境稳定剂
G. 立即换用其他抗精神病药物

提问 2:【答案】D
【考点】药物的风险评估☆☆

提问 3:【答案】BCD
【解析】识别出药源性焦虑症状,应尽快减药、输液促进代谢、给予抗焦虑药物对症治疗。切忌一味增加药物的种类和剂量,加重药物副反应。在此时给予 MECT,不但对药源性焦虑症状的减轻无益,同时也会增加恶性综合征的风险。
【考点】药物的风险评估☆☆

案例六:患者,男,30 岁,诊断双相情感障碍,服用丙戊酸钠缓释片 1 000mg/d 及富马酸喹硫平 200mg/d 1 年。随病情好转,将富马酸喹硫平减到 100mg/d。减药后 1 个月,患者出现有节律地、刻板地脖子向后仰的现象,患者自觉控制不住,开始感觉非常痛苦,后逐渐习惯。

提问 1:该症状为
A. 急性肌张力障碍　　B. 迟发性运动障碍
C. 舞蹈症　　D. 抽动症
E. 癫痫发作　　F. 转换症状

提问 2:该症状出现的风险因素有
A. 长期服用大剂量抗精神病药物
B. 传统抗精神病药物
C. 突然减药或停药
D. 既往脑外伤
E. 男性
F. 年轻人

提问 3:处理方法有
A. 加大抗精神病药物剂量
B. 减少或停用抗精神病药物
C. 加用抗震颤麻痹用药,如盐酸苯海索
D. 加用抗组胺药物,如异丙嗪
E. 给予苯二氮䓬类药物
F. 给予维生素 E
G. 促大脑代谢治疗

提问 1:【答案】B
【解析】迟发性运动障碍是抗精神病药物的一种严重不良反应,而且治疗困难。临床特点为不自在的、有节律的刻板运动。可有以下表现形式:①口-舌-颊三联征;②肢体不自主、无目的运动;③肌张力低下;④全身躯干运动不协调。
【考点】用药风险☆☆

提问 2:【答案】ABCD
【解析】迟发性运动障碍通常在长期用药后出现,使用传统抗精神病药物、大剂量用药、突然加药或减药均为危险因素。以女性、老年人、脑器质性疾病患者较多见,心境障碍患者服用抗精神病药物亦容易出现。
【考点】迟发性运动障碍的风险因素☆☆

提问 3:【答案】BDEFG
【解析】目前迟发性运动障碍没有很好的防治办法,一旦出现应首先减药或换药,促大脑代谢治疗,停用一切抗胆碱能药物,给予抗组胺药物、苯二氮䓬类药物,既往认为服用维生素 E 也有一定作用。
【考点】迟发性运动障碍的治疗☆☆

案例七：患者，女，56岁，因“凭空闻声、疑心被害、被控制体验、自语语乱、生活懒散35年，加重1月”入院。既往体健。入院前服用奥氮平30mg/d、氨磺必利600mg/d、舍曲林100mg/d、奥沙西泮60mg/d。入院时意识清晰、违拗、肌紧张、不能自主进食水，CK 777IU/L。

提问1：该患者目前需要警惕的最严重风险是
A. 癫痫发作　　B. 药源性抑郁
C. 水电解质紊乱　　D. 心脏损害
E. 恶性综合征　　F. 5-羟色胺综合征
G. 迟发性运动障碍

提问2：恶性综合征具体表现有
A. 意识障碍　　B. 高热
C. 肌紧张　　D. 自主神经紊乱
E. 癫痫发作　　F. 心动过缓

提问3：其风险因素有
A. 大剂量联合用药
B. 缓慢加药
C. 水电解质紊乱
D. 合并躯体疾病
E. 传统高效价抗精神病药物多见
F. 快速加药
G. 非典型抗精神病药物多见

提问4：患者入院第3天发热，体温38.4℃、血压160/100mmHg、脉率130次/min、大汗、四肢僵直抖动、自语、闭目不睁、答不切题、不能自主排尿、CK 8 920IU/L、血钾略低、白细胞计数略高。需给予的治疗处理有
A. 即刻停口服药　　B. 心电监护
C. 吸氧　　D. 对症治疗发热
E. 补液支持　　F. 抗生素预防感染
G. 保肝降酶

提问1：【答案】E
【解析】恶性综合征是一种较少见的严重不良反应，发病率为0.2%~0.5%，但死亡率高达20%。通常发生在大剂量联合用药的情况下。患者入院时虽然意识清晰，体温正常，但已有违拗、肌张力增高、CK升高等可疑表现，加之入量不足，容易出现水电解质紊乱等恶性综合征的诱发因素。
【考点】精神科用药风险☆☆

提问2：【答案】ABCD
【解析】恶性综合征是一组以急起高热、意识障碍、肌强直、木僵缄默及多种自主神经功能紊乱，如大汗、流涎、心动过速、尿潴留为主要特征的临床综合征。
【考点】恶性综合征的临床表现☆☆

提问3：【答案】ACDEF
【解析】恶性综合征通常发生在大剂量联合用药或快速加量的情况下，以传统高效价药物多见，当合并躯体疾病或水电解质紊乱时更容易发生。
【考点】发生恶性综合征的风险因素☆☆

提问4：【答案】ABCDEFG
【解析】恶性综合征需要早发现早处理。处理原则是停用所有抗精神病药物、补液、纠正酸碱失衡、降温、预防感染。必要时可使用DA激动剂。
【考点】发生恶性综合征的风险因素☆☆

第六节 精神科量化评估

【A1型题】

1. 下列有关标准化精神检查工具的描述，**错误**的是
A. 根据诊断要点和诊断标准设计
B. 包括一系列条目，每一条目代表一个症状或临床变量
C. 包括规定的提问方式和评分标准
D. 检查程序可以根据患者的实际情况灵活变化
E. 是一种定式或半定式的面谈检查工具

1.【答案】D
【解析】标准化精神检查工具是由有临床经验的精神病专家根据诊断要点和/或诊断标准所设计，它包括一系列条目（每一条目代表一个症状或临床变量）、规定的检查程序、提问方式和评分标准、并附有本工具的词条解释。这是一种定式或半定式的面谈检查工具，医生或研究者严格按照规定进行询问和检查，遵循词条定义对所获结果进行评分编码，确定症状是否存在并判断其严重程度。
【考点】标准化精神检查工具☆☆

2.【答案】A

【解析】目前常用的诊断性精神检查工具有复合性国际诊断交谈检查表(composite international diagnostic interview,CIDI)、精神障碍诊断与统计手册定式临床检查(structured clinical interview for DSM,SCID)、简明国际神经精神障碍交谈检查表(mini international neuropsychiatric interview,MINI)。PANSS为阳性和阴性精神症状评定量表(positive and negative syndrome scale),HAMD为汉密尔顿抑郁量表(Hamilton depression scale),CGI为临床总体印象量表(clinical global impression scale),MADRS为蒙哥马利-艾森贝格抑郁评定量表(Montgomery-Asberg depression rating scale)。

【考点】诊断性精神检查工具☆☆

3.【答案】B

【解析】目前常用的诊断性精神检查工具有CIDI、SCID。前者可由非精神科医生操作,可以分别得出ICD-10和DSM-Ⅳ的诊断;后者是定式临床检查,必须由经过训练的精神科医生使用,并且只能得出DSM-Ⅳ的诊断。

【考点】诊断性精神检查工具☆☆

4.【答案】B

【解析】心理测量学中,评定量表根据一定的原则,将用标准化检查所获得的资料用数字表示,以使主观成分减到最小。90项症状检核表(symptom check-list-90,SCL-90)为症状自评量表,包括90个条目,可全面评定受评者的精神状态,如思维、情感、行为、人际关系、生活习惯、精神病性症状;分为9个因子,包括躯体化、强迫症状、人际关系敏感、抑郁、焦虑、敌对、恐惧性焦虑、偏执、精神病性因子。被广泛用于评定不同群体的心理卫生水平。

【考点】90项症状检核表(SCL-90)☆☆

5.【答案】E

【解析】同第4题。

【考点】90项症状检核表(SCL-90)☆☆

6.【答案】C

【解析】精神科评定量表的优点:①数量化,能够以量化的形式表示精神症状或相关情况,可以进行统计分析;②规范化,规定了症状的可操作化定义,又有统一的评分标准,有的症状量表规定了统一的标准化检查程序,这样的资料,具有较高的可比性、可交流性及可重复性;③细致化,比多数临床医生一般的临床观察或描述要丰富,尤其是诊断量表;④客观化,量表的使用从某种程度上限制了检查和评分的主观成分。并非所有的量表都需要程式化,程式化不是精神科评定量表的优点。

【考点】精神科量表的优点☆☆

7.【答案】E

【解析】在临床诊断过程中,不能根据精神科评定量表的评估结果作为临床诊断的标准。

【考点】精神科量表的基本用途☆☆

2. 是常用的诊断性精神检查工具是
   A. SCID
   B. PANSS
   C. HAMD-17
   D. CGI
   E. MADRS

3. 下列有关SCID的描述,正确的是
   A. 可以分别得出ICD-10和DSM-Ⅳ的诊断
   B. 只能得出DSM-Ⅳ的诊断
   C. 可由非精神科医生操作进行评估
   D. 是一种半定式的检查工具
   E. 具有简便易行的特点

4. 下列有关SCL-90的描述,正确的是
   A. 描述评定量表
   B. 数字评定量表
   C. 他评量表
   D. 仅适用于精神科患者
   E. 包含10个因子

5. SCL-90所包含的因子**不包括**
   A. 躯体化
   B. 强迫症状
   C. 精神病性症状
   D. 人际关系敏感
   E. 人格特征

6. 精神科评定量表的优点**不包括**
   A. 数量化
   B. 细致化
   C. 程序化
   D. 规范化
   E. 客观化

7. 精神科评定量表的基本用途**不包括**
   A. 作为科研患者的入组标准
   B. 作为临床疗效的评价标准
   C. 作为病历的一般资料
   D. 作为科研疗效的评价标准
   E. 作为临床诊断的标准

8. 有关量表的信度，最佳描述是
A. 可信度
B. 稳定性
C. 真实性
D. 稳定性和可重复性
E. 真实性和可重复性

9. 量表信度的评价指标不包括
A. 稳定系数　　B. 等值系数
C. 分半系数　　D. 校标信度系数
E. 克伦巴赫系数

10. 在精神科诊断和治疗中应用量表，错误的是
A. 可以反映治疗前后的症状变化
B. 可以减少主观影响
C. 可以更全面地检查症状
D. 有利于资料的统计分析
E. 可以纠正临床的错误诊断

11. 下列有关韦氏成人智力测查划界分的描述，正确的是
A. 70~85 为边缘　　B. 50~70 为轻度
C. 35~49 为中度　　D. 16~34 为重度
E. 15 以下为极重度

12. 常用的儿童智力测验工具不包括
A. 韦氏儿童智力测验
B. 斯坦福 - 比内智力量表
C. Peabody 图片词汇测验
D. 雷文智力测验联合型
E. 丹佛发育筛查测验

13. SCL-90 属于下列哪一种类型的测验量表
A. 人格测量　　B. 心理健康状况评估
C. 智力测量　　D. 疗效评估
E. 神经心理评估

14. 关于抑郁症评估的量表，正确的描述是
A. HAMD 是自评量表
B. Zung 量表是他评量表
C. Beck 量表为他评量表
D. MADRS 是自评量表
E. QIDS 是自评量表

8.【答案】D
【考点】量表信度的概念☆☆

9.【答案】D
【解析】信度指测验或量表的可靠性和稳定性的程度。常用的信度指标有重测信度、等值系数、分半信度、同质性信度、克伦巴赫系数。校标效度又称“实证效度”，是量表效度评价的重要指标，没有校标信度系数这一概念。
【考点】量表信度的评价指标☆☆

10.【答案】E
【考点】精神科评定量表☆☆

11.【答案】C
【解析】精神发育迟滞各级智商范围(韦氏成人智力测查分)：50~69 轻度，35~49 中度，20~34 重度，低于 20 极重度。
【考点】韦氏成人智力测查划界分☆☆

12.【答案】E
【解析】常用的儿童智力测验工具有韦氏儿童智力测验、斯坦福 - 比内智力量表、皮博迪图片词汇测验(Peabody 图片词汇测验)、雷文智力测验联合型。常用的发育评估工具有丹佛发育筛查测验、心理教育量表、Portage 早期教育指导。
【考点】常用儿童智力测验工具☆☆

13.【答案】B
【解析】90 项症状核检表(SCL-90)为症状自评量表，是以霍普金斯症状清单为基础设计的，是世界上著名的心理健康测试量表之一，对有心理症状的人有良好的区分能力。
【考点】SCL-90 ☆☆

14.【答案】E
【解析】上述量表均为抑郁症评定量表，其中 HAMD 和 MADRS 为他评量表，Zung 量表、贝克量表(Beck 量表)及抑郁症状快速自评量表(QIDS)为自评量表。
【考点】SCL-90 的性质☆☆

15. BPRS 为一中等长度的量表，关于此量表优点的描述，错误的是
A. 信度、效度均比较满意
B. 项目简明而且比较全面
C. 可用于合作的重性精神疾病患者且对症状变化敏感
D. 对兴奋状态的评分准确
E. 可用于不合作的重性精神疾病患者且对症状变化敏感

16. 下列有关 PANSS 的描述，错误的是
A. 每条目都有 1~7 级评分
B. 由阳性症状、阴性症状、一般精神病理学症状及附加症状四部分组成
C. 包含 30 个症状条目及 3 个附加条目
D. 时间跨度为两周
E. 如果同时符合一个以上分级的标准，原则是取高分，遵循就高不就低原则

17. 下列有关 MMSE 的描述，错误的是
A. 是临床中用于诊断痴呆的认知测查工具
B. 共 20 题，总分为 30 分
C. 包含定向力、记忆力、注意力和计算力、回忆、语言五部分内容
D. 初中及以上文化组≤26 分为痴呆
E. 受教育程度、语言等因素影响较大

18. 下列有关韦氏智力量表描述，错误的是
A. 包含言语量表和操作量表
B. 言语量表包括常识、理解、词汇、类同、算术、背数六个分测验
C. 操作量表包括填图、图片排列、木块图、拼物、译码五个分测验
D. 总智商有利于分析智力结构特点
E. 以离差智商来表示

19. 下列有关 YMRS 描述，错误的是
A. 评定躁狂症状及严重程度
B. 共 11 个条目
C. 评定的时间跨度是最近两周
D. 正常 0~5 分，轻度 6~12 分，中度 13~19 分，重度 20~29 分，极重度 30 分以上
E. 评分依靠现场交谈检查，同时参考知情人信息

20. 下列有关诊断量表的描述，错误的是

15.【答案】D
【解析】简明精神病评定量表(brief psychiatric rating scale，BPRS)的优点：项目简明又比较全面，信度、效度均比较满意，可用于合作或不合作的重性精神疾病患者，且对症状的变化敏感，按 1~7 七级评分，是一个很好的疗效评定工具。不足之处：有关兴奋症状项目不充分，对躁狂或青春型兴奋不敏感，需同时应用躁狂量表进行评估。
【考点】BPRS 的优缺点☆☆

16.【答案】D
【解析】PANSS 是阳性和阴性精神症状评定量表(positive and negative syndrome scale)，时间跨度为 1 周。
【考点】PANSS 的特点☆☆

17.【答案】A
【解析】MMSE 为简易精神状态检查，是初步筛查痴呆的认知测查工具，简便易行，短时间内可了解患者的总体智能。该测验由 20 题，共 30 项组成，总分为 30 分。包含定向力、记忆力、注意力和计算力、回忆、语言五部分内容。受教育程度、语言影响大。文盲组≤19 分为痴呆，小学文化组≤22 分为痴呆，初中及以上文化组≤26 分为痴呆。
【考点】简易精神状态检查☆☆

18.【答案】D
【解析】韦氏智力量表结果有总智商、言语智商、操作智商和各分测验量表分等形式，便于分析智力结构特点。
【考点】韦氏智力量表☆☆

19.【答案】C
【解析】YMRS 为杨氏躁狂状态评定量表(Young mania rating scale)，1978 年由 R.C.Young 提出。主要用来评定躁狂症状以及严重程度，不是诊断量表，是症状分级量表。共有 11 个条目，1、2、3、4、7、10、11 条目是 0~4 级评分，5、6、8、9 条目是 0~8 级评分，目的在于区分兴奋不合作的患者。严格按照评分标准和指导语进行，评定的时间跨度是最近一周；评分依靠现场交谈检查，同时参考知情人信息；可以评定极限分；症状判定根据患者的平时情况作为参考。两个评分之间难于确定时的原则：0~4 分的条目选高分；0~8 分的条目选中间分。结果判定标准：正常，0~5 分；轻度，6~12 分；中度，13~19 分；重度，20~29 分；极重度，30 分以上。
【考点】YMRS 的特点☆☆

20.【答案】E
【解析】诊断量表是与一定的诊断标准系统相配合，用于诊断各种类型精神疾病的工具，即根据诊断量表做标准化的检查后，可以从相应诊断系统中给出诊断。它有别于常规临床检

A. 诊断量表与一定的诊断标准系统相配合
B. 规定了精神检查的范围
C. 规定了询问的方法、顺序和过程
D. 主要用于研究
E. 包括 MMSE、SCID、CIDI

21. 同时与 ICD-10 和 DSM-Ⅳ配套的诊断量表是
A. CIDI
B. SCID
C. WAIS
D. MMPI
E. SCAN

22. 下列有关 SDS 描述,**错误**的是
A. 为自评量表
B. 由 20 个条目组成
C. 按最近两周的症状进行评估
D. 单相分相加得总粗分,大于 41 分即有肯定的抑郁症状
E. 使用对象为成年人

23. 下列有关 WAIS 描述,**错误**的是
A. 是评估智力水平高低的工具
B. 其结果智商可作为诊断的参考指标
C. 有具体的适用年龄
D. 以 90 IQ 为平均智商
E. 一个标准差是 15 IQ

24. 下列有关 MMPI 描述,**错误**的是
A. 是一种用于确定人格特点或类型的心理测验
B. 由 566 条目组成,前 399 条目含 14 个分量表,包括 4 个效度量表和 10 个临床量表
C. 附加量表评估依赖性、支配性、自我力量、偏见
D. 4 个效度量表:疑病、病态人格、性别色彩、偏执
E. 70 分以上视为可能存在病理性异常表现

25. 下列有关耶鲁 - 布朗强迫量表(Y-BOCS)审的描述,正确的是
A. 是一个他评的半定式评定量表
B. 依赖患者自己的主观评定
C. 不仅评定强迫症状,也评定伴发出现的焦虑抑郁症状
D. 不仅评定强迫症状,也评定强迫性格
E. 对多个强迫症状累计计分

查之处在于:规定了精神检查的范围、包括的症状、询问的方法、顺序和过程。主要用于研究,对临床经验欠缺的医生也提供很好的帮助。诊断量表包括 SCAN、SCID、CIDI。
【考点】诊断量表☆☆

21.【答案】A
【解析】SCAN 与 ICD-10 配套、SCID 与 DSM-IV 配套、CIDI 与二者均配套。
【考点】诊断量表☆☆

22.【答案】C
【解析】SDS 为抑郁自评量表(selfrating depression scale),使用对象为有抑郁症状的成年人。由 20 个条目组成,按最近一周的症状进行评估,把 20 个条目的单相分相加即得总粗分,大于 41 分即有肯定的抑郁症状。
【考点】抑郁自评量表☆☆

23.【答案】D
【解析】韦克斯勒成人智力量表(Wechsler adult intelligence scale, WAIS),又称"韦氏成人智力量表",是评估智力水平高低的工具,其结果智商可作为诊断的参考指标。由于人的智力水平发展与年龄有关,因此,智力量表均有具体的适用年龄。以 100 IQ 为平均智商,一个标准差是 15 IQ。
【考点】韦氏成人智力量表☆☆

24.【答案】D
【解析】明尼苏达多相人格问卷(Minnesota multiphasic personality inventory, MMPI)是一种用于确定人格特点或类型的心理测验,由 566 条目组成,前 399 条目含 14 个分量表,包括 4 个效度量表:疑问、掩饰、装坏、防卫;10 个临床量表:疑病、抑郁、癔症、病态人格、性别色彩、偏执、精神衰弱、精神分裂症、轻躁狂和社会内向。后面的条目为附加量表如依赖性、支配性、自我力量和偏见等。评定结果在 70 分以上视为可能存在病理性异常表现。
【考点】明尼苏达多相人格问卷☆

25.【答案】A
【解析】耶鲁 - 布朗强迫量表(Yale-Brown obsessive-compulsive scale, Y-BOCS)是一个他评的半定式评定量表,评定强迫症患者的总体严重程度而不是评定个别症状的严重性,对多个强迫症状不累计计分。只评定症状形式而不评定症状的内容,特性地评定强迫症状,不评定强迫症常伴发的焦虑和抑郁症状,也不评定强迫性格,根据患者的外在功能表现评定疾病的严重程度。
【考点】耶鲁 - 布朗强迫量表☆☆

26. 下列有关艾森克人格问卷(EPQ)描述,**错误**的是
A. 可用于临床患者,也可用于正常人
B. 由 E、P、N、L 四个量表组成
C. E 表示内 - 外倾向性,N 表示情绪的稳定性
D. L 测定受试者的掩饰作用
E. 仅适合于 18 岁及以上的成年人使用

27. MINI 的特点**不包括**
A. 标准化 B. 简明 C. 定式
D. 半定式 E. 快捷

28. 下列有关 BPRS 的描述,**错误**的是
A. 按 0~4 分五级评分
B. 可用于合作或不合作的重性精神病患者
C. 对躁狂或青春型兴奋不敏感
D. 缺乏对自知力的评定
E. 总分越高,反映病情越重

29. 标准化心理测验的基本特征**不包括**
A. 标准分 B. 标准化取样 C. 常模
D. 信度和效度 E. 方法标准化

30. 关于 MMPI 的结果,描述**错误**的是
A. 量表 1、2、3 分数高的常支持精神分裂症的诊断
B. 由 566 条目组成
C. 精神分裂症的两点编码主要显示为 6.8/8.6 量表明显提高
D. 可用于区分正常人和精神疾病患者
E. 可用于测试正常人的人格类型

31. 下列有关 PHQ-9 的描述,**错误**的是
A. 是抑郁症的筛查量表
B. 有 9 个条目
C. 按 0~3 四级评分
D. 根据近一月的情况进行评分
E. 根据症状的出现频率评分

32. 最能反映出抑郁的不典型特征的量表是
A. QIDS-SR16 B. Zung 量表
C. Beck 抑郁自评量表 D. HAMD-17
E. MADRS

26.【答案】E
【解析】艾森克人格问卷,可用于临床患者,也可用于正常人,反映受试者在人格各主要维度上的倾向。由 E、P、N、L 四个量表组成,E 表示内 - 外倾向性,P 表示心理变态倾向,N 表示情绪的稳定性,L 测定受试者的掩饰作用。分成人和幼年两种问卷,成人问卷用于 16 岁及以上各年龄组,幼年问卷用于 7~15 岁组。
【考点】艾森克人格问卷☆☆

27.【答案】D
【解析】简明国际神经精神障碍交谈检查表(mini international neuropsychiatric interview,MINI)是与 DSM-Ⅳ和 ICD-10 中度精神障碍诊断相配套的标准化、简明、定式的面谈工具,可在 15min 内完成标准化检查,获得诊断。
【考点】MINI 的特点☆☆

28.【答案】A
【解析】参考前文第 15 题。
【考点】BPRS 的特点☆☆

29.【答案】A
【考点】标准化心理测验☆☆

30.【答案】A
【解析】MMPI 是一种用于确定人格特点或类型的心理测验,可用于测试正常人的人格类型,也可用于区分正常人和精神疾病患者。由 566 条目组成,前 399 条目含 14 个分量表,包括 4 个效度量表:疑问、掩饰、装坏、防卫,10 个临床量表:疑病、抑郁、癔症、病态人格、性别色彩、偏执、精神衰弱、精神分裂症、轻躁狂和社会内向。后面的条目为附加量表如依赖性、支配性、自我力量和偏见等。评定结果在 70 分以上视为可能存在病理性异常表现。
【考点】明尼苏达多相人格问卷☆☆

31.【答案】D
【解析】PHQ-9 是患者抑郁自评工具(9 条目患者健康问卷),由九个条目组成,根据过去两周症状出现的频率评分,评分分为 0~3 四级。
【考点】PHQ-9 ☆☆

32.【答案】A
【解析】抑郁的不典型特征有:夜眠增多、食欲旺盛、体重增加、灌铅样麻痹。只有 QIDS 设有睡眠增多、食欲和体重增加的评估。
【考点】简明精神病评定量表的特点☆☆

33. 下列有关 EPPS 描述,错误的是
A. 全称是爱德华兹个人爱好量表
B. 根据 15 种人类需要理论编制
C. 由 15 个需要量表和一个稳定性量表组成,共九十道题
D. 能较快地了解到人的一般性格特点与需要特点
E. 适用于初中及以上文化

34. 用 HAMD-17 评估抑郁症治疗有效的标准是
A. 减分率≥30%
B. 减分率≥70%
C. 减分率≥50%
D. 总分≤7 分
E. 总分≤15 分

35. 下列有关 QIDS-SR16 的描述,错误的是
A. 目标症状为抑郁症状
B. 采用 0~3 级评分标准
C. 是自评量表
D. 将所有得分总和即为总分
E. 信效度良好,可作为自我监测的工具

36. 下列有关 16PF 的描述,错误的是
A. 全称是卡特尔 16 种人格因素问卷
B. 适用于 16 岁以上的人群
C. 广泛应用于心理咨询、人员选拔和职业指导的各个环节
D. 适用于高中以上文化程度
E. 从乐群、聪慧、自律、独立、敏感等 16 个相对独立的人格特点进行描绘

37. 下列有关阿尔茨海默病(AD)评定量表的描述,错误的是
A. 主要评定 AD 特征性的认知症状
B. 认知功能部分分为记忆、语言、练习三部分
C. 非认知功能部分分为心境、行为两部分
D. 较韦氏成人智力量表简明
E. 其特点是增加了对情绪和行为症状的评估

38. 下列有关雷文智力测验描述,错误的是
A. 适用范围 5~75 岁
B. 本测验为非文字智力测验
C. 由 72 幅图案构成的 72 个测题
D. 本测验限在 40min 内
E. 被试的原始分数等于 IQ 分数

33.【答案】C
【解析】爱德华兹个人爱好量表(Edwards personal preference schedule, EPPS)是爱德华兹以莫瑞的 15 种人类需要理论为基础编制的,由 15 个需要量表和一个稳定性量表组成,整个测验共有 225 道题组成,完成整个量表评定需 40~50min。适用年龄范围较广,可用于中学生、大学生和正常成人,既可进行团体测验也可进行个人测验。
【考点】爱德华兹个人爱好量表☆☆

34.【答案】C
【解析】HAMD-17 治疗有效的标准是减分率≥50%,痊愈的标准是总分≤7 分。
【考点】精神科评定量表的具体应用☆☆

35.【答案】D
【解析】QIDS-SR16 称为 16 项抑郁症状快速自评量表,涵盖情绪、兴趣、精力体力、睡眠、进食、注意力、思维速度、焦虑等多方面症状评估,可作为抑郁症全病程量化治疗模式中用于自我评估抑郁情绪的工具。采用 0~3 级四级评分法,信效度良好,1~4、6~9、15~16 均取最高分作为得分,与其他项得分相加得出总分。
【考点】精神科评定量表的具体应用☆☆

36.【答案】D
【解析】卡特尔 16 种人格因素问卷(Cattell 16 personality factor questionnaire, 16PF)适用于 16 岁以上的人群,现有 5 种版本:A、B 本为全版本,各有 187 个项目;C、D 本为缩减本,各有 106 个项目;E 本适用于文化水平较低的被试,有 128 个项目。从乐群、聪慧、自律、独立、敏感、冒险、怀疑等 16 个相对独立的人格特点对人进行描绘,并可以了解应试者在环境适应、专业成就和心理健康等方面的表现。在人事管理中,16PF 能够预测应试者的工作稳定性、工作效率和压力承受能力等。可广泛应用于心理咨询、人员选拔和职业指导的各个环节,为人事决策和人事诊断提供个人心理素质的参考依据。
【考点】精神科评定量表☆☆

37.【答案】A
【解析】该量表主要评定 AD 特征性的认知症状和非认知功能症状。
【考点】阿尔茨海默病评定量表☆☆

38.【答案】E
【解析】5~75 岁以内的幼儿、儿童、成年、老年皆可借雷文智力测验(Raven intelligence test)粗评智力等级。测验材料是 72 幅图案构成的 72 个测题构成的一本图册,内分六个单元(A、AB、B、C、D、E),每单元 12 题,前三单元为彩色图案,后三单元为黑白图案。本测验限在 40min 内交卷,能做多少即做多少。本测验的量表分数是先将被试的原始分数换算为相应的百分等级,再将百分等级转化为 IQ 分数。
【考点】雷文智力测验☆☆

【A2 型题】

1. 患者，女，27 岁，因“情绪低落、悲观无望、疲乏、暴饮暴食”来诊。患者主诉心情不好时就只想吃东西，比平时吃得多，体重增长了 4kg。据此，更能反映出患者的特点的抑郁评估量表是

A. QIDS-16　　B. Zung 量表
C. Beck 抑郁自评量表　　D. HAMD-17
E. MADRS

2. 患者，男，75 岁，因“记忆智能减退伴疑心被害 1 年”来诊，考虑痴呆状态。一年前曾因脑梗死住院治疗。为鉴别痴呆的性质，可采用的量表是

A. WAIS
B. MMSE
C. Hachinski 缺血指数量表
D. 雷文智力测验
E. 比奈智力测验

3. 患者，男，35 岁，诊断偏执型精神分裂症，PANSS 量表阳性症状、阴性症状、一般精神病理症状、附加症状四部分评分分别为 25、15、39、15，该患者 PANSS 总分为

A. 79　　B. 94　　C. 40
D. 64　　E. 54

4. 患者，女，25 岁，因“情绪低落、兴趣减退、疲乏、睡眠质量差 3 月”来诊。该患者入睡正常，但半夜梦多，睡不踏实，时常半夜惊醒，醒后需 0.5~1h 再次入睡，晨不能按时起床，困乏，觉多，直到上午十时多才能起床，每天能睡十几个小时，但睡眠质量差。据此，应采用哪个抑郁评估量表更能反映出患者的特点

A. HAMD-17　　B. Zung 量表
C. Beck 抑郁自评量表　　D. QIDS-SR16
E. MADRS

5. 患者，女，55 岁，因“情绪低落、高兴不起来、焦虑担忧、悲观厌世半年”来诊。患者感到“心脏疼痛”，在综合医院做各种心脏检查均未发现异常，但患者依然终日担忧自己得了严重的心脏病，无端担心家人的身体健康，经常长叹气，尿频，腹胀腹泻。据此，应采用哪个抑郁评估量表更能反映出患者的特点

A. HAMD-17　　B. Zung 量表
C. Beck 抑郁自评量表　　D. QIDS-SR16
E. MADRS

1.【答案】A
【解析】该患者的进食特点为进食增多、体重增加，反映了抑郁的一种非典型特点。在上述五种抑郁症的自评或他评量表中只有 QIDS-16 对进食和体重有减少和增加两个维度的评估，其他量表均只能反映进食减少体重减轻这一特点。
【考点】不同抑郁量表之间的区别☆☆

2.【答案】C
【解析】Hachinski 缺血指数量表是鉴别阿尔茨海默病（AD）与多发性梗死性痴呆（MID）的主要工具。
【考点】Hachinski 缺血指数量表的作用☆☆

3.【答案】A
【解析】PANSS 总分是前三部相加的总和，第四部分“附加症状”不计入总分。
【考点】PANSS 的具体使用方法☆☆

4.【答案】D
【解析】该患者的睡眠特点为夜间睡眠不实、总体睡眠增多，反映了抑郁的一种非典型特点。在上述五种抑郁症的自评或他评量表中只有 QIDS-SR16 对睡眠进行了入睡、夜间睡眠、早醒、睡眠增多四个维度的评估，其他量表均没有设计睡眠增多这一项评估，反映不出这一特点。
【考点】在睡眠评估方面，不同抑郁评定量表的差别☆☆

5.【答案】A
【解析】该患者的特点伴有严重焦虑症状和疑病症状，在上述 5 种抑郁症的自评或他评量表中只有 HAMD-17 有条目对精神焦虑和躯体焦虑进行了更为详细的评估。
【考点】在焦虑评估方面，不同抑郁评定量表的差别☆☆

【A3/A4 型题】

(1~4 题共用题干)

患者,女,18 岁,高中在读,病前性格内向随和。因"少语孤僻、亲情冷淡、无故发脾气 2 年"住院治疗。反复观察,对医生问话多以"不知道""没有"等回答,无情绪变化的主观体验,终日无表情变化,除了问什么时候能出院,无其他主动交谈内容,自诉每天"什么都没想"。对今后学习生活无具体打算,听之任之。

1. 该病例最可能的诊断是
   A. 抑郁发作　B. 精神分裂症
   C. 双相情感障碍　D. 孤独症
   E. 焦虑障碍

2. 适合于该病例的评估量表为
   A. HAMD　B. HAMA　C. YMRS
   D. PANSS　E. QIDS

3. PANSS 的内容**不包含**
   A. 情感迟钝　B. 情感交流障碍
   C. 被动淡漠　D. 情绪退缩
   E. 思维贫乏

4. 该患者药物治疗首选为
   A. 利培酮　B. 氟哌啶醇　C. 阿立哌唑
   D. 奥氮平　E. 齐拉西酮

(5~6 题共用题干)

患者,男,50 岁,因"凭空闻声、认为自己与某领导人女儿结婚、不安全感 10 年"诊断偏执型精神分裂症。病后不能胜任工作,与家人很少往来,独居,很少外出,终日写日记,记录自己与"妻子"的交流,简单料理个人饮食起居。

5. 为评估患者目前的社会功能,应采用的量表是
   A. PSP　B. CRBRS　C. SF-36
   D. PANSS　E. CGI

6. 该量表**不包含**的内容是
   A. 自我照料　B. 社会中有益的活动
   C. 个人关系和社会关系　D. 阴性症状
   E. 扰乱和攻击行为

1.【答案】B

【考点】阴性症状与抑郁症状的鉴别☆☆

2.【答案】D

【解析】以阴性症状为主的精神分裂症患者最适合的评估工具为 PANSS。

【考点】精神科量表评估☆☆

3.【答案】E

【解析】PANSS 阴性症状量表包含情感迟钝、情绪退缩、情感交流障碍、被动/淡漠、抽象思维困难、交谈缺乏自发性及流畅性、刻板思维 7 个条目。没有思维贫乏。

【考点】PANSS 量表的具体条目☆☆

4.【答案】C

【解析】阿立哌唑是多巴胺部分激动剂,适合于以阴性症状为主的精神分裂症的治疗。

【考点】阴性症状为主的精神分裂症的药物治疗选择☆☆

5.【答案】A

【解析】个人与社会表现量表(personal and social performance scale,PSP)是评估患者个人生活能力和社会社交功能的测评工具。包含四个功能方面:自我照料、社会中有益的活动、个人关系和社会关系、捣乱和攻击行为。每个功能方面均按无到极严重共 6 级评分。总分为 100 分。SF-36 为健康调查量表 36(36-item short form health survey),PANSS 为阳性和阴性精神症状评定量表(positive and negative syndrome scale),CGI 为临床总体印象量表(clinical global impression scale)。

【考点】精神科评定量表☆☆

6.【答案】D

【解析】PSP 包含四个功能方面:自我照料、社会中有益的活动、个人关系和社会关系、捣乱和攻击行为。

【考点】精神科评定量表☆☆

(7~9 题共用题干)

患者，女，35 岁，因“无故担心、忧心忡忡、坐立不安、心悸、尿频半年”主动来诊，既往体健。

7. 该病例最可能的诊断是

A. 抑郁发作　B. 惊恐发作
C. 双相情感障碍　D. 强迫性障碍
E. 广泛性焦虑障碍

7.【答案】E
【解析】患者主要的临床表现是持续存在的精神焦虑和躯体焦虑症状，因此最有可能的诊断是广泛性焦虑障碍。
【考点】精神科量表评定☆☆

8. 适合于该病例的他评量表为

A. HAMD　B. HAMA　C. YMRS
D. PANSS　E. SAS

8.【答案】B
【考点】精神科量表评定☆☆

9. 下列有关该量表描述，**错误**的是

A. 由 14 个条目组成
B. 采用由无到极重的 5 级评分法
C. 含有躯体性焦虑和精神性焦虑两大因子
D. 一般以 14 分为界，超过 14 分肯定有焦虑
E. 低于 14 分没有焦虑

9.【答案】E
【解析】HAMA 由 14 个条目组成，采用由无到极重的 5 级评分法，含有躯体性焦虑和精神性焦虑两大因子，小于 6 分没有焦虑，超过 7 分可能有焦虑，超过 14 分肯定有焦虑，超过 29 分为严重焦虑。
【考点】HAMA ☆☆

(10~12 题共用题干)

患者，女，35 岁，因“凭空闻声、被监视感、被控制体验、行为怪异 5 年，加重 2 月，外跑、砍伤家人”住院治疗。既往体健。

10. 该病例最可能的诊断是

A. 抑郁发作　B. 精神分裂症
C. 双相情感障碍　D. 强迫性障碍
E. 广泛性焦虑障碍

10.【答案】B
【考点】精神分裂症诊断☆☆

11. 适合于该病例的评估量表为

A. HAMD　B. HAMA　C. YMRS
D. PANSS　E. SDS

11.【答案】D
【考点】精神科量表的选择☆☆

12. 该量表所包含的内容**不包括**

A. 幻觉　B. 妄想　C. 情感倒错
D. 兴奋　E. 夸大

12.【答案】C
【解析】PANSS 阳性症状量表包括妄想、概念紊乱、幻觉行为、兴奋、夸大、猜疑 / 被害、敌对性。虽然情感倒错也是精神分裂症的阳性症状之一，但不是 PANSS 所包含的条目。
【考点】PANSS 的条目☆☆

(13~15 题共用题干)

患者，男，35 岁，诊断精神分裂症，服用利培酮 6mg/d 出现表情呆板、走路或端坐时四肢活动僵硬，双臂摆动减少，强直地放在腹部前面，时常有口水流出。

13. 该病例目前考虑
  A. 迟发性运动障碍
  B. 锥体外系综合征
  C. 精神分裂症阴性症状
  D. 精神分裂症后抑郁
  E. 亚木僵

14. 适合于该病例的评定量表为
  A. HAMD　B. HAMA　C. TESS
  D. PANSS　E. RSESE

15. 应给予的治疗药物有
  A. 普萘洛尔　B. 劳拉西泮　C. 盐酸苯海索
  D. 奥氮平　E. 氯硝西泮

（16~17 题共用题干）
患者，女，42 岁，因“抑郁发作两月”来诊，HAMD-17 的评分为 24 分。

16. 该患者的抑郁程度为
  A. 可疑　B. 轻度　C. 中度
  D. 重度　E. 极重度

17. 下列有关 HAMD 的描述，正确的是
  A. 其评估结果主要用于抑郁症的诊断和鉴别诊断
  B. 是一种自评量表
  C. 是评估焦虑症状严重程度的量表之一
  D. 有 17 项、21 项和 24 项三种
  E. 大部分项目是 1~4 分级评分法

（18~19 题共用题干）
患者，男，22 岁，自幼智力低下，走路说话均晚于同龄人，小学多门功课不及格，长大后只会穿衣、洗漱等基本的生活技能，但不会独自买菜做饭，不能独立生活，韦氏成人智力测验得分 40 分。

18. 该患者的疾病诊断为
  A. 痴呆　B. 精神分裂症
  C. 精神发育迟滞　D. 抑郁症
  E. 孤独症

19. 其分级为
  A. 边缘　B. 轻度　C. 中度
  D. 重度　E. 极重度

13.【答案】B
【解析】患者服用大剂量抗精神病药物后出现类帕金森症状，以肌张力增高、运动不能为主，考虑为抗精神病药物的副反应，即锥体外系综合征。
【考点】锥体外系综合征的识别☆☆

14.【答案】E
【解析】RSESE 为锥体外系不良反应量表（rating scale for extrapyramidal side effects），是重点评价抗精神病药物所致的锥体外系不良反应的量表。包括步态、落臂、摇肩、肘强直、固定姿势或腕强直、腿的摆动、头颈部僵直、轻敲眉间、震颤、流涎 10 个条目，按 0~4 级评分。TESS 为治疗伴发症状量表（treatment emergent symptom scale）。
【考点】锥体外系不良反应量表☆☆

15.【答案】C
【解析】以运动不能为主的锥体外系综合征，盐酸苯海索是首选药物。
【考点】锥体外系综合征的治疗☆☆

16.【答案】D
【解析】HAMD-17 评分，≤7 分没有抑郁症状，≥24 分可能有重度抑郁。
【考点】HAMD-17 的分级标准☆☆

17.【答案】D
【解析】HAMD 由 Hamilton 于 1960 年编制，是临床上评定抑郁状态时常用的量表，有 17 项、21 项和 24 项三种。大部分项目采用 0~4 分的 5 级评分法，应由经过培训的评定者评定。一般采用交谈与观察的方式。HAMD 总分能较好地反映疾病严重程度，可以依据其结果，帮助判断病情变化和确定科研入组对象，但不能依据评估结果用于抑郁症的诊断和鉴别诊断。
【考点】HAMD 的应用☆☆

18.【答案】C
【考点】精神发育迟滞的诊断☆☆

19.【答案】C
【解析】精神发育迟滞各级智商范围：50~69 分轻度，35~49 分中度，20~34 分重度，<20 分极重度。
【考点】精神发育迟滞的分级☆☆

【案例分析题】

案例一：患者，女，26岁，既往体健。近1月情绪低落、兴趣减少、高兴不起来、疲乏懒动、少言寡语、无故担心家人的健康和生命安全，自责，感觉周围人说话有针对自己的意思，对生活感到无望，甚至想过自杀。住院治疗。

提问1：患者入院时应该进行的量表评估有

A. PANSS　　B. HAMD
C. CGI-S　　D. CGI-I
E. HAMA　　F. 自杀风险评估量表

提问2：经过两周的药物治疗后，患者情绪有一定改善，需要评定的量表有

A. TESS　　B. HAMD
C. CGI　　D. WAIS
E. HAMA　　F. 自杀风险评估量表

提问3：在第四周住院时，患者出现异常兴奋、话多、主动招呼其他病友，管闲事，言语夸大，自我感觉良好。需要评定的量表有

A. YMRS　　B. TESS
C. CGI　　D. PANSS
E. MMSE　　F. 攻击风险评估量表

案例二：患者，男，25岁，大专毕业。近一年来，日渐懒散，不修边幅，记忆下降，注意力不集中，失眠，常诉自己的想法已为他人所知道，且常独居不与外界接触。

提问1：最可能的诊断是

A. 抑郁症　　B. 精神分裂症
C. 焦虑症　　D. 器质性精神疾病
E. 心身疾病　　F. 强迫症

提问2：需要采用的最恰当的评估量表为

A. PANSS　　B. WAIS
C. CGI　　D. HAMD
E. SCL-90　　F. QIDS-SR16

案例三：患者，女，31岁，产后1月出现兴奋、话多、挑剔、易激惹、言语夸大、情绪不稳定、睡眠需求减少、精力旺盛等症状。持续两周来院住院治疗。

提问1：对该患者应采用的评估量表为

A. PANSS　　B. YMRS
C. HAMD　　D. HAMA
E. 攻击风险评估量表　　F. CGI

提问2：适合使用YMRS进行评估的疾病是

A. 双相情感障碍目前为躁狂发作

提问1：【答案】BCEF

【解析】入院时应对抑郁症状、焦虑症状的严重程度、自杀风险进行评估，可分别使用HAMD、HAMA、自杀风险评估量表进行评估。CGI-S是临床总体印象量表严重程度量表，可在入院时评估患者病情严重程度；CGI-I是临床总体印象量表改善量表，在治疗后评估。

【考点】抑郁症的量表评估☆☆

提问2：【答案】ABCEF

【解析】经过一段时间药物治疗，可用B、C、E选项评估患者的症状变化、用A选项评估药物副反应、用F选项评估自杀风险的变化。

【考点】抑郁症的量表评估☆☆

提问3：【答案】ABCF

【解析】患者出现转躁表现，需要评估躁狂症状严重程度（YMRS）、疾病总体变化（TESS、CGI）、攻击风险（攻击风险评估量表）。

【考点】躁狂状态的量表评估☆☆

提问1：【答案】B

【考点】精神分裂症诊断☆☆

提问2：【答案】A

【考点】精神分裂症的症状评估工具☆☆

提问1：【答案】BEF

【解析】患者目前诊断考虑躁狂发作，故应进行相应的量表评估，即躁狂症状严重程度（YMRS）、攻击风险评估量表、临床总体印象量表（CGI）。

【考点】躁狂状态下可选用的量表评估☆☆

提问2：【答案】ABC

【解析】YMRS适用于双相情感障碍的躁狂相和分裂情感性障碍的躁狂状态，对精神分裂症青春型兴奋不敏感。器质性兴奋，虽然有类似躁狂发作的表现，但因其核心症状并非躁狂发作，所以也不适合用此量表评定疗效。

【考点】YMRS的疾病适用范围☆☆

B. 躁狂发作，伴精神病性症状
C. 分裂情感性障碍躁狂状态
D. 精神分裂症青春型
E. 分离障碍
F. 神经梅毒的麻痹样痴呆

第七节　常见精神科伦理与法律知识

【A1 型题】

1. 有关精神病患者责任能力问题，错误的叙述是
A. 精神病患者在确定不能控制自己行为时造成危害，可不负刑事责任
B. 精神病患者对他人或社会造成严重危害结果的，必要时可由政府强制医疗
C. 精神病患者犯罪，不负刑事责任
D. 刑事责任能力可能因患精神疾病完全丧失或者减弱
E. 鉴定对象为涉及法律问题又患有或怀疑患有精神疾病者

2. 严重精神障碍需符合以下条件，应当对其实施住院治疗
A. 已经发生伤害自身的行为
B. 有伤害自身的危险
C. 已经发生危害他人安全的行为
D. 有危害他人安全的危险
E. 以上都是

3. 对严重精神障碍实行发病报告制度，不需要上报的疾病是
A. 适应障碍　　B. 癫痫所致的精神病
C. 分裂情感性障碍　　D. 精神分裂症
E. 精神发育迟滞

【A2 型题】

1. 李某，男，82 岁，在没有和子女商量的情况下将自己所居住的房屋卖给了张某，子女认为房屋售价不合理，希望取消买卖，并认为其父有精神问题，提出司法精神医学鉴定，需要对李某鉴定的能力是
A. 民事行为能力　　B. 刑事责任能力
C. 受审能力　　D. 辨认能力
E. 智力

2. 急性期的躁狂发作患者随意将个人财产赠给毫不相干的人，应评为

1.【答案】C
【解析】根据《中华人民共和国刑法》第十八条关于责任能力的规定：间歇性的精神病人在精神正常的时候犯罪，应当负刑事责任。
【考点】《中华人民共和国刑法》责任能力的判定☆

2.【答案】E
【解析】《中华人民共和国精神卫生法》第三十条　精神障碍的住院治疗实行自愿原则。诊断结论、病情评估表明，就诊者为严重精神障碍患者并有下列情形之一的，应当对其实施住院治疗：已经发生伤害自身的行为，或者有伤害自身的危险的；已经发生危害他人安全的行为，或者有危害他人安全的危险的。
【考点】《中华人民共和国精神卫生法》严重精神障碍的非自愿住院条件☆

3.【答案】A
【解析】《中华人民共和国精神卫生法》第二十四条　国务院卫生行政部门建立精神卫生监测网络，实行严重精神障碍发病报告制度。第八十三条　严重精神障碍的定义，是指疾病症状严重，导致患者社会适应等功能严重损害、对自身健康状况或者客观现实不能完整认识，或者不能处理自身事务的精神障碍。
【考点】《中华人民共和国精神卫生法》重性精神疾病上报☆

1.【答案】A
【解析】纠纷属于民事纠纷，行为人对其行为后果的判断，决定于其智力发展水平及心理健全状态，所以需要进行民事行为能力鉴定。
【考点】司法精神医学鉴定民事行为能力☆

2.【答案】D
【解析】躁狂患者急性期受情感高涨的影响，经常出现挥霍行为，不能对自己的行为后果，评为无行为能力。
【考点】司法精神医学鉴定行为能力☆☆

A. 完全责任能力 B. 部分责任能力
C. 无责任能力 D. 无行为能力
E. 有行为能力

3. 王某，男，23岁，之前无精神异常情况，某晚醉酒后与酒店店员冲突，将其打死，应评为
A. 无刑事责任
B. 部分刑事责任
C. 完全刑事责任
D. 具体情节判断为部分刑事责任或无刑事责任
E. 不负刑事责任，但须强制治疗

3.【答案】C
【解析】《中华人民共和国刑法》第十八条规定：醉酒应当负完全刑事责任。
【考点】《中华人民共和国刑法》特殊人员的刑事责任能力☆

【A3/A4 型题】

(1~3题共用题干)
患者，男，32岁，病程8年，表现性格孤僻，不愿出门，时常自言自语，发呆，无故发笑，凭空对话，耳边时常有声音跟他说话，却找不到人，这个声音告诉他会有人对他不利，命令他做一些事情。患者对此坚信不疑，有时患者会突然发脾气，大声喊叫“谁让你们害我，我被控制了”等。非自愿的情况下，患者被家属送入精神病医院住院治疗。

1. 依据《中华人民共和国精神卫生法》要求，该患者住院治疗的原则是
A. 强制原则 B. 安全原则
C. 自愿原则 D. 自由原则
E. 知情同意原则

1.【答案】C
【解析】《中华人民共和国精神卫生法》第三十条规定：精神障碍的住院治疗实行自愿原则。
【考点】《中华人民共和国精神卫生法》精神障碍住院原则☆

2. 患者入院后仍然听到有人骂他，威胁他，认为是病友所为，对病友大打出手，劝说无效，被短时约束在床，安静后解除约束。此种处置属于
A. 治疗性措施 B. 惩罚性措施
C. 诊断性措施 D. 保护性医疗措施
E. 行为矫正措施

2.【答案】D
【解析】《中华人民共和国精神卫生法》规定：精神障碍患者住院期间发生或将要发生伤害自身，或将要发生危害他人安全或扰乱医疗秩序行为，无替代的情况下可以对患者实施保护性医疗措施。
【考点】《中华人民共和国精神卫生法》保护性医疗措施☆

3. 患者父亲探视时发现患者被约束在床上，很生气，要去投诉，医院侵犯患方的权利是
A. 健康权 B. 知情权
C. 自愿权 D. 认知权
E. 荣誉权

3.【答案】B
【解析】《中华人民共和国精神卫生法》规定：实施保护性医疗措施应当遵循诊断标准和治疗规范，并在实施后告知患者的监护人。
【考点】《中华人民共和国精神卫生法》知情权☆

【案例分析题】

案例一：王某，男，26岁，某单位职员，2月前开始不去上班，给家人打电话说单位同事针对他，给他“穿小鞋”，认为单位同事派人

在大街上监视他，将自己关在出租屋里不出门。经常半夜打电话给家人，说话颠三倒四，或者报警说自己受到威胁，而父母主动给他打电话时，他却不接。父母在其租住的地下室见到他，房间杂乱无章，散发着难闻的异味。看见父母便称“你们是冒充的，有人想害我”，对着墙莫名其妙地大笑、对空骂人。母亲上前与他拥抱，他便拿起枕头下的水果刀捅死母亲，在邻居及警察的协助下送至看守所。精神检查：意识清晰，接触被动，可引出言语性幻听，患者对幻听的内容坚信不疑。思维松弛，可引出被害妄想，认为同事要害他，出门时有人监视他，称那天来找他的两个人不是他的父母，是同事派来的杀手冒充的。

提问1：根据以上资料，王某可能性最大的诊断是

A. 偏执型人格障碍
B. 分裂型障碍
C. 妄想性障碍
D. 精神分裂症
E. 急性而短暂性精神病性障碍
F. 分裂情感性障碍
G. 感应性妄想障碍
H. 分裂样人格障碍

提问2：此被鉴定人司法精神病鉴定结论**不包括**

A. 案发时的精神状态
B. 案发时的刑事责任能力
C. 目前的精神状态
D. 目前的受审能力
E. 案发时及目前的精神状态
F. 案发时刑事责任能力及目前的受审能力
G. 有必要鉴定目前的受审能力
H. 没必要鉴定受审能力

提问3：此案例的司法精神病鉴定的法学结论是

A. 完全刑事责任能力
B. 部分刑事责任能力
C. 无刑事责任能力
D. 完全责任能力
E. 部分责任能力
F. 有辨认能力
G. 部分控制能力

提问4：对该患者需进行强制医疗，作出决定的是

A. 公安局
B. 人民法院
C. 医疗行政机构
D. 家属

提问1：【答案】D

【解析】患者病程2月，存在言语性幻听、思维松弛、被害妄想，言行紊乱，与周围环境不协调，符合精神分裂症诊断。偏执型、分裂样人格障碍均为儿童青少年时期开始出现的慢性过程。分裂型障碍以类似于精神分裂症的古怪行为及异常思维和情感为特征，但在疾病的任何时期均无明确和典型的精神分裂症性表现。妄想性障碍除了与妄想或妄想系统直接相关的行为和态度外，情感、言语和行为均正常。急性而短暂性精神病性障碍病程需在1个月内。分裂情感性障碍需有同样突出的心境障碍体验。感应性妄想障碍是由情感关系密切的两人或偶尔多人所共有的妄想性障碍。其中仅有一人患真正的精神病性障碍，另一人的妄想因感应而产生。

【考点】存在精神病性症状的各类疾病鉴别☆

提问2：【答案】E

【解析】司法鉴定的结论应包括疾病的严重程度、疾病与违法行为的关系及相关能力的鉴定、医疗和监护的建议。是否给予处罚，如何处罚，由法官依据鉴定结果及有关证据判定，鉴定人员无此权利。

【考点】司法鉴定的结论内容☆☆

提问3：【答案】C

【解析】被鉴定者处于精神分裂症发病期，其行为及意志受病态的思维所支配，行为的辨认能力及控制力受损，故判定为无刑事责任能力。

【考点】司法精神病鉴定责任能力☆☆

提问4：【答案】B

【考点】精神障碍患者强制医疗程序☆☆

E. 居委会
F. 医院
G. 医院与人民法院共同决定

案例二：患者，男，38岁，技术工人，近半月来，兴奋话多，不停给领导打电话，要给市长打电话，要推行自己的“新政”，认为领导不重用他，排挤他，扬言报复，冲动伤人，由单位领导及警察一起送来院，并要求住院治疗。前妻及单位领导提供病史。其父亲在老家，尚未到医院。

提问1：针对该患者送诊，正确的是
A. 因本人不同意，所以任何人无权送其去医疗机构进行精神障碍诊断
B. 所在单位或者警察应当送其去医疗机构进行精神障碍诊断
C. 只有其父同意才可以送其去医疗机构进行精神障碍诊断
D. 前妻同意即可送其去医疗机构进行精神障碍诊断
E. 必须由单位、公安及监护人均同意，才可意对其进行精神障碍诊断
F. 由警察送医院进行强制治疗
G. 由当地精神病医院接送医院
H. 必须经过法院认定才能送医院诊治

提问1：【答案】B
【解析】《中华人民共和国精神卫生法》第二十八条 疑似精神障碍患者发生伤害自身、危害他人安全的行为，或者有伤害自身、危害他人安全的危险的，其近亲属、所在单位、当地公安机关应当立即采取措施予以制止，并将其送往医疗机构进行精神障碍诊断。
【考点】《中华人民共和国精神卫生法》精神障碍的诊断和治疗☆☆

提问2：经过医疗机构评定，患者为躁狂发作，其父对诊断有异议，医院安排再次诊断和鉴定，需要安排参加的医师数量是
A. 2人 B. 3人
C. 1人 D. 4人
E. 5人 F. 6人
G. 7人 H. 7人以上

提问2：【答案】A
【解析】《中华人民共和国精神卫生法》第三十二条 患者或者其监护人对需要住院治疗的诊断结论有异议，可以要求再次诊断和鉴定。承担再次诊断的医疗机构应当在接到再次诊断要求后指派两名初次诊断医师以外的精神科执业医师进行再次诊断，并及时出具再次诊断结论。
【考点】《中华人民共和国精神卫生法》对患者或家属对诊断、住院治疗异议处置☆☆

提问3：经过医疗机构再次诊断，维持原诊断，要求住院治疗，其父认可诊断，但不同意住院治疗，以下处置正确的是
A. 因本人不同意，所以任何人无权让患者非自愿住院治疗
B. 只有其父和患者均同意才办理非自愿住院治疗
C. 前妻同意即可办理非自愿住院治疗，须由医疗机构在患者病历中予以记录
D. 所在单位或公安就可办理非自愿住院手续，须由医疗机构在患者病历中予以记录
E. 其父不同意不能办理非自愿住院手续
F. 所在单位可以带患者强制住院
G. 医院判定有精神疾病即可办理入院
H. 公安机关可以办理强制住院

提问3：【答案】D
【解析】《中华人民共和国精神卫生法》规定：精神障碍患者有本法第三十条第二款第二项情形，其监护人不办理住院手续的，由患者所在单位、村民委员会或者居民委员会办理住院手续，并由医疗机构在患者病历中予以记录。
【考点】《中华人民共和国精神卫生法》精神障碍的诊断和治疗依据☆

提问4:治疗8周后,患者病情渐趋稳定,知道自己兴奋冲动系病态,经医生评估病情达到临床治愈,可以出院治疗。以下正确的是

A. 前妻提出即可办理出院
B. 因单位送入院,必须有单位同意才可办理出院
C. 所在单位单位与公安共同决定方可办理出院
D. 由公安同意才可办理出院
E. 由其父亲办理出院
F. 病情稳定,可以自行办理出院
G. 不管病情稳定与否,其父要求出院即可办理出院手续

案例三:患者,男,30岁,已婚,技术工人,无宗教信仰。由母亲陪伴来诊,在诊室中,医生询问患者是否自愿来医院看病,患者称“同意”,医生继续详细询问患者病情并做记录,当询问患者是否有冲动伤人及危害自身行为时,患者否认。此时母亲一直在其身边陪同,医生未询问患者是否同意其母亲在身边伴诊。

提问1:该医生在问诊过程中**违背**的原则是

A. 首诊负责制
B. 个人隐私保密制度
C. 医师注册管理制度
D. 知情同意制度
E. 诊断管理制度
F. 自愿原则
G. 因为是其监护人,未违反任何原则

提问2:医生让其母亲签署了入院知情同意书后,即办理了住院手续,医生**违反**的规定是

A. 首诊负责制　B. 个人隐私保密制度
C. 自愿原则　D. 医师注册管理制度
E. 诊断管理制度　F. 人道原则
G. 知情权　H. 荣誉权
I. 隐私权

提问3:该患者的法定监护人首位的是谁

A. 患者本人
B. 患者妻子
C. 患者母亲
D. 患者孩子
E. 医生
F. 孩子与母亲
G. 孩子、母亲与妻子具有同等监护责任
H. 首位监护人必须由法院确定

提问4:【答案】E

【解析】《中华人民共和国精神卫生法》第三十条第二款第二项情形的精神障碍患者实施住院治疗,医疗机构认为患者可以出院的,应当立即告知患者及其监护人,由监护人办理。

【考点】《中华人民共和国精神卫生法》精神障碍的诊断和治疗依据☆☆

提问1:【答案】B

【解析】《中华人民共和国精神卫生法》规定:精神障碍患者的人格尊严、人身和财产安全不受侵犯,受教育、参与劳动等合法权益受法律保护。患者个人隐私及疾病信息应当予以保密。该例患者就诊时,医生未在精神检查之前明确陪伴者身份,同时医生未征得患者本人是否同意其陪伴者在其身边聆听谈话。

【考点】个人隐私权☆☆

提问2:【答案】C

【解析】《中华人民共和国精神卫生法》在自愿原则的基础之上,明确规定了非自愿住院治疗的两个标准:一个标准是患者必须是经过明确诊断且为严重的精神障碍;第二,必须出现伤害自己的行为和危险,或者危害他人安全的行为和危险。这两个条件缺一不可。只有满足了这两个条件,患者才能够被非自愿地予以住院,如果不满足条件,不管是什么样的精神疾病,都要实行自愿原则。

【考点】《中华人民共和国精神卫生法》自愿原则☆☆

提问3:【答案】B

【解析】《中华人民共和国民法通则》第十七条“精神病人的监护人”规定:无民事行为能力或者限制民事行为能力的精神病人,其法定监护人的范围和顺序——配偶、父母、成年子女、其他近亲属、关系密切的亲属或朋友、精神病人所在单位或住所地的居委会、村委会、民政部门。

【考点】法定监护人内涵☆☆

案例四：患者，男，26 岁，诊断不伴有精神病性症状的躁狂发作，无冲动攻击、自伤自杀行为。入院时为自愿住院患者，因得知其妻子要与其离婚一事后，情绪激动，拍桌怒吼，有冲动摔门行为。当晚不眠，次日开始对护理人员挑剔，和病友争吵时出言不逊。随后 1 周他表现明显的话多、夸大、管闲事、易激惹、少眠。凭空闻声，认为妻子有外遇，扬言出院报复。医生与之沟通时，母亲在旁劝了几句，他甩手就打母亲一巴掌。自称是自愿出院，必须出院。

提问 1：主管医生应如何处置

A. 患者自愿住院，按照自愿原则，必须办理出院
B. 因有危害他人的行为和风险，由医生决定、监护人同意，转为非自愿住院
C. 出院与否由监护人决定
D. 意见分歧时有法院协调
E. 继续自愿住院，但按照非自愿住院管理，无须签署非自愿知情同意书
F. 因办理住院时为自愿住院，所以先办理出院，再办理非自愿住院
G. 因有打人行为，可办理强制住院
H. 必须有法院确定才能强制住院

提问 1：【答案】B

【解析】《中华人民共和国精神卫生法》规定：危害他人的患者的非自愿住院治疗由医院决定、监护人同意。

【考点】非自愿住院☆☆

提问 2：患者出院需要满足的条件是

A. 家属说接出院就可以出院
B. 患者说出院就可以出院
C. 经治疗，患者病情明显缓解，无危险行为，可听从患者本人意见随时出院
D. 经治疗，患者病情明显缓解，无危险行为，经医生评估符合出院要求，不需要继续住院的，医疗机构应当立即通知患者及其监护人。本人没有能力办理出院手续的，监护人应当为其办理出院手续
E. 经治疗，患者病情明显缓解，经主治医师评估病情许可，但必须由家属办理方可出院
F. 经治疗后患者病情明显缓解，情绪稳定，无危险行为，主管医生评估病情符合出院要求，经患者所在区域公安机关同意方可接出院
G. 患者病情明显缓解，情绪稳定，无危险行为，经主治医师评估病情许可，经患者所在街道同意才能接出院

提问 2：【答案】D

【解析】对于因为危害他人的行为，而予以非自愿住院的患者，医疗机构应当定期进行评估。什么时候认为患者可以出院了，必须立即通知监护人，办理出院手续。如果监护人不接患者，有能力自己办理出院手续的患者，可以自己办理出院。

【考点】《中华人民共和国精神卫生法》出院条件的内涵☆☆

案例五：李某，女，46 岁，怀疑她的儿子张某有精神疾病，故给某精神专科医院打电话，让医生带儿子到医院检查，张某被带到医院后，其母亲在《住院知情同意书》《非自愿住院治疗入院告知书》等材料上签字。住院期间，张某多次提出要求出院，医院以其母亲不同意为由拒绝为张某办理出院手续，2 个月后其母亲接

其出院，张某才被接出院。

提问1：医院在接到李某电话求助后，派多名医护人员将张某强行接入院，医院违反的规定是

A. 首诊负责制
B.《中华人民共和国精神卫生法》送治权
C. 医师注册管理制度
D. 知情同意制度
E. 诊断管理制度
F.《中华人民共和国精神卫生法》隐私权
G. 荣誉权
H. 人道原则

提问1：【答案】B

【解析】《中华人民共和国精神卫生法》明确规定，疑似精神障碍患者发生伤害自身、危害他人安全的行为或者有伤害自身、危害他人安全的危险的，其近亲属、所在单位、当地公安机关应当立即采取措施予以制止，并将其送往医疗机构进行精神障碍诊断。

【考点】《中华人民共和国精神卫生法》送治权☆☆

提问2：张某入院后被诊断为精神分裂症，入院前及入院后均未见冲动攻击倾向及行为，无自伤自杀倾向及行为，该例患者要求出院医院未给予办理违反的规定是

A. 首诊负责制
B. 个人隐私保密制度
C. 自愿原则
D. 医师注册管理制度
E. 诊断管理制度
F. 荣誉权
G. 监护权
H. 人身自由权

提问2：【答案】C

【解析】《中华人民共和国精神卫生法》在自愿原则的基础之上，明确规定了非自愿住院治疗的两个标准：一个标准是患者必须是经过明确诊断且为严重的精神障碍；第二，必须出现伤害自己的行为和危险，或者危害他人安全的行为和危险。这两个条件缺一不可。只有满足了这两个条件，患者才能够被非自愿地予以住院，如果不满足条件，不管是什么样的精神疾病，都要实行自愿原则。

【考点】《中华人民共和国精神卫生法》自愿与非自愿原则的内涵☆☆

提问3：入院时患者母亲强调不让患者往家打电话。患者病情稳定后说有事情要打电话给家里，被医护人员拒绝，医院违反的患者权利是

A. 知情同意权　　B. 人身自由权
C. 隐私权　　D. 监护权
E. 通讯权　　F. 诊断管理制度
G. 荣誉权　　H. 自愿原则

提问3：【答案】E

【解析】《中华人民共和国精神卫生法》第四十六条　医疗机构及其医务人员应当尊重住院精神障碍患者的通讯和会见探访者等权利。除在急性发病期或者为了避免妨碍治疗可以暂时性限制外，不得限制患者的通讯和会见探访者等权利。

【考点】精神障碍患者的权利☆☆

案例六：患者，女，29岁，未婚，大学文化，职员。紧张不安，烦躁，心情低6个月，有自杀行为。患者自愿住院。

提问1：入院后患者要求其男友探视，医生认为其男友非监护人而拒绝她。违反了患者哪项权益

A. 人身权　　B. 财产权
C. 会见探访者权利　　D. 隐私权
E. 知情同意权　　F. 自由权
G. 荣誉权　　H. 平等权

提问1：【答案】C

【解析】《中华人民共和国精神卫生法》第四十六条　医疗机构及其医务人员应当尊重住院精神障碍患者的通讯和会见探访者等权利。除在急性发病期或者为了避免妨碍治疗可以暂时性限制外，不得限制患者的通讯和会见探访者等权利。

【考点】精神障碍患者的权利☆☆

提问2：患者住院2周，心情有所好转，有时仍有轻生的想法，但可以控制，提出出院，医生认为仍有自杀风险而拒绝她，违反了患者何种权利

A. 人身权　　B. 认知权

提问2：【答案】D

【解析】《中华人民共和国精神卫生法》第四十四条　自愿住院治疗的精神障碍患者可以随时要求出院，医疗机构应当同意。

【考点】自愿原则☆☆

C. 知情权　　D. 自愿权
E. 诊断管理制度　　F. 自由权
G. 荣誉权　　H. 平等权

案例七：患者，男，23岁，美籍华人，由警察（中国）协助来院。医生评定精神分裂症，且有冲动伤人行为。

提问1：作为接诊医生，如何依法处置
A. 据美国相关法律办理
B. 按《中华人民共和国精神卫生法》办理
C. 由美国大使馆决定
D. 根据国际惯例处理
E. 两国有关部门协商处理
F. 参照两国法律共性处理
G. 按照付款人员要求办理即可
H. 完全尊重患者本人意愿办理即可

提问1：【答案】B
【解析】《中华人民共和国精神卫生法》适用于中国境内☆☆

提问2：该外籍患者病情稳定后，写信给国外的女友，医生考虑到书信内容有无不当言辞，打开信封检查后统一寄出，违反的原则是
A. 认知权　　B. 知情权
C. 通信自由权　　D. 自愿权
E. 人身权　　F. 平等权
G. 隐私权　　H. 财产权

提问2：【答案】C
【解析】《中华人民共和国刑法》第二百五十二条　隐匿、毁弃或者非法开拆他人信件，侵犯公民通信自由权利，情节严重的，处一年以下有期徒刑或者拘役。
【考点】《中华人民共和国刑法》侵犯通信自由罪☆☆

第三章 临床常见病的诊疗规范

第一节 器质性及症状性精神障碍

【A1 型题】

1. 抗 NMDAR 脑炎所致精神障碍的诊断标准不包括
   A. 早期出现行为紊乱或紧张症等精神症状和癫痫发作
   B. 脑脊液和血清中检测出抗 NMDAR 抗体
   C. 可能伴发卵巢畸胎瘤等肿瘤
   D. 非典型抗精神病药、苯二氮䓬类药物以及改良电休克(MECT)治疗效果好
   E. 对激素、免疫抑制剂以及改良电休克(MECT)治疗效果好

2. 引起痴呆的原因不包括
   A. 慢性病毒感染
   B. 脑外伤
   C. 带状疱疹
   D. 自身免疫反应
   E. 兴奋性毒素的增加

3. 失认症的临床表现有
   A. 认不出来站在附近的伴侣和儿子
   B. 不存在瘫痪或深感觉障碍的情况下,出现肢体运用障碍
   C. 其称呼室内各种物品的名字,患者称呼不出来,而用其用途或含糊词代替
   D. 患者在没有声带损伤的情况下,不能读出书上的字
   E. 患者能认出周围的人,但存有感觉障碍

4. 治疗梅毒所致的精神障碍常用的抗生素是
   A. 青霉素　B. 红霉素　C. 庆大霉素
   D. 阿奇霉素　E. 链霉素

1.【答案】D
【解析】此题主要考查对抗 N- 甲基 -D- 天冬氨酸受体(NMDAR)脑炎所致精神障碍诊断标准的掌握情况,抗 NMDAR 脑炎所致精神障碍诊断标准:①早期出现行为紊乱或紧张症等精神症状和癫痫发作;②脑脊液和血清中检测出抗 NMDAR 抗体;③可能伴发卵巢畸胎瘤等肿瘤;④对激素、免疫抑制剂以及改良电休克(MECT)治疗效果好。需要实验检查结合临床表现作出诊断。
【考点】抗 NMDAR 脑炎所致精神障碍的诊断标准☆☆

2.【答案】C
【解析】此题主要考查痴呆的病因,主要有脑炎、脑外伤、中枢神经递质缺乏、自身免疫反应、兴奋性毒素的增加等。
【考点】痴呆的病因学☆

3.【答案】A
【解析】此题主要考查对失认症的诊断,失认症主要分为触觉失认症、视觉失认症、听觉性失认症、体象病觉缺失症。视觉失认症又包括物体失认症、相貌失认症、色彩失认症等。A 为视觉失认症中的相貌失认症。
【考点】失认症、失用症、失读症、失写症等的临床表现☆☆

4.【答案】A
【解析】驱梅治疗首选青霉素。为预防各种治疗反应,可口服泼尼松,然后开始应用青霉素。为控制兴奋或幻觉、妄想,可适当使用抗精神病药物;对有明显抑郁症状的患者可用抗抑郁药对症治疗。
【考点】梅毒所致精神障碍的治疗☆

5.【答案】B

【解析】此题主要考查抗 NMDAR 脑炎所致的精神症状发生的时间，目的是有利于该疾病的早期诊断及鉴别诊断，精神症状常见于发病 2 周内。

【考点】抗 NMDAR 脑炎所致精神障碍的诊断☆☆

6.【答案】B

【解析】神经精神症状可见于各种颅脑外伤患者。如果颅脑外伤后遗忘症持续超过 24h，则容易导致持久性认知功能障碍。闭合性脑损伤会导致全面的认知功能障碍，严重程度可以是轻微的智能损害，也可能是严重的痴呆。在贯穿性损伤或局限性损伤时，则表现为局限性认知功能损害。

【考点】颅脑外伤所致精神症状的临床表现☆☆

7.【答案】A

【解析】ICD-10 中有关谵妄的诊断标准：①意识和注意损害；②认知功能障碍；③精神运动兴奋状态；④睡眠-觉醒周期紊乱；⑤情绪障碍，如抑郁、焦虑或恐惧、易激惹、欣快、淡漠等。常常急性起病，病程每日波动，总病程不超过 6 个月。

【考点】谵妄的诊断标准☆☆

8.【答案】B

【解析】长期大量饮酒导致维生素 B 族缺乏，造成间脑和边缘颞叶结构损害。胃癌以及严重营养不良所致维生素 B_1 缺乏亦可导致本症。病理变化主要有病损部位出血、胶质细胞增生及萎缩等。

【考点】遗忘综合征的发病原因☆

9.【答案】B

【解析】在 65 岁以前发病者称早发型痴呆或早老性痴呆，65 岁以上发病者称晚发型痴呆或老年性痴呆，老年性及早老性痴呆均特指阿尔茨海默病（AD）。

【考点】阿尔茨海默病的分类☆

10.【答案】A

【解析】麻痹性痴呆是由梅毒螺旋体侵犯大脑而引起的，主要在大脑实质的病理变化，最后可导致神经精神症状、智力减退及人格改变。

【考点】麻痹性痴呆的发病原因☆

11.【答案】D

【解析】此题主要考查对甲亢所致精神障碍临床症状的掌握情况。甲亢所致的精神障碍可表现为注意力不集中、记忆力下降、多言多动、紧张、焦虑、易激惹、心悸、胸闷，严重者可出现类躁狂症状；部分患者可出现精神萎靡、抑郁等症状。在感染、生活事件应激时可出现甲状腺危象，此时的精神症状以意识障碍为主，可表现为焦虑不安，嗜睡或谵妄状态，严重者可出现昏迷。

【考点】甲亢所致精神障碍的临床特点☆☆

5. 抗 NMDAR 脑炎所致的精神障碍常见于发病几周内

A. 1 周　　B. 2 周

C. 3 周　　D. 4 周

E. 5 周

6. 颅脑外伤后遗忘症持续超过多长时间，容易导致持久性认知功能障碍

A. 22h　　B. 24h

C. 48h　　D. 72h

E. 96h

7. 谵妄的临床表现不包括

A. 意识清楚，行为紊乱

B. 认知功能障碍

C. 精神运动兴奋状态

D. 睡眠 - 觉醒周期紊乱

E. 情绪障碍，如抑郁、焦虑或恐惧、易激惹、欣快、淡漠等

8. 遗忘综合征最常见的维生素缺乏是

A. 维生素 A 族

B. 维生素 B 族

C. 维生素 C 族

D. 维生素 D 族

E. 维生素 E

9. 多少岁以前所发的痴呆称为早老性痴呆

A. 56 岁　　B. 65 岁

C. 70 岁　　D. 75 岁

E. 80 岁

10. 麻痹性痴呆的病因是

A. 梅毒　　B. 艾滋病

C. 乙肝　　D. 丙肝

E. 以上都是

11. 关于甲亢所致精神障碍，错误的是

A. 易激惹

B. 多言多动

C. 谵妄

D. 黏液性水肿

E. 注意力不集中

12. 有关低血糖所致精神障碍的描述，正确的是
A. 低血糖进一步发展一定会出现意识障碍
B. 意识障碍水平与血糖浓度呈正相关，因此血糖可以作为评估昏迷程度的标准
C. 脑功能受损从皮质下组织逐渐累积皮质组织
D. 低血糖首先影响中脑和延髓，后累及到基底节、下丘脑及自主神经中枢
E. 患者出现精神症状是由于血糖过低对神经系统的影响

13. 有关白血病伴发精神障碍的描述，正确的是
A. 一定伴有意识障碍
B. 不出现幻听、幻视等
C. 急性白血病时，以中性粒细胞白血病伴发的精神症状多见
D. 精神障碍与血常规相吻合
E. 慢性白血病精神障碍发生率高

【A2 型题】

1. 患者，男，20 岁，既往体健。5d 前受凉感冒，2d 前出现意识错乱、情感淡漠、反应迟钝、缄默、接触被动等表现，该患者最先考虑的诊断是
A. 抑郁症
B. 病毒性脑炎
C. 精神分裂症
D. 反应性精神病
E. 人格障碍

2. 某患者饮酒 20 年，每天 400~500ml，因感冒停饮 3d 后，出现身体抖动，胡言乱语，说有人要害他，看见墙上有龙在飞，床上有虫子在爬，躁动不安，言语模糊不清，昼轻夜重，目前患者最可能的诊断为
A. 幻觉妄想状态
B. 朦胧状态
C. 意识混浊状态
D. 痴呆状态
E. 谵妄状态

3. 患者，男，65 岁，1 年前脑梗死，遗留有肢体不利，记忆下降，好忘近事，6 月前易因小事发脾气，要求没被立即满足就伤心哭泣，患者的情感状态是
A. 抑郁
B. 焦虑
C. 情感脆弱
D. 强制性哭笑
E. 欣快

4. 患者，男，54 岁，半年前脑梗死，残留偏瘫步态，性格改变，脾气大，固执，暴躁。临床访谈中可见一阵大哭、流泪，持续不到

12.【答案】E
【解析】低血糖对脑的影响以发育最迟、功能最高的部位先受累，从大脑皮质逐渐累及皮质下组织，包括基底节、下丘脑及自主神经中枢，最后影响中脑和延髓。低血糖时会产生多种神经精神症状，如意识障碍、宿醉状态、情绪不稳定、幻觉等。血糖并不能完全反映脑内糖的含量多少，故不能作为昏迷程度的评价标准。
【考点】低血糖所致精神障碍的临床特点☆☆

13.【答案】C
【解析】此题主要考查白血病伴发精神障碍的临床特点，白血病伴发精神障碍以意识障碍最为多见，占急性期患者的 77%，是脑损害的主要表现，以幻听、幻视，妄想以被害、关系妄想居多。精神障碍表现有以下特点：①急性白血病时，以中性粒细胞白血病伴发的精神症状最多见且较严重；②慢性白血病时精神障碍发生率较低，症状较轻；③精神障碍与血常规不吻合；④伴有神经症状的病例大多存在精神症状。
【考点】白血病伴发精神障碍的临床特点☆

1.【答案】B
【解析】患者既往体健，在发病前 5d 有上呼吸道感染病史，急性起病，存在意识障碍和精神病性症状，按诊断原则首先考虑器质性精神障碍。因为患者是在感冒中发生精神问题，故应首先考虑病毒性脑炎。需要实验室进一步确定诊断。
【考点】病毒性脑炎的诊断标准☆☆

2.【答案】E
【解析】该患者为酒精依赖患者，停饮后 72h 出现意识清晰度下降，起病急，伴有恐惧性幻视，精神运动性兴奋，具有昼轻夜重的特点，符合酒精性谵妄的诊断标准。
【考点】谵妄的诊断标准☆☆

3.【答案】C
【解析】该患者在外界轻微刺激下出现情绪不稳，可因微不足道的小事而哭泣或大笑，属于情感脆弱，严重时又称为情感失禁。
【考点】情感脆弱的临床表现☆

4.【答案】E
【解析】强制性哭笑是指没有外界诱因而突然暴发的、不能自行控制或带有强制的哭笑，患者缺乏内心体验。
【考点】强制性哭笑的临床表现☆

2min，也说不出为什么哭，这种临床表现属于
A. 情感暴发　B. 病理性激情
C. 情感倒错　D. 情感脆弱
E. 强制性哭笑

5. 患者，男，28岁，3周前呕吐、腹泻，发热，体温38.6℃，1周前凭空闻声，怀疑被跟踪，时哭时笑，行为无目的性，3天前小便失禁、抽搐大发作一次。查体：双侧病理征阳性。最可能的诊断是
A. 癫痫所致精神障碍
B. 脑外伤所致精神障碍
C. 颅内感染所致精神障碍
D. 急性而短暂性精神障碍
E. 应激相关障碍

6. 患者，女，30岁，1周前查出患卵巢畸胎瘤，近几天患者突然出现行为紊乱，动作僵、刻板等紧张症的表现，该患者最可能的疾病是
A. 紧张型精神分裂症
B. 抗NMDAR脑炎所致精神障碍
C. 抑郁症
D. 麻痹性痴呆
E. 流行性乙型脑炎所致的精神障碍

7. 患者，男，50岁。在诊断梅毒15年后出现记忆障碍、易激惹、情绪波动，并有夸大妄想，伴构音障碍、反射亢进。目前治疗中**错误**的是
A. 保证脑脊液中抗生素达有效治疗浓度
B. 可使用相应的抗精神病药物
C. 如有出现情绪低落可使用相应的抗抑郁药物
D. 支持疗法
E. ECT治疗

8. 患者，男，68岁，既往无高血压、糖尿病史。因记忆力进行性下降5年入院。近来不能胜任日常家务，日常物品丢三落四。常因忘记关煤气而引起厨房失火，熟悉的物品说不出名称，不认识自家的地址，出门则迷路。体检未发现明显异常，头颅CT显示有脑室扩大，沟回增宽。考虑最可能的诊断是
A. 血管性痴呆　B. 阿尔茨海默病
C. 遗忘综合征　D. 亨廷顿病
E. 麻痹性痴呆

5.【答案】C
【解析】颅内感染（如病毒性脑炎）所致精神障碍的临床表现：部分患者病前有上呼吸道或肠道感染史。急性起病者常有头痛，可伴脑膜刺激征，部分病例可有轻度或中度发热。常表现为意识障碍、精神症状、癫痫发作和肢体瘫痪等弥漫性或局灶性脑损害的症状和体征。精神症状可以是首发症状，也可以是其主要临床表现，可有精神分裂症样症状、情感症状及智能障碍等。以精神运动性抑制症状较多见，也有的表现为精神运动性兴奋。记忆、注意、计算、理解能力减退常见。
【考点】颅内感染所致精神障碍的临床表现☆☆

6.【答案】B
【解析】抗N-甲基-D-天冬氨酸受体（NMDAR）脑炎所致精神障碍诊断主要根据：①行为紊乱或紧张症等精神症状和癫痫发作等出现早；②脑脊液和血清中检测出抗NMDAR抗体；③可能伴发卵巢畸胎瘤等肿瘤；④对激素、免疫抑制剂以及改良电休克治疗（MECT）效果好。
【考点】抗NMDAR脑炎所致精神障碍的诊断依据☆☆

7.【答案】E
【解析】梅毒所致精神障碍首选青霉素。为预防各种治疗反应，可口服泼尼松，然后开始应用青霉素。为控制兴奋或幻觉、妄想，可适当使用抗精神病药；对有明显抑郁症状的患者可用抗抑郁药。
【考点】梅毒所致精神障碍的治疗原则☆☆

8.【答案】B
【解析】阿尔茨海默病临床上以智能损害为主，尤其是记忆力下降。影像学检查发现海马等脑区萎缩。
【考点】阿尔茨海默病的诊断依据☆☆

9. 患者，男，48 岁，既往有冶游史，25 岁时有皮肤损害，3 年前无明显诱因出现脾气暴躁、哭笑无常，常称自己是全世界最富有的人，但却到处捡别人的烟头吸。体格检查无特殊。神经系统检查：右瞳孔缩小，对光反射消失，面神经不全麻痹，手指及眼睑细微震颤，右上肢霍夫曼征(+)。精神检查：有言语性幻听，存在夸大妄想，记忆力减退，情绪不稳，易激动。该患者最可能的诊断是

A. 阿尔茨海默病
B. 路易体痴呆
C. 麻痹性痴呆
D. HIV/AIDS 所致的精神障碍
E. 病毒性脑炎所致的精神障碍

9.【答案】C

【解析】麻痹性痴呆是由梅毒螺旋体侵犯大脑而引起的，主要为大脑实质的病理变化，最后可导致神经精神症状、智力减退及人格改变。

【考点】麻痹性痴呆的临床表现☆☆

10. 患者，男，74 岁，近 3 天来夜间出现行为紊乱，说房间的地板上有老鼠、有蛇，表情恐惧、紧张，言语令人费解；白天则较安静、喜卧床，对夜间行为难以回忆，生活自理需协助。头颅 CT 示：顶枕叶片状梗死灶。考虑该患者目前处于

A. 痴呆状态　　B. 幻觉妄想状态
C. 谵妄状态　　D. 抑郁状态
E. 兴奋状态

10.【答案】C

【解析】谵妄是一组以急性、广泛性认知障碍，尤以意识障碍为主要特征的综合征，常因脑部弥漫性感染、短暂的中毒或代谢紊乱等所引起，又称"急性脑病综合征"。ICD-10 中有关谵妄的诊断标准：①意识和注意损害；②认知功能的全面紊乱；③精神运动紊乱；④睡眠 - 觉醒周期紊乱；⑤情绪紊乱，如抑郁、焦虑或恐惧、易激惹、欣快、淡漠或惊奇困惑。常急性起病，病程每日波动，总病程不超过 6 个月。

【考点】谵妄的临床表现☆☆

11. 患者，女，56 岁，半年前无明显诱因出现饭量减少，不愿意吃饭，后逐渐出现体重减轻，半年内体重减轻 25kg，目前为重度营养不良，现目光呆滞，被动接触，问话少答，不愿意活动，不能料理家务，觉得活着没意思，存有消极观念，昼重夜轻，未引出幻觉、妄想症状，检测叶酸低于正常值。目前考虑该患者是

A. 叶酸缺乏所致的抑郁发作
B. 抑郁障碍
C. 痴呆
D. 叶酸缺乏所致的贫血
E. 糖尿病

11.【答案】A

【解析】此题主要考查叶酸缺乏所致精神障碍的临床表现，患者先出现的营养不良，检查叶酸值低于正常值，后出现心烦，兴趣下降，情绪低落，昼重夜轻等典型抑郁的临床表现，故可诊断为叶酸缺乏与抑郁发作有关。

【考点】了解叶酸缺乏所致精神障碍的临床表现☆

12. 患者，女，50 岁，工人。以抑郁症状来门诊就诊，精神检查：意识清楚，注意力难以集中，记忆力减退，情绪低落，少言寡语，做事无兴趣，无疾病自知力，同时见患者水牛背，有向心性肥胖，经询问得知患者已闭经 6 个月，对于此患者，首先应做的检查是

A. 血、尿 17- 羟类固醇及 17- 酮类固醇测定
B. 用汉密尔顿抑郁量表对患者进行测试
C. 对患者头部进行 MRI 检查
D. 血中的 ACTH 的测定
E. 继续细致的精神检查

12.【答案】A

【解析】库欣综合征(Cushing syndrome，CS)是由于多种原因引起的肾上腺皮质长期分泌过多糖皮质激素所产生的临床症候群。高发年龄在 20~40 岁，其病因可分为促肾上腺皮质激素(ACTH)分泌过多导致双侧肾上腺皮质增生和肾上腺皮质瘤。主要表现为满月脸、多血质外貌、向心性肥胖、痤疮、紫纹、高血压、继发性糖尿病和骨质疏松等。多伴有认知障碍，包括注意力不集中和记忆减退，部分患者可出现幻觉、妄想、人格解体。库欣综合征应该首先检查血、尿 17- 羟类固醇及 17- 酮类类固醇水平。

【考点】库欣综合征所致精神障碍的检查☆☆

13. 患者，男，33岁。入院后诊断乙型肝炎后肝硬化。患者妻子反映他有些反常，如刷过牙又找牙刷，说要去刷牙；东西放置比平时凌乱；情绪不稳，有时兴高采烈，有时又无故哭泣。检查时发现患者一般对答尚切题，但对刚做过的事情，则说是"肝性脑病"。医生首先需要做的是

A. 给予抗精神病药物治疗，继续观察

B. 向护士、同病室的病友以及患者家属了解情况

C. 安慰家属，告诉她患者反应正常，不必过分担心

D. 注意检查患者的认知功能，注意肝性脑病的发生

E. 复查肝功能

13.【答案】D

【解析】肝性脑病是由严重肝病引起的，以代谢紊乱为基础的中枢神经系统功能失调综合征。70%肝性脑病由肝硬化引起。早期可出现人格改变和智能下降。

【考点】肝性脑病的临床表现☆☆

14. 患者，男，33岁，既往有肝硬化病史，16年前出现流涎，吞咽困难，说话口齿不清，走路不稳，肢体颤抖。近来出现注意力不集中，记忆力减退，反应迟钝，情绪不稳，经常说谎找父母要钱，不满足就大打出手，称家人算计自己，要害自己，常听到有人对他讲"你死吧！"，有被控制感，感到有东西控制他，使他不由自主地吃草、树叶。查体可见角膜色素环，共济失调，肌强直，腱反射亢进。

A. 肝性脑病

B. 肝豆状核变性所致精神障碍

C. 精神分裂症

D. 痴呆

E. 帕金森病

14.【答案】B

【解析】肝豆状核变性所致精神障碍的诊断标准：①符合脑器质性精神障碍的诊断标准；②有肌张力增加、震颤、肝硬化等临床表现；③精神障碍有情绪障碍、智能减退、人格改变，有部分出现幻觉妄想等精神病性症状；④实验室检查有铜代谢障碍的证据。

【考点】肝豆状核变性所致精神障碍的诊断标准☆☆

15. 患者，男，21岁，因"发现面部红斑1月，兴奋、话多、冲动1周"就诊。1月前诊断为系统性红斑狼疮，给予激素治疗。1周前出现兴奋话多、夜晚难以入睡，半夜控制不住想唱歌，有时情绪不稳，时而号啕大哭，时而引吭高歌，易激惹，上述症状呈发作性。查体：面部可见蝶形红斑。精神检查：精力旺盛，思维速度偏快，自我感觉良好，有夸大言语，注意力随境转移，易激惹，自知力缺乏。该患者的治疗，最恰当的是

A. 停用所有激素类药物

B. 小剂量加用心境稳定剂

C. 加用抗精神病药治疗

D. 加用抗抑郁药

E. 加用心理治疗

15.【答案】B

【解析】系统性红斑狼疮所致精神障碍可出现认知障碍，也可出现情感障碍，如类似躁狂发作的表现，同时使用激素也可引起精神症状。治疗上可对症处理，如果停用全部激素治疗，可能会加重系统性红斑狼疮病情，后者又会加重精神障碍的症状。

【考点】系统性红斑狼疮所致精神障碍的治疗原则☆☆

【A3/A4型题】

（1~3题共用题干）

患者，男，42岁，因"行为怪异、冲动伤人1月余"就诊，查体未见明显异常。精神检查：意识清楚，接触被动，目光呆滞，引出嫉妒妄想，被害妄想，命令性幻听，自知力缺乏。家属叙说患者以前

性格开朗，喜欢与他人交流，自从生病后，表现孤僻，不喜欢与人沟通交流。既往有癫痫病史 15 年，曾多次因癫痫发作住院治疗。脑电图：双侧有棘慢波并有放电波，在清醒和睡眠状态下，以左颞部棘波占优势。

1. 该患者可能的诊断是
   A. 精神分裂症
   B. 分离障碍
   C. 偏执性精神病
   D. 癫痫所致的精神障碍
   E. 中毒所致的精神障碍

2. 该患者应采取的治疗原则，正确的是
   A. 原有药物治疗无效时，可骤然停用
   B. 尽可能多药联合治疗，定期检测血药浓度
   C. 症状完全控制后，可立即停药
   D. 治疗只需控制原发疾病
   E. 在治疗原发病的基础上适当加用抗精神病药物控制精神症状

3. 此患者癫痫发作间歇期精神障碍的表现之一是
   A. 癫痫自动症　　B. 神游症
   C. 人格改变　　D. 精神运动性发作
   E. 以上都是

(4~6 题共用题干)

患者，男，68 岁，因“脑梗死后记忆力减退 3 年，生活自理能力下降半年”入院。一年前家人发现患者经常丢三落四，东西放下就找不着了，熟悉的物品说不上名字，只会说“那样东西”，情绪低落，发呆，话少。病情逐渐加重，不会烹饪自己熟悉的菜肴，见着老邻居不知道叫什么名字，经常走错房间，外出不知回家的路，认为家人嫌他笨，活着还不如死了好，孤僻懒散。半年前生活自理能力下降，不能胜任简单的家务，不会穿衣服，吃饭不知饥饱，自语痴笑，举止行为幼稚。神经系统查体未见明显阳性体征。头颅 CT 显示额叶的腔隙性脑梗死。

4. 该患者最可能的诊断是
   A. 老年良性记忆减退
   B. 老年抑郁症
   C. 阿尔茨海默病
   D. 老年精神分裂症
   E. 血管性痴呆

1.【答案】D

【解析】患者有癫痫病史 15 年，多次因癫痫发作住院，有典型的脑电图改变，结合所表现的精神症状和病程，可考虑为癫痫所致精神障碍。

【考点】癫痫所致精神障碍的诊断标准☆☆

2.【答案】E

【解析】癫痫所致精神障碍的治疗原则：抗癫痫治疗尽量单一用药，定期检测血药浓度，根据癫痫类型选用抗癫痫药物，并严密观察不良反应，在治疗癫痫的基础上根据患者的精神症状选用药物，尽量选用不加重癫痫发作的药物。抗癫痫药物需要长期维持治疗，至少需要维持治疗 3~5 年，逐渐停药的时间不少于 1 年。抗癫痫药物治疗无效时需要选用另一种抗癫痫药物时，原药不能骤然停用，应缓慢交叉减药，以防止发生癫痫持续状态。

【考点】癫痫所致精神障碍的治疗原则☆☆

3.【答案】C

【解析】癫痫发作间歇期精神障碍以人格改变较为常见，还可出现精神分裂症样障碍及智能障碍。人格改变以左颞叶病灶和大发作的患者较多见，表现为人际关系紧张、敏感多疑、病理性赘述、思维黏滞等。

【考点】癫痫所致精神障碍的临床特点☆☆

4.【答案】E

【解析】该患者为逐渐加重病程，以记忆力下降为主要表现，意识清晰，存有认知障碍和情绪障碍，有失语、失认、命名等大脑皮质受损的表现，生活自理能力下降。头颅 CT 显示额叶的腔隙性脑梗死，有局灶性神经系统损害的体征，可排除老年精神分裂症、阿尔茨海默病。抑郁症也可出现假性痴呆的表现，但这类患者多有情感障碍家族史，出现抑郁心境，早醒，记忆力减退等，且患者常是情绪低落在先，而记忆力减退在后，通过治疗可治愈，而该患者否认自己有病，埋怨别人说他笨，无自知力，对症治疗效果差，认知功能呈进展性加重，可排除抑郁症的诊断。老年良性记忆障碍一般是非进行性的，与年龄有关，有自知能力，没有社会功能损害。

【考点】痴呆的临床诊断☆

5. 该患者经常走错房间，外出不知归家的路，主要是因为

A. 意识清晰度下降　　B. 记忆障碍

C. 幻觉支配　　D. 思维障碍

E. 行为紊乱

6. 该患者的认知发展病程常见的形式是

A. 阶梯性改变

B. 只发作一次

C. 进行性加重

D. 自限性病程，不治可自愈

E. 缓慢发展，经治疗可取得较好疗效

(7~9题共用题干)

患者，男，59岁，因“兴奋话多，语乱，情绪不稳定1d”入院。患者1d前无明显原因表现兴奋话多，胡言乱语，自言自语，不停地说话，诉有人要害他，看见汽车认为是来抓他的，有时说听见有人喊他，让他认罪。紧张恐惧，躲在床上蒙着头，易激惹，无故骂人，夜间睡眠差。查体：伸舌稍偏左，腱反射减退。头颅CT示双侧基底节区多处小片低密度影。既往有记忆下降的主观感受。

7. 该患者最可能的诊断是

A. 躁狂发作

B. 急性短暂性精神病

C. 血管性痴呆

D. 阿尔茨海默病

E. 急性脑血管病所致精神障碍

8. 经抗凝溶栓治疗配合小剂量抗精神病药物治疗，病情明显好转，精神症状缓解，生活基本能自理，但言语不利，记忆力减退。两个月后患者逐渐出现情绪低落，常叹气，反应迟钝，自称“记忆力差，忘性大，什么也干不了了，称自己是个废人”，生活懒散，不修边幅，不能胜任家务，偶有独坐发呆，暗自流泪。有益于诊断的检查是

A. EEG

B. CSF

C. SDS

D. BPRS

E. HIS（Hachinski 缺血指数量表）

9. 针对上述患者的症状表现，应该使用的药物是

A. 脑血管扩张剂　　B. 促脑代谢药　　C. 抗精神病药

D. 抗抑郁药　　E. 心境稳定剂

5.【答案】B

【解析】血管性痴呆的临床表现多为认知损害、情感抑郁淡漠、人格改变、迟缓、幻觉、情感脆弱易激惹等，迷路是其中认知损害中记忆障碍的结果。

【考点】血管性痴呆的临床表现☆

6.【答案】A

【解析】血管性痴呆通常以突然起病、波动或阶梯样病程为特点，并与其他痴呆类型区分。

【考点】痴呆的病程特点☆

7.【答案】E

【解析】该患者急性起病，意识清晰度下降，出现片段的幻觉妄想、精神运动性兴奋、情绪不稳定、睡眠差。结合神经系统阳性体征，头颅CT检查结果异常，可排除躁狂发作、急性短暂性精神病，考虑为脑器质性精神障碍。

【考点】脑器质性精神障碍的识别☆

8.【答案】C

【解析】根据病史提供，患者无明显痴呆综合征的表现，可排除血管性痴呆、阿尔茨海默病。其低落消沉、迟钝、懒散符合抑郁综合征表现，故可使用抑郁量表协助诊断。

【考点】卒中后抑郁障碍的诊断☆☆

9.【答案】D

【解析】识别出患者为卒中后抑郁发作，即可判断使用抗抑郁药。

【考点】卒后后抑郁障碍的诊断☆☆

（10~12 题共用题干）

患者，男，69 岁。5d 前出现夜不能眠，表情淡漠呆滞，行为紊乱，在房间中不停摸索乱翻东西，问其找什么，回答言语零乱，不知所云。白天卧床行为安静，少语少动，对夜间发生的事情不能回忆，生活不能自理，拒食拒水，偶有小便失禁。查体：左侧下肢肌力 4 级，膝反射亢进，左侧 Babinski 征阳性。

10. 下列最有意义的检查是
   A. 血常规　　B. 生化检查
   C. 脑电图　　D. MMPI
   E. 头颅 CT 或 MRI

11. 目前考虑患者的状态是
   A. 痴呆状态　　B. 木僵状态
   C. 兴奋状态　　D. 抑郁状态
   E. 谵妄状态

12. 针对患者的精神状态，应首选的精神药物是
   A. 碳酸锂　　B. 地西泮
   C. 氟哌啶醇　　D. 氯丙嗪
   E. 氯氮平

（13~14 题共用题干）

患者，男，50 岁，患 2 型糖尿病 5 年，自己服用消渴丸 10 粒，每日三次，糖尿病症状未见控制，自己加用格列吡嗪 1 片，每日 3 次，1 周后开始头晕、乏力、出汗、手抖、意识模糊等。

13. 对该患者的症状最有意义的检查项目是
   A. 快速血糖　　B. 空腹血糖
   C. 口服糖耐量试验　　D. 糖化血红蛋白
   E. 血钾浓度

14. 如确定为低血糖，最有效的治疗措施为
   A. 立即静脉注射高渗葡萄糖 + 静脉补钾
   B. 立即静脉注射低渗葡萄糖
   C. 静脉滴注纳洛酮
   D. 立即静脉注射高渗葡萄糖
   E. 立即皮下注射肾上腺素

（15~17 题共用题干）

患者，男，74 岁，近 2 年无明显原因逐渐变得脾气暴躁，经常殴打妻子。打老伴的原因是嫌弃老伴儿幼稚，认为 3 岁的孙子都可以

10.【答案】E

【解析】患者急性起病，同时存在意识障碍、认知障碍以及精神运动性兴奋、睡眠障碍，病程波动，呈昼轻夜重变化，结合神经系统检查的阳性结果，考虑为脑血管病所致谵妄状态的可能性大，发病急，需做 CT 或 MRI 进一步明确诊断。

【考点】脑器质性精神障碍的识别☆

11.【答案】E

【解析】患者急性起病，同时存在意识障碍、认知障碍以及精神运动性兴奋、睡眠障碍，病程波动，呈昼轻夜重变化，为谵妄的症状表现。

【考点】谵妄的临床表现☆

12.【答案】C

【解析】谵妄状态下宜使用高效价抗精神病药物如氟哌啶醇，因其抗胆碱能作用以及 α-肾上腺素能作用相对较弱，对心血管系统的影响较小，不会出现因其中枢抗胆碱能作用而恶化谵妄症状，有的抗精神病药如氯丙嗪和氯氮平，对心血管系统的影响较大，抗胆碱能的效应强，可能会加重谵妄的症状，因此不宜选用。苯二氮䓬类药物可以加重意识障碍，使谵妄恶化。另外，苯二氮䓬类药物有肌松作用，年老患者易发生共济失调而跌伤，因此也不宜首选。锂盐易引起意识障碍，恶心，震颤，共济失调等不良反应，老年人或有基础病的患者使用这类药物也易于损害大脑。

【考点】脑血管病伴有意识障碍的诊断及治疗☆☆

13.【答案】A

【解析】2 型糖尿病患者自服降糖药治疗，出现头晕、乏力、出汗、手抖、意识朦胧状态等，首先考虑低血糖的可能性，应立即快速检测血糖。

【考点】低血糖的危险因素及识别☆

14.【答案】D

【解析】已明确诊断，低血糖的发作应立即注射高渗葡萄糖注射液；静脉补钾会加快血糖向细胞内转移，进一步导致血糖降低。

【考点】低血糖的处理原则☆☆

把她指挥得团团转。容易记仇，嫌妹妹多次带着孙子去外边吃饭，认为这么小的孩子不应该带出去。多疑，如果家人教3岁的孙子说爷爷好，孙子只说爷爷，就认为是家人故意教唆孩子这样说。经常无中生有，找碴挑剔，儿子阻拦其冲动行为，就拿着刀追砍儿子。看了防欺骗的电视节目，立即告诉儿子，儿子说自己知道的比这多，便和儿子吵架。晚上睡眠差，看电视时睡觉，电视节目一停下来立即醒来。饮食正常，与外人接触未见明显异常。既往有高血压病史。性格老实，内向。头颅MRI：脑萎缩，脑白质稀疏，右侧基底节区小软化灶。精神检查：意识清晰，接触较好，兴奋话多，对一些细枝末节内容介绍非常详细，分析某事偏激，歪曲事实，只能说对自己有利的事情。记忆力减退，能回忆昨天吃过的饭菜，但是一些关键问题回避不语。情感反应比较协调。

15. 该患者存在的症状**不包括**

A. 敏感多疑　　B. 记忆力减退

C. 嫉妒妄想　　D. 赘述

E. 诡辩

16. 该病例最可能的诊断是

A. 持久妄想性障碍

B. 晚发性精神分裂症

C. 器质性障碍的人格改变

D. 痴呆

E. 器质性心境障碍

17. **不支持**该患者诊断器质性人格改变的基础是

A. 72岁老年人，症状以人格改变为主

B. 妄想

C. 赘述

D. 记忆力减退

E. 头颅MRI检查

(18~20题共用题干)

患者，女，62岁，慢性支气管炎20年，活动后气促6年。3d前因淋雨后受凉出现咳嗽、咳痰、气喘症状加重，同时伴有睡眠差，说死去的母亲和自己说话，看到家中有鬼，觉得有人要害自己，定向力不完整，有时不认识家人，查体：呼吸急促，口唇发绀，桶状胸，双肺底可闻及湿啰音，神经系统检查无异常。

18. 该患者首先考虑的疾病为

A. 老年性精神分裂症

B. 分离障碍

15.【答案】C

【考点】器质性精神病精神症状的特点☆

16.【答案】C

【解析】患者存在很多偏激的认知，但是无固定的持久妄想，可以排除A。患者没有典型的幻觉妄想等精神病性症状，虽然有思维的幼稚，但是突出问题是情绪激越和冲动行为，赘述，记忆力减退明显，可排除B。患者临床表现并非以心境的“三高或三低症状”，可以除外情感障碍的诊断。该患者发病2年，核心问题是情绪及行为障碍，情绪不稳定，思维偏激，固执，强词夺理，认知功能明显减退，赘述，只针对家人，对外人较好。性格逐渐发展，符合人格改变的特点，结合头颅MRI，正确答案选择C。

17.【答案】B

【解析】A、C、D、E选项都是该患者诊断器质性人格改变的基础，而妄想非该患者的主要症状。

【考点】器质性人格改变的诊断要点☆☆

18.【答案】C

【解析】此题主要考查肺性脑病的临床特点，患者患有慢性支气管炎，同时又有气促、呼吸困难、口唇发绀，同时出现幻觉、妄想等精神病性症状。患者发病前有淋雨后着凉的病史，故考虑急性感染后导致的呼吸功能不全，引起肺性脑病。

【考点】肺性脑病的诊断标准☆☆

C. 肺性脑病
D. 病毒性脑炎
E. 躁狂发作伴有精神病性症状

19. 该患者首先要进行检查的是
A. 头颅 CT　　B. 生化全项、电解质
C. 脑脊液检查　　D. 血气分析
E. 脑电图

19.【答案】D
【解析】此题主要考查肺性脑病的诊断与检查，血气分析对肺性脑病诊断有重要意义，血气分析可见血氧分压下降、二氧化碳分压升高，结合病史可优先考虑肺性脑病。
【考点】诊断肺性脑病辅助检查☆

20. 患者**不存在**的症状是
A. 被害妄想　　B. 关系妄想
C. 幻视　　D. 幻听
E. 意识障碍

20.【答案】B
【解析】此题主要考查精神障碍的症状学，患者自述有人要害自己，存有被害妄想；能看见死去的母亲并听到母亲和自己说话，说明存在幻视、幻听；另外患者有时候不认识自己家人，存在人物定向障碍。病史中没有提供被议论感。故不存在关系妄想。
【考点】肺性脑病的症状表现☆☆

（21~22 题共用题干）
患者，女，35 岁，因“多饮、多食、多尿、口干、消瘦 4 个月”就诊。1 个月前出现情绪低落、心烦、兴趣下降、乏力、时有哭泣等症状，存有消极观念。既往体健。

21. 该患者首先要做的检查及考虑的疾病是
A. 甲状腺功能检查　甲状腺功能减退
B. 心电图检查　癫痫发作
C. 血氨检测　氨中毒
D. 抑郁症状量表评估　抑郁发作
E. 空腹血糖监测　糖尿病伴发抑郁障碍

21.【答案】E
【解析】此题主要考查糖尿病导致精神障碍的诊断标准，该患者具有明显的“三多一少”症状，即多饮、多食、多尿及体重减轻，首先考虑 1 型糖尿病，故先监测空腹血糖，同时患者又具有抑郁的典型症状，所以考虑糖尿病伴发抑郁障碍。
【考点】糖尿病导致精神障碍的诊断标准☆

22. 有关维生素 B_1 缺乏所致神经精神症状，**错误**的是
A. 躁狂状态　　B. 智力障碍
C. 意识障碍　　D. 眼球震颤
E. 共济失调

22.【答案】A
【解析】此题主要考查维生素 B_1 缺乏的临床表现，维生素 B_1 缺乏可出现精神症状，包括抑郁状态、智力障碍、意识障碍；神经症状，包括眼球震颤、共济失调、神经炎等。
【考点】维生素 B_1 缺乏的临床表现☆☆

（23~25 题共用题干）
患者，女，29 岁，2 年前无明显诱因出现颜面部及双下肢水肿，在当地怀疑冠心病所致的心功能不全，给予对症治疗后效果不佳，后症状逐渐加重，活动后心悸、气短、乏力显著，食欲减退。既往有情绪低落，反应迟钝的病史，查体：血压、体温均正常。T_3、T_4 均降低，TSH 增高（7.6mIU/L），血压、体温正常。

23. 该患者首先考虑的诊断是
A. 抑郁症　　B. 糖尿病
C. 甲状腺功能减退　　D. 冠心病
E. 慢性肾衰竭

23.【答案】C
【解析】患者 T_3、T_4 均降低，TSH 增高，符合甲状腺功能减退的诊断，同时甲状腺功能减退可出现情绪低落，黏液性水肿等，需要与抑郁症加以鉴别。
【考点】甲状腺功能减退的诊断标准☆

24. 该患者治疗应首选

A. 呋塞米　　B. 草酸艾司西酞普兰

C. 甲状腺素片　　D. 硝酸甘油

E. 枸橼酸美托洛尔

25. 如果治疗的过程中患者出现呼吸缓慢、心率减慢、血压下降、昏迷等症状,处理方法**错误**的是

A. 静脉补充 L-T_3

B. 维持水电解质的平衡

C. 激素的应用

D. 高压氧治疗

E. 保持呼吸道通畅,持续低流量吸氧

【案例分析题】

案例一:患者,男,22 岁,6 月前无明显诱因出现阵发头痛、头晕,话多、夸大、吹牛,自我感觉良好,要求多,精力充沛感,不知疲倦。给予精神类药物治疗后好转。4 月前情感淡漠,话少,动作缓慢,不洗澡,个人卫生差,阵发剧烈头痛,喷射性呕吐 1 次,抽搐大发作 1 次。神经系统检查:视神经乳头水肿,右侧肌张力高,右 Babinski 征阳性。

提问 1:首先要进行的检查有

A. 头颅 CT

B. 腰椎穿刺

C. 脑电图

D. 经颅多普勒超声

E. 单光子发射计算机体层摄影(SPECT)

F. 磁共振波谱(MRS)

提问 2:检查结果:头颅 CT 示占位病变,脑电图异常;若诊断为颅内肿瘤所致精神障碍,应该相鉴别的疾病是

A. 双相障碍

B. 癫痫所致精神障碍

C. 颅内感染所致精神障碍

D. 颅内肿瘤所致精神障碍

E. 脑外伤所致精神障碍

F. 精神分裂症

提问 3:应该给予的治疗包括

A. 手术

B. 化学治疗

C. 放射治疗

D. 抗精神病药

E. 抗抑郁药

F. 镇静催眠类药

24.【答案】C

【解析】该患者为甲状腺功能减退患者,需要药物的替代治疗,故可选取甲状腺素片,维持体内正常的甲状腺素水平以改善症状。

【考点】甲状腺功能减退的治疗 ☆☆

25.【答案】D

【解析】该患者出现嗜睡、低体温、呼吸缓慢、血压下降、昏迷的症状,表明发生了黏液性水肿性昏迷。处理措施包括:静脉输注 L-T_3,保温、供氧、保持呼吸道通畅;持续静脉输注氢化可的松;适量补液;控制感染等。此时不宜高压氧治疗。

【考点】甲状腺功能减退并发症的处理☆

提问 1:【答案】AC

【解析】患者有颅内压增高的征象,应该检查头颅占位性病变如肿瘤或出血等,首选头颅 CT。并且患者有抽搐大发作,需要检查脑电图。

【考点】颅内肿瘤所致精神障碍的识别☆☆

提问 2:【答案】AB

【解析】颅内肿瘤可损害正常脑组织,压迫邻近血管和脑实质,造成颅内高压、出血局灶性神经系统症状、癫痫发作或精神障碍。患者有情绪高涨的病史,应与双相障碍相鉴别;有抽搐发作,应与癫痫所致精神障碍鉴别。

【考点】颅内肿瘤所致精神障碍的鉴别诊断☆☆

提问 3:【答案】ABCD

【解析】颅内肿瘤的治疗可以在手术、放射治疗、化学治疗的基础上,针对精神病性症状给予抗精神病药物对症治疗。

【考点】颅内肿瘤所致精神障碍的治疗原则☆☆

案例二：患者，女，62 岁，诊断为尿毒症，正在接受透析治疗，同时罹患视网膜色素变性及 2 型糖尿病，无明确精神障碍史，此次因精神状态改变数日入急诊。1 周前，患者在尿路感染（UTI）的背景下出现精神状态改变，住院治疗；当时诊断为“继发于 UTI 的谵妄”，使用环丙沙星治疗后谵妄改善，但数日后出现精力旺盛、易激惹、夸大、妄想及失眠等躁狂样表现，患者要求自动出院。此后，上述症状仍持续存在，其家人在数日后带其就诊。

提问 1：该患者需要进行的检查有

A. 肾功能　B. 肝功能
C. 电解质　D. 血常规
E. 头颅 CT　F. 尿液分析及培养

提问 2：患者精神检查示：警觉，人物、地点、时间定向力完好，可查及易激惹性升高，言语急促，接触性离题，夸大及偏执妄想，症状自知力受损。未发现谵妄证据。患者既往无精神科诊断或被收入精神科治疗，患者本人及其家人否认心境事件发作史。否认物质滥用史。该患者需要考虑的疾病是

A. 透析所致精神障碍
B. 尿毒症所致精神障碍
C. 双相障碍
D. 药物所致精神障碍
E. 感染所致精神障碍
F. 谵妄

提问 3：该患者需要进行的治疗是

A. 透析
B. 停用环丙沙星
C. 长期使用心境稳定剂
D. 长期使用抗精神病药
E. 短期使用心境稳定剂
F. 短期使用抗精神病药

提问 1：【答案】ABCDEF

【解析】患者有肾病，继发感染，应该进行血生化、血常规、尿液分析及培养，以明确代谢和感染情况。另外，出现精神障碍，需要检查头颅 CT 明确是否存在脑部器质性病变所致的精神障碍。

【考点】躯体疾病所致精神障碍的识别☆☆

提问 2：【答案】ABDE

【解析】既往无精神疾病如心境障碍的病史，需要考虑躯体疾病所致精神障碍（根据患者病史，如尿毒症、感染、透析）；此外，患者使用抗生素后出现精神症状，所以还需要考虑药物所致精神障碍。

【考点】躯体疾病所致精神障碍的鉴别诊断☆☆

提问 3：【答案】ABEF

【解析】躯体疾病所致精神障碍的治疗原则为积极治疗原发疾病，停用可能引起精神障碍的药物，使用抗精神病药和心境稳定剂对症处理，尽可能小剂量短期合并使用。

【考点】躯体疾病所致精神障碍的治疗原则☆☆

案例三：患者，女，42 岁，3 年前开始食欲差、乏力、毛发脱落、经期延长。1 个月前无明显诱因出现记忆力下降、兴趣下降、懒言少语、不愿活动，凭空听见有人背后议论自己，认为有人跟踪监视自己，要害自己，因此恐惧、害怕。担心家人受到牵连，让家人赶紧搬家。拒食，发呆，家人与其说话时，有时不语不动。查体：血压 90/60mmHg，脉搏 55 次 /min，体温 35.6℃，甲状腺Ⅱ度，质地中等，结节样改变，双下肢水肿。辅助检查：T_3 降低，T_4 降低，TSH 升高。

提问 1：该患者存在的精神症状有

A. 意识障碍　B. 幻听　C. 妄想
D. 错构　E. 虚构　F. 亚木僵

提问 1：【答案】BCF

【解析】本例患者存在凭空听见有人议论自己，属于幻听；认为有人要害自己属于被害妄想；不语不动、拒食等属于亚木僵状态（木僵是指动作行为和言语活动被完全抑制，症状较轻者，表现为少语少动、拒食、可自行大小便，称为亚木僵状态）。虚构是指在遗忘的基础上，以想象、未曾亲身经历的事件来填补记忆的缺损；错构是在遗忘的基础上，对过去所经历的事件，在发生的地点、情节，特别是时间上出现错误的回忆，并坚信不疑。本例患者只提到记忆力下降，无错构和虚构的表现，亦无意识障碍的表现。

【考点】症状学的定义☆

提问 2:该患者某日与丈夫口角后突然出现手足抽搐,伴全身麻木、胸闷,持续约 10min 自行缓解,该患者还需要进行的检查是

A. 脑电图
B. 焦虑自评量表(SAS)
C. 抑郁自评量表(SDS)
D. 心电图
E. 头颅 CT
F. 艾森克人格问卷(EPQ)
G. 电解质

提问 3:如该患者躯体各项实验室检查均正常,仅艾森克人格问卷提示存在癔症样个性倾向,该患者需要的治疗**不包括**

A. 甲状腺素替代治疗
B. 抗抑郁药
C. 抗精神病药
D. 抗癫痫药
E. 心理治疗
F. 甲巯咪唑

提问 2:【答案】AEFG

【解析】本例患者出现发作性肢体抽搐,需要进行脑电图检查,与癫痫相鉴别,进行头颅 CT 排除脑部器质性疾病继发引起的癫痫;需要检查艾森克人格问卷,与癔症鉴别;进行电解质(血钙、血磷)检查,明确是否存在甲状腺功能减退继发的癫痫发作。

【考点】躯体疾病所致精神障碍的识别☆☆

提问 3:【答案】DF

【解析】本例患者脑电图正常,其他实验室检查均正常,仅艾森克人格问卷提示癔症样个性倾向,提示患者为癔症的转换性障碍。其治疗仍应该首先控制躯体原发病,积极治疗甲状腺功能减退症,针对抑郁和精神病性症状对症处理,癔症需要选择心理治疗,而非抗癫痫药物。甲巯咪唑是治疗甲状腺功能亢进的药物,故排除。

【考点】躯体疾病所致精神障碍的治疗☆☆

第二节 精神活性物质所致精神障碍

【A1 型题】

1. 脑内的中枢"奖赏系统"通路是

A. 杏仁核
B. 腹侧被盖区
C. 伏隔核
D. 前额叶皮质
E. 中脑 - 边缘多巴胺系统

2. 下列属于中枢兴奋剂的精神活性物质有

A. 酒精
B. 苯巴比妥
C. 甲基苯丙胺
D. 苯二氮䓬类药物
E. 氯胺酮

3. **不属于**酒精戒断反应临床表现的是

A. 恶心或呕吐
B. 失眠
C. 焦虑
D. 竖毛肌收缩
E. 出汗、血压高

4. 酒精戒断后的震颤谵妄状态常开始于停酒后多长时间

A. 48h
B. 6h
C. 12h
D. 96h
E. 24h

1.【答案】E

【解析】此题主要考查对脑内"奖赏系统"与药物依赖的关系掌握情况,脑内的"奖赏系统"中枢是中脑 - 边缘多巴胺系统,其他选项也均参与成瘾的过程,但不是"奖赏中枢"。

【考点】奖赏环路☆☆

2.【答案】C

【解析】此题主要考查对常见精神活性物质分类的掌握情况,甲基苯丙胺为是中枢兴奋剂,酒精、苯巴比妥、氯胺酮、苯二氮䓬类药物均为中枢抑制剂。

【考点】精神活性物质分类☆☆

3.【答案】D

【解析】此题主要考查对酒精戒断反应的掌握情况,竖毛肌收缩(俗称"鸡皮疙瘩")常见于阿片类戒断反应,其余均可见于酒精戒断反应。

【考点】精神活性物质分类☆☆

4.【答案】A

【解析】此题主要考查对震颤谵妄的掌握情况,酒精戒断后震颤谵妄状态常开始于停酒后 48h,72~96h 达到极期。

【考点】精神活性物质分类☆☆

5. 下列关于依赖综合征描述,错误的是
A. 依赖是一组认知、行为和生理症状群
B. 依赖分为躯体依赖和心理依赖
C. 心理依赖又称"精神依赖",它让使用者产生一种愉快满足或欣快的感觉
D. 由于反复使用成瘾物质导致不良后果,但无明显戒断症状和耐受性增加
E. 躯体依赖又称"生理依赖",它是由于反复用药所造成的一种病理性适应状态,表现为耐受性增加和戒断症状

5.【答案】D
【解析】此题主要考查对依赖综合征与有害性使用定义的掌握情况,D选项是有害性使用的标准,其他选项均符合依赖综合征的标准。
【考点】依赖综合征与有害性使用区别☆☆

6. 下列不属于阿片类物质的是
A. 海洛因　B. 吗啡　C. 苯丙胺
D. 美沙酮　E. 丁丙诺啡

6.【答案】C
【解析】此题主要考查对阿片类精神活性物质的了解,阿片生物碱及其衍生物包括吗啡、甲基吗啡(可待因)、二乙酰吗啡(海洛因)、美沙酮、丁丙诺啡。苯丙胺属于中枢兴奋剂。
【考点】精神活性物质种类☆

7. 在临床上常用来治疗酒精依赖急性戒断症状的是
A. 苯二氮草类药物
B. 小剂量抗精神病药物
C. 大量维生素
D. 能量合剂
E. 新型抗抑郁药

7.【答案】A
【解析】此题主要考查治疗酒精依赖的戒断症状所用的主要替代药物,主要使用苯二氮草类药物替代,苯二氮草类药物具有与酒精交叉耐受性、安全、抗癫痫作用、可作用于引起戒断症状的多个受体、抗焦虑、治疗失眠等优点。
【考点】酒精依赖替代治疗☆

8. 关于精神活性物质滥用的认知行为治疗,主要目的不包括
A. 改变导致适应不良行为的认知方式
B. 改变导致吸毒的行为方式
C. 帮助患者应付急性或慢性渴求
D. 促进患者社会技能、强化不吸毒行为
E. 缩短其急性脱毒期的时间

8.【答案】E
【解析】此题主要考查物质滥用的认知行为治疗作用,急性脱毒期主要是与躯体戒断状态有关,此时可能并不适合进行认知行为治疗。
【考点】物质依赖心理治疗☆☆

9. 下列不属于苯丙胺类兴奋剂的是
A. 安非他明　B. 冰毒
C. MDMA(摇头丸)　D. 匹莫林
E. 海洛因

9.【答案】E
【解析】此题主要考查精神活性物质种类,苯丙胺类兴奋剂包括上述A、B、C、D选项外,还有伪麻黄碱、麻黄碱,主要用于减肥(芬氟拉明、西布曲明)、儿童多动症、发作性睡病,冰毒和摇头丸是毒品。
【考点】精神活性物质☆☆

10. 大麻中所含精神活性物质的最主要成分是
A. Δ^9 四氢大麻酚　B. 咖啡因
C. 海洛因　D. MDMA
E. 多巴胺

10.【答案】A
【考点】精神活性物质☆☆

11. 根据世界卫生组织统计,世界上每年死于与烟草有关疾病的人数是
A. 400万　B. 40万　C. 4 000万
D. 200万　E. 1 000万

11.【答案】A
【考点】烟草依赖☆☆

12.【答案】A

【考点】酒精依赖的流行病学特点☆☆

1.【答案】A

【解析】此题主要考查戒断综合征的临床表现，包括自主神经功能紊乱，如心悸、血压升高；情感症状如烦躁不安、易激惹等；神经系统体征，如手抖、走路不稳等。其他四个选项可能表现出上述某一些症状，但不能涵盖上述所有表现，且表现与减少饮酒无关。

【考点】戒断综合征☆☆

2.【答案】E

【解析】此题主要考查不同精神活性物质的戒断反应，阿片类物质戒断后表现为：客观体征，如血压升高、脉搏增加、体温升高、鸡皮疙瘩、瞳孔散大、流涕、震颤、腹泻、呕吐、喷嚏、失眠等；主观体征，如恶心、肌肉疼痛、骨头疼痛、腹痛、不安、食欲差、无力、疲乏、发冷、发热、渴求药物等。其他四种精神活性物质戒断后无此表现。

【考点】不同精神活性物质的戒断症状表现☆☆

3.【答案】E

【解析】此题主要考查烟草依赖药物治疗的选择，除美沙酮外，上述四种药物均可用于烟草依赖的治疗，而美沙酮主要用于阿片类药物成瘾的维持治疗。

【考点】烟草依赖的药物治疗☆☆

4.【答案】C

【解析】此题主要考查韦尼克脑病(Wernicke 脑病)诊断，主要是由于长期大量饮酒，导致维生素缺乏引起，此病可以表现为意识障碍、定向力障碍、记忆力障碍、眼球震颤，眼球不能外展。其他选项不符合全部表现和病史。

【考点】Wernicke 脑病诊断☆☆

5.【答案】D

【解析】此题主要考查氯胺酮的药理作用，氯胺酮具有麻醉作用，可以产生“分离性麻醉”，即痛觉消失、意识模糊，呈浅睡眠状态，对周围环境反应迟钝，并且产生欣快感，可以表现为幻觉、妄想等精神病性症状，亦可出现体像障碍。

【考点】精神活性物质的药理作用☆☆

12. 2001 年我国男性酒精依赖的患病率是

A. 6.6%　B. 0.2%　C. 3.8%

D. 5.4%　E. 14%

【A2 型题】

1. 患者，中年男性，长期大量饮酒，某天减少饮酒量后出现手抖、走路不稳、心悸、烦躁不安、易激惹、血压升高，最可能的诊断为

A. 戒断综合征　B. 惊恐发作

C. 肝性脑病　D. 躁狂发作

E. 高血压脑病

2. 患者，中年男性，在娱乐场所工作，多部位存在文身，由几位青年陪同到急诊科就诊，主要表现为体温高、血压高、鸡皮疙瘩、流涕、瞳孔散大，患者自觉恶心、肌肉疼痛、发冷、疲乏。此患者最可能是停用哪种精神活性物质导致如上表现

A. 酒精　B. 大麻

C. 氯胺酮　D. 甲基苯丙胺

E. 海洛因

3. 患者，中年男性，长期大量吸烟，诊断为烟草依赖，**不适合**治疗烟草依赖药物是

A. 尼古丁咀嚼胶囊

B. 盐酸安非他酮

C. 伐尼克兰

D. 尼古丁贴片

E. 美沙酮

4. 患者，老年男性，长期大量饮酒史，主要表现为意识障碍、定向力障碍、记忆力障碍、眼球震颤，眼球不能外展，首先考虑的诊断是

A. 痴呆　B. 脑炎

C. Wernicke 脑病　D. 脑梗死

E. 脑出血

5. 患者，青年男性，既往体健，随朋友到娱乐场所服用过一种药物后出现痛觉消失、意识模糊，对周围环境反应迟钝，欣快感，感觉到自己的躯体四肢变形，片段的生动、鲜明的幻视，首先考虑患者服用的药物是

A. 大麻　B. 酒精

C. 海洛因　D. 氯胺酮

E. 冰毒

6. 患者，男，45 岁，既往胰腺炎、消化道出血病史，突然出现手抖、心悸、大汗、烦躁不安、定向力障碍、生动鲜明的幻视、睡眠紊乱，该患者最需要补充的病史是
A. 有无情绪低落、自杀观念
B. 精神活性物质使用情况
C. 有无感染、外伤
D. 有无药物中毒
E. 睡眠相关疾病病史

6.【答案】B
【解析】此题结合病例主要考查对精神活性物质的病史采集情况。患者既往史提示存在酒精使用的可能，目前症状支持酒精戒断的表现，故需要采集的病史是精神活性物质使用情况。
【考点】酒精依赖患者的识别及病史采集要点 ☆☆

7. 患者，男，55 岁，既往有长期饮酒史，近期出现情绪低沉伴有自杀观念，由家属送来急诊，当时呼吸有明显酒味。对这样有自杀意图的酒精依赖者，最合适的处理是
A. 耐心说服，劝其不要自杀
B. 立即住院治疗
C. 每日一次心理治疗
D. 每日一次群体心理治疗
E. 使用大剂量镇静剂

7.【答案】B
【解析】此题主要考查酒精所致的精神和行为障碍治疗方案，如果出现情绪低落、自杀观念，需住院戒酒合并改善情绪。
【考点】酒精依赖的治疗 ☆

8. 患者，男，38 岁，业务骨干，经常在外饮酒，周期性出现难以忍受的苦闷、烦躁、躯体不适，伴随强烈的、难以遏制的饮酒欲望和狂饮，喝几天后可以停酒 2 个月，很厌恶酒，该患者属于
A. 酒精依赖　　B. 酒精滥用
C. 急性酒精中毒　　D. 酒精所致人格改变
E. 酒精性脑病

8.【答案】A
【解析】此题结合病例主要考查间发性酒狂的了解，ICD-10 将该病归为酒精依赖，对其处理与酒精依赖一样。
【考点】间发性酒狂 ☆☆

9. 患者，男，38 岁，摇滚乐手，有吸毒史，在延误的国际航班上出现流涕、哈欠、食欲下降、鸡皮疙瘩，他可能使用过的毒品是
A. 大麻　　B. 甲基苯丙胺
C. 海洛因　　D. 可卡因
E. LSD

9.【答案】C
【解析】此题结合病例主要考查精神活性物质戒断的临床表现，题干所描述临床表现为阿片类物质戒断症状，选项中只有海洛因为阿片类物质。
【考点】毒品的戒断反应 ☆☆

10. 患者，女，60 岁，入睡困难长达 20 年，情绪尚正常，长期服用安定类药物，如阿普唑仑、艾司唑仑、咪达唑仑等，剂量逐渐增加，该患者的治疗**不包括**
A. 用氯硝西泮替代其他药物
B. 减药先快后慢
C. 治疗目标是停用安定类药物
D. 不可以用其他抗抑郁药或抗精神病药物替代
E. 需要同时给予心理治疗

10.【答案】D
【解析】此题结合病例主要考查药物依赖的治疗，包括成瘾药物的替代治疗、睡眠障碍的治疗、心理治疗。长期睡眠不佳，有成瘾类物质滥用风险时，可考虑选择抗抑郁药或小剂量抗精神病药辅助睡眠。
【考点】安眠药成瘾 ☆☆

11. 患者，男，40 岁，因海洛因成瘾被家人送到医院戒毒，**不适合**的方式是

11.【答案】E
【解析】此题结合病例主要考查阿片类物质的脱毒治疗用药，除 E 选项，其他都是较常用、安全的方法。
【考点】阿片类物质的脱毒治疗 ☆☆

A. 口服美沙酮　　B. 服用可乐定
C. 纳曲酮 + 可乐定　　D. 丁丙诺啡
E. 麻醉药 + 纳曲酮

12. 患者长期睡眠不佳，需要药物助眠，但担心成瘾，频繁换药，以下**不成瘾**的药物是
A. 氯硝西泮　　B. 地西泮　　C. 唑吡坦
D. 佐匹克隆　　E. 曲唑酮

【A3/A4 型题】

(1~3 题共用题干)
患者，男，50 岁，已婚，初中文化，既往体健，在酒吧工作，饮酒史 15 年，近两年难以控制地大量饮酒，停酒后出现心悸、手抖、失眠、心烦意乱、渴望饮酒，饮酒后症状很快缓解。近 1 个月失业后出现情绪低落、悲观、兴趣减退、不愿意说话和活动。

1. 该患者最可能的诊断是
A. 睡眠障碍
B. 使用酒精所致的精神和行为障碍
C. 广泛性焦虑障碍
D. 帕金森病
E. 抑郁发作

2. 该患者最可能的继发疾病是
A. 睡眠障碍　　B. 心因性精神病
C. 广泛性焦虑障碍　　D. 抑郁发作
E. 惊恐发作

3. 该患者精神检查中，最需重点检查的内容是
A. 自杀观念及行为　　B. 食欲
C. 自知力　　D. 自信心
E. 未来计划

(4~7 题共用题干)
患者，男，32 岁，已婚，初中文化，既往体健，网络管理员。与朋友在娱乐场所聚会后突然出现兴奋话多、理解判断力障碍、意识清晰度下降、定向力障碍，行为紊乱，并且伴有心悸、大汗淋漓、血压升高、对疼痛刺激反应降低。在朋友陪同下，急诊入院。

4. 该患者最需要询问的病史内容是
A. 精神活性物质使用情况
B. 脑外伤史

12.【答案】E
【解析】此题结合病例主要考查安眠药的成瘾性，苯二氮䓬类、Z 类睡眠药都会成瘾，E 属于抗抑郁药，长期使用不会成瘾。
【考点】成瘾药物的种类☆

1.【答案】B
【解析】此题主要考查酒精依赖综合征的临床特点，典型的表现为难以控制的饮酒、不顾及饮酒带来的后果、减少或停酒后出现戒断症状、耐受性增加、心理渴求。
【考点】酒精依赖综合征临床特点☆☆

2.【答案】D
【解析】结合此患者近 1 个月的表现，最可能在酒精依赖的基础上继发抑郁发作。
【考点】酒精依赖综合征的共病☆☆

3.【答案】A
【解析】此题考查患者入院后的风险评估，该患者存在酒精依赖并且合并抑郁发作，自杀风险相对较高，最需要补充是否存在自杀观念及行为，其他选项也是需要在精神检查中完善的，但是并非最需要补充的内容。
【考点】酒精依赖合并抑郁发作时风险评估☆☆

4.【答案】A
【解析】此题主要考查类似精神活性物质中毒的病史采集。青年男性，急性起病，曾出入娱乐场所，表现出精神症状和躯体症状，精神科急诊就诊，首先需要考虑精神活性物质中毒的可能。
【考点】精神活性物质急性中毒的症状识别和病史采集☆☆

C. 高血压病史
D. 既往躁狂发作史
E. 既往抑郁发作史

5. 该患者最可能的精神活性物质中毒是
A. 大麻　B. 氯胺酮
C. 海洛因　D. γ 羟基丁酸
E. 尼古丁

5.【答案】B
【解析】氯胺酮为娱乐场所常见的精神活性物质之一，它存在分离麻醉的药理作用，可以让吸食者感到痛觉减退，意识模糊，中毒后会表现出精神症状和躯体症状。
【考点】氯胺酮急性中毒的临床表现☆☆

6. 该患者最可能出现的合并表现是
A. 尿频、尿急以及急迫性尿失禁
B. 食欲减退
C. 步态不稳
D. 体温降低
E. 面色发红

6.【答案】A
【解析】氯胺酮滥用常造成泌尿系统损害。临床表现为排尿困难、尿频、尿痛、血尿、夜尿增多以及急迫性尿失禁等。
【考点】氯胺酮滥用造成的躯体损害☆☆

7. 该患者首选治疗方案为
A. 大剂量抗精神病药物
B. 抗抑郁药物
C. 情感稳定剂
D. 血液透析
E. 静脉给予镇静催眠药物

7.【答案】E
【解析】此题考查氯胺酮急性中毒的处理。患者兴奋、行为紊乱，首选镇静催眠药物，同时使用静脉滴注方法加强体液循环、促进药物排泄。
【考点】氯胺酮急性中毒治疗 ☆☆

(8~10 题共用题干)
患者，男，24 岁，未婚，大学在读，音乐专业。既往体健，有吸烟、饮酒嗜好。1d 前患者出现在宿舍突然表现出恶心、肌肉疼痛、腹痛、发冷、无力，查体发现存在血压升高、脉搏增加、鸡皮疙瘩、瞳孔散大、喷嚏、流涕、震颤。

8. 该患者查体最需要注意的内容是
A. 病理反射
B. 腹膜刺激征
C. 共济反射
D. 注射痕迹、瘢痕和皮肤的感染
E. 肌力

8.【答案】D
【解析】此题考查阿片类物质滥用查体时的注意事项。患者表现为阿片类药物戒断反应，很可能存在静脉注射药物的残留瘢痕、皮肤感染等。
【考点】阿片类药物使用障碍的体格检查 ☆☆

9. 该患者出现上述症状最可能由于使用哪种精神活性物质所致
A. 尼古丁
B. 海洛因
C. 酒精
D. 甲基苯丙胺
E. 大麻

9.【答案】B
【解析】阿片类物质的戒断反应可以表现为上述客观体征和主观症状，其他四种精神活性物质的戒断症状不能涵盖上述全部表现。
【考点】阿片类物质戒断反应☆☆

10. 此种精神活性物质急性期替代治疗的首选药物是
A. 抗精神病药　　B. 镇静催眠药
C. 莨菪碱类　　D. 美沙酮
E. 可乐定

10.【答案】D
【解析】阿片类物质成瘾急性脱毒期分为替代治疗和非替代治疗，替代治疗首选丁丙诺啡和美沙酮，可乐定、莨菪碱类和镇静催眠药物属于非替代治疗，抗精神病药物不作为急性脱毒期首选用药。
【考点】阿片类成瘾急性脱毒期的治疗☆☆

(11~14 题共用题干)
患者，男，24 岁，入院 6h 后急起出现头痛、呕吐、腹泻、流泪、流涕、打哈欠、全身骨头痛、坐立不安。

11. 对该患者采集病史时应特别注意询问
A. 头痛史　　B. 平时睡眠情况
C. 药物滥用史　　D. 吸烟史
E. 呕吐、腹泻的程度

11.【答案】C
【考点】阿片类物质依赖☆

12. 住院控制上述症状后，如果患者仍反复要求医生注射哌替啶(杜冷丁)，患者的主要目的是
A. 镇痛　　B. 止呕　　C. 镇静
D. 止泻　　E. 满足心瘾

12.【答案】E
【解析】此题考查阿片类物质依赖表现。该患者躯体症状已缓解，要求使用哌替啶主要是为了满足心瘾。
【考点】阿片类物质依赖 ☆☆

13. 如果予以盐酸吗啡 10mg 静脉注射后，所有症状很快缓解甚至消失，则可基本确诊该患者有
A. 可卡因依赖　　B. 大麻依赖
C. 巴比妥类依赖　　D. 阿片类物质依赖
E. 苯丙胺依赖

13.【答案】D
【解析】此题考查阿片类物质依赖的表现。吗啡为阿片类物质，使用后其躯体不适消失，可明确其症状为阿片类戒断表现。
【考点】阿片类物质依赖☆☆

14. 准确而又方便地识别患者是否近期使用过阿片类物质的方法是
A. 询问用药史
B. 威胁要送派出所
C. 由公安审问
D. 予以吗啡注射，看是否出现欣快感
E. 尿毒品检测

14.【答案】E
【解析】尿检能够快速、准确地识别出近期有无阿片类物质的使用。
【考点】阿片类物质依赖 ☆☆

(15~19 题共用题干)
患者，男，65 岁，饮酒 50 年，近一年每日饮酒量减至 42 度白酒 1 000ml，患糖尿病、高血压、陈旧性脑梗死，从未停酒，因胃肠手术住院，请精神科会诊。

15. 停酒后**不会**立即出现
A. 烦躁、易激惹　　B. 意识障碍
C. 痴呆　　D. 虚构
E. 癫痫

15.【答案】C
【解析】此题考查酒精依赖的戒断表现。痴呆可为慢性酒精中毒导致的器质性损害，不会在停酒后立即出现。
【考点】酒精依赖的戒断症状☆☆

16. 合理的治疗**不包括**
A. 大量补充 B 族维生素
B. 保持水电解质平衡
C. 苯二氮䓬类药物替代治疗
D. 抗精神病药物预防可能的兴奋
E. 心理治疗

16.【答案】D
【解析】酒精依赖突然停酒的治疗包括支持治疗、替代治疗、躯体疾病的治疗等，康复期着重是心理治疗、参加互助团体。
【考点】酒精依赖治疗☆☆

17. 患者癫痫发作风险最高的时间为
A. 断酒后 6h
B. 断酒后 24h
C. 断酒后 48h
D. 断酒后 96h
E. 断酒后 1 周

17.【答案】B
【解析】此题主要考查酒精依赖戒断症状依次出现的时间。震颤谵妄在停酒或减少酒量 48~72h 出现，死亡率较高。大量饮酒或戒酒后 24h 内(最迟在 48h 内)痉挛以癫痫大发作的形式出现，其他发作形式几乎不出现，断酒后 40h 脑电图显著改善，没有必要继续用抗癫痫药预防再发作。故选择 B。
【考点】酒精依赖戒断症状☆☆

18. 追问病史，患者近 2 年存在凭空闻声，认为妻子不忠，情绪低落，有自杀观念，诊断考虑可能为
A. 使用酒精所致的精神和行为障碍
B. 伴精神病性症状的重度抑郁发作
C. 精神分裂症
D. 分裂情感障碍
E. 器质性疾病所致精神障碍

18.【答案】A
【解析】此题主要考查使用酒精所致的精神和行为障碍与其他疾病的鉴别。从起病时间、病程持续及进展、转归方面判断，根据目前的病史，选择 A，如经过治疗戒断症状改善，长期仍存在精神病性及抑郁症状，则可能为 2 个以上独立的诊断。
【考点】酒精依赖的鉴别诊断☆☆

19. 患者经过系统治疗，手术顺利，病情平稳，出院前应该注意
A. 继续服用精神科药物，长期维持
B. 建议参加应酬、聚会，恢复以前的人际交往
C. 建议参加戒酒者匿名互助会
D. 鼓励到有酒的环境中挑战自我，磨炼意志
E. 可以恢复到健康的社交性饮酒

19.【答案】C
【解析】此题主要考查酒精依赖的院外长程治疗方案。精神科药物不一定需要长期使用，尤其是替代药物也可能会导致成瘾问题；酒精依赖的治疗应该做到滴酒不沾、与酒隔绝，选择 C，参加戒酒者匿名互助会可以长期预防复饮。
【考点】酒精依赖的康复治疗☆☆

【案例分析题】

案例一：患者，男，28 岁，未婚，高中学历，歌厅服务员。3 年前因“双相情感障碍”住院治疗 1 个月，目前仍在服药治疗；吸烟 10 支 /d，5 年，近 2 年每天饮白酒 250ml。因“反复吸食海洛因 10 个月，停吸后出现坐卧不宁、眼鼻分泌物增多、肌肉疼痛、鸡皮疙瘩伴周身不适”入院。

提问 1：患者入院后病史采集应该重点询问的问题包括
A. 家庭经济状况
B. 各种精神活性物质使用的具体情况
C. 精神活性物质使用的家族史
D. 梅毒、艾滋及其他传染病史
E. 工作能力
F. 上学期间的学习状况
G. 兴趣爱好

提问 1：【答案】BCD
【解析】此题考查精神活性物质病史采集的注意事项。除 B、C、D 选项，其他选项也是病史中的一部分，但不是最重要的。
【考点】不同精神活性物的戒断症状鉴别☆☆

提问2:入院精神检查发现患者存在情绪低落、兴趣减退、悲观自责,后悔自己吸毒连累家人,有"不想活"的念头。曾经尝试过戒酒和戒烟,但是均失败了,自觉对于饮酒和吸烟问题难以控制,停止使用后总想着再次使用。患者可能存在的疾病是

A. 烟草依赖
B. 酒精依赖
C. 双相情感障碍,目前为抑郁发作
D. 阿片物质依赖
E. 躯体化障碍
F. 焦虑障碍
G. 流感

提问3:体格检查中,支持患者存在阿片类药物戒断的表现为

A. 皮肤存在注射痕迹
B. 皮肤感染
C. 瞳孔扩大
D. 竖毛肌立起
E. 流涕
F. 流泪

提问4:针对患者入院时急性期戒断症状,可以选择的治疗是

A. 美沙酮替代治疗
B. 戒酒硫
C. 纳曲酮
D. 抗精神病药物治疗
E. 中成药脱毒治疗
F. 可乐定脱毒治疗
G. 丁丙诺啡替代治疗

提问5:若患者出院后继续按照停用前的剂量口服海洛因,出现急性中毒后,处理方法有

A. 纳洛酮
B. 高锰酸钾洗胃
C. 诱导催吐
D. 保持呼吸通畅、吸氧
E. 静脉输液维持水、电解质平衡
F. 一般支持
G. 积极处理躯体并发症

案例二:患者,男,60岁,突发癫痫,意识不清,持续10min后缓解,送入神经内科急诊。既往史:高血压、糖尿病。个人史:退休工人,饮酒40年,每日40~56度白酒150~250ml。

提问1:患者下一步诊治需要做的是

A. 查血常规、生化、电解质、贫血系列
B. 完善头颅磁共振

提问2:【答案】ABCD

【解析】此题考查双相情感障碍合并多种精神活性物质使用障碍。双相情感障碍患者共病物质使用障碍的比例较高,另外精神活性物使用障碍患者容易出现多种物质滥用的情况。

【考点】多种精神活性物依赖共病双相情感障碍☆☆

提问3:【答案】ABCDEF

【解析】此题考查阿片类药物依赖的体格检查注意事项。A~F选项均为阿片类药物戒断的阳性体征或症状。

【考点】多种精神活性物依赖共病双相情感障碍☆☆

提问4:【答案】AEFG

【解析】此题考查阿片类物质戒断脱毒期的治疗。B和C选项均为酒精依赖维持期治疗的方案,抗精神病药一般不作为戒断状态的首选方案。

【考点】阿片类物质戒断状态的治疗☆☆

提问5:【答案】ABCDEFG

【解析】此题考查阿片类物质急性中毒的处理措施。选项A~G均为急性中毒时的处理措施。

【考点】阿片类物质急性中毒的治疗☆☆

提问1:【答案】ABCEG

【解析】此题需了解使用酒精依赖的戒断表现和处理。目前患者的癫痫发作已自发缓解,可首先完善病史/使用苯二氮䓬类替代治疗,不必要使用抗癫痫药。患者戒断症状较重,需住院进行戒酒急性期治疗,不建议回家戒酒。

【考点】酒精依赖临床表现和处理☆☆

C. 了解近期饮酒习惯
D. 加用抗癫痫治疗
E. 完善脑电图
F. 嘱回家后戒酒
G. 补充维生素

提问 2：该患者在神经内科住院后家人让其戒酒，患者同意，第三日即夜间烦躁不安，冲动，说胡话，白天困倦，目前需要的治疗
A. 氯硝西泮 2mg，3~4 次 /d，肌内注射
B. 奥氮平 2.5mg，1 次 / 晚
C. 氟西汀 10mg，1 次 / 日，口服
D. 戒酒匿名互助会的帮助
E. 密切观察生命体征
F. 合并心理治疗
G. 复查头颅磁共振

提问 3：如未治疗时，患者夜里冲动，意外摔倒致颅骨骨折，颅内出血，意识不清，需要的处理
A. 神经外科处理　　B. 氯硝西泮口服
C. 咪达唑仑静脉泵入　　D. 呼吸机支持
E. 开放静脉　　F. 观察

提问 2：【答案】ABEG
【解析】此题需首先判断该患者诊断及鉴别诊断。患者目前考虑存在意识障碍，根据停酒的诱因考虑戒断症状（谵妄）可能性大，但是也不能除外新发脑血管意外，故复查头颅磁共振；同时即可替代治疗，奥氮平在有冲动风险的时候可以小剂量用，大剂量使用可能会弊大于利；心理治疗、参加戒酒者匿名互助会在生命体征稳定后可以进一步考虑，目前并非主要治疗策略。
【考点】谵妄的处理☆☆

提问 3：【答案】ACDE
【解析】此题需了解昏迷患者如何处理戒断问题。昏迷患者无法口服药物，故使用静脉药物进行镇静、替代治疗，神经外科介入、呼吸机支持、开放静脉为颅内出血昏迷所需急救处理。
【考点】躯体疾病患者戒断症状的处理☆☆

第三节　精神分裂症及其他妄想性障碍

【A1 型题】

1. 关于持久的妄想性障碍描述，**错误**的是
A. 以系统妄想为主要表现
B. 妄想内容往往比较荒谬，易于泛化，缺乏现实性
C. 在不涉及妄想的情况下，不表现明显的精神异常
D. 若有幻觉，往往历时短暂且不突出
E. 病程进展缓慢，一般不会出现人格衰退和智能缺损

1.【答案】B
【解析】此题主要考查持久的妄想性障碍的疾病特点。与精神分裂症不同，精神分裂症的妄想内容往往比较荒谬、缺乏现实性，幻觉往往比较突出、持续存在，在不涉及妄想的情况下仍存在明显的精神异常。
【考点】持久的妄想性障碍的疾病特点☆☆

2. **不符合**持久的妄想性障碍妄想特点的是
A. 妄想比较系统
B. 妄想多持久，有时持续终生
C. 妄想的内容和时间常与患者的生活处境有关，具有一定的现实性
D. 妄想的内容往往不固定
E. 妄想常是不健全人格和精神因素相互作用逐渐发展形成

2.【答案】D
【解析】此题主要考查持久的妄想性障碍中最重要的症状——妄想的特点。该病患者的妄想往往比较系统、持久，具备一定的现实性，内容往往比较固定，常是在不健全人格和精神因素相互作用的情况下逐渐发展形成。
【考点】持久的妄想性障碍的妄想特点☆☆

3. 符合 Clerambanlt 综合征表现的是
A. 以被害妄想为主　　B. 以钟情妄想为主
C. 以虚无妄想为主　　D. 以嫉妒妄想为主

3.【答案】B
【考点】Clerambanlt 综合征☆☆

E. 以替身妄想为主

4. 符合 Othello 综合征表现的是
A. 以被害妄想为主
B. 以钟情妄想为主
C. 以虚无妄想为主
D. 以嫉妒妄想为主
E. 以替身妄想为主

4.【答案】D
【考点】Othello 综合征☆☆

5. 关于妄想性障碍的治疗，描述**错误**的是
A. 治疗比较棘手，大多患者不愿求医
B. 治疗依从性差，难于建立良好的医患关系
C. 抗精神病药可改善症状并能防止恶化或复发
D. 抗精神病药物的剂量和疗程与精神分裂症的治疗常规类似
E. 大多数患者经治疗后可有较好的缓解

5.【答案】E
【解析】此题主要考查妄想性障碍的治疗特点、转归。与精神分裂症相比，妄想性障碍的治疗更困难，只有少部分患者经治疗后可有较好的缓解。
【考点】妄想性障碍的治疗☆☆

6. 关于急性而短暂的精神病性障碍描述，**错误**的是
A. 指一组起病急骤、缓解彻底、持续时间短暂的精神病性障碍
B. 不是由于脑器质性疾病、躯体疾病、中毒或精神活性物质滥用所致
C. 通常在 1 周内或更短的时间内出现急性的精神病状态
D. 幻觉或妄想多为片段、形式多种多样
E. 病程一般为一个月以内，少部分可达 3 个月

6.【答案】C
【解析】此题主要考查急性而短暂的精神病性障碍的疾病特点。急性起病界定为 2 周内起病。E 选项容易被认为是错误选项，对于该病的认知常被误认为病程不能超过 1 个月，但在少数情况下该病病程可达 3 个月。
【考点】急性而短暂的精神病性障碍的疾病特点☆☆

7. 急性而短暂的精神病性障碍最典型的表现是
A. 迅速变化和起伏的“多形性”精神病状态
B. 躁狂或抑郁综合征
C. 有不同程度的意识障碍
D. 不协调的精神运动性兴奋或抑制
E. 幻觉妄想综合征

7.【答案】A
【解析】急性而短暂的精神病性障碍最典型的临床综合征，首推迅速变化和起伏的“多形性”精神病状态，其次为典型的精神分裂症症状。
【考点】急性而短暂的精神病性障碍最典型的临床表现☆☆

8. 关于分裂情感性障碍描述，**错误**的是
A. 分裂症状和情感症状必须同时存在、同样突出
B. 病程呈间歇发作，症状缓解良好，不留明显缺陷
C. 起病较急，发病可存在应激诱因
D. 发病年龄以青壮年多见，女性多于男性
E. 病前个性常有明显缺陷

8.【答案】A
【解析】此题主要考查分裂情感性障碍的疾病特点。此病的主要临床表现是存在分裂症状和抑郁或躁狂等情感症状，这两组症状既可同时存在，也可交替出现。
【考点】分裂情感性障碍的疾病特点☆☆

9. 妄想型躯体变形障碍的一线治疗药物是
A. SSRI 类
B. SNRI 类
C. NaSSA 类
D. 抗精神病药物
E. 情感稳定剂

9.【答案】A
【解析】有随机对照研究资料提示，SSRI 类抗抑郁药，而不是抗精神病药应作为一线药物治疗妄想型躯体变形障碍，而对治疗无效者则才使用抗精神病药物强化。
【考点】妄想型躯体变形障碍的治疗☆☆

10. 精神分裂症目前的常规治疗方法中，不包括

A. 抗精神病药物治疗　B. 心理治疗

C. 康复治疗　D. 神经外科治疗

E. 经颅磁刺激治疗

10.【答案】D

【解析】目前针对精神分裂症的常规治疗方法包括抗精神病药物治疗、电痉挛治疗、心理治疗、康复治疗和经颅磁刺激治疗等。

【考点】精神分裂症的治疗☆☆

11. 以下说法错误的是

A. 精神分裂症是一种病因未名的疾病

B. 药物是治疗精神分裂症的主要措施

C. 精神分裂症的发病年龄多在 30 岁以后

D. 精神分裂症的起病形式多为慢性、隐袭起病

E. 精神分裂症一般智能不受损

11.【答案】C

【解析】精神分裂症的起病年龄多在 15~35 岁。

【考点】精神分裂症的发病特点☆☆

【A2 型题】

1. 患者，女，26 岁，大学文化，未婚，公司职员。因"行为冲动、自语自笑 15d，裸跑 2d"由父亲及邻居陪同入院。根据病史患者最可能存在的精神病性症状为

A. 关系妄想　B. 被害妄想　C. 幻听

D. 幻视　E. 钟情妄想

1.【答案】C

【解析】患者自语自笑多数与幻觉内容有关，多为幻听。

【考点】精神分裂症的临床表现☆☆

2. 患者，女，52 岁，农民。有分裂情感性障碍病史 5 年，高血压病史 1 年，一直服用降压药物，无不良嗜好。近一个月与家人吵架后出现情绪低落、烦躁、失眠、食欲差，该患者最需要补充的病史是

A. 高血压的控制情况

B. 是否服用含有利血平成分的降压药物

C. 患者目前精神科药物的服用情况

D. 本次吵架原因

E. 是否有自杀观念和行为

2.【答案】E

【解析】此题结合病例主要考查对分裂情感性障碍抑郁相时的病史采集情况，上述五个选项都是需要进一步询问的，但其中自杀观念和行为的重要性最强。

【考点】分裂情感性障碍抑郁相时的病史采集☆☆

【A3/A4 型题】

(1~2 题共用题干)

患者，男，30 岁，未婚，大学文化，公司职员。因"认为有人害自己，认为周围陌生人也在盯着自己，无法工作 1 年余"到门诊就诊。

1. 与患者的疾病无关的因素是

A. 遗传　B. 家庭经济状况

C. 工作压力　D. 性格特点

E. 工作性质

1.【答案】E

【解析】精神分裂症的病因不清，可能与遗传、生活事件、家庭经济状况、性格特点、性别等有关。

【考点】精神分裂症的病因☆☆

2. 该患者住院后，恰当的处理是

A. 详细体格检查，除外内科疾病

B. 脑脊液检查，除外脑器质性疾病

2.【答案】A

【解析】在确诊精神分裂症之前，需进行详细的体格检查以排除其他疾病所致精神障碍。

【考点】精神分裂症的诊治原则☆☆

C. 查催乳素水平、预防催乳素增高
D. 静脉滴注氯硝西泮、维生素 C 等
E. 应先观察几天再决定用药

(3~4 题共用题干)
患者,男,52 岁,已婚,高中文化,农民工。因情绪低落、想死、言语杂乱 3 年,近 1 月加重入院。在病房内活动较少,经常躺在床上很少活动,接触被动,称活着没意思、有人要害自己,欲自杀。

3. 患者不可能的诊断是
A. 梅毒所致精神障碍
B. 抑郁症
C. 酒精所致精神障碍
D. 精神分裂症
E. 甲状腺功能亢进所致精神障碍

4. 该患者存在的精神病性症状包括
A. 幻觉 B. 自罪妄想 C. 被害妄想
D. 虚无妄想 E. 影响妄想

(5~6 题共用题干)
患者,男,21 岁,未婚,大学三年级在读。凭空闻语,说周围的同学都在看自己,认为马路上的陌生人也盯着自己,相信有人监视自己,心情不好,无法坚持正常的学习 6 月。

5. 患者的精神病性症状包括
A. 幻触 B. 被害妄想 C. 嫉妒妄想
D. 行为异常 E. 被控制感

6. 该患者住院后,首先应该采取的治疗方法包括
A. 抗抑郁药物治疗
B. 营养支持治疗
C. 第二代抗精神病药物治疗
D. 第一代抗精神病药物治疗
E. 镇静催眠药物治疗

(7~9 题共用题干)
患者,男,30 岁,已婚,临时工,初中文化。患者由外地到北京一建筑工地做临时工。近日因施工劳累感冒,经对症处理好转。某日夜间,忽然大喊大叫,说“医生给我服错药了,这是毒药,要害我”等。当其他工友来安慰他时,认为是又要将他送到门诊打针,不怀好意。遂用工具打伤看望他的工人。当被强行送至精神病

3.【答案】E
【解析】甲状腺功能亢进所致的精神障碍多表现为躁狂综合征和/或精神病性症状,而该患者主要表现为情绪低落、悲观厌世,故不太符合。
【考点】精神分裂症的病因☆☆

4.【答案】C
【解析】该患者存在的精神病性症状主要是被害妄想,具体表现为认为有人要害自己。
【考点】精神分裂症的症状☆☆

5.【答案】B
【解析】该患者表现为凭空闻语,说周围的同学都在看自己(即言语性幻听),认为马路上的陌生人盯着自己,相信有人监视自己(即被害妄想)。
【考点】精神分裂症的症状学☆☆

6.【答案】C
【解析】精神分裂症的治疗原则中,第二代抗精神病药物应作为首选的治疗方案。
【考点】精神分裂症的治疗☆☆

院急诊，给予注射药物后入睡。3d后患者精神状态恢复如常，能基本回忆当时的发病状况。对自己的所作所为表示歉意，请工人们原谅。既往体健。否认有精神疾病史，否认有酒药等滥用史。查体及常规辅助检查无明显异常。

7. 该患者最可能的诊断是
   A. 急性而短暂的精神病性障碍
   B. 躯体疾病所致精神障碍
   C. 急性应激障碍
   D. 谵妄性躁狂
   E. 分离障碍

8. 如果该患者出院后很快再次病情反复，言行紊乱，而且尤以夜间为重，同时出汗较多，下一步最需要做的检查是
   A. 头颅CT　　B. 内分泌检查
   C. 脑脊液检查　　D. 心理测查
   E. 眼动检查

9. 如果该患者脑脊液检查结果并无阳性发现，下一步的处理建议欠妥的是
   A. 详细查体
   B. 完善病史
   C. 积极抗精神病药物治疗
   D. 头颅MRI检查
   E. 加强监护

(10~12题共用题干)
患者，女，38岁，已婚，高中文化，职员。半年前与邻居吵架后渐出现情绪低落，高兴不起来，做什么事都提不起兴趣，觉得疲乏无力，后悔自责，称自己不该和邻居吵架，食量减少，常彻夜不能入眠。此外患者诉自己的隐私都没了，称自己心里一想事，就会有声音把自己想的事给说出来。不敢洗澡，称老觉得有人监视自己，为之苦恼，还曾为之报警。经常流露出不想活的念头，曾有过一次割腕自杀，因发现及时未遂。既往体健。否认有酒药等滥用史。查体及辅助检查无明显异常。

10. 此患者最可能的诊断是
   A. 精神分裂症
   B. 伴有精神病性症状的重度抑郁发作
   C. 分裂情感性障碍
   D. 应激相关障碍
   E. 持久的妄想性障碍

7.【答案】A
【解析】上述疾病均可出现上述表现，但结合病史，患者尽管病前存在感冒，但查体及常规辅助检查并无阳性发现，而且事后基本能回忆，发病时并不存在意识障碍，故躯体疾病所致精神障碍及谵妄性躁狂目前证据不足。此外，该患者病前并无明显的应激事件及刺激因素，故目前也不支持急性应激障碍及分离障碍的诊断。
【考点】急性而短暂的精神病性障碍☆☆

8.【答案】C
【解析】结合该患者病情在缓解后无明显诱因再次反复，同时精神症状有昼轻夜重的变化，存在谵妄可能。此外，患者发病前有感冒病史，同时还存在出汗增多，而出汗增多等自主神经功能障碍是脑炎特征性表现之一。出汗增多提示下丘脑受损，而且病情较重，故首选脑脊液检查以排除脑炎所致精神障碍的可能。
【考点】急性而短暂的精神病性障碍的鉴别诊断☆☆

9.【答案】C
【解析】鉴于该患者病情波动大，同时精神症状有昼轻夜重的变化，存在谵妄可能，此外还存在出汗增多等自主神经功能障碍表现，尽管脑脊液检查无阳性发现，但仍高度提示有器质性精神障碍的可能。故需继续进一步检查，如头颅MRI，详细查体，完善病史查找可能的病因。患者病情变化快，病因不明，存在风险性，故需要加强监护。
【考点】急性而短暂的精神病性障碍的处理☆☆

10.【答案】C
【解析】此题主要考查分裂情感性障碍抑郁相、精神分裂症和伴有精神病性症状的重度抑郁发作的鉴别诊断。当抑郁症状群和分裂症状同时存在，又同样均衡突出时，应考虑诊断为分裂情感性障碍抑郁相。
【考点】分裂情感性障碍抑郁相的鉴别诊断☆☆

11. 该患者首选的治疗方案
A. 系统心理治疗
B. 积极抗精神病药物治疗
C. 积极抗抑郁药物治疗
D. 积极抗精神病药联合抗抑郁药物治疗
E. MECT

12. 该患者最适宜的药物治疗是
A. 利培酮 B. 奥氮平
C. 安非他酮 D. 利培酮 + 舍曲林
E. 奥氮平 + 安非他酮

【案例分析题】

案例一:患者,女,20岁,未婚,高中文化,无业。主因“凭空听到声音、多疑10d”就诊。精神检查:意识清晰,定向力完整,接触可,承认近10d以来经常听到楼上的邻居在议论自己,说自己的坏话,认为某明星看上了自己,邻居嫉妒,所以给自己使坏。为此拿着刀到楼上找邻居。既往史阴性。查体:体温37.6℃,血压110/80mmHg,心肺(-),神经系统查体未见异常。血常规:白细胞计数10.5×10^9/L,中性粒细胞百分率85%。入院后患者经常重复一句话,如“你走啊”,手重复同样的动作。治疗3d后,患者的精神症状未见好转,夜不眠,拒绝进食,问话不答。查体:体温38.5℃,血压108/80mmHg,心肺(-),神经系统查体未见异常。血常规:白细胞计数16.7×10^9/L,中性粒细胞百分率86%。仍反复重复同一个无意义的动作。

提问1:该患者出现精神异常的可能原因包括
A. 病毒感染 B. 使用精神活性物质
C. 精神创伤 D. 工作变动
E. 脑外伤 F. 内分泌异常
G. 空气污染

提问2:患者下一步需进行的检查包括
A. 血生化 B. 头颅CT
C. 脑脊液检查 D. 心电图
E. 心脏超声 F. 胸部X线

提问3:患者下一步需进行的处理包括
A. 神经内科会诊
B. 静脉输液支持治疗
C. 应用抗生素
D. 对症处理精神病性症状
E. 神经免疫学检查
F. MRI
G. 脑电图

11.【答案】E

【解析】该患者自杀风险大,院外有过自杀未遂,应首选MECT。MECT是控制自杀风险最有效也是最快速的治疗方法。此外对于抑郁症状群和分裂症状群共存的分裂情感性障碍抑郁相患者,MECT也是有效的。

【考点】分裂情感性障碍抑郁相的MECT适应证☆☆

12.【答案】D

【解析】对于分裂情感性障碍抑郁相的药物治疗,推荐抗抑郁药联合非典型抗精神病药治疗,其疗效优于单一的非典型抗精神病药物或抗抑郁药治疗,此外安非他酮因可能会恶化精神病性症状,故不推荐使用。

【考点】分裂情感性障碍抑郁相的药物治疗☆☆

提问1:【答案】ABCDEF

【解析】精神疾病的病因不清,可能与诸多因素有关,诸如中枢神经系统感染、使用精神活性物质、精神创伤、工作或生活环境变化、脑外伤、内分泌异常等。

【考点】精神分裂症的病因☆☆

提问2:【答案】ABCDEF

【解析】若要明确诊断,还需进一步完善相关检查,如检测血生化以了解患者的肝肾功能、电解质等情况,进行头颅CT检查以明确有无脑器质性病变,进行脑脊液检查以明确有无中枢神经系统感染,进行心电图和心脏彩超检查以了解患者有无心脏疾病,进行胸部X线检查以了解患者有无肺部疾病。

【考点】精神分裂症的诊断思路☆☆

提问3:【答案】ABCDEFG

【解析】目前尚未明确诊断,故需进行神经免疫学检查、头颅MRI、脑电图等检查,请神经内科会诊,以排除神经内科疾病;患者拒绝进食,故需给予静脉输液支持治疗;患者体温升高,血常规显示白细胞和中性粒细胞计数升高,可能存在细菌感染,故可能需要使用抗生素治疗;患者目前精神病性症状较为明显,故需给予抗精神病治疗。

【考点】精神分裂症的诊疗思路☆☆

案例二：患者，男，24 岁，未婚，无业。主诉"凭空闻声、认为被害、被跟踪 9 年"。患者于 2008 年上初二(15 岁)时，因成绩差，总是被老师批评，被同学嘲笑，之后逐渐凭空听到声音，能够听到女同学议论他，说他长得丑，像大猩猩，心里想的事情"总是会被声音说出来"；后服用利培酮 3mg/d 治疗，凭空闻声未完全消失，每天至少出现 1 次，但对生活影响不大，能够正常返校上课，记忆、注意、成绩均下降。2014 年考上大学，开学后军训，因感到困倦自行停药，停药后凭空闻声明显增多，多数是批评患者的话，说他长得丑，患者认为周围的人都在议论自己。实验室及辅助检查：未见异常。

提问 1：患者的精神病性症状包括

A. 被害妄想　　B. 关系妄想

C. 思维化声　　D. 评论性幻听

E. 被洞悉感　　F. 被控制感

提问 2：患者 2014 年 10 月中旬到某医院就诊，将利培酮加至 5mg/d 治疗，调整药物剂量后凭空闻声较前减少，但未完全消失，同时患者间断出现感觉思维变迟钝，脑子变慢了，烦躁，坐立不安，来回走动的情况。凭空闻声内容开始带有威胁性，如要杀了患者之类的。认为家里被同学安了监视器，觉得同学在楼下监视自己。为此心烦，觉得活着没意思。患者最可能的诊断是

A. 妄想性障碍

B. 心境障碍

C. 精神活性物质所致精神障碍

D. 脑器质性疾病所致精神障碍

E. 精神分裂症

提问 3：因疗效差，患者先后换用帕利哌酮缓释片、舒必利、氯氮平和氨磺必利治疗。经上述治疗后，患者的症状无明显减轻，下一步处理包括

A. 换药

B. 改良电休克治疗

C. 经颅磁刺激

D. 停药

E. 加用增效剂

提问 4：患者目前服用氨磺必利 1 200mg/d、氯硝西泮 2mg/ 晚。经与患者和家属协商后，同意进行改良电休克治疗。在治疗前需做哪些准备

A. 调整抗精神病药物至安全剂量

B. 停氯硝西泮

C. 停氨磺必利

D. 查血常规及血生化

E. 签署知情同意书

F. 麻醉前评估

提问 1：【答案】ABCD

【解析】该患者表现为凭空闻声，多为负性评价自己的声音(即评论性幻听)，认为心里想的事情总是会被声音说出来(即思维化声)，认为周围的人都在议论自己(即关系妄想和被害妄想)。

【考点】精神分裂症的症状学 ☆☆

提问 2：【答案】E

【解析】精神分裂症的症状学标准包括：①思维鸣响、思维插入、思维被撤走及思维广播；②明确涉及躯体或四肢运动，或特殊思维、行动或感觉的被影响、被控制或被动妄想、妄想性知觉；③对患者的行为进行跟踪性评论，或彼此对患者加以讨论的幻听，或来源于身体某一部分的其他类型的幻听；④与文化不相称且根本不可能的其他类型的持续性妄想，如具有某种宗教或政治身份，或超人的力量和能力等。

【考点】精神分裂症的诊断 ☆☆

提问 3：【答案】ABCE

【解析】难治性精神分裂症的治疗包括：换药、加用增效剂、无抽搐电休克治疗、给予经颅磁刺激等。

【考点】精神分裂症的治疗 ☆☆

提问 4：【答案】ABDEF

【解析】因改良电休克治疗需在全麻下进行，在治疗前需对患者进行全面评估，包括检查血常规、血生化以及麻醉前的评估，并签署知情同意书，同时调整抗精神病药物至安全剂量的半量，停抗癫痫药。

【考点】精神分裂症的治疗 ☆☆

案例三：患者，女，25岁，未婚，大学文化，公司职员。主因“呆愣1月，行为异常10d，赤身裸体外走1d”到门诊就诊。查体：不合作，拒绝穿衣服，全身赤裸，被家属强行用毛巾被裹在身上。体温36.5℃，血压110/75mmHg，心肺(-)。精神检查：意识清晰，定向力完整，接触可，蓬头垢面，否认自己有病，称是因为感到热所以不穿衣服。既往史无特殊。

提问1：医生在确诊前需进行的评估包括

A. 发病的原因或诱因

B. 澄清病史资料

C. 完整的体格检查和精神检查

D. 共患的躯体疾病

E. 物质使用史

F. MRI

G. 实验室检查

提问1：【答案】ABCDEG

【解析】在确诊精神疾病前，应完善各项相关资料，包括发病的原因或诱因、澄清病史资料、进行完整的体格检查和精神检查、询问有无共患躯体疾病和物质使用史以及进行相关的实验室检查。

【考点】精神分裂症的病因☆☆

提问2：患者神经系统查体未见异常，血常规、生化、心电图、脑电图均未见异常。患者家属要求患者住院治疗，但患者本人拒绝。面对此类患者，需进行的风险评估包括

A. 人身安全风险　　B. 合并躯体疾病风险

C. 医疗措施风险　　D. 关系风险

E. 法律风险　　F. 伦理风险

提问2：【答案】ABCDEF

【解析】风险评估是治疗干预决策中的重要一环，仔细的评估可以防止或减轻患者由于疾病所导致的继发性伤害，减少医患纠纷。对于自知力完全丧失的患者，风险评估应包括人身安全风险、合并躯体疾病风险、医疗措施风险、关系风险、法律风险、伦理风险。

【考点】精神分裂症治疗前的风险评估☆☆

提问3：患者在门诊多次将身上的毛巾被取下，拒绝穿任何衣服，口内不停地自言自语，医生建议其住院治疗，依据包括

A. 有伤害自身安全的行为或者风险

B. 需要持续监护

C. 门诊治疗不安全

D. 门诊治疗无效

E. 否认有病

F. 药物不良反应

提问3：【答案】ABC

【解析】存在以下情况时，医生应建议患者住院治疗：①有伤害自身安全的行为或者风险的；②生活不能自理者；③需要持续监护者；④门诊治疗不安全或无效者。

【考点】精神分裂症治疗方式的选择☆☆

案例四：患者，男，40岁，已婚，大学文化，教师，主因“凭空闻语、多疑10年，近2月加重，夜眠差”收入院。既往曾3次住院治疗，均诊断精神分裂症。查体：体温36.1℃，血压120/80mmHg，心肺(-)。既往史、家族史无特殊。

提问1：对于确诊的精神分裂症患者，治疗目标包括

A. 选择合适的方法，尽快缓解主要症状，争取临床缓解

B. 为恢复社会功能、回归社会做准备

C. 预防自杀自伤、攻击暴露、受到他人伤害等继发性不良后果的发生

D. 防止严重不良反应的发生

E. 长期治疗

提问1：【答案】ABCDE

【考点】精神分裂症的治疗目标☆☆

提问2：经多次疏导劝说，患者及家属同意住院治疗。急性期治疗需要考虑的内容包括

提问2：【答案】ABCDEFGH

【解析】以上选项均为精神分裂症急性期治疗应考虑的因素。

【考点】精神分裂症的治疗☆☆

A. 选择对患者最少应激的环境,降低环境应激因素
B. 讲解疾病的性质和处理方式
C. 与家属沟通,告知可能的治疗方法
D. 了解家属对疾病的理解和期待
E. 对家属提供合理的建议和心理支持
F. 抗精神病药物治疗
G. 心理治疗
H. 康复治疗

提问 3:患者身高 173cm,体重 95kg,甘油三酯 2.9mmol/L,心电图示 QT 350ms,QTc 440ms。患者可以选择的抗精神病药物包括

A. 利培酮　B. 富马酸喹硫平
C. 齐拉西酮　D. 帕利哌酮
E. 阿立哌唑　F. 氟哌啶醇
G. 奥氮平

提问 4:患者服用利培酮 4mg/d 合并佐匹克隆 7.5mg/ 晚治疗,口服治疗 2 周,精神症状好转,衣着整齐,承认治疗前听到有人在耳边与自己说话,许多人在议论自己,说自己不好的声音较多,现在有时能听到声音,但明显减少,睡眠改善。患者仍然认为自己没有精神病。未见明显的药物不良反应。PANSS 评分 73 分。针对患者目前情况,下一步处理措施包括

A. 增加利培酮用量
B. 合并增效剂治疗
C. 停用佐匹克隆
D. 合并其他抗精神病药物治疗
E. 换用氯氮平
F. 增加苯二氮䓬类药物

案例五:患者,男,58 岁,离异,汉族,身高 170cm,体重 70kg。发作性凭空闻声、疑心被害 21 年,复发 4 年,近日加重。患者于 1995 年(36 岁)无明显诱因逐渐开始出现凭空闻声,疑心有人背后议论他,说他坏话,1997 年被家人带到河南当地精神病医院住院治疗半个月,诊断"精神分裂症",具体用药不详。后自己逃跑出医院回到北京,又在精神病医院治疗半年,诊断不详,疗效很好,出院后能够坚持服药,正常生活和工作。之后又逐渐自行减药,2013 年工作中因为觉得领导和同事背后害他、上班路上总是有人跟踪他,而逐渐不再上班。2015 年因与地铁安检人员发生冲动伤人行为,在当地公安局司法鉴定中心鉴定,诊断为"精神分裂症",拘留 20 余天后回家,服药治疗 20 余天后未再服药,此后基本上不出门,总是怕别人抓他。近几日觉得妹妹送来的肉和月饼都有毒。认为楼上有人故意害他,拿着棍子上楼打伤邻居。

提问 1:在确定治疗方案前,应详细了解的内容包括

A. 既往治疗用药　B. 躯体状况

提问 3:【答案】ABDEF

【解析】急性期治疗包括尽快启动抗精神病药物治疗,药物的选择一般需要综合考虑:症状特征和严重程度、服药的便利性、以往的不良反应、药物的不良反应特征等。本例患者体型肥胖(BMI 为 31.74kg/m^2)、高血脂,故不宜使用代谢副反应较大的奥氮平;另外,该患者的 QTc 间期接近 450ms,故不宜使用能显著延长 QTc 间期的齐拉西酮。

【考点】精神分裂症治疗前的风险评估☆☆

提问 4:【答案】AC

【解析】急性期治疗原则:当病情好转、治疗反应较好、无明显药物不良反应,应维持原治疗方案。本例患者使用利培酮 4mg/d 治疗 2 周后幻听明显减少,故应继续加量至 6mg/d 维持治疗;该患者已使用佐匹克隆治疗 2 周,睡眠改善,故可停用佐匹克隆。

【考点】抗精神病药物治疗的总体处方原则☆☆

提问 1:【答案】ABCDEF

【解析】精神分裂症治疗方案的选择需考虑药物的药理特点和不良反应、患者的个性因素、目前患者的躯体状况和辅助检查情况、药物的可及性和维持治疗的可能性、既往药物使用情况等。

【考点】精神分裂症的治疗☆☆

C. 辅助检查情况　　D. 药物的可及性
E. 维持治疗的可能性　　F. 患者的个性因素

提问2:入院后给予奥氮平系统治疗,最高剂量20mg/d,维持治疗8周。患者能够与病友进行交流,未与病友发生冲突,不再害怕,认为家人送来的食品是安全的。食欲好,体重增加10kg。该患者选用奥氮平治疗后体重明显增加,体重增加是某些抗精神病药物的常见不良反应,出现该不良反应会小于奥氮平的药物包括

A. 利培酮　　B. 氯氮平
C. 阿立哌唑　　D. 齐拉西酮
E. 富马酸喹硫平　　F. 氟哌啶醇

提问3:患者继续接受目前的治疗,体重继续上升,为此患者十分苦恼。就患者目前的情况,下一步该如何处理

A. 适当减少剂量　　B. 合并对抗药物
C. 换药　　D. 立即停药
E. 控制饮食　　F. 适当增加运动量

案例六:患者,女,27岁,已婚,主因"疑心被害、被跟踪3年余,加重伴夜眠差1个月"入院。患者于2012年5月(22岁时)时由于感情问题,与男友分手后渐出现异常表现,开始时称能闻到特别不好闻的气味,类似氨水的气味。逐渐凭空能看到人的面容,洗脸时在脸盆中可看到人的面孔,沐浴时认为有人偷窥她。并感到有人跟踪监视她,认为电脑被人上传了病毒,有人把账户的钱划走了。后又认为电脑病毒传到了她的身上,让她全身难受。偶有自言自语,有时发呆发愣。母亲为其穿睡衣,穿后患者称身体不舒服,认为是父母故意害自己,哭闹,打骂父母。不让家人用电器,不让用手机、电话、门铃,认为那些电器的电流会引起她身体不适。近1月以来患者进食不规律,睡眠差,大小便基本正常,体重无明显变化。否认有高热、抽搐、昏迷表现。

提问1:本患者存有的精神病性症状包括

A. 幻嗅　　B. 幻听
C. 幻触　　D. 幻视
E. 内脏性幻觉　　F. 内感性不适
G. 感觉异常　　H. 被害妄想
I. 被控制感

提问2:入院后给予利培酮系统治疗,最高剂量5mg/d,维持治疗6周。患者的精神病性症状基本消失,但月经未来已2月,且出现溢乳。下一步哪些处理是可行的

A. 适当减少剂量　　B. 合并对抗药物
C. 血催乳素水平检测　　D. 妇科超声
E. 尿妊娠试验　　F. 必要时行头颅CT检查
G. 立即换药　　H. 停药

提问2:【答案】ACDEF

【解析】体重增加是某些抗精神病药物的常见不良反应,出现该不良反应以氯氮平和奥氮平最明显,利培酮、喹硫平次之,阿立哌唑、齐拉西酮和第一代抗精神病药物此种不良反应较小。

【考点】精神分裂症的治疗

☆☆

提问3:【答案】ABCEF

【解析】抗精神病药物所致的不良反应,总的处理原则是:如果病情控制良好,首先是适当减少剂量或合并对抗药物,只有在减量或使用对抗药物均不能解决问题、患者难以耐受时才考虑换药。对于某些急性、危重的不良反应则需要立即停药或换药,并给予相应的对症处理。

【考点】精神分裂症的治疗

☆☆

提问1:【答案】ABDFH

【解析】分析该患者症状,称能闻到特别不好闻的气味,类似氨水的气味,即幻嗅;凭空能看到人的面容,洗脸时在脸盆中可看到人的面孔,即幻视;感到有人跟踪监视她,认为电脑被人上传了病毒,有人把账户的钱划走了,即被害妄想;不让家人用电器,不让用手机、电话、门铃,认为电流会引起她身体不适,即内感性不适;常常因为有幻听并与其对话,而表现出自言自语。故本题答案为A、B、D、F、H。

【考点】精神分裂症的症状

☆☆

提问2:【答案】ABCDE

【解析】长期服用抗精神病药物会导致催乳素水平升高、泌乳等不良反应,应及时查明原因,对症处理。该患者使用利培酮治疗6周,已停经2月,且出现溢乳,故应检测血催乳素水平,行妇科超声检查和尿妊娠试验以明确有无妊娠,若非妊娠,可适当减少利培酮用药剂量和/或合并对抗药物。

【考点】精神分裂症的治疗

☆☆

提问3:患者经调整合并阿立哌唑5mg/d治疗后,催乳素降至正常,溢乳消失,月经恢复正常。2月后患者出院并结婚,准备怀孕。患者来院咨询怀孕问题,就目前的情况,下列说法正确的是

A. 立即停药备孕
B. 治疗并病情稳定一年后考虑备孕
C. 逐步减药,停药后立即怀孕
D. 因考虑遗传问题,不建议生育
E. 药物不良反应太大,服药期间禁止怀孕
F. 抗精神病药物有明确的致畸作用
G. 停利培酮
H. 怀孕期间病情不会复发

提问3:【答案】B

【解析】停药是复发的首要危险因素,停药后怀孕的最大风险是孕期病情复发,应根据患者具体的病情变化、常规维持治疗等情况,综合考虑本次备孕是否减药、停药还是继续服用,就该患者情况,目前应治疗并病情稳定一年后考虑备孕。

【考点】精神分裂症的巩固期治疗☆☆

案例七:患者,女,45岁,高中文化,离异。因"认为被监视、被跟踪、被害4年余,加重5月余"就诊。患者于2013年2月(41岁时)无明显诱因出现认为被监视,并和家人说这件事情与某明星有关,紧张,警惕性很高,与家人交流时东张西望。后病情逐渐加重,无故怀疑家里进了人,家里东西都被偷了。无故认为被害,觉得果汁有毒。无故认为邻居也监视自己。2014年因孩子上学搬了一次家,搬家后仍认为邻居监视她,并通过拍照,告诉家人。尚可料理家务。2015年2月份症状明显加重,坐火车时认为对面的人也是被派来跟踪她,并频繁更换手机号码。认为家里门锁也不安全了,半夜给弟弟打电话,让弟弟小心手机和车轮子都被做了手脚。认为弟弟也会被监视和跟踪,也因此紧张害怕。情绪不稳,易发脾气。入睡晚,易醒。家人为求进一步治疗,于2015年11月首次住院治疗,诊断偏执型精神分裂症,曾予MECT治疗,出院时服利培酮口服液5ml/d治疗,症状消失。出院后未再服药,长期赋闲在家。病情开始波动,后出现多疑,怀疑有人跟踪自己,怀疑有人要害自己而再次住院治疗。

提问1:患者本次入院后可选择的治疗方法包括

A. 利培酮
B. 换用其他抗精神病药物
C. MECT
D. 长效针剂
E. DBS
F. 心理治疗
G. 康复治疗

提问1:【答案】ABCDEF

【解析】精神分裂症急性期治疗方法的选择需考虑患者既往的治疗经验和依从性等,且需配合药物、电抽搐治疗、物理治疗和心理治疗。

【考点】精神分裂症的治疗☆☆

提问2:患者经MECT 9次后,承认自己有病,知道以前的想法很可笑,希望能应用长效药物治疗。可以选择的药物包括

A. 奥氮平片　　B. 阿立哌唑片
C. 棕榈酸帕利哌酮注射液　　D. 癸酸氟哌啶醇注射液
E. 五氟利多片　　F. 帕利哌酮缓释片

提问2:【答案】CDE

【解析】抗精神病药物长效制剂包括:棕榈酸帕利哌酮注射液、癸酸氟哌啶醇注射液、五氟利多片等。

【考点】精神分裂症的治疗☆☆

提问 3:【答案】D

【解析】棕榈酸帕利哌酮注射液的规范化应用:第一天注射 150mg,第八天注射 100mg,以后每间隔 30d 注射 75~150mg。

【考点】精神分裂症的治疗☆☆

提问 1:【答案】ABCDEFGH

【解析】此题主要考查精神科选言推理的临床诊断思维及等级诊断原则,患者表现出急性发作的精神病性状态,根据"马和斑马"原则,首先考虑最常出现此类状态的常见疾病:急性而短暂的精神病性障碍、脑器质性及躯体疾病所致精神障碍、精神活性物质所致精神障碍、急性应激障碍、分离障碍、心境障碍以及精神分裂症急性复发。而焦虑性障碍和恐惧性障碍等神经症性障碍因不会出现精神病性症状而被排除。

【考点】精神科的临床诊断思维及原则☆☆

提问 2:【答案】ABCDEFG

【解析】此题需掌握精神疾病的诊断方法,尤其要注意排除器质性疾病及精神活性物质所致的精神障碍。地塞米松抑制试验可有助于抑郁症的诊断,但这是一种非常规的检查方法,特异性也不强。

【考点】精神疾病的诊断方法☆☆

提问 3:【答案】AI

【解析】该患者已明确诊断为急性而短暂的精神病性障碍,治疗应以系统的抗精神病药物治疗为主,其他主要为对症处理。患者目前失眠严重,故可以给予佐匹克隆、唑吡坦等助眠药物改善睡眠;目前无明显的抑郁、躁狂、焦虑等情感症状及痴呆证据,暂无须加用抗抑郁药、情感稳定剂、抗焦虑药、益智药等其他药物;患者目前并无明显的兴奋躁动、冲动或自杀风险,暂无氟哌啶醇肌内注射及 MECT 的指征。因苯海索等抗胆碱能本身副作用很多,目前已不提倡预防用药;此外,患者当前紊乱的精神状态不适合心理治疗。

【考点】急性而短暂的精神病性障碍的治疗☆☆

提问 3:患者与家属商量后决定使用棕榈酸帕利哌酮注射液治疗。根据病情,具体应用方法为

A. 第一天注射 75~150mg,以后间隔 30d 注射 75~150mg。

B. 第一天注射 75mg,第八天注射 100mg,以后每间隔 30d 注射 75~150mg

C. 第一天注射 100mg,第八天注射 100mg,以后每间隔 30d 注射 75~150mg

D. 第一天注射 150mg,第八天注射 100mg,以后每间隔 30d 注射 75~150mg

E. 第一天注射 150mg,第八天注射 150mg,以后每间隔 30d 注射 75~150mg

案例八:患者,女,19 岁,大一学生,汉族。因"急起头痛乏力、妄闻妄见、行为紊乱、自语自笑 14d"由家人陪同转诊入院。患者 14d 前出现头痛、头晕、乏力,半夜起床外出 2 次,不知其所为。次日出现目光呆滞,讲话无条理,自语自笑。夜间不眠,多次起床开灯、关灯,说"房间有老鼠,墙上有虫子",问"妈妈是不是在外面叫我?"频繁自语,话多,内容杂乱无主题,表情紧张,不时自笑。第 4 天由父母送往专科医院住院治疗,第 14 天(今日)家属认为患者病情加重而转院。起病以来有低热(体温 37.3~37.6℃),无抽搐、昏迷及大小便失禁现象。饮食少,睡眠差,生活不能完全自理。无烟酒及其他成瘾物质的嗜好史,心理 - 社会应激情况不详。

提问 1:依据现有资料,该患者可能的诊断是

A. 急性而短暂的精神病性障碍

B. 脑器质性疾病所致精神障碍

C. 躯体疾病所致精神障碍

D. 急性应激障碍

E. 心境障碍急性复发

F. 精神分裂症急性复发

G. 精神活性物质所致精神障碍

H. 分离障碍

I. 焦虑性障碍

J. 恐惧性障碍

提问 2:为了进一步明确患者诊断,下一步需要做的是

A. 完善病史　　B. 头颅磁共振检查

C. 脑脊液检查　　D. 毒理检测

E. 详细的体格检查　　F. 实验室检查

G. 心理测查　　H. 地塞米松抑制试验

提问 3:该患者经完善病史、查体及辅助检查,未发现明确的心因及异常结果,被确诊为急性而短暂的精神病性障碍,下一步治疗方案为

A. 抗精神病药物治疗

B. 苯二氮䓬类药物
C. 预防用盐酸苯海索
D. MECT
E. 氟哌啶醇肌内注射治疗
F. 心理治疗
G. 情感稳定剂
H. 抗抑郁药物
I. 助眠药物
J. 益智药
K. 丁螺环酮

提问4:患者经过利培酮6mg/d系统治疗1个月后,病情已缓解,但出现月经明显延迟,患者对继续服药有抵触,接下来首先需要做的是
A. 妇科会诊
B. 利培酮减量
C. 将利培酮换成其他对月经影响小的抗精神病药
D. 合并小剂量阿立哌唑
E. 合并补气养血类中药治疗
F. 进行健康宣教
G. 监测血催乳素水平
H. 停药观察
I. 进行完善的体格检查

提问4:【答案】AFGI

【解析】此题需了解在服用抗精神病药后出现月经延迟的处理。患者出现任何的躯体症状及体征,首先需要进行详细的体格检查,进行相关辅助检查,如催乳素水平检测,请专科会诊,进而查明原因,而不能只考虑是抗精神病药引起的高催乳素血症所致,针对此可能病因的相关措施(如减药、换药及联合小剂量的阿立哌唑等)在当前病因尚不明确的情况下是不恰当的。患者因月经延迟怀疑是利培酮所致,已对继续服药抵触,此时应加强此方面知识的健康宣教,防止患者提前自行中断治疗。

【考点】女性服抗精神病药治疗出现月经延迟的处理☆☆

案例九:患者,男,36岁,已婚,大学文化。近1月来自觉聪明过人,能力非凡,精力充沛,每晚仅睡4h,次日也不觉困倦。每天忙忙碌碌,早起出门,很晚回家。花钱大手大脚,不知节制,喜欢结交异性。交谈时,滔滔不绝,难以打断,自觉思维敏捷,脑子里一个念头接一个念头出现。同时又诉脑海里老有声音和其讲话,为之心烦气愤,称这声音老对他指手画脚,说三道四,甚至评头论足。觉得自己的大脑有时被外界无形的力量所控制,会做一些身不由己的事,曾在声音支配下发生伤人行为。称自己这半个月来要不是这声音老骚扰自己,大脑有时不受自己控制,自己的状态会比现在还好。好管闲事,做事鲁莽,不顾后果,情绪易激惹,常为小事而勃然大怒。起病以来无发热、抽搐、头痛及大小便失禁现象。病前性格外向,脾气暴躁。平素体健,无烟酒及其他成瘾物质使用的嗜好史。

提问1:依据现有资料,该患者最可能的疾病诊断是
A. 精神分裂症
B. 脑器质性疾病所致精神障碍
C. 躯体疾病所致精神障碍
D. 分裂情感性障碍
E. 伴有精神病性症状的躁狂发作

提问1:【答案】D

【解析】此题主要考查分裂情感性障碍躁狂相、精神分裂症和伴有精神病性症状的躁狂发作的鉴别诊断。当情感症状和分裂症状同时存在,又同样均衡突出时,应考虑诊断为分裂情感性障碍。

【考点】分裂情感性障碍躁狂相的鉴别诊断☆☆

F. 精神活性物质所致精神障碍
G. 分离障碍
H. 持久的妄想性障碍

提问2:下一步该患者的药物治疗方案,可以选择
A. 碳酸锂
B. 丙戊酸盐
C. 利培酮
D. 喹硫平
E. 奥氮平
F. 碳酸锂+利培酮
G. 碳酸锂+喹硫平
H. 碳酸锂+奥氮平
I. 丙戊酸盐+利培酮
J. 丙戊酸盐+喹硫平
K. 丙戊酸盐+奥氮平

提问2:【答案】FGHIJK
【解析】此题需掌握分裂情感性障碍躁狂相的药物治疗方法,推荐情感稳定剂联合非典型抗精神病药物治疗,其疗效优于单一的情感稳定剂或抗精神病药物治疗。
【考点】分裂情感性障碍躁狂相的药物治疗☆☆

提问3:经完善病史、查体及辅助检查,发现患者存在糖尿病,下一步可以选用的适宜药物治疗方案为
A. 碳酸锂
B. 丙戊酸盐
C. 利培酮
D. 喹硫平
E. 奥氮平
F. 碳酸锂+利培酮
G. 碳酸锂+喹硫平
H. 碳酸锂+奥氮平
I. 丙戊酸盐+利培酮
J. 丙戊酸盐+喹硫平
K. 丙戊酸盐+奥氮平

提问3:【答案】FGIJ
【解析】奥氮平是最容易引起糖脂代谢异常的药物之一,对于共患糖尿病的患者不建议作为首选应用。而利培酮、喹硫平、碳酸锂及丙戊酸盐对糖脂代谢的影响为中低风险。
【考点】分裂情感性障碍躁狂相的药物治疗☆☆

提问4:如果该患者还存在甲状腺功能减退,适宜该患者的药物治疗方案为
A. 碳酸锂
B. 丙戊酸盐
C. 利培酮
D. 喹硫平
E. 奥氮平
F. 碳酸锂+利培酮
G. 碳酸锂+喹硫平
H. 碳酸锂+奥氮平
I. 丙戊酸盐+利培酮
J. 丙戊酸盐+喹硫平
K. 丙戊酸盐+奥氮平

提问4:【答案】IJ
【解析】因碳酸锂长期治疗容易引起甲状腺功能减退,故一般不适用于共患甲状腺功能减退的患者。而丙戊酸盐、利培酮、喹硫平对甲状腺功能的影响不大。
【考点】分裂情感性障碍躁狂相的药物治疗☆☆

第四节　心 境 障 碍

【A1 型题】

1. 躁狂发作最常发生在
   A. 春季　　B. 夏季　　C. 秋季
   D. 冬季　　E. 秋冬季

2. 症状持续的时间至少要多长才能诊断为躁狂发作
   A. 3d　　B. 4d　　C. 1 周
   D. 2 周　　E. 1 个月

3. ICD-10 关于轻躁狂发作的诊断标准中，对症状持续时间的要求是
   A. 3d　　B. 4d　　C. 7d
   D. 10d　　E. 14d

4. 用碳酸锂治疗躁狂发作，急性治疗期血锂浓度应控制在
   A. 0.4~0.6mmol/L　　B. 0.6~1.2mmol/L
   C. 1.0~1.6mmol/L　　D. 1.5~2.0mmol/L
   E. 1.8~2.5mmol/L

5. 躁狂发作睡眠障碍的特点是
   A. 早醒　　B. 多梦　　C. 易惊醒
   D. 入睡困难　　E. 睡眠需求减少

6. 抑郁发作最基本的症状是
   A. 睡眠减少　　B. 犹豫不决　　C. 自卑自责
   D. 抑郁心境　　E. 思维迟缓

7. 典型抑郁发作 1d 之内情绪波动的规律是
   A. 晨重晚轻
   B. 晨轻晚重
   C. 中午起逐渐加重
   D. 半夜最重
   E. 中午最重，以后逐渐减轻

8. “内源性抑郁”的生物学症状一般**不包括**
   A. 食欲下降　　B. 性欲减退
   C. 早醒　　D. 焦虑不安
   E. 情绪晨重晚轻

1.【答案】A
【解析】此题考查躁狂障碍的发病季节，躁狂发作常发生在季节变换时，以春季最为常见。
【考点】躁狂障碍发病的季节特征☆☆

2.【答案】C
【解析】根据 ICD-10 诊断标准，躁狂发作的症状需持续 1 周方可诊断。
【考点】躁狂发作的诊断标准☆☆

3.【答案】B
【考点】轻躁狂发作的诊断标准☆☆

4.【答案】B
【解析】锂盐的治疗剂量及中毒剂量较为接近，治疗中需要监测血锂浓度，躁狂发作急性治疗期血锂浓度为 0.6~1.2mmol/L，维持治疗的血锂浓度为 0.4~0.8mmol/L，1.4mmol/L 视为有效浓度的上限。老年患者治疗的血锂浓度以不超过 1.0mmol/L 为宜。
【考点】躁狂发作的治疗☆☆

5.【答案】E
【解析】躁狂发作患者常表现出精力和体力的异常充沛，对睡眠的需求减少。
【考点】躁狂发作的临床表现☆☆

6.【答案】D
【解析】抑郁发作时最基本的症状是情绪低落（抑郁心境），还可出现兴趣缺乏以及乐趣丧失，精力减退等。ICD-10 在诊断抑郁发作时要求至少有上述四项核心症状中的两项。
【考点】抑郁发作的核心症状☆☆

7.【答案】A
【解析】内源性抑郁症（典型抑郁症）的典型特点表现之一就是发作时 1d 之内的情绪波动规律呈晨重晚轻，即情绪在晨间加重，下午和晚间则有所减轻。
【考点】典型抑郁发作的特征☆☆

8.【答案】D
【解析】食欲和性欲下降、体重减轻、以早醒为特征的睡眠障碍、症状晨重晚轻的节律等生物性症状代表“内源性抑郁”的特征。抑郁患者常有焦虑症状，有时甚至表现很突出，但焦虑症状属于抑郁伴随的心理症状群，不属于生物学症状。
【考点】抑郁发作的生物性症状☆☆

9. 最易出现自杀行为的疾病是

A. 人格障碍 B. 精神分裂症

C. 精神发育迟滞 D. 癔症

E. 抑郁症

10. 抑郁症自杀行为的特点是

A. 常有明显的自杀观念，但极少发生自杀

B. 常有明显的自杀观念，有时出现冲动型自杀

C. 常为有计划的自杀，甚至出现扩大性自杀

D. 类似于精神分裂症患者的自杀特点

E. 虽然自己想死，但绝不会伤害自己的家人

11. 以下关于老年抑郁发作特点的描述，最准确的是

A. 常呈典型的抑郁发作特点

B. 症状不典型，常有明显的焦虑烦躁及躯体不适主诉

C. 症状不典型，常有明显的幻觉、妄想等精神病性症状

D. 症状不典型，常发展为痴呆

E. 症状不典型，更易出现自杀行为

12. 以下**不属于**SSRI类抗抑郁药的是

A. 舍曲林 B. 帕罗西汀

C. 米氮平 D. 艾司西酞普兰

E. 氟伏沙明

13. 三环类抗抑郁药最常见的不良反应是

A. 嗜睡

B. 癫痫

C. 抗胆碱能不良反应

D. 直立性低血压

E. 恶心、呕吐

14. 以下关于心境障碍的病程，描述最准确的是

A. 多数躁狂发作患者终生仅发作一次，平均自然病程约为3个月

B. 多数躁狂发作患者终生可反复发作，平均自然病程约为6个月

C. 多数单相抑郁发作患者终生仅发作一次，平均自然病程为6~8个月

D. 多数单相抑郁发作患者终生可反复发作，平均自然病程为6~8个月

E. 躁狂与抑郁常交替发作，如不经治疗，病情会持久恶化，不会自然恢复

9.【答案】E

【解析】抑郁症患者常有明显的消极观念，并可出现自杀行为。长期随访发现，约15%的抑郁症患者最终死于自杀。精神分裂症及精神发育迟滞患者也可出现自杀行为，但多为冲动性的。

【考点】抑郁症的自杀行为☆☆

10.【答案】C

【解析】抑郁症患者常有明显的自杀观念及自杀行为。患者为了自杀成功，常有周密的计划和准备，因而自杀成功率较高。有些患者担心自己死后亲近的人(如子女和配偶)会受苦受难，在自杀前出于怜悯而有计划地杀死亲近的人，即扩大性自杀。

【考点】抑郁症自杀行为☆☆

11.【答案】B

【解析】典型抑郁发作表现为心境低落、思维迟缓及活动减少等。老年抑郁发作临床症状常不典型，多数患者有突出的焦虑烦躁情绪，精神运动型迟缓和躯体不适主诉较年轻患者更为明显，病程大多迁延。

【考点】老年抑郁发作的临床特征☆☆

12.【答案】C

【解析】选择性5-羟色胺再摄取抑制剂(SSRI)包括：舍曲林、氟西汀、帕罗西汀、氟伏沙明、西酞普兰、艾司西酞普兰。米氮平为肾上腺素和特异性5-羟色胺能抗抑郁药(NaSSA)。

【考点】SSRI类抗抑郁药☆☆

13.【答案】C

【解析】三环类抗抑郁药最常见的不良反应为抗胆碱能反应。

【考点】三环类抗抑郁药☆☆

14.【答案】D

【解析】躁狂发作的自然病程一般持续数周至6个月，平均3个月。单相抑郁每次发作持续时间比躁狂症长，平均自然病程为6~8个月。无论单相或双相患者均可反复发作，一生仅有一次发作的占少数。对于每次发作而言，及时有效的治疗是必要的，但有些患者即使未经过任何治疗也会自然恢复。

【考点】心境障碍的病程特点☆☆

【A2 型题】

1. 患者,女,20 岁。问她“你是哪里人?”患者快速回答称:“我是中国人,祖国在我心中,我三中毕业,到山中去,矿务局在山中,我在矿山当会计……人类进入新的历史阶段,新的时代,培养一代新人,我们都是革命接班人”,此症状为

A. 思维扩散　B. 思维松散　C. 思维破裂
D. 思维奔逸　E. 思维不连贯

2. 患者,男,30 岁。话多健谈,讲话滔滔不绝,口若悬河,思维敏捷,联想速度加快,数量增多,内容丰富生动。自述脑子反应快,好像机器加了“润滑油”,特别好使,概念一个接一个不断涌现。讲话主题极易随环境而改变,也有音韵联想或字意联想。此表现为

A. 思维奔逸　B. 联想松散　C. 思维中断
D. 思维散漫　E. 强制性思维

3. 患者,女,25 岁。面容忧愁,唉声叹气,对医生问话多问少答,自诉心情苦闷,感到自己前途灰暗,严重时因悲观绝望而出现自杀观念及企图。时常伴有思维迟缓,动作减少及某些生理功能的抑制。此症状为

A. 焦虑　B. 情绪低落　C. 情感淡漠
D. 情绪不稳　E. 阴性症状

4. 患者,女,32 岁。主要表现讲话言语缓慢,语量减少,语音低弱,自感“脑子不灵了”,反应迟钝,思考问题困难。该患者为

A. 思维贫乏　B. 思维中断　C. 思维迟缓
D. 思维松散　E. 思维破裂

5. 患者,男,22 岁,大学生。因“话多,行为紊乱 10d”入院。10d 前与女友分手后出现话多,讲话滔滔不绝,难以打断,注意力不集中,听到耳边有朗诵诗歌的声音,患者也开始诵读诗歌,自诉脑子好用,记忆力好。在病房内忙碌不停,帮医生护士拿东西,帮其他患者打扫房间卫生。此患者最有可能的诊断是

A. 心因性反应　B. 急性应激障碍
C. 分裂样精神病　D. 精神分裂症
E. 躁狂发作

6. 患者,女,25 岁,公司职员。因“兴奋话多,疑人议论,行为紊乱 1 周”入院。患者 1 周前因工作上的疏忽受到领导批评,之后出现兴奋话多,怀疑同事们都在议论她,因此不停地给同事打电话质问为何要背地说她坏话,乱发短信给同事们,同事受

1.【答案】D
【解析】该患者具有明显的音联意联,思维反应迅速,属于思维奔逸。
【考点】躁狂发作临床表现☆☆

2.【答案】A
【考点】躁狂发作临床表现☆☆

3.【答案】B
【考点】抑郁发作临床表现☆☆

4.【答案】C
【考点】抑郁发作临床表现☆☆

5.【答案】E
【解析】患者有兴奋话多,夸大吹嘘,注意力不集中,活动增多等表现,同时伴有听幻觉,持续时间已超过 1 周,应首先考虑躁狂发作的诊断。尽管患者发病前有与女友分手的事实,但临床症状并非与失恋有关的表现,因此不考虑心因性反应的诊断。而急性应激障碍的应激事件应该是突如其来且超乎寻常的威胁性生活事件和灾难,且患者多表现为“茫然”或“麻木”,并伴有一定程度的意识障碍,故与本题中患者的表现不符。该患者无分裂样精神病和精神分裂症的证据,因此亦不能作出此诊断。
【考点】躁狂发作☆☆

6.【答案】B
【解析】该患者有兴奋话多,关系妄想,行为紊乱,但在治疗 10d 后,妄想症状消失,仍有话多,活动多,逢人打招呼等兴奋表现,提示该患者有躁狂发作(伴精神病性症状)。躁狂发作时可出现与心境相协调的幻觉及妄想,但这些症状一般持续时间不长,且内容并不荒谬,多与心境相协调。
【考点】躁狂发作☆☆

到短信后感到莫名其妙。入院治疗10d后患者多疑消失，不再怀疑别人说她坏话，但仍表现话多，活动多，纠缠医生，喋喋不休，逢人就打招呼。

A. 精神分裂症
B. 躁狂发作
C. 分裂情感性精神病
D. 急性应激障碍
E. 分裂样精神病

7. 患者，男，17岁，高中生。因“情绪低落，凭空闻声，想自杀2周”入院。2周前患者因期中考试成绩不理想，渐出现心情不好，情绪低，凭空听到同学们说他学习能力不行，脑子笨，感到学校老师和同学看他的眼神中流露出蔑视，为此不愿去上学，觉得自己的前途没有希望，活着是社会的累赘，并有自杀想法。此患者最可能的诊断是

A. 分裂样精神病
B. 心因性反应
C. 抑郁发作
D. 精神分裂症
E. 分裂情感性精神病

8. 患者，女，47岁，家庭主妇。因“发作性兴奋话多，情绪不稳，妄闻，疑人陷害25年”就诊。曾多次在当地医院住院给予抗精神病药物治疗，每次住院经治疗后，幻听和被害妄想较快消失，但仍留有话多，易发脾气。出院后未坚持服药，社会功能保持尚可，能料理家务。此次有幻听，被害妄想，在病房内表现兴奋，喜欢帮助别人，把自己的东西送给其他患者。病史中曾有两次出现过不愿说话，活动减少，食欲下降等，每次持续一月余后自行缓解。此患者最可能的诊断是

A. 精神分裂症
B. 双相情感障碍
C. 复发性躁狂症
D. 抑郁症
E. 分裂情感性障碍

9. 患者，男，15岁，学生。因“急起兴奋，行为紊乱2周”入院。2周前曾患感冒，体温38℃，3d后体温恢复正常，患者出现兴奋话多，不停地打电话给许多同学，甚至一些平时不联系的同学，约同学见面，请同学吃饭、购物，见到乞丐就给钱。该患者最可能的诊断是

A. 分裂样精神病
B. 精神分裂症

7.【答案】C

【解析】该患者主要表现为情绪低落，悲观自责，有自杀观念，同时存在言语性幻听和牵连观念，但内容与患者的心境相协调，仅凭此不能作出分裂样精神病或精神分裂症的诊断。同时，根据分裂情感性精神病的诊断标准，该患者目前的症状亦不符合该诊断。患者起病前虽存在考试成绩不理想的事实，但此后出现情绪低以及与其心境相协调的幻听和牵连观念，心因性反应无法解释患者目前所有的症状，因此不能作出相应诊断。同时需要说明的是在抑郁发作时除了出现情感症状之外，还可出现精神病性症状，如幻听、自责自罪妄想，其特点是与患者的心境相协调一致的，因此该患者的症状符合抑郁发作（伴精神病性症状）的诊断。

【考点】抑郁发作☆☆

8.【答案】B

【解析】该患者为发作性病程，每次发病时表现兴奋话多，也有精神病性症状，如幻听、被害妄想，但其社会功能没有明显衰退。每次住院治疗后，精神病性症状较快消失后仍遗留有情感症状。此次有躁狂发作的表现，病史材料中提及曾有两次少语、少动、少食的情况，且未经治疗可自行缓解。根据以上信息，对该患者不考虑精神分裂症、复发性躁狂症及抑郁症的诊断，但需要与分裂情感性障碍相鉴别。根据分裂情感性障碍的诊断标准，符合症状标准的精神分裂症状与情感性症状在整个病程中同时存在至少2周以上，并且出现和消失的时间较接近，显然该患者的症状消失时间与上述标准不符合。

【考点】双相情感障碍☆☆

9.【答案】E

【解析】该患者起病较急，在患感冒后出现躁狂表现，因此重点需要鉴别躁狂发作和病毒性脑炎所致精神障碍。后者应具有病毒性脑炎的相应症状和体征，如发热，意识障碍，甚至抽搐发作等表现，但病史中患者感冒3d后痊愈，无意识障碍、抽搐发作等表现，而是表现为较典型的躁狂发作，因此可基本排除病毒性脑炎所致精神障碍的诊断。进一步确诊可做脑电图、脑脊液检查。

【考点】躁狂发作☆☆

C. 病毒性脑炎所致精神障碍
D. 反应性精神病
E. 躁狂发作

10. 患者，男，26岁。兴奋话多与悲观消极念头交替发作3年，此次患者情绪低落1周，偶有自杀想法，诉脑子反应慢，记忆力下降，认为自己拖累了家人，觉得周围人都在用异样的眼神看他，瞧不起他，要家人不要管他，不愿意住院治疗，睡眠差。此时患者最合适的治疗措施是
A. 抗抑郁药
B. 心境稳定剂
C. 改良电休克治疗（MECT）
D. 抗抑郁药和心境稳定剂
E. 心境稳定剂和抗精神病药

11. 患者，女，65岁。"反复发作情绪低落，悲观厌世，想自杀5年，本次患者在家中用煤气自杀未遂"入院。既往有高血压病史。此患者不宜使用的抗抑郁药是
A. 文拉法辛
B. 帕罗西汀
C. 西酞普兰
D. 舍曲林
E. 米氮平

12. 患者，男，20岁。因"兴奋话多，行为冲动"入院。服用碳酸锂1.5g/d和氯氮平200mg/d治疗，2周后出现恶心呕吐，食欲减退，患者仍表现易激惹。此时合适的处理是
A. 将氯氮平加量，维持水电解质平衡
B. 将碳酸锂加量，维持水电解质平衡
C. 将氯氮平减量，维持水电解质平衡
D. 将碳酸锂减量，维持水电解质平衡
E. 将碳酸锂和氯氮平同时减量，维持水电解质平衡

13. 患者，男，17岁，学生。少语少动半月，病前有感冒史，体温达39℃，在当地医院住院治疗，4d后恢复正常，之后患者渐出现少语少动，进食少，神经系统检查未见异常，脑电图和头颅MRI检查正常，无大小便失禁。精神检查：患者静卧于床，百问不答，眉头紧皱。据家属反映，患者病前期中考试成绩不理想，曾说自己脑子不好使。此患者最可能的诊断是
A. 反应性精神病
B. 抑郁发作
C. 病毒性脑炎所致精神障碍

10.【答案】E
【解析】该患者应诊断为双相情感障碍，目前为抑郁发作。本题主要考查双相情感障碍抑郁相时应如何治疗。因为出现了抑郁就涉及是否要用抗抑郁药或者电休克治疗来改善抑郁情绪。但是应用抗抑郁药可能诱发躁狂或者轻躁狂发作，而使治疗更加困难。因此双相情感障碍抑郁发作时应慎用抗抑郁药。如果抑郁症状十分严重且持续时间超过4周以上，既往发作以抑郁为主要临床相，则可以在充分使用心境稳定剂的前提下合用抗抑郁药，一般可选无转躁作用的安非他酮，其次选用5-羟色胺再摄取抑制剂，而不宜选用转躁作用强的三环类抗抑郁药。根据题干信息，该患者有情绪低落，偶有自杀观念，目前抑郁症状不十分严重，持续时间也不长，可暂不使用抗抑郁药或者电休克治疗，而可以考虑选用心境稳定剂加抗精神病药。首先是因为患者有自责自罪和牵连观念需要使用抗精神病药物，其次是第二代抗精神病药可以作为心境稳定剂使用，如喹硫平既可以治疗双相躁狂，也可以治疗双相抑郁。同时，抗精神病药物的镇静作用还可以改善患者的睡眠，因此最佳治疗方案为E。
【考点】双相情感障碍的治疗原则☆☆

11.【答案】A
【解析】该患者诊断明确为复发性抑郁症，本题主要考查各种抗抑郁药的不良反应。该患者为老年女性，有高血压病史，而选项中只有文拉法辛有升高血压的作用，因此不宜用于该患者。
【考点】抗抑郁药的不良反应☆☆

12.【答案】D
【解析】碳酸锂的治疗剂量和中毒剂量十分接近，因此在使用时容易出现中毒反应，早期最常见的是胃肠道不良反应，如恶心呕吐等。本题中的碳酸锂剂量已经不低而且出现恶心呕吐，食欲减退，因此应考虑为碳酸锂剂量偏大时出现的不良反应，应将碳酸锂减量。但氯氮平的剂量并不大，且患者目前仍有易激惹，如果将氯氮平减量，可能会导致患者行为紊乱，难于管理，因此该患者目前合理的处理是将碳酸锂适当减量观察，并维持水电解质平衡。
【考点】碳酸锂的不良反应及处理原则☆☆

13.【答案】B
【解析】此患者病前有感冒史，后出现亚木僵表现，因此首先需要排除器质性疾病如脑炎。题干信息患者神经系统检查、脑电图及头颅MRI检查均正常，亦无大小便失禁等情况，精神检查时患者紧皱眉头，由此可推测患者的意识没有明显的障碍，故可排除病毒性脑炎所致精神障碍的诊断。曾

流露自感脑子不好使，提示当时可能已存在情绪低落、思维迟缓和记忆力下降，只是家属及患者当时没有觉察而未及时就医，后病情渐加重，出现少语少动少食的亚木僵状态。病史中未提到患者既往有躁狂发作或混合性发作等，因此不考虑双相情感障碍的诊断。同时，该患者未见精神病性症状，亦不符合分裂样精神病的诊断。考试成绩不理想可能是抑郁发作的结果，而非原因，因此不考虑诊断为反应性精神病。故患者最可能的诊断是抑郁发作。

【考点】抑郁发作的诊断☆☆

14.【答案】D

【解析】患者老年女性，血压偏低，心电图示二度房室传导阻滞，因此应尽量避免使用对心脏有毒副作用的药物，在提供的选项中，米帕明、氯米帕明、盐酸多塞平及阿米替林均为三环类抗抑郁药，尽管其疗效肯定，但对心脏的毒副作用较大，容易引起低血压、传导阻滞和心率减慢等。而帕罗西汀为SSRI类抗抑郁药，对心脏毒副作用小，因而可考虑使用。

【考点】抗抑郁药的不良反应☆☆

15.【答案】B

【解析】该患者目前为严重抑郁发作，具有显著的抑郁情绪及强烈的自罪和自杀观念，有多次自杀未遂史。相对于抗抑郁药物而言，电休克治疗能够较快地缓解患者的抑郁情绪，消除自杀意念，并为药物治疗争取时间，是严重抑郁，有强烈自伤、自杀企图及行为，明显自责、自罪患者的首选治疗方法。

【考点】抑郁发作的治疗☆☆

16.【答案】C

【解析】病史材料中未提及患者有精神病性症状，因此不符合精神分裂症及分裂样精神病的诊断。该患者呈发作性病程，1年来精神症状与月经关系密切，主要表现少语少动少眠，不上学，类似于抑郁表现，月经过后症状自行缓解，与周期性精神病有类似之处，但住院后出现情绪高涨，活动增多等躁狂症状，因此患者最可能的诊断是双相情感障碍，不再考虑周期性精神病的诊断，亦可排除复发性抑郁症的诊断。

【考点】双相情感障碍☆☆

17.【答案】A

【解析】该患者主要表现少语少动，情绪低落等抑郁发作症状，但一些躯体疾病也可导致抑郁，能否诊断抑郁发作，需首先排除其他躯体疾病。根据题干信息，体检时发现患者皮肤粗糙，心率低于60次/min，甲状腺功能低下时可有此表现，也可同时伴有抑郁情绪。因此为明确诊断，应尽早行甲状腺功能检查，一旦确诊甲状腺功能低下，可及时给予甲状腺素治疗，当甲状腺功能恢复正常，精神症状也可以缓解。

【考点】抑郁发作的鉴别诊断☆☆

D. 分裂样精神病
E. 双相情感障碍

14. 患者，女，60岁，因抑郁症曾多次住院治疗。近2周来情绪抑郁，悲观厌世，大便秘结，整日卧床，有心悸。查体：血压90/60mmHg，心电图示二度房室传导阻滞。治疗药物首选

A. 米帕明　　B. 氯米帕明
C. 盐酸多塞平　　D. 帕罗西汀
E. 阿米替林

15. 患者，男，40岁，工人，诊断为抑郁症。近3周来又出现情绪抑郁，悲观厌世，认为自己是罪人，只有死路一条，并多次自杀未遂。该患者目前首选的治疗方法是

A. 心理治疗
B. 改良电休克治疗(MECT)
C. 丙咪嗪
D. 氟西汀
E. 舒必利

16. 患者，女，15岁，学生。因“少语、少动、失眠反复发作1年”就诊。患者1年前无明显诱因在月经前出现失眠，少语少动，月经来潮后，上述症状渐缓解，一切恢复正常。此后几乎每月均出现类似情况。本次患者又于月经前出现上述症状，且不愿去上学，遂由家人送住院。入院后给予丙戊酸钠治疗，住院第6天，患者出现见人说英语，行为动作增多，自诉心情很好，吵着要回家。患者最可能的诊断是

A. 周期性精神病　　B. 复发性抑郁症
C. 双相情感障碍　　D. 精神分裂症
E. 分裂样精神病

17. 患者，女，25岁。因“少语少动半月”入院。查体发现患者皮肤粗糙，心率56次/min。精神检查：患者安静卧床，多问少答，诉心里不高兴，反应迟钝，记忆力下降等。为明确诊断，该患者目前最需要做的检查是

A. 甲状腺功能检查　　B. 心脏彩超
C. 心电图　　D. 脑电图
E. 头颅CT或MRI检查

【A3/A4型题】

(1~4题共用题干)

患者，女，38岁，部门经理。因“出现心情不好，疑人议论，凭空闻声2个月”入院。患者2个月前无明显诱因出现情绪低，整日唉

声叹气，认为同事们都在背后议论她，说她长得丑，耳边曾凭空听到声音，说她工作能力不行，爱出风头，不好好工作等，从未出现过兴奋话多等表现。

1. 此患者**不存在**的症状是
   A. 情绪低落　　B. 牵连观念　　C. 被害妄想
   D. 真性幻听　　E. 评论性幻听

2. 此患者最可能的诊断是
   A. 精神分裂症　　B. 抑郁发作
   C. 分裂情感性精神病　　D. 反应性精神病
   E. 双相情感障碍

3. 此患者的最佳治疗方案为
   A. 抗抑郁药
   B. 抗精神病药
   C. 碳酸锂
   D. 抗抑郁药合并第二代抗精神病药
   E. 电休克治疗

4. 患者不安心住院，入院后第 4 天晚上在病房将体温计摔碎，企图用碎片割腕，此时最佳的治疗措施为
   A. 加大抗抑郁药剂量
   B. 加大抗精神病药剂量
   C. 加大碳酸锂剂量
   D. 同时加大抗抑郁药和第二代抗精神病药的剂量
   E. 电休克治疗

(5~7 题共用题干)

患者，男，21 岁，工人。因“反复出现情绪不稳定两年半”就诊。患者于两年半前无明显诱因出现情绪不稳，一段时间自觉精力下降，不愿讲话，缺乏自信，对前途感到悲观，失眠。一段时间又表现自我感觉良好，思维灵敏，精力充沛，活动增多，比平时更善言谈，与别人相处时更合群，过分乐观，睡眠需要减少。上述情况反复交替出现，心境完全正常的时间不超过 1 个月。

5. 关于患者现有症状的描述，正确的是
   A. 有轻躁狂发作和中度抑郁发作
   B. 有躁狂发作和轻度抑郁发作
   C. 有躁狂发作和中度抑郁发作
   D. 有轻躁狂发作和轻度抑郁发作
   E. 只有轻躁狂发作，无轻度抑郁或中度抑郁发作

1.【答案】C
【解析】根据题干信息，该患者有情绪低落，牵连观念(认为别人在背后议论她，说她长得丑)，评论性幻听(有声音评论她工作能力不行，爱出风头，不好好工作)，该幻听的内容是耳听到的，来源于外部空间，故为真性幻听，但尚无被害妄想，因此答案为 C。
【考点】抑郁发作相关症状的鉴别☆☆

2.【答案】B
【解析】该患者存在情绪低落，牵连观念及一过性的评论性幻听，且牵连观念及幻听的内容与心境相协调，故应首先考虑抑郁发作的诊断，其余选项的诊断证据均不充分。
【考点】抑郁发作的诊断☆☆

3.【答案】D
【解析】该患者有抑郁情绪，并伴有精神病性症状，因此最佳治疗方案为抗抑郁药物合并使用中、小剂量的新型抗精神病药物。
【考点】抑郁障碍的治疗☆☆

4.【答案】E
【解析】自杀是抑郁症患者最严重的后果，因此对于抑郁症患者应严防自杀，而为了降低患者再次自杀的风险，此时最佳治疗措施则为电休克治疗，其相对于药物治疗能更快缓解患者的自杀意念。
【考点】抑郁症的自杀风险及治疗原则☆☆

5.【答案】D
【解析】该患者在抑郁周期出现的症状达不到中度或重度抑郁发作的诊断标准，只能算轻度抑郁，而在情感高涨周期出现的症状也达不到躁狂发作的诊断标准，但达到了轻躁狂发作的诊断标准，因此正确答案为 D。
【考点】抑郁发作、躁狂发作的分类及诊断☆☆

6. 该患者最可能的诊断是
   A. 恶劣心境
   B. 环性心境
   C. 双相情感障碍躁狂发作
   D. 双相情感障碍抑郁发作
   E. 双相情感障碍混合性发作

7. 该患者最合适的治疗是
   A. 心境稳定剂
   B. 心理治疗
   C. 心境稳定剂和心理治疗
   D. 心境稳定剂和新型抗精神病药物
   E. 心境稳定剂和抗抑郁药

(8~11 题共用题干)
患者，女，20 岁，大学生。因“兴奋话多与少语少动交替发作 10 月余”入院。患者于 10 个月前无明显原因首次出现兴奋话多，讲话滔滔不绝，难以打断。行为活动增多，精力充沛，整日忙忙碌碌，称自己是活菩萨，很多人都需要她的帮助，花钱大手大脚，买衣服、化妆品送给同学们，在当地医院住院治疗后好转。出院 2 个月，患者与男友吵架后出现不愿说话，不愿上学，活动减少，在当地医院给予丙咪嗪治疗，半月后恢复正常。半月前患者又变得话多，易激惹，易发脾气，称自己能当公司总裁，工作能力强，将来可以组建一个跨国公司。

8. 此患者最可能的诊断是
   A. 精神分裂症
   B. 反应性精神病
   C. 复发性躁狂症
   D. 双相障碍快速循环发作
   E. 双相障碍躁狂发作

9. 此患者最合适的治疗方案是
   A. 心境稳定剂
   B. 第一代抗精神病药
   C. 第二代抗精神病药
   D. 心境稳定剂和第一代抗精神病药
   E. 心境稳定剂和第二代抗精神病药

10. 患者经碳酸锂和奥氮平治疗后，兴奋症状渐控制，在住院 20d 后出现了心情不好，少语，失眠。此时患者最可能的诊断为
    A. 复发性抑郁

6.【答案】B
【解析】该患者以持续的心境不稳定为主要表现，病程已达两年半时间，其间反复出现多次轻度抑郁和轻躁狂发作周期，中间仅有 1 个月左右的间歇期，但没有任何一次抑郁或躁狂的表现达到躁狂发作或抑郁发作(中度或重度)的诊断标准，因此该患者符合环性心境的诊断标准。
【考点】环性心境的诊断标准☆☆

7.【答案】C
【解析】对于环性心境，目前是以心境稳定剂及心理治疗为主，心境稳定剂可以起到稳定情绪的作用，心理治疗可让患者认识疾病的特点，在不同周期调整自己的情绪。此类患者无须使用抗抑郁药，因为该病可以由轻躁狂和轻度抑郁互相转换，如果在轻度抑郁时使用抗抑郁药可能会诱发躁狂发作。该患者更无使用抗精神病药物的指征，故选 C。
【考点】环性心境的治疗原则☆☆

8.【答案】E
【解析】该患者已出现 2 次较典型的躁狂发作和 1 次抑郁发作，此次为躁狂发作，已经达到了双相情感障碍的诊断标准，但尚未达到双相障碍快速循环发作的标准，也没有诊断精神分裂症和反应性精神病的依据，所以诊断为双相障碍躁狂发作。
【考点】双相情感障碍的诊断☆☆

9.【答案】E
【解析】患者为双相情感障碍躁狂发作，需要使用心境稳定剂治疗，但心境稳定剂的起效时间需要 2 周左右，而患者目前易激惹，发脾气，所以需要加用抗精神病药来控制情绪及行为，但第一代抗精神病药物有诱发抑郁的危险，除了氟哌啶醇短期用于躁狂发作急性期的治疗外，其他药物不常用于双相情感障碍的治疗，故优先考虑使用第二代抗精神病药。
【考点】双相情感障碍的治疗☆☆

10.【答案】D
【解析】患者在不到 1 年的时间已经出现了 2 次躁狂发作和 2 次抑郁发作，达到了双相障碍快速循环发作的诊断标准，因此需更改诊断，故选 D。
【考点】双相障碍快速循环发作☆☆

B. 双相情感障碍抑郁发作
C. 双相情感障碍混合发作
D. 双相情感障碍快速循环发作
E. 环性心境

11. 此时患者最合适的治疗方案为
A. 加用丙戊酸钠
B. 加用阿米替林
C. 加用帕罗西汀
D. 阿米替林和丙戊酸钠
E. 帕罗西汀和丙戊酸钠

11.【答案】A
【解析】该患者为双相情感障碍快速循环发作，目前为抑郁发作，但由于抗抑郁药有诱发躁狂的风险，使循环难以打断，甚至加快发作的频率，使病情恶化，因此不宜使用。由于在使用了心境稳定剂碳酸锂基础上仍出现抑郁发作，所以可合并另一种心境稳定剂丙戊酸钠，故选A。
【考点】双相障碍快速循环发作的治疗☆☆

（12~13题共用题干）
患者，女，32岁。近半年来心情不佳，对事物不感兴趣，工作时无法集中注意力，情绪悲观，责备自己成为家人的负担，曾有轻生念头。感到身体乏力、易疲劳、进食量减少、体重下降、早醒。

12. 该患者应考虑诊断为
A. 痴呆　　B. 神经衰弱
C. 精神分裂症　　D. 抑郁发作
E. 人格障碍

12.【答案】D
【解析】根据题干信息，该患者主要表现为心境低落、兴趣减退、集中注意力困难、悲观自责、易疲劳、食欲下降、早醒，曾有自杀观念，病程已持续半年，符合抑郁发作的诊断标准，故选D。
【考点】抑郁发作诊断☆☆

13. 该患者应选择的治疗药物是
A. 奋乃静　　B. 氯丙嗪
C. 舍曲林　　D. 艾司唑仑
E. 吡拉西坦

13.【答案】C
【解析】奋乃静与氯丙嗪为抗精神病药，舍曲林为新型抗抑郁药，艾司唑仑为抗焦虑药，吡拉西坦是调节与改善大脑代谢的药物。
【考点】抑郁发作的治疗☆☆

（14~18题共用题干）
患者，男，18岁，高三学生。1个月前患者在学校因小事与同学发生争吵，此后出现失眠、早醒，整日闷闷不乐，感到前途无望，不愿出门，怀疑同学们会看不起他，在背后议论他。近1周来患者又出现兴奋话多，整日兴高采烈，每日仅睡2~3h仍精力充沛，行为鲁莽，大量购置无用物品和书籍，称自己脑子好用，不费吹灰之力就能考上清华大学。

14. 该患者最可能的诊断为
A. 应激相关障碍
B. 双相情感障碍
C. 分裂样精神病
D. 分离障碍
E. 分裂情感性精神障碍

14.【答案】B
【解析】患者起病时以明显的情绪低、悲观、失眠、活动减少等抑郁症状，持续3周。随后出现兴奋话多，夸大、自我感觉良好、行为鲁莽及睡眠需求减少等躁狂症状，持续1周，因此该患者符合双相情感障碍（目前为躁狂发作）的诊断。
【考点】双相情感障碍的诊断☆☆

15. 该患者目前较合理的治疗方案是
A. 选用氯丙嗪治疗
B. 选用利培酮治疗
C. 选用地西泮睡前口服即可
D. 选用支持性心理治疗
E. 选用碳酸锂,可短期合并镇静作用强的抗精神病药物

16. 患者住院 5d 后,又出现少语少动,多卧于床,不与人交往,说他有一次坐公交车没有买票,感到自己有罪,警察会将他抓走,觉得周围的人瞧不起他。此时最合适的处理是
A. 加用抗抑郁药
B. 加大抗精神病药物的剂量
C. 换用卡马西平治疗
D. 加大心理治疗的力度
E. 加大碳酸锂剂量到治疗量,合并抗精神病药物,继续观察

17. 经上述处理,患者 1 个月后病情好转,精神症状消失,能够认识自己病中的表现,遂由家属接出院,回家继续服药(药量与住院时相同)。约 1 个月后,患者与家人发生口角,又出现话多、兴奋、夸大表现,整天打电话联系同学,组织朋友聚会,向父母要钱说要办公司等。患者此时最合适的治疗方案为
A. 减少抗抑郁药物剂量
B. 进一步加大原有药物剂量
C. 立即停药,换用电休克治疗
D. 换用氯氮平
E. 逐渐减少原用心境稳定剂的剂量,换用卡马西平或丙戊酸钠

18. 患者目前应诊断为
A. 双相情感障碍快速循环发作
B. 双相情感障碍混合发作
C. 应激相关障碍
D. 分裂情感性精神障碍
E. 分离障碍

(19~20 题共用题干)
患者,女,38 岁。因“情绪高涨,少眠,言语夸大伴易激惹 2 周”入院,入院前 1 个月因家庭琐事常与丈夫吵架,被打后至其兄家居住。2 周前出现兴奋,话多,滔滔不绝,精力充沛,不知疲倦,少眠甚至不眠,声称自己可以很富有,花钱很大方,易激惹,有冲动行为,家属无法管理。发病以来食欲亢进,体重锐减。查体发现患者消瘦,心率 120 次 /min,双上肢轻度震颤,腱反射亢进。

15.【答案】E
【解析】该患者目前处于急性躁狂发作,宜选用心境稳定剂锂盐治疗。在锂盐起效前,为了较快控制其兴奋症状,可短期合并镇静作用强的抗精神病药,待病情稳定后可逐渐减少及停用抗精神病药物。
【考点】双相情感障碍的治疗☆☆

16.【答案】E
【解析】对于双相障碍抑郁发作的患者应慎用抗抑郁药。碳酸锂对躁狂发作及双相障碍抑郁发作均有治疗效果,患者住院服用碳酸锂治疗仅 5d 时间,尚未真正发挥作用,故应继续以锂盐治疗,并尽快将剂量加至治疗量。因患者在情感症状基础上伴有自罪妄想,所以应同时合并中、小剂量的抗精神病药物,并注意观察病情变化。
【考点】双相情感障碍的治疗☆☆

17.【答案】E
【解析】患者再次出现躁狂发作,结合病史应考虑患者为快速循环发作,并且锂盐维持治疗的疗效欠佳,需考虑调整治疗,减少甚至停用锂盐,换用卡马西平或丙戊酸钠等。
【考点】双相情感障碍快速循环发作的治疗☆☆

18.【答案】A
【解析】患者在过去 1 年中,至少有 4 次抑郁或躁狂发作,每次发作均符合抑郁发作或躁狂发作的诊断,故考虑为快速循环发作。而混合发作是指躁狂和抑郁症状的混合状态或迅速交替(数小时内)为特征,该患者不符合此特征。
【考点】双相情感障碍快速循环发作的诊断☆☆

19. 患者最可能的诊断是
   A. 精神分裂症
   B. 分裂样精神病
   C. 甲状腺功能亢进
   D. 躁狂发作
   E. 反应性精神病

20. 为进一步明确诊断，患者应尽快进行的检查是
   A. 头颅 CT
   B. 胸部 X 片
   C. 腹部超声
   D. 甲状腺功能检查
   E. 脑电图

（21~22 题共用题干）

患者，男，28 岁。1 年前无明显原因出现情绪不稳，上午时心情压抑，唉声叹气，做事情缺乏信心，认为自己是个废人，想一死了之，不再拖累家人，午后却像换了个人，又出现兴奋话多，到处吹牛，说大话，精力旺盛，爱管闲事，乱花钱等表现，未经治疗 2 个月后渐好转。近 2 周来患者又出现情绪易波动，在情绪低落的同时又有兴奋、易激惹表现，早晨不愿起床，称心情差，没脸见人，活着没意思，下午又表现活动增多，情绪暴躁，到处串门找人聊天，家人阻止则大发脾气，摔砸物品，甚至打骂家人。

21. 该患者应诊断为
   A. 躁狂发作
   B. 复发性抑郁
   C. 双相情感障碍，躁狂发作
   D. 双相情感障碍，抑郁发作
   E. 双相情感障碍，混合发作

22. 该患者目前最合适的治疗方案为
   A. 碳酸锂
   B. 丙戊酸钠
   C. 碳酸锂合并抗精神病药物
   D. 丙戊酸钠合并抗精神病药物
   E. 电休克治疗

【案例分析题】

案例一：患者，女，23 岁。近 2 个月来兴奋话多，情绪高涨，爱打扮，乱买东西。虽然睡眠减少，但精力异常充沛。经常在单位做好事，非常乐于助人。半年前，曾一度出现情绪低落，不愿意与人交流，

19.【答案】C

【解析】患者虽有情绪高涨、兴奋话多、精力充沛、少眠等比较典型的躁狂样表现，但同时存在食欲亢进、体重锐减、心率快、腱反射亢进、双上肢轻度震颤，这些表现高度提示该患者存在甲状腺功能亢进的可能，且甲状腺功能亢进患者亦可出现情绪兴奋、话多、易激惹等类躁狂样症状。

【考点】躁狂发作与甲状腺功能亢进的鉴别诊断☆☆

20.【答案】D

【解析】为明确诊断，患者应尽快进行甲状腺功能检查。

【考点】躁狂发作与甲状腺功能亢进的鉴别诊断☆☆

21.【答案】E

【解析】该患者呈发作性病程，根据病史信息，患者 1 年内已有两次发作，均表现为在 1 d 之内情绪急剧的两极变化，抑郁与躁狂症状快速转换，本次发作病程已持续两周，根据 ICD-10 诊断标准，符合双相情感障碍混合发作的诊断标准，故选 E。

【考点】双相情感障碍混合发作的诊断☆☆

22.【答案】D

【解析】对于双相障碍混合发作的患者，宜采用联合治疗策略，联合使用心境稳定剂、非典型抗精神病药、电休克治疗等。而锂盐对混合发作患者疗效不佳，抗惊厥药有效，其中丙戊酸盐既能改善抑郁症状，又能改善躁狂症状，是治疗混合状态的首选药物，疗效优于锂盐，故选 C。

【考点】双相障碍混合发作的治疗原则☆☆

提问 1:【答案】DF

【解析】患者目前为躁狂发作,其主要临床表现包括情感高涨、思维奔逸、兴奋夸大、注意转移、行为动作增多等。

【考点】躁狂发作的临床表现☆☆

提问 2:【答案】ABDE

【解析】治疗躁狂发作的主要药物包括心境稳定剂,如碳酸锂、丙戊酸盐等,非典型抗精神病药物对躁狂发作也具有较好疗效,如喹硫平、奥氮平、利培酮、齐拉西酮等。躁狂发作时,不能使用抗抑郁药物。

【考点】躁狂发作的药物治疗☆☆

提问 3:【答案】ABCDEF

【解析】轻度锂盐中毒者可表现为倦怠、迟钝、恶心、呕吐、腹泻、粗大震颤、腱反射亢进等,如果中毒加深患者可表现为意识模糊、共济失调、肌肉抽动、构音模糊、眼球震颤、癫痫发作、高热、肌张力增高,严重者可出现昏迷。

【考点】锂中毒的临床表现☆☆

1.【答案】E

【解析】神经症起病常与心理-社会因素有关,并以人格特征作为其发病的基础。

【考点】神经症的共同特点☆☆

2.【答案】D

【解析】主要的抗焦虑药物为苯二氮䓬类药物、阿扎哌隆类药物和β受体阻滞剂,其中丁螺环酮属于阿扎哌隆类。

【考点】神经症治疗药物☆☆

3.【答案】A

【解析】此题主要考查对神经症性疼痛特征的掌握,其中神经症性疼痛最常见于头颈部。

【考点】神经症性疼痛特征☆

4.【答案】A

【解析】广泛性焦虑障碍(GAD)常见歪曲自动思维:①灾难化("我的身体完了");②贴标签("我是个失败者");③黑白思维("我总是焦虑的""我从来就没有好过");④过度概括化("我一点也不能处理我的焦虑")。

【考点】GAD 常见认知歪曲形式☆

兴趣减少,少出门,早醒失眠等,持续约 1 个月缓解。

提问 1:精神检查时,应当着重注意该患者目前还可能存在的症状是

A. 感觉过敏　B. 情感倒错
C. 罪恶妄想　D. 注意转移
E. 记忆减退　F. 思维奔逸

提问 2:可以用来缓解该患者目前的症状的药物是

A. 碳酸锂　B. 丙戊酸钠
C. 米氮平　D. 喹硫平
E. 奥氮平　F. 氟西汀

提问 3:如果选用碳酸锂治疗,表明可能有锂中毒的表现有

A. 意识障碍　B. 肌肉抽动
C. 构音模糊　D. 眼球震颤
E. 癫痫发作　F. 共济失调

第五节　神经症性障碍

【A1 型题】

1. 关于神经症的病因,目前比较一致的看法是
A. 精神因素是主要的
B. 内在的素质因素是主要的
C. 已发现有可疑的器质性改变
D. 神经症具有遗传性
E. 外在的精神应激因素与内在的素质因素共同作用的结果

2. 丁螺环酮属于的药物类型是
A. 苯二氮䓬类　B. SSRI 类
C. SNRI 类　D. 阿扎哌隆类
E. 丁酰苯类

3. 神经症性疼痛,最常见的部位是
A. 头颈部　B. 腰背部
C. 胸部　D. 四肢
E. 上腹部

4. 属于广泛性焦虑障碍"灾难化"自动思维的是
A."我的身体完了"
B."我是个失败者"
C."我总是焦虑的"
D."我从来就没有好过"
E."我一点也不能处理我的焦虑"

5. 以苯二氮䓬类药物治疗焦虑症时，错误的说法是
A. 一般从小剂量开始
B. 达最佳有效治疗量后维持6~8周后逐渐停药
C. 停药过程不应少于2周，以防症状反跳
D. 一般选用中长效药物，如阿普唑仑、氯硝西泮、劳拉西泮
E. 合并使用β受体阻滞剂时，应考虑有无哮喘史等禁忌情况

5.【答案】B
【解析】苯二氮䓬类药物是常用抗焦虑药，小剂量开始，逐渐增加到治疗剂量。维持2~6周后逐渐停药，以防依赖发生。一般停药过程不应短于2周，以防症状反跳。
【考点】抗焦虑药物使用☆☆

6. 广泛性焦虑障碍病程应至少大于
A. 2周　B. 1个月　C. 2个月
D. 6个月　E. 2年

6.【答案】D
【解析】根据ICD-10和DSM-5的诊断标准，广泛性焦虑障碍病程标准为6个月。
【考点】广泛性焦虑障碍的诊断☆☆

7. 常用GAD治疗药物不包括
A. 文拉法辛　B. 帕罗西汀
C. 舍曲林　D. 西酞普兰
E. 阿立哌唑

7.【答案】E
【解析】常用于GAD治疗药物有SSRI类和SNRI类，包括文拉法辛、帕罗西汀、舍曲林、西酞普兰等。
【考点】GAD药物治疗☆☆

8. 关于强迫症的特点，下列说法错误的是
A. 必须被看作是患者自己的思维或冲动
B. 想法或行为是受人控制的，但患者无法抵抗
C. 必须至少有一种思想或动作仍在被患者徒劳地加以抵制
D. 实施动作的想法本身应该是令人不愉快的
E. 想法、表象或冲动必须是令人不愉快地一再出现

8.【答案】B
【解析】强迫症状共同特征之一为该思维或行为被患者认为是自己的，而不是别人强加的。
【考点】强迫症状的共同特征☆☆

9. 治疗强迫性障碍时，氯米帕明的每日治疗量一般为
A. 100~150mg，分2次服用
B. 150~200mg，分2次服用
C. 200~400mg，分2次服用
D. 150~300mg，分2次服用
E. 300~500mg，分2次服用

9.【答案】D
【考点】强迫性障碍药物治疗☆☆

10. 广泛性焦虑障碍的心理治疗的技术中，错误的是
A. 耐心倾听
B. 解释指导
C. 支持鼓励
D. 调整对应激的看法
E. 强调独立解决问题的能力

10.【答案】E
【解析】广泛性焦虑障碍的心理治疗技术包括：耐心倾听、解释指导、支持鼓励、调整对应激的看法、促进患者使用内外资源。
【考点】GAD的心理治疗☆

11. 广泛性焦虑障碍的认知行为治疗流程中，错误的是
A. 预约会谈　B. 建立关系
C. 案例概念化　D. 治疗目标
E. 制订治疗计划

11.【答案】A
【解析】广泛性焦虑障碍的认知行为治疗流程为资料收集与评估、建立关系、案例概念化、治疗目标制订、治疗计划制订与实施等。
【考点】GAD的心理治疗☆

12. 广泛性焦虑障碍的认知行为治疗技术中，**错误**的是
A. 心理教育　　B. 绘制家谱图
C. 放松训练　　D. 系统脱敏
E. 生物反馈

12.【答案】B
【解析】广泛性焦虑障碍的认知行为治疗技术包括：心理教育、放松训练、生物反馈、系统脱敏、暴露、认知矫正等。
【考点】GAD 的心理治疗☆

13. 广泛性焦虑障碍的常见的自动思维中，**错误**的是
A. 灾难化　　B. 黑白思维
C. 过度概括　　D. 贴标签
E. 自我贬低

13.【答案】E
【解析】广泛性焦虑障碍的常见的自动思维为灾难化、黑白思维、过度概况、贴标签等
【考点】GAD 的心理治疗☆

14. 强迫性障碍的认知行为治疗技术要点中，**错误**的是
A. 生物反馈　　B. 正常化
C. 行为实验法　　D. 普适性分析
E. 暴露仪式行为阻止

14.【答案】A
【解析】强迫性障碍的认知行为治疗技术要点有心理教育与正常化、案例解析、饼图法、序列事件概率分析、成本效益分析、普适性分析、检查证据、行为实验、暴露与仪式行为阻止等。
【考点】OCD 的心理治疗☆

15. 强迫性障碍的常见中间信念中，**错误**的是
A. 夸大危险
B. 情感的重要性
C. 不能忍受不确定性
D. 完美主义
E. 不能忍受焦虑

15.【答案】B
【解析】强迫性障碍的中间信念有责任感膨大、夸大危险、思维的重要性、控制思维、不能忍受不确定性、完美主义、不能忍受焦虑等。
【考点】OCD 的心理治疗☆

【A2 型题】

1. 患者，女，35 岁，已婚，建筑设计师。半年前在某工作项目中出错后常感到心悸、气促、大汗，伴心神不宁，总担心自己的设计出现问题，担心自己会丢工作，怕死，怕家人出事，整日担惊受怕。最可能的诊断是
A. 恐惧症　　B. 强迫性障碍
C. 焦虑症　　D. 躯体形式障碍
E. 疑病症

1.【答案】C
【解析】患者在工作失误后出现担心、害怕、心神不宁，并伴有心悸、气促、大汗等自主神经功能亢进的表现，最可能的诊断应该是焦虑症。
【考点】神经症的诊断、鉴别诊断☆

2. 患者，女，32 岁，小学文化，已婚，乡村干部。2 年前行绝育术，手术顺利。但患者回忆说在术中听到医生说了一句“夹断了”。之后即感到全身无力，出现双腿不能走路，曾经过针灸等治疗而有所好转。某日听另一医生说“半年不下床，好腿也会瘫的”，后病情又逐渐加重以至双腿不能活动。既往史、家族史及生长发育无特殊，病前性格争强好胜。神经系统检查未见深浅反射异常，未引出病理征。实验室检查未见明显异常。该患者的诊断应考虑
A. 多发性硬化　　B. 重症肌无力
C. 隐匿性抑郁障碍　　D. 分离障碍
E. 心因性精神障碍

2.【答案】D
【解析】患者在生活事件中受到暗示而出现相应躯体症状，躯体症状出现后内心冲突、情绪反应消失，最可能诊断为分离障碍。
【考点】分离障碍的诊断☆☆

3. 患者，男，42岁，建筑工人。一日在工地上工作时突发腹痛、呕吐，休息后腹痛缓解，但持续感到腹部不适、有异物感，至医院行腹部超声等检查未见异常。但患者仍不放心，担心自己得了“重病”，反复要求行胃镜、肠镜检查，不能接受医生的无病解释，可能的诊断为

A. 躯体化障碍　　B. 疑病症
C. 分离障碍　　D. 广泛性焦虑障碍
E. 抑郁障碍

3.【答案】B
【解析】中年男性，主要临床表现为担心自己得了严重身体疾病，反复就诊、要求医学检查，阴性检查结果、医生的无病解释不能打消患者疑虑，可能的诊断为疑病症。
【考点】疑病症的诊断☆☆

4. 患者，女，32岁。外出旅游时发生溺水，从此对水极度恐惧，不敢去游泳池，下雨天不敢出门，害怕听到水龙头流水的声音，无法做家务，不敢洗澡。本病与广泛性焦虑障碍的区别为

A. 有无惊恐发作　　B. 有无具体的环境或情境
C. 有无精神焦虑　　D. 有无焦虑情绪
E. 有无躯体焦虑

4.【答案】B
【解析】当紧张、害怕没有明确的客观对象时，一般是焦虑的表现；当紧张、害怕指向明确的客观对象时，属于恐惧的表现。对恐惧对象的行为回避或逃避，回避成功能够有效缓解这种恐惧和生理症状，就是典型的恐惧状态。
【考点】焦虑症和恐惧症鉴别诊断☆☆

5. 患者，女，26岁。下夜班回家路上遭遇歹徒劫色，患者大声呼救引来警察获救，但因受惊吓过度而晕厥。次日在医院醒来不能回忆事情经过，可说出自己的姓名、年龄和家人电话，警察通过其身份证找来患者家属，患者不能相认。患者可能出现的情况是

A. 癔症性漫游　　B. 癔症性遗忘
C. 癔症性身份障碍　　D. 急性短暂性精神障碍
E. 谵妄

5.【答案】B
【解析】青年女性，由非器质性因素引起记忆缺失，单遗忘某一事件且该事件对患者来说是创伤性的，故最可能为癔症性遗忘。癔症性漫游指患者在清醒时离开住所或单位，外出漫游，可进行简单活动，突发突止。癔症性身份障碍指突然失去原来身份的体验而以另一种身份进行日常活动。
【考点】癔症的表现形式☆

6. 患者，女，45岁。2年前患者母亲因胃癌去世，患者在母亲葬礼上感腹胀不适，大声呃逆，持续数十分钟。后间断出现腹胀、腹部肌肉发紧，进而呃逆的表现，在家属要求下接受心理治疗，治疗师先对患者做放松训练，然后要求患者在全身放松的状态下回想容易引起发作的精神因素，回想时间逐渐延长，这种治疗方法为

A. 暴露疗法　　B. 冲击疗法
C. 系统脱敏疗法　　D. 认知疗法
E. 暗示疗法

6.【答案】C
【解析】治疗师在患者学会放松训练后，对可引发发作的因素进行逐层脱敏，为系统脱敏疗法。
【考点】神经症的心理治疗☆

7. 患者，女，32岁。1年前开始出现间断头疼、头胀，伴胸闷、恶心，行全面体检未见明显异常，但症状间断出现，患者怀疑自己患上了罕见脑瘤，担心自己命不久矣，在各大医院神经科反复就诊，要求行各项检查，均未发现异常。对患者所患疾病，下列说法**错误**的是

A. 最常见症状为躯体疼痛
B. 病因与上行激活系统过滤功能异常有关

7.【答案】C
【解析】疑病症好发于女性。
【考点】疑病症的诊断、疾病特点☆

C. 好发于男性
D. 好发于 20~30 岁
E. 该病患者常具有某种人格特征

8. 患者，男，34 岁，高中教师。某次课堂上患者突然大脑一片空白，不能言语，学生将其送至校医室后自行好转，对发病过程可回忆。此后上课一站上讲台即无法言语，休息后恢复，症状逐渐加重，上课时、和同事相处时均可突发不能言语。最可能诊断为
A. 急性短暂性精神障碍
B. 适应障碍
C. 分离障碍
D. 广泛性焦虑障碍
E. 恐惧症

8.【答案】C
【考点】分离障碍的诊断☆☆

9. 患者，男，17 岁，高三学生。高三下学期开学后出现周身疼痛，部位常变化，有时头疼，有时腹痛，有时牙疼。患者自诉疼痛剧烈，难以坚持学习，但疼痛时监测生命体征较平稳，给予止痛片等对症治疗无明显缓解。最可能的诊断是
A. 躯体化障碍
B. 疑病障碍
C. 躯体形式自主神经紊乱
D. 躯体形式疼痛障碍
E. 分离障碍

9.【答案】D
【解析】患者青少年男性，存在部位不定、性质多变的躯体疼痛症状，经镇痛药物等对症处理无法缓解，故最可能诊断为躯体形式疼痛障碍。
【考点】躯体形式障碍的分类及诊断☆☆

10. 患者，女，25 岁，从事财务工作，近 3 年情绪差，以不开心和焦虑为主，经常感到疲惫，容易和他人发生争执，入睡困难，做相关测试结果显示轻度焦虑与抑郁。患者考虑非药物治疗方案，**不推荐**的治疗方案为
A. 认知疗法　　B. 森田治疗
C. 放松训练　　D. 体育运动
E. 暴露冲击治疗

10.【答案】E
【解析】常见对轻度抑郁焦虑的患者的非药物治疗为心理治疗，包括行为疗法、认知疗法、森田治疗、运动及放松训练等。
【考点】抑郁焦虑患者的心理治疗☆

11. 患者，男，19 岁，学生。反复思考，犹豫不决，自知这些事情不必要反复思考，但难以控制，因此不安、不快近 3 年。对该患者的心理治疗方面，**错误**的是
A. 动员家人帮助恰当矫正
B. 促进患者对自己的个性认识
C. 减轻不安感
D. 减轻完美主义
E. 动员家人对患者生活照顾

11.【答案】E
【解析】强迫性障碍与性格、家庭关系有关，但纠正的过程需要正常化，而不是进一步照顾患者，从而让患者有继发获益。
【考点】强迫性障碍的心理治疗☆

12. 患者，中年女性。主诉紧张不安、害怕，伴心悸、胸闷、出汗、入睡困难6个月，最可能诊断为

A. 广泛性焦虑障碍　　B. 特定恐惧症
C. 强迫性障碍　　D. 躯体形式障碍
E. 疑病障碍

12.【答案】A

【解析】缺乏明确对象的担心、紧张伴自主神经功能亢进的一系列生理症状，为焦虑表现；有明确对象的害怕、紧张伴回避行为，回避成功可缓解害怕，为恐惧状态。

【考点】神经症的鉴别诊断☆☆

【A3/A4 型题】

（1~4 题共用题干）

患者，女，30岁，体型肥胖，已婚，教师。10个月前行诊断性刮宫，术后有阴道出血。当听到同事说有癌症的可能时，感到紧张、心悸、气促。之后反复出现下腹部不适，常感紧张、烦躁、坐立不安、心悸、气促、怕疯、怕死，且间歇期逐渐缩短，难以完成工作，无奈辞职。此后郁郁寡欢，自责落泪。家族史、既往史、查体、实验室检查无特殊。病前性格多疑多虑、易急躁。自知力存在。

1. 该患者最可能的诊断是

A. 强迫性障碍　　B. 焦虑症
C. 恐惧症　　D. 疑病症
E. 心因性精神障碍

1.【答案】B

【解析】中年女性，病程大于6个月，存在泛化且持续性的焦虑，不局限于特定的外部环境(即“自由浮动”)，具有恐慌、运动性紧张和自主神经活动亢进等特点，最可能诊断为焦虑症。

【考点】广泛性焦虑的诊断☆☆

2. 最需要鉴别诊断的疾病是

A. 疑病症　　B. 恐惧症
C. 抑郁障碍　　D. 强迫性障碍
E. 躯体形式障碍

2.【答案】C

【解析】患者在焦虑症状上继发抑郁情绪，故最需要与抑郁障碍相鉴别。

【考点】广泛性焦虑的鉴别诊断☆☆

3. 急性期首选治疗为

A. 氯硝西泮　　B. 氯米帕明
C. 喹硫平　　D. 舍曲林
E. 帕罗西汀

3.【答案】D

【解析】广泛性焦虑障碍的药物治疗首选SSRI类，因患者肥胖，故不首选帕罗西汀。

【考点】广泛性焦虑的治疗☆☆

4. 加药过程中患者每天下午出现心悸、坐立不安，心率110~120次/min，最适宜采取的措施是

A. 换药
B. 加用苯二氮䓬类药物
C. 加用阿扎哌隆类药物
D. 加用普萘洛尔
E. 加用认知行为治疗

4.【答案】D

【解析】治疗过程中患者出现心悸、心动过速，可给予对症处理，给予β受体阻滞剂降低心率。

【考点】广泛性焦虑的治疗☆☆

（5~8 题共用题干）

患者，男，12岁，学生。自小慢性子，认真、谨慎，2年前的暑假和同学看恐怖电影后开始出现紧张、害怕，担心不吉利的事情发生在自己和家人身上，觉得“4”“7”等数字都不吉利，害怕、避讳一

切“不吉利”的东西，每天花数小时整理房间、反复清洗衣物。伴强烈的不确定感，为此常反复询问父母同样的问题。

5. 患者最可能的诊断为
A. 恐惧症　　B. 强迫性障碍
C. 焦虑症　　D. 躯体形式障碍
E. 疑病症

5.【答案】B
【解析】青少年男性，病程大于2周，存在持续的强迫思维及强迫行为，最可能诊断为强迫性障碍。
【考点】强迫性障碍的诊断☆☆

6. 根据ICD-10诊断标准，该病病程至少
A. 1周　　B. 2周
C. 1个月　　D. 2个月
E. 6个月

6.【答案】B
【解析】根据ICD-10诊断标准，诊断强迫性障碍的病程标准应至少持续2周。
【考点】强迫性障碍的诊断☆☆

7. 患者首选治疗为
A. 帕罗西汀　　B. 氯米帕明
C. 舍曲林　　D. 氯硝西泮
E. 心理治疗

7.【答案】E
【解析】对儿童、青少年来说，由于药物使用的限制，心理治疗是OCD首选推荐的治疗方法。
【考点】强迫性障碍的治疗☆☆

8. 患者急性期治疗和维持期治疗分别为
A. 4~6周，1~2年　　B. 6~8周，1~2年
C. 8~10周，1~2年　　D. 10~12周，1~2年
E. 8~10周，2~3年

8.【答案】D
【解析】强迫性障碍急性期治疗一般为10~12周，目标为缓解最困扰患者的症状，维持期治疗一般为1~2年，出现2~4次复发后，需要进行更长期的治疗。
【考点】强迫性障碍的治疗☆☆

(9~11题共用题干)

患者，男，32岁，调研人员。2年前在外地出差时看见关于大巴车车祸的新闻报道，遂担心自己回程的火车发生事故，大汗淋漓、内心极度恐慌。此后不敢乘坐公共交通工具，为避免出差时乘坐飞机、火车等交通工具而调职。在大街上看见公交车、在电视上看见飞机都会感到十分恐惧，心悸、大汗、四肢僵直，担心发生难以挽回的事故。为此不敢出门、不敢看电视。

9. 最可能的诊断为
A. 焦虑症
B. 强迫性障碍
C. 恐惧症
D. 分离障碍
E. 认知功能障碍

9.【答案】C
【解析】中年男性，慢性病程，对特定处境有强烈恐惧，恐惧程度与实际危险不相称，发作时有焦虑、自主神经症状，有持续的回避行为，最可能的诊断为恐惧症。
【考点】恐惧症的诊断☆☆

10. 此病与强迫性障碍最重要的鉴别点在于
A. 出现焦虑反应　　B. 明知没有必要但难以控制
C. 是否回避　　D. 有无精神因素
E. 有无自主神经症状

10.【答案】C
【解析】恐惧症与强迫性障碍最主要的鉴别点：恐惧症具有的突出症状为持续或反复的回避行为。
【考点】恐惧症的鉴别诊断☆☆

11. 首选治疗为
A. 氯硝西泮　　B. 舍曲林
C. 丁螺环酮　　D. 氯米帕明
E. 认知治疗

11.【答案】E
【解析】恐惧症的首选治疗方式为认知治疗。
【考点】恐惧症的治疗☆☆

(12~15 题共用题干)
患者,女,45 岁,本科毕业后在知名外企工作,工作能力强。3 年前因与领导发生矛盾被辞退,此后出现身体不适,有头晕、头胀,体力下降,上楼梯时气喘、心悸,消化不良,间断腹泻、便秘,腰部隐痛,肌肉紧绷。多次就医于内科、神经科、中医科,进行各项检查均未发现异常。但仍感周身不适,常因躯体不适而伤心忧虑,脾气暴躁,觉得“自己什么都做不了”。抱怨医生“不是医术不行,就是没有医德”。

12. 患者最可能的诊断为
A. 躯体化障碍　　B. 疑病症
C. 分离障碍　　D. 广泛性焦虑障碍
E. 抑郁障碍

12.【答案】A
【解析】中年女性,病程大于 2 年,以多种多样、经常变化的躯体症状为主要特征,反复就医,阴性检查结果和医生的无病解释不能打消患者疑虑,最可能诊断为躯体化障碍。
【考点】躯体化障碍的诊断☆☆

13. 此病最突出的症状为
A. 以多种多样、经常变化的躯体症状为主要特征
B. 担心或相信自己患有某种严重的身体疾病
C. 以分离症状和转换症状为主
D. 以焦虑情绪体验、自主神经功能失调、运动性不安
E. 心境低落、兴趣减退、精力下降

13.【答案】A
【解析】躯体化障碍最突出的症状:以多种多样、经常变化的躯体症状为主要特征。
【考点】躯体化障碍的临床特征☆☆

14. 主要治疗药物为
A. SSRI
B. 苯二氮䓬类
C. 丁螺环酮
D. 三环类
E. 第二代抗精神病药物

14.【答案】A
【解析】躯体化障碍的治疗首选 SSRI 类药物。
【考点】躯体化障碍的治疗☆☆

15. 难治性患者可尝试
A. 换用其他同类药物
B. 合用其他同类药物
C. 合用苯二氮䓬类等对症治疗药物
D. 试用小剂量抗精神病药物
E. 合并心理治疗

15.【答案】D
【解析】难治性躯体化障碍患者可试用小剂量抗精神病药物,如喹硫平、利培酮。
【考点】躯体化障碍的治疗☆☆

(16~19 题共用题干)
患者,男,19 岁,大一学生。有两个姐姐,自幼受父母、姐姐照顾。

上大学后第一次住校，常和父母抱怨住校环境差。一次舍友通宵玩游戏导致患者彻夜未眠，此后患者出现话少、动作迟缓，常因动作缓慢而上课迟到、无法参加社团活动。症状逐渐加重，患者沉默不语，四肢僵硬，无法完成穿衣、洗脸等动作，需要家人喂饭，近日有流涎、睁眼困难。至神经科就诊，脑电图、肌电图等检查未见异常。无明显情绪低落、兴趣减退、幻觉、妄想。

16. 最可能的诊断为
  A. 疑病症　　B. 分离障碍
  C. 精神分裂症　　D. 抑郁障碍
  E. 躯体化障碍

17. 最需要补充的病史为
  A. 精神病家族史
  B. 有无情绪低落、兴趣减退等抑郁体验
  C. 有无幻觉、妄想等精神病性症状
  D. 个人生活史、病前生活事件
  E. 既往自伤、自杀经历

18. 首选治疗为
  A. SSRI　　B. 小剂量抗精神病药物
  C. 抗癫痫药物　　D. 心理治疗
  E. 三环类抗抑郁药物

19. 最适用的心理治疗为
  A. 系统脱敏疗法　　B. 暗示疗法
  C. 冲击疗法　　D. 个别心理治疗
  E. 认知行为治疗

(20~23 题共用题干)

患者，女，12 岁。半年前出现食欲缺乏、消化不良，进食油腻食物时易呕吐。患者饭量减少，不吃午饭，避油，不愿意和家人共同进餐。每天运动 3~4h 以消食，在家里站着写作业，常无故蹦跳。半年内体重从 45kg 下降至 30kg，身高 162cm。在父母监管饮食后，体重恢复至 35kg，后常半夜独自大量进食，可进食 4 倍成人量食物。进食后腹胀、恶心，可将进食食物全部吐出。

20. 最可能的诊断为
  A. 神经性厌食　　B. 神经性贪食
  C. 神经性呕吐　　D. 抑郁障碍
  E. 分离障碍

16.【答案】B
【解析】青年男性，在生活环境出现变动后出现情绪反应，情绪反应转换为躯体转换性症状，躯体症状出现后情绪反应消退，最可能诊断为分离障碍。
【考点】分离障碍的诊断☆☆

17.【答案】D
【解析】为了鉴别诊断，需要了解患者是否存在焦虑、抑郁情绪，是否存在精神病性症状及癫痫等躯体疾病病史，但最重要的是了解患者的性格特征、生活史、既往重大生活事件及本次发作的可能诱因。
【考点】分离障碍的诊断☆☆

18.【答案】D
【解析】分离障碍首选治疗为心理治疗。
【考点】分离障碍的治疗☆☆

19.【答案】D
【解析】最适用于分离障碍的心理治疗为个别心理治疗。个别心理治疗是其他治疗的基础，为适用范围最广的心理治疗。
【考点】分离障碍的治疗☆☆

20.【答案】A
【解析】青少年女性，体重低于理想体重 75%，通过节食、过度运动等主动追求体重下降，最可能诊断为神经性厌食。
【考点】神经性厌食的诊断☆☆

21. 本病核心症状不包括
A. 体像障碍
B. 怕胖的超价观念
C. 节食、过度运动等主动降低体重的行为
D. 焦虑、抑郁情绪
E. 视幻觉

21.【答案】E
【解析】神经性厌食的核心特征为体像障碍、怕胖的超价观念，常伴有焦虑、抑郁情绪，但精神病性症状较为少见。治疗原则为恢复结构化饮食，氟西汀可缓解患者焦虑郁情绪，并有助于患者体重增长。
【考点】神经性厌食的临床特征☆☆

22. 治疗原则为
A. 减轻胃肠道症状　B. 增加体重
C. 恢复结构化饮食　D. 心理治疗
E. 改善情绪问题

22.【答案】C
【解析】神经性厌食的治疗原则为恢复结构化饮食。
【考点】神经性厌食的治疗☆☆

23. 如患者存在抑郁情绪，首选治疗药物为
A. 氟西汀　B. 文拉法辛　C. 氯米帕明
D. 奥氮平　E. 喹硫平

23.【答案】A
【解析】如神经性厌食患者存在抑郁情绪，首选的治疗药物是氟西汀，其可缓解患者焦虑、抑郁情绪，并有助于患者体重增长。
【考点】神经性厌食的治疗☆☆

(24~27 题共用题干)
患者，男，22 岁，大三学生。性格内向、敏感，大一时听到暗恋的女孩和同学议论自己的外貌、举止，逐渐不敢与同学对视，和人说话时面红耳赤、气促大汗，不敢参加社团活动，害怕在公众场合发言，害怕在公众场合受人注视，被人议论。

24. 最可能的诊断为
A. 广场恐惧症　B. 广泛性焦虑障碍
C. 社交焦虑障碍　D. 强迫性障碍
E. 抑郁障碍

24.【答案】C
【解析】青年男性，在社交时害羞、局促不安，怕成为被耻笑的对象，伴有回避行为，最可能诊断为社交焦虑障碍。
【考点】社交焦虑障碍的诊断☆☆

25. 本病主要特征为
A. 以广场为恐惧对象，伴有对恐惧对象的回避反应
B. 以焦虑情绪、自主神经功能亢进、运动性不安为特征
C. 在社交时害羞，局促不安、尴尬、笨拙，怕成为被耻笑的对象
D. 以强迫思维、强迫行为为特征
E. 以情绪低落、兴趣减退、精力下降为主要特征

25.【答案】C
【解析】社交焦虑障碍的主要特征为在社交时害羞，局促不安、尴尬、笨拙，怕成为被耻笑的对象。
【考点】社交焦虑障碍的临床特征☆☆

26. 常采取的治疗措施不包括
A. 系统脱敏疗法
B. 暴露冲击疗法
C. SNRI 类
D. SSRI 类
E. 小剂量非典型抗精神病药物

26.【答案】E
【解析】临床上常采用行为疗法治疗社交焦虑障碍，包括系统脱敏疗法、暴露冲击疗法，同时也可使用药物控制焦虑、抑郁情绪，包括 SSRI 类、SNRI 类、苯二氮䓬类和 β 受体阻滞剂等，一般不使用抗精神病药物。
【考点】社交焦虑障碍的治疗☆☆

27.【答案】E

【解析】社交焦虑障碍一般不需长期使用药物维持治疗。

【考点】社交焦虑障碍的治疗☆☆

28.【答案】A

【解析】中年女性，对躯体健康过度关注，对躯体症状作出疑病性解释，存在疑病观念，反复就医，阴性结果不能打消其疑虑，故最可能诊断为疑病障碍。

【考点】疑病障碍的诊断☆☆

29.【答案】A

【解析】疑病障碍好发于20~30岁的女性。

【考点】疑病障碍的临床特征☆☆

30.【答案】C

【解析】疑病障碍患者一般都存在一定的人格特征，患者性格常外向，喜诉说，要与人表达自己的感受。

【考点】疑病障碍的临床特征☆☆

31.【答案】B

【解析】疑病障碍的治疗以心理治疗为主要形式，可以使用苯二氮䓬类、SSRI类改善情绪症状，但苯二氮䓬类不可长期使用。

【考点】疑病障碍的治疗☆☆

27. 关于预后，说法**错误**的是

A. 儿童起病者预后较好

B. 单一恐惧症预后较广泛恐惧症好

C. 病程1年以上者，不经治疗，5年内变化不大

D. 不经治疗也可能康复

E. 症状控制后需长期药物维持治疗

(28~31题共用题干)

患者，女，48岁，退休。2年前开始出现间断下腹胀痛，伴月经不调，月经量少，周期紊乱，患者担心自己得了妇科肿瘤，至妇科就诊，行各项妇科检查未发现明显异常，医生诊断为“绝经期综合征”。患者认为该医生问诊时间过短，“不专业”，又挂了数位妇科专家门诊，均无异常发现。患者觉得医生不够专业或态度不好，无法为自己诊治，坚信自己患了重病，反复要求家人带自己求医，并认为家人不理解自己，终日为躯体不适唉声叹气。

28. 最可能的诊断是

A. 疑病障碍　B. 躯体化障碍　C. 强迫性障碍

D. 恐惧症　E. 分离障碍

29. 此病好发年龄为

A. 20~30岁　B. 30~40岁　C. 40~50岁

D. 50~60岁　E. 60~70岁

30. 此病患者人格特征**不包括**

A. 神经质　B. 表演性　C. 内向

D. 偏执性　E. 强迫性

31. 关于治疗原则的说法，**错误**的是

A. 以心理治疗为主要治疗形式，可采用精神分析、行为治疗、认知治疗

B. 当患者伴发较严重焦虑情绪时，可长期使用苯二氮䓬类药物抗焦虑

C. 当患者伴发抑郁情绪时，首选SSRI类

D. 部分难治性患者，可采用小剂量抗精神病药物治疗

E. 对于患者主诉的症状、体征，不可急于否定，需认真检查以避免漏诊躯体疾病

(32~35题共用题干)

患者，女，29岁，未婚。与相亲对象进餐后出现腹痛、腹泻、恶心、呕吐，于急诊就诊，诊断为“急性肠胃炎”，予对症处理后症状缓解。此后间断出现腹痛、腹胀，头晕、头痛，腰部酸胀，四肢无力等

症状，于消化科、神经科等就诊，行相关检查未见明显异常。患者自感身体不如以前，为症状所扰不能坚持工作，拒绝亲戚、朋友为自己介绍相亲对象，反复就诊于各医院。

32. 最可能诊断为
A. 疑病障碍　B. 躯体化障碍
C. 分离障碍　D. 社交恐惧症
E. 神经衰弱

32.【答案】B
【解析】青年女性，存在涉及多系统、多变的躯体症状，反复求诊，阴性检查结果及医生无病解释无法打消患者疑虑。患者诉求为改善症状，无明确怀疑自己所患疾病，故最可能诊断为躯体化障碍。
【考点】躯体化障碍的诊断☆☆

33. 根据 ICD-10 诊断标准，本病病程至少
A. 2 周　B. 1 个月　C. 6 个月
D. 1 年　E. 2 年

33.【答案】E
【解析】根据 ICD-10 诊断标准，躯体化障碍的病程需大于 2 年。
【考点】躯体化障碍的诊断☆☆

34. 为明确诊断、鉴别诊断，最重要的是
A. 有无发病相关心理社会因素
B. 有无抑郁情绪
C. 有无精神病性症状
D. 有无躯体疾病可能
E. 有无具体怀疑的疾病

34.【答案】D
【解析】诊断躯体化障碍最重要的是经过仔细询问及适当的检查排除躯体疾病的可能性。
【考点】躯体化障碍的诊断☆☆

35. 关于治疗的说法，**错误**的是
A. 对于患者主诉症状，给予明确否定、纠正，帮助患者建立正确认知
B. 需进行认真询问和检查以排除躯体疾病可能
C. 可采用心理治疗为主要治疗手段
D. 可使用 SSRI 类改善焦虑、抑郁情绪
E. 对部分难治性患者可试用小剂量抗精神病药物

35.【答案】A
【解析】躯体化障碍的治疗初期需谨慎否定患者的症状主诉。
【考点】躯体化障碍的治疗☆☆

（36~39 题共用题干）
患者，男，19 岁。看见有关"女性"的字眼、画面及女性就想说"下流、卑鄙、无耻"等言语，因此不敢和女生对视，反复洗手，在脑海中反复计数。

36. 最可能诊断为
A. 强迫性障碍　B. 社交恐惧症
C. 广泛性焦虑障碍　D. 孤独症
E. 精神发育迟滞

36.【答案】A
【解析】患者存在强迫思维及强迫行为，最可能诊断为强迫性障碍。
【考点】强迫性障碍的诊断☆

37. 患者看见有关"女性"的字眼、画面及女性就想说"下流、卑鄙、无耻"等言语，此症状被描述为
A. 强迫性穷思竭虑　B. 强迫回忆　C. 强迫意向
D. 强迫怀疑　E. 强迫情绪

37.【答案】C
【解析】强迫意向是指患者感到一种冲动要去做违背自己心愿的事情。
【考点】强迫性障碍的临床表现☆

38. 以下**不能**作为首选治疗药物的是
A. 舍曲林　B. 氯米帕明
C. 阿米替林　D. 喹硫平
E. 帕罗西汀

38.【答案】D
【解析】强迫性障碍首选治疗药物不是第二代抗精神病药物，常用三环类、SSRI类等抗抑郁药作为首选药物。
【考点】强迫性障碍的治疗☆

39. 如选用舍曲林为治疗药物，最常见的可能治疗剂量为
A. 50~100mg　B. 100~150mg
C. 150~200mg　D. 200~250mg
E. 250~300mg

39.【答案】C
【解析】舍曲林治疗强迫性障碍的有效剂量为150~200mg。
【考点】强迫性障碍的治疗☆

(40~41题共用题干)
患者，女，19岁，学生。近3月反复发作十余次的心悸、胸闷、濒死感，每次持续数分钟，曾反复就诊急诊，均未发现明确躯体疾病。

40. 对该患者的心理治疗方面，**错误**的是
A. 生物反馈治疗　B. 催眠治疗
C. 音乐治疗　D. 暗示治疗
E. 瑜伽

40.【答案】D
【解析】惊恐发作的心理治疗包含生物反馈治疗、催眠治疗、音乐治疗、瑜伽等放松治疗的方法。
【考点】惊恐发作的心理治疗☆

41. 认知行为心理治疗对该患者的个案概念化为
A. 与潜意识有关
B. 与童年创伤有关
C. 对自己身体的生理反应进行了歪曲的评价
D. 对客观物体或情境的危险性的夸大解释有关
E. 对原发焦虑反应的后果或威胁具有过度解释

41.【答案】C
【解析】该患者因反复发作心悸、胸闷、濒死感而反复急诊就诊，这说明该患者对其生理反应进行了歪曲的评价。
【考点】惊恐发作的心理治疗☆

(42~43题共用题干)
患者，男，19岁，学生。近3年不敢在人多的地方活动，害怕看他人的眼睛，回避与人对视，担心自己脸红和不知所措。

42. 对该患者的心理治疗方面，**错误**的是
A. 行为治疗　B. 光照治疗
C. 系统脱敏　D. 暴露冲击治疗
E. 放松治疗

42.【答案】B
【解析】社交恐惧症的心理治疗包含放松治疗和行为治疗(系统脱敏、暴露冲击等)。
【考点】社交恐惧症的心理治疗☆

43. 认知行为心理治疗对该患者的个案概念化为
A. 与潜意识有关
B. 与童年创伤有关
C. 对自己身体的生理反应进行了歪曲的评价
D. 对客观物体或情境的危险性的夸大解释有关
E. 对原发焦虑反应的后果或威胁具有过度解释

43.【答案】D
【解析】该患者不敢在人多的地方活动，害怕看他人的眼睛，回避与人对视，担心自己脸红和不知所措，这与该患者对客观物体或情境的危险性进行了夸大解释有关。
【考点】社交恐惧症的心理治疗☆

(44~45 题共用题干)

患者,男,26 岁,半年前因家人生病,感到压力很大,一天突然感到"一股热气从胸部直达头顶",顿时感到头疼、心悸、胸闷、胸口疼痛、左侧半身麻木,当时患者认为自己"心脏病、脑充血",反复就诊多家医院,均未查出明确的躯体病因,不相信自己"无大病"的说法。

44. 该患者考虑诊断为

A. 焦虑症　　B. 躯体化障碍

C. 疑病症　　D. 强迫症

E. 精神分裂症

44.【答案】C

【解析】青年男性,对躯体健康过度关注,对躯体症状作出疑病性解释,存在疑病观念,反复就医,阴性结果不能打消其疑虑,故最可能诊断为疑病症。

【考点】疑病症的诊断☆☆

45. 对该患者的心理治疗要点中,**错误**的是

A. 了解自己的疾病性质

B. 纠正错误的观念

C. 不拒绝患者的检查要求

D. 建立良好的治疗联盟

E. 促进患者建立对疾病的合理性解释

45.【答案】C

【解析】疑病症的心理治疗中需要在治疗联盟良好的情况下,促进患者对自己疾病的认知,该患者反复就医检查,且阴性结果不能打消其疑虑,故应拒绝患者的检查要求,矫正其对自身疾病的认识。

【考点】疑病症的心理治疗☆

(46~47 题共用题干)

患者,女,34 岁。主诉为"恶心、腹泻、心悸、胸闷、月经不调等 6 年余"。反复身体检查,各项指标均正常。

46. 考虑诊断为

A. 癔症　　B. 躯体化障碍

C. 疑病症　　D. 抑郁症

E. 强迫症

46.【答案】B

【解析】青年女性,存在涉及多系统、多变的躯体症状,反复身体检查,阴性检查结果及医生无病解释无法打消患者疑虑,病程超过 2 年,患者无明确怀疑自己所患疾病,故最可能诊断为躯体化障碍。

【考点】躯体化障碍的诊断☆☆

47. 对该患者的心理治疗操作中,**错误**的是

A. 多倾听　　B. 多面质

C. 启发性提问　　D. 尊重中立的态度

E. 多理解

47.【答案】B

【解析】躯体化障碍的心理治疗技术主要是多倾听、共情、保持尊重中立,可启发性的问题促进患者思考,而慎用面质,从而建立良好的治疗联盟。

【考点】躯体化障碍的心理治疗☆

(48~50 题共用题干)

患者,女,35 岁,平时性格争强好胜,受不了委屈。1 年前因家庭琐事与丈夫吵架后,出现缓慢倒地,呼之不应,全身僵直,肢体抖动,持续 15min 自行缓解,能回忆整个过程。此后常有类似发作。

48. 该患者临床表现中,**错误**的是

A. 常有咬破舌头,小便失禁等情况

B. 可出现角弓反张姿势

C. 常于情绪激动或受到暗示时发生

48.【答案】A

【解析】癔症性躯体障碍一般无口舌咬伤,无二便失禁,发作时一般没有脑电图的改变。

【考点】癔症性躯体障碍表现☆☆

D. 脑电图无特异性发现

E. 通常能够彻底痊愈

49. 患者拒绝服用药物，故可采取的非药物治疗手段中，**最少**使用的是

A. 催眠治疗　　B. 电刺激

C. 暗示治疗　　D. 夫妻治疗

E. 改良电休克治疗

50. 经过协商，患者选用了相关心理治疗，**错误**的做法为

A. 建立良好的关系　　B. 多讨论发病原因

C. 鼓励患者表达　　D. 耐心倾听和共情

E. 训练患者放松

(51~53 题共用题干)

患者，女，38 岁，头疼、头昏、失眠、坐立不安多年，阵发性心悸、气促、濒死感 3 月。

51. 对该患者的心理治疗方面，**错误**的是

A. 认知治疗　　B. 电休克治疗

C. 系统脱敏　　D. 暴露冲击治疗

E. 行为治疗

52. 认知行为心理治疗对该患者的个案概念化，**错误**的为

A. 与对某种特定刺激的危险性过度解释有关

B. 可能与童年经历有关

C. 对自己身体的生理反应进行了歪曲的评价

D. 对客观物体或情境的危险性的夸大解释有关

E. 对原发焦虑反应的后果或威胁具有过度解释

53. 对该患者的心理治疗中，**错误**的是

A. 评估恐惧如何出现

B. 了解患者的性格特点

C. 可适当加用药物治疗

D. 在共情和了解的基础上工作

E. 不必了解童年经历

(54~55 题共用题干)

患者，女，27 岁。3 年前，曾经因怀孕流产首发抑郁，服用文拉法辛后缓解。近 1 年，由于生育要求停药。目前怀孕 6 月，再次出现焦虑不安、心烦、爱发脾气、多思多虑、入睡困难等表现。

49.【答案】E

【解析】对癔症性神经症的治疗方法可以考虑心理治疗（暗示治疗、系统脱敏治疗、夫妻治疗等）、药物治疗等。

【考点】癔症性神经症的心理治疗☆

50.【答案】B

【解析】癔症性神经症的心理治疗原则是建立良好的治疗联盟、多倾听与共情，可以进行放松训练，不要过于和患者讨论发病原因。

【考点】癔症性神经症的心理治疗☆

51.【答案】B

【解析】GAD 和惊恐发作共病下的心理治疗包含认知治疗、行为治疗（系统脱敏、暴露冲击治疗等）。

【考点】GAD 和惊恐发作共病的心理治疗☆

52.【答案】D

【解析】GAD 和惊恐发作共病的认知行为理论的解释。

【考点】GAD 和惊恐发作共病的心理治疗☆

53.【答案】E

【解析】需要评估患者首次发病过程、性格特点、童年经历，并在良好的关系联盟下治疗，必要时可辅助相关药物。

【考点】GAD 和惊恐发作共病的心理治疗☆

54. 患者要求非药物治疗，对该患者的心理治疗方面，**暂不**考虑的是

A. 认知治疗　　B. 支持性治疗

C. 人本主义治疗　　D. 暴露冲击治疗

E. 行为治疗

55. 对该患者的心理治疗中，**错误**的是

A. 评估焦虑如何出现

B. 了解患者的性格特点

C. 可适当加用药物治疗，比如安定类药物

D. 在共情和理解的基础上工作

E. 了解童年经历

【案例分析题】

案例一：患者，女，33岁，已婚。因"突发紧张恐惧，伴胸闷、呼吸不畅半小时"急诊送入院。发作前在办公室能完成日常工作。既往体健；1年前多次类似发作，每次只持续数分钟便自行缓解，发作后心电图检查正常。入院查体：体温36.4℃，血压138/92mmHg，脉搏98次/min，呼吸25次/min。一般内科检查无异常发现。精神检查：意识清晰，情绪焦虑，伴有濒死感，担心自己快要死去，怀疑自己心脏病发作。

提问1：为进一步明确诊断，患者急需完成的辅助检查是

A. 心电图　　B. 肌电图

C. 心肌酶谱　　D. 甲状腺功能

E. 血糖　　F. 尿常规

G. 肿瘤标志物

提问2：患者完善一系列相关检查后，基本排除躯体疾病的可能性，且否认精神活性物质使用史。患者最可能的诊断是

A. 抑郁障碍　　B. 广泛性焦虑障碍

C. 惊恐障碍　　D. 躯体形式障碍

E. 疑病障碍

提问3：该疾病的治疗药物有

A. 劳拉西泮　　B. 阿普唑仑

C. 舒必利　　D. 阿立哌唑

E. 帕罗西汀　　F. 米氮平

提问4：如果行心理治疗，**错误**的说法有

A. 可采用认知行为治疗

B. 可采用支持性心理治疗

C. 暴露疗法会加重疾病发作的频率

D. 患者的人格特点与疾病发作无关

E. 心理治疗可以完全取代药物治疗

54.【答案】D

【解析】GAD的常用心理治疗包含认知、行为治疗（系统脱敏、暴露冲击等），但考虑患者目前怀孕，故慎用暴露冲击治疗。

【考点】GAD的心理治疗☆

55.【答案】C

【解析】在GAD心理治疗过程中，一般可以辅助用药，但该患者处于怀孕中，慎用安定类药物。

【考点】GAD的心理治疗☆

提问1：【答案】ACDE

【解析】诊断惊恐障碍前最重要的是排除其他疾病的诊断，因为惊恐障碍的主要症状是惊恐发作，而惊恐发作的表现可以在多种疾病中出现，并且发作时的表现也不具备特殊性。二尖瓣脱垂、甲亢、癫痫、短暂性脑缺血发作、低血糖、哮喘等均可出现惊恐发作，故该患者急需完成的辅助检查包括心电图、心肌酶谱、甲状腺功能和血糖。

【考点】惊恐障碍的鉴别诊断☆☆

提问2：【答案】C

【解析】患者以惊恐发作为主要临床症状，并伴有自主神经相关症状。在大约1个月之内存在数次严重焦虑（惊恐）反复发作，且：①发作出现在没有客观危险的环境；②发作不局限于已知的或可预测的情境；③发作间期疾病没有焦虑症状。排除其他临床问题所导致的惊恐发作。

【考点】惊恐障碍的诊断要点☆☆

提问3：【答案】ABEF

【解析】药物治疗可以缓解惊恐发作的频率和发作的严重程度，可降低预期性焦虑、恐惧性回避，改善抑郁症状和总体功能。目前首选抗抑郁药物，包括SSRI、SNRI、NaSSA、TCA，均有不同程度的效果。临床上常在治疗初期合并BZD类药物。

【考点】惊恐障碍的药物治疗☆☆

提问4：【答案】CDE

【解析】无论是发作中还是发作间期都要加强心理治疗。常用的方法：支持性心理治疗、认知行为治疗、暴露疗法、放松疗法等。其中认知疗法是比较重要的治疗方法。治疗中包括对患者可能存在的心理压力的应对，可能人格特点的分析，了解疾病的知识等。心理治疗与药物治疗同等重要，不能完全取代。

【考点】惊恐障碍的心理治疗☆☆

案例二：患者，男，18岁，未婚。因“担心丢东西、囤积物品伴有反复检查8年”入院。入院查体：体温36.4℃，血压118/74mmHg，脉搏79次/min，呼吸14次/min。入院后实验室和神经系统检查无异常。精神检查：意识清晰，情绪焦虑，诉说因担心丢失重要的东西，会囤积大量废旧用品，并在丢弃任何东西前均需反复检查数次，自知不必要检查，但还是需要做，否认情绪低落。患者自幼就有丢三落四的习惯，而且学习成绩不佳。

提问1：患者目前存在的临床表现是

A. 强迫观念　　B. 抑郁情绪
C. 强迫情绪　　D. 注意力缺陷
E. 强迫意向　　F. 强迫行为
G. 强制性动作

提问2：患者否认精神活性物质使用史。患者可能的诊断是

A. 囤积障碍
B. 强迫症
C. 注意缺陷多动障碍
D. 焦虑症
E. 抑郁症

提问3：该疾病的治疗药物有

A. 舍曲林　　B. 氟伏沙明
C. 氯米帕明　　D. 普萘洛尔
E. 帕罗西汀　　F. 多塞平

第六节 应激相关障碍

【A1型题】

1. 创伤后应激障碍（PTSD）持续的警觉性增高，**错误**的是
   A. 难以入睡
   B. 闯入
   C. 注意力集中困难
   D. 噩梦
   E. 易激惹

2. 持续的回避表现**不包括**
   A. 反复联想创伤性体验
   B. 避免参加能引起痛苦的活动
   C. 不愿意与人交往
   D. 兴趣变狭窄
   E. 选择性遗忘

提问1：【答案】ADF

【解析】强迫症的主要症状是强迫性观念、表象、情绪和冲动以及强迫性动作和行为，但可以存在其他的精神病理学表现，如心境障碍、焦虑障碍，在儿童期发病的男性患者可共病抽动障碍和注意缺陷多动障碍等。

【考点】强迫症的临床表现，是否有共病的可能性☆☆

提问2：【答案】ABCD

【解析】患者以强迫思维和强迫行为为主要临床症状，病程已达数年。但诊断过程中，需要与囤积障碍、抑郁障碍、焦虑障碍、强迫型人格障碍等鉴别。而且在儿童期发病的男性患者可共病抽动障碍和注意缺陷多动障碍等。

【考点】强迫症的诊断和鉴别诊断要点☆☆

提问3：【答案】ABCDEF

【解析】三环类抗抑郁药、SSRI类是强迫症的常用药物，也可配合苯二氮䓬类药物、普萘洛尔等减轻患者的焦虑。

【考点】强迫症的药物治疗☆☆

1.【答案】B

【解析】此题主要考查对创伤后应激障碍核心症状之一的掌握情况。警觉性增高指过度警觉、惊跳、易激惹，注意力不集中，睡眠障碍等。闯入症状不属于警觉性增高的范围。

【考点】创伤后应激障碍的临床特点☆☆

2.【答案】A

【解析】此题主要考查对创伤后应激障碍回避症状的识别。回避性症状指患者长期或持续性地极力回避与创伤经历有关的事件或情境，拒绝参加有关的活动，回避创伤的地点或与创伤有关的人或事件，有些患者甚至出现选择性遗忘，不能看到或听到与创伤有关的事件细节。反复联想创伤情景或事件不属于回避症状。

【考点】创伤后应激障碍的回避特点☆☆

3. 急性应激障碍的基本处理措施**不包括**
   A. 让患者尽快脱离创伤环境
   B. 建立良好的医患关系，帮助患者建立起自我应对方式
   C. 强调是异常的应激反应
   D. 药物对症治疗
   E. 灾难发生后 24~72h 之间是理想的干预时间

4. 急性应激障碍的治疗原则是
   A. 及时、就近、简洁
   B. 及时、就近、紧扣问题
   C. 及时、简洁、紧扣问题
   D. 及时、就近、对症处理
   E. 及时、简洁、对症处理

5. PTSD 的治疗原则**不包括**
   A. 治疗前依据患者的疾病诊断及相关背景信息，制订个体化的治疗方案
   B. 在创伤的环境下实施脱敏治疗
   C. 早期应积极进行支持性心理治疗和心理健康教育
   D. 根据病情需要进行药物对症治疗
   E. 慢性 PTSD 患者的治疗宜选择药物与心理治疗的综合治疗模式

6. PTSD 的严重标准**不包括**
   A. 人际交往受损
   B. 职业功能受损
   C. 家庭功能受损
   D. 学习功能受损
   E. 幻觉妄想严重

7. 关于 ASD 的病程标准，正确的是
   A. 症状持续至少 2d，至多 3 周；发生于创伤事件后 3 周之内
   B. 症状持续至少 2d，至多 4 周；发生于创伤事件后 4 周之内
   C. 症状持续至少 1 周，至多 4 周；发生于创伤事件后 4 周之内
   D. 症状持续至少 5d，至多 3 周；发生于创伤事件后 3 周之内
   E. 症状持续至少 8d，至多 4 周；发生于创伤事件后 4 周之内

8. 关于 PTSD 的病程标准及起病时间，正确的是
   A. 病程至少持续 1 个月以上；发生于创伤事件后数天、数周至 6 个月，不可超过 6 个月
   B. 病程至少持续 2 个月以上；发生于创伤事件后数天、数周至 6 个月，也可超过 6 个月
   C. 病程至少持续 1 个月以上；发生于创伤事件后 1~6 个月及 6 个月以上

3.【答案】C
【解析】此题主要考查急性应激相关障碍常用的危机干预。急性应激障碍的基本处理措施包括：让患者尽快摆脱创伤环境；建立良好的医患关系，帮助患者建立起自我应对方式；强调是正常的应激反应，而不是异常反应；让患者认识到每个人遇到类似事件都可能出现心理生理反应。灾难发生后 24~72h 是理想的干预时间。
【考点】应激相关障碍常用的危机干预方法。

4.【答案】A
【解析】此题主要考查急性应激障碍治疗原则。急性应激障碍的治疗原则包括：及时、就近、简洁。
【考点】急性应激障碍的治疗原则☆

5.【答案】B
【解析】此题主要考查 PTSD 治疗原则。PTSD 的治疗原则包括：治疗前依据患者的疾病诊断及相关背景信息，制订个体化的治疗方案；在远离创伤环境的前提下，尽量在患者熟悉的环境下开展治疗，如果病情复杂或存在威胁自身或他人的风险，应考虑住院治疗；早期应积极进行支持性心理治疗和心理健康教育；根据病情需要选择药物治疗；慢性 PTSD 患者的治疗宜选择药物与心理治疗相结合的综合治疗方法。PTSD 患者不宜在创伤环境下，实施脱敏治疗。
【考点】PTSD 的治疗原则☆☆

6.【答案】E
【解析】此题主要考查创伤性应激障碍诊断。关于此点 DSM-Ⅳ、CCMD-3、ICD-10 表述不一，DSM-Ⅳ提出 PTSD 患者有社交、职业或其他重要方面的功能缺损；CCMD-3 中在严重程度标准中只提到社会功能受损；ICD-10 中未提及这方面内容。幻觉妄想属于临床表现，不属于功能损害，但会影响社会功能。
【考点】创伤后应激障碍的功能损伤☆☆

7.【答案】B
【解析】此题主要考查对急性应激障碍的病程特点。急性应激障碍的病程标准是症状至少持续 2d，至多 4 周；即发生于创伤事件后 4 周之内。
【考点】急性应激障碍的病程特点☆☆

8.【答案】C
【解析】此题主要考查对创伤性应激障碍临床特点的掌握情况。病程至少持续 1 个月以上；起病时间发生于创伤事件后 1~6 个月及 6 个月以上。如果事件与起病的时间超过 6 个月，给予“延迟”或“可能”的 PTSD 诊断。
【考点】创伤后应激障碍发病的时间特点☆☆

D. 病程至少持续 2 个月以上；发生于创伤事件后数天、数周至 6 个月，不可超过 6 个月
E. 病程至少持续 3 个月以上；发生于创伤事件后数天、数周至 6 个月，不可超过 6 个月

9. 关于适应障碍的临床特征，错误的是
A. 成年人多见情绪障碍（如焦虑、抑郁、烦恼、胆小害怕、注意力难以集中等）
B. 成年人也可伴有与之有关的躯体症状（如心悸、震颤等）
C. 以躯体化症状为主的临床表现达到了焦虑症或抑郁症的诊断标准
D. 青少年以品行障碍为主（如侵犯他人的权益或行为与其年龄要求不符，逃学、偷窃、说谎、斗殴、酗酒、破坏公物等）
E. 儿童可表现为退化现象，如尿床、幼稚言语或吮拇指等形式

10. 急性应激障碍的特征不包括
A. 精神运动性抑制
B. 精神运动性兴奋
C. 分离障碍
D. 病程一般不超过 3 个月
E. 精神症状的发生与应激事件有时间上的紧密联系

11. 目前循证医学的研究证据和临床经验认为，对 PTSD 症状有效的心理疗法是
A. 精神动力学心理治疗
B. 认知行为治疗
C. 森田疗法
D. 团体心理治疗
E. 放松治疗

【A2 型题】

1. 患者，女，45 岁，农民，一直在家务农。在经历了车祸，目睹同伴死亡后的半年内，看到汽车就恐惧，紧张，甚至听到车喇叭的声音也特别紧张不安，有时做噩梦等。可能的问题是
A. 闯入性创伤再体验　　B. 回避
C. 警觉性增高　　D. 分离症状
E. 兴奋

2. 患者，男，38 岁，无故被人殴打，肋骨和鼻骨骨折。被打事件发生后，主诉入睡困难，即使入睡后也容易被惊醒；常感觉心惊肉跳，稍有响动就下意识地去查看；有时好像活在梦里，脑子里经常会不由自主地浮现被打时的情景。上述症状已持续 3

9.【答案】C
【解析】此题主要考查对适应障碍临床特征的了解。适应障碍的临床特征：成年人多见情绪障碍（如焦虑、抑郁、烦恼、胆小害怕、注意力难以集中等），也可伴有与之有关的躯体症状（如心悸、震颤等），但达不到焦虑症或抑郁症的诊断标准；青少年以品行障碍为主，如侵犯他人的权益或行为与其年龄要求不符，逃学、偷窃、说谎、斗殴、酗酒、破坏公物，过早开始性行为等；儿童可表现为退化现象，如尿床、幼稚言语或吮拇指等形式。适应障碍应当与抑郁症加以鉴别，特别是儿童青少年。
【考点】适应障碍的临床特征☆

10.【答案】D
【解析】此题主要考查对急性应激障碍临床特点、诊断要点的掌握情况。ASD 是在遭遇强烈的精神应激事件后数分钟至数小时内起病，症状有很大变异性，但典型表现是在体验痛苦事件时或之后出现分离症状，另外诊断还需评定三组症状群：创伤体验重现、回避以及警觉性增高。ASD 至少持续 2d，至多 4 周，并且 ASD 出现于应激事件后 4 周以内，如果症状出现在应激事件后一个月，则诊断为 PTSD。
【考点】急性应激障碍的临床特征☆☆

11.【答案】B
【解析】目前循证医学的研究证据和临床经验提示认识行为治疗是对急性和慢性 PTSD 核心症状最有效的心理疗法。
【考点】创伤后应激障碍的心理治疗☆☆

1.【答案】C
【解析】此题主要考查创伤后应激障碍的临床特点，三大核心症状：创伤体验重现、回避和麻木、警觉性增高，病程数月或数年。
【考点】创伤后应激障碍的临床症状☆

2.【答案】B
【解析】此题结合病例主要考查急性应激障碍和 PTSD 的病程界定和症状标准。
【考点】急性与慢性应激障碍的诊断标准☆

周。目前最可能的诊断是

A. 车祸后的正常反应　　B. 急性应激障碍

C. 创伤后应激障碍　　D. 睡眠障碍

E. 心因性反应

3. 患儿，4岁，平素喜欢玩积木。在经历某重大地震后的半年内，特别喜欢玩建房子的游戏，经常用积木建好房子后再一把推倒房子。有可能是

A. 闯入性创伤再体验　　B. 回避

C. 警觉性增高　　D. 分离症状

E. 麻木

4. 患者，女，19岁，1个月前从家乡来外地上大学，随后出现睡眠差、入睡困难、头痛、胸闷、乏力、无心上课、心情不好、总想哭，周末回家后情况有所好转，再次去上课后又出现上述症状。目前最可能的诊断是

A. 抑郁症　　B. 焦虑障碍

C. 创伤后应激障碍　　D. 适应障碍

E. 心因性反应

5. 患者，女，26岁，诉自小遭受父亲虐待，被家暴，不给饭吃，言语侮辱。患者16岁离家，曾交过多个男友，均已分手，每天要靠喝酒才能入睡，做噩梦梦到被父亲打骂，心情不好时经常用小刀划自己，现在经常有想死的念头。患者目前最可能的诊断是

A. 创伤后应激障碍　　B. 重度抑郁障碍

C. 边缘型人格障碍　　D. 复杂性创伤后应激障碍

E. 延长哀伤障碍

6. 患者，女，52岁，10个月前丈夫突然去世，患者逐渐出现经常独处，不见人，经常在丈夫的书房发呆，对着丈夫的遗像说话，家人劝说患者要多想想未来，患者却说自己的生活已经没什么意义，要不是还有孩子自己就跟着丈夫“走了”。患者目前最可能的诊断是

A. 创伤后应激障碍　　B. 重度抑郁障碍

C. 正常居丧反应　　D. 复杂性创伤后应激障碍

E. 延长哀伤障碍

7. 患儿，3岁，自幼父母工作较忙，由保姆照料。被幼儿园老师反映过于内向，多独处；其他小朋友邀请患儿玩耍时，患儿表现不耐烦，有时打其他小朋友；老师问患儿是不是不舒服时莫名大哭。目前最可能的诊断是

3.【答案】A

【解析】此题主要考查儿童PTSD的特征性症状，低龄儿童（一般指小于9岁）可以出现重复的与创伤性事件有关的游戏，此题患儿4岁，重复出现与地震毁坏房子有关的游戏，即创伤性事件的再现症状。

【考点】儿童创伤后应激障碍的症状☆☆

4.【答案】D

【解析】此题主要考查适应障碍的临床症状。经历环境变迁（升入大学），出现情绪障碍如焦虑、抑郁症状，睡眠障碍和各种躯体不适，往往程度较轻，并随着应激源的消失而缓解。

【考点】适应障碍的临床症状☆

5.【答案】D

【解析】此题主要考查复杂性PTSD的临床表现。患者经历的创伤性事件多为长期或反复发生的不良事件，临床表现除了PTSD的一般症状外，还表现为情绪不稳定、人际关系紧张、滥交、物质滥用、长期的自杀想法和自伤行为。

【考点】复杂性创伤后应激障碍的临床症状☆☆

6.【答案】E

【解析】此题主要考查延长哀伤障碍的临床表现。在伴侣、父母、子女或其他关系亲密的人去世后，个体出现持续、深深的悲痛，其特征为思念逝者，或长期过分关注逝者，伴随强烈的情绪痛苦（如悲伤、内疚、愤怒、否认，难以接受亲人死亡，感觉失去了一部分自我，无法体验积极情绪，情感麻木，难以参与社交或其他活动）。

【考点】延长哀伤障碍的临床症状☆

7.【答案】D

【解析】此题主要考查儿童反应性依恋障碍的临床表现。在9个月~5岁，主要表现为：存在该年龄段的儿童没有或仅有不超过最低限度的依恋行为，同时存在与之相关的情绪化异常行为。如不明原因的退缩、恐惧、悲伤或者烦躁；不去寻求安慰或者对旁人的安慰没有反应；基本没有笑容；密切关注他人，但不参与社交活动；不会去寻求支持或帮助；在将要被抱起时不会主动伸手；没有兴趣玩捉迷藏或其他互动游戏。

【考点】反应性依恋障碍的临床症状☆

A. 孤独症谱系障碍
B. 儿童情绪障碍
C. 分离焦虑
D. 反应性依恋障碍
E. 去抑制性社会参与障碍

8. 患儿,4 岁,家人称其过于“外向”,喜欢和陌生人玩耍,第一次见面即表现过于亲近,外出时经常跟随陌生人走,家人须严密监护,以防患儿被陌生人拐骗。患儿目前最可能的诊断是
A. 孤独症谱系障碍
B. 儿童情绪障碍
C. 分离焦虑
D. 反应性依恋障碍
E. 去抑制性社会参与障碍

9. 患者,女,40 岁,2013 年经历玉树地震,目睹儿子死亡,近几年一直拼命工作,称“一旦空闲就会想起儿子”,觉得自己对不起儿子,如果自己当时在家儿子就不会死,上述表现为创伤后应激障碍的哪种症状
A. 闯入性创伤再体验　　B. 回避
C. 警觉性增高　　D. 分离症状
E. 麻木

10. 患者,女,32 岁,1 天前经历抢劫,后出现精神恍惚,夜间不睡觉,时哭时笑,时而表现惊恐,时而发呆,呼之不应,该患者的表现为急性应激障碍的哪种症状
A. 谵妄状态　　B. 回避
C. 警觉性增高　　D. 分离症状
E. 兴奋状态

11. 患者,女,55 岁,退休后出现经常感到寂寞,不知道该干什么,觉得自己没用了,情绪低落,睡眠差,不愿意跟别人说话,该患者首选的治疗应是
A. 抗抑郁药治疗　　B. 心理治疗
C. 自我调节　　D. 中药治疗
E. 物理治疗

12. 患者,男,40 岁,3 个月前经历工厂爆炸事故,目前出现夜间睡眠差,每晚做噩梦,首选的药物是
A. 苯二氮䓬类镇静催眠药
B. 曲唑酮
C. 哌唑嗪

8.【答案】E
【解析】此题主要考查儿童去抑制性社会参与障碍的临床表现。去抑制性社会参与障碍是一种社交行为异常,常起病于 5 岁之前,与生命早期的被忽视有关,其核心表现为超出了社会预期的、亲疏不分的社交行为模式。患儿显然很愿意离开看护者,毫不犹豫地陪伴或“离开”陌生人。通常具有侵入性,缺乏适当的社交和身体界限,而且在情感上“过于聪明”,寻求关注。
【考点】去抑制性社会参与障碍的临床症状☆

9.【答案】B
【解析】此题主要考查 PTSD 的核心症状,有些患者的回避症状主要表现为拼命工作,并且认识不到这也是对创伤性事件的回避,有些患者会出现过分内疚。
【考点】创伤后应激障碍的临床症状☆

10.【答案】D
【解析】此题主要考查急性应激障碍的核心症状,有些患者的出现茫然,意识清晰度下降,对外界缺乏相应的情感反应,情绪不稳定,伴有精神运动性兴奋。
【考点】急性应激障碍的临床症状☆

11.【答案】B
【解析】此题主要考查适应障碍的治疗,适应障碍应首选心理治疗,如无法减少应激源,应建立支持系统以达到最佳适应状态,帮助患者调节应激所致功能障碍的失衡状态。
【考点】适应障碍的治疗☆

12.【答案】C
【解析】此题主要考查 PTSD 所致噩梦的首选药物,哌唑嗪是唯一可以通过血-脑屏障的 α1-肾上腺素受体拮抗剂不仅对 PTSD 常见症状优于 SSRI 类和 SNRI 类,而且对噩梦是首选。
【考点】创伤性应激障碍的治疗☆☆

D. 普萘洛尔
E. 唑吡坦

13. 患者，男，11 岁，因亲眼看见一场车祸出现反复噩梦，不敢上街，听到汽车喇叭的声音就极度惊恐，大哭，学习成绩下降明显，治疗应首选
A. 心理治疗　　B. 抗抑郁药治疗
C. 重复经颅磁刺激　　D. 生物反馈治疗
E. 中药治疗

14. 患者，男，31 岁，自从部队转业后出现对亲人冷漠，喜怒不显于色，对什么都不感兴趣，对将来没有打算，属于 PTSD 三联征症状群的
A. 闯入性创伤再体验　　B. 回避
C. 警觉性增高　　D. 分离症状
E. 抑郁症状

15. 患者，女，51 岁，1 周前因电梯故障被困 20 余小时，后出现失眠、噩梦，再乘坐电梯有窒息感、浑身发抖，害怕封闭的环境，首选的治疗方法是
A. 认知治疗　　B. 抗抑郁药治疗
C. 支持性心理治疗　　D. 脱敏治疗
E. 生物反馈治疗

【A3/A4 型题】

（1~3 题共用题干）
患者，孤儿，曾经历过唐山大地震的头部伤害，当时无昏迷症状。20 多年来常在梦中出现地震时亲人被砸死的情景。每次回想起来，总是非常痛苦，联想时出现恶心、呕吐、胸闷、心悸、气短等。拟诊断为“PTSD”。

1. 应进行鉴别诊断的疾病是
A. 外伤所致精神障碍　　B. 心境障碍
C. 广泛性焦虑障碍　　D. 强迫症
E. 躯体形式障碍

2. 该患者经常仿佛身临其境，触景生情，再现地震时出现紧张、恐惧、害怕，持续时间短则数秒，长则数天。该症状称为
A. 恐惧　　B. 痛苦回忆
C. 模拟情景　　D. 创伤重现
E. 不良想象

13.【答案】A
【解析】由于缺乏明确的适应证，药物治疗不能作为儿童青少年 PTSD 的一线治疗方案，故应首选心理治疗，治疗方案包括：①关于 PTSD 的心理教育；②放松和应对技巧；③情感检测和情绪调节技能；④对创伤的反应认知处理；⑤帮助儿童建立治疗性创伤事件叙述；⑥创伤事件提醒的现场暴露和应对技巧练习；⑦亲子互动；⑧监测并加强个体安全。
【考点】儿童创伤后应激障碍的治疗方案☆

14.【答案】B
【解析】PTSD 患者也可以出现情感麻木，对周围环境刺激普遍缺乏反应，社会退缩；对以往爱好失去兴趣，对亲人疏远，对未来生活、学习、工作都失去憧憬。
【考点】创伤后应激障碍的核心症状☆

15.【答案】C
【解析】急性应激障碍的患者应首选心理治疗，主要是给予精神支持疗法、松弛疗法等，以帮助患者认识疾病的性质，降低心理应激反应水平，增强治疗疾病的信心。
【考点】急性应激障碍的治疗方案☆

1.【答案】A
【解析】此题考查 PTSD 的鉴别诊断。应与外伤所致精神障碍进行鉴别，患者既往有头部外伤史，但不适症状是在噩梦联想的基础上发生的，20 多年来每次发作的症状基本相同，没有明显的变化。所以在排除器质性疾病的情况下，考虑症状是心因性的，而不是脑外伤所致。
【考点】创伤后应激障碍的鉴别诊断☆☆

2.【答案】D
【解析】此题考查 PTSD 的三大核心症状：创伤体验重现，回避和麻木，警觉性增高。创伤再体验症状是在意识清晰的情况下反复出现闯入性回忆，或脑海里重现创伤性事件；或者睡眠中反复出现与创伤事件有关的噩梦；或面对与创伤性事件有关的事件、场景、人物等触景生情，并产生精神痛苦或生理反应，即称为创伤再体验症状。创伤性体验的反复重现是 PTSD 最常见的特征性症状。儿童较成人更多出现短暂的“重演”性发作，又称“闪回”，即再度闯入身临其境的感觉，可伴随出现错觉、幻觉及分离障碍。
【考点】儿童创伤后应激障碍的临床特点☆☆

3. 首选进行治疗的药物是

A. 舍曲林　B. 艾司唑仑

C. 丁螺环酮　D. 奥氮平

E. 利培酮

(4~6 题共用题干)

两天前,患者的大货车和一辆小轿车追尾,无人员伤亡。事件发生后,患者一直紧张,说不出话,思考问题吃力,如在噩梦中生活。每次回忆起来,心里说不出的难受,但总是不由自主地回忆,但回忆起来只有一些模糊的印象,好像是发生在别人身上的事情。回到家里不愿谈到此事,也不愿与人接触,对什么都不感兴趣。

4. 根据现有资料,考虑最可能的诊断是

A. ASD　B. PTSD

C. 抑郁症　D. 适应性障碍

E. 躯体形式障碍

5. 对于该患者心理危机干预的最佳时间是遭遇创伤性事件后多长时间

A. 24~48h　B. 24~96h　C. 6~24h

D. 24~72h　E. 72h 后

6. 针对患者目前情况,处理原则为

A. 药物治疗为主、心理治疗为辅

B. 药物治疗与心理治疗兼备

C. 药物治疗为主、心理治疗与 MECT 为辅

D. 心理治疗为主、MECT 为辅

E. 心理治疗为主、药物治疗为辅

(7~8 题共用题干)

患者,男,62 岁,退休干部。年初从领导岗位退休,病前性格内向,做事认真。近 2 个月来,逐渐出现入睡困难,每天莫名其妙担忧,担心会发生不好的事情。心情时好时坏,总感觉疲乏,精神萎靡不振。每天能做些家务和打太极拳等。

7. 该患者最可能的诊断是

A. 睡眠障碍　B. 神经衰弱　C. 适应障碍

D. 焦虑障碍　E. 抑郁症

8. 该患者最主要的治疗方法是

A. 心理治疗

B. SSRI 类药物联合心理治疗

3.【答案】A

【解析】此题需了解 PTSD 的药物治疗。PTSD 防治指南提出首选 SSRI 的抗抑郁药治疗。临床证据表明,抗抑郁药物对 PTSD 效果较好,最好是优化的整合治疗。

【考点】创伤后应激障碍的药物治疗☆☆

4.【答案】A

【解析】此题需了解急性应激障碍的临床特点、诊断要点及鉴别诊断。ASD 在遭遇强烈的精神刺激因素之后数分钟至数小时内起病,历时短暂,可在几天至 1 周内临床症状消失,部分患者病程可达 1 个月。

【考点】创伤后应激障碍的鉴别诊断☆☆

5.【答案】D

【解析】此题需了解应激相关障碍危机干预方法。心理危机干预的最佳时间是遭遇创伤性事件后的 24~72h。24h 内一般不进行干预,刚刚发生事件容易再次创伤。若是 72h 后进行危机干预,又错过最佳治疗时机。

【考点】应激相关障碍危机干预的时点☆☆

6.【答案】E

【解析】此题需了解急性应激障碍的治疗原则。原则为心理治疗为主、药物治疗为辅。①提供安静舒适的治疗环境。②建立良好的医患关系,对患者进行解释性心理治疗和支持性心理治疗,帮助患者建立起自我的应对方式,发挥个体的主观能动性。③心理治疗:患者来诊时距事件发生不足 48h,是心理危机干预的理想时间。采用的方法包括:支持性心理治疗、放松训练等。④药物对症治疗:适当的药物可以较快地缓解患者的抑郁、焦虑、恐惧、失眠等症状,便于心理治疗的开展和奏效。

【考点】急性应激障碍的治疗理念☆☆

7.【答案】C

【解析】此题结合病例主要考查适应障碍的诊断要点。本病例有退休的事件作为诱因,退休后通常在 1 个月左右起病,以情绪障碍为主要表现,如烦恼、抑郁、焦虑等,但达不到抑郁症及焦虑障碍的诊断标准。症状与事件有明显的联系,而且与内向性格有关。

【考点】适应障碍的临床特点☆

8.【答案】B

【解析】适应障碍最主要的治疗方法是 SSRI 类药物联合心理治疗。

【考点】适应障碍的治疗原则☆

C. 苯二氮䓬类
D. 抗焦虑药物治疗
E. 抗精神病药物治疗

(9~10 题共用题干)
患者，男，遭遇重大车祸，昏迷两天后醒来，发现左侧下肢截肢，一时无法接受，彻夜难眠，情绪低落，悲观失望，感觉无法生活下去。

9. 作为精神科医生，不应该采取的措施是
A. SSRI 药物治疗　　B. 危机干预
C. 改善睡眠　　D. 暴露疗法
E. 支持治疗

10. 经过干预后，患者情绪较前稳定，睡眠改善，接下来不需要关注的问题是
A. 有无闯入症状　　B. 有无躯体症状
C. 有无高警觉症状　　D. 有无回避症状
E. 有无分离症状

【案例分析题】

案例一：患者，男，28 岁，电力公司职工，已婚。1 年前跟母亲吵架后，母亲自杀身亡，后患者表面满不在乎，努力工作，经常加班不回家，积极要求到非洲支援建设，但其妻子反映患者每天晚上失眠，经常从噩梦中惊醒，然后自己到阳台上喝酒，有时候自己吃安眠药。患者对孩子越来越不关心，经常一个人发呆，有时候孩子靠近患者，他就好像受到惊吓一样。妻子要求患者到医院看看，患者便大发脾气，说自己很好，不用看病。

提问 1：该患者具有症状包括
A. 警觉性增高
B. 回避
C. 闯入性创伤再体验
D. “升华”现象
E. 闪回
F. 情感麻木

提问 2：该患者可以选择的治疗方法有
A. 认知行为治疗
B. 药物治疗
C. 重复经颅磁刺激治疗
D. 生物反馈治疗
E. 改良电休克治疗
F. 瑜伽和放松治疗

9.【答案】D
【解析】此题需熟悉急性应激障碍的干预措施，原则是心理治疗为主、药物治疗为辅，疗前首先建立良好的医患关系，对患者进行解释性心理治疗和支持性心理治疗，帮助患者建立合理的认知和健康的应对方式。所以不宜对急性应激障碍患者做暴露治疗，否则将加重病情。
【考点】急性应激障碍的治疗原则和具体治疗方法☆☆

10.【答案】B
【解析】此题需了解急性应激障碍的诊断标准。急性应激障碍的诊断要点包括如分离症状、创伤体验重现、回避、警觉性增高以及病程。
【考点】急性应激障碍的临床表现☆☆

提问 1：【答案】ABDF
【解析】此题考查 PTSD 的两大核心症状：警觉性增高、回避和麻木。回避可表现无意识为对创伤性事件的选择性 / 防御性遗忘、失忆，或在创伤性事件发生后拼命地工作，即心理学称为“升华”。许多患者还存在被称之为“心理麻木”的现象。患者很少与人交谈和亲近、有罪恶感、害怕、情感范围狭窄、失去信任感和安全感、难以与别人建立亲密的关系。患者还会出现睡眠障碍，如入睡困难、睡眠浅，有时还会在梦中反复体验创伤性事件的景象，甚至从梦中惊醒；情绪激动、易激惹，并可能合并物质滥用。
【考点】创伤后应激障碍的核心症状☆

提问 2：【答案】ABCDEF
【解析】此题考查 PTSD 的治疗方法。心理治疗和药物治疗均是 PTSD 的一线治疗方法，但由于该患者自知力缺乏，不认为自己有病，因此药物治疗的依从性差，可首选心理治疗。首先要让患者对自身情况建立正确的认知，劝说患者停止饮酒，待其依从性提高后可再合并药物治疗。如果药物治疗效果不理想，可以采用药物治疗合并心理治疗，如果伴有较严重的抑郁情绪，可采用重复经颅磁刺激治疗。如果出现强烈的自杀观念和自杀行为，可采用改良电休克治疗。如果出现睡眠障碍和焦虑情绪，可合并生物反馈及其他的放松治疗。
【考点】创伤后应激障碍的治疗方案☆

提问 3：【答案】ABCD

【解析】此题需了解PTSD的治疗原则及药物治疗。PTSD的药物治疗首选抗抑郁药，临床证据表明抗抑郁药比任何其他药物对PTSD的疗效都要好。哌唑嗪可用于存在明显噩梦体验的患者，效果优于单纯使用苯二氮䓬类。如果出现类精神病样症状如敏感多疑、激越，可合并非典型抗精神病药，一般不选择不良反应较大的传统抗精神病药或三环类、单胺氧化酶抑制剂类抗抑郁药。

【考点】创伤后应激障碍的药物治疗☆☆

提问1：【答案】ABD

【解析】此题需了解急性应激障碍的临床特点、诊断要点及鉴别诊断。急性应激障碍是在遭遇强烈的精神刺激因素之后数分钟至数小时内起病，历时短暂，可在几天至1周内临床症状消失，部分患者病程可达1个月。该患者主要表现为闯入性创伤再体验、情感麻木、分离症状，未表达明显的抑郁情绪，未提及有过做噩梦。感觉自己身在水中，属于闯入性创伤再体验，并非幻觉症状。

【考点】急性应激障碍的鉴别诊断☆☆

提问2：【答案】CD

【解析】此题需了解应激相关障碍的危机干预方法。心理危机干预的最佳时间是遭遇创伤性事件后的24~72h；24h内一般不进行危机干预；若是72h后才进行危机干预，效果将有所下降。

【考点】应激相关障碍的危机干预方法☆

提问3：【答案】AD

【解析】此题需了解急性应激障碍的治疗原则。原则是以心理治疗为主、药物治疗为辅。①提供安静舒适的治疗环境；②建立良好的医患关系，对患者进行解释性心理治疗和支持性心理治疗，帮助患者建立起自我的心理应激应对方式，发挥个人的缓冲作用；③心理治疗：患者来诊时距应激事件发生尚不足48h，是心理危机干预的理想干预时间，应立即进行心理危机干预，采用的方法包括支持性心理治疗、放松训练、紧急事件应激晤谈；④药物对症治疗：适当的药物可以较快地缓解患者的抑郁、焦虑、恐惧、失眠等症状，便于心理治疗的开展和奏效。

【考点】急性应激障碍的治疗原则☆☆

1.【答案】E

【考点】急诊意识障碍的临床特点☆☆

提问3：如该患者经过心理治疗后，能够认识到自己的疾病，愿意积极配合治疗，考虑同时进行药物治疗，可以选择的药物是

A. 舍曲林　　B. 艾司唑仑
C. 哌唑嗪　　D. 喹硫平
E. 氟哌啶醇　　F. 中成药

案例二：患者，女，34岁，已婚。2d前在景区游玩时不慎失足落水，经救援人员全力营救，无生命危险。后出现紧张，说不出话，如在噩梦中一般。总感觉自己身在水中呼叫不出声音，周围一片混沌，感觉呼吸困难，好像被禁锢住而无法活动。回到家里不愿谈到此事，也不愿与人接触，对什么都不感兴趣，有时候注意力不集中，家人喊患者也没有反应。其丈夫携患者来门诊就诊。

提问1：根据现有资料，该患者出现的症状包括

A. 分离症状
B. 闯入性创伤再体验
C. 抑郁症状
D. 麻木
E. 噩梦
F. 幻觉

提问2：对于该患者进行心理危机干预，较为理想的时间窗是遭遇创伤性事件后的

A. 12h以内　　B. 12~24h
C. 24~48h　　D. 48~72h
E. 72h后

提问3：针对患者目前的情况，制订处理措施的原则为

A. 以心理治疗为主
B. 以心理治疗为辅
C. 以药物治疗为主
D. 以药物治疗为辅
E. 以改良电休克治疗为主
F. 以经颅磁刺激疗法为主

第七节 精神科门急诊

【A1型题】

1. 精神科急诊常见的意识障碍有
   A. 以意识清晰度降低为主的意识障碍
   B. 以意识范围改变为主的意识障碍
   C. 以意识内容改变为主的意识障碍
   D. 对自我的意识障碍
   E. 以上均是

2. 以意识清晰度降低为主的意识障碍是
A. 嗜睡　B. 朦胧状态　C. 漫游症
D. 谵妄　E. 人格解体

3. 以意识内容改变为主的意识障碍是
A. 嗜睡　B. 朦胧状态　C. 漫游症
D. 谵妄　E. 人格解体

4. 以意识范围改变为主的意识障碍是
A. 嗜睡　B. 昏迷　C. 漫游症
D. 谵妄　E. 人格解体

5. 属于对自我的意识障碍包括
A. 交替人格　B. 双重人格
C. 人格转换　D. 人格解体
E. 以上均是

6. **不属于**高自杀风险患者的临床特征的是
A. 自罪妄想
B. 合并严重或难治的慢性躯体疾病
C. 自杀史
D. 家族自杀史
E. 夸大妄想

7. 关于攻击行为，说法**错误**的是
A. 普通人群中男女发生攻击行为的比例为 9∶1
B. 精神障碍患者中男女攻击行为的比例与普通人群相似
C. 精神障碍女性患者攻击对象以家人为主，且相对频繁
D. 精神障碍男性患者攻击的危害较大
E. 攻击、暴力行为存在一定的家族聚集现象

8. 对自杀未遂者的心理特征描述，**错误**的是
A. 优柔寡断、丧失自尊
B. 多数自杀者表现为情绪不稳定、不成熟的神经质倾向
C. 具有冲动性和盲目性，不及后果等特点
D. 难于获得较多的社会支持资源，适应性差
E. 自杀者一般存在不良的认知模式

9. 关于抑郁患者的自杀，叙述**错误**的是
A. 抑郁症患者是公认的自杀高危人群
B. 有抑郁情绪的患者，如出现情绪的突然"好转"，应警惕自杀的可能
C. 对抑郁症患者进行追踪调查时发现：出院时间越长，自杀的比率越高

2.【答案】A
【考点】急诊意识障碍的临床特点☆☆

3.【答案】D
【考点】急诊意识障碍的临床特点☆☆

4.【答案】C
【考点】急诊意识障碍的临床特点☆☆

5.【答案】E
【考点】急诊意识障碍的临床特点☆

6.【答案】E
【解析】高自杀风险的临床特征主要有：①严重的自杀观念和自罪妄想、命令性幻听；②合并严重或难治的慢性躯体疾病；③双相障碍、抑郁障碍、精神分裂症、边缘型（冲动型）人格障碍等；④自杀史和家族自杀史；⑤最近或持久的应激生活事件是重要的自杀促成因素。
【考点】精神科门急诊常见问题处理☆☆

7.【答案】B
【解析】普通人群男女发生攻击行为的比例为 9∶1，精神障碍患者中差异不明显，女性攻击对象以家人为多，且相对频繁，男性攻击的危害较大。
【考点】精神科门急诊常见问题处理☆☆

8.【答案】A
【解析】对自杀未遂者的研究发现，他们常有某些共同的心理特征：①认知方式。自杀者一般存在不良的认知模式，如非此即彼、以偏概全、易走极端等，在挫折和困难面前不能对自身和周围环境作出客观评价，对人、对事、对己、对社会均倾向于从阴暗面看问题，自卑或自尊心过强。②情感。自杀者通常有各种慢性的痛苦、焦虑、抑郁、愤怒、厌倦和内疚的情绪特征他们对这种负性的情绪体验难于接受，缺乏精神支柱。多数自杀者表现为情绪不稳定、不成熟的神经质倾向。③意志行为。具有冲动性和盲目性，不计后果等特点，常缺乏持久而广泛的人际交往，回避社交，难于获得较多的社会支持资源，适应性差，对新环境适应困难，可具有一定的攻击性。
【考点】精神科门急诊常见问题处理☆☆

9.【答案】D
【解析】精神疾病患者，特别是抑郁症、精神分裂症、酒精、药物依赖患者是公认的自杀高危人群。有抑郁情绪的患者，如出现情绪的突然"好转"，应警惕自杀的可能。抑郁症的自杀并不一定只出现在疾病的高峰期，在疾病的缓解期同样有较高的自杀风险。
【考点】精神科门急诊常见问题处理☆☆

D. 抑郁症的自杀只出现在疾病的高峰期，在疾病的缓解期没有自杀风险
E. 应加强对抑郁症患者出院后的随访工作

【A2 型题】

1. 患者，男，20 岁，诊断“双相情感障碍，目前为不伴有精神病性症状的重度抑郁发作”，目前服用舍曲林 50mg/d、拉莫三嗪 50mg/d 治疗，情绪已明显改善。服用拉莫三嗪 50mg/d 1 月，患者来诊，诉昨日开始出现皮疹，伴低热，体温 37.2℃，今日皮疹增多，体温恢复正常，体格检查见多发、孤立的水疱及红晕，以下处理**错误**的是
A. 考虑拉莫三嗪皮疹的可能，继续观察
B. 根据临床表现，考虑患者可能出现水痘
C. 立即通知护士，对诊室消毒
D. 要求患者立即皮肤科就诊，并电话通知门诊医生诊断处理结果
E. 医生接触患者后需要洗手

2. 患者，女，30 岁，产后 2 个月，1 个月情绪不好、急躁、失眠、发呆，有过两次自杀企图，被家人发现制止。最恰当的治疗建议是
A. 建议住院治疗
B. 家属带患者外出
C. 家属帮助患者带孩子，让患者多休息
D. 给予安眠药治疗
E. 给予抗精神病药物治疗

3. 患者，男，诊断“精神分裂症”，在家兴奋冲动，认为父母不是亲生，难以管理，患者最近 1 年拒绝服药，最恰当的治疗建议是
A. 给予情绪稳定剂治疗
B. 给予家庭治疗
C. 父母不要和患者住在一起
D. 让患者增加与人交往
E. 建议住院治疗

4. 患者，女，16 岁，怕胖，节食减肥 1 年，强迫运动，之前体重 55kg，目前体重 35kg，闭经，情绪不稳定，不能上学，家属劝说不听，和家长发脾气。首选治疗方案是
A. 劝说患者多吃饭
B. 给予助消化药
C. 住院治疗
D. 给予奥氮平治疗
E. 建议患者激素治疗，恢复月经

1.【答案】A
【解析】门诊发现可疑传染病患者，应立即报告，消毒；请患者至相关科室就诊，并追踪诊疗结果。拉莫三嗪皮疹是较常见的副作用，但此患者皮疹存在水疱，不是拉莫三嗪典型皮疹，不应单纯考虑药疹，以免耽误治疗。
【考点】精神科门急诊常见问题处理☆☆

2.【答案】A
【解析】此题考核对于门诊自伤自杀患者的处理。青年女性，产后出现情绪低落、急躁、失眠、发呆以及自杀企图，自杀风险较高，故建议患者住院治疗。
【考点】精神科门急诊常见问题处理☆☆

3.【答案】E
【解析】患者在家兴奋冲动，难以管理，且拒绝服药，最恰当的治疗建议是住院治疗。
【考点】精神科门急诊常见问题处理☆☆

4.【答案】C
【解析】该患者系神经性厌食，情绪不稳定，家属劝说不听，对家长发脾气，院外治疗依从性较差，应建议住院治疗。
【考点】精神科门急诊常见问题处理☆☆

5. 患者，男，20 岁，病程两年，逐渐懒散，不愿与人交往，半年来不去上课，待在家里睡觉或者上网，个人卫生差，不洗澡，洗脸刷牙不主动，就诊时头发脏、很多头屑。答话简短，只说“不想做”。表情平淡，否认情绪不好。对学业和将来都无打算。对于该患者，考虑最可能的诊断为

A. 抑郁发作
B. 精神分裂症
C. 心境恶劣
D. 病理性上网
E. 未见明显精神异常

5.【答案】B
【解析】该患者以阴性症状为主，病程两年，否认情绪低落，其最可能的诊断为精神分裂症。
【考点】精神科门急诊常见问题处理☆☆

6. 患者，男，25 岁，病程 3 年，觉得同学上课总发出声音干扰自己、欺负自己，不去上学，待在家里，暴躁易怒、曾在外院治疗，诊断精神分裂症，给予奥氮平治疗 20mg/d。服药 2 个月后患者暴躁症状控制，但仍有敏感多疑，且体重增加 10kg，并出现睡眠多，懒散少动，家属带来就诊。下列更恰当的建议是

A. 立即停用奥氮平，换用对体重和睡眠影响小的药物
B. 建议患者服用减肥药
C. 加用抗抑郁药物
D. 奥氮平逐渐减量，同时加用对体重和睡眠影响较小的药物
E. 建议患者维持目前治疗

6.【答案】D
【解析】该患者使用奥氮平 20mg/d，治疗 2 个月，病情有所改善，但仍有敏感多疑，且出现体重增加、嗜睡等不良反应，故可考虑将奥氮平逐渐减量，换用对体重和睡眠影响较小的药物。
【考点】精神科门急诊常见问题处理☆☆

7. 患者，男，30 岁，于 2009 年、2012 年、2016 年反复三次出现认为别人议论自己、认为父母害自己伴敌意冲动行为，三次发病均住院治疗，治疗症状基本能控制，出院后半年左右就不规律用药，病情逐渐波动。最恰当的治疗建议是

A. 使用长效针剂
B. 长期住院治疗
C. 家属强迫患者服药
D. 劝说患者坚持用药
E. 心理治疗

7.【答案】A
【解析】对于出院后治疗依从性较差的患者，应建议使用长效针剂治疗。
【考点】精神科门急诊常见问题处理☆☆

8. 患者，女，18 岁，月经不规律，既往史无特殊。首次诊断为精神分裂症。可考虑优先选择的药物是

A. 奥氮平　B. 利培酮　C. 喹硫平
D. 氯氮平　E. 阿立哌唑

8.【答案】E
【解析】抗精神病药物有可能升高血催乳素引起闭经，而上述药物中阿立哌唑对血催乳素影响相对少。
【考点】药物引起月经紊乱或闭经不良反应☆

9. 患者，男，62 岁，精神分裂症，服用齐拉西酮 120mg/d 治疗一个月，复诊时最需要重视的检查是

A. 肝功能　B. 肾功能
C. 心电图　D. 体重
E. 血糖

9.【答案】C
【解析】此题主要考查抗精神病药物对心脏 QTc 的影响，尤其是老年患者，齐拉西酮相比其他抗精神病药物引起心脏 QTc 延长概率高，需要定期检查心电图。
【考点】药物对心脏的不良反应☆☆

10. 患者，男，34 岁，患精神分裂症 5 年，服氯氮平 400mg/d，家人发现一周来患者有几次双眼上翻，呼之不应，持续 1min 左右。最需要紧急评估的是

A. 肝功能　B. 肾功能　C. 心电图
D. 脑电图　E. 血糖

10.【答案】D
【解析】此题主要考查抗精神病药物对癫痫的影响，氯氮平通过阻断 H1 受体引起癫痫发作，300mg/d 以上剂量，癫痫发作率为 1%~2%，需要定期检查脑电图。
【考点】药物引起癫痫的不良反应☆☆

【A3/A4 型题】

（1~3 题共用题干）
患者，中年男性，诊断精神分裂症，服用利培酮 4mg/d 2 周，出现坐立不安，眼球上翻，手抖，走路姿势僵硬。

1. 医生查体评估，最可能的体征
A. 腱反射亢进　B. 上肢肌张力下降
C. 上肢肌张力增高　D. 共济失调
E. 闭目难立征

1.【答案】C
【解析】此题主要考查抗精神病药物常见不良反应的查体。
【考点】锥体外系反应☆☆

2. 医生评估后，考虑最有可能增加的诊断为
A. 静坐不能　B. 锥体外系综合征
C. 帕金森病　D. 迟发性运动障碍
E. 震颤

2.【答案】B
【解析】此题主要考查抗精神病药物常见不良反应锥体外系综合征的临床表现。
【考点】锥体外系反应☆

3. 该患者因为手抖无法拿笔写字，可以给予的药物是
A. 劳拉西泮　B. 艾司唑仑
C. 苯海索　D. 多巴丝肼
E. 金刚烷胺

3.【答案】C
【解析】此题需在前一题判定正确情况下结合病例特点选择合适的处理。对于药源性帕金森综合征可以口服抗胆碱能药物苯海索治疗。
【考点】不良反应的处理☆☆

（4~7 题共用题干）
患者，女，50 岁，患双相情感障碍 20 余年，曾服用碳酸锂治疗平稳。近期停药后又出现兴奋话多，睡眠少，行为冲动，家人给其服碳酸锂 1g/d 合并氟哌啶醇 15mg/d，5d。患者出现体温上升至 39℃，尿失禁，全身大汗，意识模糊，胳膊僵硬。

4. 此患者最可能的诊断是
A. 精神分裂症　B. 脑炎
C. 躁狂发作　D. 恶性综合征
E. 谵妄

4.【答案】D
【解析】中年女性，慢性病史 20 余年，既往使用过碳酸锂治疗，近期停药后病情波动，合并使用碳酸锂、氟哌啶醇治疗后出现体温升高、尿失禁、全身大汗、意识模糊、肢体僵硬，该患者最可能的诊断是恶性综合征。
【考点】恶性综合征与谵妄鉴别☆☆

5. 此患者实验室检查最常见的异常结果是
A. 肌酐增高　B. 谷丙转氨酶升高
C. 谷草转氨酶升高　D. 血钾低
E. 肌酸磷酸激酶升高

5.【答案】E
【解析】肌酸磷酸激酶升高是恶性综合征患者最常见的异常实验室检查结果。
【考点】肌酸磷酸激酶升高是肌肉强直和高热所致☆☆

6. 下列处理中，错误的是
A. 转诊到重症监护室　　B. 换用奥氮平
C. 停用碳酸锂　　D. 快速静脉补液
E. 停用氟哌啶醇

6.【答案】B
【解析】恶性综合征的治疗措施包括：及时停用原药物，尽快转诊至重症监护室，早期应用硝苯芙海因及溴隐亭，快速静脉补液，防治并发症。
【考点】恶性综合征的治疗☆☆

7. 患者重新使用抗精神病药需在上述病情缓解后至少多长时间
A. 2h　　B. 2d　　C. 2周
D. 4周　　E. 2月

7.【答案】C
【解析】恶性综合征缓解后2周可考虑重新使用抗精神病药。
【考点】恶性综合征的治疗☆☆

(8~9题共用题干)
患者，男，45岁，精神分裂症20年，长期服用氯氮平200mg/d，经常便秘，一周未排便。

8. 急诊时医生需要优先考虑评估
A. 有无失眠　　B. 有无呕吐
C. 有无恶心　　D. 有无排气
E. 有无发热

8.【答案】D
【解析】此题了解氯氮平常见的严重不良反应——麻痹性肠梗阻的临床表现，患者长期服用氯氮平，一周未排便，应考虑有无麻痹性肠梗阻的可能性，故优先考虑评估有无排气。
【考点】麻痹性肠梗阻的评估☆☆

9. 下列需要优先进行的检查是
A. 腹部X线　　B. 肾功能
C. 心电图　　D. 脑电图
E. 头颅CT

9.【答案】A
【解析】腹部X线检查可以排除是否有麻痹性肠梗阻。
【考点】麻痹性肠梗阻的评估☆☆

(10~12题共用题干)
患者，女，78岁，骨折麻醉术后出现夜间兴奋不安，诉看到房间起火，拔输液器。

10. 最可能的诊断是
A. 痴呆　　B. 脑炎　　C. 谵妄
D. 幻觉　　E. 妄想

10.【答案】C
【解析】老年女性，骨折麻醉术后出现，夜间兴奋不安，诉看到房间起火，拔输液器，该患者最可能的诊断是谵妄。
【考点】意识障碍☆

11. 患者注射氟哌啶醇2周后出现坐立不安，经常从座位上起来来回走动，此症状符合的诊断是
A. 静坐不能　　B. 锥体外系综合征
C. 帕金森病　　D. 迟发性运动障碍
E. 震颤

11.【答案】A
【解析】注射高效价抗精神病药氟哌啶醇2周后出现坐立不安，经常从座位上起来，来回走动，最可能出现的不良反应是静坐不能。
【考点】静坐不能临床表现☆☆

12. 躯体疾病所致的急性精神障碍的临床特征不包括
A. 躯体疾病的性质和严重程度可以解释精神症状
B. 精神症状多发生在躯体疾病的急性加重期
C. 谵妄状态较为常见
D. 妄想状态较为常见
E. 躯体改善后精神症状也相应缓解

12.【答案】D
【解析】躯体疾病所致的急性精神障碍一般以谵妄状态较为常见，很少出现妄想状态，而且往往发生在躯体疾病的急性加重期，随躯体疾病而消长。
【考点】躯体疾病所致的急性精神障碍的临床特征☆☆

(13~14 题共用题干)

患者,男,34 岁,病程近两月,逐渐加重少语少动,三天来整日躺在床上,闭着眼睛,不吃不喝,口水也不吐。扒他的眼皮、拉他的手,患者都有抵抗。把他的枕头移走,患者的头维持原来的位置。

13. 对此患者的治疗建议是

A. 要求家属带着患者运动

B. 输液治疗

C. 鼻饲治疗

D. 给予奥氮平治疗

E. 住院治疗

13.【答案】E

【解析】青年男性,木僵 3d,病情严重且生活完全不能自理,应建议尽快住院治疗。

【考点】精神科门急诊常见问题处理☆☆

14. 对该患者起效可能最快的治疗方法是

A. 口服抗精神病药物治疗

B. 输液治疗

C. 鼻饲治疗

D. 心理治疗

E. 改良电休克治疗

14.【答案】E

【解析】木僵患者首选无抽搐电休克治疗。

【考点】精神科门急诊常见问题处理☆☆

(15~16 题共用题干)

患者,男,72 岁,因“胸前区疼痛 5h”急诊入重症监护室监护。当日夜间突然出现兴奋躁动、大叫、打人,认为自己 22 岁,现在在家里,护士是闯入家里的敌人,要伤害自己。

15. 患者目前状态的描述,最准确的是

A. 谵妄状态

B. 失眠状态

C. 幻觉状态

D. 躁狂状态

E. 抑郁状态

15.【答案】A

【解析】患者老年男性,急诊入重症监护室,急性病程,目前存在人物、地点定向力不全,妄想,兴奋躁动,最准确的判断是谵妄状态。

【考点】精神科门急诊常见问题处理☆☆

16. 针对患者目前状态,以下治疗**错误**的是

A. 有效维持呼吸及循环,注意患者生命体征

B. 通过鼻饲或静脉输液,维持机体足够的营养和液体

C. 给予肌内注射苯二氮䓬类药物治疗

D. 必要时给予抗精神病药治疗

E. 维持稳定的环境

16.【答案】C

【解析】苯二氮䓬类药物可能加重谵妄病情,除非酒精戒断患者的震颤谵妄,否则不常规使用。

【考点】精神科门急诊常见问题处理☆☆

【案例分析题】

案例一:患者,男,24 岁,因“情绪低落,睡眠差 1 月”来诊。患者 1 月前找工作受到挫折,逐渐出现情绪差,高兴不起来,疲乏,悲观,自我评价低,自责,失眠,近 1 周有时整夜不能入睡。饮食、二

便正常。

提问 1：以下关于门诊诊疗过程，**不恰当**的是

A. 医生不主动提出自杀问题，以免给患者误导，只在患者主动流露自杀相关信息时澄清相关问题

B. 即使患者未提出存在自杀观念，也主动询问相关问题

C. 如果患者配合，应首先与患者晤谈，而不是先让家属汇报病史

D. 除情绪相关问题，也要询问是否存在精神病性症状

E. 应建立良好的医患关系

F. 要求患者一定努力和他人交往，不要无所事事

G. 要求患者每天运动 1h 以上

H. 指出患者性格欠佳、抗挫能力差，要求患者改正

提问 1：【答案】AFGH

【解析】早期接触患者时即需要对患者自杀风险保持敏感，及时进行初步评估。即使患者没有主动流露自杀观念，也应主动、直接进行评估。患者处于较重抑郁状态时，医生过早建议患者多运动、与人交往或改变性格，反而增加患者的挫败感，不利于病情改善。

【考点】精神科门急诊常见问题处理☆☆

提问 2：该患者有希望自己死了的想法，觉得活着没有意思，"要是有一辆车突然撞死了自己，也是一种解脱"。但并没有主动伤害自己或自杀的想法或计划。没有自伤自杀的行为。根据"自杀风险等级评估"，患者目前的自杀风险等级为

A. 没有风险

B. 低风险

C. 中等风险

D. 高度风险

E. 信息不足，无法评估

提问 2：【答案】B

【解析】自杀风险评估的方法要临床评估结合量化评估。根据住院医师规范化培训教材《精神病学》的自杀风险等级评估表，该患者目前自杀风险为低风险。

【考点】精神科门急诊常见问题处理☆☆

提问 3：门诊向患者处方氟西汀 20mg，1 次 /d，嘱患者 1 周复诊。复诊时患者诉说服药后感到焦虑，坐立不安，这几天又遇到了不顺心的事，情绪更差了，而且睡眠也更差了，连续几天都彻夜不眠，不想活的想法明显加重了，经常觉得活着痛苦，甚至想过跳楼自杀。恰当的做法是

A. 建议患者住院治疗

B. 解释劝说，要求患者继续服药

C. 加用苯二氮䓬类药物缓解焦虑

D. 加用改善睡眠药物

E. 向患者家属说明目前情况，要求家属加强看护陪伴，严防自杀

F. 将氟西汀加量，以尽快起效

G. 停止用药

H. 换用文拉法辛

提问 3：【答案】ACDE

【解析】1 周后，患者目前已处于高度自杀风险状态，可能与 SSRI 类药物早期引起焦虑激越、近期生活事件、严重失眠有关，此时需立即给予积极干预，可住院，给予缓解焦虑、改善睡眠质量，争取家属的配合，陪伴对于减少自杀有重要作用。B 选项，只给予解释，不积极干预，是错误的，停药或换用 SNRI 类也不是恰当的做法。

【考点】精神科门急诊常见问题处理☆☆

案例二：患者，女，57 岁，儿女发现患者近 3 周行为紊乱，健忘，乱放东西，夜间睡眠差。情绪越来越暴躁，频繁与家人争吵。近期一次争吵中打女儿耳光，女儿决定带母亲来精神科急诊。病前性格友好、有活动，家庭关系和睦。

提问 1：关于评估即将发生暴力行为的可能性的内容，正确的是

A. 是否有攻击他人的历史

提问 1：【答案】ABCDEFGH

【考点】精神科门急诊常见问题处理☆☆

B. 是否目前有饮酒或吸毒

C. 患者是否激动、不安

D. 患者是否强求、高声大叫

E. 患者是否多疑

F. 是否有伤害自己的风险

G. 是否有毁物的风险

H. 是否有意识障碍

提问2:经评估,发现患者有攻击他人的历史,目前激动、不安、多疑。这种情况下,检查患者时,应注意的是

A. 避开家属,单独检查患者

B. 不要单独检查患者

C. 不要将患者带到封闭房间

D. 要将患者带到封闭、安静的房间

E. 不要与患者对抗

F. 安抚患者

G. 与患者保持一定距离

H. 直接收入院治疗

提问2:【答案】BCEFG

【解析】上一题的评估问题中,任一问题回答是肯定的,都说明患者存在即将发生暴力行为的可能性,这时检查患者时应注意:①不要单独检查患者;②不要将患者带到封闭房间;③不要与患者对抗;④安抚患者;⑤与患者保持一定距离。

【考点】精神科门急诊常见问题处理☆☆

提问3:对该患者的处理中,恰当的是

A. 急查血常规、电解质、血糖等

B. 检查头颅 MRI

C. 言语安抚,必要时身体约束,应用药物

D. 给予精神分析心理治疗

E. 寻找病因,排除器质性疾病

F. 给予镇静安眠药治疗

G. 给予碳酸锂治疗

H. 对症治疗

提问3:【答案】ABCEH

【解析】对于有暴力行为的患者,首先应进行紧急处理,可以单独或综合运用控制暴力行为的方法,如言语安抚、身体约束、应用药物,具体应用取决于患者的情况,优先考虑的是安全;其次是长期治疗,包括药物治疗、行为治疗、心理治疗。该患者为老年女性,亚急性起病,还需要对患者进一步检查以排除器质性疾病。

【考点】精神科门急诊常见问题处理☆☆

案例三:患者,女,82岁,年轻时有过神经衰弱,7年来有过3次抑郁发作,经抗抑郁药物治疗后均恢复正常。近两年来未服药,情绪、行为、记忆力均正常,照顾老伴。1周来突然出现言语行为紊乱,认为保姆要害死自己,儿子劝说时扇儿子耳光,凭空闻语,说听到佛祖指挥自己做事,在家对着墙上的画说话、下跪,外走,找不到家,记忆力差,常忘记自己的物品放在哪里。

提问1:对于此患者,首先要考虑的情况是

A. 抑郁发作

B. 躁狂发作

C. 痴呆状态

D. 幻觉妄想状态

E. 谵妄状态

F. 冲动状态

G. 兴奋状态

H. 戒断状态

提问1:【答案】CE

【解析】老年患者,记忆力差,突然出现言行紊乱,最有可能考虑为痴呆状态或谵妄状态。

【考点】精神科门急诊常见问题处理☆☆

提问 2：对于该患者，需进行的检查是

A. 全面体格检查
B. 神经系统检查
C. 认知能力测试
D. 血常规
E. 血生化
F. 头颅 MRI
G. 电解质
H. 明尼苏达人格测查

提问 2：【答案】ABCDEFG

【解析】老年患者，突然出现言行紊乱，为明确诊断，应进行全面体格检查、神经系统检查、头颅 MRI 检查、认知能力测试和实验室检查（如血常规、血生化和血清电解质）。

【考点】精神科门急诊常见问题处理☆☆

第三篇　基本技能知识

第一章　本专业基本技能知识

第一节　临床常用物理治疗技术

【A1型题】

1. 改良电休克治疗的适应证不包括
   A. 严重抑郁，有强烈自伤、自杀企图及行为者，以及明显的自责自罪者
   B. 极度兴奋躁动，冲动伤人者
   C. 拒食、违拗和紧张性木僵者
   D. 以阴性症状为主的精神分裂症患者
   E. 精神药物治疗无效或对药物治疗不能耐受者

2. 改良电休克治疗的禁忌证不包括
   A. 急性全身感染、发热　　B. 中枢神经系统炎症
   C. 心律失常　　D. 青光眼
   E. 老年人或孕妇患者

3. 有强烈自伤、自杀企图的抑郁症患者，若无禁忌证，首选
   A. 单用一种抗抑郁药
   B. 合用两种不同类型的抗抑郁药
   C. 改良电休克治疗
   D. 合用抗精神病药和抗抑郁药
   E. 合用抗躁狂药和抗抑郁药

4. 改良电休克治疗在术前应做的准备不包括
   A. 详细的体格检查，包括神经系统检查
   B. 禁食、禁水 12h 以上
   C. 治疗前 8h 停服抗癫痫药和抗焦虑药或治疗期间避免应用这些药物
   D. 治疗前测体温、脉搏、血压
   E. 治疗前 15~30min 皮下注射阿托品 0.5~1.0mg

1.【答案】D
【考点】电休克治疗的适应证☆☆

2.【答案】E
【解析】此题主要考查对改良电休克治疗禁忌证的掌握情况。电休克治疗的禁忌证包括：①严重脑器质性及躯体疾病；②急性的全身感染、发热；③肌肉松弛剂过敏者。上述禁忌证主要考虑了抽搐发作和全麻两方面的风险。当抽搐发作时，颅内压会突然增高，易引起脑出血、脑组织损伤、脑疝、视网膜脱落等。严重躯体疾病，如心血管疾病，严重呼吸系统疾病，严重的肝、肾疾病，急性全身感染，以及肌肉松弛剂过敏等增加麻醉风险。老年人、儿童及孕妇改良电休克治疗的禁忌证较传统电休克治疗少，如老年和孕妇患者可以应用。
【考点】电休克治疗的禁忌证☆☆

3.【答案】C
【考点】电休克治疗的适应证☆☆

4.【答案】B
【解析】此题主要考查对改良电休克治疗治疗前准备的掌握情况。电休克治疗前准备包括：①详细的体格检查，包括神经系统检查。必要时进行实验室检查和辅助检查，如血常规、血生化、心电图、脑电图、胸部和脊柱X线片。②获取知情同意书。③治疗前 8h 停服抗癫痫药和抗焦虑药或治疗期间避免应用这些药物，禁食、禁水 4h 以上，治疗期间应用的抗精神病药或抗抑郁药或锂盐，应采用较低剂量。④准备好各种急救药品和器械。⑤治疗前测体温、脉搏、血压。⑥通常于治疗前 15~30min 皮下注射阿托品 0.5~1.0mg。⑦排空大小便，取出活动义齿，解开衣袋、领扣，取下发卡等。
【考点】电休克治疗的临床应用☆☆

5.【答案】A

【解析】此题主要考查改良电休克治疗治疗前准备。电休克治疗前应测体温、脉搏、血压。如体温在37.5℃以上,脉搏120次/min以上或低于50次/min,血压超过150/100mmHg或低于90/50mmHg,应禁用。

【考点】电休克治疗的临床应用☆☆

6.【答案】D

【解析】此题主要考查改良电休克治疗治疗前准备。术前皮下注射阿托品的作用是防止迷走神经过度兴奋,减少分泌物。

【考点】电休克治疗的临床应用☆☆

7.【答案】B

【考点】电休克治疗的临床应用☆☆

8.【答案】C

【解析】此题主要考查改良电休克治疗操作方法。电休克治疗电量的原则上以引起痉挛发作的最小量为准。一般选80~120mA,如未出现抽搐发作或发作不完全,多为电极接触不好或通电时间不够,应尽快在正确操作下重复治疗一次,否则,应该在增加电量10mA或酌情增加通电时间情况下进行治疗。

【考点】电休克治疗的临床应用☆☆

9.【答案】D

【解析】此题主要考查经颅磁刺激治疗。经颅磁刺激是一种非侵入性的脑刺激,由磁场产生诱发电流,引起脑皮质靶点神经元去极化。美国、加拿大等国家已批准经颅磁刺激用于治疗抑郁症。

【考点】其他物理治疗技术☆

10.【答案】A

【解析】此题主要考查经颅磁刺激治疗。重复经颅磁刺激的频率从1~20Hz不等,低频刺激(≤1Hz)降低神经元的兴奋性,高频刺激(10~20Hz)提高神经元的兴奋性。经颅磁刺激不需麻醉,不诱发癫痫,不引起定向障碍和认知损害。

【考点】其他物理治疗技术☆

5. 改良电休克治疗前需测体温、脉搏、血压,应禁用该治疗的情况是

A. 体温37.5℃以上
B. 脉搏100次/min以上
C. 脉搏60次/min以下
D. 血压超过150/90mmHg
E. 血压低于90/60mmHg

6. 改良电休克治疗之前需注射阿托品0.5~1.0mg,其作用是

A. 松弛肌肉
B. 扩瞳
C. 预防治疗中可能出现的小便失禁
D. 减少分泌物
E. 麻醉

7. 下列改良电休克治疗的电极安置方式中,抽搐效果最好的是

A. 优势侧颞部
B. 双侧颞部
C. 头顶部和非优势侧颞部
D. 非优势侧颞部
E. 优势侧额部

8. 改良电休克治疗电量的调节的原则

A. 不得高于80mA
B. 不得低于120mA
C. 以引起痉挛发作的最小量为准
D. 如出现未抽搐,则立即增加电量直至抽搐发作
E. 从0mA开始缓慢增加电量直至出现抽搐为止

9. 关于经颅磁刺激的原理及应用,说法正确的是

A. 经颅磁刺激是一种侵入性的脑刺激
B. 经颅磁刺激由电流诱发磁场,引起脑皮质靶点神经元去极化
C. 适用于治疗神经性厌食症
D. 适用于治疗抑郁症
E. 适用于治疗帕金森病

10. 下列关于经颅磁刺激的说法,**错误**的是

A. 低频刺激提高神经元的兴奋性
B. 经颅磁刺激的频率从1~20Hz不等
C. 经颅磁刺激不需要麻醉
D. 经颅磁刺激不诱发癫痫

E. 经颅磁刺激不引起定向障碍和认知损害

11. 下列关于经颅磁刺激的刺激强度说法，**错误**的是
A. 刺激强度用占运动阈值的百分比来衡量
B. 在 10 次磁刺激中能够至少引起 1 次手部肌肉抽搐的最小的刺激强度即为运动阈值
C. 过高的刺激强度会带来痉挛发作的风险
D. 通常用 80%~120% 的运动阈值作为磁刺激的治疗参数
E. 刺激强度因人而异

11.【答案】B
【解析】此题主要考查经颅磁刺激治疗。重复经颅磁刺激的刺激强度用占运动阈值的百分比来衡量，在 10 次磁刺激中能够至少引起 5 次手部肌肉抽搐的最小的刺激强度即为运动阈值。
【考点】其他物理治疗技术☆

12. 经颅磁刺激每次治疗通常持续
A. 10min　B. 20min　C. 30min
D. 40min　E. 60min

12.【答案】C
【考点】其他物理治疗技术☆

13. 经颅磁刺激每周治疗的次数通常为
A. 1 次　B. 2 次　C. 3 次
D. 5 次　E. 7 次

13.【答案】D
【考点】其他物理治疗技术☆

14. 经颅磁刺激每个疗程为
A. 1 周　B. 2~4 周　C. 6~7 周
D. 8~9 周　E. 10 周

14.【答案】B
【考点】其他物理治疗技术☆

15. 经颅磁刺激常见的不良反应包括
A. 恶心、呕吐　B. 全身肌肉酸痛
C. 视幻觉　D. 头痛
E. 意识障碍

15.【答案】D
【解析】此题主要考查经颅磁刺激治疗不良反应。经颅磁刺激常见不良反应有头痛及头皮痛、癫痫发作、认知功能损害。
【考点】其他物理治疗技术☆

16. 下列各项，目前**不可**用于治疗强迫症的是
A. 电休克治疗　B. 重复经颅磁刺激
C. 深部脑刺激　D. 认知行为治疗
E. 迷走神经电刺激

16.【答案】E
【解析】此题主要考查对其他物理治疗的适应证的了解情况。强迫症患者部分采用电休克治疗或重复经颅磁刺激可能有一定效果，对于严重功能受损的难治性强迫症患者可慎重选用深部脑刺激等治疗。
【考点】其他物理治疗技术☆

17. 神经性贪食可选用的物理治疗是
A. 电休克治疗　B. 生物反馈
C. 重复经颅磁刺激　D. 深部脑刺激
E. 电针治疗

17.【答案】B
【考点】其他物理治疗技术☆

18. 关于脑深部电刺激说法，**错误**的是
A. 脑深部电磁刺激是一种神经外科手术疗法
B. 以高频电刺激打断神经、精神疾病的异常神经活动
C. 脑深部电刺激是治疗抑郁症的首选物理治疗
D. 手术将刺激电极植入基底神经核区等脑区

18.【答案】C
【考点】其他物理治疗技术☆

19.【答案】A

【考点】其他物理治疗技术☆

20.【答案】E

【解析】此题主要考查电休克治疗的临床应用。电休克治疗后需要用药物维持治疗。

【考点】电休克治疗的临床应用☆☆

21.【答案】C

【解析】此题主要考查电休克治疗的临床应用。电休克治疗合并药物治疗躁狂发作的患者应适当减少药物剂量。

【考点】电休克治疗的临床应用☆☆

22.【答案】B

【解析】此题主要考查改良电休克治疗中抽搐发作相关因素。电休克治疗中抽搐发作与否与患者年龄、性别、是否服药及既往是否接受过电休克治疗有关。

【考点】电休克治疗的临床应用☆☆

23.【答案】B

【解析】此题主要考查电休克治疗的抽搐后处理。电休克治疗后患者如果呼吸恢复不好,应及时行人工呼吸。

【考点】电休克治疗的临床应用☆☆

24.【答案】C

【解析】此题主要考查改良电休克治疗中抽搐发作相关因素。一般情况,年轻男性、未服用镇静催眠药和抗癫痫药者,较易发作。

【考点】电休克治疗的临床应用☆☆

E. 电刺激靶点是影响其疗效的重要因素

19. 不可用于治疗抑郁症的是

A. 电针治疗　　B. 电休克治疗

C. 重复经颅磁刺激　　D. 脑深部电磁刺激

E. 迷走神经刺激

20. 关于抑郁症的电休克治疗说法,错误的是

A. 对于有严重消极自杀言行的抑郁症患者应首选电休克治疗

B. 对于有抑郁性木僵的患者,应首选电休克治疗

C. 对使用抗抑郁药物治疗无效的患者可使用电休克治疗

D. 电休克治疗 6~12 次为一个疗程

E. 电休克治疗后不需药物维持治疗

21. 关于双相障碍躁狂发作的电休克治疗说法,错误的是

A. 对于急性重度躁狂发作的患者可使用电休克治疗

B. 对情绪稳定剂治疗无效或不能耐受的患者可使用电休克治疗

C. 合并药物治疗的患者应加大药物剂量

D. 躁狂发作的电休克治疗 4~10 次为一个疗程

E. 可单独应用或合并药物治疗躁狂发作

22. 与电休克治疗中抽搐发作与否无关的因素是

A. 患者年龄

B. 患者体重

C. 患者性别

D. 患者是否服药

E. 患者既往是否接受过电休克治疗

23. 电休克治疗后的处理不包括

A. 抽搐停止、呼吸恢复后,应将患者侧卧更好

B. 如呼吸恢复不好,可继续观察,无须特殊处理

C. 至少休息 30min,观察生命体征和意识恢复情况

D. 躁动者防止跌伤

E. 待患者意识清醒后,酌情起床活动进食

24. 一般情况,电休克治疗中更易抽搐发作的是

A. 老年人　　B. 女性

C. 未服用镇静催眠药者　　D. 服用抗癫痫药物者

E. 肥胖患者

25. 影响经颅磁刺激疗效的因素**不包括**
A. 性别
B. 年龄
C. 是否伴精神病性症状
D. 既往对经颅磁刺激治疗的反应
E. 脑部基础生理学

25.【答案】A
【解析】此题主要考查经颅磁刺激治疗。影响其疗效的因素包括年龄、是否伴精神病性症状、既往对重复经颅磁刺激的反应，脑部基础生理学、重复经颅磁刺激频率等技术参数。
【考点】其他物理治疗技术☆

26. 有研究提出外侧缰核为脑深部电刺激新靶点，关于选择该靶点的原理说法，**错误**的是
A. 缰核是直接控制体内 5-HT、NE 神经元活动的关键部位
B. 抑郁发作时缰核活动过度
C. 抑郁发作时缰核对中缝核的抑制作用加强
D. 抑郁发作时缰核的活动异常最终导致 5-HT 等递质释放减少
E. 低频刺激外侧缰核可以改变其活动水平而达到治疗抑郁障碍的目的

26.【答案】E
【解析】此题主要考查脑深部电刺激的原理。其作用原理可能为：缰核是直接控制体内 5-HT、NE 神经元活动的关键部位，抑郁发作时缰核活动过度而对中缝核的抑制作用加强，导致 5-HT 等递质释放减少，高频刺激外侧缰核可以抑制缰核的过度活动水平而达到治疗抑郁障碍的目的。
【考点】其他物理治疗技术☆

27. 精神分裂症患者已接受合适的抗精神病药物治疗，但仍表现持续的阳性精神病性症状，除了电休克治疗外，还经常选用的物理治疗为
A. 生物反馈　B. 脑波治疗
C. 重复经颅磁刺激　D. 深部脑刺激
E. 电针治疗

27.【答案】C
【考点】其他物理治疗技术☆

28. 治疗精神疾病常用的物理治疗**不包括**
A. 电休克治疗　B. 迷走神经刺激
C. 重复经颅磁刺激　D. 静电疗法
E. 深部脑刺激

28.【答案】D
【考点】其他物理治疗技术☆

29. 迷走神经刺激的优点**不包括**
A. 疗效优于电休克治疗
B. 可逆
C. 可调试
D. 关机即可终止治疗，恢复治疗前状态
E. 微创

29.【答案】A
【解析】此题主要考查迷走神经刺激。迷走神经刺激具有微创、可逆、可调试的优点，能够在获得最大的治疗效果的同时将副作用降至最低，且关机即可终止治疗，恢复治疗前状态，但其疗效仍未超越电休克治疗。
【考点】其他物理治疗技术☆

30. 深部脑刺激的优点**不包括**
A. 无创
B. 可逆
C. 能够在获得最大的治疗效果同时，将副作用降至最低
D. 关机即可终止治疗，恢复治疗前状态
E. 可调试

30.【答案】A
【解析】此题主要考查深部脑刺激。深部脑刺激具有微创、可逆、可调试的优点，而不是无创，能够在获得最大的治疗效果的同时，将副作用降至最低，且关机即可终止治疗恢复治疗前状态。
【考点】其他物理治疗技术☆

31. 有创的物理治疗是
A. 生物反馈 B. 脑波治疗
C. 重复经颅磁刺激 D. 迷走神经电刺激
E. 慢性小脑电刺激

32. 下列各种物理治疗中，需要麻醉的是
A. 生物反馈 B. 脑波治疗
C. 重复经颅磁刺激 D. 电休克治疗
E. 慢性小脑电刺激

【A2 型题】

1. 患者，年轻男性，既往体健，近1个月因工作压力大而渐觉心情差，没有兴趣做事，失眠，食欲差，不能胜任工作，认为自己是家人的累赘，活着没有意义，有自杀计划，被家属强制送入院。此时为了尽快控制病情，选用的最佳治疗是
A. 重复经颅磁刺激 B. 单用抗抑郁药
C. 改良电休克治疗 D. 心境稳定剂合并抗抑郁药
E. 生物反馈

2. 患者，男，20岁，既往体健，在校大学生。近一周无故出现每天只睡3~4h，格外开朗，讲话滔滔不绝，爱吹牛，脾气大，多次因小事和同学发生肢体冲突，砸教室里的东西，学校通知家属带其至医院就诊，但患者否认有病，拒绝治疗，遂被强制送入封闭式病房，但患者拒绝服药，并打伤医护人员。为了尽快控制病情，最好选用
A. 鼻饲碳酸锂 B. 鼻饲丙戊酸盐
C. 电针治疗 D. 改良电休克治疗
E. 肌内注射地西泮

3. 患者，女，26岁，既往体健，于2周前顺产1男婴，产后出现闷闷不乐，自觉不能照顾好孩子，经常自责，认为自己死了更好，渐不睡觉，不吃饭。近一天不讲话，家人喂饭也不吃，未解大小便，腹部膨隆，长时间睁着眼睛躺在床上，家属强行送其入院，发现其全身肌肉紧绷。此时最佳的治疗是
A. 改良电休克治疗 B. 单用抗抑郁药
C. 肌内注射地西泮 D. 肌内注射氟哌啶醇
E. 重复经颅磁刺激

4. 患者，男，25岁，近2个月无故出现孤僻懒散，少语少动，问话不回答，而是重复对方说的话，学对方的动作，家属觉其异常，遂送其入院治疗。入院后近两日终日卧床，不语不动，不配合查体，四肢可被摆成任一姿势而长时间不动，不进食，不解大

31.【答案】D
【考点】其他物理治疗技术☆

32.【答案】D
【考点】其他物理治疗技术☆

1.【答案】C
【解析】此题主要考查电休克治疗的适应证，包括：①严重抑郁，有强烈自伤、自杀企图及行为者，以及明显的自责自罪；②极度兴奋躁动冲动伤人者；③拒食、违拗和紧张性木僵者；④精神药物治疗无效或对药物治疗不能耐受者。该病例符合第一条适应证。
【考点】电休克治疗的适应证☆☆

2.【答案】D
【解析】此题主要考查电休克治疗的适应证，该病例为极度兴奋躁动冲动伤人者。虽然患者拒绝口服药物可以强制鼻饲心境稳定剂，但该方式不能快速起效控制躁狂，故为了尽快控制病情，最好选用改良电休克治疗。
【考点】电休克治疗的适应证☆☆

3.【答案】A
【解析】此题主要考查电休克治疗的适应证，该患者为严重抑郁，有强烈自杀企图，以及明显的自责自罪者，且拒食、违拗，已达抑郁性木僵，改良电休克治疗为快速起效的最佳选择。
【考点】电休克治疗的适应证☆☆

4.【答案】B
【解析】此题主要考查电休克治疗的适应证，该患者为拒食、违拗，紧张性木僵，属于其适应证。此题易错选A，静脉滴注舒必利虽然也适用于木僵，但题干要求选择物理治疗。
【考点】电休克治疗的适应证☆☆

小便,需插导尿管导尿,可选择的物理治疗是

A. 静脉滴注舒必利　　B. 改良电休克治疗

C. 电针治疗　　D. 脑波治疗

E. 重复经颅磁刺激

5. 患者,女,30岁,既往体健。近10年自觉生活没有乐趣,心情郁闷,生不如死,不愿与亲友联系,脑子反应慢,记忆力减退,没有一份工作能坚持下去,长期失眠,经常做噩梦,常感疲惫,腹胀,没有胃口,月经量越来越少。10年来不断求医,诊断为抑郁症,尝试各种抗抑郁药物单用及联合治疗,均足量足疗程,症状无明显好转,今为求进一步治疗入院,患者要求尽快改善症状。可推荐其优先选用的治疗是

A. 超剂量口服SNRI类药物

B. 超剂量口服SSRI类药物

C. 认知行为治疗

D. 改良电休克治疗

E. 重复经颅磁刺激

5.【答案】D

【解析】此题主要考查电休克治疗的适应证,该患者为精神药物治疗无效的抑郁症患者,属于其适应证。超剂量使用抗抑郁药也许能改善患者症状,但不一定能尽快改善,且风险较大,在可选用改良电休克治疗的情况下,可优先选后者。

【考点】电休克治疗的适应证☆☆

6. 患者,男,40岁,既往体健。近1年失业后自觉生活没意义,自卑,不愿与他人交往,反应迟钝,失眠,体重明显下降,经常诉身体各种不适,经检查未发现异常,家人督促其至精神科门诊治疗,诊断为抑郁症。曾尝试各种口服抗抑郁药,出现恶心、腹胀、头痛、视物模糊、血压升高、心电图QT间期延长等不良反应而无法加至治疗剂量,病情无明显改善,患者拒绝继续服药治疗,还可推荐的治疗有

A. 单用精神分析治疗　　B. 单用家庭治疗

C. 单用认知行为治疗　　D. 单用正念认知治疗

E. 单用改良电休克治疗

6.【答案】E

【解析】此题主要考查电休克治疗的适应证,该患者为精神药物治疗无不能耐受的抑郁症患者,属于其适应证。上述心理治疗单独用于重度抑郁患者效果不佳。

【考点】电休克治疗的适应证☆☆

7. 患者,女,65岁,于1月前因"发作性抽搐1周"就诊于神经内科,行头颅MRI发现胶质瘤,因肿瘤范围大,切除后会导致患者丧失生活能力,故未手术。患者得知病情后渐出现情绪低落,自觉是家人的负担,不愿外出,失眠,进食减少,无精打采,有轻生的念头,家属遂送其就诊于精神科。该患者目前可用的治疗**不包括**

A. SSRI类抗抑郁药　　B. SNRI类抗抑郁药

C. 苯二氮䓬类药物　　D. 认知治疗

E. 改良电休克治疗

7.【答案】E

【解析】此题主要考查电休克治疗的禁忌证,电休克治疗禁用于脑器质性疾病,尤其是脑肿瘤和脑动脉瘤,因为抽搐发作时,颅内压会突然增加,易引起脑出血、脑组织损伤或脑疝。

【考点】电休克治疗的禁忌证☆☆

8. 患者,男,55岁,有吸烟史30年,酗酒史35年。发现高血压10年,最高达180/110mmHg,坚持服用降压药,血压控制在140/90mmHg左右。发现高血脂约2年,未控制饮食,未遵医

8.【答案】C

【解析】此题主要考查电休克治疗的禁忌证的掌握情况,禁忌证包括:①严重脑器质性及躯体疾病;②急性

的全身感染、发热；③肌肉松弛剂过敏者。当抽搐发作时，颅内压会突然增高，易引起脑出血、脑组织损伤、脑疝、视网膜脱落等。严重的心血管疾病、呼吸系统疾病、肝肾疾病、急性全身感染等增加麻醉风险。该患者有吸烟、饮酒、高血压、高血脂病史，是心脑血管疾病的危险因素，吸烟史是呼吸系统疾病的危险因素，饮酒史也是肝脏疾病的危险因素，均需重点排查。而骨关节疾病在病史中并未提示，且改良后的电休克治疗使用肌松剂，避免骨折、关节脱位等并发症发生，故无须重点排查。

【考点】电休克治疗的禁忌证☆☆

9.【答案】A

【解析】此题主要考查电休克治疗的禁忌证的掌握情况，禁忌证包括：①严重脑器质性及躯体疾病；②急性的全身感染、发热；③肌肉松弛剂过敏者。老年人、儿童及孕妇改良电休克治疗的禁忌证较传统电休克治疗少，如老年和孕妇患者可以应用。故本题中患者为老年并不是绝对禁忌证。

【考点】电休克治疗的禁忌证☆☆

10.【答案】B

【解析】此题主要考查电休克治疗的禁忌证的掌握情况，孕妇改良电休克治疗的禁忌证较传统电休克治疗少，可以应用。

【考点】电休克治疗的禁忌证☆☆

11.【答案】C

【解析】此题主要考查改良电休克治疗的治疗前准备。治疗前应禁食、禁水4h以上。

【考点】电休克治疗的临床应用☆☆

嘱服药。否认青光眼、发热、抽搐、昏迷、头部外伤史等。近2个月无明显诱因渐出现高兴不起来，食欲减退，经常凌晨醒来不能入睡，白天疲惫不堪，反应迟钝，优柔寡断，自觉这样活着没有意义，不如死了算了，遂被家属送入精神科住院治疗。根据现有病史，在向患者推荐改良电休克治疗前，应重点排查的疾病**不包括**

A. 脑血管疾病　　B. 心血管疾病
C. 骨关节疾病　　D. 严重的呼吸系统疾病
E. 严重的肝脏疾病

9. 患者，男，70岁，因"急起心情差1月，加重伴自杀1d"入院，诊断抑郁症。为尽快控制病情，家属要求行改良电休克治疗。入院后查体：体温39℃，脉搏90次/min，呼吸23次/min，心率106次/min，心律不齐，第一心音强弱不等，双肺底闻及湿啰音。血常规：白细胞计数15×10^9/L，中性粒细胞百分率85%；胸部X线片：双肺底渗出性病变，考虑肺炎。头颅磁共振：左侧额叶占位性病变，性质待查。心电图：心房颤动，下壁心肌梗死。患者不可行电休克治疗的原因**不包括**

A. 患者为老年人
B. 患者存在心房颤动
C. 患者颅内存在占位性病变
D. 患者有严重的呼吸系统疾病
E. 患者有心肌梗死

10. 患者，女性，28岁，因发现丈夫有外遇而渐出现闷闷不乐，整日哭泣，不思茶饭，失眠，话少，经常走神，有轻生念头，几次想要跳楼均被家属拦下，今被强制送入精神科住院治疗，入院诊断：抑郁症。既往史：患者于3年前因脑出血住院，检查发现先天性脑动脉瘤畸形；有乙肝病史10年，未定期复诊。近1个月因视物模糊而至眼科就诊，诊断为青光眼。目前怀孕5个月。入院行肝功能检查示：谷丙转氨酶200IU/L，谷草转氨酶150IU/L。心电图：频发室性期前收缩二联律。该患者目前不能行改良电休克治疗的原因**不包括**

A. 患者有不稳定的动脉瘤畸形
B. 患者为孕妇
C. 患者有乙肝病史，且肝功能差
D. 患者有青光眼病史
E. 患者有心律失常

11. 患者，女，18岁，因"急起兴奋话多、脾气大1周"入院，诊断为躁狂发作。入院后拒药、多次毁物、伤人，各项生化检查、脑电图、头颅CT均未发现异常，拟行改良电休克治疗，治疗

前禁食、禁水已 6h。早 7 时，患者陪护人员给患者喂食少量牛奶，此时，需做的处理是

A. 因饮牛奶量少，故无影响，可立即行电休克治疗
B. 催吐出牛奶后继续行电休克治疗
C. 继续禁食、禁水 4h 后行电休克治疗
D. 插胃管抽吸出牛奶后行电休克治疗
E. 继续禁食、禁水 8h 后行电休克治疗

12. 患者，女，20 岁，因“兴奋与心情差交替发作 2 年，再发兴奋 2 周”入院，既往有甲状腺功能减退病史。入院诊断：双相情感障碍，躁狂发作；甲状腺功能减退。入院后 1 周内渐加丙戊酸镁缓释片至 500mg，2 次 /d，口服，奥氮平 20mg，1 次 / 晚，口服，患者仍极度兴奋躁动，拟行改良电休克治疗，在治疗前需对药物做的调整是

A. 无须调整
B. 治疗前一晚停用丙戊酸镁缓释片一次
C. 治疗前一晚停用奥氮平一次
D. 将丙戊酸镁缓释片 500mg，2 次 /d，口服换为碳酸锂 500mg，2 次 /d，口服
E. 将奥氮平换为氯硝西泮 2mg，1 次 / 晚，口服

12.【答案】B

【解析】此题主要考查改良电休克治疗的治疗前准备的掌握情况。治疗前 8h 停服抗癫痫药和抗焦虑药或治疗期间避免应用这些药物。治疗期间应用的抗精神病药，应采用较低剂量，并未要求停用。该患者有甲状腺功能减退，不适宜换用锂盐治疗。

【考点】电休克治疗的临床应用 ☆☆

13. 患者，男，55 岁，因“缓起心情差 3 月，加重伴自杀 1d”入院，诊断为抑郁症，入院查体：体温 37℃，脉搏 90 次 /min，血压 140/95mmHg，入院后完善相关检查未见明显异常，拟行改良电休克治疗。治疗当天早晨 8：00：体温 37.4℃，脉搏 110 次 /min，血压 155/100mmHg。对此情况，应做的处理是

A. 无须特殊处理，符合电休克治疗的条件
B. 物理降温至体温 37℃以下再行电休克治疗
C. 复查血压若低于 150/100mmHg，则可行电休克治疗，否则禁用
D. 监测脉搏，若仍高于 100 次 /min 则禁用电休克治疗
E. 给患者口服降压药后，复查血压若低于 140/90mmHg 则可行电休克治疗

13.【答案】C

【解析】此题主要考查改良电休克治疗的治疗前准备的掌握情况。电休克治疗前应测体温、脉搏、血压。如体温在 37.5℃以上，脉搏 120 次 /min 以上或低于 50 次 /min，血压超过 150/100mmHg 或低于 90/50mmHg，应禁用。E 选项没有考虑需在治疗前禁食、禁水 4h，且血压不需低于 140/90mmHg。

【考点】电休克治疗的临床应用 ☆☆

14. 患者，男，65 岁，因“反复心情差 10 年，再发加重 1 月”入院，诊断：抑郁症。入院后查体及各种检查均无明显异常，2 周内将艾斯西酞普兰系统加量至 20mg，口服，1 次 /d，奥沙西泮 15mg，口服，1 次 / 晚，患者病情无明显改善，仍有强烈自杀意念，故予改良电休克治疗，关于该患者的治疗计划，正确的是

A. 隔日 1 次，最多连续行 6 次电休克治疗后不管疗效如何均需暂停治疗
B. 隔日 1 次电休克治疗直到患者症状明显改善，治疗次数无

14.【答案】E

【解析】此题主要考查改良电休克治疗的治疗次数。一般每日 1 次过渡到隔日 1 次或者一开始就隔日 1 次。一个疗程 6~12 次。一般躁狂状态 6 次左右即可。幻觉妄想状态多需要 8~12 次。抑郁状态 6~12 次。

【考点】电休克治疗的临床应用 ☆☆

上限

C. 隔日1次，连续行2次电休克治疗后若无明显改善则停用

D. 每日1次，最多连续行12次电休克治疗后不管疗效如何均需暂停治疗

E. 隔日1次，最多连续行12次电休克治疗后不管疗效如何均需暂停治疗

15. 患者，女，60岁，因“缓起心情差1年，加重伴自伤2周”入院，诊断为抑郁症，行改良电休克治疗4次后，患者自觉心情稍改善，未再有自伤想法，但诉记不起近几天的事情，忘记了银行卡密码和一些熟人的名字，明显反应迟钝，家属反映上述表现随着治疗次数增加越来越重，表示担心。应调整治疗方案为

A. 停用电休克治疗，继续予抗抑郁药物治疗

B. 继续电休克治疗使疗程达6次

C. 继续电休克治疗使疗程达12次

D. 继续电休克治疗使疗程达8次

E. 继续电休克治疗直至患者HAMD抑郁评分<7分，没有治疗次数上限

15.【答案】A

【解析】此题主要考查对改良电休克治疗的并发症及处理的掌握情况。年龄大的患者较易出现意识障碍和认知功能受损(思维及反应迟钝，记忆和理解力下降)。此时，应停用电休克治疗。

【考点】电休克治疗的临床应用 ☆☆

16. 患者，女，65岁，因“缓起心情差2年”入院，诊断抑郁症。既往2年内遵医嘱服用各类抗抑郁药足量足疗程均未明显改善，此次入院要求行改良电休克治疗。第一次治疗后患者向医生要求停止治疗，理由为：①治疗结束后即感头痛，担心会持续头痛；②全身肌肉酸痛，担心持续加重；③治疗结束后发现自己不认识病友，虽然下午就想起来了，但是担心记忆力会越来越差无法恢复；④治疗刚结束时不知自己在哪儿，虽然很快清醒，但害怕随着治疗次数增加而出现永久的头脑不清醒；⑤担心电休克治疗造成骨折。针对上述患者提出的问题，**不正确**的解释是

A. 头痛是电休克治疗常见的并发症，是暂时的

B. 肌肉酸痛是电休克治疗常见的并发症，是暂时的

C. 记忆减退是可逆的，不管您现在感到记忆力减退多严重均无须停止治疗

D. 治疗刚结束时不知在哪儿的感觉是电休克治疗常见的并发症，是暂时的

E. 改良电休克治疗是在使用肌肉松弛剂的基础上进行的，不发生抽搐，避免骨折

16.【答案】C

【解析】此题主要考查对改良电休克治疗的并发症及处理的掌握情况。常见的并发症有头痛、恶心、呕吐、焦虑、可逆的记忆减退、全身肌肉酸痛等，这些症状需要处理。年龄大的患者较易出现意识障碍(持续的定向障碍，可有幻觉)和认知功能受损(思维及反应迟钝，记忆和理解力下降)。此时，应停用电休克治疗。目前患者的定向障碍是暂时的，无须因此停用电休克治疗。虽然电休克治疗的记忆减退大多可逆，无须处理，但该老年患者记忆减退可能会随着治疗次数增加而越来越重，需动态观察，必要时停止该治理。

【考点】电休克治疗的临床应用 ☆☆

17. 患者，男，25岁，因“急起孤僻、少语1月，全身僵硬1d”入院，诊断：精神分裂症，考虑目前患者处于紧张性木僵，故拟行第一次改良电休克治疗，治疗前还需皮下或肌内注射的是

17.【答案】D

【解析】此题主要考查对改良电休克治疗的治疗前准备的掌握情况。治疗前15~30min皮下或肌内注射阿托品0.5~1.0mg，防止迷走神经过度兴奋，减少分泌物。该题易错选A，如第一次治疗呼吸恢复不好，可以在以后每次治疗前15~30min皮下注射洛贝林3.0~6.0mg。

【考点】电休克治疗的临床应用 ☆☆

A. 洛贝林 3.0mg　　B. 地西泮 5mg
C. 氟哌啶醇 5mg　　D. 阿托品 0.5mg
E. 东莨菪碱 0.3mg

18. 患者，女，60 岁，因“缓起心情差 2 月，拒食、少动 2d”入院，诊断抑郁症，因目前处于抑郁性木僵而于入院后第 2 天行改良电休克治疗。因患者拒食，故于入院当天予静脉补液 3 000ml。拟行治疗当天凌晨 2 点患者仍未眠，值班医生遂予地西泮 5mg 肌内注射，其后患者渐入睡。行电休克治疗时发现未发作抽搐，可能的原因**不包括**
A. 患者为老年女性，比较难发作
B. 患者在电休克治疗前 1d 补液可能有影响
C. 电量相对不够高
D. 电休克治疗前曾肌内注射地西泮影响抽搐发作
E. 通电时间不够长

18.【答案】B
【解析】此题主要考查对改良电休克治疗中抽搐发作相关因素的掌握情况。一般来说，年轻男性、未使用镇静催眠药和抗癫痫药者，较易发作。若未出现抽搐发作或发作不完全，应考虑有无电极接触不好、电量相对不够高或通电时间不够。
【考点】电休克治疗的临床应用☆☆

19. 患者，男，65 岁，因“缓起心情差、眠差 5 周，加重伴自责 1 周”入院，入院前 1 周患者遵医嘱服用舍曲林 50mg，1 次 /d，口服，奥沙西泮 15mg，1 次 / 晚，口服，病情无明显改善，入院后拟隔日行改良电休克治疗，应调整用药方案为
A. 电休克治疗期间加舍曲林至 150mg，1 次 /d，口服
B. 电休克治疗期间加奥沙西泮至 30mg，1 次 / 晚，口服
C. 电休克治疗期间维持舍曲林 50mg，1 次 /d，口服，待电休克治疗结束后可加量
D. 电休克治疗期间维持舍曲林 50mg，1 次 /d，口服，电休克治疗结束后可停药
E. 电休克治疗期间停用舍曲林

19.【答案】C
【解析】此题主要考查改良电休克治疗期间用药的掌握情况。治疗前 8h 停服抗癫痫药和抗焦虑药或治疗期间避免应用这些药物。治疗期间应用的抗精神病药或抗抑郁药或锂盐，应采用较低剂量，并未要求停用。电休克治疗后仍需药物维持治疗。
【考点】电休克治疗的临床应用☆☆

20. 患者，女，70 岁，因“缓起心情差、胃口不好，食量减少 1 年，加重 1 周”入院，诊断为抑郁症。起病后曾尝试服用各种抗抑郁药，均因不能耐受而未达到治疗剂量。入院后行改良电休克治疗。隔日 1 次行 2 次电休克治疗后即出现持续的定向障碍和明显的记忆减退，可以如何调整下一步治疗
A. 继续电休克治疗，但隔 2d 一次
B. 停电休克治疗，换用重复经颅磁刺激治疗
C. 继续电休克治疗，但降低电量至抽搐不发作
D. 停电休克治疗，换用生物反馈治疗
E. 继续目前电休克治疗方案，停用抗抑郁药

20.【答案】B
【解析】此题主要考查对其他物理治疗应用的了解情况。该患者为老年女性，容易出现电休克治疗后的意识障碍和认知功能受损，目前已出现持续的定向障碍和明显的记忆减退，应停用电休克治疗。重复经颅磁刺激的不良反应小，一般不引起定向障碍和认知损害，适合于老年抑郁患者。而生物反馈主要适用于焦虑症、恐惧症以及与精神紧张有关的一些心身疾病。
【考点】其他物理治疗技术☆

21. 患者，女，80 岁，因“反复心情差 10 年，再发伴疑心重 1 月”入院，诊断为抑郁症。患者既往服用舍曲林 100mg/d 有效，曾接受重复经颅磁刺激治疗，效果不明显，入院前自行服用

21.【答案】B
【解析】此题主要考查对经颅磁刺激临床应用的了解情况。影响重复经颅磁刺激疗效的因素包括年龄、是否

舍曲林 50mg/d 已 4d，病情无明显改善。患者既往有高血压病史，血压控制不佳，有冠心病史；近 1 年有 2 次无明显诱因的抽搐发作，发作时意识丧失，突然倒地，口吐白沫，咬伤舌头，约几分钟后自行缓解，不能回忆发作过程，但未行诊治。根据病史，不推荐该患者首选重复经颅磁刺激，**错误**的理由是

A. 患者此次发病伴精神病性症状，估计重复经颅磁刺激疗效欠佳

B. 患者有高血压、心脏病史，禁用重复经颅磁刺激

C. 患者既往接受重复经颅磁刺激效果不明显，预计此次效果也不佳

D. 患者近 1 年有 2 次癫痫发作，原因不明，重复经颅磁刺激可能诱发癫痫

E. 患者既往服用舍曲林有效，此次服用舍曲林尚未足量足疗程，可继续加量观察

伴精神病性症状、既往对重复经颅磁刺激的反应，脑部基础生理学、重复经颅磁刺激频率等技术参数。该患者此次起病伴精神症状，既往对该治疗反应欠佳均影响疗效。重复经颅磁刺激可能诱发癫痫，故对该患者禁用。患者既往药物治疗有效，可继续经验用药。高血压和心脏病是电休克治疗的禁忌证，并非重复经颅磁刺激的禁忌证。

【考点】其他物理治疗技术☆

22. 患者，男，45 岁，因"反复心情差 3 年，再发加重 1 月"入院，既往体健，否认癫痫等神经系统疾病史。曾服用各类抗抑郁药效果欠佳，曾行改良电休克治疗 12 次后病情改善，但诉记忆损害持续时间长，影响工作，拒绝再次行电休克治疗。考虑其为难治性抑郁患者，故推荐其服用药物同时行重复经颅磁刺激，该患者担心出现的不良反应最有可能发生的是

A. 治疗结束后不知自己在哪儿，不认识人

B. 长期记忆损害

C. 头痛

D. 癫痫发作

E. 幻觉

22.【答案】C

【解析】此题主要考查对经颅磁刺激临床应用的了解情况。经颅磁刺激常见不良反应有头痛及头皮痛、癫痫发作、认知功能损害。其中只有头痛和头皮痛最常见，不引起定向障碍，一般无认知损害。过高的刺激强度才会带来抽搐发作的风险，且该患者既往无癫痫病史，故癫痫发作可能性很小。

【考点】其他物理治疗技术☆

【A3/A4 型题】

(1~3 题共用题干)

患者，女，65 岁，退休，诉 2 年前老伴去世后，渐觉整日心情差，没兴趣外出活动，睡不着，经常凌晨醒后无法入睡，白天昏昏沉沉，不想进食，体重由 65kg 下降至 50kg，感到活着没有意义。近 2 周反复想起老伴因脑梗死去世，而自己没有督促他戒烟、服用降压药，认为是自己导致他发病的，为此想要自杀，被家属发现后送入院治疗

1. 根据该患者最可能的诊断和疾病的严重程度，若无禁忌，首选的治疗是

A. 重复经颅磁刺激　　B. 改良电休克治疗

C. 深部脑刺激　　D. 迷走神经电刺激

E. 生物反馈

1.【答案】B

【考点】电休克治疗的适应证☆☆

2. 该患者在接受所推荐的首选治疗方案之前，不需排除的疾病是
   A. 颅内占位性病变　　B. 出血或不稳定的动脉瘤畸形
   C. 急性的全身感染和发热　　D. 青光眼
   E. 骨质疏松

3. 该患者经各项检查已排除了禁忌证，准备接受上述所选治疗方案，已签写知情同意书，治疗前还应做的准备**不包括**
   A. 详细的体格检查，包括神经系统检查
   B. 获取知情同意书
   C. 治疗前 8h 停服抗抑郁药
   D. 禁食、禁水 4h 以上
   E. 准备好各种急救药品和器械

（4~6 题共用题干）

患者，女，26 岁，3 个月前无故渐出现整日心情差，自觉活着没意义，对任何事没有兴趣，睡眠差，需要家人督促才吃饭，经常发呆，问话不答，动作缓慢，1d 前在家中割腕自杀，被家人及时发现时已割破皮肤，尚未伤及动脉，被立即送至当地医院行手术缝合，院外行超声提示宫内单活胎，未见异常。今被送入医院后患者仍有强烈自杀意念，拒绝服药。

4. 根据该患者最可能的诊断，目前首选的治疗是
   A. 肌内注射地西泮并鼻饲抗抑郁药
   B. 肌内注射氟哌啶醇并鼻饲抗抑郁药
   C. 重复经颅磁刺激
   D. 改良电休克治疗
   E. 认知行为治疗

5. 向患者家属详细了解了患者的病史后，提示应禁用上述首选治疗的是
   A. 先天性脑动脉瘤畸形
   B. 近视，双眼视力 4.7
   C. 慢性咽炎
   D. 发现“乙肝小三阳”2 年，在外院检查肝功能正常
   E. 孕 4 月，超声提示宫内单活胎

6. 该患者禁用了上述治疗后，在接下来的治疗中可以选用的无创物理治疗有
   A. 改良电休克治疗　　B. 重复经颅磁刺激
   C. 深部脑刺激　　D. 迷走神经电刺激
   E. 生物反馈

2.【答案】E

【解析】此题主要考查对改良电休克治疗的禁忌证的掌握情况。因改良电休克治疗前给予肌松剂，故通电后不发生肢体抽搐，避免骨折、关节脱位等并发症发生，故而对于骨关节疾病这一电休克治疗的禁忌证可放宽。而抽搐发作时颅内压会突然增高这一特点是改良电休克治疗也具有的，故颅内占位性病变、出血或不稳定的动脉瘤畸形和青光眼仍是绝对禁忌证。改良电休克治疗需行麻醉，故急性的全身感染和发热作为增加麻醉风险的因素也是禁忌证。

【考点】电休克治疗的禁忌证☆☆

3.【答案】C

【解析】此题主要考查对改良电休克治疗治疗前准备的掌握情况。电休克治疗期间应用的抗精神病药或抗抑郁药或锂盐，应采用较低剂量，而不是停服；治疗前 8h 应停服抗癫痫药和抗焦虑药。

【考点】电休克治疗的临床应用☆☆

4.【答案】D

【解析】此题主要考查电休克治疗的适应证，根据题干可知最可能的诊断为抑郁症，严重程度已达电休克治疗的指征。

【考点】电休克治疗的适应证☆☆

5.【答案】A

【解析】此题主要考查对改良电休克治疗禁忌证的掌握情况，当抽搐发作时，颅内压会突然增高，易引起脑出血、脑组织损伤、脑疝、视网膜脱落等，故脑动脉瘤畸形禁用。双眼视力 4.7，非高度近视，不是视网膜脱落的危险因素，非禁忌证。严重的呼吸系统疾病、肝肾疾病增加麻醉风险，而慢性咽炎并不属于严重的呼吸系统疾病，乙肝病毒感染也并未影响患者肝功能，不属于严重的肝脏疾病。孕妇改良电休克治疗的禁忌证较传统电休克治疗少，可以应用。

【考点】电休克治疗的禁忌证☆☆

6.【答案】B

【解析】此题主要考查对其他物理治疗的了解情况。深部脑刺激和迷走神经电刺激是微创的，非无创，电针治疗和生物反馈不是抑郁症的物理治疗选择，只有重复经颅磁刺激无创，且一些研究证实对抑郁障碍有明确疗效。

【考点】其他物理治疗技术☆

(7~9 题共用题干)

患者，男，21 岁，1 周前无明显诱因出现兴奋话多，脾气大，精力充沛，晚上仅睡 3~4h，在网上购物买一些不必要的东西，收到快递后又将东西随意送人，爱和女生搭讪，甚至有不礼貌行为。2d 前因与舍友发生口角后将对方打伤，并砸坏宿舍门窗而被强行送入院。入院后患者反复诉自己没病，拒服药，要报警，打伤护工，吵闹，整夜不睡，不进食。医生欲插胃管鼻饲时因其极度不配合而插管失败，患者被约束于床，行静脉补液时反复挣扎，以致留置针周围组织肿胀，出血。

7. 若患者既往体健，入院查体无明显异常，根据最可能的诊断，首选的治疗是

A. 改良电休克治疗　　B. 鼻饲碳酸锂和奥氮平
C. 鼻饲丙戊酸盐和喹硫平　　D. 静脉滴注舒必利
E. 静脉滴注氯丙嗪

8. 该患者在接受上述首选治疗前，应使用的药物是

A. 皮下注射洛贝林 3.0mg　　B. 肌内注射地西泮 5mg
C. 肌内注射氟哌啶醇 5mg　　D. 肌内注射阿托品 0.5mg
E. 肌内注射东莨菪碱 0.3mg

9. 该患者已结束上述治疗，但呼吸恢复不好，应做的处理是

A. 立即皮下注射洛贝林 3.0mg
B. 行人工呼吸
C. 气管切开
D. 嘱患者放松，等待患者恢复自主呼吸
E. 予以吸痰、拍背，等待其恢复自主呼吸

7.【答案】A

【解析】此题主要考查电休克治疗的适应证，根据题干，患者最可能的诊断是躁狂发作，目前极度兴奋躁动、冲动伤人，加之拒食、违拗，符合电休克治疗的适应证。且题干提示鼻饲和静脉用药均不适宜。

【考点】电休克治疗的适应证☆☆

8.【答案】D

【解析】此题主要考查对改良电休克治疗治疗前准备的掌握情况。电休克治疗前 15~30min 皮下或肌内注射阿托品，防止迷走神经过度兴奋，减少分泌物。

【考点】电休克治疗的临床应用☆☆

9.【答案】B

【解析】此题主要考查对改良电休克治疗后的处理的掌握情况。如呼吸恢复不好，应及时行人工呼吸。

【考点】电休克治疗的临床应用☆☆

(10~11 题共用题干)

患者，老年女性，65 岁，于 2 年前无明显诱因渐出现高兴不起来，整日无精打采，唉声叹气，什么都不想做，反应迟钝，动作缓慢，入睡困难，食欲差，体重减轻 10kg，常诉头痛、肌肉痛、没力气，反复检查未发现明显躯体疾病，遂至精神科就诊。两年来遵医嘱服用舍曲林、氟西汀、艾斯西酞普兰、文拉法辛、度洛西汀、米氮平、阿米替林等药物，均足量足疗程，未见明显改善。

10. 根据病情，应推荐该患者选用的治疗是

A. 超剂量使用 SSRI 类药物
B. 超剂量使用 SNRI 类药物
C. 超剂量使用米氮平
D. 超剂量使用三环类抗抑郁药物
E. 改良电休克治疗

10.【答案】E

【解析】此题主要考查电休克治疗的适应证，根据题干考虑最可能的诊断是抑郁症，目前药物治疗无效，属于电休克治疗的适应证。

【考点】电休克治疗的适应证☆☆

11. 关于电休克治疗，错误的是
A. 它是一种非侵入性的脑刺激
B. 它不需麻醉
C. 它可能引起头痛、头皮痛
D. 它没有任何不良反应
E. 在治疗过程中患者是清醒的

【案例分析题】

案例一：患者，男，65 岁，文盲，农民，丧偶。因“反复心情差、兴趣减退 4 年，再发伴自责 1 月”入院。患者在既往 4 年内因失眠一直服用阿普唑仑，每晚 0.4~0.8mg，近 1 个月服用阿普唑仑无效，故在门诊医生建议下服用氯硝西泮，每晚 1mg，入院后患者遵医嘱服用舍曲林 50~100mg/d，氯硝西泮每晚 1mg 已 2 周，情绪无明显改善，近两日反复向医生诉自己没有用，不会好起来的，自己拖累家人，并向家属交代后事，故拟行改良电休克治疗。

提问 1：详细询问病史未发现禁忌证，治疗前必要做的检查有
A. 详细的体格检查　B. 脑影像检查
C. 心电图　D. 血生化检查
E. 血常规　F. 视力
G. 纯音测听　H. 眼底检查
I. 前庭功能

提问 2：完善相关检查并未发现禁忌证，则该患者在接受治疗时应进行的药物调整有
A. 治疗前 8h 停服氯硝西泮
B. 整个治疗过程中停用氯硝西泮
C. 氯硝西泮加量至每晚 2mg
D. 舍曲林加量至 150mg/d
E. 整个治疗过程中停用舍曲林
F. 氯硝西泮和舍曲林均需加量
G. 舍曲林可维持在 50mg/d，待治疗结束后加量
H. 合并碳酸锂每晚 250mg
I. 治疗结束后若病情基本得以控制可不用服用药物

提问 3：患者准备接受第一次治疗，当天还应做的准备有
A. 测血压、脉搏、体温
B. 禁食、禁水 12h 以上
C. 准备好各种急救药品和器械
D. 治疗前 15~30min 皮下或肌内注射阿托品
E. 排空大小便
F. 取出活动义齿
G. 解开衣带、领扣
H. 皮下注射洛贝林 3.0~6.0mg
I. 服用安定类药物缓解焦虑

11.【答案】D

【解析】此题主要考查对经颅磁刺激的了解情况。经颅磁刺激是非侵入性的，无须麻醉，常见不良反应有头痛及头皮痛、癫痫发作、认知功能损害。

【考点】其他物理治疗技术☆

提问 1：【答案】ABCDEH

【解析】此题考查电休克治疗的治疗前准备，当抽搐发作时，颅内压会突然增高，易引起脑出血、脑组织损伤、脑疝、视网膜脱落等，急性的全身感染、发热，严重的呼吸系统疾病、肝肾疾病增加麻醉风险，上述答案选项均为排除电休克治疗的禁忌证所必要的检查。

【考点】电休克治疗的临床应用☆☆

提问 2：【答案】AG

【解析】此题主要考查改良电休克治疗期间用药。治疗前 8h 停服抗癫痫药和抗焦虑药或治疗期间避免应用这些药物。治疗期间应用的抗精神病药或抗抑郁药或锂盐，应采用较低剂量，并未要求停用。该患者为单相抑郁，无须合并碳酸锂治疗。电休克治疗后仍需药物维持治疗。

【考点】电休克治疗的临床应用☆☆

提问 3：【答案】ACDEFG

【解析】此题主要考查改良电休克治疗治疗前准备。电休克治疗前准备包括：①详细的体格检查，包括神经系统检查。必要时进行实验室检查和辅助检查，如血常规、血生化、心电图、脑电图、胸部和脊柱 X 线片。②获取知情同意书。③治疗前 8h 停服抗癫痫药和抗焦虑药或治疗期间避免应用这些药物，禁食、禁水 4h 以上。治疗期间应用的抗精神病药或抗抑郁药或锂盐，应采用较低剂量。④准备好各种急救药品和器械。⑤治疗前测体温、脉搏、血压。⑥通常于治疗前 15~30min 皮下注射阿托品 0.5~1.0mg。⑦排空大小便，取出活动义齿，解开衣袋、领扣，取下发卡等。

【考点】电休克治疗的临床应用☆☆

提问4:患者结束第一次治疗后,应做的处理有
A. 测血压、脉搏、体温
B. 将其安置在安静的室内
C. 使患者仰卧
D. 如果呼吸不好,应及时行人工呼吸
E. 至少休息30min,专人护理
F. 待患者清醒后,酌情起床活动进食
G. 观察意识恢复情况
H. 若躁动应防止跌倒
I. 对患者进行呼吸机辅助呼吸

提问5:若该患者术后出现持续的定向障碍,有视幻觉,思维明显迟钝,记忆力明显减退而停用改良电休克治疗,可向患者推荐的其他治疗有
A. 电针治疗　B. 重复经颅磁刺激
C. 深部脑刺激　D. 迷走神经电刺激
E. 生物反馈　F. 家庭治疗
G. 人本主义心理治疗　H. 认知行为治疗
I. 精神分析治疗

第二节 心理治疗基本技术

【A1型题】

1. 弗洛伊德的人格结构中表现为生存的、发展的和爱欲的本能力量,目的在于保持种族繁衍与个体生存的是
A. 本我　B. 自我
C. 超我　D. 以上都是
E. 以上都不是

2. 认知-行为治疗的理论基础不包括
A. 巴甫洛夫的经典条件反射学说
B. 斯金纳的操作条件作用学说
C. 弗洛伊德的心理动力学学说
D. 班杜拉的社会学说
E. 米勒内脏操作条件反射理论

3. 治疗师被患者所激发的潜意识反应及相关移情的总和,称为
A. 共情　B. 阻抗
C. 反移情　D. 移情
E. 投射

提问4:【答案】ABDEFGH
【解析】此题主要考查改良电休克治疗抽搐后的处理。患者侧卧更好,如呼吸恢复不好应及时行人工呼吸,而非常规于术后行呼吸机辅助呼吸。
【考点】电休克治疗的临床应用☆☆

提问5:【答案】BCD
【解析】此题主要考查可用于抑郁症的其他物理治疗。重复经颅磁刺激的不良反应小,一般不引起定向障碍和认知损害,适合于老年抑郁患者。迷走神经电刺激和深部脑刺激都具有微创、可逆、可调试优点,能够降低副作用,可用于难治性抑郁。而生物反馈主要适用于焦虑症、恐惧症以及与精神紧张有关的一些心身疾病。患者年龄、受教育水平、病程及严重程度决定目前不适合心理治疗。
【考点】其他物理治疗技术☆

1.【答案】A
【解析】经典精神分析理论的人格结构学说,即一个人的心理由"本我""自我"及"超我"三个部分组成,并共同表现出其人格特征。"本我"目的在于保持种族繁衍与个体生存。
【考点】经典精神分析理论的人格结构学说☆

2.【答案】C
【解析】认知-行为治疗理论的理论基础包括:巴甫洛夫的经典条件反射学说、斯金纳的操作条件作用学说、班杜拉的社会学说和米勒内脏操作条件反射理论。
【考点】认知-行为治疗理论的基础☆

3.【答案】C
【解析】移情是患者在治疗过程中将对某人的体验、态度或行为方式自觉地转移到其他人身上的心理现象。反移情则是咨询师对移情或者求助者本身作出的真实反应。治疗师自身的成长对于更好地处理移情和反移情都有重要的作用。
【考点】移情和反移情☆

4. 不属于Beck认知治疗基本技术的是
A. 识别负性自动思维
B. 检验负性自动思维
C. 释放压力
D. 识别潜在的功能失调性假设
E. 挑战功能失调性假设

5. 通过鼓励家庭成员间直接、清晰的相互交流，随时从交流取得的点滴经验中不断加以总结，促进个人和家庭的成长的家庭治疗技术称为
A. 体验式家庭治疗　B. 策略式家庭治疗
C. 结构式家庭治疗　D. 系统式家庭治疗
E. 行为式家庭治疗

6. 在咨客中心疗法中，常用的治疗技术不包括
A. 主动倾听　B. 共情的回应
C. 化解对峙　D. 诠释和重建
E. 无条件的积极关注

7. 重建自我认识的技术不包括
A. 阐释技术　B. 隐喻性阐释
C. 催眠治疗　D. 认知重建技术
E. 解释、释义

8. 厌恶疗法的原理是
A. 心理防御机制　B. 交互抑制
C. 人本主义　D. 自我强化
E. 条件反射

9. 心理治疗中治疗者与被治疗者的关系应是
A. 相互促进的关系　B. 朋友关系
C. 亲密无间的关系　D. 互助关系
E. 盈利关系

10. 心理治疗师的工作原则不包括
A. 客观中立原则　B. 尊重患者原则
C. 保密原则　D. 不限时原则
E. 限时原则

11. 人格障碍的心理治疗很难成功，原因为
A. 患者常常看到别人的问题，而不是自己
B. 患者通常太严重而不能用心理治疗

4.【答案】C
【解析】在实施Beck认知治疗时，识别和检验负性自动思维以及识别和改变其潜在的功能失调性假设是治疗的关键环节。
【考点】Beck认知治疗基本技术☆

5.【答案】A
【解析】家庭治疗是以家庭为单位的治疗。不仅关注患者与家庭的关系，而且将家庭本身视为治疗对象，促进家庭功能的平衡和协调。
【考点】家庭治疗技术☆

6.【答案】D
【考点】咨客中心疗法的常用技巧☆

7.【答案】C
【解析】重建自我认识的技术主要用来帮助患者澄清自己的思想和情感，以新观点看待病理性问题与内外因素的关系，获得领悟，使其能走上自己解决问题的新路。包括阐释技术(也称解释、释义)、隐喻性阐释和认知重建技术。
【考点】重建自我认识的技术☆

8.【答案】E
【解析】厌恶疗法属于行为治疗。行为治疗的原理包括经典的条件反射原理、操作性条件反射和模仿学习。厌恶疗法的原理是条件反射。
【考点】厌恶疗法的原理☆

9.【答案】A
【解析】心理治疗中的关系应该是使人增强能力的，能够与对方设身处地进行相互理解的工作关系。
【考点】心理治疗中治疗者与被治疗者的关系☆

10.【答案】D
【解析】心理治疗师的工作原则包括：客观中立原则、尊重患者原则、保密原则及限时原则。
【考点】心理治疗师的工作原则☆

11.【答案】A
【解析】人格障碍是指明显偏离正常且根深蒂固的行为方式，具有适应不良的性质，其人格在内容上、质上或整个人格方面异常，人格障碍通常开始于童年、青少年或成年早期，并一直持续到成年乃至终生。
【考点】人格障碍的治疗☆

C. 这些疾病对药物的反应比心理治疗更好
D. 个性往往是自相矛盾的
E. 患者没有面对或解释的自我力量

12. 提出集体潜意识的科学家是
A. 弗洛伊德　　B. 华生
C. 荣格　　D. 巴甫洛夫
E. 康德

13. 心理治疗师利用诸如建议、劝告和鼓励等方式来对心理严重受损的患者进行治疗，这种干预通常用于哪种疗法
A. 支持性心理治疗　　B. 对象关系心理治疗
C. 认知行为疗法　　D. 人际心理治疗
E. 心理分析

14. 在精神分析心理治疗中，下列哪一项描述最好地说明了反移情的概念
A. 一旦发生，治疗师应该把患者转诊给另一位医生
B. 发生时对治疗过程有害
C. 是治疗的重要组成部分
D. 当它发生时，治疗师应该自己治疗
E. 这表明治疗师不喜欢患者

15. Margaret Mahler 最出名的理论是
A. 心理成熟　　B. 分离 - 个体化
C. 认知发展　　D. 道德发展
E. 心理发展

16. 下列哪一位理论家主要关注早期父母行为的重要性，例如镜像，从而导致一种有凝聚力的、稳定的自我意识的发展
A. 皮亚杰　　B. 埃里克森
C. 弗洛伊德　　D. 克莱因
E. 科胡特

17. 皮亚杰最出名的理论是
A. 心理社会发展　　B. 性心理发展
C. 儿童认知发展阶段论　　D. 人际关系发展
E. 依恋

18. 关于气质的描述，正确的是
A. 这是由生物因素决定的
B. 它在整个生命是不变的

12.【答案】C
【解析】荣格提出集体潜意识，是人格或心灵结构最底层的潜意识部分，包括世世代代活动方式和经验库存在人脑结构中的遗传痕迹。不同于个体潜意识，它不是个体后天习得，而是先天遗传的；它不是被意识遗忘的部分，而是个体始终意识不到的东西。
【考点】集体潜意识☆

13.【答案】A
【解析】支持性心理治疗的狭义定义为：基于心理动力学理论，利用诸如建议、劝告和鼓励等方式来对心理严重受损的患者进行治疗。治疗师的目标是维护或提升咨客的自尊感，尽可能减少或者放置症状的反复，以及最大限度地提高咨客的适应能力。咨客的目标则是在其先天的人格、天赋与生活环境基础上保持或重建有可能达到的最高水平。
【考点】支持性心理治疗☆

14.【答案】C
【解析】反移情，是治疗师对患者的移情反应，是治疗的一个重要组成部分。反移情有时可以干预治疗，但是通过治疗师对反移情深度的分析，往往可以获得有用的信息和洞察患者的经验。
【考点】反移情☆

15.【答案】B
【解析】Margaret Mahler 相信人类的人格发展开始于和另一个人之间的心理融合状态中，然后慢慢进展到分离的心理过程中，即“分离 - 个体化”理论。
【考点】Margaret Mahler 的主要理论☆

16.【答案】E
【解析】科胡特认为个体自我人格的发展，不是来自本能性力的驱动，也不可能离群索居而独自练就。婴儿降临世界之初，不具备自我，而是父母依照想象中婴儿的自我来对待婴儿，这种亲子间的关系酿就了婴儿的自我概念。
【考点】科胡特的主要理论☆

17.【答案】C
【解析】皮亚杰是瑞士心理学家，他把儿童的认知发展分成以下四个阶段：感觉运算阶段(0~2 岁)、前运算阶段(2~7 岁)、具体运算阶段(7~11 岁)和形式运算阶段(从 11 岁开始一直发展)。
【考点】皮亚杰的主要理论☆

18.【答案】A
【解析】气质主要是生物因素决定的，难以改变，却不是不能改变。
【考点】气质的决定因素☆

C. 它总是由父母的教育造成的
D. 儿童害羞的气质是不能被改变的
E. 它是人格的同义词

19. 不属于行为技术及方法的是
A. 代币法　B. 厌恶疗法
C. 满灌疗法　D. 自控法
E. 释梦法

20. 下列哪项不属于人际心理治疗的重点
A. 人际角色的困扰　B. 忽略道理，注重情感
C. 悲伤反应　D. 角色变化
E. 人际关系缺乏

21. 分裂防御机制最常见于的诊断是
A. 边缘型人格障碍　B. 表演型人格障碍
C. 自恋型人格障碍　D. 抑郁症
E. 强迫症

22. 下列疾病中不适合接受心理治疗的是
A. 神经症　B. 人格障碍
C. 心身疾病　D. 精神分裂症急性发作
E. 恐惧症

23. 认知治疗中理性情绪疗法的适应证不包括
A. 抑郁症　B. 广场恐惧症
C. 社交焦虑障碍　D. 广泛性焦虑障碍
E. 强迫症

24. 关于认知行为治疗（CBT），下列说法错误的是
A. CBT 技术要点包括心理教育与正常化、案例解析、序列时间概率分析、暴露与仪式行为阻止等
B. CBT 的核心是暴露与反应预防以及认知重组
C. “顺其自然、为所当为”是 CBT 的基本治疗原则
D. CBT 的首要基础是系统的资料收集和评估
E. CBT 联合药物治疗是治疗强迫症的理想治疗模式

25. 心理治疗师认为来访者的心理障碍可能是由于压抑在潜意识的某些幼年时期的创伤所致，该心理治疗师运用的心理治疗方法为
A. 精神分析疗法　B. 来访者中心疗法
C. 行为治疗　D. 认知治疗
E. 家庭治疗

19.【答案】E
【解析】释梦是精神分析的方法之一，不属于行为技术及方法。
【考点】行为技术及方法☆

20.【答案】B
【解析】忽略道理，注重情感是家庭心理治疗的重点，而非人际心理治疗的重点。
【考点】人际心理治疗☆

21.【答案】A
【解析】分裂是一种自我意识防御，这种防御经常被精神严重紊乱患者使用，比如人格障碍，尤其是边缘性人格障碍的患者使用。
【考点】分裂防御机制☆

22.【答案】D
【解析】心理治疗主要针对有心理障碍的患者，如神经症、恐惧症、焦虑症、性变态、人格障碍、心身疾病及康复中的精神分裂症患者，精神分裂症急性发作的患者不适合做心理治疗。
【考点】心理治疗的对象☆☆

23.【答案】E
【解析】理性情绪疗法的适应证为抑郁症、焦虑症（广泛性焦虑障碍）、恐惧症（广场恐惧症、社交焦虑障碍）。强迫症患者的强迫行为患者明知不必要但控制不住自己，不属于理性情绪疗法的适应证。
【考点】认知治疗中理性情绪疗法的适应证☆☆

24.【答案】C
【解析】“顺其自然、为所当为”是森田疗法的基本治疗原则，而非 CBT 的基本治疗原则。
【考点】认知行为治疗☆☆

25.【答案】A
【解析】精神分析疗法的理论基础包括意识与潜意识理论，传统精神分析疗法认为来访者的心理障碍是由于压抑在潜意识的某些幼年时期所受的创伤所致。
【考点】精神分析疗法的理论基础☆☆

26.【答案】D

【解析】此题主要考查传统精神分析中的主要技术，包括自由联想、释梦、阻抗、移情、反移情、解释。其中移情是指来访者将对心理冲突中某一人物的体验、态度、幻想等情感转移至治疗师身上，从而有机会重新“经历”往日的情感。

【考点】精神分析疗法的理论基础☆☆

27.【答案】C

【解析】此题主要考查来访者中心疗法。来访者中心疗法的理论基础为人本主义心理学理论，此治疗中治疗师采用的基本技术为真诚、一致性，无条件积极关注，共情，其中治疗师不加评判地接纳和尊重来访者属于无条件积极关注。

【考点】来访者中心疗法☆☆

28.【答案】B

【解析】危机是指超越个体或群体承受能力的事件或境遇，导致个体处于心理失衡状态。危机通常分四类，包括发展性危机、情境性危机、存在性危机、环境性危机。发展性危机是指正常成长和发展过程中出现的具有重大人生转折意义的事件，导致个体出现异常反应。

【考点】心理危机的定义与分类☆☆

29.【答案】D

【解析】行为治疗暴露方法分为系统脱敏疗法、冲击疗法或满灌疗法、每日暴露练习，其中系统脱敏疗法为逐级暴露从轻到重，冲击疗法或满灌疗法为一开始就进入焦虑等级最高的情境，每日暴露练习介于系统脱敏与冲击疗法之间。

【考点】行为治疗主要技术与方法☆☆

30.【答案】E

【解析】积极行为给予鼓励，是阳性强化。行为治疗方法分为系统脱敏疗法、冲击疗法或满灌疗法、消极训练法、阳性强化法、社会技能训练等。

【考点】行为治疗主要技术与方法☆☆

1.【答案】E

【解析】分裂是指把自己和他人的表征和态度分为“全好”和“全坏”两个完全相反且不可调和的部分，而不是看成是包含好的和坏的特征的实体。分裂，允许一次只表现出矛盾的一面，保留另一面。否则，在患者的经验中，“好的”方面总是有可能被“坏的”方面污染和中和。

【考点】分裂机制的含义☆

26. 在精神分析治疗过程中，来访者将治疗师看成是与自己早年心理冲突中某一人物，并将自己对此人的态度不自觉转移到治疗师的身上。这在精神分析治疗中属于

A. 自由联想　　B. 释梦
C. 阻抗　　D. 移情
E. 反移情

27. 心理治疗师在治疗过程中不加评判地接纳和尊重来访者，相信他们有改变和成长的能力，这种来访者中心疗法治疗师具有的基本态度为

A. 真诚　　B. 共情
C. 无条件积极关注　　D. 一致性
E. 移情

28. 大学生毕业面临择业问题、人到中年面临职业的变换、临近老年面临退休问题时出现异常情绪反应，以上情境中所面临的危机属于

A. 情景性危机　　B. 发展性危机
C. 存在性危机　　D. 环境性危机
E. 经济性危机

29. 治疗师根据来访者的焦虑情景及程度设置出焦虑等级，并按等级次序从轻到重对来访者进行暴露训练，此治疗方法属于

A. 冲击疗法　　B. 满灌疗法
C. 厌恶疗法　　D. 系统脱敏疗法
E. 社会技能训练

30. 对一个经常出现不礼貌言行的儿童，在其出现不良行为时不予理睬，当他举止文明时给予关心和奖励，这种做法属于

A. 满灌疗法　　B. 厌恶疗法
C. 系统脱敏　　D. 消极训练法
E. 阳性强化法

【A2型题】

1. 一名有混乱人际关系史的女性，42岁，接受精神分析心理治疗。她有时会理想化治疗师和治疗进程，有时她不相信治疗师，并且认为治疗是无益且没有价值的，就会出现愤怒阶段，两种阶段交替出现。在这种情况下患者正在使用的防御机制是

A. 投射　　B. 否认
C. 反应形成　　D. 投射性认同
E. 分裂

2. 患者,男,40岁,诊断为糖尿病,需要胰岛素治疗。主治医生解释了药物的使用情况,并告诉患者医生需要每天多次检测他的血糖水平直到得到控制。患者一直对这个医生有点敌意,听到这个消息后,愤怒地说,“你们医生总是一样的!你总是想控制我的时间,我的钱,我的每一个行动!”据医生了解,该患者以前从来没有与任何医生发生过矛盾。以下哪项最有可能解释患者对主治医生的反应

A. 患者变得狂躁起来

B. 患者正在变得妄想

C. 患者正在分裂

D. 患者正在经历对这个权威人物的移情

E. 患者预期会被医生拒绝

3. 患者,女,30岁,因为怕蛇而来到精神科医生处寻求帮助。这种恐惧妨碍了她的工作,她担心如果她年幼的儿子遇到蛇,因为她的恐惧可能无法保护儿子。治疗师要求她用蛇做一个分层想象体验的列表,从不会让她感到焦虑的场景开始(比如看一张蜥蜴的图片)到一个会导致她焦虑水平为100的场景(如处理毒蛇)。要求患者做以上列表的治疗技术是

A. 灭绝　　B. 系统脱敏　　C. 发泄

D. 释梦　　E. 重构

4. 患者,女,25岁,患有复发性抑郁症。她在完成公司的一个项目时,变得非常苦恼,努力数周,认为自己什么都没做对,担心将会失去工作。在认知治疗模式中,治疗师应该从以下哪一项开始干预

A. 告诉患者她之所以这样感觉,是因为她的自尊心很低

B. 请患者回到她的工作场所,并承担另一个项目

C. 请患者写下自己的想法,以便讨论

D. 请患者谈谈她屈辱及受伤的感受

E. 告诉患者她夸大了事实

5. 在催眠之下,一位童年期被父亲性虐待的女性,啜泣地恳求,“爸爸,请不要伤害我”。在会议结束时,她表示她更能理解为什么当任何人碰到她的时候,她总是有强烈的反感。以上体验属于

A. 发泄　　B. 表演型个性特征

C. 幻觉　　D. 反应形成

E. 转换障碍

6. 患者,女,24岁,患有贪食症,在医生的建议下加入饮食失调的

2.【答案】D

【解析】根据经典弗洛伊德精神分析理论,移情指情感的投射。在该病例中,该患者过去很可能有权威人物以压迫的方式试图控制他。

【考点】移情☆

3.【答案】B

【解析】系统脱敏又称“交互抑制法”,是由美国学者沃尔帕创立和发展的。这种方法主要是诱导患者缓慢地暴露出导致神经症焦虑、恐惧的情境,并通过心理的放松状态来对抗这种焦虑情绪,从而达到消除焦虑或恐惧的目的。

【考点】系统脱敏疗法☆

4.【答案】C

【解析】认知治疗的目标是用更具适应性的、积极的想法取代消极的、适应不良的信仰和思维模式。此过程称为认知重组,而治疗师首先需要做的就是陪患者度过悲伤的情绪、搞清楚患者逻辑的错误和消极的假设。

【考点】认知重组☆

5.【答案】A

【解析】催眠是对创伤患者治疗的一项有用的工具,尤其是当创伤事件的记忆一直压抑。通过发泄(或重现),创伤性经验再次有意识,变得越来越强大,可以以一种有意义的方式逐渐融入患者的当前的观念。

【考点】催眠疗法☆

6.【答案】D

【解析】一般化,是指患者意识到没有独特的痛苦,跟别人共有类似的症状和困难,是团体治疗的一个强大的治愈因素。

【考点】团体治疗☆

7.【答案】D

【解析】躯体化指在某种情况下，思想和情感被压抑了，但是以身体感觉的形式表现出来的。

【考点】心理治疗中躯体化现象☆

8.【答案】A

【解析】厌恶疗法是一种通过轻微的惩罚来消除适应不良行为的治疗方法。当某种适应不良行为即将出现或正在出现时，当即给予一定的痛苦刺激，如轻微的电击、针刺或催吐剂，使其产生厌恶的主观体验。经过反复实施，适应不良行为和厌恶体验就建立了一定的条件联系，以后当欲实施一定行为时，便立刻产生了厌恶体验。为了避免这种厌恶体验，患者只有终止或放弃原有的适应不良行为。厌恶疗法的主要适用于露阴癖、恋物癖、酒精依赖、强迫症等。题干中病例属于厌恶疗法的适应证。

【考点】厌恶疗法的原理☆☆

9.【答案】C

【解析】让患者回忆最近的一个具体事例并用想象再现情绪体验属于Beck认知治疗中识别负性自动想法的过程。A项：精神分析法认为来访者的心理障碍是由于压抑在潜意识中的某些幼年时期所受的创伤所致，治疗是通过自由联想、对梦的解析等方法，帮来访者将压抑在潜意识中的各种心理冲突，主要是幼年时期的精神创伤，释放到意识层面，使来访者产生顿悟，从而发生行为和情感上的改变。B项：行为疗法是建立在行为学习理论基础上，依据条件反射学说和社会学习理论，以减轻或改善来访者的症状或不良行为为目标的心理治疗技术；它是通过分析确立患者的不良行为，循序渐进地给予一系列练习作业帮助患者改变不良行为，强调实践和自我练习。D项：催眠疗法运用暗示的方法使患者进入一种特殊的意识状态，控制患者的心身活动，从而解除和治疗患者的身心问题。E项：松弛疗法是通过机体的主动放松使人体验到身心的舒适以调节因紧张反应所造成的紊乱的心理生理功能的一种行为疗法。

【考点】Beck认知疗法☆☆

10.【答案】D

【解析】心理治疗的适应证包括神经症、焦虑症、心身疾病、精神分裂症恢复期和社会行为不良等患者，而案例中的患者属于急性期精神障碍。选项A主要用于鉴别器质性精神障碍，选项B、C和E均用于控制患者急性期幻觉、言行紊乱等症状。而心理治疗不适用于该患者，故选择D。

【考点】心理治疗的适应证☆☆

互助小组。多年来她为此感到羞耻，并保守秘密，听到小组中的其他人跟她遭受同样的困扰，她感到宽慰。以下哪一选项最好地描述了这种现象

A. 共享信仰体系
B. 团体凝聚力
C. 多次转移
D. 一般化
E. 认可

7. 一位患者在治疗师面前抱怨胸痛、咳嗽，但是却坚持否认自己有压力或是愤怒，属于的防御机制是

A. 升华
B. 压抑
C. 反应形成
D. 躯体化
E. 失真

8. 患者，男，16岁，高中学生，沉迷于网络游戏，经常逃课去网吧，在游戏上花钱大手大脚，为了供应自己的开销时有偷窃行为，父母非常生气。心理医生可以建议其采取的有效行为治疗的方法是

A. 厌恶刺激与不良行为相结合
B. 通过对不良行为的认识来矫正
C. 用转移注意力的方法来矫正
D. 条件刺激和非条件刺激相结合
E. 环境因素和操作动作相结合

9. 患者，女，20岁。因“大学人际关系问题”来寻求心理治疗，心理医生让患者回忆最近的一个具体事例，并用想象再现情绪体验。这一心理治疗的方法属于

A. 精神分析法
B. 行为疗法
C. Beck认知治疗
D. 催眠疗法
E. 松弛疗法

10. 患者，男，20岁，因“感冒半月，急性发热头痛、自语自笑、言行紊乱7d”入院，主要表现为夜间不睡，频繁开灯，外跑，说屋内有鬼，自言自语，说话内容多杂乱无主题。发病以来患者无抽搐、无大小便失禁现象。饮食、睡眠少，生活不能完全自理，无精神活性物质滥用史。**不适合**用于该患者的治疗的是

A. 行腰椎穿刺脑脊液检查

B. 口服利培酮 2mg/d
C. 给予肌内注射氟哌啶醇 5mg
D. 给予心理治疗
E. 口服奥氮平 5mg/d

11. 患者,男,45 岁,出租车司机,家属代诉病史。患者 2d 前遭遇车祸,出租车尾部追尾,严重损坏,无人员伤亡。患者回家后一言不发,一觉醒来突然感觉眼睛睁不开,无论如何用力也睁不开。综合医院就诊未见明显异常,建议精神科就诊。精神科给予"急性应激障碍"诊断,建议行心理危机干预治疗,**不可行**的方法是
A. 支持性心理治疗
B. 催眠治疗
C. 放松训练
D. 紧急事件应激晤谈
E. 厌恶疗法

11.【答案】E
【解析】患者被诊断为急性应激障碍,患者就诊距应激事件发生尚不足 48h,是心理危机干预的理想干预时间,应采用心理危机干预,采用的方法包括:支持性心理治疗、催眠治疗、放松训练和紧急事件应激晤谈。
【考点】心理危机干预的方法☆☆

12. 患者,男,3 岁,幼儿园老师发现其不合群,不和其他小朋友交往,不听从老师指令,医生怀疑"孤独症",属于一种儿童心理障碍。孤独症的主要表现是
A. 心境障碍　　B. 语言障碍
C. 行为障碍　　D. 感知障碍
E. 情绪障碍

12.【答案】C
【解析】儿童孤独症谱系障碍主要表现为社会沟通与互动缺陷,重复、局限的兴趣行为为核心症状,主要以行为障碍为主。
【考点】儿童孤独症谱系障碍的临床表现☆☆

13. 患者,女,32 岁,公司职员,主诉"紧张不安,心悸、胸闷 6 个月",患者经常担心不好的事情要发生,不敢一个人坐车或旅行,易出汗,四肢发麻,入睡困难,反复思考问题,为此感到痛苦。寻求心理治疗师的帮助,通过主动放松来增强其对体内的自我控制能力,该方法称为
A. 放松训练　　B. 厌恶疗法
C. 系统脱敏　　D. 森田疗法
E. 精神分析治疗

13.【答案】A
【解析】放松训练是指使机体从紧张状态松弛下来的一种练习过程。放松有两层含义,一是肌肉松弛;二是消除紧张。放松训练的直接目的是使肌肉放松,最终目的是使整个机体活动水平降低,达到心理上的松弛,从而使机体保持内环境平衡与稳定。
【考点】放松训练☆☆

14. 患者,女,25 岁,患者 3 年前因找工作失利,自感压力过大,对自己外形较为关注,每天进食少量食物,或者进食大量食物后存在催吐行为,半年后出现体重明显减轻(20kg),出现晕倒、月经不规律等症状,曾在医院诊断为糜烂性胃炎、低蛋白血症。患者经常有疲劳感,情绪低落,情感淡漠,注意力不集中,对任何事情缺乏兴趣,睡眠差。对该患者**不适用**的治疗方法是
A. 支持治疗,补充水、电解质,维持生命体征的稳定
B. 药物治疗,如抗抑郁药物

14.【答案】E
【解析】该患者应诊断为神经性厌食症,属于一种心理障碍疾病,治疗上应给予支持治疗、营养治疗,给予抗抑郁药物改善患者情绪,同时给予心理治疗,矫正患者饮食行为,最终战胜疾病。
【考点】神经性厌食症的治疗原则☆☆

15.【答案】D

【解析】系统脱敏疗法主要是建立在经典条件反射和操作条件反射的基础上，它的治疗原理是对抗条件反射。系统脱敏的基本原则是交互抑制，即在引发焦虑的刺激物出现的同时让患者作出抑制焦虑的反应，这种反应可以虚弱刺激物与焦虑的条件联系，直至最终切断。主要包括三个步骤：①放松训练；②建立焦虑事件等级层次；③实施脱敏。包括想象系统脱敏和现实系统脱敏，先从最轻的交流事件开始，然后由弱到强，逐级脱敏，直到最严重一级的焦虑事件脱敏成功，这一阶段方可结束。消极训练法是指对某个强迫行为反复做，直至产生厌烦。

【考点】系统脱敏疗法的治疗步骤☆☆

1.【答案】B

【解析】A项：抑郁障碍以情绪低落、兴趣减退为主要特征，该患者未见明显情绪低落，不考虑抑郁障碍。C项：该患者虽有明显的焦虑症状，但症状由特定的处境引起，呈境遇性和发作性，而广泛性焦虑障碍的焦虑症状没有特定的焦虑对象，且常呈持续性。D项：该患者的焦虑恐惧症状伴有脸红、出汗等自主神经症状，且有明显的回避行为，不考虑为正常人的恐惧。E项：该患者无明显的强迫想法及行为，不考虑为强迫症。

【考点】社交恐惧症的诊断标准☆☆

2.【答案】B

【解析】系统脱敏疗法的基本思想是：治疗师帮助患者建立与不良行为反应相对抗的松弛条件反射，然后在接触引起这种行为的条件刺激中，将习得的放松状态用于抑制焦虑反应，使不良行为逐渐消退(脱敏)，最终使不良行为得到矫正，主要用于治疗恐惧症。A项：厌恶治疗的主要适用于露阴癖、恋物癖、酒精依赖、强迫症等。C项：主要用于治疗各种神经症、心境障碍、某些人格障碍等。D项：生物反馈疗法对多种与社会心理应激有关的心身疾病都有较好疗效，主要用于治疗紧张性头痛、血管性头痛等。E项：暗示疗法是指治疗时有意识地使用暗示去影响或改变个体的行为，以消除或减轻疾病症状的方法，也可以用于治疗恐惧症，但恐惧症最适用的心理治疗方法为系统脱敏治疗。

【考点】社交恐惧症的心理治疗方法☆☆

3.【答案】A

【解析】心理治疗实际操作的基本过程包括初期、中期和后期阶段。每个阶段各有不同的任务。初期的主要任务是建立治疗关系、收集信息、评估和确认问题及制订治疗方案。在心理咨询初始阶段应首先建立好咨询关系，不可过早对质该患者懦弱。

【考点】心理治疗实际操作的基本过程☆☆

C. 营养治疗，补充能量、蛋白质、维生素

D. 心理治疗，耐心细致的解释、心理教育和营养咨询

E. 认为该疾病属于消化科疾病，建议去消化科就诊

15. 患者，女，28 岁，2 年前男友母亲患“红斑狼疮”，与其谈及血液病时，她即感到很不舒服，紧张、害怕，后见到血就紧张，害怕“血液病”，不敢碰卫生间的纸篓，担心沾上血，上洗手间后要反复洗手。下列不属于系统脱敏疗法治疗步骤的是

A. 放松训练

B. 建立焦虑或恐惧的等级层次

C. 想象脱敏训练

D. 消极训练法

E. 现实训练

【A3/A4 型题】

(1~3 题共用题干)

患者，女，23 岁，自幼性格内向，尚能与人正常交往，自青春期以来越来越不敢与陌生人接触，害怕在公众面前出现，近半年来发展为见到熟人也害怕与之说话，一说话就焦虑不安、脸红、出汗，不敢抬头，不敢与人对视，总是回避相关社交场合。

1. 考虑诊断为

A. 抑郁障碍

B. 社交焦虑

C. 广泛性焦虑障碍

D. 正常人的恐惧

E. 强迫性障碍

2. 最适合的心理治疗方法是

A. 厌恶治疗

B. 系统脱敏疗法

C. 精神分析疗法

D. 生物反馈疗法

E. 暗示治疗

3. 心理治疗师在初始阶段一般不应采取的措施是

A. 对质懦弱

B. 接受宣泄

C. 帮助领悟

D. 增强自控

E. 指导放松

（4~5 题共用题干）

患者，女，28 岁，已婚。害怕癌症，怕脏，怕被传染，反复洗手、洗衣 2 年，加重 1 个月。患者在家不愿出门，怕外面的空气脏，偶尔出门回家后也要反复洗澡，换下来的衣服都要扔掉，不能自控，为此患者感到焦虑、痛苦，睡眠差。

4. 该患者最可能的诊断是
   A. 焦虑症　　B. 抑郁发作
   C. 睡眠障碍　　D. 强迫症
   E. 精神分裂症

4.【答案】D

【解析】强迫性障碍的主要临床表现为强迫性思维、强迫动作或仪式，伴有焦虑、抑郁情绪，该案例患者应诊断为“强迫症”。

【考点】强迫症的诊断☆☆

5. 下列哪种方法**不推荐**用于此类疾病治疗的方法是
   A. 三环类抗抑郁药　　B. SSRI 类抗抑郁药
   C. 苯二氮䓬类药物　　D. 认知行为治疗
   E. 电休克治疗

5.【答案】E

【解析】电休克治疗一般适用于重症抑郁，包括单相和双相抑郁，妄想性抑郁、继发性抑郁和卒中后抑郁；躁狂急性发作；精神分裂症，尤其是一些急性患者或存在急性情感症状，紧张型患者；分裂样以及分裂情感性障碍。对于强迫症的治疗不推荐使用电休克治疗。

【考点】强迫症的治疗☆☆

（6~8 题共用题干）

患者，女，25 岁，性格内向，体重低于常人，主诉“厌食伴催吐行为、间歇性暴食、情绪低落、焦虑 3 年”。患者体力明显下降，睡眠较差，较自卑，认为自己不够漂亮，体形不完美，看到食物就想吐，吃进食物后有罪恶感，直到吐出后才舒服。

6. 该患者最可能的诊断是
   A. 抑郁发作　　B. 广泛性焦虑障碍
   C. 睡眠障碍　　D. 进食障碍
   E. 强迫症

6.【答案】D

【解析】明显进食行为异常，有意限制饮食，对自身体像的感知存在歪曲，为进食障碍典型表现。

【考点】进食障碍的临床特点☆☆

7. 该类型患者可采用的心理治疗方法是
   A. 认知疗法　　B. 行为疗法
   C. 来访者中心疗法　　D. 森田疗法
   E. 以上都是

7.【答案】E

【解析】进食障碍患者存在明显认知及行为异常，缺乏自信，存在精神交互作用，过度关注自身体形，并且在关注患病个体的同时，把个体放在家庭的背景中观察，可能更有利患者恢复，因此以上心理治疗方法都适用。

【考点】各种心理治疗方法的适应证☆☆

8. 在心理治疗的过程中，治疗师发现该来访者对治疗师出现了移情，希望与治疗师进行咨询关系之外的交往，治疗师应采取的措施
   A. 断然拒绝
   B. 转介给其他心理治疗师
   C. 对来访者反移情
   D. 漠视
   E. 欣然接受

8.【答案】B

【解析】在治疗过程中治疗师应该正视咨询关系，当治疗师感觉自己难以处理移情现象时，可将来访者转介给其他心理治疗师。

【考点】咨询关系以及转介☆☆

9.【答案】C

【解析】广泛性焦虑障碍(GAD)是以持续的显著紧张不安,伴有自主神经功能兴奋和过分警觉为特征的一种慢性焦虑障碍,通常持续6个月及以上,社会功能受损。A项:抑郁障碍以情绪低落、兴趣减退为主要特征,该患者未见明显情绪低落,不考虑抑郁障碍。B项:患者虽表现有躯体不适,但主要症状是广泛性的焦虑不安,不考虑。D项:该患者的焦虑恐惧症状伴有脸红出汗等自主神经症状,持续几个月,影响工作和躯体状态,不考虑正常人的焦虑。E项:该患者无明显的强迫想法及行为,不考虑为强迫症。

【考点】广泛性焦虑障碍的诊断☆☆

10.【答案】B

【解析】A项:用人本的理论给予患者无条件积极关注、同情,全神贯注地倾听建立良好的咨询关系。B项:行为矫正疗法是指学习条件反射的规律,如强化消退、示范等,帮助心理与行为异常者改变异常的行为,形成新的适应性的行为的一种方法,不适用于该患者消除症状。C项:精神分析疗法是通过帮助患者将压抑在潜意识中的各种心理冲突,释放到意识层面,使患者产生顿悟,从而发生行为和情感上的改变。D项:利用生物反馈信息训练患者放松,以减轻焦虑,对治疗广泛焦虑障碍有效。E项:松弛疗法是按一定的练习程序,学习有意识地控制或调节自身的心理生理活动,以降低机体唤醒水平,调整因紧张刺激而紊乱的功能。

【考点】广泛性焦虑障碍的心理治疗☆☆

11.【答案】C

【解析】传统精神分析中的主要技术包括自由联想、释梦、阻抗、移情、反移情、解释。其中移情是指患者将对心理冲突中某一人物的体验、态度、幻想等情感转移至治疗师身上,从而有机会重新"经历"往日的情感。D项:共情是指治疗者站在患者的角度去体验患者的处境和情感,建立良好咨询关系。

【考点】传统精神分析中的主要技术☆☆

1.【答案】D

【解析】此题主要考查精神检查的技巧。对于患者的妄想症状,有经验的医生会采取中性、接纳、同情的态度。如果及时纠正患者的妄想信念,有可能造成患者的反感或对医生产生不信任而不愿意暴露其真实的内心体验,有的患者甚至会将医生列入其妄想对象之中。

【考点】精神检查的技巧☆☆

2.【答案】E

【解析】此题主要考查精神病患者的既往史。不良嗜好属于个人史的内容。

【考点】精神病患者既往史 ☆

(9~11 题共用题干)

患者,女,40 岁,最近父亲生病需要人照顾,工作压力大。近半年来逐渐出现睡眠差,入睡困难,反复思考问题,自己不能控制,睡眠浅。总是提心吊胆,内心不安,担心孩子上学路上不安全,害怕丈夫出差出事,为此坐立不安,来回踱步。阵发性心悸、胸闷、出汗、四肢发麻,有时持续 2h 以上。

9. 考虑诊断为
   A. 抑郁障碍　　B. 躯体形式障碍
   C. 广泛性焦虑障碍　　D. 正常人的焦虑
   E. 强迫性障碍

10. 不宜采用的心理治疗方法是
   A. 心理支持
   B. 行为矫正疗法
   C. 精神分析疗法
   D. 生物反馈疗法
   E. 松弛疗法

11. 在心理治疗过程中,患者把自己幼年时期的重要情感关系,如与父母的情感关系,在不知不觉中转移到和治疗者的关系上属于
   A. 自由联想
   B. 阻抗
   C. 移情
   D. 共情(同理心)
   E. 释梦

第三节　精神检查与病史采集

【A1 型题】

1. 关于精神检查的技巧,错误的是
   A. 学会观察患者的言行、表情及对外界刺激的反应
   B. 耐心倾听患者的表述
   C. 有针对性地开放式和封闭式提问
   D. 对有妄想的患者及时予以纠正,以免妄想进一步加重
   E. 要寻找患者感兴趣的话题作为检查性交谈的切入点

2. 精神病患者的既往史不包括
   A. 严重的肝、心、肾、肺部疾病史
   B. 脑外伤、中枢神经疾病史

C. 青光眼、哮喘病史
D. 精神病史
E. 不良嗜好

3. 以下关于精神检查中面谈的注意事项，**错误**的是
A. 环境安静，光线、温度适中，避免交谈过程被外界干扰
B. 最好是单独交谈，除非患者不愿意或与患者独处有威胁
C. 医生与患者的坐向成直角（患者常坐在医生的左手边），避免隔桌对视
D. 医生与患者的座位最好是同一规格，高低相同
E. 应随时记录患者的谈话，以免遗漏

3.【答案】E
【解析】此题主要考查精神检查中面谈技巧。对某些患者，医生如果随时记录患者的谈话可能引起患者的怀疑，认为医生是想要获得患者的某些证据，尤其是有妄想和偏执的患者。
【考点】精神检查 ☆

4. 关于精神科患者现病史的记录内容描述，**错误**的是
A. 发病条件及原因
B. 起病缓急及早期症状表现
C. 疾病演变过程，诊疗经过，疗效情况、间歇期有无症状
D. 病期中的一般情况，如工作、学习、饮食、睡眠、个人生活等
E. 姑姑曾有精神疾病史

4.【答案】E
【解析】此题主要考查精神科现病史的掌握情况。现病史主要记录疾病发展变化的全过程。姑姑曾有精神疾病史属于家族史。
【考点】病史采集☆

5. 对接诊患者进行精神检查时，医生首先最应注意的是
A. 让患者情绪放松，消除顾虑
B. 医生给患者做自我介绍
C. 适当介绍医院的专长和特点
D. 为节约时间，应直截了当地询问
E. 给出明确诊断，使患者及早做思想准备

5.【答案】A
【解析】此题主要考查精神检查技巧。在对精神疾病患者进行诊断性交谈前，最重要、最基本的就是要让患者情绪放松、消除顾虑，信任并配合医生。
【考点】精神检查 ☆☆

6. 精神检查时，医生（面谈检查者）的修养**不包括**
A. 坦诚、接纳的态度　　B. 敏锐的观察力
C. 丰富的经验与学识　　D. 幽默滑稽感
E. 得体的仪表与态度

6.【答案】D
【解析】此题主要考查精神检查时面谈检查。医生（面谈检查者）的修养包括坦诚、接纳的态度，敏锐的观察力，良好的内省能力，丰富的经验与学识以及得体的仪表与态度。
【考点】精神检查☆

7. 下列有关深入交谈阶段的描述，**错误**的是
A. 尽量使患者感到轻松自然
B. 以开放性访谈为主
C. 使患者集中在相关的话题上，不要过多纠缠于细枝末节
D. 不要打断患者的谈话
E. 可以通过肢体语言鼓励患者讲出医生所要了解的内容

7.【答案】D
【解析】此题主要考查精神检查。在深入交谈阶段，医生为了使患者集中在相关的话题上，必要时可以打断患者的谈话，直接询问关键性问题。
【考点】精神检查☆☆

8. 开始有关精神检查的交谈时，应注意的问题中，**不合适**的是
A. 以诚恳、体贴、关心的态度对待患者，让患者情绪放松
B. 提供安静、不受干扰的交谈环境
C. 请患者就座、倒茶、递烟，取得患者的好感

8.【答案】C
【解析】此题主要考查精神检查的注意事项。检查性交谈时医生应该以礼相待，但也不要一味地迎合奉承。
【考点】精神检查 ☆

D. 医生做适当的自我介绍，为医患关系确定一个平等的基调
E. 检查前应对病史有大致的了解，以利于询问时有的放矢

9. 已经完全缓解的既往精神病发作应列入
A. 家族史　B. 婚育史
C. 现病史或既往史　D. 个人史
E. 以上均可

10. 对于精神科患者，详细了解患者个人史的目的**不包括**
A. 有利于纵向比较患者病前与病后的情况
B. 有利于预测预后和确立治疗的目标
C. 有利于家庭治疗的开展
D. 有利于发现某些影响预后的因素或病因
E. 有利于发现患者的某些隐私

11. 精神状况检查中，智能检查**不包括**
A. 计算力　B. 理解判断力
C. 一般常识　D. 抽象概括能力
E. 领悟力

12. 精神科病历中的主诉，**不包括**精神疾病的
A. 发作次数　B. 起病形式
C. 主要症状　D. 病期
E. 次要症状

13. 诊断精神障碍最好的办法是
A. 实验室检查
B. 心理测验
C. 既往病史资料
D. 现症精神状况检查
E. 横向的现症精神状况结合纵向的病史材料

14. 诊断精神疾病最重要的方法是
A. 精神状况检查　B. 检查性交谈
C. 投射测验　D. 成套心理测验
E. 自评问卷检查

15. 精神检查的目的包括
A. 获取必要信息以便确立诊断
B. 从完整的人的角度了解患者，了解患者所处的环境
C. 建立初步的良好医患治疗关系
D. 向患者进行初步的精神卫生知识宣教，让患者了解自己

9.【答案】C
【解析】此题主要考查病史采集内容。已经完全缓解的、以往精神病发作应列入现病史或既往史。
【考点】病史采集☆

10.【答案】E
【解析】此题主要考查采集个人史的目的。了解患者的个人史可能涉及个人隐私，但对医生来讲，患者的隐私也只能作为探询是否与精神疾病有关为唯一目的。医生要对患者隐私绝对保密。
【考点】病史采集☆

11.【答案】E
【解析】此题主要考查精神检查的掌握情况。精神状况检查中，智能检查需要根据患者的文化教育水平粗查其一般常识、专业知识、计算力、理解力、判断力、分析综合以及抽象概括能力等。必要时可进行专门的智能测查。
【考点】精神检查☆

12.【答案】E
【解析】此题主要考查病史采集内容。精神科病史采集时，主诉主要是对现病史的发病异常表现、发病方式、病程特点、持续时间等的高度概括。
【考点】病史采集☆☆

13.【答案】E
【解析】此题主要考查精神状况检查。结合现症的精神状况检查和纵向的病史材料是诊断精神障碍的最好办法。
【考点】精神检查☆

14.【答案】B
【解析】此题主要考查精神疾病的诊断方法。检查性交谈为诊断精神疾病最重要的方法。
【考点】精神疾病的诊断方法☆

15.【答案】E
【解析】此题主要考查精神检查的目的，A、B、C、D选项均为精神检查的目的。
【考点】精神检查☆

的病情
E. 以上均是

16. 关于沟通技巧,**错误**的是
A. 倾听　　B. 接受
C. 澄清　　D. 不要提问
E. 重构

16.【答案】D
【解析】此题主要考查精神检查的沟通技巧。提高沟通技巧的方法有倾听、接受、肯定、澄清、善于提问、重构、代述、鼓励患者表达等。
【考点】精神检查的沟通技巧☆

17. 为了保证病史的客观真实,应注意的问题是
A. 从不同的知情者处了解情况,收集患者的日记、信件等了解病情
B. 事先应向提供病史者说明病史准确与否对诊治结果的重要性,避免信口作答
C. 排除病史提供者因种种原因有意无意地隐瞒或夸大病情
D. 如提供病史者之间出现严重分歧,则应分别询问,了解分歧的原因
E. 以上均是

17.【答案】E
【解析】此题主要考查病史采集的掌握情况,为了保证病史的客观真实,以上内容临床医生均应注意。
【考点】病史采集☆☆

18. 有关病史的记录,**错误**的是
A. 一般以时间为主线记录
B. 病史应真实可靠,重要记录可引述患者的原话
C. 尽量详细地描述患者的主要异常表现与发病经过
D. 医护人员应对病史资料保密
E. 应进行加工整理,使病史资料情节生动有趣

18.【答案】E
【解析】此题主要考查病史采集的记录。记录病史时,临床医生切记不要对病史资料进行加工整理。
【考点】病史采集☆

19. 对有意识障碍的患者进行精神检查时,应从以下哪方面进行评估
A. 一般外貌
B. 定向力、即刻记忆、注意力等情况
C. 动作行为
D. 自知力情况
E. 面部表情

19.【答案】B
【解析】此题主要考查意识障碍患者的精神检查。对意识障碍患者应从定向力、即刻记忆、注意力等方面估计患者意识障碍的严重程度,并推测意识障碍的原因,以便采取紧急救助措施。
【考点】精神检查☆

20. 精神科病史采集的主要目的**不包括**
A. 了解患者的主要异常表现,本次病情与既往病情的异同之处,治疗经过
B. 患者的生活经历、人格特征、家庭和社会关系
C. 挖掘患者的隐私
D. 处理家属的疑问和顾虑,建立信任度良好的医患关系
E. 病史资料的可靠性

20.【答案】C
【解析】此题主要考查病史采集的目的。精神科病史采集的主要目的:①了解患者的主要异常表现,本次病情与既往病情的异同之处,治疗经过;②患者的生活经历、人格特征、家庭和社会关系;③病史资料的可靠性;④处理家属的疑问和顾虑,建立信任度良好的医患关系。
【考点】病史采集☆

21. 判断自知力的完整性，一般应检查的内容**不包括**
A. 患者是否意识到自己目前的这些变化
B. 是否承认这些表现是异常的、病态的
C. 是否愿意接受医生、家人等对他目前的处理方式
D. 是否接受并积极配合治疗
E. 是否存在幻觉、妄想等症状

22. 病史采集中，关于主诉的描述**错误**的是
A. 主诉是对现病史的高度概括
B. 主诉应充分表达出本次就诊的理由
C. 主诉内容通常不超过 25 个字
D. 主诉应包括患者的成长和生活经历及人格特点
E. 主诉应包括发病方式、异常表现、病程特点、持续时间等

23. 关于自知力的描述，**错误**的是
A. 自知力是自我控制的能力
B. 神经症患者大多有自知力
C. 自知力是判断疾病严重程度的重要指标
D. 自知力是判断疾病恢复程度的重要指标
E. 自知力与治疗依从性有关

24. **不符合**精神检查时的沟通技巧的做法是
A. 善于使用身体语言来鼓励或者制止患者的谈话
B. 以幽默客观的态度与心情抑郁的患者相处
C. 以和蔼可亲的态度对待儿童患者，选择儿童感兴趣的话题和情景入手
D. 对有妄想的患者应能言善辩，使其屈服
E. 对躁狂的患者不正面对抗，迂回引导

25. 建立良好的医患关系应遵循的原则**不包括**
A. 相信良好医患关系是可以建立的
B. 尊重患者的人格、信仰和文化
C. 从生物 - 心理 - 社会的医学模式出发，充分理解患者的情绪与行为
D. 在诊疗过程中，以人本主义态度给患者切实的医疗帮助
E. 尽量与患者发展超出诊疗范围的人际关系

26. 关于精神病患者的病史资料主要来源，**错误**的是
A. 了解病情的家属、同事等
B. 过去的老同学、朋友
C. 患者发病期间书写的资料
D. 患者自供

21.【答案】E
【解析】此题主要考查精神检查。是否存在幻觉、妄想等症状属于精神检查中对感知障碍的检查内容。
【考点】精神检查☆

22.【答案】D
【解析】此题主要考查病史采集中的主诉。主诉是对现病史的发病方式、异常表现、病程特点、持续时间等内容的高度概括，充分表达出本次就诊的理由。通常不超过 25 个字。
【考点】主诉☆

23.【答案】A
【解析】此题主要考查自知力的相关内容。自知力是指患者对自身精神疾病认识和判断的能力，不是自我控制的能力。临床上常将有无自知力及自知力恢复程度作为判断病情轻重和疾病好转程度的重要指标。
【考点】自知力☆☆

24.【答案】D
【解析】此题主要考查精神检查的沟通技巧。对待妄想的患者则应采取中立、接纳、同情的态度，取得患者的信任，以便获取患者真实的内心体验。
【考点】沟通技巧☆

25.【答案】E
【解析】此题主要考查建立医患关系的原则。建立良好的医患关系应遵循以下原则：①相信良好的医患关系是可以建立的；②尊重患者的人格、信仰和文化；③从生物 - 心理 - 社会的医学模式出发，充分理解患者的疾病行为和情绪反应；④在诊疗过程中，以人本主义态度给患者切实的医疗帮助；⑤理解医患关系是一个动态的关系，医生应根据情况适时作出调整；⑥医患关系是围绕着疾病的诊疗而形成的，也只应局限于求医和提供医疗帮助的过程，不应发展任何超出此范围的人际关系。
【考点】建立医患关系的原则☆

26.【答案】D
【解析】此题主要考查精神科的病史主要来源。与多数临床医学学科不同，由于精神疾病的发作通常会影响患者的思维过程，且众多精神障碍患者对精神症状缺乏自知力，使患者本人不能提供准确的病史。因而，精神科的病史主要来源各种知情人，包括亲属、同事、同学、朋友、邻居以及以前为之诊治过的医务人员等。除此之外，患者发病期间的书写材料也是重要的病史资料源。
【考点】精神科的病史来源☆

E. 曾经为患者诊疗过的医务人员

27. 精神疾病误诊产生的常见原因**不包括**
A. 资料收集方面：病史资料的来源不一致、不详细或不可靠
B. 检查者方面：检查者的检查技巧不同，对同一症状的认定与评价不同
C. 分析资料方面：一些症状适用于几个诊断，临床医生选择性感知的方向和重点不同，则会作出不同的诊断选择
D. 诊断标准的不同、症状学术语的不统一、变化快
E. 未充分利用CT、MRI等先进设备

27.【答案】E
【解析】此题主要考查精神疾病诊断的情况。尽管CT和MRI对某些器质性精神障碍的鉴别诊断有重要意义，但是否充分利用CT、MRI等先进设备不是精神科误诊的常见原因。
【考点】精神疾病诊断☆

28. 完整的精神状况检查应包括
A. 一般表现：仪态、个人生活自理情况、意识状态、日常活动等
B. 认识活动：感知觉、思维活动、注意记忆、智能、自知力等
C. 情感活动：面部表情，情绪的稳定性、协调性、有无病理优势情感等
D. 意志和行为：有无意志活动的增强与减退，有无行为异常等
E. 以上均是

28.【答案】E
【解析】此题主要考查精神状况检查内容，上述内容均为精神状况检查内容。
【考点】精神状况检查内容☆☆

【A2型题】

1. 患者，男，56岁，体健，无不良嗜好，失眠20年，一直用药，近一周出国探亲出现情绪低落、烦躁、失眠加重，该患者最需要补充的病史是
A. 是否有自杀行为　　B. 精神活性药物使用情况
C. 既往有无情感高涨　　D. 有无特殊生活事件
E. 体格检查情况

1.【答案】A
【解析】此题结合病例主要考查抑郁症状的病史采集。上述五个选项都是需要进一步询问的，但其中自杀观念和行为的重要性最强。
【考点】抑郁症状病史采集☆☆

2. 如发现一男性患者有幻觉，需进一步询问
A. 幻觉的种类、出现的频度、何时出现、持续时间、具体内容
B. 幻觉是来自体内还是体外，清晰程度如何
C. 要求患者解释是真性幻觉还是假性幻觉
D. 患者对幻觉的情绪反应，幻觉出现时有无意识障碍
E. 以上均是

2.【答案】E
【解析】此题主要考查幻觉的病史采集情况，上述四个选项都是需要进一步询问的。
【考点】病史采集☆☆

3. 检查时如发现患者神情困惑、言语无条理、行为无目的、睡眠节律紊乱等，作为医生，应采取的措施**不包括**
A. 评估患者的定向力、瞬间记忆、注意力等，检查有无意识障碍
B. 等待时机，待患者合作后再行检查
C. 使用抗精神病药物治疗时要谨慎

3.【答案】B
【解析】此题主要考查精神检查的相关内容。精神检查时如发现患者神情困惑、言语无条理、行为无目的、睡醒节律紊乱等症状，提示有急性脑病综合征（谵妄）的可能，故应立即检查患者的意识状况并做必要的辅助检查，护理上要防止意外情况发生。使用抗精神病药物时要谨慎。
【考点】精神检查☆☆

D. 进行必要的实验检查,如脑电图,头颅 CT、MRI 等
E. 嘱加强护理,防止意外情况发生

4. 对不合作患者的精神状况检查,**不能**通过以下哪方面观察作出诊断推论
A. 一般表现:观察意识状态、仪表、接触合作程度、饮食、睡眠及生活自理状况
B. 言语:有无自发言语,有无缄默,有无模仿、持续、刻板言语等
C. 自知力:患者对自身疾病的认识、判断能力
D. 面部表情:有无呆板、欣快、愉快、忧愁、焦虑等,有无凝视、倾听、闭目、恐惧表情
E. 动作行为:有无特殊姿势或动作;有无刻板、模仿动作;动作有无目的性;有无违拗、被动服从;有无冲动、攻击等行为

4.【答案】C
【解析】此题主要考查精神检查的内容。对不合作患者进行精神状况检查时,可以通过观察患者的一般表现、言语、面部表情和动作行为来诊断推论。
【考点】精神检查 ☆☆

5. 检查患者的情感活动应注意的问题包括
A. 患者情感的性质(何种情感占优势,兴奋、抑郁、焦虑、恐惧)
B. 了解导致情感变化的原因,情感反应是否与周围环境和精神因素相适应
C. 情绪是否稳定协调,有无情感脆弱、不稳、失禁、倒错、病理性激情
D. 患者对言语与行为刺激的情绪反应如何
E. 以上均是

5.【答案】E
【解析】此题主要考查情感活动方面的精神检查。精神病患者的情感异常体现在三个方面:情感性质的改变、情感稳定性的改变以及情感协调性的改变,故询问时应该涉及上述内容。
【考点】精神检查☆☆

6. 当发现患者有某一精神症状时,医生病史采集中**错误**的是
A. 症状出现的时间、频度、持续时间和内容,最好让患者举例
B. 症状出现时患者的意识状态,能否认识自身及周围环境
C. 要求患者解释症状产生的原因
D. 症状出现有无昼轻夜重之特点
E. 症状出现时患者的情绪与行为反应

6.【答案】C
【解析】此题主要考查精神科病史的采集。精神症状一旦出现,患者往往不能解释症状产生的原因,因此,医生病史采集中应多询问与症状相关的某些情况。
【考点】病史采集☆☆

7. 以往发作的精神病不完全缓解与近期症状恶化,不算两次发作或复发,全部病情应列入
A. 家族史　　B. 婚育史
C. 个人史　　D. 现病史或既往史
E. 以上均可

7.【答案】D
【解析】此题主要考查病史采集内容。以往发作的精神病不完全缓解与近期症状恶化,不算两次发作或复发,全部病情应列入现病史或既往史。
【考点】病史采集☆

8. 对于情绪抑郁、有自杀企图的患者,**欠妥**的问话方式是
A. 你觉得人生在世,活得有意义吗
B. 你是否觉得最近一段时间生活过得不如以前有味道
C. 你是否觉得活得很累、很辛苦,甚至有生不如死的感觉

8.【答案】E
【解析】此题主要考查精神检查时的沟通技巧。对于有自杀观念的患者,医生应该以间接、婉转、富于同情、试探性的语气进行询问,切忌过于直接或随意。因为,有自杀观念的患者,有的不愿意暴露,有的则处于极端痛苦、矛盾之中,过于直接或随意的询问,有可能得不到患者真实的想法,或使患者对医生产生不信任、厌恶感。有时医生过于轻率的问话,还可能促发患者自杀。
【考点】精神检查☆☆

D. 你有过轻生的念头吗
E. 你真想死吗，开玩笑吧

9. 医生如询问患者"工作环境如何，是否舒适安全，单位领导和同事是否好相处，同学和邻居对他态度怎么样，是否有人对他有些意见，以前得罪过什么人，这些人现在对他怎么样，是否有故意刁难、非议他的人，领导是否有不点名的批评过他，群众、报纸、广播、电视有无含沙射影地谈论他，是否他的一举一动受到某些人的特别注意等问题"。其主要目的是想了解患者有无以下何种症状

A. 幻觉　　B. 牵连观念与被害妄想
C. 思维破裂　　D. 情绪异常
E. 认知功能损害

9.【答案】B
【解析】此题主要考查精神检查的内容。对有牵连观念和被害妄想的患者，尤其是病期较长者常不愿暴露自己的内心体验、或对周围的人持警惕、怀疑的态度，直接询问难以获得患者真实的感受。采用上述"外围包抄"的间接方法，有可能洞悉患者的隐情。
【考点】精神检查☆☆

10. 医生如询问患者"是否有时想事很多，自己不愿多想也控制不住？想这些事的时候是否觉得津津有味，边想边笑，或是感到厌恶和苦恼？所想内容是比较固定的还是经常变化不定的？如果内容比较固定，究竟是关于性与爱方面的内容还是一些抽象理论与哲学问题，能举出一个具体思考的事例吗？"等问题，**不能**了解患者有以下哪种症状

A. 强迫观念
B. 超价观念
C. 思维奔逸
D. 思维云集或强制性思维
E. 妄想

10.【答案】E
【解析】此题主要考查精神检查的掌握情况，根据题干中医生的询问内容，不能了解患者是否有妄想症状。
【考点】精神检查☆☆

11. 患者，男，35岁。近3个月来经常感到不明原因的紧张、害怕，对生活中的琐事思虑多，自己不能控制，为此感到苦恼，坐立不安，主动就诊。此时医生应考虑患者存在的主要症状是

A. 恐惧症状　　B. 惊恐发作
C. 强迫症状　　D. 焦虑症状
E. 强制思维

11.【答案】D
【解析】此题主要考查焦虑症状的临床特点。焦虑症状是指在缺乏相应客观刺激情况下，出现的内心不安状态，表现为顾虑重重、紧张恐惧、坐立不安等表现。
【考点】焦虑症状的临床表现☆☆

【A3/A4 型题】

(1~4 题共用题干)

患者，男，17 岁，因"急起言行异常 1 周"入院。主要表现为自言自语、无故哭笑，脾气大，有冲动伤人行为，晚间症状较白天严重。入院查体：体温 38.3℃，脉搏 104 次 /min，血压 125/80mmHg，呼吸 24 次 /min。患者意识清楚，左中上肺可闻及湿啰音；心率 104 次 /min，律齐，未闻及心脏杂音；腹部平软，无压痛、反跳痛，肠鸣音正常，肝脾未扪及。神经系统检查欠配合，脑膜刺激征(-)，生理反射存在，双侧 Babinski 征可疑阳性。

1.【答案】B

【解析】此题结合病例主要考查现病史采集。该患者出现的精神症状应与一些躯体疾病所导致的精神症状相互鉴别，故应侧重询问躯体疾病史。

【考点】病史采集 ☆☆

2.【答案】E

【解析】结合该患者的病例特点，应进一步完善以下检查：血常规、胸部X线片、心电图、腰椎穿刺＋脑脊液检查、头颅MRI平扫＋增强。

【考点】精神科常规检查 ☆

3.【答案】A

【解析】此题主要考查精神检查的内容。判断患者的意识状态，可根据定向力、注意力及其他精神状况来判断。

【考点】精神检查☆

4.【答案】A

【解析】此题主要考查躯体疾病所致精神障碍。患者急起精神异常，有发热、肺部听诊有啰音、双侧Babinski征可疑阳性、晚间症状较白天严重，应考虑脑炎和肺部感染的可能。需进一步完善相关检查以明确诊断。

【考点】躯体疾病所致精神障碍 ☆☆

5.【答案】B

【解析】此题结合病例主要考查病史资料的来源。尽管其他选项也是采集病史所要了解的，但就此患者而言，由于不与父母住在一起，询问知情人（老师、同学）对了解病史、确定诊断更为重要。

【考点】病史采集 ☆☆

6.【答案】B

【解析】此题结合病例主要考查抑郁症的临床表现。对一个既往学习成绩良好而突然出现明显成绩下降且主动提出退学的中学生，常见的原因包括精神分裂症、抑郁症及适应性障碍等。神经症患者一般不会主动提出退学且学习成绩短期内下降不会如此明显。躁狂症状为外显症状，有此症状的患者容易被周围人识别，患者一般不会主动提出退学。另外，病史中患者曾多次告知父母有心情不好、头胀等表现，更提示我们要重点检查有无抑郁症状群。

【考点】抑郁症的临床表现 ☆

1. 在询问患者现病史时，应重点询问的内容不包括
   A. 近期是否有感冒或感染等情况
   B. 睡眠及饮食情况
   C. 是否有抽搐、大小便失禁等情况
   D. 近期是否有发热史
   E. 是否有不认识人的情况

2. 该患者需完善的检查不包括
   A. 血常规、胸部X线片
   B. 心电图
   C. 腰椎穿刺＋脑脊液检查
   D. 头颅MRI平扫＋增强
   E. 腹部超声

3. 要判断患者是否存在意识障碍，需进行的评估是
   A. 定向力、注意力　　B. 是否有感觉异常
   C. 是否有自知力　　D. 是否有幻听
   E. 是否有妄想

4. 此患者目前最可能的诊断为
   A. 脑炎所致精神障碍　　B. 强迫症
   C. 抑郁症　　D. 癔症
   E. 躁狂发作

（5~9题共用题干）

患者，男，16岁。3个月前考上省城重点高中，寄宿（离家较远），高一上学期期中考试数学不及格，其间几次打电话给父母诉述心情不好、头部胀痛，并要求终止学业，后经家长、老师开导后勉强继续学习。最近一次物理考试考了班上倒数第一由家人带来就诊。

5. 采集病史时应特别重视
   A. 心理社会应激史　　B. 同学、老师的观察
   C. 家族史　　D. 生长发育史
   E. 有无脑外伤病史

6. 进行精神状况检查时除要注意患者有无精神病性症状外，还要重点检查有无
   A. 躁狂症状群　　B. 抑郁症状群
   C. 疑病症状　　D. 强迫症状
   E. 怪异行为

7. 经仔细询问病史，同学和老师反映患者两个月前与班上两个同学发生争吵打斗，起因是患者认为他们在背后说了他的坏话。此后，患者经常发呆，喜欢趴在桌子上，行为孤僻，不与人来往，有时独自发笑，有时似在倾听沉思，不讲卫生，饮食无规律，有时一天只吃两顿饭。家人诉患者病前无任何躯体疾病。其姑姑有精神异常史，诊断不详，6年前自杀死亡。此患者最可能的诊断是
A. 抑郁症　　B. 精神分裂症
C. 适应性障碍　　D. 神经症
E. 应激性精神障碍

8. 此患者目前最佳治疗方案是
A. 利培酮　　B. 氯氮平
C. 电休克　　D. 舍曲林
E. 心理治疗

9. 此患者的长期治疗计划中，**不合适**的是
A. 抗精神药物治疗至少一年以上
B. 应合并心理治疗
C. 抗精神药物维持治疗半年
D. 应定期随访
E. 应定期复查肝功能、血常规、心电图

7.【答案】B
【解析】此题结合病例主要考查精神分裂症的诊断。此患者病史材料提示患者有牵连观念、被害妄想、幻听等精神病性症状。家族史也为疾病的诊断提供了佐证。患者无明显的应激性原因，不符合应激所致精神障碍。适应性障碍、神经症及抑郁症也不会出现明显的精神病性外显行为，如独自发笑。
【考点】精神分裂症的诊断 ☆☆

8.【答案】A
【解析】此题结合病例主要考查精神分裂症的治疗。此患者诊断为精神分裂症，抗精神病药物为首选治疗措施。根据国内外精神分裂症治疗指南，非典型抗精神病药物应作为首选治疗药物，故利培酮应作为首选。尽管氯氮平对精神分裂症治疗效果显著，尤其对难治性精神分裂症效果更为明显，但由于其较多的药物副作用而不应作为首选。对于急性期的分裂症患者，心理治疗只有辅助作用。电休克治疗只对有严重抑郁、自杀行为、木僵拒食的分裂症患者才作为首选。舍曲林是抗抑郁药。
【考点】精神分裂症的治疗 ☆☆

9.【答案】C
【解析】此题结合病例主要考查精神分裂症的治疗。对于精神分裂症的药物治疗，目前一致的观点是主张长程治疗，即使是首次发作的患者要求抗精神病药物治疗至少一年以上以减少疾病的复发。对于多次复发的患者，则可能需要更长时间服药甚至终生服药。心理治疗应该贯穿治疗过程的始终。治疗过程中应定期随访，接受医生的建议并定期复查肝功能、血常规、心电图等，以预防药物副作用的发生。
【考点】精神分裂症的治疗 ☆☆

第四节　病历书写

【A1型题】

1. 主诉是患者感受最主要的症状(或体征)及持续时间，字数**不超过**
A. 20　　B. 21　　C. 22
D. 24　　E. 25

2. 下列**不属于**精神科住院病历一般资料的是
A. 姓名　　B. 出生地　　C. 婚姻
D. 供史人　　E. 生育史

3. 下列**不属于**病历书写基本要求的是
A. 让患者尽量使用医学术语
B. 不得使用粘、刮、涂等方法掩盖或去除原来的字迹
C. 应当客观、真实、准确
D. 文字工整，字迹清晰，表述准确，语句通顺，标点正确
E. 及时、完整、规范

1.【答案】E
【解析】此题主要考查对主诉书写的要求。精神科病历书写主诉一般不超过25个字。
【考点】主诉书写的要求 ☆

2.【答案】E
【解析】此题主要考查对住院病历一般资料的掌握情况。一般资料包括：姓名、性别、年龄、籍贯、婚姻、民族、职业、单位、受教育年限、宗教信仰、现住址、入院日期、入院次数、供史者、病史采集时间、病史可靠性、病史完整性及详尽程度等。生育史属于个人史的内容。
【考点】住院病例一般资料 ☆☆

3.【答案】A
【考点】病历书写的基本要求 ☆

4. 关于主诉的书写要求，**错误**的是
A. 提示疾病主要属何系统 B. 提示疾病的急性或慢性
C. 指出发生并发症的可能 D. 指出疾病发热发展及预后
E. 文字精练、术语准确

4.【答案】D
【考点】主诉的写作要求☆

5. 病史的主体部分，应记录疾病发展变化的全过程，是指
A. 主诉 B. 现病史
C. 既往史 D. 个人史
E. 家族史

5.【答案】B
【解析】此题主要考查现病史的相关内容。现病史应记录疾病发展变化的全过程。
【考点】现病史 ☆

6. 患者对青霉素、头孢类抗生素过敏应记录于
A. 主诉 B. 现病史
C. 既往史 D. 个人史
E. 家族史

6.【答案】C
【解析】此题主要考查既往史的相关内容。既往史包括患者药物、事物过敏史。
【考点】既往史 ☆

7. 患者有长期的烟酒嗜好应记录于
A. 主诉 B. 现病史
C. 既往史 D. 个人史
E. 家族史

7.【答案】D
【解析】此题主要考查个人史的相关内容。烟酒嗜好属于个人史。
【考点】个人史 ☆

8. 关于病程记录书写，**错误**的是
A. 症状及体征的变化
B. 体检结果及分析
C. 各级医师查房及会诊意见
D. 每天均应记录一次
E. 临床操作及治疗措施

8.【答案】D
【解析】此题主要考查对病程记录书写内容的掌握情况，需要全面掌握。
【考点】病程记录的书写及时间要求 ☆

9. **不属于**首次病程记录书写内容的是
A. 诊断依据 B. 鉴别诊断
C. 治疗方案 D. 会诊记录
E. 注意事项

9.【答案】D
【解析】此题主要考查对首次病程记录书写内容的掌握情况，需要全面掌握。
【考点】病程记录的书写☆☆

10. 病历书写**错误**的是
A. 入院记录需在 24h 内完成
B. 出院记录应转抄在门诊病历中
C. 接收记录有接受科室医师书写
D. 转科记录由原住院科室医师书写
E. 凡参加手术者均可书写手术记录

10.【答案】E
【解析】手术记录一般由手术者书写，特殊情况下可由第一助手书写，但应有手术者签名。
【考点】病历书写 ☆☆

11. 有关病历书写，**错误**的是
A. 首次病程记录应在患者入院 24h 内完成
B. 病程记录一般可 2~3d 记录 1 次

11.【答案】A
【解析】首次病程记录应在患者入院 8h 内完成。
【考点】病历书写 ☆

C. 危重患者需每天或随时记录
D. 会诊意见应记录在病历中
E. 应记录各项检查结果及分析意见

12. 下列关于抢救记录的叙述，**错误**的是
A. 指具有生病危险(生命体征不平稳)患者的抢救
B. 每一次抢救都要有抢救记录
C. 无记录者不按抢救计算
D. 如果患者有数次抢救，最后一次抢救失败而死亡，均记录抢救失败
E. 抢救记录应及时、规范地写入病例

12.【答案】D
【考点】抢救记录 ☆

13. 术后首次病程记录完成时限为
A. 术后 6h B. 术后 8h
C. 术后 10min D. 术后即刻
E. 术后 24h

13.【答案】D
【解析】此题主要考查对病程记录时限的掌握情况。术后首次病程记录应术后即刻完成。
【考点】病程记录时限 ☆☆

14. 死亡病例讨论记录完成时限为
A. 7d B. 9d C. 14d
D. 3d E. 24h

14.【答案】A
【解析】此题主要考查对死亡病例讨论记录时限的掌握情况。凡死亡病例均应在科内进行讨论，一般要求在患者死亡后一周内完成；特殊病例即时完成；尸检病例待病理报告作出后 2 周内完成。
【考点】死亡病例讨论记录时限 ☆☆

15. 转入记录由转入科室医师于患者转入后几小时内完成
A. 8h B. 24h C. 48h
D. 72h E. 6h

15.【答案】B
【解析】此题主要考查对转入记录时限的掌握情况。转入记录由转入科室医师于患者转入后 24h 内完成
【考点】转入记录 ☆☆

16. 病情稳定的慢性病患者至少几天记录一次病程
A. 1d B. 2d C. 3d
D. 4d E. 5d

16.【答案】C
【解析】此题主要考查对病程记录的掌握情况，病情稳定的慢性病患者至少 3d 记录一次病程。
【考点】病程记录 ☆☆

17. 首次病程记录的时间要精确到
A. 小时 B. 分钟
C. 秒 D. 毫秒
E. 不必记录时刻

17.【答案】B
【解析】此题主要考查对首次病程记录的掌握情况。首次病程记录的时间要精确到分钟。
【考点】首次病程记录 ☆

18. 既往史**不包括**
A. 传染病史及接触史
B. 手术外伤史
C. 家族遗传病史
D. 局灶病史
E. 预防接种时及药物过敏史

18.【答案】C
【解析】此题主要考查对既往史的掌握情况。既往史和家族史是病历书写中两个主要部分。
【考点】既往史 ☆

19.【答案】D

【解析】此题主要考查对主治医师首次查房记录的掌握情况。主治医师首次查房记录应于患者入院 48h 内完成。

【考点】查房记录 ☆

20.【答案】E

【解析】此题主要考查对交班记录本记录的掌握情况。医院内感染的患者不属于交班记录本记录的范畴。

【考点】交班记录本 ☆

21.【答案】D

【解析】此题主要考查对现病史的掌握情况。性别、年龄、职业属于患者的一般个人资料。

【考点】现病史 ☆

22.【答案】A

【解析】此题主要考查住院志书写形式，包括入院记录、出院记录和死亡记录。

【考点】住院志书写形式 ☆☆

23.【答案】E

【解析】死亡病例讨论内容不包括对死亡时间的讨论。

【考点】死亡病例讨论记录☆☆

24.【答案】C

【解析】此题主要考查对现病史的掌握情况。性别、年龄、职业属于患者的一般个人资料。

【考点】现病史 ☆

25.【答案】D

【解析】此题主要考查对科间会诊时间的掌握情况。科间会诊应 48h 内完成。

【考点】科间会诊 ☆

26.【答案】A

【解析】此题主要考查对查房记录的掌握情况。所有患者出院前 1d 应有一次上级医师查房记录。

【考点】上级医师查房 ☆

19. 主治医师首次查房记录应当在患者入院几小时内完成

A. 12h　　B. 24h　　C. 36h

D. 48h　　E. 72h

20. 交班记录本不需要记录哪些患者的病情及诊疗

A. 一级护理的患者　　B. 危重患者

C. 病情可能变化的患者　　D. 当天术后的患者

E. 医院内感染的患者

21. 现病史内容不包括

A. 发病情况主要症状特点及其发展变化情况

B. 伴随症状

C. 诊疗经过及结果

D. 性别、年龄、职业

E. 与鉴别诊断有意义的阳性或阴性结果

22. 住院志的书写形式不包括

A. 死亡病例讨论记录

B. 再次或多次入院记录

C. 24h 内入出院记录

D. 24h 内入院死亡记录

E. 入院记录

23. 死亡病例讨论记录，讨论的内容不包括

A. 疾病的诊断　　B. 疾病的治疗

C. 死亡原因　　D. 死亡诊断

E. 死亡时间

24. 病历记录中不用另立专页的是

A. 入院记录　　B. 转入记录

C. 查房记录　　D. 死亡记录

E. 出院记录

25. 科间会诊应该几小时内完成

A. 6h　　B. 12h　　C. 24h

D. 48h　　E. 36h

26. 所有患者出院前多长时间应有一次上级医师查房记录

A. 1d　　B. 2d　　C. 3d

D. 4d　　E. 5d

27. 书写需要复写病历资料的用笔颜色是
A. 蓝或黑色　B. 黄色　C. 绿色
D. 红色　E. 紫色

27.【答案】A
【解析】此题主要考查对病历书写用笔的掌握情况。书写需要复写的病历资料应该用蓝或黑色的笔。
【考点】病历书写 ☆

28. 日常病程记录是指对患者住院期间诊疗过程的经常性、连续性记录，应完成书写的医师是
A. 经治医师　B. 实习医师
C. 试用期医师　D. 主任医师
E. 以上均可

28.【答案】E
【解析】此题主要考查对日常病程记录的掌握情况。日常病程记录由经治医师书写，也可以由实习医务人员或试用期医务人员书写，但须有上级医师的审改和签名。
【考点】日常病程记录 ☆☆

29. 现病史应记录疾病的发展变化的全过程，但**不包括**
A. 起病情况
B. 病情演变
C. 诊断和治疗过程与治疗措施和效果
D. 必须特别防护的情况
E. 家族精神病史

29.【答案】E
【解析】此题主要考查对现病史包括内容的掌握情况。家族精神病史在病历书写中应写在家族史中。
【考点】现病史 ☆☆

30. 个人史一般是从母孕期起，到发病前的整个生活经历。具体描述**不包括**
A. 外伤史　B. 生长发育史
C. 恋爱史　D. 婚姻史
E. 生育史

30.【答案】A
【解析】此题主要考查对个人史的掌握情况。外伤史属于既往史的内容，个人史主要包括生长发育史、学习、生活经历、恋爱婚姻史、月经史、生育史、病前性格特征、人格倾向及不良嗜好。
【考点】个人史。

31. 出院记录是对患者此次住院期间诊疗情况的总结，完成时间是
A. 患者出院后 24h 内　B. 患者出院前 24h 内
C. 患者出院前 48h 内　D. 患者出院前 36h 内
E. 患者出院后 36h 内

31.【答案】B
【解析】此题主要考查对出院记录的掌握情况。出院记录是对患者此次住院期间诊疗情况的总结，完成时间是患者出院前 24h 内。
【考点】出院记录 ☆

【A2 型题】

1. 抢救记录是指患者病情危重，采取抢救措施时作的记录。因抢救急危患者，未能及时书写病历的，有关医务人员应当在抢救结束后几小时内据实补记，并加以注明
A. 5　B. 6　C. 7
D. 8　E. 9

1.【答案】B
【解析】此题主要考查对抢救记录的掌握情况。抢救记录应该抢救结束后 6h 内完成。
【考点】抢救记录 ☆

2. 常规会诊意见记录应当由会诊医师在会诊申请发出后 48h 内完成，急会诊时会诊医师应当在会诊申请发出后几分钟到场，并在会诊结束后即刻完成会诊记录
A. 5　B. 10　C. 15
D. 20　E. 25

2.【答案】B
【考点】急会诊 ☆☆

3. 某 30 岁女性，常常工作到深夜，某晚突然发现墙上有只老鼠在爬动，十分惊讶，过去仔细一看，原来是一片污迹。在病历书写中，该患者的症状最应该写成

A. 幻觉 B. 感知综合障碍
C. 虚构 D. 错觉
E. 谵妄

3.【答案】D
【考点】错觉 ☆☆

4. 既往史重点询问患者既往疾病史，如脑外伤、抽搐、感染、昏迷、重大手术史，重大躯体疾病的诊治情况与转归现状、物质滥用史。书写既往史应系统回顾的内容**不包括**

A. 有无癫痫史 B. 有无药物过敏史
C. 有无骨折史 D. 有无心血管疾病
E. 有无精神疾病史

4.【答案】E
【考点】既往史 ☆☆

5. 精神科病程记录是精神科医师对患者从入院到出院的实施治疗程序全过程的系统记录。如果使用表格式记录，一般**不包括**

A. 住院患者评估单 B. 诊断治疗记录单
C. 出院小结 D. 出院指导
E. 入院通知单

5.【答案】E
【解析】病程记录如果使用表格式记录，一般说来应包括住院患者评估单、诊断治疗记录单、出院小结、出院指导。
【考点】表格式病程记录 ☆

6. 精神科住院病历书写医师签字要体现三级医师负责制。三级医师指住院医师、主治医师和具有副主任医师以上专业技术职务任职资格的医师。签字前需要查看首页是否填全，发现漏项和填错要及时纠正的医师是

A. 住院医师 B. 主治医师
C. 副主任医师 D. 主任医师
E. 科主任

6.【答案】B
【解析】医师签字要体现三级医师负责制。三级医师指住院医师、主治医师和具有副主任医师以上专业技术职务任职资格的医师。主治医师签字前需要查看首页是否填全，发现漏项和填错要及时纠正。
【考点】医师签字 ☆

7. 精神科住院病历医师签字要体现三级医师负责制。三级医师指住院医师、主治医师和具有副主任医师以上专业技术职务任职资格的医师。负责病历审核的医师是

A. 住院医师 B. 主治医师
C. 副主任医师 D. 主任医师
E. 科主任

7.【答案】E
【解析】医师签字要体现三级医师负责制。三级医师指住院医师、主治医师和具有副主任医师以上专业技术职务任职资格的医师。主治医师签字前需要查看首页是否填全，发现漏项和填错要及时纠正。科主任负责审核。
【考点】医师签字 ☆

8. 死亡病例讨论记录是指在患者死亡一周，对死亡病例进行讨论、分析的记录。可作为死亡病例讨论主持人的是

A. 住院医师 B. 规培医师
C. 主治医师 D. 副主任医师
E. 护士长

8.【答案】D
【解析】死亡病例讨论主持人须为副主任医师以上级别的医师。
【考点】死亡病例讨论 ☆

【A3/A4 型题】

(1~3 题共用题干)

患者,主诉为"凭空耳闻人语,猜疑被害 5 个月,加重 1 个月"。

1. 该患者最可能的诊断是
   A. 睡眠障碍　　B. 抑郁发作
   C. 精神分裂症　　D. 强迫症
   E. 惊恐发作

2. 该患者最可能的幻觉是
   A. 幻听　　B. 幻视
   C. 味幻觉　　D. 触幻觉
   E. 本体幻觉

3. 该患者最可能存在的妄想是
   A. 关系妄想　　B. 夸大妄想
   C. 自罪妄想　　D. 被害妄想
   E. 疑病妄想

(4~5 题共用题干)

某份病历的部分内容如下:患者,女,35 岁,半年前母亲突然病故,此后失眠、情绪低落、不愿与人交往。近 3 个月来无法继续做家务,对什么都不感兴趣。

4. 该患者最可能的诊断是
   A. 睡眠障碍　　B. 抑郁发作
   C. 精神分裂症　　D. 强迫症
   E. 惊恐发作

5. 如果不及时治疗,该患者最严重的后果是
   A. 自愈　　B. 好转　　C. 自杀
   D. 无变化　　E. 躁狂

(6~7 题共用题干)

病历是医务人员对患者疾病的发生、发展、转归进行检查、诊断、治疗等医疗活动过程的记录,也是对采集到的资料加以归纳、整理、综合分析,按规定的格式和要求书写的患者医疗健康档案。病历是医生诊断和治疗疾病的依据,是医学科学研究有价值的资料。

6. 医疗机构门诊病历的保存期**不得**少于
   A. 1 年　　B. 5 年　　C. 10 年

1.【答案】C

【解析】此题结合病例主要考查精神分裂症的临床特点,幻觉、妄想为典型的表现。

【考点】精神分裂症临床特点 ☆

2.【答案】A

【解析】此题考查对幻听的理解。幻听的患者可以听到各种不存在的声音。

【考点】幻听☆☆

3.【答案】D

【解析】此题考查对被害妄想的理解。患者猜疑被害,最可能是存在被害妄想。

【考点】被害妄想☆☆

4.【答案】B

【解析】此题主要考查抑郁发作的临床特点。患者情绪低落、思维迟缓、意志减退,为典型抑郁发作的表现。

【考点】抑郁发作的临床特点 ☆

5.【答案】C

【考点】抑郁自杀☆☆

6.【答案】D

【解析】此题主要考查对病历保存年限的掌握情况。门诊病历的保存期不得少于 15 年,住院病历的保存期不得少于 30 年。

【考点】门诊病历。

7.【答案】E

【解析】此题主要考查对病历保存年限的掌握情况。门诊病历的保存期不得少于15年,住院病历的保存期不得少于30年。

【考点】住院病历 ☆

1.【答案】E

【解析】建立医患关系贯穿于整个诊疗过程,建立关系的基本步骤有:自我准备(包括仪表准备、心情准备等),主动接纳的开场,重视非言语交流,理解患者的劣势心理,共情和幽默感。

【考点】临床沟通基本理论和知识:医患关系☆

2.【答案】E

【解析】有效的关系不是单方面的,而是医生和患者都感受到相互信任,而且都明确自己在关系中的责任,都产生就重要问题进行协商的意愿,都愿意向着共同愿望——战胜疾病去努力,才称之为“有效”。

【考点】临床沟通基本理论和知识:医患关系☆

3.【答案】D

【解析】开始阶段需要完成的任务:建立相互信任的关系、发现临床中心问题(患者的主诉、谈话的实际主题、隐藏的目的等)、决定后续谈话的方式、体察并处理对方的情绪、试探并确定深入交谈的通道口。开始阶段一般需要半分钟至几分钟,之后深入阶段的任务是澄清问题、找到解决问题的方法。

【考点】临床沟通基本理论和知识:临床晤谈☆

4.【答案】B

【解析】病史采集的过程又是医患交流的过程,医生的知识和临床经验必须通过患者的体验才能充分体现出来。这就需要建立一种特殊的人际关系——医患关系,这种关系应当以患者所关注的问题为出发点,以解决这些问题为目的地。病史采集的过程实际上也是一种围绕患者所关注的问题进行人际互动的过程。

【考点】临床沟通基本理论和知识:病史采集☆

D. 15年　　E. 20年

7. 医疗机构的住院病历的保存期**不得**少于

A. 5年　　B. 10年　　C. 15年

D. 20年　　E. 30年

第五节 临床沟通

【A1型题】

1. 在建立医患关系时,医生应注意的事项**不包括**

A. 衣着得体,给对方良好的第一印象

B. 要善于运用非言语沟通技巧

C. 理解患者的劣势心理,时刻注意保护他们的心理脆弱点

D. 表达出对患者的共情

E. 不要有幽默

2. 良好医患关系建立的标志**不包括**

A. 患者感到被信任,增强战胜疾病的信心

B. 患者感到被尊重,能够自由地表达意愿

C. 患者感到被关心,心理上产生温暖之情

D. 医生感到被信任,能够充分表达自己的看法

E. 医生掌控局面,患者完全听从医生

3. 临床晤谈的开始阶段需要完成的任务**不包括**

A. 建立相互信任的关系

B. 发现临床中心问题

C. 试探并确定深入交谈的通道口

D. 澄清问题、找到解决问题的方法

E. 体察并处理对方的情绪

4. 关于病史采集,以下**错误**的是

A. 既能体现医生的临床技能和医学知识功底,又能体现医生的人文素养。

B. 是一个收集专业信息的过程,强调客观性,与医患关系无关

C. 医生的知识和临床经验必须通过患者的体验才能充分体现出来

D. 病史采集的过程应围绕患者所关注的问题进行

E. 病史采集的过程是一种人际互动的过程

5. 在采集病史的过程中，具体的技巧**不包括**

A. 应尽可能让患者清楚完整地表达完毕，不要很快打断患者的回答

B. 医生提问后，多数情况下可以一直倾听患者讲述到第一次停顿为止

C. 交谈开始时，宜采用开放式的提问

D. 涉及医学名词，需要澄清以确定双方在该名词上的理解一致

E. 患者急迫地抢话时，需要明确告知时间有限，要聚焦主题

6. 关于倾听，**错误**的是

A. 是最基本的沟通技巧

B. 是建立医患关系最有效的方法

C. 倾听是双方的，如果患者不注意倾听医生的话，应该提醒

D. 倾听可以提高整个问诊过程的效率，做到认真倾听会谈的总时间往往比预料的短

E. 倾听在病史采集开始阶段和深入阶段都很重要

7. 关于病史采集，以下**错误**的是

A. 开始阶段的任务是建立信任关系和确定主诉

B. 深入阶段的任务是澄清主诉和全部病史

C. 开放式提问和封闭式提问应先后有序，有机结合

D. 使用封闭式提问，应尽量使用专业术语

E. 了解患者因为疾病所带来的生活与情感体验的改变，是临床沟通的中心任务

8. 关于采集病史过程中医患的座位，恰当的安排是

A. 隔着桌子面对面

B. 在桌子同侧

C. 斜对面

D. 面对面，医患之间不要有桌子

E. 越近越好

9. 关于社会心理因素的询问，**不包括**

A. 症状对患者工作、生活的影响

B. 患者对疾病的想法和担心

C. 患者对其他类似情况患者的看法

D. 患者服药情况

E. 患者家庭关系

10. 关于共情，**错误**的是

A. 非言语技巧和言语表达都可以表达共情

5.【答案】E

【考点】临床沟通基本理论和知识：病史采集☆

6.【答案】C

【考点】临床沟通基本理论和知识☆

7.【答案】D

【解析】使用专业术语可能会引起对方的困惑和误解，应尽量避免，即使必须使用专业术语时，也应尽可能进行通俗的解释。病史采集中需要注意把握两条线索：一条线索是围绕患者的主诉或者关心的中心问题，澄清患者的症状与体征，为诊断与鉴别诊断提供支持依据，这是此阶段的主要任务；另一条线索是了解患者因为疾病所带来的生活与情感体验的改变，这是临床沟通的中心任务。

【考点】临床沟通基本理论和知识：病史采集☆

8.【答案】C

【解析】选择座位时不应正面直接面对，应当形成一个合适的角度、并保持恰当的距离，给患者和医生留出一定的空间。

【考点】临床沟通基本理论和知识☆

9.【答案】D

【解析】多数情况下社会心理因素信息对诊断的直接帮助价值不大，但是对于治疗决策、确定患者对治疗手段的依从性、帮助患者树立信心等非常有帮助，也十分必要。

【考点】临床沟通基本理论和知识：病史采集☆

10.【答案】E

【解析】最基本的共情就是时刻注意向患者传达以下信息：我对你的问题和情况真正感兴趣。但是应当避免对该技巧的滥用或者进行虚伪的表演。

【考点】临床沟通基本理论和知识☆

11.【答案】C

【解析】解释病情时，应尽可能用通俗的语言对患者的问题予以专业解释，少用专业术语，必须使用时，要有进一步的解释，并保证患者理解。不要有任何欺骗性的解释。应当注意避免的情况是：医生实际上没有欺骗，但患者感觉到欺骗，这主要是对解释的误解和曲解造成的。如果有些问题患者始终无法理解和接受，可以"求同存异"，允许患者保留不同意见。如果这种不同意见直接影响医患关系和患者的诊治，则应采用"因势利导"的方法而逐渐解释，努力达成一致。

【考点】临床沟通基本理论和知识☆

12.【答案】B

【解析】不要在患者面前说其他医生的问题，即使之前的处理意见确实值得商榷，也不应当在本次就诊时评判。如果自己必须改变其他医生的处理意见，应避免全盘否定原来的意见，应尽量保留可以保留的。恰当的做法是尽量说明并肯定一致的部分。

【考点】临床沟通基本理论和知识☆

13.【答案】E

【解析】《中华人民共和国执业医师法》规定："医师应当如实向患者或其家属介绍病情，但应当注意避免对患者产生不利后果。"《医疗事故处理条例》规定："在医疗活动中，医疗机构及其医务人员应当将患者的病情、医疗措施、医疗风险等如实告知患者，及时解答咨询。"如果只告知家属而不告知患者其病情，涉及患者个人隐私，同时告知患者和家属才是最好的方式。

【考点】临床沟通基本理论和知识☆

14.【答案】B

【解析】观察不仅是沟通的开始，也是诊断的开始，还是判断和防范医疗风险的开始。对患者的每一项观察结果都有临床意义，通过对陪伴者的观察，可以发现许多社会心理因素，提倡有思考的观察，判断观察所得信息的临床意义，建立假设性诊断印象，以便在深入交谈阶段予以澄清和验证。

【考点】临床沟通基本理论和知识☆

B. 是指医生从患者的心理角度出发，感受并理解患者的感受

C. 共情传递了"我对你的问题和情况真正感兴趣"的信息

D. 共情不是心理治疗的专有技巧，而是任何医生都可以学会，也应当掌握的沟通技能

E. 要做到共情，医生无论是否真的关心患者，都要表现出来关心的样子

11. 关于解释病情，正确的是

A. 如果患者质疑医生诊断，应尽力说服

B. 尽可能用医学术语，显得医生更专业

C. 交谈中要随时发现患者的情绪变化，及时反馈和处理

D. 为了达到良好的效果，可以适度夸大疾病的负面影响

E. 当一些问题患者无法完全理解和接受，应请上级医生再解释

12. 当患者提出对于其他医生诊疗意见的质疑时，正确的做法是

A. 在客观判断其他医生的意见是否合理的基础上给出意见

B. 尽一切可能找到其他医生处理意见中认为正确的，或者认同一致的

C. 向患者说明，当时医生考虑不周全也是可以理解的

D. 当必须改变之前的处理意见时，让患者在两种方案中进行选择

E. 如果之前医生的处理确有不当，可以适当表达对患者病情被耽误的理解，以建立更好的医患关系

13. 给患者的诊断是"双相情感障碍"，传递这一信息的方式是

A. 患者不一定理解此病，仅需要告诉他是一种情感障碍即可

B. 可以告知家属实情，告知患者只是"抑郁症"

C. 先了解患者的心理承受能力，心理承受力差的可以不告知诊断

D. 开门见山，直截了当，运用简单清楚的语言传达消息

E. 告知后要处理患者的情感

14. 临床沟通中的观察，正确的是

A. 观察对于沟通很重要，但对于诊断治疗意义不大

B. 观察是建立治疗关系、判断和防范医疗风险的开始

C. 观察内容不包括患者的一般状态和意识

D. 观察仅限于对患者的观察，不包括对伴诊者的观察

E. 观察过程中应避免推断，不要用假设干扰观察的客观性

【A2 型题】

1. 一位初次见面的患者母亲不经意说“我和你们医院李教授是同学”，之后医生采集病史，家属诉已经跟王教授都详细说了，让医生去看病历资料。家属开始的话可能想表达的意思是
   A. 对接诊医生的亲切感
   B. 对就诊医院的熟悉
   C. 对治疗的合作
   D. 对医生很信任
   E. 不愿进行长时间的病史采集

2. 患者，男，20 岁。由家属陪同首次就诊，入诊室四处张望，神情紧张，医生询问原因，患者诉“没什么”，很多时候欲言又止，此时医生应该
   A. 让家属在诊室外面等候
   B. 询问患者是否不舒服，是否愿意继续在诊室里聊天
   C. 继续等待，给患者时间观察环境
   D. 递给患者一杯热水
   E. 抓紧时间迅速问病史

3. 一对夫妇进入诊室，医生问“谁来看病”，女士替男士回答“我爱人”，接下来医生询问过程中女士完全替代男士，与医生进行有效、流畅的沟通，最后沟通结束，医生需要做的是
   A. 给男士开相关检查评估其临床严重程度
   B. 询问男士是否愿意自己表达以及对妻子所述的看法
   C. 告知男士其病情严重性及治疗方案
   D. 告知女士患者的病情及治疗方案
   E. 与该夫妇协商治疗方案

4. 诊室内一位已婚中年男性患者透露自己吸毒，经常出入歌厅找女朋友，医生需要做的是
   A. 告知患者违法，应该自首
   B. 在患者走后报警，配合警方剿灭可疑的贩毒集团
   C. “按兵不动”，继续调查患者犯罪信息
   D. 感谢患者的信任，能够暴露自己的私生活
   E. 与患者探讨道德、责任等问题，唤起患者内心深处好的品质

5. 一位中年女性，滔滔不绝地讲述自己跟疾病毫无关系的既往经历，医生不时看墙上的钟表，此时还应该做的是
   A. 提醒患者谈话内容
   B. 婉转提醒患者时间

1.【答案】E

【解析】此题主要考查沟通技巧中的倾听技术。倾听内容不仅要听懂谈话的字面意思，还要体会、理解、分析言语所包含的情绪状态和内心需求，该家属说出这句话，可能间接表达不信任接诊医生，可能传递自己的职业、地位，可能不愿进行烦琐的病史采集。

【考点】沟通技巧 ☆

2.【答案】B

【解析】此题主要考查沟通技巧中的观察技术。观察内容包括表情、眼神、姿势、说话方式、穿着、一般状态和意识等，对观察结果进行分析和判断，多数信息是有临床意义的。比如此案例中 20 岁男性由家属伴诊，可能有不合作、冲动的风险，神情紧张可能对环境警惕，此时冲动、不合作的风险较高，最好不要单独和患者在诊室，桌上的可能有危险的物品最好收起，切忌急于收集病史忽视患者的表现，最好能以关切的姿态询问患者沟通意愿和当下体验。

【考点】临床沟通中观察技术 ☆

3.【答案】B

【解析】临床沟通中收集资料的晤谈顺序应遵循以下原则：除非患者的病情严重到不能自主讲述病史，或因病情紧急必须先向家属了解病史以便紧急处理，或患者拒绝交谈，或患者主动要求先让家属报告病史，则应尽可能首先和患者晤谈。该案例中女士主动与医生沟通，但没有征求男士意见，医生最后为了尊重患者、保障患者自主权利，需要询问患者表达意愿及其体验。故选 B。

【考点】沟通技巧中晤谈顺序☆☆

4.【答案】D

【解析】此题主要考查临床沟通中对伦理问题的处理。医生的职责是帮助患者解除痛苦，并不是道德的仲裁者，面对这些有违法及不符合社会道德标准的行为时，医生需要倾听，与患者继续建立和保持治疗关系，询问患者内心感受，而非以自己的价值观批判患者，故选择 D。

【考点】沟通技巧中伦理问题☆☆

5.【答案】C

【解析】此题主要考查临床沟通中如何利用有限时间尽可能进行有效沟

通。适时总结归纳，不仅让患者感到检查者理解了她的问题，也有利于双方达成共识，还有利于检查者本人厘清思路。

【考点】沟通技巧 ☆☆

6.【答案】D

【解析】临床沟通中的多个技术：倾听、肯定、共情。在患者表达自己的体验的时候，虽然有可能有夸大、歪曲，但从患者口中说出，医生就要试图站在对方的角度去理解和思考，一味"矫正"患者的观念，达不到治疗目的，疏远了治疗关系，适得其反。

【考点】沟通技巧☆☆

7.【答案】B

【解析】此题主要考查临床沟通中的代述。患者一句话背后可能的意思需要尝试去询问，代述可以让患者感受到对他的理解和对焦，比直接询问原因更容易走近患者。

【考点】沟通技巧 ☆☆

8.【答案】B

【解析】临床沟通中对患者的危机和情绪的处理是非常重要的部分，如果忽视，轻者丧失与患者对焦的机会，重者可能存在很高的风险，如自杀、纠纷。

【考点】沟通技巧 ☆☆

9.【答案】A

【解析】此题主要考查临床晤谈的开始阶段如何与患者进行开场。

【考点】沟通技巧 ☆☆

10.【答案】B

【解析】此题主要考查临床沟通中冲突的干预。争吵存在让患者病情加重、冲动、不合作等风险，故不宜旁观，需要干预。此时分开彼此，让两人分别讲述，可能提供更多有效信息。

【考点】沟通技巧 ☆☆

C. 对患者所述进行总结，顺势引导谈话主题
D. 对患者所述认真、耐心倾听
E. 寻找患者所述内容中的纰漏

6. 患者，女，66 岁，农民。说自己"身体里有气窜来窜去、身上火烧火燎、胳膊麻酥酥的"，反复检查都没有问题，跟精神科医生沟通时，医生更好的处理方式是
A. 告知患者检查的可靠性，纠正患者错误认知
B. 帮助患者进行必要的化验和仪器检查
C. 对患者家属进行健康教育，让家属对患者进行更有效的劝慰
D. 倾听患者的不适主诉，对其感受进行肯定、共情
E. 安抚患者的情绪，用药物帮助患者快速缓解症状

7. 住院医师查房时患者说"主任可真忙"，此时住院医师应该
A. 询问患者为什么这样说
B. 帮患者代述"你觉得主任跟你接触少？"
C. 肯定患者所述，"主任非常忙"
D. 解释"主任很忙，没有办法"
E. 提出疾病相关问题，适时转移话题

8. 询问病史时患者谈到一段自杀未遂的经历，医生**不应该**
A. 就此内容深入询问，尤其是当时细节及此时如何看待此行为
B. 继续完善其他方面的问诊
C. 询问患者所珍惜和留恋的人、物
D. 告知患者自杀对他人造成的影响
E. 对患者提供危机干预热线电话

9. 医生：您能介绍一下自己吗？
患者：我叫王某某，今年刚退休，60 了。
医生：家庭住址和出生日期呢？
对于上面对话的解析，**错误**的是
A. 医生对患者个人信息进行了详细而全面的了解
B. 医生没有根据患者所述的内容进行自然的沟通
C. 医生谈话不应生硬、刻板
D. 医生应一次提出一个问题
E. 可以就"退休"这个关键词开启谈话

10. 患者与母亲在诊室里争吵，医生应该
A. 制止争吵，让双方分别说理
B. 让二人分开，分别了解情况

C. 给每人倒杯水，缓和气氛
D. 找第二位患者家属协同，制止争吵
E. 倾听、观察，伺机而动

11. 开始跟患者沟通时，患者诉自己觉得同事针对自己，医生紧接着应该提问的内容是
A. 你能具体说说这种感受吗
B. 他们说你了
C. 有没有人害你
D. 你觉得他们是故意的吗
E. 他们对别人也这样吗

12. 对抑郁症患者的精神检查进行了40min，患者开始不时地看手表、搓手，一会儿跷二郎腿，一会儿放下腿，此时应回应
A. 您有什么不舒服吗
B. 您再坚持一会儿，马上就结束了
C. 已经谈了很久了，您还可以继续吗？如果不舒服我们就先谈到这儿
D. 您小动作有点多，平时也习惯这样吗
E. 您还有事吗

13. 一位自杀未遂的患者进行精神检查时，患者明显不愿意暴露内心体验，医生更合适的提问是
A. 您为什么自杀
B. 当时发生了什么
C. 您觉得真的自杀了，别人会怎么想
D. 您后悔吗
E. 您现在还有打算吗

14. 患者哭诉在单位受到的委屈和不公待遇，医生的反馈应该是
A. 您怎么没去起诉单位
B. 谁也不愿意受到不公正待遇，您对这件事怎么看
C. 您自己有什么不对的地方吗
D. 您觉得自己怎么改变能让单位对您的态度有改观
E. 这种不公哪儿都有，我在医院里也有过类似经历

15. 患者是在读研究生，诉说导师给的压力大，导师对自己不好，自己学习没有动力，感到专业就业前景不好。医生适当的回应是
A. 您可以向学校反映导师的问题
B. 您应该多向其他学长、同学请教

11.【答案】A
【解析】此题主要考查临床沟通中提问技术的使用。首先对于可疑症状应该使用开放性问题收集更多信息，最后使用封闭性问题完善检查。如何取得患者合作，最好的沟通应该多开放式、少封闭式提问。以上选项中只有A属于开放性提问。
【考点】沟通技巧 ☆☆

12.【答案】C
【解析】此题主要考查临床沟通中观察、提问的技术。患者有明显动作增多、看时间，可能不想继续或者身体不适，C选项的“总结＋提问＋给患者更多选择”的处理比较全面，其他提问、要求并没有估计患者可能的感受。精神检查一般进行30~50min，时间太长患者注意力、体力下降，会影响沟通效果。
【考点】沟通技巧 ☆☆

13.【答案】B
【解析】此题主要考查临床沟通中提问的技术。对于不愿暴露内心体验的患者，建议让患者描述事情的详细经过，这样患者一般会把注意力集中于事实的描述，一般不会有隐瞒或不实的讲述。但如果问“为什么”，往往很难使谈话进行下去，因为自杀原因经常一言难尽。
【考点】沟通技巧 ☆☆

14.【答案】B
【解析】此题主要考查临床沟通中共情和提问的技术。对于患者的抱怨，有可能是事实，有可能有夸大，有可能是症状，但对其情绪反应需要给予处理。既共情到她/他的感受，也能继续开启对话、澄清症状，这才是有效的沟通。
【考点】沟通技巧 ☆☆

15.【答案】C
【解析】此题主要考查临床沟通中反馈的运用和沟通的基本原则。不指责、不对峙、不指导是一些基本原则，对于患者所述，要听出他想表达的深层意思是什么，除了C选项，其他选项基本都是具体建议或者鼓励的口号，这些话肯定患者自己明白或者别人已经跟他说过，C选项中，医生说出的是内心深处的矛盾所在。
【考点】沟通技巧 ☆☆

C. 您对现在有很多不满，想改变又有点无力，对未来有些迷惘

D. 很多人有类似经历，坚持就是胜利

E. 不要放弃，车到山前必有路

16. 青年女性向男医生索要联系方式，诉想交个朋友，医生应回复

A. 我们医院不允许留联系方式

B. 我没有手机

C. 我和您是医患关系，保持这种关系才有利于治疗，所以私人联系方式不便告知

D. 我有家室

E. 我理解您对我的信任，可是我很忙，平时没有时间联系

16.【答案】C

【解析】此题主要考查如何应对患者想要逾越医患界限。C 选项最为真诚、客观，其他回复有的比较牵强，有的还给患者留有余地。

【考点】沟通技巧 ☆☆

17. 封闭式病房，青年男性患者跟女医生说想要跟医生单独聊，合适的处理是

A. 带患者到他感到安全的地方单独聊

B. 告诉患者异性不允许单独相处

C. 询问患者对环境有何顾虑，必要时可以邀请上级医生一同沟通

D. 单独聊，但患者在靠里的位置，医生在容易出入的地方

E. 带防身工具单独与患者沟通

17.【答案】C

【解析】此题主要考查对风险的评估以及相应措施。直接拒绝不利于治疗关系的维护，直接答应又存在风险，其他 D、E 两项虽然有防范措施，但不是首选，万不得已的时候可以备选。先问对方的顾虑何在，澄清问题，再想更多应对措施。

【考点】沟通技巧 ☆☆

18. 逃学少年在家属陪伴下就诊，不愿跟医生聊，医生关切询问后，患者诉“你问这些有什么用，你能给我解决问题吗”，医生回应

A. 不能解决

B. 肯定会有办法的

C. 看来您有一些难以解决的问题，不知是什么，说不定我有过类似经历

D. 医生没办法帮您解决生活问题的，解决问题需要靠您自己

E. 您愿意说的时候再来就诊吧

18.【答案】C

【解析】不合作患者的沟通方式仍然是需要先共情，其他回应会让对方更无助、更不信任或更抵触。

【考点】沟通技巧 ☆☆

【A3/A4 型题】

（1~4 题共用题干）

患者，男，28 岁。急诊主诉“胃里有气”，气短，以及后背压榨样疼痛，腿上肌肉有跳动感，手脚发凉，不能工作。既往体健。

1. 接诊该患者时，不适宜的做法是

A. 倾听患者痛苦体验

B. 仅阅读患者检查报告，对结果给予解释

1.【答案】B

【解析】此题结合病例主要考查接诊的原则，即多倾听、慢结论、多理解、少争辩、多启发、少说教。

【考点】沟通技巧 ☆

C. 表达理解和支持
D. 探寻这种情况下,生活和心情受到的影响
E. 了解家人对疾病的态度

2. 该患者最可能存在的风险**不包括**
A. 反复就诊导致医疗资源浪费
B. 多次检查却仍然未果导致对医生不信任
C. 得不到治疗导致心生怨气
D. 对医生期待和需求更高
E. 治疗依从性会增加

2.【答案】E
【考点】风险评估 ☆☆

3. 如果患者家属单独跟医生说"患者就是心态不好,想开点就没事了",医生应该
A. 安抚家属慢慢会有改变
B. 向家属解释病的特点,共情家属的不易,帮助家属增加对患者的理解
C. 批评家属的不正确、不科学态度,教育其应该学习相关知识
D. 顺着家属的态度给予肯定、支持、理解
E. 指导家属如何应对患者的纠缠

3.【答案】B
【解析】此题考查如何与患者家属进行沟通。对于家属的不理解,直接对峙、批评都不会对治疗联盟有帮助,而是要先共情,再帮助对方理解疾病的特点,家属态度的转变对患者治疗也会有帮助。
【考点】沟通技巧之建立治疗联盟 ☆☆

4. 与患者沟通诊断治疗适宜的方式是
A. 详细地了解病史、深入地精神检查,明确诊断后即可告知患者和家属
B. 建立相互信任的医患关系,回顾既往检查,了解患者对检查结果及诊断的态度
C. 劝说、教育患者,帮助其了解该诊断和治疗
D. 否定既往医生的判断,指出其中错误
E. 告知患者以前做的检查是资源浪费

4.【答案】B
【解析】此题考查如何与过度诊疗的患者沟通诊断和治疗。原则之一就是不能批判既往医生的决策,因为医生都有自己的局限性,每个人也只能看到一个片段,无法完全证实彼时彼地的判断就不合理,所以不批判同行是基本的职业道德之一。沟通诊疗首先了解患者对此的态度和知识的掌握情况,根据对方的情况、在维护治疗关系的基础上再做沟通。
【考点】沟通技巧之沟通诊疗 ☆☆

(5~7 题共用题干)
患者,男,65 岁。因"肺癌Ⅲ期"在医院外科住院。患者多次询问主管医生自己到底得的什么病。

5. 面对患者的询问,医生应该
A. 如实告知"您得的是晚期肺癌"
B. 询问患者对现在病情的判断
C. 转移话题
D. 将告知权利转交给家属
E. 编出善意的谎言

5.【答案】B
【解析】此题考查如何传递"坏消息"。首先需要了解对方已掌握的信息、治疗预期及生活打算,直接告知结果会给患者巨大的打击,欺骗、转移话题、让他人告知等方法除了损害患者对自己健康、生命的知情权,还耽误对方对自己可能所剩不多的生命进行规划。
【考点】沟通技巧之传递坏消息 ☆☆

6. 如果患者不小心先看到了自己的诊断，医生应该

A. 安慰患者，告知此病的预后很好

B. 鼓励患者像其他乐观的人一样努力战胜病魔

C. 倾听患者的感受，真诚面对患者，共情患者的情绪反应

D. 静静陪伴患者

E. 带患者去花园散心

6.【答案】C

【解析】此题的情况因人而异，有的患者可能需要安慰、需要散心，对于医生，需要知道自己首先要做什么，只有在患者信任自己、愿意继续与医生沟通的情况下，其他安抚方式才可能得以进行，所以首先应该选C。

【考点】临床沟通中的应急处理☆☆

7. 患者得知自己病情之后，郁郁寡欢，寝食难安，家属咨询医生该怎么办，下列**错误**的做法是

A. 告知家属这是常见的反应，安抚家属

B. 建议家属倾听患者，让他知道家人一直在身边

C. 邀请精神科会诊

D. 查房时告知患者病情恶化的内容

E. 接触患者时，告知对方好转的指标

7.【答案】D

【解析】此题考查如何应对平时患者的情绪和病情的变化。不用时刻提醒患者病情恶化的指标，会加重患者的心理负担。如果患者出现情绪问题，请专科会诊是必要的，同时安抚家属的情绪，为患者营造一个稳定的氛围。

【考点】传递"坏消息"后的处理☆☆

(8~10 题共用题干)

患者，35 岁，律师。因"情绪低落与高涨交替出现 1 年"来诊，曾在多家医院进行诊断和治疗，效果一般。本次换了医院门诊就诊，就诊时，患者数落其他医院医生医术不好，误诊了自己的病，现在"慕名"而来求诊治。

8. 患者在贬低其他医院及医生的时候，本次诊疗的医生应

A. 告知患者其他医院也没有错，不应该诋毁

B. 以沉默来冷处理

C. 理解患者的情绪，斥责同行

D. 反馈患者"您对以前的治疗不满意，因为没有解决问题是吧"，同时告知"病情确实在变化，有时无法预测今后的发展"，建议治疗后密切随访

E. 转诊至高年资医生

8.【答案】D

【解析】此题考查面对存在纠纷、投诉风险的患者如何回应其对同行的指责。如果不作处理，对方仍认为医生有误，如果处理强烈，会将关系恶化，所以一边共情，一边解释。

【考点】沟通技巧之应对患者对同行的抱怨☆☆

9. 该患者**不存在**的风险是

A. 法律纠纷

B. 经济纠纷

C. 投诉医生

D. 治疗期望过高

E. 冲动攻击风险

9.【答案】E

【解析】如果预测该患者风险，以上选项中所有风险都可能存在。但根据既往患者经历和此次就诊态度、患者的职业特点来考虑，目前存在对既往治疗不满意、对医生服务不满意、对治疗期望过高等问题，尚未出现冲动攻击迹象，且对方是律师，此风险目前暂不存在。

【考点】临床沟通中的风险评估☆☆

10. 患者对本次就诊医院的过高期望，适当的回应是

A. 其他医院治不好，我们医院比较权威，您的病很好治

B. 我们比其他医院好不到哪儿去

C. 我们会尽力，但是改善的程度需要看本身对药物的反应和很多其他因素

D. 这个病每次反复治疗难度增加，您的治疗比较难

E. 治疗看吧，现在没法说以后怎么样

10.【答案】C

【解析】此题考查如何降低患者高期望。沟通中如果刻意夸大难度或者降低难度都不是首选，也不能不传达任何态度，需要客观表达。

【考点】沟通治疗期望☆☆

第二章　本专业相关技能

第一节　心肺复苏

【A1 型题】

1. 简单而迅速地确定心脏骤停的指标是
   A. 呼吸停止
   B. 血压测不到
   C. 瞳孔散大
   D. 意识丧失伴大动脉搏动消失
   E. 呼之不应

1.【答案】D
【考点】心脏骤停的临床表现 ☆☆

2. 非创伤性心脏骤停患者中最常见的心律为
   A. 心室停搏
   B. 无脉性心室颤动
   C. 心室颤动
   D. 心电 - 机械分离
   E. 无脉性室性心动过速

2.【答案】C
【解析】此题主要考查心脏骤停中常见心电图类型，心电表现可为高级生命支持提供依据。
【考点】心脏活动情况及心电活动表现☆

3. 关于口对口人工呼吸的方法，**错误**的是
   A. 首先必须畅通气道
   B. 吹气时捏紧患者鼻孔
   C. 吹气时不要按压胸廓
   D. 胸外心脏按压与人工呼吸的比例为 30∶2
   E. 按压频率成人 8~10 次 /min

3.【答案】E
【解析】此题主要考查口对口人工呼吸操作的要点。E 选项错误，应为按压频率成人 8~10 次 /min。
【考点】口对口人工呼吸操作技术要点 ☆☆

4. 怀疑患者颈椎脊髓损伤时，专业救护者打开患者气道应使用的方法是
   A. 仰头举颏法　　B. 举头抬颈法
   C. 双手推举（托）下颌法　　D. 头部前屈法
   E. 仰头（面）抬颈法

4.【答案】C
【解析】此题主要考查特殊情况下开放气道时的要点，需要掌握。当怀疑患者颈椎脊髓损伤时，打开气道的方法应该选择双手推举（托）下颌法。
【考点】心肺复苏术中开放气道的注意事项 ☆☆

5. 关于胸外心脏按压术的叙述,**错误**的是
A. 下压比向上放松的时间长一倍
B. 按压部位在胸骨中下 1/3 交界处
C. 按压部位的定位先确定胸骨下切迹
D. 按压频率为 100~120 次 /min
E. 按压与放松时,手不能离开胸骨定位点

5.【答案】A
【解析】此题主要考查胸外心脏按压的注意事项,包括按压部位、按压力度、按压手法等,胸外心脏按压时下压和向上放松的时间应该大致相等。
【考点】胸外心脏按压的注意事项 ☆☆

6. 在心肺复苏过程中,应尽量减少中断胸外按压,中断胸外按压的时间
A. 不超过 10s　B. 不超过 5s　C. 不超过 20s
D. 不超过 1min　E. 不超过 30s

6.【答案】A
【解析】此题主要考查胸外心脏按压中断时间。研究显示大于 10s 的按压中断会导致之后继续按压时人工循环血流动力学效应较前下降,频繁的中断和长时间的中断不利于复苏。
【考点】胸外心脏按压的要点 ☆

7. 心肺复苏后,最容易出现的继发性病理改变是
A. 心肌缺血性损害　B. 肺水肿
C. 脑缺氧性损害　D. 肝小叶中心坏死
E. 肾小管坏死

7.【答案】C
【解析】此题主要考查体内器官对无氧缺血的耐受力。正常体温时,心肌和肾小管:30min;肝细胞:1~2h;大脑:4~6min;小脑:10~15min;延髓:20~30min;肺组织维持时间最长。
【考点】心跳呼吸骤停后的病理生理特点☆☆

8. 患者心肺复苏后,脑复苏的主要措施是
A. 维持有效的循环　B. 确保呼吸道通畅
C. 降温和脱水疗法　D. 加强基础护理
E. 治疗原发疾病

8.【答案】C
【解析】此题主要考查脑保护、脑复苏及复苏后疾病的防治。脑复苏的各种救护措施都需掌握,其中降温和脱水疗法主要是为了防治脑水肿。
【考点】脑复苏的救护措施☆☆

9. 对短暂心室颤动患者的最佳处理措施为
A. 胸外按压　B. 静脉注射利多卡因
C. 静脉注射胺碘酮　D. 立即除颤
E. 人工呼吸

9.【答案】D
【解析】此题主要考查高级生命支持中除颤的适应证及时机,需要掌握。一旦明确为心室颤动,应迅速选用除颤仪除颤,除颤越早越好,因为心室颤动发生的早期一般为粗颤,此时除颤易于成功。
【考点】除颤的适应证 ☆☆

【A2 型题】

1. 当看见一位 45 岁男性突然倒下,让其他人打 120 急救电话,立刻开始做心肺复苏,此时已经高质量地完成了生命链中的前两个环节,提高该男性生存率的第三步是
A. 给予药物治疗
B. 将该男性转送至医院进一步治疗
C. 给予电击除颤
D. 等待能够做心肺复苏的医护人员到来
E. 建立静脉输液通道

1.【答案】C
【解析】基础生命支持“生命链”四个环节包括:早识别、早呼救;早期进行 CPR;早期进行电除颤;早期进行高级生命支持。
【考点】基础生命支持“生命链”的四个环节 ☆☆

2. 一位 60 岁的老年男性在与别人交谈中,突感不适,一侧手臂不能运动,讲话困难,最可能发生的问题是
A. 窒息　B. 心脏病
C. 卒中　D. 糖尿病昏迷
E. 心脏骤停

2.【答案】C
【解析】此题主要考查对卒中临床表现的识别。患者主要表现为言语功能及运动功能受损,首先考虑神经系统的疾病,最可能发生的问题是卒中。
【考点】急诊科常见病 ☆☆

3. 在医院上班时，发现一成年患者突然倒下，周围没有其他人，正确的做法是

A. 检查患者的反应，如果没有反应，启动应急救援系统（或打120急救电话），拿自动体外除颤器
B. 启动应急救援系统（或打120急救电话），然后等他人来帮忙
C. 打开患者的气道，然后检查脉搏
D. 开始做1min的心肺复苏，然后打120
E. 立即呼叫他人来帮忙

4. 一位55岁体型肥胖的男性，无心脏病病史，突感胸骨后剧烈疼痛，持续约5min后缓解，最可能的情况及处理方法是

A. 胃痛，口服制酸药
B. 冠心病，门诊随访
C. 心绞痛，急诊就诊
D. 心律失常，急诊就诊
E. 胃食管反流，在家观察

5. 急诊患者，无脉电活动，心率30次/min，已经给予气管插管，进行持续胸外按压，接下来应给予

A. 肾上腺素1mg，静脉注射
B. 200J电除颤
C. 异丙肾上腺素1mg，静脉注射
D. 准备经皮起搏
E. 胺碘酮150mg，静脉注射

6. 患者因“头晕、乏力”就诊，心电图示心率40次/min，首选治疗为

A. 阿托品0.5mg静脉注射
B. 肾上腺素1mg静脉注射
C. 腺苷6mg迅速静脉注射
D. 胺碘酮150mg静脉注射
E. 异丙肾上腺素1mg静脉注射

7. 在救助一位游泳池内溺水的3岁男孩时，男孩脸色苍白，呼叫没有反应，周围没有其他人可以帮忙，打120急救电话的时机是

A. 给男孩做2min心肺复苏后
B. 将男孩从游泳池救上岸后
C. 做了几分钟心肺复苏，男孩仍没有反应后
D. 在做几次通气以后，做心脏按压以前
E. 在发现男孩溺水时

3.【答案】A
【解析】此题主要考查心肺复苏术在实际生活中的应用。首先需识别患者有无心脏骤停，其次患者是在医院，自动体外除颤器即可尽早进行。其他四个选项不全面。
【考点】心肺复苏术☆☆

4.【答案】C
【解析】此题主要考查对心绞痛患者的识别及处理。其他四个选项其实都可能有上述症状，但患者无心脏病病史，故可排除选项B和D；该患者的疼痛持续5min后自行缓解，不太符合胃痛和胃食管反流病的疼痛特点，因此最可能的是心绞痛，应立即急诊
【考点】心绞痛☆☆

5.【答案】A
【解析】此题主要考查心肺复苏时的首选药物，其作用在于恢复已停搏心脏的心电活动，在心脏按压的同时，静脉注射标准剂量肾上腺素促使心搏恢复，必要时每隔5min注射一次。
【考点】心肺复苏的药物治疗☆

6.【答案】A
【解析】此题主要考查阿托品的作用，阿托品可促进房室传导，对窦性心动过缓具有较好的疗效。
【考点】心肺复苏药物的治疗☆☆

7.【答案】A
【考点】心肺复苏术☆

【A3/A4 型题】

(1~3 题共用题干)

患者,男,51 岁,曾有胃切除史。近一天自觉左侧胸痛,呈发作性,约 15min 前无明显诱因下突发晕厥一次,约 2min 后苏醒,苏醒后神志清楚,出冷汗,四肢乏力,自觉左侧肩背部疼痛并放射至手指,发病后未治疗。家属陪同到医院全科门诊就诊。查体:血压 130/80mmHg,脉搏 81 次 /min,呼吸 18 次 /min,心律齐,未闻及明显杂音,双肺呼吸音清,中上腹可见一胃切除术后瘢痕,四肢肌张力正常,病理反射未引出。心电图示窦性心律,V_1~V_6 导联 ST-T 改变,其中 V_2~V_5 导联 ST 段向下压低较明显。

1. 该患者最可能的诊断是
   A. 张力性气胸　　B. 主动脉夹层
   C. 肺栓塞　　D. 心脏神经症
   E. 急性心肌梗死

1.【答案】E
【解析】此题结合病例主要考查急性心肌梗死的临床特点。胸痛,可放射至颈部、下颌、上腹部、肩部或左前臂,休息后缓解,可伴有恶心、呕吐、大汗等表现。
【考点】急性心肌梗死的临床特点 ☆

2. 接诊医生应立即给予的措施是
   A. 吸氧,开放静脉通道,心电监护
   B. 详细询问病史
   C. 抽血完善心肌损伤标志物检查
   D. 复查心电图,待结果回报后再处理
   E. 留院观察

2.【答案】A
【考点】急性胸痛的处理流程 ☆☆

3. 在处置过程中,心电监护突然显示为心室颤动,患者表现为阿 - 斯综合征(双眼上翻、全身抽搐、面赤),首要的处理措施是
   A. 胸外心脏按压　　B. 给予胺碘酮静脉注射
   C. 电击除颤　　D. 给予硝酸甘油含服
   E. 静脉补液

3.【答案】C
【解析】此题主要考查对心室颤动患者的处理。心室颤动在几分钟内即可转为停搏,除颤成功的可能性随时间的推移而下降,C 为正确答案,其他选项均是电击除颤后心律变化及处理流程中的措施。
【考点】心室颤动的处理流程☆☆

(4~5 题共用题干)

患者,女,55 岁。十余分钟前倒在路边被人发现后报案,由 110 警务人员送到医院。患者已意识丧失,呈临终呼吸状态,查体:双瞳孔扩大,对光迟钝,颈动脉搏动、心音、呼吸音均消失,心电图示无脉电活动(PEA)。警察在其背包内发现有治疗哮喘的药物。

4. 此时首要的处理措施是
   A. 胸外心脏按压　　B. 电击除颤
   C. 静脉注射肾上腺素　　D. 气管插管
   E. 面罩给氧

4.【答案】D
【解析】根据题干所提供的信息,判断患者当时可能是急性哮喘发作所致的心脏骤停,故首要的处理措施是给予气管插管,建立有效呼吸支持,开放静脉后即予以胸外心脏按压。
【考点】心肺复苏操作流程☆☆

5. 该患者两次心电图检查之间的措施是
A. 先给予5组(或者约2min)心肺复苏
B. 行12导联心电图检查
C. 建立深静脉通道
D. 准备电除颤
E. 静推肾上腺素

5.【答案】A
【解析】从题干中得出，患者目前心电图提示无脉性电活动，此题主要考查对无脉性电活动患者的处置，主要措施为心肺复苏。
【考点】心肺复苏的方法 ☆☆

【案例分析题】

案例一：患者，男，20岁。5min前与他人发生口角被人用尖刀刺伤右侧大腿，流血不止，即送来急诊。检查发现患者右下肢膝关节上方4cm处有一长约5cm的伤口，并有大量的鲜血流出，面色苍白，四肢湿冷，脉搏120次/min，血压90/50mmHg。

提问1：对该患者首先需要评估的是
A. 出血量　B. 出血部位、性质
C. 意识状态　D. 合作能力及心理状态
E. 患者的经济状况　F. 患者的病情

提问1：【答案】ABCDF
【考点】失血性休克的临床评估☆

提问2：应采取的急救措施是
A. 采取止血带止血　B. 吸氧
C. 心肺复苏　D. 建立静脉通道
E. 补液　F. 清创缝合

提问2：【答案】ADE
【解析】此题考查外伤休克患者的处理原则。止血带止血以防血液进一步减少，建立静脉通道以保证药物迅速进入血液循环及重要脏器，补液以纠正休克，故选A、D、E。
【考点】休克处理的原则☆

提问3：使用止血带时的注意事项有
A. 止血带扎在伤口的近心端，扎在患者右侧大腿上2/3处
B. 松紧度以出血停止，远端摸不到动脉搏动为宜
C. 时间不宜>1h，每30min松带一次，间歇30~60s
D. 止血带的上方作明显标志，写上使用止血带的日期、时间，时间精确到分钟
E. 需要观察患者的呼吸
F. 需要严密观察肢体远端血液循环情况

提问3：【答案】ABCDF
【考点】院前急救止血处理原则☆☆

案例二：患者，男，43岁，既往体健。今晨突然呕鲜血300ml伴血块，继之排柏油样便2次，血压140/90mmHg，心率110次/min，肝肋下未触及，脾肋下2cm，腹部移动性浊音阳性。

提问1：对该患者诊断时，应重点关注的是
A. 血红蛋白的高低　B. 出血部位的判断
C. 出血原因的判断　D. 出血量的判断
E. 输血史　F. 出血是否停止的评估

提问1：【答案】BCDF
【解析】诊断急性消化道出血时应注意以下方面的内容：评估失血量，判断出血的严重程度；判断出血部位；判断出血原因；还需评估患者的生命体征，如血压、心率、尿量、神志等。
【考点】消化道出血的急救原则☆

提问2：关于急性上消化道出血的说法，正确的是
A. 出血量超过5ml，即可出现柏油样便
B. 出血早期血压、血红蛋白可正常
C. 咖啡渣样液提示出血时间较久
D. 48h内可做急诊胃镜检查

提问2：【答案】BDF
【解析】咖啡渣样液是血液经胃酸作用后形成正铁血红素所致；黑便出现一般说明每日出血量在50~70ml以上；胃内积血达250~300ml，可引起呕血。一次出血量不超过400ml时常由机体的组织液和脾脏贮血所补充，并不出现全身症状；出血早期血压、血红蛋白可正常；生命体征稳定的患者可在发生出血48h内做急诊胃镜检查，提高病灶检出率。
【考点】急性上消化道出血的相关机制☆☆

E. 大量出血就是食管胃底静脉曲张破裂出血

F. 一次出血量不超过400ml时，可不出现低血压等全身症状

提问3：若患者入院时血压60/40mmHg，心率130次/min，抢救时首先应采取的措施**不包括**

A. 胃镜下套扎食管曲张静脉

B. 紧急手术

C. 静脉生长抑素

D. 快速输液，补充血容量或输血

E. 去甲肾上腺素加冰生理盐水口服

F. 使用凝血酶粉止血

提问4：若患者经治疗后病情已好转，无再发呕血、黑便，今晨起感头昏、心悸。血压80/60mmHg，脉搏118次/min，血尿素氮12.4mmol/L，最可能的原因是

A. 肾功能不全　　B. 电解质紊乱

C. 酸中毒　　D. 再次出血

E. 低血糖　　F. 心功能不全

提问3：【答案】ABCEF

【解析】对于血压等生命体征不稳定的患者，急救时首先应采取的措施是快速输液、补充血容量，必要时输血，以尽快恢复生命体征稳定。

【考点】休克的处理☆☆

提问4：【答案】D

【解析】部分消化道出血患者可无呕血、黑便等症状出现，如患者出现血压下降、心率增快、头晕、出冷汗、乏力等症状时，应警惕消化道再出血的可能，结合血尿素氮升高可以判定。

【考点】急性上消化道出血的判断☆☆

第二节　噎食、暴力攻击

【A1型题】

1. 关于利培酮治疗激越和攻击的药理学机制，正确的是

A. 多巴胺能增加　　B. 5-羟色胺能降低

C. 乙酰胆碱减少　　D. α1受体激动

E. α2受体阻断

2. 精神分裂症患者的暴力攻击相关脑区**不包括**

A. 额颞叶皮质　　B. 枕叶皮质

C. 小脑灰质　　D. 尾状核

E. 海马-杏仁核

3. 为了检查者的安全，在检查精神障碍患者之前应该评估其发生暴力行为的可能性，**不包括**

A. 患者既往是否有攻击他人的行为

B. 患者是否一直在饮酒或吸毒

C. 患者目前是否激越、不安、敏感多疑

D. 患者是否有针对他人的威胁性言语

E. 患者日常生活自理能力

1.【答案】E

【考点】神经递质功能☆☆

2.【答案】B

【解析】此题主要考查对精神分裂症患者的暴力攻击行为的脑结构影像研究。与攻击行为相关的结构主要在额叶皮质、颞叶、杏仁核、海马、小脑及尾状核等，以上区域的脑灰质变化可能与暴力攻击行为发生有关。精神分裂症患者暴力行为的发生可能与额颞皮质认知环路、Papez情绪环路、小脑高级认知环路及尾状核-犒赏环路的异常有关，但其精确的神经机制尚需进一步研究。

【考点】精神分裂症暴力攻击行为的脑结构影像研究☆☆

3.【答案】C

【解析】此题主要考查暴力攻击的危险信号。

【考点】暴力攻击的预测☆☆

【A2型题】

1. 患者，男，62岁。因精神分裂症长期住院治疗，午餐期间突然倒地，呛咳、面色苍白、口唇青紫，首先考虑

1.【答案】C

【解析】此题主要考查精神科急症——噎食的临床特点。噎食指食物阻塞咽喉部或卡在食管的第一狭窄处，甚至误入气管引起呼吸窒息。精神病患者发生噎食窒息者较多，原因多是服用抗精神病药物引起锥体外系反应，出现吞咽运动肌肉不协调而使食物误入气管。患者在进食中突然发生严重呛咳、呼吸困难，且出现面色苍白或青紫者，即可能是噎食窒息。

【考点】噎食☆☆

A. 脑血管病　　B. 癔症　　C. 噎食
D. 骨折　　E. 癫痫

2. 患者,男,23 岁,体健,无不良嗜好。大学毕业聚餐,首次饮酒,10min 后突然出现神情紧张、害怕,将碗碟扔向他人,呼喊、逃跑,该患者的症状表现符合

A. 急性应激障碍　　B. 谵妄状态
C. 普通醉酒　　D. 病理性醉酒
E. 复杂性醉酒

【A3/A4 型题】

(1~3 题共用题干)

患者,男,40 岁。第 2 次因"不语不动 10d"住院治疗,住院 1 周后突然从床上窜起,一拳将房门上的玻璃打碎,情绪激动、怒气冲冲、面红耳赤。后再度回到床上不语不动。

1. 该患者冲动行为最可能的病因是

A. 紧张性兴奋　　B. 抑郁　　C. 焦虑
D. 命令性幻听　　E. 妄想支配

2. 该患者最可能的诊断是

A. 躁狂发作　　B. 抑郁发作
C. 精神分裂症　　D. 急性应激障碍
E. 器质性精神障碍

3. 对该患者最快且最有效的治疗方法是

A. 苯二氮䓬类药物　　B. 改良电休克治疗
C. 抗精神病药物　　D. 抗抑郁药
E. 抗癫痫药

(4~5 题共用题干)

患者,女,46 岁,农民,个性争强好胜。因宅基地纠纷与村委会领导发生口角,后大声喊闹,诉说委屈,找人评理,号啕大哭,撕扯头发衣服、满地打滚、大喊"不活了",撞墙,后出现四肢抽搐。头颅 CT 检查未见明显异常。脑电图检查提示正常。

4. 此患者最可能的诊断是

A. 癫痫　　B. 双相情感障碍
C. 精神分裂症　　D. 分离障碍
E. 器质性精神障碍

2.【答案】D

【解析】此题主要考查对醉酒几种情形的掌握。很多疾病可以出现暴力攻击行为,上述五个选项都有可能表现攻击行为,但病理性醉酒强调少量饮酒数分钟后突然醉酒,同时产生严重的意识障碍,不能通过对现实的感知来判断自己与外界的关系,其行为盲目冲动可受幻觉妄想支配,但没有醉酒状态时常见的症状和体征。

【考点】病理性醉酒☆☆

1.【答案】A

【解析】精神分裂症紧张型的临床特点是紧张性木僵与紧张性兴奋交替发作,为典型的表现。

【考点】精神分裂症紧张型出现暴力攻击的临床特点☆☆

2.【答案】C

【考点】精神分裂症紧张型临床诊断要点☆☆

3.【答案】B

【解析】改良电休克治疗是治疗精神分裂症最有效、最快的方法。

【考点】精神分裂症紧张型的治疗☆☆

4.【答案】D

【解析】此题需了解分离障碍的临床表现及诊断标准。该病例中头颅 CT、脑电图结果正常,暂时不考虑器质性疾病所致,且存在生活事件及性格特点,故首先考虑此诊断。

【考点】情绪障碍、癫痫与分离障碍鉴别☆☆

5. 对该患者的治疗方法是
A. 精神分析 B. 认知行为治疗
C. 支持性心理治疗 D. 暗示治疗
E. 药物治疗

5.【答案】D
【解析】暗示治疗是治疗分离障碍的经典方法，特别适用于急性发作而暗示性较高的患者。
【考点】分离障碍治疗方法☆☆

(6~7 题共用题干)
患者，男，37 岁。晚间与几个朋友在某休闲中心消费娱乐庆祝生日，第二天早晨突然感到朋友和工作人员对他充满敌意且要加害于他，便持刀刺向在场人员。

6. 首先考虑的情况是
A. 谵妄状态
B. 癔症
C. 精神活性物质所致精神障碍
D. 精神分裂症
E. 癫痫

6.【答案】C
【解析】此题主要考查精神活性物质所致精神障碍的临床特点。该患者发病前一晚曾进入休闲娱乐场所，有可能接触到精神活性物质，次日出现了被害妄想和冲动伤人行为，故首先考虑的诊断是精神活性物质所致精神障碍。
【考点】精神活性物质所致精神障碍☆☆

7. 为下一步确诊，首先需完善的检查是
A. 血常规 B. 头颅 CT
C. 脑电图 D. 毒品尿检分析
E. 甲状腺激素水平

7.【答案】D
【解析】高度怀疑该患者为精神活性物质所致精神障碍，故下一步首先应进行毒品尿检分析，以明确诊断。
【考点】精神活性物质所致精神障碍☆☆

(8~9 题共用题干)
患者，男，31 岁，无不良嗜好，突然出现兴奋吵闹、胡言乱语，冲出家门拦截过往车辆，并用棍棒、砖头砸坏车窗玻璃，殴打他人，父母上前阻止亦被其用木棒、砖头砸伤，事后不能回忆。

8. 下一步需要完善的检查是
A. 脑电图 B. 血常规
C. 头颅 CT D. 心理 CT
E. 甲状腺激素水平

8.【答案】A
【解析】此题主要考查癫痫所致精神障碍的临床特点。该患者突然出现兴奋吵闹、胡言乱语，伴有冲动伤人行为，事后不能回忆，最应考虑的诊断为癫痫所致精神障碍，故首先应进行脑电图检查，以明确诊断。
【考点】精神运动性癫痫发作☆☆

9. 脑电图检查提示：异常，以 8~9Hz 的 α 节律为主调，双侧额区、颞区出现弥漫性 θ 波，伴有阵发性出现的高波幅 σ 节律。考虑诊断为
A. 精神分裂症
B. 躁狂发作
C. 精神活性物质所致精神障碍
D. 精神运动性癫痫发作
E. 分离障碍

9.【答案】D
【解析】该患者的脑电图异常，存在典型的阵发性高波幅 σ 节律，故考虑诊断为精神运动性癫痫发作。
【考点】精神运动性癫痫发作☆☆

(10~11 题共用题干)

患者,女,25 岁。产后不久感到全身乏力,睡眠不好,食欲差,尚能喂养小孩。三个月后眠差加重、早醒,无端感觉心情不好,度日如年,呆滞、迟钝,卧床不起,流露轻生念头,因为母亲和姐姐都精神不正常,认为孩子也会遗传精神病。两个月后心情一度好转,能起床干活、喂养孩子,后某日掐死孩子后割腕自杀。

10. 该患者的症状表现符合

A. 适应障碍　　B. 抑郁发作

C. 焦虑症　　D. 躯体形式障碍

E. 精神分裂症

10.【答案】B

【解析】此题结合病例主要考查对抑郁发作的掌握。该患者存在情绪低落、情绪减退、精力与体力下降、注意力下降、食欲和睡眠差、悲观无望、自杀等抑郁综合征表现,持续时间超过2周,符合重度抑郁发作的诊断。

【考点】抑郁发作☆☆

11. 以下有关自杀的危险信号,正确的是

A. 表明想自杀的人通常不会自杀

B. 由于想自杀的人大多有精神异常,故应及早接受系统的抗精神病药物治疗

C. 自杀危机过后,情况好转,自杀的危险性依然存在

D. 不能与有自杀想法的人谈论自杀

E. 有自杀行为的人都是想死的

11.【答案】C

【解析】此题主要考查自杀的危险信号,自杀危机过后,情况好转,自杀的危险性依然存在。

【考点】自杀☆☆

(12~13 题共用题干)

患者,男,33 岁,既往体健。两周前开始出现话多、吹牛,近三天紧张害怕,带着三岁的儿子在外"逃亡",诉"被黑社会追杀",听到儿子说蛐蛐叫,便怀疑草地里有姓屈的人埋伏,挥舞随身携带的菜刀防身。听到狗叫,感到害怕,诉"听到有人让狗咬我",心想"不怕黑社会",后挥刀砍向走近的陌生人。

12. 为明确疾病诊断,下一步首先需要了解

A. 既往有无躁狂或抑郁发作史

B. 本次发病前有无应激事件

C. 家族史

D. 精神活性物质使用史

E. 冶游史

12.【答案】A

【解析】此题结合病例主要考查伴有精神病性症状的躁狂发作的临床表现特点。该患者存在兴奋话多,持续超过1周,近三天出现幻听和被害妄想,并出现冲动伤人行为,符合伴有精神病性症状的躁狂发作的诊断,故首先需要了解其既往有无躁狂或抑郁发作史。

【考点】伴有精神病性症状躁狂发作的诊断☆☆

13. 经家属介绍,患者三年前曾有持续半年的闷闷不乐、少语少动、失眠,觉得前途渺茫、愧对家人。结合以上情况,该患者诊断更符合

A. 应激障碍　　B. 抑郁发作

C. 双相情感障碍　　D. 妄想阵发

E. 精神分裂症

13.【答案】C

【解析】此题结合病例主要考查双相情感障碍的临床表现特点。通过向家属了解病史发现,该患者既往存在明确的抑郁发作史,结合本次的躁狂发作,可诊断为双相情感障碍。

【考点】双相情感障碍的临床诊断要点☆☆

【案例分析题】

案例一：患者，女，75 岁。既往体健，近两年丢三落四，说话张冠李戴，走失 1 次后未再单独外出。多次因找不到东西跟家人发火，怀疑钱财被盗，怀疑老伴儿有外心，为此打骂老伴儿，夜眠差，近 1 月自行增加艾司唑仑剂量来改善睡眠。此次就诊主因"嗜睡，胡言乱语，看到毒蛇猛兽"，夜间"逃跑"中跌倒。

提问 1：下一步诊治需要做的是

A. 完善甲状腺功能检查
B. 完善头颅磁共振
C. 完善认知测查
D. 了解药物使用情况、依从性
E. 了解生活事件
F. 完善脑电图
G. 精神分析

提问 1：【答案】BCD

【解析】该患者系老年女性，近两年出现记忆力下降，下一步应完善头颅磁共振检查以了解其大脑结构的改变，应完善认知测查以了解其认知功能，因该患者自行增加用药剂量而出现嗜睡，故还需了解其药物使用情况和依从性。

【考点】痴呆的鉴别☆☆

提问 2：针对该患者目前情况，下一步治疗需要

A. 停用安定类药物
B. 尝试多奈哌齐
C. 安定类药物加量
D. 尝试美金刚
E. 合并喹硫平，每晚 25mg
F. 合并心理治疗
G. 合并阿戈美拉汀，每晚 25mg
H. 合并碳酸锂，每晚 250mg
I. 合并文拉法辛

提问 2：【答案】ABD

【解析】此题需首先判断该患者诊断及鉴别诊断，老年痴呆患者由于过度镇静导致夕阳综合征，需停用导致过度镇静的药物；考虑痴呆，可尝试改善认知功能药物，如多奈哌齐、美金刚。

【考点】痴呆的治疗☆☆

提问 3：患者经过系统治疗后病情改善，但仍敏感多疑，怀疑被盗，怀疑老伴儿有外遇，打骂老伴儿，夜眠差，接下来需要

A. 小剂量短期合并劳拉西泮
B. 合并抗抑郁药
C. 合并碳酸锂
D. 合并喹硫平
E. 合并丙戊酸钠
F. 合并奥氮平
G. MECT
H. 停药观察
I. 进行完善的体格检查

提问 3：【答案】ADF

【解析】此题需了解对痴呆出现的精神病性症状、攻击行为的处理，短期服用副作用少的抗精神病药，对症治疗，慎用苯二氮䓬类药物。

【考点】痴呆精神病性症状攻击行为的处理☆☆

案例二：患者，男，43 岁。三天前开始出现失眠、心情郁闷、烦躁不安，后出现不认识家人，紧张害怕、大喊大叫，摔砸、攻击靠近的人，走路不稳，双手震颤，大汗，突然倒地抽搐。

提问 1：为明确诊断，下一步需完善

A. 家族史　　B. 饮酒史

提问 1：【答案】BDEFGHI

【解析】此题需了解酒精戒断、震颤谵妄的临床表现特点。该患者出现震颤谵妄，为明确诊断，下一步需完善其饮酒史、药物使用史、进行完善的体格检查，进行头颅 CT、心电图和脑电图检查以及各项生化常规检查。

【考点】震颤谵妄的诊断☆☆

C. 应激性事件　　D. 头颅 CT
E. 心电图检查　　F. 脑电图
G. 生化常规检查　　H. 药物使用史
I. 进行完善的体格检查

提问 2:经家属介绍患者酗酒十余年,多次想要戒酒均以失败告终,睡醒即开始饮酒,酒后经常摔砸、打骂妻子,跟踪妻子、怀疑妻子外遇,有时自言自语,为人自私自利。本次发病三天前被妻子反锁屋中强制戒酒,该患者诊断符合

A. 急性酒中毒
B. 酒精有害使用
C. 酒精依赖
D. 震颤谵妄
E. Wernicke 脑病
F. 酒精所致幻觉症
G. 酒精所致嫉妒妄想
H. 科萨科夫综合征
I. 酒精所致人格改变

提问 3:下一步治疗方案是

A. 安定替代治疗
B. 注意休息
C. 补液支持治疗
D. 大量补充 B 族维生素
E. 保肝治疗
F. 对症处理高血压、心动过速
G. 预防肺部感染
H. 舍曲林 50mg,1 次 /d
I. 利培酮 1mg,每晚一次

案例三:患者,男,19 岁。近两日淡漠少语,反应迟钝,有时傻笑,无故踢门,将家中摆设、家具砸毁,被家人送入院。体温 37.4℃,大汗淋漓,小便失禁,转入亚木僵。

提问 1:为明确诊断,下一步需完善

A. 病前感染史
B. 家族史
C. 脑电图
D. 脑脊液检查
E. 详细的神经系统查体
F. 头颅 CT
G. 胸部 X 线片
H. 腹平片
I. 眼动试验

提问 2:【答案】CDFGI

【解析】此题结合病例主要考查酒精所致精神障碍的临床表现特点和诊断要点。患者酗酒十余年,多次想要戒酒均以失败告终,睡醒即开始饮酒,近三天强制戒酒后出现失眠、烦躁不安、走路不稳、双手震颤、大汗、突然倒地抽搐,符合酒精依赖;患者表现为不认识家人,大喊大叫,走路不稳,双手震颤,大汗,突然倒地抽搐,符合震颤谵妄;患者表现为自言自语,符合酒精所致幻觉症;表现为怀疑妻子外遇,符合酒精所致嫉妒妄想;表现为自私自利,符合酒精所致人格改变。

【考点】酒精所致精神障碍的类型和临床诊断要点☆☆

提问 3:【答案】ABCDEFGI

【解析】此题结合病例主要考查酒精所致精神障碍的处理。该患者下一步治疗方案应包括安定替代治疗、注意休息、补液支持治疗、大量补充 B 族维生素、保肝治疗、对症处理高血压和心动过速、预防肺部感染。此外,因患者目前主要存在幻觉、妄想等精神病性症状,故需加用利培酮等抗精神病药物;目前患者的抑郁症状并不突出,故暂可不使用舍曲林等抗抑郁药。

【考点】酒精所致精神障碍的治疗处理☆☆

提问 1:【答案】ACDEF

【解析】此题结合病例主要考查病毒性脑炎所致精神障碍的临床表现特点和诊断要点。病毒性脑炎患者往往因首发精神障碍就诊于精神科门诊,但详细询问病史和详尽的体格检查往往能发现有感染症状或明确的病前感染史。在运动性兴奋或抑制的同时,存在不同程度意识障碍,可随疾病进展而逐渐加深,神经系统体征可发现脑膜刺激征、锥体外系反应、甚至癫痫发作,伴有大汗等明显的自主神经功能障碍,小便失禁。脑脊液实验室检查发现脑脊液压力及白细胞和蛋白质升高,血清抗体滴度明显增高,脑电图弥漫性异常有特征性改变,有病例头颅 CT 可发现脱髓鞘改变。

【考点】病毒性脑炎所致精神障碍的临床特点和诊断要点☆☆

提问 2:该患者下一步治疗方案是

A. 抗病毒治疗
B. 认知心理治疗
C. 补液支持治疗
D. 大量补充 B 族维生素
E. 免疫疗法
F. 对症治疗
G. 给予促大脑合剂
H. 精神分析
I. 暗示治疗

提问 2:【答案】ACEFG

【考点】病毒性脑炎所致精神障碍的治疗处理☆☆

第四篇 模拟试卷

模拟试卷

A1 型题

1. 卫生法律是由
   A. 国务院制定
   B. 国家卫生健康委员会制定
   C. 国家卫生健康委员会提出草案，经国务院批准
   D. 全国人大常委会制定
   E. 地方政府制定，经国务院批准

2. 实施保护性约束，必须做到
   A. 在医疗机构内实施　　B. 医务人员操作　　C. 操作符合规范
   D. 监护人知情　　E. 以上都是

3. 对于涂改、伪造病历资料的医务人员，卫生行政部门可给予的行政处罚不包括
   A. 行政处分　　B. 纪律处分　　C. 吊销执业证书
   D. 吊销资格证书　　E. 赔偿患者损失

4. 事故所作首次鉴定结论不服的，当事人申请再次鉴定的时限应是
   A. 收到首次鉴定结论之日起 20 日后　　B. 收到首次鉴定结论之日起 15 日内
   C. 收到首次鉴定结论之日起 30 日后　　D. 收到首次鉴定结论之日起 10 日内
   E. 收到首次鉴定结论之日起 15 日后

5. 卫生行政部门工作人员依法执行职务时，应当不少于
   A. 2 人　　B. 3 人　　C. 4 人　　D. 5 人　　E. 6 人

6. 处方开具当日有效。特殊情况下需延长有效期的，由开具处方的医师注明有效期限，但有效期最长不得超过
   A. 2d　　B. 3d　　C. 4d　　D. 5d　　E. 6d

7. 全国突发事件应急预案应当包括
A. 突发事件应急处理指挥部的组成和相关部门的职责
B. 突发事件信息的收集、分析、报告、通报制度
C. 突发事件应急处理技术和监测机构及其任务
D. 突发事件预防、现场控制,应急设施、设备、救治药品和医疗器械以及其他物资和技术的储备与调度
E. 以上均包括

8. 尊重患者的医疗自主权,以下哪种情况医方做主才是合理的
A. 患者昏迷、病情危急
B. 患者将治疗权全权授予医生
C. "无主"患者(身边无任何人)需要急救,而本人不能行使自主权
D. 患者有对他人和社会有危害的疾病,有不合理的要求
E. 早期癌症患者坚持不接受治疗

9. 对隐私权的保护不是无限制的、绝对的,除下列哪项情况需要对隐私权公开
A. 保护隐私权和公共利益相冲突
B. 保护隐私权和公民合法知情权相冲突
C. 保护隐私权和国家法律相冲突
D. 保护隐私权和他人健康相冲突
E. 保护隐私权和医院利益相冲突

10. 医患双方都具有独立人格,要求医师做到
A. 不伤害患者
B. 从各方面关心患者
C. "患者是上帝"
D. 平等对待患者
E. 关心患者心理需求

11. 确切地说,按规定积极参加会诊,这一做法最能体现的正确处理医务人员之间关系的意义和道德原则是
A. 有利于建立和谐的医患关系;共同维持社会公益
B. 有利于医院集体力的发挥;彼此独立、互相支持和帮助
C. 有利于加深朋友之谊;彼此信任、礼尚往来
D. 有利于分担风险;彼此独立、相互支持和帮助
E. 有利于医院集体力量的发挥;彼此信任、礼尚往来

12. 对"慎独"最正确的理解是
A. 无人监督时注意不违背医德
B. 别人无法监督时注意不违背医德
C. 有错误思想干扰时注意加以抵制
D. 坚持从小事上点点滴滴做起
E. 坚持医德修养的高度自觉性、坚定性、一贯性

13. 评价医德行为善恶的根本标准是
A. 患者的个人意见
B. 患者家属的意见

C. 新闻媒体的认定
D. 有利于患者康复、有利于医学发展、有利于人类生存环境的改善
E. 社会主义医德规范体系

14. 急性脊髓炎的下列哪项表述是错误的
A. 散发，多见于青壮年
B. 病前可有发热、上呼吸道感染症状
C. 可先出现病灶相应部位根痛及束带感
D. 急性发生脊髓横贯损害症状
E. 早期通常不出现脊髓休克现象

15. 高血压性脑出血最好发的部位是
A. 丘脑
B. 脑桥
C. 小脑
D. 基底神经节
E. 脑室

16. 心肌梗死的溶栓疗法适应证不包括
A. 两个或两个以上相邻导联 ST 段抬高（胸导联≥0.2mV，肢体导联≥0.1mV）
B. ST 段抬高的心肌梗死，发病时间已达 12~24h，但仍有进行性缺血性胸痛
C. 病史提示急性心肌梗死伴左束支传导阻滞，起病时间 <12h，年龄 <75 岁
D. 陈旧性心肌梗死
E. ST 段显著抬高的心肌梗死者，年龄 >75 岁

17. 最易引起心房颤动的疾病是
A. 风湿性心脏病，二尖瓣狭窄
B. 冠心病
C. 甲状腺功能亢进性心脏病
D. 高血压性心脏病
E. 缩窄性心包炎

18. 下列关于初级心肺复苏叙述不准确的是
A. 复苏顺序为 C → A → B
B. 按压频率为至少 100 次 /min
C. 按压深度为不少于 5cm，但不超过 6cm
D. 按压通气比为 30∶2
E. 推荐潮气量 500~600ml

19. 先昏迷后发热见于
A. 流行性脑脊髓膜炎
B. 脑出血
C. 流行性乙型脑炎
D. 中暑
E. 中毒性痢疾

20. 关于幻觉妄想综合征，错误的是
A. 以幻觉为主
B. 伴有原发性妄想
C. 幻觉和妄想联系紧密
D. 多见精神分裂症
E. 可见器质性精神障碍

21. 关于紧张综合征，错误的是
A. 见于精神分裂症
B. 见于抑郁障碍
C. 包含违拗症
D. 全身肌肉张力下降
E. 可表现为突然兴奋

22. 下列关于抗痴呆类药物的说法，**错误**的是
A. 多奈哌齐容易出现一过性胃肠道副作用
B. 多奈哌齐是一种胆碱酯酶抑制药
C. 美金刚是一种 NMDA 受体拮抗剂
D. 多奈哌齐相比美金刚，更易出现精神病性症状
E. 多奈哌齐、卡巴拉汀、加兰他敏均属于胆碱酯酶抑制药

23. SSRI 类抗抑郁药常见的不良反应**不包括**
A. 胃肠道反应　B. 睡眠循环次数减少　C. 性功能障碍
D. 锥体外系综合征　E. 晨起困倦

24. 一位精神分裂症患者，幻觉妄想症状突出、思维散漫、行为兴奋冲动。该患者可能存在的改变是
A. 中脑 - 边缘系统多巴胺功能亢进　B. 去甲肾上腺素功能不足
C. 5- 羟色胺系统功能亢进　D. 5- 羟色胺系统功能不足
E. 结节 - 漏斗区多巴胺功能不足

25. 下面有关阿尔茨海默病（AD）的乙酰胆碱假说，**错误**的是
A. 乙酰胆碱输入信息减弱　B. 乙酰胆碱传递存在广泛的缺陷
C. 胆碱乙酰化酶减少　D. 乙酰胆碱增加和乙酰胆碱输入信息增强
E. 乙酰胆碱减少

26. 接触患者时需注意的事项**不包括**
A. 尊重患者的人格　B. 防范突然的冲动、自伤、外跑行为
C. 重视非言语沟通的重要性　D. 给患者命令性的要求
E. 语言的艺术

27. 以下哪条**不属于**预防精神病患者自杀的措施
A. 急性发作期的患者，应住院治疗或住留观室观察
B. 医生应评价患者的自杀危险性，并告诉其亲友和护士，以采取必要的观察措施
C. 争取早诊早治
D. 增强安全防范措施，消除能引起自杀的隐患（药物、刀、剪、绳索）
E. 对自杀企图非常强烈者应给予强镇静剂，如氯氮平使其入睡

28. 用 HAMD-17 评估抑郁症临床痊愈的标准是
A. 减分率≥30%　B. 减分率≥70%　C. 减分率≥50%
D. 总分≤7 分　E. 总分≤15 分

29. 精神科量表的基本构成**不包括**
A. 名称　B. 具体项目　C. 项目定义
D. 分级和分级标准　E. 因子分

30. 急性脑病综合征的核心症状是
A. 意识障碍　B. 精神运动性兴奋　C. 冲动攻击行为
D. 丰富生动的视幻觉　E. 妄想状态

31. 吸烟对身体的影响**不包括**
A. 释放肾上腺素　B. 呼吸兴奋、血压升高
C. 对中枢先兴奋后抑制　D. 导致心血管运送氧气能力下降
E. 食欲改善

32. 关于分裂情感性障碍预后不良的因素描述，**错误**的是
A. 隐匿起病　B. 精神分裂症家族史　C. 情感症状为主
D. 病前社会功能不良　E. 早年起病

33. 心境障碍一般具有的特点是
A. 发作一次，加重一次，残留阴性症状　B. 一次发作，永不缓解
C. 一次发作，终生不复发　D. 反复发作，从无缓解期
E. 多次发作，大多数能缓解

34. 对躯体形式障碍的患者，最少用的心理治疗方式为
A. 支持性心理治疗　B. 认知行为治疗　C. 家庭治疗
D. 心理动力学　E. 运动治疗

35. PTSD 最常见也最具特征性的症状是
A. 闯入性创伤再体验　B. 睡眠障碍　C. 兴奋躁动
D. 分离症状　E. 麻木症状

36. 关于电休克治疗的治疗次数的说法，**错误**的是
A. 一般每日 1 次过渡到隔日 1 次或者一开始就隔日 1 次
B. 一个疗程 6~12 次
C. 一般躁狂状态 6 次左右即可
D. 幻觉妄想状态多需要 8~12 次
E. 抑郁状态一定要达到 12 次

37. 无创、不引起抽搐，可用于治疗抑郁症的物理治疗是
A. 深部脑刺激　B. 迷走神经刺激　C. 重复经颅磁刺激
D. 电休克治疗　E. 电针治疗

38. 关于神经症的精神分析治疗中移情的发展，正确的叙述是
A. 是治疗过程中不可缺少的一部分
B. 只发生在严重的精神疾病患者中
C. 只发生在治疗的早期阶段
D. 通常涉及青少年权力斗争的重演

E. 涉及对治疗师的感觉是消极的,而不是积极的

39. 厌恶疗法的原理是
A. 心理防御机制　B. 交互抑制　C. 人本主义
D. 自我强化　E. 条件反射

40. 精神检查的方法包括
A. 超声检查　B. 体格检查
C. 与患者谈话,观察患者的行为、表情等　D. 脑电图检查
E. 病史采集

41. 精神病患者出现攻击行为的高危因素**不包括**
A. 男性　B. 精神分裂症患者
C. 有命令性幻听或被害妄想者　D. 既往有攻击行为史
E. 有强迫行为的患者

42. 下列各项中病历首页填写正确的是
A. 没有药物过敏时,用红笔填写“—”
B. 手术无麻醉师参与时,麻醉医师栏填写术者姓名即可
C. 抑郁症患者住院期间病情减轻,出院情况处填写“好转”
D. 患者出生日期及身份证号无法准确采集时,出院时医师可自编一个
E. 联系电话可以不填写

43. 病历书写过程中出现错字时,应当用下列哪项划在错字上,且保留的原纪录应清楚、可辨。
A. — 单线　B. ══ 双线　C. \ 斜线
D. × 叉线　E. ( )括号

44. 关于非言语沟通技巧,**错误**的是
A. 对于不愿说话的患者,医生也可以选择恰当的沉默
B. 应当注意与患者的目光交流
C. 手势、动作、身体姿势等,也可以用来传达信息
D. 非言语沟通技巧贯穿于交流过程中,往往和言语沟通结合运用
E. 医生由于工作时间限制的压力,可以和患者没有目光交流

45. 判断口对口人工呼吸是否有效,首先观察
A. 口唇发绀是否改善　B. 瞳孔是否缩小
C. 吹气时阻力大小　D. 患者胸廓是否起伏
E. 剑突下隆起

A2 型题

46. F 药厂销售代表和某医院多名医师约定,医师在处方时使用 F 药厂生产的药品,并按使用量的多少给予提成。事情曝光以后,按《中华人民共和国药品管理法》的规定,对 F 药厂可以作出行

政处罚的部门是

A. 药品监督管理部门　B. 工商行政管理部门　C. 税务管理部门
D. 医疗保险部门　E. 卫生行政部门

47. “献血大王”刘某，在过去的7年间，献血总量已达5 600ml。快满50周岁的刘某告诉记者，如果身体一直保持健康状态，他满55周岁以前，还可争取无偿献血

A. 7次　B. 8次　C. 9次
D. 10次　E. 11次

48. 黄某2010年10月因医疗事故受到吊销医师执业证书的行政处罚，2012年9月向当地卫生行政部门申请重新注册。卫生行政部门经过审查决定对黄某不予注册，理由是黄某的行政处罚自处罚决定之日起至申请注册之日止不满

A. 一年　B. 两年　C. 三年
D. 四年　E. 五年

49. 因车祸受重伤的男子被送去医院急救，因没带押金，医生拒绝为患者办理住院手续。当患者家属拿来钱时，已错过了抢救最佳时机，患者死亡。本案例违背了患者权利的

A. 享有自主权　B. 享有知情同意权　C. 享有保密和隐私权
D. 享有基本的医疗权　E. 享有参与治疗权

50. 患者，女，27岁，诊断精神分裂症，一直在精神专科医院就诊，突然接到社区居委会电话告知办理监护补贴手续，患者认为涉及隐私，社区为什么会知道自己的信息，故到门诊医生处咨询。医生应如何解释

A. 告知患者是由医生进行重性精神疾病上报，从而信息传到社区
B. 不做过多解释，由患者自行了解
C. 告诉患者有选择权，可以不办监护补贴
D. 建议患者去上级部门打听流程和相关事宜
E. A、C都是

51. 患者，女，29岁。患者曾因妄想型精神分裂症入院治疗，一年前出院回家。患者现已怀孕7周，其母亲与丈夫皆因担心怀孕和分娩的痛苦对她的精神状态有不良影响，于是都劝她去医院流产，但她坚决要求继续妊娠。于是，患者和家属准备到医院咨询。医生最佳的回答方式应为

A. 尊重患者的意见，同意继续妊娠
B. 因患者曾患精神分裂症，尊重丈夫的意见，建议终止妊娠
C. 尊重其母亲的意见
D. 说明怀孕和分娩可能对患者带来的影响及后代患病的可能性，最终决定权在患者
E. 以上都不合理

52. 患者，男，48岁，因“服用大量的安眠药自杀”而被家属送至某医院急诊。家属告知急诊医生，患者有精神分裂症，一直服药治疗，经急诊两天两夜的抢救，患者仍处于昏迷状态。于是，急诊医生告知家属，采用肾透析也许能挽救患者的生命，但费用较高。家属听了医生的建议后，只是说该患者活着非常痛苦，家属也很痛苦，并让医生“看着办”吧。面对家属的犹豫态度，医生应该

选择

A. 争取家属的配合，给患者肾透析　　B. 维持原来的抢救措施，任其好坏

C. 只要家属同意，中止对患者的抢救　　D. 让家属必须拿出意见

E. 以上均不合适

53. 患者，女，78 岁，5 年前逐渐出现记忆减退，逐渐加重，出门经常找不到家。近 2 年来生活逐渐不能自理，神经系统查体未见局灶性神经系统体征，简易智力状态检查量表（MMSE）评分 8 分，头颅 MRI 显示脑萎缩，实验室检查未见异常，该患者最有特色的大脑病理学改变可能是

A. 大脑皮质神经元的损失　　B. 大脑皮质脱髓鞘

C. 后索变性　　D. 小脑皮质神经元损失

E. 海马色素变性

54. 患者，男，24 岁，发热、寒战伴头痛、呕吐 3d。查体：体温 40℃，神清，语利，脑神经(–)，四肢肌力、肌张力正常，双侧巴宾斯基征（Babinski 征）及查多克征（Chaddock 征）(–)，颈项强直，凯尔尼格征（Kernig 征）(+)、布鲁津斯基征（Brudzinski 征）(+)。头颅 CT：未见异常。最应选择的治疗药物是

A. 更昔洛韦　　B. 四联抗结核药　　C. 甲泼尼松

D. 头孢曲松钠　　E. 两性霉素 B

55. 8 岁智力低下的男孩，常出现突然大叫一声，昏倒在地，四肢抽搐，两眼上视，口吐涎沫，小便失禁，持续 5~8s，颜面青紫、瞳孔散大。该患儿的发作类型是

A. 肌阵挛发作　　B. 强直性发作　　C. 复杂部分性发作

D. 全面性强直 - 阵挛发作　　E. 发作性睡病

56. 患者，女，55 岁，患有高血压病 10 年。近 1 年来血压控制不稳定，时感胸闷、心悸，目前心率为 55 次 /min，超声心动图检测结果提示射血分数为 0.57，胸部 X 线片显示左心室不扩大，考虑左心室舒张功能障碍。为改善左心室的顺应性，最宜使用

A. 钙通道阻滞剂　　B. β 受体阻滞剂

C. 利尿剂　　D. 血管紧张素转换酶抑制剂

E. 血管紧张Ⅱ素受体阻滞剂

57. 患者，男，65 岁，诊断为高血压、冠心病。近日心前区闷痛发作频繁，伴血压升高，目前血压为 155/102mmHg，发作性时心电图显示 ST 段一过性抬高，首选的药物是

A. β 受体阻滞剂　　B. 钙通道阻滞剂

C. 利尿剂　　D. 血管紧张素转换酶抑制剂

E. 血管紧张Ⅱ素受体阻滞剂

58. 患者，男，50 岁，进行性活动后心悸、气短 8 年，2 周前淋雨后咳嗽、咳黄痰，喘憋加重，夜间不能平卧，既往无慢性咳嗽史。查体：血压 105/65mmHg，双肺可闻及细湿啰音，心界向左扩大，心率 120 次 /min，律齐。该患者喘憋最可能的原因是

A. 慢性支气管炎急性发作　　B. 急性肺部感染　　C. 支气管哮喘

D. 心力衰竭　　E. 急性心肌炎

59. 患者，男，40岁，入院诊断为急性心肌梗死，入院第二天清晨突发呼吸困难，端坐呼吸，查体：血压90/50mmHg，心率100次/min，双肺未闻及干湿性啰音，心脏听诊于胸骨左缘可闻及响亮的收缩期杂音，伴震颤。患者呼吸困难的原因为

A. 肺源性心脏病　B. 肺部感染　C. 乳头肌功能失调或断裂
D. 室间隔穿孔　E. 心室颤动

60. 患者，男，60岁。近3年来晕厥5次。入院查心电图示三度房室传导阻滞。该患者应采取的适宜治疗措施为

A. 暂不处理，继续观察　B. 口服阿托品　C. 置入永久性心脏起搏器
D. 静脉泵入异丙肾上腺素　E. 静脉泵入多巴胺

61. 患者，女，70岁，因双相情感障碍住院治疗2周，给予碳酸锂等心境稳定剂治疗，控制尚可。1d前，因症状波动再发情绪易激惹，在病房和病友为无关紧要的小事大打出手，紧急肌内注射氟哌啶醇针5mg。今晨突发高热、尿失禁、不语不动，精神检查意识丧失、问话无法回答，考虑患者出现上述症状的原因是

A. 突发脑梗死　B. 肺性脑病　C. 甲亢危象
D. 脑炎　E. 严重药物不良反应

62. 患者，青年男性，碰到朋友时，想去握手，却把手缩回来，患者本人并不感到痛苦。该症状为

A. 意志减退　B. 违拗症　C. 蜡样屈曲
D. 刻板行为　E. 矛盾意向

63. 患者，女，19岁，在读大学生。1年来心情差、爱发脾气、失眠、记忆力下降。近3个月，学习成绩明显下降，而且感觉同学对她不友好，会议论她，患者的表现最可能的是

A. 幻觉妄想状态　B. 紧张综合征　C. 抑郁状态
D. 强迫状态　E. 偏执状态

64. 患者，男，21岁，在家人陪伴下就诊。他主动诉："我脑子里有很多很多想法和计划，停不下来，都是非常伟大的，实现任何一个都能造福全人类……"，难以打断其谈话。他的表现最可能是

A. 幻觉妄想状态　B. 紧张综合征　C. 躁狂状态
D. 强迫状态　E. 偏执状态

65. 患者，男，34岁，因"凭空闻语、疑人害己、言行怪异5年，加重1月伴毁物"入院。既往体健，先后使用多种抗精神病药足量足疗程治疗，疗效不佳，目前使用氯氮平治疗。关于氯氮平的常见副作用，以下描述**不恰当**的是

A. 粒细胞缺乏症发生率相对较高　B. 可降低癫痫阈值
C. 流涎　D. 心动过速
E. 锥体外系反应

66. 患者，男，25岁，金融从业人员，主因凭空闻语、疑人害己伴冲动毁物3月非自愿入院。患者无自知力，不配合治疗。最适宜选择的治疗药物是

A. 齐拉西酮　B. 奥氮平普通片　C. 喹硫平

D. 阿立哌唑　　E. 奥氮平口崩片

67. 患者,女,48岁,因背部损伤,已服用地西泮7个月,40mg/d,以达到肌肉松弛作用。5d前因为经济原因停药,患者出现轻度意识模糊、恶心、易激惹、失眠。目前对患者的紧急处理是

A. 密切观察,暂不予特殊处理　　B. 抗精神病药物治疗,防冲动

C. 避免接触苯二氮䓬类药物　　D. 口服10~20mg的地西泮,必要时重复给药

E. 转至神经内科就诊

68. 患者,男,25岁,主因"凭空闻声、疑心被害、亲情冷淡、孤僻离群3年,加重半年"入院。诊断为"精神分裂症"。有关该疾病病因学方面的描述,错误的是

A. 可能是一种单基因遗传疾病　　B. 多巴胺功能亢进假说

C. 谷氨酸生化假说　　D. 多巴胺系统与谷氨酸系统功能不平衡假说

E. 神经发育异常假说

69. 患者,男,32岁,主因"情绪高涨、思维奔逸、言语夸大、活动增加、睡眠需求减少1月"入院。对该疾病病因学描述,正确的是

A. 5-HT功能低下的基础上,NE功能亢进　　B. 5-HT功能低下的基础上,NE功能减退

C. 5-HT功能亢进的基础上,NE功能亢进　　D. 5-HT功能亢进的基础上,NE功能减退

E. 神经发育异常假说

70. 患者,男,45岁,因"强制性饮酒10年,断酒2d,伴心悸、手抖、烦躁"入院。既往患酒精肝5年、高血压10年。首先应给予最重要的处理是

A. 监测血压　　B. 腹部超声　　C. 补液支持治疗

D. 地西泮脱瘾治疗　　E. 心电监护

71. 患者,女,55岁,近两月情绪低落、悲观厌世,昨日在单位自杀未遂,被同事及时发现并送到医院。不适合为患者办理住院手续的是

A. 丈夫　　B. 儿子　　C. 同事

D. 哥哥　　E. 母亲

72. 患者,男,25岁,既往体健。突然不睡觉,挑剔易激惹、脾气暴躁,说自己能当国家领导人,所有人都得听自己指挥,看到不顺眼的事就破口大骂。不适合选用的量表为

A. BPRS　　B. YMRS　　C. MDQ

D. CGI　　E. HAMA

73. 被鉴定人,男,40岁,原精神活动正常。既往从未出过远门。一日乘火车去城市打工,连续乘车20余小时,无座,又饥又累。突然出现紧张、出汗,认为车厢中的烟雾是有人故意施放的毒气,车上乘警巡视车厢是有人故意安排来监视自己的,曾一度站在厕所内企图撬窗跳车未成功。出站后无故重伤3人,被拘留后尿毒检阴性。被鉴定人

A. 无刑事责任　　B. 部分刑事责任

C. 完全刑事责任　　D. 具体情节判断为部分刑事责任或无刑事责任

E. 不负刑事责任,但须强制治疗

74. 患者,男,72岁,退休。两年前无明显原因出现脾气暴躁,常因一点小事大发脾气,经常殴打妻子,嫌妻子办事幼稚,认为家人故意教孩子说爷爷坏话,经常与家人吵架,挑剔找碴。一次儿子劝说,患者拿起菜刀要砍儿子,后儿子打110报警,之后有歉意,但仍多次冲动。既往高血压病史。磁共振检查:脑白质稀疏,脑萎缩,右侧基底节区小软化灶。精神检查:赘述、记忆力下降,否认情绪低落,否认幻觉妄想。该患者考虑最可能是

A. 持久的妄想性障碍　B. 晚发性精神分裂症　C. 器质性人格障碍
D. 阿尔茨海默病　E. 血管性痴呆

75. 患者,女,30岁,因"失眠、话多、易激惹7d"就诊。查体:突眼,皮肤潮热,手细颤。心电图示窦性心动过速。精神检查:主动接触,表情喜悦,有时有敌意,说话滔滔不绝,否认夸大妄想,认为周围人都针对自己,情绪欠稳定,有时冲动行为,易激惹。该患者最应该检查

A. 甲状腺功能　B. 血常规　C. 激素六项
D. 头颅磁共振　E. 脑电图

76. 患者,男,50岁,已经戒酒2年,偶尔会有想喝酒,担心自己复饮,门诊医生**不会**建议

A. 服用纳曲酮　B. 服用阿坎酸　C. 服用戒酒硫
D. 服用氯硝西泮　E. 参加戒酒者匿名互助会

77. 某失眠患者更换过多种安眠药物,2年来剂量逐渐增加,现在服用阿普唑仑4mg,每晚一次,如目前睡眠较好,如何帮助其处理阿普唑仑滥用

A. 换为氯硝西泮　B. 换为三唑仑　C. 换为艾司唑仑
D. 换为奥沙西泮　E. 递减阿普唑仑

78. 某患者长期服用安眠药,吸烟多年,长期饮酒多年,每日500ml高度白酒,间断吸食海洛因,各种成瘾物质相比较,戒断风险最高的成瘾物质是

A. 安眠药　B. 烟草　C. 酒精
D. 海洛因　E. 一样

79. 患者,女,36岁,已婚,本科文化,工程师。半年前与同事的一次谈话中,得知其来往较为密切的同事弟弟患麻风病。之后常在心中琢磨那位同事会不会被传染,会不会传染给自己。时隔两个月,在面颊部出现几个红点,患者认为是麻风病的开始,精神更为紧张不安。多次到数家医院检查,均证明不是麻风病,是一般皮肤红斑。经治疗虽红点消失,患者仍认为有潜在的麻风病。坚持自己住一室,唯恐传染给丈夫及孩子。患者在工作中无任何差错,情感、行为无异常。最可能的诊断为

A. 精神分裂症　B. 持久的妄想性障碍　C. 焦虑性障碍
D. 恐惧性障碍　E. 躯体化障碍

80. 患者,女,21岁。因兴奋话多,易激惹1周入院。查体时发现患者甲状腺Ⅰ度肿大,甲状腺功能检查示FT_3和FT_4升高,TSH降低。精神检查发现患者语量增多,表现兴奋,爱管闲事,易激惹,自述心情高兴。该患者首选的心境稳定剂是

A. 氯氮平　B. 卡马西平　C. 碳酸锂
D. 苯妥英钠　E. 丙戊酸钠

81. 患者,女,49岁。因"情绪低,食欲下降,失眠1个月"入院。入院后表现情绪悲观,有时哭泣,少语少食,症状晨重晚轻,夜间睡眠差。该患者最有特征性的睡眠障碍表现形式为

A. 入睡困难　B. 早醒　C. 多梦
D. 易惊醒　E. 睡眠不沉

82. 患者,男,23岁,国企职工,性格内向。4d前与女友闹矛盾后出现兴奋话多,见到陌生人就打招呼,上前与人聊天,自称喜欢广结朋友,精力旺盛,睡眠减少,尚能坚持工作。同事反映其最近思维变得活跃,经常主动帮助别人。该患者最符合的诊断为

A. 急性应激反应　B. 分离障碍　C. 精神分裂症
D. 躁狂发作　E. 轻躁狂发作

83. 患者,女,45岁,教师,离异。2年前走夜路时被歹徒抢劫,此后出现易紧张、害怕,出门前担心自己忘带东西,反复检查背包,对所做的事情没有自信,做事缓慢,并反复向周围人确认。最可能的诊断为

A. 恐惧症　B. 强迫性障碍　C. 焦虑症
D. 躯体形式障碍　E. 疑病症

84. 患者,男,12岁。不敢乘坐公共汽车,在公共场合不敢与人说话,受不了人多的地方,担心自己出丑、出现过激反应,担心自己在场所中发生危险。对父母极其依赖。最可能的诊断为

A. 广场恐惧症　B. 社交恐惧症　C. 广泛性焦虑障碍
D. 强迫性障碍　E. 分离障碍

85. 患者,女,33岁。1年前经历抢劫,目睹朋友被劫匪杀死,后逐渐出现噩梦,提到抢劫就极度恐慌,诊断创伤后应激障碍,采用帕罗西汀治疗。1个月前情绪低落,总觉得对不起朋友,反复跟家人说自己有罪,不想活了,1天前服用30片安眠药,被家人发现,送至医院洗胃,该患者接下来的治疗方案应首选

A. 心理治疗　B. 加大帕罗西汀的剂量　C. 重复经颅磁刺激
D. 生物反馈治疗　E. 改良电休克治疗

86. 患者,男,24岁。经历车祸,腿部骨折,无明显头部外伤。车祸后2周,仍诉入睡困难,即使入睡后也容易被惊醒;常感觉"心惊肉跳",稍有响动就下意识查看动静;脑子里经常会不由自主地浮现车祸时的场景。目前最可能的诊断是

A. 车祸后的正常反应　B. 急性应激障碍　C. 创伤后应激障碍
D. 睡眠障碍　E. 心因性反应

87. 患者,女,22岁,首诊精神分裂症。既往4岁时患癫痫,治疗后未再发作。医生在处方药物时,**不考虑**的药物是

A. 奥氮平　B. 利培酮　C. 喹硫平
D. 齐拉西酮　E. 氯氮平

88. 患者,女,30岁,经常熬夜加班。近2周感心悸、气短、多汗,容易急躁,检查心电图未见异常。医生需要优先评估

A. 甲状腺功能　　B. 肾功能　　C. 肝功能
D. 雌激素　　E. 血糖

89. 患者,女,30岁。因“急起兴奋话多1周,加重伴脾气大2d”入院,诊断为躁狂发作,第一次行改良电休克治疗后,下列处理**欠妥**的是
A. 抽搐停止、呼吸恢复后将患者置于安静的室内,仰卧
B. 如呼吸恢复不好,应及时行人工呼吸
C. 专人护理,防止跌伤
D. 待患者意识清醒后,酌情起床活动进食
E. 观察生命体征和意识恢复情况

90. 患者,男,20岁。因“反复检查、清洗6年,加重1月”入院,诊断为强迫性障碍。既往反复就诊,遵医嘱足量足疗程服用各类抗强迫作用的药物均无效,曾住院2次,分别尝试重复经颅磁刺激和改良电休克治疗也无明显效果,近1个月患者因病无法工作和正常生活,迫切要求选用其他治疗方案,除推荐认知行为治疗外,还可慎重推荐的物理治疗是
A. 生物反馈　　B. 迷走神经刺激　　C. 深部脑刺激
D. 脑波治疗　　E. 电针治疗

91. 患者,男,60岁。因“反复心情差、眠差8年,再发加重2月”至门诊就诊,诊断为抑郁症。医生推荐其行重复经颅磁刺激,关于重复经颅磁刺激,**错误**的是
A. 经颅磁刺激是一种非侵入性的脑刺激
B. 经颅磁刺激不需麻醉
C. 经颅磁刺激除头痛、头皮痛外,一般无其他不适
D. 经颅磁刺激肯定不会诱发癫痫
E. 门诊患者在治疗结束后立即投入工作

92. 患者,男,28岁。因为在社交场合极为焦虑来诊。他因为手脚汗湿和脸红而无法与任何人交谈。可能提供最有效和最持久效果的心理治疗方案是
A. 认知行为治疗　　B. 用抗抑郁药治疗　　C. 家庭治疗
D. 心理动力学心理治疗　　E. 支持性治疗

93. 某学生参加高考前数月产生严重焦虑,来到咨询室后,该学生讲述了其内心的恐惧与担心,治疗师只是认真地倾听,不做指令性指导,这种心理疗法的理论属于
A. 精神分析理论　　B. 认知理论　　C. 人本主义理论
D. 心理生理理论　　E. 行为理论

94. 患者,男,近1月出现幻听,医师在问诊时应询问
A. 从何时开始听到此声音,声音来自一个人还是一群人
B. 是熟悉人的声音还是陌生人的声音
C. 具体声音的内容是什么
D. 发生在何时、何地
E. 以上均是

95. 患者,男,18 岁,高三学生。既往学习成绩一贯优秀,品德良好。据父母反应该生近半年来,可能因为学习任务太重,高考压力太大,出现学习成绩明显下降,且变得孤僻,不与人交往,对父母态度冷漠并粗暴,失眠,有时自语自笑。精神检查时,该学生回答问题词语单调,对上述表现回答说“压力太大,脑子便变得空白,听不进老师讲课,记忆力变差”,回答时面无表情。该患者最应诊断为

A. 焦虑症　　B. 抑郁症　　C. 精神分裂症
D. 神经衰弱　　E. 应激相关障碍

96. 关于出院医嘱,书写**错误**的是

A. 低盐、低脂饮食　　B. 奥氮平一盒按说明口服
C. 适当锻炼,注意休息　　D. 2 周后复查
E. 1 个月后,可到医院理疗科做康复治疗

97. 日常病程记录是对患者住院期间诊疗过程的经常性、连续性记录。由经治医师书写,也可由进修、实习医务人员或试用期医务人员书写,但应由经治医师用哪种颜色的笔审核、签名

A. 蓝色　　B. 黑色　　C. 红色
D. 彩色　　E. 黄色

98. 退休老教师反复出现焦虑发作,门诊就诊时从几十年前的病史开始按照月份回忆、描述,医生应该

A. 耐心倾听
B. 打断患者,要求按照医生的问题回答
C. 告知患者就诊时间有限,概括情况叙述
D. 总结患者所述,替患者概括,然后有针对性提问
E. 用非言语交流的方式提示患者

99. 对于儿童患者,医生如何开启谈话

A. 询问患者学习成绩
B. 询问最喜欢的动画片
C. 询问家长为什么让来看病
D. 观察患者的表现和喜好,谈对方可能感兴趣的话题
E. 告诉患者要是配合聊天,能够早点回家

100. 一位 56 岁的男性在健身房跑完步后倒下,为了了解他是否心脏病发作,需检查循环征象,应检查的部位是

A. 手腕部的桡动脉　　B. 颈部的颈动脉　　C. 腹股沟的股动脉
D. 直接心脏听诊　　E. 触诊心尖冲动

A3/A4 型题

(101~103 题共用题干)

患者,男,45 岁,因“精神行为 4 年,智能下降 2 年”入院,患者有类似家族史,两个舅舅均有类似精神行为异常,诊断为“精神病”,均于 49 岁在发病后 5 年死亡,死因不详。神经系统查体:神志清,言

语刻板，记忆力、定向力、计算力、理解判断力均下降。MMSE评分为5分。ADL58分。表情淡漠、刻板，行为异常，其余神经系统查体未见明显异常。

101. 为明确诊断，最有帮助的检查是
   A. 脑电图　B. 头颅 MRI　C. 脑活检
   D. 腰椎穿刺　E. 血常规、生化等实验室检查

102. 若头颅 MRI 示双侧额颞叶萎缩，脑活检病理可见泛素染色阳性神经元，则诊断为
   A. 阿尔茨海默病　B. Pick 病　C. 额颞叶痴呆
   D. 路易体痴呆　E. 进行性核上性麻痹

103. 若此患者有全身不自主运动，则可能的诊断为
   A. 阿尔茨海默病　B. Pick 病　C. 额颞叶痴呆
   D. 路易体痴呆　E. 亨廷顿病

（104~107 题共用题干）
患者，女，35 岁，妊娠 3 个月。10 年前因间断出现四肢强直发作伴意识不清及舌咬伤，诊断为癫痫，一直口服丙戊酸钠治疗，症状控制好，最近一年偶有发作，3 月前因妊娠停药。入院前 1d 突然出现频繁发作，表现同前，发作间期意识一直不恢复，并伴有发热。

104. 该患者临床诊断
   A. 强直发作　B. 肌阵挛发作　C. 癫痫持续状态
   D. 强直 - 阵挛发作　E. 癫痫

105. 首选的治疗药物是
   A. 地西泮静脉滴注　B. 鼻饲丙戊酸钠　C. 苯巴比妥肌内注射
   D. 安定肌内注射　E. 鼻饲苯妥英钠

106. 发作控制后应选择的治疗药物是
   A. 安定口服　B. 氯硝西泮　C. 苯妥英钠
   D. 乙琥胺　E. 卡马西平

107. 对本病例处理正确的是
   A. 终止妊娠　B. 应用甘露醇脱水降低颅内压　C. 应用抗生素控制感染
   D. 必要时气管切开　E. 以上均是

（108~110 题共用题干）
患者，男，68 岁。阵发性胸闷 10 年，持续胸痛 3h。查体：血压 152/88mmHg，心率 103 次 /min，律齐。心电图示 V_1~V_5 出现异常 Q 波伴 ST 段弓背向上抬高。

108. 根据目前提供的资料，该患者最可能的诊断是
   A. 急性广泛前壁心肌梗死　B. 急性高侧壁心肌梗死　C. 急性下壁心肌梗死

D. 急性前侧壁心肌梗死　　E. 急性前间隔心肌梗死

109. 此时最具特征性的实验室检查改变是
A. 血清肌红蛋白下降　　B. 血清肌酸激酶升高
C. 血清肌酸激酶同工酶升高　　D. 血清肌钙蛋白 I 升高
E. 血清肌钙蛋白 T 升高

110. 若该患者出现频发室性期前收缩，最恰当的处理是
A. 静脉注射毛花苷 C（西地兰）　　B. 静脉注射利多卡因
C. 静脉注射胺碘酮　　D. 口服美西律
E. 口服普鲁卡因酰胺

（111~113 题共用题干）
患者，男，42 岁。因"顿服大量安眠药洗胃后 2d 出现意识不清、行为紊乱"入院；询问患者"现在是白天黑夜"，患者答"是晚上"（实际是白天），问"现在的地方是什么地方"，患者述"一会儿老师就要来上课了，我要准备上课，不然听不懂回去妈妈要骂我"。一般检查及神经内科检查无明显异常。抑郁症病史 5 年。

111. 根据目前的资料，该患者意识障碍是
A. 嗜睡　　B. 昏睡　　C. 朦胧状态
D. 谵妄状态或梦样状态　　E. 躁狂状态

112. 给予一段时间的相应处理后，患者上述症状消失，精神检查：患者定向力完整，问话能答且切题，但回答缓慢，表情显悲伤，称"生活工作压力巨大，以前没有好好读书才落得现在的下场"。根据上述检查，最有可能的诊断是
A. 重度抑郁发作　　B. 精神分裂症
C. 脑器质性疾病所致的精神障碍　　D. 安定类药物中毒后遗症
E. 双相性情感障碍

113. 对该患者，除了对症支持治疗外，优先给予的处理是
A. 约束制动保护　　B. 给予抗抑郁药物治疗　　C. 给予心理治疗
D. 给予抗生素抗感染处理　　E. 冬眠疗法

（114~116 题共用题干）
患者，男，21 岁，无业，被家人抬到门诊。患者躺在床上，不言不语、不动，头发和脸部显油腻，对外界刺激无反应。

114. 此种现象属于
A. 强迫状态　　B. 木僵　　C. 抑郁状态
D. Cotard 综合征　　E. Kopcakol 综合征

115. 家人补充病史，患者此前有段时间不愿与人交往，曾反复问家人"有没有听到一些奇怪的问

题”,比如“这个世界来自哪里”,经常会有自言自语,当家人追问为什么时,患者不给予解释,考虑的最有可能的诊断为

A. 抑郁症　B. 强迫症　C. 精神分裂症
D. 双相情感障碍　E. 偏执性精神障碍

116. 对该患者的处理措施中,暂不考虑

A. 抗精神病药物　B. 加强营养支持治疗　C. 心理治疗
D. 完善体格检查　E. 加强看护

(117~121 题共用题干)

患者,男,32 岁,教师。主诉“近 8 个月来烦躁、易怒和紧张、无法放松,经常胃部不适和腹泻”。家族史无特殊。既往体健,否认烟酒嗜好。病前性格内向,容易对一些小事过分担心。

117. 诊断广泛性焦虑障碍(GAD),病程标准为

A. 3 个月　B. 6 个月　C. 8 个月
D. 12 个月　E. 24 个月

118. 在 GAD 的治疗中,一线治疗药物不包括

A. TCA　B. 苯二氮䓬类　C. SSRI 类
D. SNRI 类　E. 丁螺环酮

119. 医生建议患者选用帕罗西汀进行治疗,在初始治疗的几个星期内合并苯二氮䓬类药物以快速控制焦虑症状。帕罗西汀的用药原则是

A. 小剂量起始,缓慢加量　B. 冲击疗法　C. 按需给药
D. 短期内使用　E. 单药治疗

120. 下列副反应中,苯二氮䓬类药物常见的副作用不包括

A. 镇静作用　B. 疲乏　C. 平衡和协调问题
D. 顺行性遗忘　E. 流涎

121. 复诊时,患者的焦虑症状得到显著的改善。目前已服用阿普唑仑和帕罗西汀 1 个月,帕罗西汀剂量增加至 20mg/d。抗抑郁药治疗还需要的时间为

A. 2~6 个月　B. 6~8 个月　C. 9~18 个月
D. 18~24 个月　E. 24~30 个月

(122~123 题共用题干)

患者,男,25 岁,公司职员。因“反复检查,反复洗手 5 年,加重 6 个月”独自来诊。

122. 根据上述描述,不妥的说法是

A. 患者存在重复行为,可能是强迫症
B. 进一步追问病史,了解患者对上述重复行为的主观感受
C. 补充病史,了解患者是否存在强迫观念以及强迫意向或冲动

D. 强迫症状常见于强迫症或个别精神分裂症患者，抑郁症或脑器质性疾病患者不会伴有强迫症状

E. 强迫症通常疗效和预后均较差

123. 关于强迫症的诊断，下面说法**不准确**的是

A. 必须在连续一月内的大多数时间存在强迫症状或强迫动作，这些症状引起痛苦或妨碍活动

B. 必须是患者自己的思维或冲动

C. 必须至少有一种思想或动作被患者徒劳地加以抵制

D. 实施动作的想法本身是令人不愉快的

E. 想法、表象、冲动必须是令人不快地一再出现

(124~127 题共用题干)

患者，男，70 岁，高中文化，退休。以远事记忆受损，智能减退，难以胜任简单家务劳动，不能正确回答自己亲人的名字与年龄，但尚能记住自己的名字，饮食不知饥饱，外出找不到家门，举止幼稚等为主要表现。近半年出现凭空闻声视物、行为冲动。患高血压 20 年，目前药物控制可。

124. 最为恰当评估量表为

A. 韦氏成人智力测验　　B. 斯坦福 - 比内智力量表　　C. Peabody 图片词汇测验

D. 雷文测验联合型　　E. 简易智力状态测查

125. 有关该量表评分方法的描述，**错误**的是

A. 回答正确一项评 1 分　　B. 回答错误一项或“不知道”减 1 分

C. “不适用”评 9 分　　D. “拒绝回答”评 8 分

E. 累计总分时 8、9 分均按 0 分计算

126. 该患者得分 17 分，考虑痴呆状态的程度为

A. 边缘　　B. 轻度　　C. 中度

D. 重度　　E. 极重度

127. 针对患者的精神行为症状，首选的药物治疗是

A. 利培酮　　B. 氟哌啶醇　　C. 阿立哌唑

D. 奥氮平　　E. 齐拉西酮

(128~130 题共用题干)

患者，男，66 岁，已婚，5 年前退休。同年 6 月弟弟因车祸突然去世，随后逐渐出现头晕，乏力，睡眠差，食欲减退，腰腿疼，有时在夜间被疼醒。同年 9 月出现左侧面瘫，左眼复视，并逐渐懒言少语，不愿出门，感觉活着没意思，就诊于神经内科，头颅 MRI 未见异常，建议就诊于精神科。先后给以足量、足疗程的米氮平 45mg/d，草酸艾司西酞普兰片 20mg/d 治疗，但患者仍感到情绪不佳，自觉身体难受，且腰腿疼痛加重。就诊于某医院神经内科，考虑自主神经功能紊乱，腰腿疼可能与目前用药有关，将艾司西酞普兰片减至 10mg/d 病情未见缓解。既往有 2 型糖尿病史 14 年，血糖控制良好；高血压病史 5 年，长期服用硝苯地平缓释片 20mg/d，血压平稳。

128. 该病例首先考虑的诊断是
A. 抑郁发作伴躯体化症状　B. 创伤后应激障碍　C. 躯体化障碍
D. 分离障碍　E. 脑器质性疾病

129. 下列选项中，对该病例诊断具有价值的描述是
A. 亲人突然意外去世逐渐发病
B. 症状表现懒言少语，不愿出门，活着没意思，伴有身体不适
C. 临床症状复视、面瘫、反复腰腿疼，抗抑郁药治疗无效
D. 患者身体不适，神经内科检查及 MRI 未见异常，排除脑器质性疾病
E. 亲人突然去世后，临床表现以躯体不适症状为主

130. 根据病史资料，该患者最可能共病的诊断是
A. 抑郁发作　B. 躯体化障碍　C. 睡眠障碍
D. 分离障碍　E. 创伤后应激障碍

(131~133 题共用题干)
患者，女，40 岁，干部。2 个月前患者工作岗位调整后感到工作压力大，渐出现失眠，心情差，整日闷闷不乐，无精打采，对任何事物提不起兴趣，感到脑子变笨了，想事情时变得迟钝，不愿讲话，有时耳边听到同事们在议论她，说她工作能力差，不配当领导，认为周围的人都瞧不起她，觉得未来没有希望。

131. 患者所表现的精神症状中**不包括**
A. 情绪低落　B. 思维贫乏　C. 思维迟缓
D. 牵连观念　E. 言语性幻听

132. 该患者目前最可能的诊断是
A. 抑郁发作　B. 精神分裂症　C. 应激相关障碍
D. 分裂情感性精神障碍　E. 分离障碍

133. 在询问患者病史时，最应注意收集的病史资料是
A. 有无被害妄想　B. 有无评论性幻听　C. 有无严重的精神创伤
D. 有无兴奋话多表现　E. 有无焦虑症状

(134~135 题共用题干)
患者，女，42 岁。因“紧张不安、心悸、出汗、入睡困难 6 个月”主动要求心理治疗。

134. 其障碍发生的病理心理学机制，**错误**的是
A. 与无意识的冲突有关　B. 一种保护性反应
C. 为了逃避更强烈的负性情感　D. 掩盖了当下现实问题的紧迫性
E. 促进解决冲突的能力

135. 认知行为心理治疗对该患者的个案概念化为

A. 与潜意识有关
B. 与童年创伤有关
C. 对自己身体的生理反应进行了歪曲的评价
D. 对客观物体或情境的危险性的夸大解释有关
E. 对原发焦虑反应的后果或威胁具有过度解释

(136~138 题共用题干)

患者,女,29 岁。由于小时候被狗咬伤后怕狗,近 3 年加重,只要有狗的地方就会绕行,曾因所住地方有邻居养狗多次搬家,而近期需要到国外工作,需要对此进行治疗。

136. 对该患者的心理治疗方面,错误的是
A. 催眠治疗　B. 电休克治疗　C. 系统脱敏
D. 暴露冲击治疗　E. 行为治疗

137. 认知行为心理治疗对该患者的个案概念化为
A. 与潜意识有关
B. 与童年创伤有关
C. 对自己身体的生理反应进行了歪曲的评价
D. 对客观物体或情境的危险性的夸大解释有关
E. 对原发焦虑反应的后果或威胁具有过度解释

138. 对该患者的心理治疗中,错误的是
A. 评估恐惧如何出现　B. 了解患者的性格特点
C. 可适当加用药物治疗　D. 在共情和了解的基础上工作
E. 不必了解童年经历

(139~141 题共用题干)

患者,男,35 岁。公司职员。因“头昏、乏力 1 月余”在当地医院住院。1 个多月前,该公司发生火灾,当时腿发软,几乎晕倒,被同事搀扶着一起等待十余小时后被成功救出。现该患者除头昏,乏力以外,难以入睡,入睡后噩梦不断,经常被惊醒,醒来感觉心悸、呼吸困难、胸闷憋气,自行吸氧后有缓解。白天精神萎靡,经常发呆。有时陪护家属呼唤他,会引起他强烈的情绪反应,似受惊吓反应。平素喜欢串门聊天、打牌等,现在拒绝和同事聊天、打牌。体格检查、实验室检查均未见明显异常。

139. 该患者最有可能的诊断是
A. 正常心理反应　B. 焦虑障碍　C. 急性应激障碍
D. 适应障碍　E. 创伤后应激障碍

140. 该患者某天在与家属看电视时,突然跳下床,赤脚跑出去,大叫“着火了,快跑!”该表现属于
A. 幻觉　B. 焦虑状态　C. 警觉症状
D. 闯入症状　E. 行为紊乱

141. 作为精神科医生前去会诊，所评估的内容不包括
A. 心脏功能的评估
B. 其他同事的心理状况
C. 有无酒精依赖史
D. 有无药物滥用史
E. 有无其他精神障碍（如惊恐发作）

（142~144 题共用题干）
患者，女，40 岁，被丈夫和妹妹强制来就诊。家属诉患者一年来认为楼上邻居监视自己、敲暖气片来干扰自己，邻居向自来水管道里给自己下毒，所以患者吃饭、喝水都要从外面买，因担心附近商店被邻居收买，要跑到很远的商店买东西，还要经常更换买东西的地点。患者反驳说就是邻居欺负自己，自己没病。

142. 最恰当的处理是
A. 患者不愿就诊，医生就不必给患者看病
B. 医生向患者解释说她有妄想，一定有病
C. 立即给患者打一支镇静剂
D. 安抚患者，询问患者的想法
E. 顺着患者说她没病

143. 该患者最可能的诊断是
A. 妄想性障碍
B. 抑郁发作伴精神病性症状
C. 脑器质性疾病伴发精神障碍
D. 广泛性焦虑障碍
E. 精神分裂症

144. 家属因为经济原因暂时不同意住院，医生给予药物治疗，告知用药方法。还应给予的建议是
A. 家属需监督患者用药
B. 药品由患者管理
C. 患者不要再胡思乱想
D. 患者应向邻居道歉
E. 不要给患者钱

（145~147 题共用题干）
患者，青年男性，22 岁，在校大学生。同学发现其近 2 个月较前更孤僻懒散，经常在寝室卧床不出，不上课，不洗澡，不换脏衣服，需要舍友督促其吃饭，舍友问其话，患者不回答，而是重复对方说的话，老师通知其家属送其入院治疗。入院后询问病史可知患者既往体健，性格内向。外婆有精神异常史，于30年前外走至今未归。入院后 2d 一直终日卧床不起，不语不动，身体僵直，不进食，拒服药，不解大小便，需插导尿管导尿。

145. 目前医院可用的非口服药物有地西泮、氯硝西泮、氟哌啶醇、丙戊酸钠，该患者目前首选的治疗是
A. 肌内注射地西泮
B. 肌内注射氯硝西泮
C. 肌内注射氟哌啶醇
D. 改良电休克治疗
E. 静脉滴注丙戊酸钠

146. 告知家属需采用上述治疗时，应告知可能出现的不良反应不包括
A. 不可逆的长期记忆损害
B. 头痛
C. 恶心、呕吐

D. 全身肌肉酸痛　　E. 定向障碍

147. 家属已签署知情同意书，治疗当天早上8时，护士行生命体征检查，提示需暂停一次治疗的情况是

A. 体温37.0℃，脉搏100次/min，血压140/90mmHg

B. 体温37.0℃，脉搏90次/min，血压90/60mmHg

C. 体温37.8℃，脉搏100次/min，血压120/80mmHg

D. 体温37.3℃，脉搏118次/min，血压140/90mmHg

E. 体温36.5℃，脉搏56次/min，血压90/55mmHg

（148~150题共用题干）

患者，女，40岁。近一年变得敏感、多疑、脾气暴躁，人际关系紧张，家属亦觉其不可理喻，常因琐事与人争执，在单位因未被批准加入工会而用刀刺伤同事。经常自觉心悸，偶有手颤，体重减轻。

148. 此患者最可能的诊断是

A. 焦虑症　　B. 双相情感障碍　　C. 精神分裂症

D. 甲亢所致精神障碍　　E. 器质性精神障碍

149. 下一步需要的检查是

A. 头颅CT　　B. 甲状腺激素水平　　C. 胸部X线片

D. 尿常规　　E. 心电图

150. 首选治疗方法是

A. 暗示治疗　　B. 认知心理治疗　　C. 甲巯咪唑治疗

D. 氟哌啶醇治疗　　E. 艾司唑仑治疗

案例分析题

案例一：患者，女，30岁。车祸后昏迷，被送急诊，行CT示"脑挫裂伤"，经抢救，半小时后清醒。但对车祸后的过程回忆不清，在神经内科住院过程中出现随地大小便，兴奋、躁动，凭空听见有人告诉她有人要来抓她，尤以晚间为重。

提问1：该患者存在的症状是

A. 顺行性遗忘　　B. 逆行性遗忘　　C. 痴呆

D. 幻觉　　E. 焦虑　　F. 错觉

提问2：如该患者考虑诊断为谵妄，导致谵妄的可能原因有

A. 躯体疾病　　B. 电解质紊乱　　C. 感染

D. 既往用药史　　E. 脑外伤　　F. 人格特征

提问3：该患者如果出现幻觉，下列叙述正确的是

A. 为原始不成形的幻觉　　B. 出现频率与昼夜节律无关

C. 其形象生动，鲜明　　D. 不伴有恐惧性质

E. 行为不受到幻觉的影响　　F. 多以幻视常见

案例二:患者,男,43岁,初中文化,失业。既往3年前体检发现"酒精性肝损害、贫血"。饮酒史20年,患者最初为社交性饮酒,近10年饮酒频率逐步增加,酒量逐步增大。1年前失业后患者情绪变得低落、不愿外出、失眠。患者每天都需要饮酒,自行尝试减少酒量后出现手抖、心悸、烦躁不安,总想着喝酒的事情。患者恢复原来的饮酒模式后,上述症状消失。自行戒酒失败后在家属劝说下住院治疗,近期无感染表现。

提问1:患者入院时急需完善的评估有

A. 肝功能　B. 躯体和神经系统检查　C. 精神检查
D. 戒断症状量表评估　E. 电解质　F. 红外血流图检查
G. 眼动检查

提问2:从患者病史资料中,可以得到患者存在的症状包括

A. 耐受性增加　B. 妄想　C. 幻觉
D. 对饮酒失去控制　E. 不顾一切后果的使用酒精　F. 戒断症状
G. 心理渴求

提问3:患者若不及时治疗,停酒后48~72h后可能出现的症状有

A. 幻觉　B. 妄想　C. 焦虑
D. 意识障碍　E. 错觉　F. 人格解体
G. 欣快

提问4:入院后,精神检查发现患者目前存在情绪低落、悲观自责、自杀观念、幻觉、妄想症状,患者入院时需要考虑的所有可能诊断包括

A. 使用酒精所致的精神和行为障碍　B. 抑郁发作
C. 躁狂发作　D. 急性短暂性精神障碍
E. 惊恐障碍　F. 适应障碍
G. 脑炎

提问5:该患者急性期治疗措施包括

A. 大量抗精神病药　B. 苯二氮䓬类药物　C. 安静的环境
D. B族维生素　E. 静脉输液维持电解质平衡　F. 纠正贫血
G. 抗抑郁药

案例三:患者,男,50岁,离异,大学文化,杂志编辑。主因"无明显原因缓慢出现行为异常、发呆、孤僻3年,近3月加重"由哥哥陪同入院。近3年来患者的工作能力明显下降,不愿与人交往,孤僻,长时间发呆,有时对着墙壁说话,行为异常,反复检查电视、灯具,认为里面安装了监视器。近3月无法完成正常的工作。病前性格内向、不善言辞、多疑。既往史阴性,患者的母亲诊断精神分裂症。

提问1:本患者的不良预后因素包括

A. 早发性　B. 家庭支持不足　C. 病因不详
D. 缓慢起病　E. 病前性格缺陷　F. 阳性家族史

提问2:入院后给予富马酸喹硫平系统治疗,最高剂量700mg/d,维持治疗5周。患者能够与病友进行交流,不再对着墙壁说话,但仍有时发呆,偶尔觉得病房内的灯具可能不安全,但称自己不再关注了。患者系首次治疗,针对目前情况,下一步应选择

A. 增加剂量　B. 换药　C. 合并其他药物
D. 合并其他抗精神病药物　E. 继续观察等待　F. 换用氯氮平

提问3:患者服用的富马酸喹硫平加量至750mg/d,继续治疗1周后能主动与病友接触,不再怀疑灯具等有问题,承认自己有病,希望能够出院。医生评估后同意出院。就患者目前的情况,下一步处

理包括

A. 监测药物疗效　　B. 评估不良反应

C. 继续持续的心理干预　　D. 6月内药物逐步减少至治疗剂量的半量

E. 对患者和家庭进行健康教育　　F. 患者继续在社区获得持续服务

提问4:患者出院后1月恢复工作,能够与同事进行交谈,独自生活,因担心副作用问题,自行减少药量,出院2月后停药。3月后再次出现入院前症状。精神分裂症复发的先兆包括

A. 失眠及生活规律的改变　　B. 旧事重提

C. 否认有病　　D. 不按医嘱服药

E. 情绪行为改变　　F. 躯体改变、躯体不适主诉增多

案例四:患者,女,25岁。近3个月来无明显原因出现心情压抑,闷闷不乐,经常泪流满面。少出门,多独自躲在一处不与他人交流。经常早醒失眠,食欲下降,进食少,体重下降。认为自己无用,拖累了父母,并曾经多次割腕和上吊自杀,幸被及时发现。既往无兴奋话多、情绪高涨、吹嘘夸大等表现。

提问1:对于患者反复自杀的处理,应当选择的治疗是

A. 重复经颅磁刺激治疗　　B. 脑深部电刺激治疗　　C. 改良电休克治疗

D. 抗焦虑药物治疗　　E. 抗抑郁药物治疗　　F. 心理治疗

提问2:可以用来缓解患者目前症状的药物是

A. 艾司西酞普兰　　B. 氟西汀　　C. 舍曲林

D. 碳酸锂　　E. 文拉法辛　　F. 丙戊酸钠

提问3:抗抑郁药物治疗过程中,应当遵循的原则是

A. 剂量逐步递增　　B. 足剂量、足疗程　　C. 个体化原则

D. 单一用药　　E. 停药时逐渐减量　　F. 禁止合并心理治疗

案例五:患者,青年女性,穿着暴露,在候诊区高谈阔论,吸引众人。诉自己是天才演说家,在国际上具有知名度,讲话时眉飞色舞,嗓音嘶哑。当拿钱资助别人看病被拒绝后,患者愤怒地踢打对方。患者在家人半强迫下进入诊室,声称只有院长才配给她看病,大声辱骂医生,撕毁病历。

提问1:医生接诊患者,需要注意的问题是

A. 将安全作为最重要的准备　　B. 与对方保持一定的距离

C. 不随便打断患者的言语　　D. 不激惹患者

E. 拥抱安抚患者　　F. 要求家属暂时离开患者

G. 直接送入住院治疗　　H. 保安人员强制患者

提问2:患者既往无躯体疾病,考虑为躁狂状态,为减少患者的冲动风险,医生接诊时,可以给予的治疗性干预是

A. 口服维生素　　B. 肌内注射氯丙嗪　　C. 肌内注射氯硝西泮

D. 肌内注射劳拉西泮　　E. 肌内注射氟哌啶醇　　F. 持续静脉滴注咪达唑仑

G. 口服利培酮　　H. 口服丙咪嗪

提问3:患者家人当时不同意住院,给予碳酸锂治疗4周后复诊,患者意识不清、手抖、腹泻,医生接诊后需要紧急评估的内容是

A. 神经系统检查　　B. 血锂浓度　　C. 支持性心理治疗

D. 用药情况　　E. 自伤自杀风险　　F. 进食进水情况

G. 生命体征　　H. 意识情况

提问4:患者每天服碳酸锂1g/d,查血锂浓度1.8mmol/L,需要给予的处理包括

A. 停用碳酸锂
B. 完善头颅磁共振
C. 完善认知测查
D. 输液利尿促进碳酸锂排泄
E. 维持电解质平衡
F. 每日测查血锂浓度,直至正常水平
G. 注意进食情况
H. 注意饮水情况

答　　案

A1，A2，A3/A4 型题（150 题，每题 1 分，共 150 分）

题号	1	2	3	4	5	6	7	8	9	10
0+	D	E	E	B	A	B	E	B	E	D
10+	B	E	D	E	D	D	A	B	B	B
20+	D	D	D	A	D	D	E	D	E	A
30+	E	C	E	E	A	E	C	A	E	C
40+	E	C	B	E	D	B	D	B	D	E
50+	D	A	A	D	B	A	B	D	D	C
60+	E	E	C	C	C	E	E	D	A	D
70+	C	E	E	C	A	D	E	C	B	E
80+	B	E	B	A	E	B	E	A	A	C
90+	D	A	C	E	B	B	C	D	D	B
100+	C	C	E	C	A	C	E	A	C	B
110+	D	A	B	B	C	C	B	A	A	E
120+	C	D	A	E	B	C	D	E	C	A
130+	B	A	D	E	E	B	D	E	E	D
140+	B	D	E	A	D	A	C	D	B	C

案例分析题（5 大题，每题 10 分，共 50 分）

案例一

提问 1：正确答案：AD

提问 2：正确答案：ABCDE

提问 3：正确答案：CF

案例二
提问 1:正确答案:ABCDE
提问 2:正确答案:ADEFG
提问 3:正确答案:ABCDE
提问 4:正确答案:ABD
提问 5:正确答案:BCDEFG
案例三
提问 1:正确答案:BCDEF
提问 2:正确答案:ABCE
提问 3:正确答案:ABCEF
提问 4:正确答案:ABCDEF
案例四
提问 1:正确答案:CE
提问 2:正确答案:ABCE
提问 3:正确答案:ABCDE
案例五
提问 1:正确答案:ABCD
提问 2:正确答案:BCDE
提问 3:正确答案:ABDFGH
提问 4:正确答案:ADEFGH